英国司法内幕曝光

BRITISH JUSTICE EXPOSED

英国司法内幕曝光
BRITISH JUSTICE EXPOSED

Published by Whitevilla Publishing Limited
Vernon House, 40 New North Street, Huddersfield, HD1 5LS, United Kingdom

www.britishjusticeexposed.com
First published in 2023

ISBN 978-0-9576391-6-4 (Hardback)
ISBN 978-0-9576391-1-9 (eBook)

© Paul Blanchard 2023
All rights reserved

The right of Paul Blanchard to be identified as the author of this work has been asserted by him in accordance with the Copyright, Designs and Patents Act 1988

A catalogue record for this book is available from the British Library

"This book is a memoir. It reflects the author's recollections of experiences over time. Some names and characteristics have been changed to protect identities but, where applicable, those characters have been clearly indicated. Dialogue transcribed from recorded conversations is accurate. Other dialogue has been recreated as closely as possible but may not be verbatim."

Photo credits
Metropolitan Police: Hasib Hussain. Germaine Lindsay.
Mohammad Sidique Khan. Shehzad Tanweer.
Topfoto: Judge Paul Batty. Judge Simon Lawler. Justice Douglas Brown. Baron Taylor. Justice Blofeld. Justice Russell.
Court exhibits: Justice Mortimer. Judge Angus MacDonald.

Design & Typesetting by SWATT Books.
Printed by Clays Limited, Popson Street, Bungay, NR 35 1ED.

献给

纪念我的母亲

特别感谢

我的儿子小保罗 (Paul Jnr)、我的女儿莎拉 (Sarah) 和我的妻子吉莉安 (Gillian)、斯瓦特图书 (SWATT Books) 出版社的山姆·皮尔斯 (Sam Pearce)、杰米·坎帕纳 (Jaime Campaner) 教授、我的西班牙律师维达尔·梅尔尚 (Vidal Merchan)、莎拉·希尔 (Sarah Hill)、刘易斯·内达斯 (Lewis Nedas Law) 律师事务所的事务律师基思·伍德 (Keith Wood)、教堂法庭律师事务所 (Church Court Chambers) 的出庭律师乔治·赫本·斯科特 (George Hepburn Scott)、以及矩阵律师事务所 (Matrix Chambers) 的御用大律师马克·萨默斯 (Mark Summers)、山姆·斯坦 (Sam Stein) 御用大律师、理查德·弗格森 (Richard Ferguson) 御用大律师、西蒙·埃尔德里奇 (Simon Eldritch)、依米·杨逸 (Yimi Yangye) 出庭律师、吉姆·尼科尔 (Jim Nichol) 事务律师、戴安娜·埃利斯 (Diana Ellis) 御用大律师、海伦·林奇 (Helen Lynch)、法官道格拉斯·布朗 (Douglas Brown) 先生、尼克·厄恩肖 (Nick Earnshaw)、尼克·佩卡姆 (Nick Peckham)、大卫·罗斯 (David Rose)、乔恩·奥斯汀 (Jon Austin)、迈克·莱考克 (Mike Laycock) 以及我的笔译员蔡千善。

因果报应

"善有善报,恶有恶报"

本书内容属实 ....

目录

		页数
前言		9
序	西班牙马德里	11
第一章	我的早年生活	18
第二章	我的欺诈案审判	51
第三章	挖掘莫蒂默丑陋的真相	62
第四章	特内里费岛	79
第五章	达勒姆监狱	82
第六章	我的毒品审判 — 由荣誉法官安格斯·麦克唐纳御用大律师审理	90
第七章	上诉法院的腐败	102
第八章	大卫·罗斯	104
第九章	警察徇私枉法	110
第十章	法官均官官相卫	113
第十一章	挥别吉姆和戴安娜	118
第十二章	终于重返家园	121
第十三章	蛇蝎之窝	123
第十四章	戴菊莺公司	127
第十五章	苏格兰场	130
第十六章	重操旧业	133
第十七章	黑手党头目	134
第十八章	因妨碍司法公正被捕	138
第十九章	西班牙情报部门	151
第二十章	因伪证罪被捕	161
第二十一章	我的伪证审判	166
第二十二章	黑暗势力的运作	228
第二十三章	与有钱有势者的相遇	231
第二十四章	伊莎贝拉	239
第二十五章	美国联邦调查局	248
第二十六章	基地组织恐怖分子的融资	253
第二十七章	罗塞塔	259
第二十八章	遭西班牙情报部门出卖	261
第二十九章	马贝拉	266
第三十章	一张白纸	268
第三十一章	使 250 亿美元消失	270
第三十二章	警方竭尽所能严惩我	275
第三十三章	伪造护照的审判	284
第三十四章	我的事务律师和出庭律师的疏失	290
第三十五章	犯罪所得收益	299
第三十六章	遇上海伦·林奇	304
第三十七章	遇上基思·伍德、山姆·斯坦御用大律师及伊米·杨野	314
第三十八章	欧洲逮捕令	318
第三十九章	遇上乔治·赫本 - 斯科特和马克·萨默斯御用大法律师	319

第四十章	由荣誉法官伊克拉姆审理我的引渡案	325
第四十一章	对引渡要求提出上诉	331
第四十二章	上诉法院的判决	332
第四十三章	回顾过往	334
后记		337
英国政府侵犯人权的案例研究		338
相关网站		343

前言

在过去的四十年里，家人和朋友均告诉我，我应讲述关于我所经历商业和司法系统阴暗面的独特故事 — 介于合法金融、"黑"钱、警务、业余骗子、黑手党、恐怖主义和情报之间的毁灭性关系。

我总是回答说，当我可以在不造成任何法律问题的情形下时，我会讲述我的故事，内容将是我生活中经历事件的真实描述。故事的开始，从我是一个住在英格兰一个简陋的约克郡村庄，自小便对音乐痴迷的少年，经历过害虫出没的监狱，到成为离岸商业专家而成为百万富翁的成功经历，但最终被西班牙警察和情报界所谓的朋友背叛的过往。

当我回顾过去的四十年时，我意识到许多问题都是我自己造成的 — 无论是由于冲动、鲁莽、贪婪或是未考虑周全。但这不代表我认为我有罪，我断然否认与特内里费岛和其随后发生的事情有任何关联。但毫无疑问，我做了一些糟糕的决定，而人非圣贤，孰能无过。

无论如何，我的故事应该会打扰任何对司法程序和法治仍然坚信不疑的人。在每一个转折点上，我都被剥夺了获得公平审判的权利 — 而这是每个人的权利，无论你住在这个世界上的哪个角落。与我打交道的每一个政府机构，来自腐败的警察部门、政府检察官、法官、地方法官、出庭律师、事务律师、国会议员以及英国安全局又名军情五处和西班牙安全局的情报人员，均否认我的基本人权，因为任何法律程序的腐败者，均会剥夺被告的听证权。但我跟大多数酒吧老板一样不是毒贩；我跟大多数银行家一样不是黑手党成员；我跟某些情报人员一样不是欺诈犯。

几十年来，我一直在与警察、事务律师、出庭律师、法官和情报人员抗争 — 但我意图证明真相为自己洗刷清白的结果，却往往只能妥协让步。我现在可以讲述这个故事的唯一原因是，在此过程中，我录下了重要的对话并保留了重要的文件。如果没有如此确凿且未受质疑的大量证据，我仍然会被那些试图抹黑或起诉我的人，贴上幻想的标签。

在媒体上，我被描述为花花公子、骗子、欺诈犯和毒贩。自从我被以无力偿债（拥有负资产）而继续营商的罪名起诉以来，我的家人就处在破坏我信誉言论的痛苦深渊中，我无法衡量过去几十年来，这对亲人造成的伤害有多大。

如果没有我的妻子吉尔（Gill：吉莉安的昵称）、我的孩子莎拉和小保罗以及忠诚朋友的支持和关爱，我就没有精力继续与黑帮和腐败的政府官员抗争，他们这些人直到2021年6月，还想把我再关到监狱去。

在接下来的几页中，你将读到我与合法离岸商人和一些全球首富的人们打交道的经历，以及你还将了解我与黎巴嫩和俄罗斯黑手党，及主导全球商业的新型国际寡头交手的过程。你也会读到关于洗钱者、毒贩、欺诈犯和大量全球情报人员的信息，他们对自己在21世纪所扮演的角色感到相当困惑，以至于有时难以辨别他们是站在正确还是错误的一方。也许就像我们大多数人一样，他们现在处在那些掌权者中间的某个游离地带。

接下来是恐怖主义网络，或是那些资助和供应恐怖分子的人，和那些积极策划和执行攻击的人，以及近年来一些最具破坏性、致命性和令人作呕之谋杀案背后的有钱人和其他个人。

涉嫌重大欺诈案的爱尔兰男子和设于英国的基地组织小组，他们每天都向英国银行进行欺诈行为，我却很不幸遇到了许多这样的男子和女子。至于其他人，特别是一些现在臭名昭著的黑帮和恐怖分子，我发现了他们构成的威胁并试图举报他们，然而换来的下场却是权威机构将矛头指向我。

我冒着一切风险与黑帮、黑手党和恐怖主义对抗的回报，是在 2007 年时锒铛入狱，而在 2018 年西班牙要求将我引渡至该国，此要求可能导致我再坐 15 年的牢。

现在是 2022 年 10 月，我是在 2021 年于上诉法院战胜西班牙当局之后写下这篇文章的，虽然这不是最终结论，但这是我 50 年来证明自己清白的重要一步。在此过程中，我面临着英国历史上依据《犯罪所得法》所审理过时间最冗长的案件（英国政府向我收取了，他们声称我经由犯罪获得的房产和金钱）。

我的法律团队助我挑战西班牙引渡请求，他们是该领域的专业大师。我要特别感谢刘易斯·内达斯律师事务所的事务律师基思·伍德、教堂法庭律师事务所的出庭律师乔治·赫本·斯科特，和矩阵律师事务所的御用大律师马克·萨默斯：三位精英等级的专业人士，恢复了我对英国法制腐败和资金不足的信心。

我虽然精疲力尽但却欢欣鼓舞，接下来的篇章将说明缘由。

保罗·布兰查德
2022 年 10 月

序

西班牙马德里

2004 年 3 月 11 日的早上 7 点 37 分，西班牙 — 这个魅力四射、阳光普照的国家，六年来一直是我的第二个家园，遭受了其史上最严重的恐怖攻击。在这布满恐怖气息的三分钟时间里，正值早晨交通的高峰期，在开往马德里市中心往南的阿托查 (Atocha) 车站上，十枚炸弹在充满通勤旅客的四列拥挤的火车车厢内爆炸。

该次攻击造成 191 名无辜受害者丧生，近 2000 人受伤，也因此造成许多人身心上的终生恐惧。当钢铁制的车厢猛烈炸开时，使得受害者的身体部位，撞破附近公寓的窗户飞进去。烟雾散去后，目击者表示火车碎片被抛向空中，且尸体被困在扭曲的刚铁中，而头晕目眩、血流如注的受伤民众，在走去接受医疗救助的途中须跨过尸体。这是自 1988 年泛美航空 103 号航班，在苏格兰洛克比 (Lockerbie) 上空爆炸以来，欧洲最严重的恐怖暴行。

西班牙人以前从未见过这样的事情，每家电视台都用悬挂着黑色丝带的西班牙国旗取代了它的标志，整个国家都在哀悼。这些暴行被命名为"马德里爆炸案"或"11-M"，因为该爆炸事件是发生在 911 — 即 2001 年 9 月 11 日，纽约世贸中心和弗吉尼亚五角大楼划时代的恐怖攻击事件 — 的 911 天后。

但世人不知道的是，在英国的基地组织小组，从国民威斯敏斯特 (NatWest) 银行的一家分行窃取了 37,5000 英镑，然后将这笔钱以洗钱的方式送到西班牙，以资助其在西班牙首都的恐怖活动。这就突显了一个问题，我是怎么知道这个消息的？

我知道的原因是，因为我在该攻击发生的前四个月便已告诉西班牙情报部门，马德里的恐怖份子，得到了来自英国伯明翰圣战分子兄弟的资助。

我是西班牙政府卧底的情报人员，我是西班牙的"离岸资产"。

* * * * *

恐怖攻击的前四个月

2003 年 11 月 16 日，我预订了马德里中央广场的皇冠假日 (Crown Plaza) 酒店的住宿。虽然我去西班牙首都的行程已经成为我的例行公事，但这次行程所发生的事件，将标记下我与西班牙 CGI（西班牙国家警察总队内的一个情报部门），即"西班牙情报部门"情报人员关系的一个里程碑。

我从约克的家乘车前往利物浦的约翰·列侬 (John Lennon) 机场，搭乘易捷 (Easy-Jet) 航班花了大约两个小时，于下午 5 点 15 分抵达马德里的巴拉哈斯 (Barajas) 机场。从机场乘坐出租车四十五分钟后，我到了酒店登记处。洗完澡后，我先花了一个小时左右的时间，在电话上与我的私人助理莎拉·希尔讨论了当天的事务后，便步行去当地不远处的肯德基吃晚饭。回到酒店房间后，我看了天空新闻台 (Sky News) 的报道，然后打电话给妻子吉尔，之后读了一些书，等到我的眼睛感到疲倦后，那晚便提早入睡，如此一来我就可以专注隔天早上，在西班牙情报部门总部的会议。

自2001年7月以来，我与西班牙情报部门情报人员的合作更加巩固强化，当时我同意作证指控被联合国列入"头号通缉"犯 — 与基地组织有往来的穆罕默德·德巴 (Mohamed Derbah)。他们的情报人员认为德巴是一个危险的人物，一个非常、非常、危险的人，指控他是欧洲最强大的黑社会犯罪头目和黎巴嫩黑手党的头目。西班牙明察秋毫的地方法官巴尔塔萨·加尔松 (Baltasar Garzon)，要求我签署一份不可撤销的陈述，我不仅作证针对德巴而且还针对他的同伙。当我离开他在马德里中央法院的私人办公室时，警方已经拿到了确定他命运所需的罪证确凿文件。

我在西班牙情报部门的负责人（我的上司），是费尔南多·穆尼奥斯 (Fernando Munoz) 和恩里克·埃斯特班 (Enrique Esteban) 两位督察员，我刚开始时对他们两个深信不疑。费尔南多经常说：

"保罗，你行事相当谨慎小心，你是警察部门的好伙伴"。

他们总是关心我的安全，并在德巴组织的死亡威胁下，多次提供武装警察来保护我的安危。

隔天早上8点30分左右，恩里克打电话说，他会派司机于早上9点30分在酒店的接待处接我。当丹尼 (Danny) 准时穿过旋转门时，我们握手寒暄。丹尼以前接过我很多次，他大约三十岁，会说一口流利的英语，而且年纪轻轻就已是西班牙精英情报部门的一员。

车程将需要30到50分钟，我们才会到达由高耸的外墙包围住的总部入口处，具体时间取决于早上的交通情况。首先，我们在大门口接受了武装保安人员的检查，丹尼向警卫点点头，出示了他的通行证，便允许我们通过栅栏进入门楼内。然后我办理了登记手续，他们检查了我的护照，对我进行了金属探测器检查，并搜查了我的公文包，然后在大楼后面再次与丹尼会合。

一旦进入总部，它就像一个由办公大楼和停车场组成的村庄，草地旁有树木和人行道。我们本可以步行到主楼，但须开车到地下停车场进入电梯，该电梯的出口在一楼的第二个安全站，费尔南多已经在那里等着迎接我们。

"保罗"，他说，并伸出手来，"你的旅途顺利吗？"

在我们走向登记接待处时，我回答"很好，谢谢你"。我的护照又被检查了一遍，保安递给我一张夹式通行证。当费尔南多和我乘电梯到三楼的会议室时，丹尼便离开了，当门打开时，恩里克在那里迎接我，我们握手并前往会议室展开我们的会议。

* * * * *

古老的洛斯克里斯蒂亚诺斯 (Los Cristianos) 渔村位于特内里费岛南部，我于1997年在该岛开设了我的第一家离岸咨询公司。作为国际企业顾问以及作为在避税天堂（避税天堂 — 没有税收的国家）注册公司的服务提供商，我很快在加那利群岛、西班牙内地、欧洲及其他地区声名远播。

1999年，约翰·帕尔默 (John Palmer) 是一个臭名昭著的分时度假欺诈犯（通过欺诈手段出售部分财产），他因诈骗来自欧洲各地17,000名度假者，而在英国等待审判。帕尔默在1983年参与了价值2千2百万英镑的布林克斯－马特 (Brink's Matt) 抢劫案，媒体称其为"金手指"，他拥有3亿英镑的财富，曾在《星期日泰晤士报》富豪榜上有名，与伊丽莎白二世女王的财富相当。然而，虽然他的保释条件允许他造访他在特内里费岛的业务，但他的安全将受到竞争对手分时度假黑帮的危害，这便给了他的前保安负责人、杀手和得力助手穆罕默德·德巴一个绝佳机会，进而控制岛屿并建立自己的犯罪帝国。在短短几个月内，没有人敢对他的权力有任何异议。在未经他允许的情况下，特内里费岛的黑社会不能轻举妄动。警察局长和他的许多属下均牢牢地掌握在他的手里。

我碰巧在那里，当时穆罕默德需要购买许多离岸公司，将资金合法地转移到黎巴嫩首都贝鲁特的银行。我向他出售了许多公司，而每家公司在不同的避税天堂都有银行账户，并使用称为"转让定价"的合法避税结构，来最大限度地减少他的纳税义务，我便成为了他指定的受托人（一个值得信赖的人）及其金融帝国的守护者。虽然离岸公司和离岸银行的业务，吸引了一些非常令人厌恶的人物，但多亏了穆罕默德，来接洽我的新客户源源不绝。穆罕默德向我介绍合法的商业伙伴，来自欧洲各地的犯罪团伙，前往特内里费岛创建自己的离岸公司网络，以洗白他们的不义之财（窃取之财）。

穆罕默德将我介绍给他的律师和亲信，这些客户毫不犹豫地信任我，毕竟我是穆罕默德的受托人，就这么简单。然后我们会分摊他介绍客户给我所获得的利润，他多次说过他的未来掌握在我的手掌心里，此说法在某种程度上是正确的，其实我早就向西班牙当局披露所有这些秘密了。法官巴尔塔萨·加尔松亲自逮捕穆罕默德和他的同伙，他们被关押在马德里的"阿尔卡拉－梅科（Alcal Meco）"戒备森严的最高安全监狱，那里关押约有 1,000 名等待判决的还押囚犯。西班牙警方开始瓦解他的帝国，然而，今天的会议涉及更严重的问题——"恐怖主义"。

＊＊＊＊＊

桑尼·弗莱彻 (Sonny Fletcher) 是我营运的咨询公司"戴菊莺 (Goldcrest)"的客户，但也被西班牙情报部门称为欧洲"六大"毒贩之一。他来自一个吉普赛家庭，虽然是个目不识丁的文盲，但很显然他也肯定会数数。我于 1994 年第一次认识他和他的犯罪同伙雷·丹尼斯 (Ray Daniels)，桑尼住在位于英格兰北部布拉德福 (Bradford) 泰雷萨尔 (Tyresall) 郊区，一座占地许多英亩价值 100 万英镑的石制房屋里，他还在西班牙马贝亚附近的巴努斯港，拥有一套豪华公寓。在金钱方面，桑尼十分贪婪，如果他提出交易，他想要 50% 的利润和全部控制权。

2003 年 5 月时，他的两个同伙约翰·阿林 (John Allin) 和达伦·斯特德曼 (Darren Steadman)，计划对朗讯科技 (Lucent Technologies) 诈骗 430 万英镑（窃取资金），这是一家在爱尔兰都柏林设有基地的大型跨国美商公司。要设此骗局轻而易举，因为他们在银行有一个可以访问银行坐标和授权的内线，因此启动电汇不成问题。

为了使他们的计划奏效，他们需要一位贪婪腐败的律师。桑尼聘用酒鬼克里斯·艾尔 (Chris Eyre) 担任他们的律师，他已经为桑尼的儿子小桑尼 (Sonny Junior) 经营的二手车买卖洗钱。他们还需要一个代罪羔羊（有人顶罪），艾尔向他介绍西蒙·埃尔德里奇 (Simon Eldritch) 作为代罪羔羊，艾尔欺骗西蒙使其相信这笔交易是合法的。该团伙的其他成员还包括大卫·泰勒 (David Taylor) 和彼得·格洛弗 (Peter Glover)，他们是来自英格兰北部的两个骗子，由艾尔引进担任西蒙的商业顾问，负责重要会议时做为掩护的角色，他们也安排在西班牙开设银行账户的事宜以便收款。

我认识这些大多数的关键欺诈玩家，并且我私底下也知道桑尼和其他人想让我知道的事情。我的主要兴趣在于，阿林和斯特德曼与来自英国中部地区亚洲商人的关系，我从费尔南多和恩里克那里得到的指示是，尽可能多收集有关这两个人和他们亚洲联系人的情报。

军情五处和西班牙情报部门之间的情报共享，凸显了伯明翰的亚洲社区是基地组织学员的潜在招募地。我代表西班牙参与在此剧情里，我是一名"卧底线人"（为警察秘密卧底的人）。

桑尼带着他吉普赛人的心态想法，暗中密谋以计中计欺骗所有相关人员，并想黑吃黑自己独吞全部的 430 万英镑，并问我在该笔赃款汇到西蒙账户时是否人在西班牙。他的计划是以现金提取全部款项。然而，他所不知道的是，达伦·斯特德曼已经按照爱尔兰共和军恐怖分子（爱尔兰共和军——爱尔兰恐怖分子）的指示前往马贝拉，而这些恐怖分子已经挟持约翰·阿林，并拿着一把上膛的左轮手枪顶着他的头。

在撤销该计划的前一天晚上，桑尼、西蒙和我参观了太阳海岸首屈一指的妓院——"夫人宫殿 (Mylady Palace)"夜总会。晚上结束时，桑尼受酒精和可卡因的影响已神志不清，双腿已完全瘫软无力。我拿了他的宾利车钥匙，开车送他到他的公寓，安排第二天早上会见西蒙并带他去银行。然而，当桑尼忙于他的黑吃黑计划时，阿林和斯特德曼也正在制定他们自己的计中计，由于整个交易安排得如此糟糕至极，以至于结果适得其反。朗讯的会计部门发现了这个骗局，这笔钱在到达西蒙的银行账户时就被冻结了。

第二天我跟西蒙见面，我们开车去了他的银行。西蒙与经理安排在接下来的两天内提取现金，而我在附近的一家咖啡馆等着，但当西蒙毫无预警地回来与我碰面时，我们立即被警察包围了。西蒙当场被逮捕并戴上手铐，我用西班牙语向拘捕警官解释了我在西班牙情报部门的身份，他点点头表示相信我，所以没有将我戴上手铐，但说他只能在回到警察局时查看我的身份。我们到达后几分钟内，恩里克就确认了我的身份，因此将我释放。

桑尼在太阳海岸有适当得宜的人脉，他认识所有的主要犯罪分子，并且可以联络他们的腐败律师网络。西蒙入狱三天后，出庭接受审判并获无罪释放。桑尼以 20 万欧元的费用买通了法官、律师和警察局长。因为他担心西蒙会连累到他，所以为他的自由买单而使自己不受牵连，对他而言是一个微不足道的代价。

*****

达伦·斯特德曼前往马贝拉的朗讯骗局之行，都是预先计划好的，他与约翰·阿林一起利用贪婪腐败的西班牙律师客户的账户，将一笔金额庞大的赃款洗白。律师以购买豪华游艇为借口提取现金，扣除他的份额，然后将余额交给他的客户。桑尼不知道的是，这位律师已经准备好从朗讯接收 430 万英镑，然后将现金洗回银行系统。阿林和斯特德曼在这场黑吃黑的骗局中技高一筹遥遥领先。

*****

对恩里克来说，将我从警局释放出去只是在走一趟文书流程而已，当地警察只知道我与马德里最高层有关系。当我在一周后见到恩里克时，他已掌握了桑尼行贿以及轻蔑司法腐败的全部细节；毕竟，这在西班牙很常见。他对我的努力感到满意，并将注意力全集中在通过腐败律师的银行账户，从英国洗钱到西班牙的情报和方法。他建议我提高我的特工身份的等级，他说这将涉及向军情五处透露我的身份，如果我需要从世界任何地方与他或他们联系，会给与我一个紧急代号使用。我接受了他的提议；我的代号是"伊莎贝拉 (Isabella)"。

*****

2003 年 10 月，桑尼提出了另一笔交易，这次他说不会有问题，不会有警察知道；这是一个合法的交易，只是一个避税计划而已。他建议西蒙在这笔交易中担任台面交易人，他将获得 7000 英镑的报酬，而他所要做的就是通过他公司的银行账户，将 375,000 英镑转入西班牙达伦·斯特德曼操作的账户里。在桑尼的思考模式中，他相信这会补偿西蒙过去所遭受的不便，以及他在肮脏的西班牙监狱中度过三天的遭遇。西蒙欣然同意，因为他需要钱。

这笔交易背后的"大人物"名为穆罕默德·汗 (Mohammad Khan)，他是桑尼、约翰·阿林和达伦·斯特德曼的朋友和商业伙伴，他就住在伯明翰的亚洲社区中心。我以前见过这三个人很多次，他们是桑尼的手下。

穆罕默德·汗，他的朋友称呼他为"穆"，是一个技艺高超的骗子，他的专长是诈骗银行。他有一个均是亚洲人的联系网络，他们在银行担任高级职位，能够进行电汇，且一段时间内不会被轻易发现，其时间范围可介于 3 到 28 天之间，有时还会更长，具体取决于为进行欺诈所选择的帐户。一旦完成一项重大交易，该名银行员工就消失了，并回到他们的家乡。穆对于此手段相当擅长，他还在巴基斯坦建立了联系人网络。

*****

2003年3月24日，我赶上了早上从约克到伦敦的火车，在位于皮卡迪利大街 (Piccadilly) 的子午线 (Meridian) 酒店开会。穆组织了这次的会议，与会人包括阿林、斯特德曼和一群亚洲商人。每当与人初次见面时，我总是难以记住他人的名字，这点令我的处境显得尴尬，因为在与会人员中尚有其他七个人。我在那里解释了离岸公司的结构，以及在避税天堂拥有离岸公司和银行账户所获得的所有优势。穆已经十分熟悉离岸银行系统，经常在神不知鬼不觉的情况下将资金转移到伊斯兰堡。我在会议上尽力说服他的朋友。

有时，在会议期间，穆仿佛置身在人群外，全神贯注地用手机拨打和接听电话，他显然是在将信息传递给一个他称之为"阿米尼 (Amin'ie)"的同伙。会议上的其中一个人员询问"萨拉赫丁 (Salahuddin)"是否安好，穆回答说一切都好。

萨拉赫丁·阿明 (Salahuddin Amin) 又名"阿米尼"，这个名字对英国当局来说并不陌生。他是"缝隙帮 (Crevice Gang)"的成员，负责计划袭击一家伦敦夜总会和肯特的购物中心。他还与穆罕默德·西迪克·汗 (Mohammad Sidique Khan) 和沙扎德·坦维尔 (Shehzad Tanweer) 有关联，他们是七月七日伦敦爆炸案中的两名成员，军情五处窃听到他们与他的帮派成员欧玛尔·海亚姆 (Omar Khyam)，讨论"马德里爆炸案"的事宜。

10月下旬，375,000英镑存入西蒙的银行账户，然后在扣除他的7,000英镑佣金后，他将余额368,000英镑汇到斯特德曼在西班牙阿利坎特的账户，阿林和斯特德曼再将那笔钱分藏之后提取现金。这笔交易很成功，没有任何问题，也未惊动警察，这似乎是一次真正的商业交易 — 但事实并非如此。

穆罕默德·汗在几天前就已抵达西班牙，并入住了巴努斯港的安达卢西亚广场 (Andulucia Plaza) 酒店，他一直保持低调，直到以现金提取所有的钱为止。10月28日晚上，约翰·阿林与他见面，他交给了阿林等同于368,000英镑价值的欧元纸钞，多数的纸钞卷是500欧元的币值。整捆现金的金额并不大，也不是穆罕默德·汗在2003年10月转移到西班牙的唯一一笔钱。总共被盗的金额高达1000万欧元，全部被他的亚洲兄弟，在太阳海岸的连锁钱币兑换店，以现金形式提取。由于资金流向已被打破，现在需要重新存入银行并汇到迪拜。

*****

2003年10月29日下午，我接到一通电话，一开始我没有认出他的声音，因为我的手机信号不好。.

"我在马贝拉的一位律师让我彻底失望了"，穆说，

我问他什么意思。他解释由于某种原因，他聘用的一名律师拒绝为他洗钱，因此他困在1000万欧元现金的僵局里。

"保罗"，他说。"如果你能帮忙的话，我需要你的帮助。你在马贝拉这里有没有联系人，可以存入现金到银行里，然后帮我电汇900万欧元到迪拜？"

"可能有"，我说，然后以他一贯的悠闲方式说道：

"如果你帮助我，我会给你100万欧元现金，因为如果警察利用这笔钱抓到我，他们会发现我与基地组织的关联。"

"一小时后回我电话。"

我简直不敢相信他明目张胆的傲慢态度，我挂断了电话，我无意牵扯进这笔交易。不到一个小时，他就回了电话，他说不再需要我的帮助，问题已经解决了。

*****

当我们走近会议室时，费尔南多打开了门，我们全都在一张长长的光滑会议桌的一端坐下，这张桌子似乎占满了整个会议室。每隔一段时间就会有人摆上一些水壶

和水晶玻璃杯，会议室里唯一的装饰是胡安卡洛斯国王的照片，和覆盖着一层薄薄灰尘的大型人造植物。我身处熟悉的环境中，因为我们大部分的会议都在那里举行。当我们就我作证针对德巴的事宜开第一次的会议时，我们在费尔南多的小办公室里大汗淋漓，确保文件的"用词谦辞均是完美无误的"— 而情况如今已截然不同。

恩里克对我总是和善友好、彬彬有礼并且很关心我的福祉，他问道："你的旅途顺利吗？"以及"你的家人都好吗？"

他的英语比费尔南多还要流利，我们是如何用他们蹩脚的英语沟通，或者有时我会插话练习我的西班牙语，这点让我觉得很有趣，但我们最终总能表达彼此的意思。这些秘密会议是必须绝对保密的，如果会议"记录在案"，我们会有口译员在旁协助，但大多数时候我们都是通过自己的方式进行交流。

费尔南多非常重视我的投入和协助，帮助他的部门解决离岸公司的复杂问题。有一次，我在我们总是开会的这间会议室里，向他的一群同事做了关于这些主题的简报。在另一次，我解释了"旋转木马式增值税欺诈 (carousel frauds)"，这是一种由英国经验老道的欺诈者设计的手机骗局，目的是从英国政府那里窃取资金。

会议进展顺利，我们讨论了与我之前披露的大量财务信息有关的几项事宜，然后进行特工报告，以及报告我所收集关于穆罕默德·汗的新情报。

西班牙情报部门早就知道基地组织在西班牙各地都很活跃，并查明了300多名与恐怖组织有关联的伊斯兰激进分子，其中包括在纽约负责指挥911袭击事件的人员穆罕默德·阿塔 (Mohamed Atta)，他曾在2001年两次造访西班牙。第二次是在7月，在海滨度假胜地萨洛举行会议，这似乎是为纽约暴行进行最后批准的会议。费尔南多的部门因与德国联邦情报局（外国情报和安全服务）共享情报，截获伊斯兰激进分子的通信，所以知道马德里有一个活跃的基地组织小组，但他们没有辨认出恐怖分子的身份。

因此，全面调查和审查我的报告变得至关重要。恩里克说，他们将监视穆罕默德·汗在生活上的各个方面，并建立他和他所有同伙的档案。他们会调查他的电子邮件、通话记录、手机短信和任何社交媒体网络。他们会深入了解事实真相，找出他去过的地方；查看他的银行账户、财务状况和刷卡情况。我的报告包括他的地址、联系电话号码，以及我已查出他大多数亚洲同伙人的姓名。

穆罕默德·汗的基地在伯明翰，但他的联络人延伸到利兹、布拉德福德和杜兹伯立 (Dewsbury) 地区。正因他提及了他与基地组织的关联以及1000万欧元的资金，才使他成为活跃恐怖组织的主要嫌疑人；因为在反恐战争中，"脏钱"是最危险的武器。

恩里克称赞我的报告十分出色，并表示他会将每一个细节都转达给他的情报总监，并随时通知我任何事态的发展。会议照常结束，恩里克问我是否需要他们提供任何帮助，我说"不用了"。

2003年11月17日晚上6点30分，搭乘易捷航班7102从马德里飞往利物浦

独自旅行对我而言已是稀松平常的事情，在35,000英尺高似棉花般的云端上，反而有种宁静的景象，我经常在飞机上反思生活以及这一切意味着什么。我觉得不再和英格兰腐败的司法系统抗争的感觉很好；经过了这二十五个年头，这件事终于划下句点。我曾对抗一个接一个的法庭案件，现在，为我经营业务所在地的国家当局工作感到相当安全。

我的母亲对所有情况都没多说什么，她说有些是众所周知的说法，有些我相信是她自己编造的，但似乎总是很适合该情况。"你不可能去规划意料之外的事"是其中一个她的说法，她解释说这是"意料之外的事情"，我当然并没有打算与穆罕默德·德巴为敌。在这样做时，我忽略了她的另一句话"要非常小心你信任的人"。

我做出了许多错误的判断、错误的选择、犯了错，并且过着游走在钢索上的生活。然而，即使有丰富的经验，我还是疏忽了显而易见的事情。这些西班牙官员显然在"玩

弄我",他们为自己的目的利用我而不考虑后果。因此,相信巴尔塔萨·加尔松、费尔南多和恩里克,将证明是我最大的错误。

* * * * *

第一章

我的早年生活

1956 年在我 11 岁时，我母亲决定举家从约克郡的一个小村庄奥斯比 (Osgodby)，搬到距离奥斯比村庄最近的小镇塞尔比 (Selby)，两个地区的距离只有将近三英里而已，塞尔比位于约克以南约 13 英里处。我们离开家乡是因为我母亲计划远离过往以及展开新生活并结婚，我讨厌离开我所有的朋友，离开我已适应的学校，离开我从有记忆起就热爱的生活，我童年的所有回忆都是快乐的。

我们住在一栋名为"白色别院 (Whitevilla)"，坐落在自己土地上的大型独栋住宅，庭院里种满了苹果树、梨树和樱桃树。我的外公威廉·图恩 (William Tune) 建造了这座房子，他于 1935 年英年早世，享年 58 岁，把房子留给了我的外婆。当时我的母亲十四岁，是九个孩子中排名倒数第二小的孩子，有三个姐姐，分别是弗洛伦斯 (Florence)、维多利亚 (Victoria) 和莉齐 (Lizzy)，以及三个兄弟，分别是哥哥弗雷德 (Fred)、哥哥彼得 (Peter) 和弟弟保罗 (Paul)。我的外公已建立起房屋建筑大师的声誉，因此保障了我外婆的财务状况。

到 1940 年时，只有我的母亲以及保罗和弗雷德两兄弟留在家里，其他人已经离家，在附近的村庄展开他们的婚姻生活。同年，我母亲嫁给了多恩·布兰查德 (Don Blanchard)，他的父亲在隔壁的巴比 (Barlby) 村，做木工生意的业务。妈妈很快就怀孕了，但没有机会过正常的婚姻生活。因为正值第二次世界大战全面爆发，她的新婚丈夫选择避免被征召入伍，于是搬到南安普敦工作和培训，成为一名为海军修理船只的焊工。保罗舅舅选择入伍从军，弗雷德舅舅一个人留在家里，因为他的身体状况不适合服役。

母亲独自一人怀着身孕，与我的外婆一起安全地生活。1941 年 7 月 7 日，我的姐姐玛丽出生了。在接下来的两年里，丈夫只是偶尔回来探望，对自己的女儿没有多大兴趣。1944 年 5 月，我母亲再次怀孕，九个月后，即 1945 年 1 月 24 日下午 5 点，我出生了。我妈妈最好的朋友埃塞尔·科茨 (Ethel Coates) 和当地的助产士，在白色别院位于前面的房间里接生了我，外面下着厚厚的飞雪冰天冻地。多年后，埃塞尔告诉我，当助产士拍我的屁股时，我发出了震耳欲聋的声音。

几个月后，于 5 月 8 日，战争结束了。保罗舅舅带着带着几枚奖牌回家了。多恩·布兰查德也回到了村子，但他不是独自一人回来。他在南安普敦遇到了他的下一任妻子，他们搬进了一间可从白色别院看到的房子，妈妈经常在上床前看到的最后一件事，就是他们卧室的灯被熄灭了。他和妈妈离婚了，他再也没有探望过她或他的女儿。

我从未见过我的父亲，也不记得小时候曾经问过我母亲他是谁，多年来我们从未真正谈论过我父亲的事情。我只是假设多恩·布兰查德是我的父亲，我妈妈或任何人从来没有提到过他，也没有说过他的坏话，对他也没有任何怨恨或敌意。即使他们住在附近，我不记得曾经见过他、他的妻子或他们的任何孩子。

我们的家充满了欢笑和爱，妈妈有一种美妙且欢乐的幽默感。在那个时候，家庭价值观确实存在，每个人都在各种情况下随时提供彼此帮助。保罗舅舅成了我从未有过的父亲，他找到了一份水管工的工作，从一个城镇到另一个城镇工作，靠着人脉收入不菲。每隔几周他就会回家招待我们所有人，他就像圣诞老人一样。他会给妈妈 20 英镑，这在当时是一大笔用来为我和玛丽买衣服的钱。他会让我坐在他自行车的横梁上，带我去塞尔比的乌斯河钓鱼。当他的钓鱼线上有鱼上钩时，他会让我把鱼拉上岸，他照顾我们所有人。

妈妈在塞尔比甜菜厂找到了一份工作，把我和玛丽交给我的外婆照顾。年纪最大的哥哥弗雷德舅舅帮忙打理房子，还会带玛丽上下学。由于他的残疾，他无法工作，但他从家庭信托（家庭资产）获得私人收入。他总是叫我"小弟弟"。每年，我们都会在约克郡东海岸法利 (Filey) 的北湾，租用露营车度假，由于大部分时间都在海滩上渡过，因此使得夏天似乎更热了。

在我四岁的时候，我发生了我人生许多意外中的第一个意外。那天是我们假期的第一天而且风很大，我正在玩露营车的门，突然风把下面的门吹得关上了，因而夹到了我左手的第二根手指头。当我把手抽离时，我的手指末端掉到了地板上。我痛苦地尖叫着，急忙将我送到医院去。幸运的是，妈妈捡起我的手指末端，医生将它重新缝合。虽然我的手指变得有点不对齐，但除此之外还行。

妈妈最好的朋友埃塞尔有两个儿子，巴里 (Barry) 年纪最大，约翰和我同龄，我们成了最好的朋友，都是喜爱在户外玩耍的孩子。在那个年代，大多数家庭都没有电视或电话，人们对电脑也是闻所未闻，所以我们做了大多数孩子都会做的事情，自己找乐子。约翰和我会扮演牛仔和印第安人，或者和村里其他同龄的孩子一起玩捉迷藏，我们可以花上几个小时的时间玩弹珠和西洋棋。在秋天，我们会玩板栗游戏比赛。大多数时候，我们步行到距离我们村庄约两英里的斯基普威思公共自然保护区 (Skipwith Common)，那里到处都是野生动物，我们经常在那里看到梅花鹿和雄鹿，有时我们会在堤坝上钓棘鱼或大冠蝾螈和掌状蝾螈。当春天来临时，刚下过雨的潮湿空气中弥漫着青草、石南花和野花的香味，帮助青蛙和蟾蜍从冬眠中苏醒过来，然后迁徙到普通的繁殖池里，我们以前曾在白色别院后花园的自制池塘，捕捞过一些青蛙和蟾蜍。总是陪伴在我身边的是我忠实的伙伴"布奇 (Butch)"，是一只金色的拉布拉多犬，他甚至睡在我的床边，我们形影不离，直到多年后牠死去，我为此伤心欲绝。

后来我对观鸟产生了兴趣，我将看到的所有鸟类制作了一个剪贴簿，我承认曾偷了许多鸟蛋。我会在鞋盒底部放上大约一英寸的锯末，然后把鸟蛋放在上面，并整齐有序地贴上标签。保罗舅舅买了一个三脚架和望远镜给我，约翰和我会坐上几个小时，在各种天气下观察野生动物。

我们永远找不到"戴菊莺"的巢和蛋，但我们每年还是会尝试，虽然我们从未成功。我经常看到戴菊莺 — 欧洲最小的鸟，牠们在垂挂的硬木树枝上筑巢，因此欲找到牠的巢难上加难。直至今日，戴菊莺仍然是我最喜欢的鸟。

1952 年对我母亲和我们所有人来说都是一个转折点，因为我的外婆在四月时去世了。这件事使得我第一次见到我母亲开始信奉宗教，玛丽和我每周都去主日学校，但对身为儿童的我们而言，我们俩都不感兴趣，在当时我们不得不去教堂，其实我对观鸟和恶作剧更感兴趣。

我妈妈安排了所有葬礼的细节。我记得我外婆躺在楼上一间卧室的棺材里，在当时家庭成员守夜是常态。葬礼那天，我在棺材盖上之前亲吻了外婆的额头，向她告别，屋子里挤满了村里的人，我所有的阿姨和舅舅都在那里。楼下的一间房间里，摆满了美丽的花朵。玛丽和我被告知"外婆"已经去了天堂和耶稣同在，而且她会非常开心有天使陪伴在侧，我们俩都摘了她最喜欢的花 — 水仙花，做成花圈送她。妈妈说我们太小不能参加葬礼，因此，一位邻居带我们步行到斯基普威思公共自然保护区。我外婆的死改变了我们一生的命运。

在她去世后，妈妈和其他家庭成员在白色别院举行了多次会议，我所有的阿姨和舅舅都聚在一起讨论家庭信托（可以为家庭拥有资产和金钱的法人实体）。玛丽和我会在门口听，试着弄清楚接下来的发展将是如何。妈妈向我们讲述了这是起源于我们的外公威廉·图恩的故事。

他来自一个有十三个孩子的家庭,而他是家中的长子,十一岁就离开学校当石匠学徒,以帮助养家糊口,他的工作是雕刻墓碑和雕像。他的名字,就像他父亲"托马斯·图恩 (Thomas Tune)"的名字一样,仍然可以在附近村庄的教堂墓地里雕刻的墓碑和雕像上看到。在他十几岁的时候搬到奥斯比之后,他遇到了我的外婆玛丽·赖特 (Mary Wright) 并与她结婚。在 20 岁时,他开始自己承包建筑商的业务,并在塞尔比技术学校 (Selby Technical School) 参加晚间课程,以继续他的教育进修并学习建筑行业的课程(行业 — 为某项工作而进行培训)。

当他被介绍给村里的乡绅(村长)时,他看到了获得建筑合同和固定工作的黄金机会。他从那里购买了一些建筑用地,并创建了自己的房屋建筑公司"威廉·图恩有限公司 (William Tune Limited)"。他是一个热爱生活的人,然而性格有点古怪,却在财务管理上非常注重细节。他非常善良和慷慨,奥斯比村的两条街道仍以他的名字命名为"图恩街 (Tune Street)"和"威廉路 (William Road)"。当你有以你名字命名的东西时,妈妈会说这是对你认可的标志。他也是一个非常重视教育的人,并将他所有的孩子送去塞尔比的一所私立学校就读。"光想着多年来寄到图恩街的许多信,"妈妈会笑着说:"这些信将我们家族的姓氏以生动的方式保留下来,并且还受到人们的谈论。"

妈妈总是摆出快乐和积极的一面,她对生活具有的热情感染了他人,"事出总有因",她会说,"我们的计划由主来决定。

家庭信托明文规定,在我外婆去世后,白色别院必须与其他房产一起出售,并将收益分配给所有受益人(家庭成员)。必须为弗雷德舅舅买一栋小房子,这项条款是为了保障他的收入。虽然这需要一些时间来完成,但就变成我们将必须搬出去寻找其他地方住。

长大后你还是会记得某些事,我记得玛丽在我上小学时开始上中学、一年一度的乡村集市和活动,有一年妈妈赢得了美腿比赛冠军,而我们依旧还对这件事情津津乐道。还有一件记忆深刻的事情,尤其因为妈妈是一个坚定的保皇主义者,那是 1953 年伊丽莎白二世女王的加冕典礼,在村庄大厅举行的街头派对持续了一整天,一直持续到深夜。其他村庄活动包括每年 11 月 5 日的"篝火之夜"。

整个村子都投入其贡献,为游戏区的中心建造一个巨大的篝火。晚上家人会带着自己的烟火并将其轮流点燃,这样我们就可以观赏彼此的烟火了。那里还有卖热狗、鸡腿、烤土豆和牛肉或猪肉片的小摊贩,另外有为家长准备的啤酒帐篷以及为孩子准备的柠檬汽水。我热爱乡村生活。

在五到十岁时,妈妈将我归类为容易发生事故的孩子,因为我们经常去塞尔比的医院挂急诊。我从我们果园的树上掉下来,导致我的右臂和肩膀摔断并脱臼了三次,直至今日还略微弯曲。有一次我在铁门上滑倒,把我的左睾丸压碎了;还有一次,我的右膝受伤并伤痕累累。最严重的事故,是有一次我没有看路就走在主要干道上,被一辆时速 60 英里的摩托车撞倒,我因此住院了两周。不止一次,妈妈在工作时,经常因为我做出古怪滑稽的行为而必须提早下班。她会说我完全没有危险意识,鲁莽无畏甚至到了愚蠢的地步,但鲁莽和冒险是我与生俱来的天性,这个基因是从我从未谋面的父亲那里遗传下来的。回想起来,我一定让她为我牵肠挂肚。

1955 年夏天,当我十岁时,坏消息传来。妈妈说将公开拍卖出售白色别院,因此我们有六个月的时间搬出去。而后,随之而来的是最坏的消息,我们将在隔年一月搬到约克。玛丽和我都坐在客厅的沙发上,妈妈解释说她要嫁给她交往已久的内维尔·考桑斯 (Neville Cousans)。我们都将住在她在约克米尔顿街买的,一栋排楼最末端的一栋房子里。有一所离家附近的学校,妈妈在约克的众多医院中找到了一份护士助理的工作。我听到这个消息后彻底崩溃了,我觉得我的整个生活都将陷入困境。

我明白我们必须离开白色别院,但我以为我们会留在奥斯比,不过玛丽似乎比我更能接受搬家的事实。住在镇上的想法让我担心受怕,我们未曾离开过村庄,在我的脑海中，我已经开始想念约翰、斯基普威思公共自然保护区和我学校的朋友。在我们搬家前几周，每个人都承诺会保持联系并保持彼此之间的友谊。

妈妈和埃塞尔阿姨，正如我所说，她们是一辈子的朋友，她也是我的教母，所以我知道他们俩也一定很难过。

当然，长大后，我才明白妈妈当时只有三十六岁，需要正常的生活，规划未来，有自己的家还有一个丈夫。搬家箱型车到达的那天真的糟透了，十分打击我。之后我离开了我的童年和成长的根源，而约克将是我们未来的家。

* * * * *

搬家箱型车不到一个小时就到达了我们的新家，这是玛丽和我第一次看到这间房子，它位于一个有 26 间房子的排楼的尽头。如此数量之多的房子密集地排在一起，反而与村庄的开放空间格格不入，所以环顾四周对我而言是一种文化冲击。在一楼的一个入口大厅通向两个房间，在房子的前面有一个前厅，里面有一个飘窗，在房子后面的房间可以看到后院。在后面的房间里，有一扇通向厨房的门，厨房里仅有一个水槽和一个煤气灶，后院很小，有一个小外屋，里面有一个厕所。

二楼有两间卧室，楼梯平台上的另一个楼梯可通往三楼的两个大阁楼，

"浴室在哪里？"我问妈妈，

"没有浴室"，她笑着说。"

搬运工忙着从车上卸下家具，玛丽和我又看了看卧室。玛丽占据了二楼位于房子里后面的卧室，我的房间则是位于房子里前面的宽敞阁楼。我们渡过了第一个糟糕的晚上，整栋房子从楼上到楼下都冻死了，唯一的暖气是来自后面房间的明火，同时该火也烧着房子里的水。睡前时，厨房的水槽还必须当作洗脸盆使用，相较之下"白色别院"顿时感觉像是一家五星级酒店。

那是一月初，没有暖气的早晨是一种折磨。一旦将火点燃并且柴火燃烧起来之后，房间很快就变暖了，所以至少我们在吃早餐时不会冷得发抖。妈妈在最初的几周里有很多事情要做，除了整理房子之外，还必须找一间当地学校为我们申请入学。只剩下六个月的时间她就能离开家去找工作了，玛丽在大约两英里外的丹尼斯米德现代中学 (Danesmead Secondary Modern School) 里申请到一个位置，到一月中旬，我开始在距离米尔顿街只有五百码的圣劳伦斯小学 (St Lawrence Primary School) 就读。

* * * * *

布瑟姆公园精神病院 (Bootham Park Mental Hospital) 位于约克市西侧的克利夫顿地区。无论天气如何，每周有五天，妈妈会在早上 6 点开始时骑车。她虽是一名护士助理，但这项工作更像是一名清洁工，拆下被病人弄脏的肮脏床单、清理便盆，并将病房随时准备好让护士长检查。工作时间漫长而艰苦，但妈妈的工资是我们唯一的收入来源。房子需要进行大量维修，在接下来的几周内，已完成电气设备线路的重新安装，一些房间的墙壁需要重新抹灰，其他房间需要新的壁炉。保罗舅舅在厨房的尽头安装了一个新浴缸，用木片覆盖住外围并以一个可拆卸的盖子掩饰起来，用流动的热水再次洗澡的感觉真好。在四月的复活节之后，我也开始在玛丽就读的丹尼斯米德现代中学上学，我从一开始就讨厌这所学校，我们一起步行去学校，但很快学期结束了，玛丽毕业了。在暑假期间，她和妈妈一起在布瑟姆公园医院注册成为一名初级护士。

在学校里，我和住在同一条街上的两个同学成为了朋友，一个是住在四号的罗尼·斯特劳布里奇 (Ronnie Strawbridge) 和住在邻近亚瑟街 (Arthur Street) 的巴里·李 (Barry Lee)。城里的孩子和村里的孩子有不同的娱乐方式，所以在假期里我有三到四次会乘公共汽车回奥斯比，去找约翰玩并在埃塞尔阿姨家住几天。每当回家时，只会让我更加意识到，我是多么想念这个村庄和我的老朋友。

内维尔·考桑斯与妈妈同龄，从未结过婚，是一名面包师，在父亲拥有的家庭面包店工作。他和妈妈计划在两年内结婚，在那之前他会和家人住在一起。我们渐渐地愈来愈认识他，他总是来家里帮忙装修和做其他的事情，似乎是个还算不错的人，我们相处得很好。1956年是忙碌的一年，我们搬了家，我在两所学校就读，玛丽和妈妈在同一家医院工作，而我也已经适应了城市生活。对我而言10月是最好的月份，"这个月的"某天保罗舅舅来了，给了我一把吉他和一本乐谱，之后我就再也没有空闲的时间了。我总是在练习吉他，并且会跟着收音机里的歌曲一起演奏。罗尼早已会弹了，所以我们聚在一起，每天晚上都会在房子的前厅里即兴演奏。我们买了一块洗衣板，用一个旧茶柜做了一个低音提琴。我几乎没有意识到，音乐永远是我生活上重要的一部分。

* * * * *

瑞翠医院 (The Retreat Hospital) 是一所世界著名的精神病院，建在最高点可俯瞰约克以及城市的壮丽景色，主要入口距离米尔顿街仅750码。1957年4月，护士长对妈妈和玛丽进行了面试，两人都被录取为护士。妈妈是护士助理而玛丽则是学生护士，这些工作岗位涉及到学习、实践经验和考试，以获得皇家精神科护士的资格。

不到几个月的时间，家里变得热闹非凡，每周有两到三次妈妈和玛丽会带她们的同事回家喝酒，房子里总是挤满了护士。罗尼和我经常必须让出前厅，好让她们能举行派对。有一次她们举行派对时，恰逢保罗舅舅来拜访我们，当妈妈把他介绍给她最好的朋友之一莉莉 (Lilly) 时，他的生活从此改变了。他们开始约会并很快就订婚，然后他搬到约克，在毗邻米尔顿街的亚瑟街买了一栋房子，从事建筑行业，提供翻新房屋并安装中央供暖系统的服务。

1958年3月29日，他们在约克的圣救世主教堂结婚。同年11月，莉莉舅妈生下了双胞胎女孩凯瑟琳和玛丽，遗憾的是，小玛丽在出生后几分钟内就去世了。幸运的是，于1963年10月，他们生下一个健康的儿子雷蒙德 (Raymond)，完成了他们俩都希望建立的家庭

1958年5月19日，妈妈在约克的登记处与内维尔结婚，这只是一个小家庭婚礼聚会，只有保罗舅舅和莉莉舅妈是现场的婚姻登记证人而已。似乎什么都没有改变，只是家里多了一个男人而已，而且我们的经济状况也因此变得更好。虽然我已经适应了学校，但我仍然讨厌在那里的分分秒秒。我真的很擅长数学和金属实作科目，但英语和拼写却很糟糕，我跟那些通过经验来学习，比研读理论还要学得更好的人一样。

我在学校最喜欢的是音乐课和体育课。我在约克开始了新的生活，因此在假期时去奥斯比的次数便减少了。约翰和我将永远保持我们的友谊，但我们都继续在生活上往前迈进。家庭假期仍然选择去法利，弗雷德舅舅、有时还有保罗舅舅和莉莉舅妈也会加入我们的行列。保罗舅舅和我仍然一起去钓鱼，但改在约克的乌斯河。我们每天都会见到他，每隔几周他就会偷偷给我5英镑的零用钱，我们两个发誓要保守秘密。

我们已在约克住了四年，对我来说奥斯比的日子似乎是很久以前的事了。我结交了新朋友，发现了新的兴趣，并在十四岁时遇到了我的初恋女友，但我们很快就分手了。我将于1960年1月满15岁，需要找份工作，幸运的是，妈妈已经为我安排了在约克首屈一指的亨特·斯莫佩奇 (Hunter and Smallpage) 家具公司的面试。妈妈一位护士朋友的丈夫在那里工作对总经理说了好话，所以如果我通过了面试，我就会得到这份工作。

1959年底以家里的派对画下那年的句点，那天是跨年夜，屋子里挤满了人。玛丽和她的男朋友约翰·约曼 (John Yeoman)、妈妈和内维尔、保罗舅舅和莉莉舅妈，好像还有一百个护士的样子。我偷偷喝了太多酒而感到不舒服，但没人注意到，因

为我上床后便倒头昏睡。隔天早上是 60 年代的初始，对我来说是一年的开始，距离我梦寐以求的任何事情都还是遥不可及。

*****

亨特・斯莫佩奇不仅是约克最古老和最受尊敬的家具公司，而且在整个英格兰也以卓越而闻名。主要陈列店面位于约克市中心的一条古德拉姆盖特 (Goodramgate) 街上，该街道距离约克大教堂仅几步之遥，其展示的一系列家具可追溯至好几世纪。我是与公司创始人的孙子奈杰尔・斯莫佩奇 (Nigel Smallpage) 先生进行面试的，他的秘书将我和妈妈带进了他三楼的办公室，面试便开始了。

他问我们在约克住了多久，妈妈有没有工作，妈妈回答说她在瑞翠医院担任护士。他回答说亨特・斯莫佩奇是与医院签约的家具供应商，这提醒他是医院的共同同事安排了面试。妈妈解释说，我们最近从塞尔比附近的一个村庄奥斯比搬到了约克，她一直很喜欢约克，在结婚前，于 1940 年曾在斯特伦索尔军营 (Strensall Barracks)，以平民的身份做过短暂的工作。

斯莫佩奇先生说他对奥斯比很熟悉，他回忆说该地方离海格力斯运输机 (C-130 大力神)，在战争期间用作轰炸德国基地的里卡机场 (Riccall Airfield) 不远。他说他住在斯特伦索尔军营附近，在战争期间曾是驻扎在南方的飞行员。很显然地，两人生在同一个时代因而有很多共同点，本可以聊上几个小时，因此使得面视变得不那么正式了。

我原本已经准备好面试的测试，但斯莫佩奇先生只问了一些简单的常识问题。他留着显眼的花白头发，口齿伶俐且举止优雅，或者就像妈妈说的那样，"是位典型的绅士"。我们谈话时，他边做笔记，他从来没有告诉我，我通过了考试，而是提到了室内装潢车间有一个职位空缺。我才开始想着室内装潢车间的工作内容是什么时，他很快就解释给我听了。

需要拆卸欲修复的软垫家具，有时是木制框架，然后重新装新椅面和修复。陈列店面的后面是车间，包括橱柜制造工人、法式抛光工人和制作窗帘、窗帘盒和床单的裁缝师。一个工作室被改造成一个供人休息的小教堂，该公司的承包声誉在当地社区中享有盛誉。

在毗邻的建筑物中，有一个专业制造玻璃的部门，为包括约克大教堂在内的教堂供应和制造彩色玻璃窗。斯莫佩奇先生随后说明工作描述和工作机会，一开始的六年内我将是室内装潢工的学徒（学徒 — 学习特定工作），并询问我是否接受了工作机会。

"是的" 我说，然后感谢他给我的机会。他身体前倾，按下办公桌上的对讲机按钮，请他的秘书进来。他说让我参观室内装潢车间并会见老板诺曼・杨 (Norman Young) 先生是很重要的事，他的秘书会带我们去见他，一旦我安顿下来后，他就会再次来见我。

面试结束之后，我们都站起来握手。我想起了妈妈曾教导我，在握手时重要的是要看着对方的眼睛，握手时要用力紧握，因为这样代表了你的诚意。他的秘书进了办公室，斯莫佩奇先生把我们带到门口，我注意到他一瘸一拐的，他的其中一只鞋大约有三英寸厚。后来我才得知他是在战争时受的伤，他驾驶他的飞机执行演习任务，而飞机失事，其坠毁的力量压伤了他的脚和腿。

妈妈也注意到他跛行，之后她说他真是个绅士。当时我还不明白为何战争年代对她来说是如此特别，但有一天我会更加地理解原因是什么。

我的第一份工作打开了一个让我有全新体验的世界。我曾想像整天在车间里拆卸家具，学习修复椅子，为年长的工人跑腿，但这种工艺的另一面让我看到了"绅士名流"的生活，所谓的上流社会、有钱人、世袭这片土地的"勋爵和夫人"。室内装潢师对此领域的旧艺术十分精通，包括窗帘和古董四柱床，并以精美的窗帘盒、花彩或垂花饰和尾巴装饰。正是这方面的交易让我觉得最有收获,并让我结识了这些有影响力的人,并参观了他们的豪宅。

诺曼的绰号是"福尔曼 (Forman)"(福尔曼 — 是老板的意思),唐 (Don)、厄尼 (Ernie)、鲍勃 (Bob) 和杰克 (Jack),他们是车间里的五名装潢师,都是正宗且经验丰富的师傅,唐和杰克是负责在这些宏伟建筑物里工作的人。在我第一次从公司外出工作时,我陪杰克去霍华德城堡 (Castle Howard),在一间小附楼里为两个窗户挂上窗帘,庄园和建筑物的规模让我叹为观止。

十五岁的我从未亲眼目睹过如此宏伟的事物,只有在学校历史书上的照片看过而已。完成工作后,我们向庄园办公室的管理员汇报,让他在工作完成表上签名。由于我和杰克在那里工作了很多次,管理员和杰克均已熟识并以名相称,所以在我们返回约克之前,他请我们喝茶。

在我担任的学徒期间,当我在霍华德城堡的主楼私人生活区工作时,经常会见到业主霍华德勋爵和夫人。多年后,霍华德城堡因是电视连续剧"故园风雨后 (Brideshead Revisited)"的拍摄现场而闻名于世,它是英格兰著名的历史建筑之一,每年有数千人参观。

我一直以来最喜欢的豪宅是北约克郡的"荷芬咸别墅 (Hovingham Hall)",然后是沃斯利 (Worsley) 勋爵和夫人的家。在我第一次造访时,我见到了沃斯利夫人和她的女儿凯瑟琳 (Katharine)。我们在那里为凯瑟琳全面翻新的卧室安装新窗帘、窗帘盒和配套的床单。地毯部门的工人刚刚铺好了新地毯,正在收拾工具。我们经常在工作时见面,大家彼此都认识。我和特里·奈恩 (Terry Nyhan) 成为了朋友,特里·奈恩是其中一名地毯安装工人,我们俩均是同一天开始在公司上班的,我们成为一辈子的朋友。

我总是期待去荷芬咸别墅工作,因为别墅的工作人员和沃斯利夫人都很友好,凯瑟琳也一样友善。窗帘的安装通常是重新装潢和地毯安装后的最后一项工作。我们很幸运,我们得以看到完工的样子,以及整个装潢计划是如何结合在一起的。沃斯利夫人和凯瑟琳对新家具陈设很满意,称赞杰克的精湛工艺。每次他在荷芬咸别墅工作时,我都会特意陪他去,并在一段时间后与沃斯利夫人建立了友好的关系,几年后我开始自己的室内设计业务时,挖走了她成为我的客户。

凯瑟琳·沃斯利后来嫁给皇后的堂弟肯特公爵殿下,他拥有世界各地的共济会大师,在这个秘密的邪恶协会中拥有绝对的权力,这个协会深入并影响着我们生活的各个方面。有一天我将会了解共济会会员的强大。

在亨特·斯莫佩奇家具公司工作,让我对"另一个世界的人的生活"大开眼界。在我十五岁的时候,我已经下定决心,有一天我会自己创业,我会努力工作,我会像我的外公威廉·图恩一样功成名就。

* * * * *

戴夫·金 (Dave King) 和他的父母住在我们家的对面,也在米尔顿街上。大多数晚上,他都会和他的乐队在俯瞰街道的前厅练习乐曲。我记得站在他家外面听乐队的演奏,梦想也成为他们的一名成员。讽刺的是,我不知道我自己的演奏天赋其实早被戴夫发现了,当他邀请我担任他乐队"戴夫·金和其朝臣 (Dave King and the Courtiers)"的主音吉他手时,我十分高兴。

由于我的年龄才十五岁,因此产生了些问题,因为其他成员都比我大三到四岁,所以为了被允许参加乐队的演出,我必须假装自己是十八岁,这十分荒谬,因为我看起来没有那么老,幸运的是,我们找到了避开此问题的方法。乐队早已成立,并定期在城市的舞蹈场所和酒吧演出。我们的乐队为约克帝国探险号 (SS Empire) 俱乐部许多知名的 60 年代歌手演奏,并且有一个忠实的女性粉丝俱乐部,跟随我们从一场演出到另一场演出。我不记得第一次的性经验是和谁发生的,也不记得什么时候失去了童贞,但总是有人提供做爱的机会。

1960 年 8 月，约克皇家剧院的管理层与我接洽，他们正在制作一部名为"人生低潮 (Rock Bottom)"的戏剧，讲述一位堕落的流行偶像。我通过了试镜，成为了整个制作的音乐协调员。在幕后工作是一次美妙的经历，我有幸见到了许多后来在银幕和电视上成名的演员，包括在加冕街 (Coronation Street) 饰演希尔达·奥格登 (Hilda Ogden) 的"琴·亚历山大 (Jean Alexander)"，直至今日仍然是英国电视史上，播放时间最长的肥皂剧。

在我 16 岁生日那天，我们在塞尔比舞厅演出，由于我们被歌迷包围，所以管理层邀请我们成为他们每周的常驻乐队。在接下来的几个月里，我们不是在晚上练习，就是在晚上找乐子，这开始影响我的日常工作，因为在无数次深夜才入眠和玩弄女子的疲惫中，我经常躺在床上挣扎爬不起来。于是到年底时，我离开了乐队，决定把所有的精力都集中在令我妈妈满意的工作上。她经常教训我说，斯莫佩奇先生给了我一个学习一门手艺的机会，而我却没有做雇主认为正确的事情。

1961 年夏天，7 月 7 日，姐姐玛丽突然宣布她怀孕了，想尽快和男友约翰·约曼 (John Yeoman) 结婚。很快便举行了婚礼，四个月后，玛丽于 11 月 19 日生下了一个漂亮的女婴"贝琳达 (Belinda)"，我升格为舅舅了。

然而这段婚姻并没有持续多久，1962 年初，玛丽与约翰分开并搬回了家。妈妈放弃了她的工作，来照顾只有几个月大的贝琳达，让玛丽可以自由地回到瑞翠医院全职工作。然后我们开始改造整个房子，保罗舅舅将二楼后卧室的一部分改造成带厕所的浴室，将厨房里由木板封装的旧浴缸拆下来，换上了新的卫浴设备。我安装了新的窗帘、窗帘盒和百叶窗，我在地毯工作室的伙伴特里，在此次装潢的地方都安装了新地毯。玛丽回家之后，家里再一次成为了她和妈妈的朋友定期来访的活动场所。

1962 年 10 月，披头士乐队发行了"Love Me do"，自此永远改变了英国音乐的面貌。同年 10 月，妈妈的一位护理朋友玛乔丽·布莱登-希尔 (Marjory Bladen-Hill) 来访，并把我介绍给她的儿子亚历克斯 (Alex)。当我们的妈妈在喝茶闲聊八卦时，亚历克斯和我则在前厅交谈，在那里我向他展示了我的吉他，和我过去曾短暂作为戴夫·金乐队的首席吉他手而成名的剪贴簿。我们一拍即合，并成为了朋友。在傍晚时，我们的妈妈加入了我们的谈话，并解释说亚历克斯将在未来几个月与我们一起生活。他的母亲打算和对亚历克斯家暴的继父离婚，他和我们住在一起，才会避免他的暴行。

披头士狂热席卷了全国，亚历克斯逮着了音乐虫子的机会，热衷组建一个有主唱的新乐队。起初我们每周练习三到四个晚上，其他晚上我们会去当地的俱乐部打斯诺克。到 1963 年秋天时，几乎每个城镇都出现了乐队，他们都渴望攀登成功和成名的阶梯。约克也不例外，共成立了大约 25 个乐队，在该市的酒吧和俱乐部娱乐他们的粉丝。亚历克斯和我决定建立我们自己的小乐队，名为"The Cheavours"，这个名字是亚历克斯依据美国汽车雪佛兰取的名字。

建立一个新乐队为我和妈妈带来了很大的麻烦。我曾承诺要全心全意地学习我的工作，她担心我会再次忽略我的工作，并重蹈我之前在"The Courtiers"乐队的覆辙。她的观点是我应该先学习我的行业，获得我的能力证书之后再全职加入乐队，或者做任何我想做的事。

"你总是可以回头去做你熟悉精通的工作"，她会说，"你需要一个让你有回头路的备份工作。"

而事后均证明我妈妈的训话总是对的。她开车回家后会说的另一句话是，"你没有做斯莫佩奇先生要你做的正确的事，而他给了你学习一门手艺的机会。"

我所能做的就是安抚她，保证不会让我的音乐野心干扰我的工作。妈妈把我的最大利益放在心上，如果出现我必须做出选择的时候，我向她保证我会专心学习我的行业。

有一天，在公司里一个意想不到的机会来了，我们车间的杰克去世了，而需要有人填补他的空缺。一旦我通过了驾照考试，斯莫佩奇先生就会给我这个工作岗位，所以我很快在四周内预订了每次一小时共 12 节的驾训课程，并且第一次就通过了考试。以我的年龄而言，这对我来说是一个绝佳和晋升的机会，并且斯莫佩奇先生认为我足以胜任与精英客户打交道的能力，这让我妈妈感到非常自豪。因此，也给了她另一个机会说道，

"把学习你的行业当作优先考量。"

杰克在被诊断出患有癌症后六周内去世。我在他去世前两周拜访了他，他知道自己的生命快终了，但这并没有削弱他愉悦的神情。我们握手，杰克笑着说：

"保罗，人的一生都在火车站等车，唯一不同的是，我要坐上早一点的火车。"

典型的杰克幽默，即使面对死亡也不改其性。

虽然他的客户早已认识我，但与他们打交道还是感觉很奇怪，他们对他的逝世表示感伤。我使用公司的货车，实际上我自己就像是个老板。我经常提早完成工作，并有时间做"兼职"并建立自己的客户群。

九月初我和亚历克斯为我们的新乐队找到了其他成员。加入我们的还有节奏吉他手多恩·加格特 (Don Gargett)、鼓手戴夫·克拉布特里 (Dave Crabtree) 和贝斯手皮特·艾伦 (Pete Allen)。1964 年 1 月 30 日，当我们参加约克麦加赌场 (York's Mecca Casino) 举行的全国音乐大赛 (National Beat Contest) 的当地决赛时，我们才成军四个月。一千名粉丝蜂拥而至，为他们最喜欢的乐队加油，并享受这些乐队演奏的音乐。在那天晚上之前，只有少数人听说过 The Cheavours。我们的乐队在大赛上获得了巨大的成功，虽然我们仅以一分之差，落败给获得第一名的"托尼·亚当斯和总督 (Tony Adams and the Viceroys)"乐队，但我们的表现使我们成为众人瞩目的焦点。

整个 1964 年, The Cheavours 在当地音乐界大获成功。我们受邀在约克的制作人肯恩·道迪 (Ken Doughty) 面前试镜，他是约克首届一指夜总会"林荫大道 (The Boulevard)"的老板，我们以优异的成绩通过了考试。我们成为了每周五和周六晚上演出的夜总会常驻乐队，我们协助那个时代许多知名乐队的演奏。1964 年 7 月 3 日，"露露 (Lulu)"凭借她的热门唱片"Shout"获得第一名，而今她成为大红大紫的歌手，当年她在林荫大道演出时，我们是她乐队"The Luvers"的辅助演奏乐队。

几周后，于 9 月 5 日星期六，我们上了约克集会厅当晚的娱乐节目。我们现在已经成为约克大众最喜爱的乐队，"托尼·亚当斯和总督乐队"也支持我们，讽刺的是，他们在今年早些时候，在全国音乐大赛中只勉强击败了我们。然而，在接下来的周五晚上，即 9 月 11 日，"The Cheavours"成为约克首届一指的乐队。

在林荫大道夜总会完成我们例行的演出后，我们前往附近的希普顿贝宁布鲁别墅 (Shipton-by-Beningbrough) 里，一个废弃的飞机库举行的"五星级音乐舞会"。当时该活动是约克最大的乐迷聚会，我们的乐队是该活动的辅助乐队，我们的乐队被拿来做该活动的宣传，由于我们的人气如此之高，因此在许多歌迷兴高采烈的情形下结束我们的演出。

1964 年时，我们在利兹的录音室，录制了我们唯一的唱片"Bye Bye Johnny"，这是一首 Chuck Berry 歌曲的翻唱版本。由于我们乐队的声誉不断壮大，因此我们开始在全国各地参赛。下班后，我们会乘面包车去几英里外的地方演出，住在旅馆里或者在夜间旅行，天一亮就回到约克。

我不会去估算我在玩乐队时曾睡过多少女孩，毕竟这是在 1960 年代的社会里，纵容此种行为的巅峰时期，我只知道这些通常是一夜情，在酒店房间里、汽车后座，或机会出现时的任何其他地方发生性行为。

在亚历克斯遇到苏 (Sue) 之前，我们没有固定的女朋友，自那之后我就变成一个人了。他开始认真对待她，因为所有这些上述显而易见的原因，所以她不喜欢他继续呆在我们的乐队里，后来他搬到我家并自己找了一套公寓。我们乐队的成功影响了我们所有的日常工作，因此在 1965 年我们同意解散并分道扬镳。回首往事，我们无法想像在一起一年后，The Cheavours 会成为约克音乐史的一部分。

* * * * *

一天晚上，我和朋友去一家咖啡馆，我注意到一个迷人漂亮的女孩，身材苗条并留着棕色的长发，幸运的是，我的一个朋友认识她并将她介绍给我，她的名字叫安妮·帕斯莫尔 (Anne Passmore)。我们成为了连体婴，很快就开始认真对待彼此。我发现在一段恋爱关系中安顿下来，增强了我想成功的动力，我不再需要想着去参加"小伙子之夜"，使我能专注于赚钱，所以我买了一辆二手小型货车，并尽可能尽量在晚上工作。我辞去亨特·斯莫佩奇家具公司的工作之后，就马上开始为自己 — 保罗·布兰查德工作。

许多客户包括沃斯利夫人，会问我是否有做兼职的工作（兼职工作，即不是为我的雇主工作）。我必须谨慎小心，亲自挑选要为哪些客户工作，并且很快就赚到了，比我以往日间工资许多倍以上的收入。安妮是一位训练有素的美容师，在约克的一家百货公司为伊丽莎白·雅顿 (Elizabeth Arden) 工作。她的一个同事，一位年长的女士桃乐西·温豪斯 (Dorothy Wainhouse)，是伦纳德·温豪斯 (Leonard Wainhouse) 的姑姑，他是一位拥有千万资产的房屋建筑商，也是在英国证券交易所上市的大公司"约克布拉德利 (Bradley of York)"的创始人。

当他刚完成购买约克郡山上的一座巨大豪宅时，安妮将我介绍给他。我向他解释说我正在考虑自己创业，他说我应该这麽做，并可以先从为他的新家提供新地毯、窗帘和家具开始。

我决定在我 21 岁生日后辞去工作，然后开始自己的事业。然而，隔天早上，妈妈把我叫去"谈话"。

"你现在二十一岁了，把辞呈递出去之后，就开始去做自己的生意，只做正确和光荣的事情，不要对金钱不负责任。如果你想像你的外公一样功成名就，那么你只能通过努力工作来实现这个理想，但这也与你认识和交往的人有关，就像这次温豪斯提供他家的装潢工作给你的人一样。你的外公对金钱的运用十分有智慧，他可以很慷慨，但他也很谨慎小心，记住你的存款在什么时候会成为你最好的依靠。

如果你真的成功了，你会结交到很多肤浅的朋友，'攀附权贵的小人'，你的外公不喜欢吵闹的人。他会说'空罐子发出的声音最吵，他们都在胡说八道，只想要你的钱而已。'与生活在另一个世界的沃斯利夫人和温豪斯往来是好事，虽然将眼光摆高很容易，但是将眼光放低也同样容易。我知道你对安妮是认真的，并打算将来结婚，但在你结婚之前，先赚到钱并拥有自己的房子，从坚实的基础开始，不要结婚之后还对老婆不忠，因为男人的声誉是最重要的，你必须永远谨记在心。"

"谢谢妈妈对我的叮咛"，我说。我喜欢和妈妈的谈话，因为她说的每一句话都有道理。我经常想知道，如果妈妈没有结婚、怀孕并且年纪轻轻就被儿女绑住，无论是在商业还是在某些职业上，她将会获得什么样的成就。

"妈妈，"我说，"我会在星期一早上给予公司一周的离职通知，然后在七天之后，我便是自己的老板。我保证有一天我会拥有自己的店面，并成为约克领先的室内设计师。

* * * * *

伦纳德·温豪斯将"约克布拉德利"经营成了英国最大的房屋建筑商之一，他与每个业务都插手的人（拥有许多企业的人）均关系密切。我的业务很快就在约克郊区，一个猪圈上方的工作室里壮大了，便将工作室搬到了市中心更大的地方。到 1967 年的年中，我雇佣了几名员工，但在伦纳德将他的朋友和商业伙伴推荐给我之后，我仍然觉得难以应付这些大量的工作。

1967 年 11 月 14 日接近年底时 — 发生了我永生难忘的事情。凌晨 1 点左右，我听到有人用相当大的力量敲击前门环。当我从阁楼卧室走下来时，敲门声越来越响。我打开了门，迎面而来的是一名警察。

他解释说，弗雷德舅舅心脏病发作后被送往市立医院，他询问近亲是否可以尽快赶到医院。我叫醒妈妈，我火速开车前往医院。我们被带进了一个小房间，我注意到的第一件事就是，床朝弗雷德舅舅的头向下倾斜。妈妈和我站在床的两边，握着他的手，他半昏迷不醒，喃喃自语。我们向他保证他会没事的，并会陪着他。他的手很温暖，但几乎没有生气，当我和他说话时，他说：

"是你吗，小弟弟？"

"是的，弗雷德舅舅，是我，我现在在这里，你会没事的。"

然后他轻轻捏了捏我的手之后就去世了。

* * * * *

弗雷德舅舅的死，使得家人必须重新安排家族信托的事务。如果所有受益人（妈妈和她的兄弟姐妹）都同意，现在可以出售他收入来源的出租房产和他住的房子。妈妈唯一在乎的是不计成本地，好好办理弗雷德舅舅的葬礼。过了好几个星期，她才能处理我外公的信托事务，但当事情敲定后，我意识到你可以安排你的财务以保护你的资产，并让你的亲人受益。我对通过家庭信托，可以使得财产和金钱避开税务机关课税的方式，富饶兴趣并相当着迷，所以当我有时间的时候，我开始在晚上学习会计和信托法。妈妈帮了我很大的忙，因为我的外公曾向她解释，他为这个家庭创建信托的主要原因。

起初，他立下遗嘱（"遗嘱"他对死后的指示）将一切都留给我外婆，但在听取建议后，他意识到在她去世后，将必须支付一大笔的遗产税，因此在任何其他资产得以分配给他们所有的六个孩子之前，必须先出售许多财产和其他资产，但是，由于弗雷德舅舅有残疾，这样可能会对他较不利，他的份额可能会随着时间的推移而耗尽，所以他有最终无家可归的可能。通过创建信托，当信托在多年后关闭时，所有资产都可以免于税务机关的课税，只需缴纳最低税款即可。我的外公十分聪明，为他的财务做了谨慎周祥的安排，并任命米特兰银行（现汇丰银行）为他的受托人，以维护他儿子的利益。在他去世的30年后，他为弗雷德舅舅提供了一个栖身之所，并为他提供了终生的收入来源。我非常钦佩我外公的聪明才智。

在我们的一次"谈话"中，我问妈妈我父亲的事情，并告诉她如果她不想谈论这件事我能理解。妈妈是个说话平实的人，遣辞用字很奥妙，虽然她说话很直接，但同时又总是考虑到别人的感受。"多恩·布兰查德不是你的父亲，"她直视着我的眼睛说，"所以我会告诉你，所有关于这个男的是谁，以及我们第一次见面的经历。"

妈妈解释说，就在玛丽出生几个月后，多恩·布兰查德回来见她，并告诉她，他在南安普敦遇到了另一个女人，他毫无遮掩地说出这些话来，因为妈妈会说"无法以美好的方式去做一件卑鄙的事情。"他说他的决定是最终决定，但他会在所有情况下尽其所能，对她做正确和妥善的处理。当时丈夫自动获得婚姻所生子女的监护权，这点让妈妈很担心，但他向她保证，当他们离婚时，她可以拥有玛丽的监护权。

我问为什么这些年来她没有说过他的坏话，也没有表现出对他的任何怨恨。

"没有意义，"她说，"这并不是他的错，有时爱是永恒的，但有时爱会逝去，对多恩·布兰查德而言，他对我的爱已逝去，这是生活中会发生的事情，是我们无法掌控的。"

他们达成协议，战争结束后，他们就离婚，妈妈将拥有玛丽的监护权，而他将不支付任何赡养费。"与此同时，"他说，"目前国家正在打仗，"告诉妈妈出去玩玩并享受人生，毕竟，谁知道还能在地球上活多久 — 尤其是在战争期间。

对于一个被抛弃的人来说，事情从来就不是那么容易就能放下。通常当男人身边已经有其他女子在旁伺机而动时，他们很容易就能立即建立新的恋情。当玛丽只有几个月大时，妈妈突然发现她将走上与她计划的人生不同的道路。两年多过去了，她开始和她最好的朋友埃塞尔一起冒险。我的外婆会每周照顾玛丽两三个晚上，因此让这两个乡村女孩，有时间在当地的酒吧"沃德金军火 (The Wadkin Arms)"享受夜生活。

在那里，她遇到了一位她称呼为"奥布里 (Aubrey)"或"奥布 (Aub)"的一名法裔加拿大飞行员，曾是驻扎在英格兰南部的战斗机飞行员，但被重新分配到里卡机场，去驾驶哈利法克斯轰炸机，到德国执行任务。当他还是个小男孩的时候，他的家人移民到了澳大利亚，当战争爆发时，他被征召入伍并加入了空军。身为一名战斗机飞行员，他已完成了规定数量的行动，但在战争结束前他不想离开，由于他 DNA 中的危险意识已所剩无几，所以他自愿参加轰炸任务。

妈妈当时只有 24 岁，迷上一个穿着制服的英俊年轻飞行员并为之倾心。我一点也不怪她，他们彼此没有做出任何承诺，他们的爱是无条件的。1944 年 7 月，妈妈告诉"奥布"，她怀孕三个月了，六个月后我出生了。妈妈说我父亲一有机会就来看我们，我遗传了他的脸型和他的眼睛。1945 年 5 月，战争结束，我的母亲和父亲告别，自此之后我们谁都再也没见过他或听到他的消息了。

当多恩·布兰查德和他的第二任妻子回到村里时，他最后一次拜访了妈妈和玛丽。他同意让我妈妈拥有玛丽的监护权，并且知道妈妈因为有一个私生子而处境艰难。虽然他已经对我妈妈失去了爱，但他仍然对她有感情，并提出在我的出生证明上，写上他的名字让他作我的父亲，他说妈妈就能在村子里"挽回颜面"，才能不用忍受其他村民的残酷言论和冷嘲热讽的情形下，将我和玛丽抚养长大。就在那时，我才意识到为什么我们家从来没有人说过多恩·布兰查德的坏话。我虽与他素未谋面，但他确实是个绅士。

*****

1968 年我的生意旗开得胜并持续了一整年。伦纳德·温豪斯在他自己的家里验证了我作为室内设计师的技能，并对我的能力感到满意。他继续把我介绍给他的亲密朋友和商业伙伴，但他说这些介绍是有条件的。他没有攀升到他想要的高度，但他也不是一个傻瓜。他知道他可以介绍的工作量有多少，以及我可以从这些介绍中赚到多少钱，所以他对我做了一个提议。

他建议我创建一家公司（一家企业）名为"保罗·布兰查德有限公司"，并以室内设计师和一般家居装潢商的身份开展业务。然后他同时打出了所有四张王牌，他告诉我他创建了一家名为"绝世酒店集团 (The Peerless Hotel's Group)"的公司，该公司又购买了两家酒店。他说位于约克郡东海岸斯卡伯勒附近的汉柯尼斯格兰治酒店 (Hackness Grange Hotel)，和苏格兰阿伯费尔迪的布雷多尔阿姆斯酒店 (Breadalbrane Arms) 酒店，都将按照最高标准进行全面翻新，并配备全新的家具。他估计仅这两份装修合同，就将超过六位数（而今的价值超过 100 万英镑）。

我想当他说到这里时，我会在未完全了解小细节的情形下便同意他的提议，但实情不止如此。他会把我介绍给一个叫雷吉·斯宾塞 (Reg Spencer) 的人，他拥有约克最大的房地产代理公司 — 布罗德和斯宾塞 (Broader and Spencer)。这个想法是，每次房地产代理出售房屋时，买家都会获得折扣券，并将买家介绍到我的公司，以协助他们的装修需求。

这笔交易简单明了。我将拥有 50% 的股份，并担任公司的总经理负责日常的运营，他和雷吉则各拥有 25% 的股份。公司将在他约克的银行 — 劳埃德银行开户，而他会提供所需的资金。我点头表示同意，并在我们紧握双手时直视他的眼睛。

妈妈会说生活中发生的一些事情会改变事态的发展，是你无法预见或想像的事情，遇到伦纳德·温豪斯这个机会俨然是其中之一。

我现在拥有了建立大型成功企业的坚实基础，尽管并不紧急，但雷吉·斯宾塞的任务是寻找合适的店面。安妮和我计划在来年结婚，所以我们开始找房子。我向伦纳德提到了这一件事情，他建议我联系他的朋友吉姆·普林 (Jim Pullyne)，他正在约克北部的哈克斯比村建造新房子,"吉姆会全心全意地照顾你,"伦纳德说道 — 而他也确实做到了。

我们选择了有一个大花园的独栋三居室房屋。房子已部分完工,但还没有抹灰,所以我们有机会根据自己的喜好进行装潢。吉姆安排了一切,他调整了房子的价格,所以我们不必支付订金,甚至安排了100%的全额抵押贷款。当他们将我介绍给他们的朋友时,我已经体验到与这些具有多米诺骨牌效应,并有权有势的男人交往的好处。

吉姆·普林来自一个受人尊敬的约克家族。他的父亲曾是前市长,他的哥哥威尔逊 (Wilson) 是前约克郡治安官。兄弟两人都有自己的建筑公司,威尔逊较年长掌控着他们家族的信托。.

吉姆向我介绍了威尔逊、约克及其周边地区的优质房屋,都是他的公司"弗兰克·B·布里斯比有限公司 (Frank B Brisby Limited)"建造的。威尔逊住在一栋俯瞰约克赛马场的大型独栋住宅中,他家需要一些新的地毯和窗帘。工作完成后,他给了我公司一份装潢所有布里斯比房屋的独家合同 — 这是一份相当大的合同,将其囊括进我不断增长的客户群名单里。

威尔逊是公司的所有人,但没有参与日常管理,他将这项职责委托给威尔弗雷德·沃德 (Wilfred Ward) 市议员,因此他安排我在公司总部与沃德先生会面。

伦纳德·温豪斯是一位身价千万的富翁,而且相当有权有势,但威尔弗雷德·沃德市议员的手里却握有不同的权力。妈妈曾经说过会发生你无法预见或想像的事情时。她是对的,她的推理非常适合我与威尔弗雷德·沃德认识的情形。

我的公司获得了所有布里斯比房屋合同。我还监督了沃德先生,位于约克市富尔福德区德文特路上家里的装修,而获得这两个合同只是一种形式而已。与此同时,通过我们与布罗德和斯宾塞的合作,雷司向他所有住在利兹附近林顿高档地区 (Linton Common) 的朋友推荐我。

截至目前为止,我雇用了室内装潢师、地毯安装工和裁缝师。整个夏天,所有人都在加班,以便及时赶在汉柯尼斯格兰治酒店计划于 1968 年 9 月 6 日开业前,完成与该酒店的合同。

酒店由德文特勋爵 (Lord Derwent) 正式开幕,是一个盛大的场合。安妮和我受邀,伦纳德向他的所有嘉宾介绍,我就是负责这间所有酒店室内设计和装潢的人。约克郡商界精英和名流即法文的"crème de la crème(人中龙凤)"在开幕式开香槟庆祝,享用酒店自家主厨准备的自助餐。

我将我的名片递给了大名鼎鼎的约克郡和英格兰板球运动员弗雷迪·杜鲁门 (Freddie Truman),他和他的妻子后来联系我重新设计他们家的内部装潢。同一天晚上,《斯卡伯勒晚报 (Scarborough Evening News)》以整个版面报道了开幕活动的新闻,将我公司的设计誉为"将汉柯尼斯格兰治酒店设计成东海岸的领航者"。妈妈看到这篇报道,对我公司的广告大喜过望。

"四分之三英里的地毯已安装至汉柯尼斯格兰治酒店,由保罗·布兰查德有限公司独家安装,同时负责室内设计和家具陈设。"

完成了我迄今为止最大的合同后,我和安妮集中精力在及时布置我们在哈克斯比的新家上,赶在我们计划于 1969 年 1 月 25 日的婚礼前完成。

* * * * *

起初,亚历克斯对于请他在婚礼上发表他的伴郎演说并不紧张,但他在婚礼前一个小时突然紧张起来,所以我们在去教堂的路上,先去富尔福德当地的酒吧快速饮酒使他放松,我从未见过他如此紧张。我的外甥女贝琳达担任其中之一的伴娘,安妮在她父亲和我外甥女的陪同下来得有点晚了。

穿着帝国系列的罗缎礼服和薄纱蕾丝面纱,当她走在位于富尔福德市郊的圣奥斯瓦德教堂里的走廊上走向我时,她看起来十分美丽动人。我们相当幸运,一月的天气对我们有利，这有助于我们拍摄合乎礼俗的"婚礼照片"。亚历克斯和苏一起来参加婚礼，我村里的老朋友约翰和他的女朋友艾薇儿 (Avril) 也前来祝贺。在这样的场合，这是家人和朋友的惯常聚会。婚礼招待结束后，我们在斯卡伯勒度三天的蜜月，然后回到我们的新家开始我们的新婚生活。

我们结婚后的第二天，当地报纸上刊登了我们婚礼的文章和照片："首届一指的装修老板结婚了"和"装修公司老板结婚了"。我在约克得以成名，让妈妈感到非常自豪，部分原因是她在奥斯比的老朋友会阅读这些新闻报道，以及多恩·布兰查德也会知道，虽然在我没有父亲的情形下，她独自抚养我长大成人，但我已经功成名就了。

1969 年初便旗开得胜，生意蒸蒸日上，我现在结婚并定居，但不幸的是 —— 一些坏消息尾随而来。

* * * * *

在宣布约克布拉德利的股票突然崩盘时，深深震撼了约克商业界的根基。一夜之间，我的商业伙伴兼金融家伦纳德·温豪斯，从千万富翁变成了破产者，他的其他利益立即受到了连锁反应，当然也包括我的公司。5 月 15 日，证券交易所宣布将对其股票交易进行调查。

为了扩大他的其他商业利益，伦纳德用他在约克布拉德利的股份，作为他其他公司向银行借款的抵押品，这包括他的酒店集团，这些担保现在变得毫无价值，因此，银行收回了这些贷款，企业也随之倒闭。原本柯尼斯格兰治酒店按照合同应支付我公司的大笔应付款项，现在也无法支付了。

为了缓和以及解决问题，雷吉·斯宾塞安排我收购伦纳德在保罗·布兰查德有限公司 25% 的股份 —— 将这些资金转回公司以解决酒店合同的未偿债务。伦纳德和我以友好的条件完成了交易，这也将我的权益提高到了 75% —— 让我能有效地掌控我自己的公司。

我很同情伦纳德，他是个好人并且曾提供我巨大的帮助。妈妈会说："以友善对待助你往上爬功成名就的人 —— 因为当你不如意往下走时，可能会遇到他们。"我将这些话铭记在心，毕竟，发生在伦纳德身上的事情，可能发生在我们任何人身上。

雷吉对他所持有的 25% 股份感到非常满意，并继续将他的客户和朋友推荐给我们的公司。他本可以自己收购伦纳德的股票，但他认为我身为公司的关键人物和推动力，我应该得到最大的份额。

我称呼市议员威尔弗雷德·沃德为"威尔夫"，他继续提供布里斯比的合同给我们的公司，并提到他正在购买土地，为他和他的妻子建造一座豪华平房。他微笑着说："保罗，你最好用新家具的价格来优待我，""当然，"我说，"你可以信赖我。"

1970 年初，雷吉在约克米克盖特街 (Micklegate) 找到了一些高档店面，从历史悠久的米克盖特城门一直延伸到市中心。他建议我购买该物业，然后将其出租给公司。他还建议我创建一个单独的房地产公司，来购买这些店面以减税，同时也作为缓冲的作用以防家具业务破产，如此一来我就不会失去财产。我听取了他的建议，创建了"布兰查德投资有限公司"并购买了这些店面。

1970 年 10 月 12 日星期一，当地的《约克郡晚报 (Yorkshire Evening Press)》刊登了整版广告，上面写着"米克盖特街的新家具店"。当时，这份当地报纸在约克郡各地发行，我的出生地奥斯比村的村民，包括多恩·布兰查德，一定会读到这份报纸。

该广告接着说："位于约克米克盖特街的新家具店 —— 保罗·布兰查德有限公司将于明天开业，其背后有着一个非凡的成功故事。业主是一位出生在奥斯比村邻近塞尔比的年轻人，他在获得业务经验后，仅在三年半期独立成立了自己的公司。"

傍晚出版的晚报，我买了十几份后开车去找妈妈，但她早已比我先到报刊经销店为自己买了一份。她兴奋难当并笑着说她很引以为荣，我感觉自己站在世界之巅。"妈妈妳看，"我说，"我曾向妳保证有一天我会拥有自己的店面，并被誉为约克独占鳌头的室内设计师，"她仍然微笑着说，"是的，你做到了，你信守了承诺。"

* * * * *

威尔弗雷德·沃德和威尔逊·普林 (Wilson Pulleyn) 的关系十分密切，就好比是双胞胎一样。威尔逊的父亲即已故的 R·J·普林 (R J Pulleyn)，于 1927 年加入约克市议会，并在接下来的 28 年里一直担任议员。

他创立了名为 R·J·普林有限公司 (R J Pulleyn Limited) 的家族企业，并将其发展成为约克最大的房屋建筑公司，普林家族富甲一方。R·J·普林于 1936 年担任约克郡治安官（该市的执法人员），并于 1939 年担任市长（由君主即女王授予的特殊认可），他成为"旧生会"的终身会员。

另一方面是威尔弗雷德·沃德有其政治抱负，并抓住了他能尽早成为约克市议员的机会，于 1947 年当上了市议员。他很快就崭露头角，加入了无数与公益事业相关的委员会。十年之内，他被任命为高级市政官（特权职位），两年后于 1959 年被任命为约克郡治安官，他成为治安法官，并经常担任约克地方法院的主席法官。于 1960 年，他当选为市长，并邀请威尔逊担任约克郡治安官。约克这两位精明企业家之间的伙伴关系得以发展 — 这是一场用金钱缔造的婚姻。

1964 年，威尔逊收购了竞争对手的建筑公司 — 弗兰克·B·布里斯比有限公司，尽管该公司与他的家族企业关系友好，但还是决定不将两者合并，以便继续分开交易。1964 年 5 月，当地报纸一则公告称"高级市政官威尔弗雷德·沃德，已加入布里斯比公司担任总经理"，从那时起，威尔逊提供了资金，威尔夫（威尔弗雷德的昵称）成为了 — 操纵者。

任何伙伴关系只有在双方做出相同贡献的情况下才能运作 — 尤其是在商业领域。威尔夫·沃德可以通过他在约克郡的人际关系开启许多门路。他认识各个规划委员会的关键人员，知道何时委员会在研讨土地的概要规划许可，并且可以在任何人意识到即将发生的事情前，先捷足先登大赚一笔。多年来，与威尔逊的这种独特的合作关系促成了许多交易，我称之为"交易撮合者和银行家"。

1969 年，威尔夫成为内政大臣警察事务咨询委员会的一员、警察公共服务支出委员会、警察晋升考试委员会和英国常设委员会之警察委员会的成员，这些角色提升了他身为政治家的地位。除此之外，他也获委任为警察培训中心副主席，他的公众形象是完全值得信赖的。然而，暗地里，他是最高层级的共济会会员，只是利用自己的职位去达到自私利己的目的罢了。

1971 年，威尔夫为市议会代表约克的米克盖特地区 — 就在我的家具店所在的地方。他经常过来店里喝杯茶，讨论我们当时正在做的任何业务。渐渐地，我得到了他的信任，他开始称我为"儿子"。虽然他结过两次婚，但他没有孩子。他为自己建造的新平房进展顺利，当我完成他的新装潢合同时，他建议我们"做一笔交易" — 我欣然同意了。

同年他再次被任命为约克郡治安官，当地报纸刊登他将成为约克市政要之一，将于 6 月 28 日伊丽莎白二世女王和菲利普亲王访问约克时迎接他们。他们将抵达约克赛马场，幸运的是，伊丽莎白二世女王乘坐的汽车，将经过通往市中心的米克盖特城门，这意味着，他们会经过我的店面。我迫不及待地打电话给妈妈，告诉她，她可以观赏她非常崇拜的皇室成员。

皇室来访的前一天，约克俨然成为一个活动的聚集地，店主和企业用彩旗和旗帜装饰他们的店面。警察和议会工作人员沿着皇家会经过的路线竖起障碍物，以阻隔预计将涌入这座城市的人潮。我计划在那天关闭我的店面，并邀请我所有的员工、朋友和家人共襄盛举。在伊丽莎白二世女王和菲利普亲王来访过后的第二天，大家准备了自助餐来庆祝。为了记录当天的事件，我买了一台电影摄影机录下画面，因为我知道妈妈会一次又一次地重温这个难得的经历。

当伊丽莎白二世女王抵达约克赛马场时，响起了 21 响礼炮。约克郡中尉、陆军准将肯尼斯·哈格里夫 (Kenneth Hargreaves)、他的妻子和约克郡治安官 — 高级市政官威尔弗雷德·沃德向她致意。伊丽莎白二世女王的坐乘带领游行队伍进城，由 60 名皇家骑兵卫队尾随在后。

这是 300 多年来，皇家骑兵卫队第一次骑马穿过城市狭窄的街道，这是约克人引颈期盼亲眼目睹的一个场面。伊丽莎白二世女王身穿一件白色镶边的绿色衬里大衣，戴着一顶可以掀起新时尚潮流的帽子以及一条短围巾，像中世纪王冠上的头巾一样包裹着；公爵则身穿"早礼服"。

街道上挤满了满山满谷的人，母亲们努力将孩子举过头顶才能看得更清楚一些，有人喊道："哦，她看起来美丽庄重不是吗？"当伊丽莎白二世女王的坐乘驶过米克盖特城门时，现场响起了欢呼声和掌声。当皇家汽车缓缓驶过时，妈妈和贝琳达从二楼的窗户探出头来，以便能取得最佳的视野。为了不错过任何一个动作，安妮和她的朋友们站在我商店的橱窗里。皇家骑兵卫队所发出的声音很神奇，仿佛几秒钟就过去了。紧随其后的是载有皇室成员的汽车，以及载有约克郡中尉、高级政要市政官威尔弗雷德·沃德和他妻子的汽车。

游行队伍经过的那一刻，我迅速冲到街道的对面，这样我就可以拍摄到大量路过我店面的人群，以及展示我大型字体名字的店面，因为我知道这样一点点的触动，就会让妈妈的脸上露出笑容。

在接下来的几年里，我知道在妈妈的回忆里，那一天是我职业生涯的顶峰，她感到十分光荣，那天她看起来气色很好，是我见过她最快乐的一天。用我赚到的利润，我向她买了米尔顿街的住处当作投资，这使她和内维尔能够搬到劳伦斯街上，一栋更大的维多利亚式房子，就在保罗舅舅和莉莉舅妈的转角处。

生活均如我所愿。我的朋友亚历克斯、约翰和特里已经和他们各自的女朋友结婚了，我和安妮的婚姻也幸福美满且安顿了下来。许多当地的"士绅"都纳入了我的客户名单中，包括沃斯利夫人，她将我推荐给她的家人和朋友，如邓宁顿 - 杰斐逊 (Dunnington-Jefferson) 夫人和福布斯 - 亚当斯 (Forbes-Adames) 夫人。威尔夫向我介绍了一位空军指挥官史密斯，他是一位资深泥瓦匠，从而签订了为约克市富尔福德区退休的泥瓦匠及其妻子，装修皇家泥瓦匠住宅的合同。

妈妈会说"权力的阶梯越高，会使人变得越腐败。"威尔夫·沃德为我设有远大的计划，他视我为他的门徒，而且他还有一个提议，此提议最终会使我被关进监狱牢房内。

* * * * *

在威尔夫的建议下，我加入了约克中央保守党俱乐部，在那里他向我介绍了他的许多商业朋友和合作伙伴，包括建筑师、银行经理、会计师和其他有影响力的人。有时我们会在富尔福德一家北斗七星酒吧 (The Plough Inn) 见面，在不被其他成员窥探的情形下，喝酒并私下交谈。一天晚上，我记得在该酒吧点了饮料，并注意到一位新的迷人酒吧女招待，身材高挑苗条，留着一头都市的长发，去过酒吧几次后得知她的名字是安吉拉·伯顿 (Angela Burton)。我做了大多数男人在外地遇到一个有魅力的女性时都会做的事情，我很享受我们之间的调情玩笑。这是一个逃避现实的清白纯情方法，可以帮助你在与异性交流时保持警觉和活力，当然是纯情的，除非你采取下一步行动。

1972 年 4 月，我在北斗七星酒吧遇与威尔夫会面，他向我介绍弗兰克·兰卡斯特 (Frank Lancaster)，他是一位建筑师，威尔夫指示兰卡斯特在他约克德文特路住家附近的土地上，绘制四套豪华公寓的建造计划。介绍完毕后，威尔夫建议弗兰克对我们会是一个非常有用的人，特别是在他为我敲定的商业提议上会大有助益，他说我们于隔天再讨论这个议题。离开酒吧时，安吉拉向我们三个微笑并挥手告别，威尔夫评论说，多么美丽亮眼的女孩啊。

★★★★★

"你的生意已赚进了大笔财富",威尔夫说,"但在我的帮助下,你可以赚更多"。

我认为无需仔细考虑他的提议。他建议将我在家具业务的股权出售给现有的管理团队,并搬迁到约克市中心的办公场所。

他建议我保留店面并将其回租给以新名称进行交易的家具公司。然后,他转而谈论提议将有他直接参与的部分。

"我希望你创建一些新公司,其中包括一家新的房屋建筑公司,一家专门从事土地买卖的公司,以及另一家负责翻新和改造现有房产的公司。"他将利用他的职位介绍生意,帮助处理与所需的各种规划许可相关的事务,并干预任何其他领域所出现的问题。

交易很简单,我将领取合理的工资和交通津贴,然后在扣除所有其他费用之后,我们再分摊利润。他会留在幕后操作,并相信我会遵守我们的协议。他不想要任何书面文件,因为这会引发"危险信号",这意味着他必须以市议员的身份,申报他所获得任何交易的利益。

我们握手成交,我们的秘密伙伴关系正在发展中,但我的计划遭到了我母亲的强烈反对,我耐着性子与她沟通。

我告诉妈妈交易的条款,她很认真仔细聆听。是人都会说善意的谎言,但在重要的事情上,她坚持说"永远不要欺骗我",让我别无选择,只能对她坦诚。妈妈有一个判断人绝佳的能力,有时我相信她有先见之明,因为大多数时候她总是对的。

"离开这个男人,他从一开始就在欺骗你",妈妈用只有母亲才会对儿子意味深长的语气说,"这一切都会回头缠着你,他只会为了自己的利益而利用你而已。"

"不是的,妈妈",我说,"他只是想帮助我,我将获得我们每项交易的 50% 利润,将由我掌控银行的部份并持有 100% 的业务。"

"这根本不重要,"她笑着说,"如果公司被调查了,你将是那个台面上首当其冲的人(负责人),我可以向你保证此点。我一直告诉你,他们越上位越腐败,你还需要什么更多的证据来证明呢?"

叹了口气,她继续说道:"你应该继续做你最熟悉了解的。"

"妈妈,这就是我想要的,这是我必须要做的,我会像外公一样从事建筑行业,我想赚更多的钱。"

"我想说的话都说了,我不喜欢你做的决定,这些就是我最后想说的话。"

妈妈总是有说最后一句话的话语权,我知道她把我的最大利益放在心上,她的推理是正确合理的,我不再争论这个话题,因为无论如何她总是有最后的话语权。

雷吉·斯宾塞完全同意我的计划,并出售他在公司的股份,他在此交易中也处于通过他的地产代理,引进土地和房地产交易的理想位置,并且他将获得任何利润的公平份额。1972 年 11 月,我在约克市中心的国王广场找到了豪华的办公室,并同意租用该物业,为期五年。然后,我们将家具业务的股权卖给了管理团队,我同意将物业租回给他们,为期十五年,之后公司更名为"室内装潢有限公司"。

我新办公场所的装潢豪华,给人留下深刻印象。有两间私人行政主管的办公室,我使用的其中一间可俯瞰国王广场,另一间由会计部门使用,是一个大型综合办公室,作为建筑公司经理和办公室工作人员的办公基地。我还需要一个私人助理,所以在雷吉·斯宾塞的许可下,我挖走了他众多秘书中的其中一个,她的名字叫道恩·沃尔什 (Dawn Walsh),是一个娇小迷人有一头棕色长发的年轻女孩,才二十多岁就很能干了。

威尔夫对目前的进展感到满意。我创建了他建议的建筑公司,这些公司全部是布兰查德投资有限公司的子公司 (子公司,由另一家公司拥有的公司),隶属"布兰查德集团公司"。他立即提出了许多交易中的第一笔交易,这也涉及他将一些内心深处的秘密信任于我。

他提议将他在德文特路的房子连同两块建筑用地,一起卖给该集团的房屋建筑公司,这笔交易的部份内容是,他还将出售毗邻他位于约克西侧新平房的建筑用地。他的想法是,该公司将可在德文特路建造四套豪华公寓,并对该物业进行现代化改造,兴建一个最先进的厨房和一个位于房屋内部后面的大型游戏室。然后,我们再出售这些房产并赚取可观的利润。最后,我们将在他的新家旁边建造和出售一座现代平房,来完成这笔交易。

我对建筑业务知之甚少,但我认为我的商业上的敏锐洞察力会占上风,于是我接受了他的提议。但是,在签订任何合同之前,他需要先解释一下细节。

该交易将按照他建议的方式进行,但合同上规定的金额与实际价格不同,如此一来他就不必支付任何资本所得税。德文特路的房子是他的私人住宅,旁边的土地被当作一个大花园使用,这块土地没有规划许可,所以他出售后获得的金额将可免税。他新平房旁边的建筑用地没有规划许可,因此将以低于其真实价值的成本转让。只有我们知道土地的实际价值,然后威尔夫会和他在规划部门的朋友,一起施展瞒天过海的魔力。我没有理由怀疑规划许可不会被批准,因此在1972年12月15日交换了联系方式。

在圣诞节和新年假期期间,我开始考虑将德文特路的房子现代化,改为安妮和我的豪宅,但这些想法将永远不会实现,因为到春天时我们将分开,我将独自生活。

*****

1973年1月,我开始与安吉拉发生婚外情 — 安吉拉在北斗七星酒吧工作,是为友好又迷人的酒吧女招待。安妮和我已争吵了一段时间,因为我想开始生儿育女,但安妮则还不想这么做,因为她认为这样我们就可以在被孩子束缚之前,先享受自己的生活。回首往事,我做了男人会做的事,编造了一个不忠的理由来合理化我的行为,而实际上我没有任何藉口,我应该更诚实以对。

二月,我搬出了我们在哈克斯比的家,搬到了德文特路的房子里。还没有开始对该房子进行现代化装潢,但总比生活在一直和安妮争吵的氛围下,直到我们离婚并且物业被卖掉还要好。

妈妈一点也不高兴,只说"没有孩子会因此受到伤害,只有你们两个大人一起生活而已,因此你们俩可以好好过日子",可是,妈妈说了这句话之后问题就来了,因为我不知道安妮 — 已经怀孕三个月了。

我并不期待和安妮见面讨论事情,因为我认为我们的婚姻一直以来都很幸福美满,只发生几次所有夫妻都会经历的一些争论,而我们主要的争吵是因为我想要生儿育女。既然这部分已经解决,安妮认为我们没有理由分手并各自重新开始,并准备原谅我与安吉拉的婚外情,但后来一位朋友在我家门口扔了一颗重磅炸弹。

原来安妮也有一段婚外情,这解释了为什么她对我经常不在家,甚至有时直到清晨才回家也不翻脸的原因。起初安妮否认一切,但她的情人更诚实并承认了这段婚外情。这就产生了一个问题,因为她的婚外情与她怀孕的时间重叠,产生了一个不可避免的问题 — 孩子的父亲是谁?

安妮以她父母的生命和未出生婴儿的生命发誓,我是父亲,所以我决定为所有人的利益考量,我愿做一次"多恩·布兰查德"为我做的事,即同意在出生证明上登记为父亲。

1973年,没有DNA指纹鉴定,所以我姑且相信安妮说的话,但告诉她我们的婚姻已经结束了。我告诉她我和安吉拉的婚外情虽然只是一场婚外情,我对她并不认真,但它终究会一直存在,当我们吵架时她自然会抖出来,所以最终这件事会一直介于我们俩之间,同样地,她的婚外情也总是会丑陋地浮现出来。

我说我们的婚姻没有未来,说实话,我不怪安妮有外遇,但我就是无法忍受。我说我想尽可能友好和睦地安排离婚的每一件事,我想探视我们的孩子,并希望她能在这种情况下尽可能让我母亲参与其中。安妮说孩子出生的时候,她会搬回去和她的父母住在一起，并会定期探望我的母亲。仔细想想，我娶安妮的理由都是错误的，我只是为了安定下来并专心做生意，但这不是她的错。

*****

高级市政官威尔弗雷德·沃德信守承诺，获得了在德文特路开发四套豪华公寓的规划许可证，并开始对我的新家进行现代化改造。弗兰克·兰卡斯特受聘成为该集团的建筑师，他为新游戏室设计的空间足够放一张全尺寸的斯诺克台球桌，他还设计一个舞蹈弹性地板，整栋房子都装有立体音响系统。其中一间卧室被改造成桑拿房和健身房，有一个可开车进出的汽车入口，还有一个带有自动门的大车库以增加安全性。

也开始在威尔夫房产旁边的工地上动工，我们的计划正在迅速实现，以至于我已经超出了约克郡银行现有的银行融资服务，需要更大的银行贷款来扩张业务。

"我已经安排你会见位于约克的国民西敏市银行的经理艾伦·沃克 (Alan Walker)"，威尔夫说。"不会有任何问题，只要做一个基本的商业计划，他就会批准我们需要的金额"，他微笑着眨了眨眼，然后说："我们都在同一个会所 (共济会会所)，如你所知我个人使用那里的银行业务，这只是走一个形式而已。"

虽然生意兴隆，但我私人方面的坏消息却更多，就在安妮临产前一个月，安吉拉宣布已怀孕三个月。安吉拉和她的父母住在富尔福德，但安妮的父母也住在富尔福德，六月底出售我们的房产后，她将搬回去和他们住在一起，这将会造成尴尬的局面，如果发生这种情况的话。

虽然安吉拉是我的女朋友，但我没有再婚的打算，而且我和安妮还没有开始办理离婚手续。我闯下了滔天大祸，而且这个祸将会带来灾难性的后果。

我在脑海里一遍又一遍地演练我妈的画面。我完全知道我妈要说什么，而我猜对了，因为她脸上的表情说明了一切。

"你们俩都没有听说过避孕措施吗？"她说，沉默了片刻。

我知道我们这次的谈话，最好的办法是让她完全发泄，而我则闭上嘴巴即可。

"你从小我是怎么教育你的，这辈子一定要做对的事，不能把自己的幸福建立在别人的不幸之上"，她难过地喘着气。

"我不知道这一切将会如何发展，你太轻率鲁莽了，我已经警告过你所谓的新商业伙伴的事情，现在你在银行是负债累累"。

"妈妈，这只是为建筑公司融资的贷款。"我知道我是无法说服她，但我还是尝试解释："当物业出售时，债务会自动偿还，因为银行收取土地和建筑物的费用。"

"保罗，我知道这一切 — 这是常识，你的外公总是说，'不当借款人也不当贷款人'，如果你还记得的话 — 实际上，你是自己的老板。"

"你打算对安吉拉做什么安排？你是认真的还是不认真的？"

"我没有什么打算，我对她不是认真的，她会把孩子生下来并和她的父母住在一起，而我则一个人住。"

妈妈像往常一样说了最后一句话"那么那将是两个孩子 — 两个孩子都没有父亲"，我无话可说，在她的脸颊上亲了一下，然后离开，希望她能在下次见面之前冷静下来。

*****

位于德文特路房子的改建工作已接近尾声，所以我邀请威尔夫来看看他的故居，在经过全面改造后与之前相比完全大相径庭。他十分惊叹，尤其是娱乐和游戏室的石制吧台、抛光的舞池和全尺寸的斯诺克台球桌。

"我们将在这个房间里度过许多美好的夜晚，儿子；它是我们未来所有会面的完美场所"，他还带来了一些好消息。

"我在你的前商业伙伴曾居住过的约克郡山区附近，找到了一块我们可以廉价购买的土地，"他笑着说。

"你是说离伦纳德·温豪斯破产前住的地方很近？"

"是的，"威尔夫说，并把卖家的联系方式递给我，"我们可以在 24 小时内将我们的钱翻倍，他们期待你的来电"。

"我还在你的家门口富尔福德区的百老汇路 (Broadway) 上为你找到了一块地，可在此处建造八套公寓，而在赫沃斯 (Heworth) 的另一块地，可以俯瞰绿草如茵的公园。"

"真是个好消息"我说，"我明天会给我们的律师指示。"

"哦, 对了，"威尔夫笑着离开时说道，"昨晚我被任命为北约克郡警察局的主席"（约克郡所有警察的领导）。

"恭喜！"

* * * * *

我的儿子迈克尔 (Michael) 于 1973 年 7 月 24 日出生，母子均安康。他出生时我不在场，但他们回家时我有去探望他们，安妮的父母凯思 (Kath) 和艾迪 (Eddy) 均热情欢迎我，凯思说迈克尔的脸长得像我，整体都像我。这是一个激动人心的时刻，我们拍了迈克尔和我的合照，这样我就可以拿照片给我的家人和朋友看了。安妮经常带迈克尔来看我，她也信守诺言，拜访了我的母亲。我录下迈克尔、安妮和我在富尔福德的房子和花园里玩耍的视频，这些是美好的回忆，是的，有时我确实会想 — "如果只是美好回忆的话。"

* * * * *

威尔夫建议我们创建另一家专门从事股票和股份交易的公司，而他将再次发挥他的魔力。他把我介绍给他的股票经纪人，他当然也是共济会的同胞，不久之后，我们的利润大幅增加。我建立了一个系统，其中包括一个录音设备，以记录所有以电话进行的交易，这件设备在将来会证明是非常有用的，并且是我练习录下电话谈话的开始，我认为是天经地义的事情。

"不在于你知道什么，而在于你认识的人"，这句话描述了我与威尔夫·沃德和他有影响力的朋友大军的关系。这也是我母亲提到我外公在奥斯比村发展业务，并从乡绅那里获得合同时，说过的一句话，唯一不同的是，这些合同是以公平公正的手段赢得的，并且由于他的辛勤工作而赚取利润。这句话也有不利的一面，而我将于未来体验到，这个人当然是威尔夫·沃德，而不是我 — 因为他有着广大的人脉。

当我和他联手时，妈妈会说我进入了一个环形交叉路 — 上了一个游乐场旋转木马 — 两年半都没有下来，直到它突如其来地停下来，在此之前 — 赚钱让生活变得非常愉快。

大多数晚上，我都在我的豪宅度过了愉快的时光，派对经常持续至凌晨。威尔夫和我会招待我们的商业朋友，有时他会因为醉酒而神志不清。有几次，他会打电话给他所谓的"私人出租车服务"，或者换句话说，"一辆警车和司机"带他回家。

黎明时分，我的私人助理会帮忙准备一份冷食自助餐，摆在餐桌上摊开来，如果场合需要"女性点缀"的话，那么在商务会议上会是一个极佳的资产。其中一位来访的客人是"亚历克斯·希金斯 (Alex Higgins)"，他当时是世界斯诺克锦标赛冠军。虽然我的斯诺克技术十分平庸，但却是一个忠实的粉丝，所以看到像亚历克斯这样的天才在我自己的桌子上玩，是一种令我相当兴奋的经历。

我单身仅 28 岁，拥有一栋富丽堂皇的豪宅和一系列停在家里车道上的新车，包括 E 型捷豹、捷豹 XJ6、杰森·希利 (Jensen Healey) 敞篷车和我珍贵的收藏 — 杰森截击者 (Jensen Interceptor)。以前我是来自镇上的男人 — 或者我以为我是，是的 — 我曾有无数的女朋友，人们说的是真的 — "有钱人更容易得到上床的机会。"

1973 年 12 月 29 日，安吉拉生下了我的儿子克里斯蒂安 (Christian)，探望她和我的新生儿证明是另一种情感的体验。当我感受到她同时存在着痛苦和快乐的复杂情绪时，我也同样感受到了自己的。我们都知道永远不会成为一个完整的家庭，当她怀孕时，这不是她希望我们的儿子一出生就开始的生活。

到1973年底，一场经济衰退开始影响所有企业，但没有人能够预测到1974年将席卷英国的经济海啸。

* * * * *

经济衰退加深了购房者的抵押贷款枯竭，银行贷款急剧下降，股票和股份惨跌只剩下其先前价值的一点点而已，导致公司和个人普遍破产。经济海啸席卷英国，人们均受到重创，令人遗憾的是，布兰查德集团公司不是滴水不漏的。

集团银行经理艾伦·沃克受到总部的压力，要求把集团的所有资产进行抵押贷款，这种做法会限制我对尚未抵押给银行的资产筹集资金的机动性。为了解决问题，威尔夫有一个计划 — 他和威尔逊·普林会来救援。

* * * * *

安吉拉的父亲罗伊·伯顿 (Roy Burton) 是一位成功的商人，当然希望女儿一切顺利，事实上他暗中希望安吉拉和我结婚并共组一个家庭。他还看到了投资我公司的赚钱机会，而今经济衰退更加严重，但他别有用心。在我去他家看克里斯蒂安的时候，我们会谈生意上的事情，我并没有隐瞒我遇到现金流困难的事实。

"我可以帮忙，"他说，并解释说他有现金。他建议他加入集团担任兼职公司秘书，拿合理的薪水，然后将集团的一处房产抵押来获得大量现金投资。我唯一退缩的原因是，鉴于安吉拉父亲正在帮助拯救我陷入困境的公司，我担心会有娶安吉拉的义务。而我需要他的钱，因此我接受了他的提议，但说明我们必须从一开始就同意，我与安吉拉的关系与我们达成的任何协议无关，我们握手，他现在正式成为布兰查德集团公司的公司秘书。

1974年夏天，我做了很多商人都会做的事情，开始与我的私人助理发生恋爱关系，我们经常以柏拉图式的方式在晚上一起出去吃饭，我们柏拉图式的恋爱一直持续到黎明。与此同时，我也忙着在约克的夜总会里出入花丛间沉迷酒色。有时我们会和各自的伴侣一起社交，但有一天晚上，在我家举办派对后，我们上床了 — 大错特错，有趣的时刻还在后面。

* * * * *

威尔夫提出的救援计划起初看起来很复杂，但结果却相对简单明了，唯一的缺点是 — 这个计划必须依赖我全权委托他和威尔逊·普林，处理布兰查德集团的资产（我的财产）。他解释说他得到了威尔逊的全力支持，他们的提议将解决我所有的财务问题。

威尔逊将分阶段预付10万英镑，以支付员工和其他债权人。我需做的是保证预付款，我会以低于其真实价值的价格将财产私下转让给他，价值的差异 — 股权 — 代理证券，我们将在以后处理会计的部份。这是一个救援包，一个不寻常的救援包，但无论如何，还是一个救援包 — 我们握手成交。

在1974年的7月和8月，几处房产以稍微低于其真实价值的价格转让给了威尔夫，几天之内，威尔逊打电话说他将预付22,500英镑的第一笔分期付款，我的电话录音设备均录下所有的通话记录。

"这是我有的一些钱，"他用愉快的声音说道，并补充道，"你知道的，我们正在谈论的这笔22,500英镑。"

"那太好了！"，我说。

我知道威尔逊掌控着他的家庭信托，所以当他继续往下说时，我不感到惊讶：

"我有一些钱在家族信托里"，我想这样很好，他正在履行我们的协议。

威尔夫还忙于与城市规划官员莱先生一起施展魔法，莱先生秘密安排市议会购买百老汇路上的八套公寓。威尔夫要求莱先生进一步处理，通常需要数周才能达到交换合同这个阶段的事务。

"我得到了主席的授权购买这些房产"，莱先生说。

那天晚上，我打电话给威尔夫：

"我有告诉你和莱先生谈话的结果吗？"

"没有，"威尔夫说。

"他说，我得到了主席的授权购买这些房产。"

"嗯，是的，嗯，呃，我告诉过你了。"

藉由罗伊·伯顿的现金注入，我争取到了一些时间，现在能够以积极的方式向前迈进。我可以用威尔逊的钱完成位于百老汇路上公寓的建设，不仅如此，我已经把它们卖给了市议会，让我能够度过经济衰退的难关 — 至少我是这么认为的。

* * * * *

70 年代初，整个英格兰的地方政府均普遍腐败狼狈为奸，调查当局决心表态并起诉当地政客，他们的唯一目的其实是填满自己的腰包。当时的政府做出了承诺 — "追究他们的责任。"

* * * * *

约翰·波尔森 (John Poulson) 是位英国建筑师，他于 1972 年撼动了英国政府的基础。1971 年 11 月 9 日，他提交了自己的破产申请，披露了 277,000 英镑的债务。然而，他保留了一丝不苟的记录，详细记录了他用于贿赂腐败地方议员、地方当局官员和各级公务员的款项和礼物。

很快就显而易见波尔森处于大规模腐败丑闻的中心位置，1972 年 7 月，伦敦警察厅开始对欺诈行为进行调查，这导致担任内政大臣和警察名义上的负责人 — 雷金纳德·莫德林 (Reginald Maudling) 议员辞职下台。

1973 年 6 月 22 日，波尔森被捕并被以腐败罪名起诉，他于 1974 年 2 月 11 日获判欺诈罪并被判处五年的监禁刑期，后来刑期增加到七年。

他贿赂的这些人也被判入狱，包括泰恩河畔纽卡斯尔 (Newcastle upon Tyne) 市议会的领导人 T·丹·史密斯 (T. Dan Smith)。这些丑闻在强烈地迫使下，议院必须有议员个人利益登记册。

负责处理他破产事宜的人，是一位在谢菲尔德的会计师约翰·普里斯特利 (John Priestley)，他要求偿还波尔森所提供的全部贿赂和礼物，以便支付款项给他的债权人，大部分的人均二话不说就偿还给波尔森，以避免面临令人尴尬的法庭诉讼和他们的名字被媒体曝光。

* * * * *

八月下旬，我第一次意识到事态的严重性 — 威尔夫和威尔逊都没有回我的电话，我所有试图联系他们的努力都被置若罔闻 — 他们在躲避我。

我已承诺在八月底之前偿还我大量的债权人，而我将会托延债务无法兑现这些承诺。为了让银行满意，我提供了他们要求的抵押贷款，但没有起多大作用，因为威尔夫已经拥有了从银行手中释放出来的房产。抵押贷款的缺点是，银行可以任命一名接管人来掌管我的公司 (一名会计师来关闭我的公司)。我必须做出一些重要严肃的决定。

我的母亲听到这个消息时说"我早就预料到这一切了"，但她只是以"我告诉过你"的方式说了这句话而已，她是个比较脚踏实地的人，想知道如何解决这些问题。

"从现在开始，你必须接受法律建议并正确行事，只有一种方法可以解决你的麻烦，那就是直奔问题中心点对每个人都诚实以对。"

我无需多做考虑了 — 仅按照我母亲的智慧之言行事即可。

*****

德斯蒙德·辛普森 (Desmond Simpson)，是位于利兹的一家 R·C·穆尔豪斯律师事务所 (R C Moorhouse & Co) 的律师和合伙人，他在公司法方面拥有丰富的经验，并且在会计师约翰·普里斯特利任命处理约翰·波尔森破产事宜时，担任普里斯特利的顾问。我尽可能早点预约见他。

他的声音颇具威严，这让我有信心我找对了人。我告诉辛普森先生事实、劣势和所有细节 (一切事宜)，只有一个问题将会决定他将给出的建议。"不包括转移给威尔弗雷德·沃德的资产，这些公司是否有偿付能力或资不抵债？"他问。

"资不抵债"（破产）

"而将资产归还给你的话"

"即有偿付能力"（未破产）

他说在这种情况下，这些公司必须立即进行自愿清算。然后，你必须发表一份声明，说明你与这两个商人的关系，说明哪些资产已转移到高级市政官沃德的名下，以便清算人可以为你的债权人收回这些资产 (清算是关闭公司的法律程序)。

我接受了他的建议，然后，他打电话给位于谢菲尔德的波普尔顿和阿普尔比 (Poppleton & Appleby) 律师事务所的约翰·普里斯特利，并安排在 1974 年 9 月 2 日举行一次会议，届时我的公司将以自愿清算处理 (根据我的指示)。

*****

法律手续已办理完毕，我的公司已停止交易，从此我不再负责自己的财务，但这又衍生了另一个问题。我再也无法偿还我住家的抵押贷款，所有员工都被解雇，许多银行账户被冻结，约翰·普里斯特利现在操控着所有的事务，他和德斯蒙德·辛普森都认为，他们需要解开另一个地方当局的丑闻。他将债权人会议的日期定为 1974 年 9 月 26 日，在谢菲尔德举行，然而，他在那次会议上所说的话将产生严重反响。

我长达 13 页的声明列出了我与前合伙人达成的交易，他们坐在我价值超过 10 万英镑的房产上，但却避开我。我曾经被他们利用过，然后现在把我当成废弃的油布一样丢弃。

当债权人收到计划于当月晚些时候，将在谢菲尔德举行会议的通知时，消息像野火一样在约克郡蔓延开来。该地区媒体的记者已经准备好并忙于做自己的调查 — 我很快就会在社会上公开失宠。

*****

约翰·普里斯特利站起来向一大群愤怒的债权人发表演讲，所有人都焦急地等着看他们是否能得到所欠的钱。然后他发表了一份财务报表，一份副本交给了出席会议的人。该声明详细说明了以低价估算的总债务和资产，并将在拍卖中将其全部出售，这些资产当然是国民西敏寺银行抵押贷款的物品，因此还短少 66,632 英镑的金额，基于此 — 将无法偿付积欠给其他债权人的债 (赤字 — 负资产)。

几个债权人对我大喊大叫，引起了轩然大波，过了一会儿，他们让普里斯特利先生继续说下去。他接着说，我已就集团财务事务做出全面坦诚布公的陈述，包括在公司自愿清算前不久发生的房产交易的细节，他说未包含在财产状况说明书的资产。他说涉及的交易性质众多，其中涉及约克郡一位著名的当地政客。他接着说，他将调查此事并寻求使这些交易在法律上无效，这将导致归还财产给所有债权人。

德斯蒙德·辛普森发表了类似的讲话，他说我已经完全披露了集团的资产，因此他说所有债权人都会得到全额偿付。

他们的言论似乎使会议平静下来，约翰·普里斯特利被任命为关闭布兰查德集团公司的会计师，会议结束后我回到了约克。我现在必须考虑我的个人立场，我再也负担不起住在我奢华的豪宅里或保留我昂贵的汽车 — 个人破产的问题浮出台面。

* * * * *

债权人与当地报纸会面后的第二天，记者从受害债权人那里获得了一份财产状况说明书：

"两家布兰查德公司积欠了 10 万英镑的债务"，《约克郡晚报》上的这篇文章写道："由约克商人保罗·布兰查德先生经营的六家公司 — 全数清算中 — 被任命调查其中两家公司的会计师，提到欠债权人总计超过 10 万英镑的款项。这些公司分别是股票交易商 — 布兰查德证券和房地产投资公司 — 布兰查德投资。"

我在社会上公开失宠了，约克里谣言满天飞，债权人和前雇员众说纷纭，散播着关于这些公司为何破产的不同说法。许多人都知道我与沃德和普林的关系，并相信沃德是约翰·普里斯特利在债权人会议上提到的当地政客。几位债权人向警方投诉，警方随即展开调查，也惊动了媒体，要求我阐述我的观点以及我的公司破产的原因。

《约克郡晚报》的标题是"**在约克'赌博'失败了**"，并刊登一张我在游戏室的照片，我半坐在斯诺克台球桌上。

"约克商人保罗·布兰查德先生今天坦率地谈到了他的财产利益为何会破产，导致欠下总计数万英镑的债务。这不是由于管理不善导致，而是由于国家的经济状况造成的"，记者引述我的说法。

这篇报道接着说，"警方现在正在调查他的六家公司的事务，这些公司上个月进入自愿清算程序"，并继续说道，"尽管他的生意倒闭了，布兰查德先生仍然住在富尔福德区德文特路的豪宅里。在他富裕时，他安装了一个酒吧、舞池和一张价值 1,000 英镑的斯诺克台球桌。他的访客包括前世界职业斯诺克锦标赛冠军亚历克斯·希金斯（"飓风"）。而今，他一个人独自打斯诺克。布兰查德先生强烈否认这些与其公司的业务，包含房屋建设、房地产、土地重建以及股票和股份有关的谣言，对债权人的总欠款超过 30 万英镑。"

该新闻报道产生了许多反响。在那些日子里，约克就像一个超大的村庄，每个人都知道彼此的事，并且人们对已经发生的事件有自己的解读。谣言四起，说我故意破产，在国外银行账户里藏了超过一百万英镑。媒体还说我仍然过着奢侈的生活，拥有一批名贵的汽车。因此，我采取了果断的行动，事实证明，这些流言蜚语对我的母亲、我的家人和剩下的少数忠实朋友来说是令人不悦的，我将立即卖掉我的房子和汽车。

处理我的汽车很容易，我把它们交还给了金融公司。妈妈帮忙并以她的名义买了一辆二手福特护卫者 (Escort) 客货两用轿车让我使用 — 车子是永久贷款 — 所以我的债权人不能声称它是我的资产之一。出售我的房子同样容易，罗伊·伯顿同意以现有抵押贷款的未偿金额购买房屋和家具。他仅以几千英镑的价格几乎不费吹灰之力地购买了这处房产，这笔交易将使他未来获得可观的利润。

"你可以和安吉拉和克里斯蒂安一起住在房子里，直到这一切都过去了，然后再买回来"，罗伊笑着说，他意图以这种方式使我听从他摆布。

"我不能那样做，罗伊，这对安吉拉不公平"我说，"不过还是谢谢你的提议。"

在那场会议宣布我的公司进入清算的六周后，我搬回母亲家位于前面的房间。我已经下了环形交叉路 — 那个游乐场旋转木马 — 因为它突然间停下来。

* * * * *

我母亲判断人的能力意味着，她对我案件尚未查明的各个方面都保持警惕。我必须对她坦诚，因为她的地址现在是我的官方住所，法律文件和其他正式信件均寄到这里来。我已经五年多没有在家里生活了，但很快就适应了我生活方式的改变，毕竟 — 我回家了。

我的外甥女贝琳达已经是一名青少年了，且做了大多数青少年都会做的事 — 放学后在她的卧室里持续不断地将音乐放得很大声。妈妈将大多数的时间花在她身上，如果不是因为我的问题，她现阶段的生活可以更放松和享受自己，但事实并非如此，妈妈总是把她的孩子放在第一位，她总是想参与孩子的困难直到孩子的问题解决为止。

* * * * *

我开始重新考虑我提供给约翰·普里斯特利的声明，我认为这是一个错误的决定，由于措辞的方式，此声明会回来困扰我 — 变成是我与沃德和普林合谋诈骗公司（所以他们可以被勒索偿还这笔钱）。他在债权人会议上的发言引发了警方的调查，我的第六感告诉我，沃德和普林不会善罢甘休，毕竟他们没有回应我的电话，也无视我意图联系他们的所有努力。

我的智囊团包括我的母亲、继父内维尔和保罗舅舅。所有人都同意我做出的决定是正确的，披露我与沃德和普林为了拯救我的公司而达成的秘密交易。

"你的律师给了你很好的建议"，妈妈说，"你必须接受，辛普森先生知道他在说什么，他是专门处理这些事情的专家。"

"我知道的，妈妈，但沃德很有权有势，我再跟辛普森先生商量一下也无妨。"

"嗯，那是你必须做的，但我知道他不会改变他的建议。"

我打电话给辛普森的办公室，得知他正在度假，然后将我转接给他的合伙人克里斯·沃德先生（与高级市政官沃德毫无关系）。我解释了我的担忧，所以我们同意几天后见面。在会议上，他再次确认德斯蒙德·辛普森之前提出的建议是很好的建议，也是我应该采取的正确行动。

我与沃德和普林的关系以及他们提出的不同寻常的救助方案，构成了任何关于我公司破产原因的辩护。因此，最重要的是，为了债权人的利益，尽快将转移给沃德的资产归还债权人。

1974年10月29日，我收到了德斯蒙德·辛普森的一封信，信中包括以下内容（仅列出相关部分）。

我必须说，从我们的各种谈话中，我清楚地看到，您和您的公司从未参与过任何可能被<u>描述为"犯罪性质"</u>的交易。

"此外，从这件事一开始，你就向我们和清算人表明了这一个立场，并且没有试图不正当地维护任何一方对其他债权人的主要利益具有优势的立场。"

* * * * *

"你的信在这里"，妈妈读了这封信说。"辛普森先生已经书面向你确认了一切，你从一开始就诚实以对，没有试图向任何人隐瞒任何事情 — 诚实，正如我教你的那样，永远是最好的策略。"

"除非诚实会不利于你，妈妈。"

"它不可能对你不利，因为真相总是最终水落石出。"

"我们静观其变吧，妈妈，你比我更有信心。"

* * * * *

1974年的圣诞节期间带来了更多使事情复杂化的消息，我沉溺女色的日子又传来爆炸性的消息 — 道恩宣布她已怀孕四个月。

* * * * *

大家的反应不一，妈妈起初什么也没说，安妮已接受我们的婚姻无法重来，并决定在没有兼职父亲的情况下自己抚养迈克尔。我与安吉拉的关系依旧保持友好，我继续拜访她和克里斯蒂安 — 我们仍然是朋友。

* * * * *

我以前在米尔顿街买给母亲住的房子，将会在拍卖会上出售，前提是现有租户可继续住在该房子里。我把这处房产改成了两个独立自足的单位，道恩的弟弟杰德持有二楼公寓的租约，让道恩有机会搬进来同住，他们就住在我母亲于劳伦斯街房子的附近转角处。

我希望我们的关系能够和平共处 — 道恩也是如此希望，我们都有坚强的意志，美好的时光是愉悦的，但糟糕的时光是可怕的，在我们一起度过的那些年里，我们有过多次分和，但道恩以她自己的方式，在我需要的时候就会在我身边。

我们的儿子小保罗于1975年5月6日出生，第二年我们的女儿莎拉于我在场的情形下在1976年7月30日出生。小保罗已受洗，他的全名是保罗·威廉·罗纳德·布兰查德，中间名为罗纳德而不是唐纳德，是取自他外公的名字。虽然我住在我的母亲那里，但实际上我们都住在米尔顿街。我已经回到了一切开始的起点，即当我们第一次搬到约克时的情形，房子里前面的阁楼再一次成为我的卧室 — 这就是生活。

* * * * *

我公司的清算程序似乎一直在拖延着，连锁反应将是个人宣告破产。克里斯·沃德建议我与债权人做出安排，因此我母亲向他们提出了全额和最终清偿我债务的提议。然而，该计划却行不通。

我几乎每周都打电话给德斯蒙德·辛普森和克里斯·沃德询问清算的进展如何，并且总是问主要的问题 — 约翰·普里斯特利是否已向高级市政官员沃德收回资产。但每次的答案都是一样的 — "还没"。

感觉有些事没有道理，我面临个人破产的困境，但是如果收回资产，我的公司不仅会有偿付能力，而且我也会钱偿还我的债权人 — 我也可避免破产。然而，德斯蒙德·辛普森最初的建议和应该遵循的行动方针却迟迟没有实现。约翰·普里斯特利根本没有追回任何资产 — 但是为什么，总是有原因的，而且有一个 — 邪恶的原因。

* * * * *

藏在我公文包里的录音设备可以运作两个小时，然后在发出大声的咔嗒声后自动关闭。因此，至关重要的是必须在此之前，或被我自己的律师曝光并追究责任前终止我的会议。

1976年11月3日，坐在R·C·穆尔豪斯律师事务所的接待处等待似乎是永恒的，这天我与克里斯·沃德预约见面，而我提早到达，并一直紧张地检查录音机以确保一切正常。我可以刚好透过他办公室的门，听到他之前的会议将要结束，所以我按下了录音按钮。

"好吧，你有什么要对我说的，保罗"，他微笑着说，

"呃，我将要必须宣布破产"，我回答。

"不要，不要! 我会选择逃之夭夭，你为什么不逃跑呢? 你不想破产的，你看你还单身未婚。"

我希望能得到一些律师经常使用不正当手段的信息，但没想到我真的听到了。

"我是否提交自己的破产文件，我该怎么做?" 我继续说。

"我的观点是你想呃 …… 逃之夭夭。如果是我，我会远走高飞的，小伙子，我不希望你破产，不要提交自己的请愿书。"

"我不想破产，我的意思是，但我已经为此奋斗了两年。"

"逃之夭夭吧，小伙子。远走高飞，你没有家人，没有人束缚你。因为你试图逃离债权人，我们可以对任何而试图找到你的人说，我们可以说，好吧，看，他试图与债权人达成协议 — 他只是受够了。"

我简直难以置信，我一边试图消化他所说的含义，一边想着接下来要说什么。

"是的，好吧，我接受，但如果他们找到我时会怎么样呢？"

"呃，确保他们不会找到你。"

"不是的，我是否能假设，如果他们找到我，将会发生什么事情？"

"呃，他们会让你破产。"

"所以，无论在何种情形下，情况会变得十分狗屎。"

"是啊，无论如何，事情会一发不可收拾，嗯......你能去哪里？澳大利亚吗？"

"嗯，我得好好想想。"

"是的,但不要思考太久，"他以一种有说服力的语气说，"现在是远走高飞的时候了，现在是逃之夭夭的时候了。"

"我将必须深思熟虑，我听进去了你的建议，我将会需要一段时间考虑。"

走出他的办公室后，我没有停下脚步，直到我回到车里检查录音是否有在运作 — 确实有在运作。我也知道我刚刚得到的建议，与戴斯蒙德·辛普森之前的建议互相矛盾，这意味着我的直觉一直都是正确的 — 事有蹊跷。在 1976 年时，我不知道这些事件只是我与一个如此沉浸于传统，以至于不符合其目的之法律体系作抗争的开端。

我在家播放录音，妈妈明白了其中的含义。为什么克里斯·沃德想让我消失，那么如果我的个人破产暴露了我与沃德和普林的交易怎么办？我声明的整个重点的首要任务，是将他们牵连到我公司的清算中，为什么约翰·普里斯特在债权人会议上发言之后，他没有采取行动使这些交易失效？不仅如此，戴斯蒙德·辛普森已书面确认这些财产应该被收回。

"消失吧，逃跑吧，小伙子，你没有家人，没有人束缚你"，妈妈生气地说，"完全显现出他们对你知之甚少和莫不关心的程度，他们把我们当成什么人？"

我与克里斯·沃德的会面就像打开一罐布满蠕虫的罐头，引发的问题多于答案。建议我消失并逃避对债权人的责任，几乎令人难以置信，但更严重的是，他也知道我正在接受警方的调查，在这种情况下凭空消失，将等于我自动承认我的罪行，并会作茧自缚落入他们的圈套中。

这是我第一次在法律界遭遇贪官污吏的腐败现象，很遗憾这不会是最后一次。我决定成为一名侦探，试图解开并追根究底了解事情的真相。

＊＊＊＊＊

约翰·普里斯特利任命他在谢菲尔德艾希顿 (Ashtons) 律师事务所的合伙人亚瑟·休伊特 (Arthur Hewitt)，为他的法律顾问，负责处理我公司的清算事宜。因此，休伊特先生有责任根据我在声明中的披露采取行动，并为债权人的利益追回资产。该责任包括在必要时，对沃德和普林采取法律行动以使交易无效，但是，如果这些法律诉讼未能解决，休伊特先生有最终责任将此类事项向警方报告，让警方进行调查，理由是债权人已被这两个有权有势的公职人员诈骗了，他们只是一心想自肥而已。

1986 年 11 月 18 日上午，我乘车前往谢菲尔德参加下一次重要会议，再次将录音机藏在公文包中。亚瑟·休伊特不知道他说的每一个字都会被录音下来。我决定上演沃德、普林和我之间阴谋诈骗债权人计划的戏码 — 在德斯蒙德·辛普森于 1974 年 10 月 20 日的信中没有承认和反驳这个概念。

我的声明坦率诚实：辛普森的信里再清楚明确不过地阐述道：

"此外，从这件事的一开始，你就向我们和清算人表明了这一个立场，并且没有试图不正当地维护任何一方对其他债权人的主要利益具有优势的立场。"

我按下录音键，关上公文包，他的秘书把我带到了休伊特先生的办公室，我们握手并着手处理手头的业务。我们讨论了一些交易事宜，我问有挖掘到什么消息吗？休伊特先生向前倾身说：

"你看，这里有个问题，保罗，让我烦恼的是，如果我开始深入挖掘沃德的事务，我将会发现你和沃德之间所计划的阴谋。"

"到底发生了什么？"我说，知道他已经将自己牵连进来。

"是的，我知道，但这会使你站在被告席上。"

"是的，没错，确实如此"，我知道他正在自寻死路。

"我相信这不是你想要的。"

"不是我想要的，但这就是为什么我有点担心会发生这种情况。"

"你考虑宣布个人破产了吗？"

"好吧，我想是的，假装我不知道法律方面的知识，但是当我宣布个人破产时，债权人会得到我不利沃德和普林的声明。他们不知道内容，但他们知道有一份与各种交易有关的声明，因为德斯蒙德·辛普森在债权人会议上站着公布这些消息，所以他们将会试着了解该声明的内容。"

"是的。"

"我不知道，如果他们得到那个声明，他们就会知道这个阴谋。"

"是的。"

他们将会发现我和沃德之间的事情，正如你所知道的，我在那份声明中说的是实话，我已经再诚实不过了，我们确实试图并且确实对一些公司的债权人进行了欺诈的行为。"

"是的。"

"这就是让我有点担心的原因。"

"是的，取决于他们挖掘真相的深度。"

在结束会议之前，我们讨论了许多其他相关问题。亚瑟·休伊特不知道现在有证据显示他卷入了一场阴谋里，在我隐蔽实情的情况下，他默认与他人合谋诈骗我的债权人，而且事情还不止如此……

"你的问题在于，保罗，你必须小心不要让自己陷入其中，并让沃德牵涉其中。"

"我很感激，但担心我会个人破产，这件事将会发生。"

"如果有什么我能帮上忙的，让我知道，如果克里斯·沃德想让我为他提供什么服务，我肯定会给他任何我能提供的信息。我没有过度强烈追查它的两个原因是，首先我们没有钱这么做，其次，在我看来，我也会让你陷入困境，而这不是清算人的目标。"

我离开了他的办公室，再一次我没有停下脚步，直到回到我的车里，我检查了一下录音机，已将对话成功录音下来。

* * * * *

我、妈妈、内维尔和保罗舅舅全都听了录音内容，我们都认为事情已经演变到一个更严重的程度。约翰·普里斯特利的法律职责 — 也是他唯一的职责 — 是保护公司债权人的利益。此外，亚瑟·休伊特的职责是为了债权人的利益，而强制执行和追究债务人的债权，其中当然包括追究沃德和普林。清算人的目的不是为了保护前董事和股东的利益，而只是为了债权人的利益而随时行事，如果此事需要警方介入，那么这些事情都应该向警方报案，普里斯特利和休伊特都没有尽到他们的职责 — 但这是为什么，谁与他们接洽？— 谁收买了他们？

* * * * *

当事件显露出实情时，我创建了许多文件把它们记录下来。事实证明道恩是一项宝贵的资产，可以输入所有信件和录音的誊本，包括我在公司倒闭之前录制的录音，这些证据有许多证明并证实了我对事实的描述。我录制了我与高级市政官沃德、威尔逊·普林、我的银行经理艾伦·沃克、克里斯·沃德和亚瑟·休伊特的对话。在我与房东解除办公室的租约后，我还收集并保存了寄到我以前办公室的邮件。其中一封信是来自约克市规划官员莱先生，确认市议会同意购买富尔福德的公寓。这是一封重要的信，它完全应证了我的说法，但情形却即将变得雪上加霜，伦敦的警察正在密谋准备逮捕我。

******

距离圣诞节还有两周的时间，道恩正忙着为节日做准备。虽然我们只有为数不多的钱，但我们的目标是用我们所仅有的一点钱尽可能做到尽善尽美。在新的一年里，我计划重新开始我熟悉的行业 — 室内设计和家具陈设。我们买不起电话，所以妈妈同意接受客户的任何询问并充当我与客户的联系人。

1976 年 12 月 16 日，妈妈接到一名警察的电话，要求我立即联系约克警察局。当我回电话时，对方要求我在那周晚些时候，到警察局接受警方的讯问。然而，在 24 小时内，讯问地点被改为 R·C·穆尔豪斯的办公室，日期定于 1976 年 12 月 21 日。

出席会议的有伦敦反金融欺诈小组的罗伯特·福利 (Robert Fowlie) 警司和格雷姆·沃森 (Graham Watson) 警佐、克里斯·沃德和我。

罗伯特·福利直截了当地谈到了会议的目的。他解释说，他和沃森警佐将于 1977 年 1 月 4 日在约克开始对我公司的事务进行调查。他说他们的调查将包括我与高级市政官沃德的交易，而且由于他的职位是北约克郡警察委员会主席，伦敦警察厅的反公司欺诈部门，已被要求调查北约克郡警察局长的事件。当他们离开会议室时，克里斯·沃德建议我什么都不要说，并且如果这两名警官接近我，要立即与他联系。我决定假装配合他和德斯蒙德·辛普森的计谋，希望在解雇他们之前尽可能获得更多的信息。

在 1977 年 1 月 6 日的新年里，新闻发布了这则消息。

《约克郡晚报》称，**"伦敦反欺诈小组在约克进行侦察"**。

"调查位于约克的欺诈行为"，《北方回声报 (The Northern Echo)》说道。

"伦敦警察厅反欺诈小组调查议员"《约克郡邮报 (Yorkshire Post)》的报道并继续说道：

"伦敦警察厅反欺诈小组的警探，将调查警方所描述位于约克市的复杂欺诈行为。据信他们正在调查一名当地商人的事务，以及他可能与一名北约克郡知名公众人物议员的商业联系。据信北约克郡警方之所以召集反欺诈小组，是因为可能涉及的人物所致，而不是因为案件的复杂性。警司罗伯特·福利和警佐格雷姆·沃森上周抵达约克进行调查，预计需要五、六周的时间。他们是伦敦警察厅和伦敦市警察局反公司欺诈小组的人员，该小组被公认为该领域的世界领先专家。这两名警探目前在约克警察局的办公室工作，据悉他们正在调查约克地区过去多年来的房地产交易。"

*****

约克所有的人都知道这位商人的身份，和媒体提到的"知名公众人物"的身份。伦敦反欺诈小组正在调查此事的消息助长了八卦的散播，令人担忧，毕竟他们是该领域的世界领先专家，会不遗余力地追查到底。妈妈建议我马上找一位新律师，说我不能再信任戴斯蒙德·辛普森或克里斯·沃德了。她开始意识到威尔夫·沃德可能已经收买了他们的可能性，她非常清楚他们的位阶越高，他们越是腐败不堪，而老某深算的沃德肯定在位阶上处于高位并且处于掌权的位置。我说我再等一段时间静观其变，然后在适当的时机时我会做出改变。

根据小道消息显示，我听说福利和沃森正在询问前雇员和同事，许多人提供了证词，此调查进展迅速。1977 年 2 月 2 日星期三，福利打电话给克里斯·沃德，说他已安排好不久就要讯问我。他们一说完，克里斯·沃德就打电话给我，并再次建议我缄口不言。他说这很重要，因为他或戴斯蒙德·辛普森会在我接受讯问时在场。一周后，他以书面形式确认了他的建议：

"我在此向您确认提供给您的建议，即您守口如瓶什么都不对任何人说。如果警方找您，您必须立即与我们联系。您有辛普森先生和我家的电话号码，您必须毫不犹豫地在紧急情况下拨电话给我们。"

我最后一次见到克里斯·沃德是在 1977 年 2 月 25 日星期五。我请他写信给约翰·普里斯特利，以寻求完整的解释，为什么转移到高级市政官沃德的资产至今都没有失效并归还。他说他不能这样做，因为我声明的内容是暗示我有罪的（这当然与戴斯蒙德·辛普森于 1974 年 10 月 29 日写的信完全自相矛盾），我没有争论这一点，没有什么可说的，我会找一个新的律师。

* * * * *

巴林顿·布莱克 (Barrington Black) 是位于利兹的巴林顿·布莱克律师事务所 (Barrington Black & Co) 的高级合伙人，专业是刑事出庭律师。1976 年 7 月，他为一名臭名昭著的罪犯，人称"黑豹"的唐纳德·尼尔森 (Donald Neilson) 辩护时，赢得了国内的认可，黑豹因绑架和谋杀富有的女继承人莱斯利·惠特尔 (Lesley Whittle) 而获判无期徒刑。尼尔森还因谋杀两名邮政局长和一名女性邮政局长的丈夫而被判有罪，他总共被判五次无期徒刑。我有在关注黑豹的案件，以及关注布莱克先生为他辩护的其他案件。我与他预约见面，向他概述了关于我案件的问题，他觉得我会被警察逮捕并同意作我的法律代表我。

* * * * *

1977 年 3 月 3 日那个又湿又冷下着雨的星期四晚上，道恩正忙着准备我们的晚餐，而我正忙着和小保罗和莎拉玩耍，门铃在此时响起，正好是下午 5 点 45 分。我去应了门，我立刻认出了福利警司和沃森警佐，他们自称是警察（当然我已经知道了）正在调查布兰查德集团公司的事务并且将我逮捕。然后我被带到约克警察局接受讯问。不允许我打电话给我的律师，也不允许有人在场。

1977 年还没有《警察和刑事证据法》，因此讯问过程没有录音下来（后来立法规定，讯问时必须录音）。警方没有在讯问开始前向我提出警告，幸好没有搜查令去搜索我在米尔顿街的住家，那是我母亲的家也是我的居住地址，如果有的话，那么警察将会没收可构成我辩护优势的所有文件和录音带。

我是无辜的。我以前从来没有和警察惹过麻烦，所以我决定回答他们所有的问题。警方分别指控以及起诉我犯有 11 项不诚实的罪行，其中主要的起诉罪名是"欺诈性交易"。换句话说，我在无力偿债（破产）且无法偿还所有债权人的情况下继续交易，他们指控我犯下该罪行的时间，是从 1974 年 1 月 1 日至 9 月 28 日为期 9 个月的时间，还以其他荒唐至极的盗窃和伪造罪名起诉我。警佐沃森问我是否要针对我被讯问的问题发表书面陈述，我拒绝了。

我说我已经向任职于利兹的 R·C·穆尔豪斯律师事务所的前律师提供了一份证词 — 列出了我在布兰查德集团的交易，内容提到了他们已知有参与其中位于约克的其他人士。我问他们是否从清算人那里获得了我的声明副本，因为这必须列入他们的记录里。警佐沃森说他们还没有这么做，然后问我是否愿意告诉他内容，我说没有必要，他们可以获得一份副本，其中的内容 — 说明了一切。后来警方将我保释。

三周后的 3 月 28 日星期一晚上 6 点 5 分，福利和沃森逮捕了安吉拉的父亲罗伊·伯顿。他被带到约克警察局，并且警方以欺诈交易和其他罪行起诉他。他也同样获得警方的保释。

* * * * *

我母亲判断人事物的本能真是卓越高超，她最初对威尔夫·沃德以及他在商业中耍狡猾手段的看法再准确不过了。

"你必须把一切都告诉巴林顿·布莱克"，妈妈说，"只有在你说实话的情况下，他才能为你辩护，你说的任何谎言 — 都会被发现的"，你外公有句话"，说出你心中所想并且认真看待你说的话。"

在巴林顿·布莱克律师事务所负责我案件的律师，是该公司的合伙人名叫罗伯特·摩尔 (Robert Moore)。整个 1977 年夏季和冬季以及 1978 年初，我在他们位于利兹的办公室与他进行了许多会议。我的审判预定于 1978 年 3 月 6 日星期一开始，预计持续两周的时间。

他按照惯常的方式为我准备辩护，接受了我的指示并撰写了我的"证据证明"，或者换句话说 — 我的故事经历。他向我的出庭律师（一位在我的审判中代表我的资深大律师），就本案做的案件陈述（案件陈述意味着当事人给律师的指示）列出了我的辩护，并包含许多附件，包括我为清算人所做的声明副本。但是，我们获得的声明却少了两页。

1978 年 2 月 8 日，摩尔先生写信给约翰·普里斯特利，要求他提供我的声明副本。普里斯特利先生在 2 月 13 日回复说："布兰查德先生没有向我提供证词，但据我所知，他有向在 R·C·穆尔豪斯律师事务所工作的前律师提供一份证词，我相信你肯定会联系他们的。"

1978 年 2 月 16 日，摩尔先生写信给亚瑟·休伊特，要求他提供一份我的声明副本。休伊特先生回答说，"布兰查德先生从未向我们提供过证词，但据我们所知，他确实向他的前任提供过证词。我们的档案中有一份声明副本，并随函附上一份副本。但是，您会注意到，缺少两页，但这就是我们持有的全部页数了。"

1978 年 2 月 22 日，克里斯·沃德写信给巴林顿·布莱克律师事务所 — 这两家律师事务所之间没有事先做任何的沟通：波普尔顿和阿普尔比律师事务所，已将您 2 月 8 日写给他们的信函副本转交给我们。我们确认，布兰查德先生于 1974 年 9 月在这些公司的办公室里，就公司事务发表了一份声明，其原件已在 1974 年 9 月 26 日举行的公司债权人正式会议上提供给清算人。我们只留下了这份声明的复印件，不幸的是，它缺了两页。我们知道布兰查德先生也有类似的副本，我们附上一份影印本，以防您用得上。"

我对清算人的声明共有 13 页，然而，在第 6 页，我在提及高级市政官沃德和威尔逊·普林时阐述："沃德提到他为威尔逊·普林先生（我将在本声明的后面部分阐述他的事情）做过类似的交易）。"

结果发现，丢失的两页 — 第 11 页和第 12 页 — 是我详细说明转移给沃德的财产交易内容，据我所知，威尔逊·普林将预付 10 万英镑的金额。原来的声明却凭空消失了，而获得副本的各方只能提供一份缺失两页的副本。

* * * * *

德斯蒙德·辛普森、克里斯·沃德和亚瑟·休伊特的所作所为，是我生平第一次与贪赃枉法的司法人员打交道。这些腐败的律师、法官、警察、出庭律师、情报人员，以及每个政府机构的主要职责，理应是与皇家司法院的恐龙法官一起维护英国司法声誉的不是吗？殊不知这将只是我与上述这些人员，进行五十年抗争的开端而已。

* * * * *

罗伊·伯顿被警方逮捕显然影响了我与他的家人和安吉拉的友好关系，这对每个人来说都是一段艰难的时期。至关重要的是保持专注为针对我们的指控进行辩护，我必须对这些构成控方案件证据的众多交易（包括转移到威尔夫·沃德的财产）提供相同的解释。我们就所有议题达成一致共识，罗伊会证实我提供的证据 — 他会说出实情。

＊＊＊＊＊

罗伯特·摩尔已准备好所有辩护文件以供审判时使用，并聘用御用大律师哈里·奥格纳尔 (Harry Ognell) 先生当我的辩护律师（御用大律师是以出庭律师的名称命名，意思是"皇室法律顾问"，是一位经验丰富的出庭律师）。他一直以来因有着"常胜军"的名号而闻名，幸运的是他接受了我的指示为我辩护。我的书面指示强调了我与威尔夫·沃德的关系，以及他建议使我的公司免于破产的各种行动方案。它还详细说明了我希望向任命为我辩护的任何出庭律师，展示我收集的大量文件以支持我的辩护。上面写着：

"出庭律师将观察到，布兰查德让约克高级市政官沃德参与各种交易，而且似乎高级市政官沃德就布兰查德与众多公司的各种财务交易，向布兰查德提出了各式各样的行动方案，布兰查德接受只对高级市政官沃德绝对有利而对他自己损失很大的提议。正如上文已经提到的，从布兰查德那里得到了详细的指示，他希望将此大量的文件提供给出庭律师，基本上事务律师认为，如果出庭律师与布兰查德开会时，布兰查德就可以展示他持有的文件，并且通过这种方式，可以使出庭律师充分了解他对各种文件的论点。"

距离审判仅剩三周的时间，我的法律团队与我进行了几次会议，其中包括资深出庭律师哈里·奥格纳尔先生，我的初级出庭律师约翰·梅勒 (John Mellor) 先生，罗伯特·摩尔先生和他的秘书苏珊·库珀 (Susan Cooper) 女士。我的指示和我所有的文件都讲述了我的经历，我自己的证据档案和录音带将巩固我无罪释放的判决结果，我会以自由之身离开法庭 — 我的人品没有任何瑕疵。

＊＊＊＊＊

御用大律师约翰·巴里·莫蒂默 (John Barry Mortimer) 于 1956 年被授予英国出庭律师资格，并于 1971 年被任命为御用大律师。他在约克的圣彼得学校和剑桥大学伊曼纽尔学院接受教育，并于 1955 年获得学士学位，1959 年获得硕士学位。他是位成功的御用大律师，他住在位于北约克郡纳尔斯伯勒 (Knaresborough) 镇附近，一个名叫斯特夫利 (Staveley) 的美丽村庄里一栋名为庄园 (The Grange) 的豪宅。他主要在英格兰北部的法院执业，被认为是公司法方面的专家，在法律界有广泛的人脉，碰巧与哈里·奥格纳尔御用大律师同处一个办公室。

＊＊＊＊＊

在我与我的法律团队举行第一次会议的前一天，罗伯特·摩尔打电话说奥格纳尔先生不能再代表我出庭辩护，但是，他说御用大律师巴里·莫蒂默先生对我的案件表现出兴趣，现在将在审判中代表我出庭辩护。

"我可以向你保证，莫蒂默先生是一位经验丰富的御用大律师，他会用心地为你辩护"，摩尔先生说。

会议在莫蒂默先生位于利兹的办公室里举行。双方自我介绍完毕后，莫蒂默先生说：

"我已阅读你的指示，并且完全了解你案件的各个方面。我明白你与高级市政官沃德和威尔逊·普林达成交易的重要性，我的建议是你对所有指控的罪名都表示'不认罪'。"

"好的，我想了之后说，"因为有了普林的钱，我的公司才有偿付能力。"

"是的，我知道这一点，" 他说，并以眼神表明这一点很显而易见。

在两周的时间里，总共举行了四到五次会议，在此期间，我将自己的档案交给了莫蒂默先生，其中包括我与 R·C·穆尔豪斯、约翰·普里斯特利和亚瑟·休伊特的通信。

还包括我制作的录音带的誊本，我解释了每一个录音的相关性。我详细解释了我声明中缺少两页的问题，这些页面强调了我与威尔夫·沃德和威尔逊·普林的交易。

我不断重申我相信有一个掩护他们俩的阴谋 — 保护这两名拿走我公司 10 万英镑而脱身的重要官员。苏珊·库珀提醒我,莫蒂默先生完全理解我的案件,我没有必要不断重复自己说过的话。

"我可以向你保证,布兰查德先生,所有这些事情都将提交法庭审理。我已考量过高级市政官沃德和威尔逊·普林涉入你案件的情况,并且非常乐意代表你出庭辩护。"

在我最后一次与莫蒂默先生的会议结束时,他递给我一份起诉书副本(对我的指控)。在对我的每项指控旁边,他都注明无罪,这让我母亲放心,因为他把我的最大利益放在心上。

★ ★ ★ ★ ★

审判前的那个周末,我们都讨论了我的案子,妈妈、我的继父内维尔、保罗舅舅,甚至我的姐姐玛丽都前来提供她所能给于的一切支持。妈妈对结果充满信心,说莫蒂默先生是"天赐之物"。

"我一直告诉你'上帝以玄妙的方式运作着',你从一开始就说真话,现在你有一个出庭律师会在法庭上陈述真相,我知道你会获判无罪。"

在审判前的星期天妈妈上教堂,她感谢上帝保佑她的家人身体健康,她祈祷我会洗清我的罪名,并感谢他派巴里·莫蒂默为我辩护,但我却相信当我们死后"会发生不同的情况",所以我不去教堂,只有在婚礼、葬礼和洗礼等场合才会去,在此话题上,我与母亲有着很大的分歧。

当约翰·巴里·莫蒂默同意代表为我出庭辩护时,他已另有自己的打算。他对我案件的兴趣与通常适用于刑事审判中的律师、出庭律师和法官的职业道德准则相去甚远。他正在执行一项任务,这项任务将他委托人的利益排除在外,甚至是到了背叛他委托人以及侮辱正义的地步。

他当然考虑过高级市政官沃德和威尔逊·普林涉入我案件的情况,当我同意他可以代表我出庭辩护时,他肯定欣喜若狂。当他手里拿着钢笔审查本案的文件时,他划掉了我与警方讯问的部分,上面说我已经向我在利兹的前律师提供了一份证词,阐述了我在布兰查德集团的交易,详载位于约克涉入本案其他人士的姓名。莫蒂默心口藏着一个黑暗深晦的秘密,他无意与他的委托人分享。

★ ★ ★ ★ ★

第二章

我的欺诈案审判

1978 年 3 月 6 日星期一，約克刑事法院

　　約克刑事法院建於 18 世紀，毗鄰約克市中心的城堡博物館和著名的"克利福德塔"。自 1068 年以來，這座城堡一直是司法和監禁的場所。法院仍然設有牢房，被指控犯有嚴重罪行的人仍然在那裡受審，因為這間法院已經有近 1000 年的歷史了。

　　建筑物内部的深色木镶板和昏暗的灯光反映了法院的目的，你会感到一种不安的不祥之感。接下来两周的审判将很快就过去了，漫长的等待终于结束了。妈妈和内维尔坚持每天都出庭，妈妈想知道我案子的每一个细节。每天早上我们都提早到达，然后在其他人到达前至少 30 分钟，在法院门厅会见苏珊·库珀。

　　当我们到达时，法院入口外有一大群人，很快法院就挤满了公众，记者席上挤满了我认识的大部分记者。

　　主持审判的法官是荣誉法官哈里·班尼特 (Harry Bennett) 御用大律师，控方律师是御用大律师亚瑟·哈钦森 (Arthur Hutchinson) 先生，罗伊·伯顿由御用大律师彼得·泰勒 (Peter Taylor) 先生代表，并由保罗·沃斯利 (Paul Worsley) 先生协助。

　　陪审团宣誓就职，女陪审员人数是男陪审员的两倍。当我的私人生活细节在法庭上曝光时，这种不平衡将有助于御用大律师彼得·泰勒为他的委托人辩护 — 他将充分利用这一点。

　　由控方哈钦森先生开始陈诉，向陪审团阐述对这两名商人提出了 13 项指控，有些是对两人共同的指控，而有些则是各自单独的指控。他指控所涉嫌的罪行发生在 1971 年 10 月至 1974 年 9 月期间，警方于 1977 年 1 月首次介入此事。仅因为高级市政官沃德担任警察局局长，因此他没有提及北约克郡警方已首先调查此案件的事实。

　　警察做了完善的准备，日复一日，他们传唤为数众多心怀不满的前雇员和债权人来作证，使我的案件雪上加霜，这些曾经享受我招待的雇员，现在正出庭作证并挥舞着手上的刀子，因为他们过去的衣食父母已被弃如敝屣 — 警察将他们指导得很好。

　　当福利和沃森提供证据时，他们捏造我接受警方讯问的程度，到了我竟认不出自己是谁的地步。他们伪造我对他们问题的回答，而他们的目的是丑化我的人品。然而，我讯问过程的其中一部分是准确的，沃森警佐问我是否准备就我被问及的问题发表书面证词，我告诉他，我已经向我以前的律师发提供过证词。这部分的证词肯定会导致控方的出庭律师，揭露我与沃德和普林达成的交易，但令人惊讶的是，出庭律师没有询问这两位警官，关于这两个贪赃枉法商人的任何一个问题。

　　两名警官花了数小时解释数千笔公司间的银行交易，称某些支票"凭空消失无影无踪"且无法追查，并向陪审团展示了我在离岸账户中，隐藏资金并欺骗债权人的照片。在休庭期间，我向我的法律团队提出了一个问题，询问他们是否可以解释，为什么检察官没有向约翰·普里斯特利，询问我与沃德和普林的交易。莫蒂默没有解释，但表示他将会提出这些所有的问题，并在我作证之前，他会先在法庭上提出充分的解释。

约翰·普里斯特利告诉法庭，我的公司集团负债累累且破产，并欠下 66,632 英镑的债务，然而，当莫蒂默进行交叉诘问时，他同意当时投资房地产市场"受到打击"（失去了真正的价值），人们越来越不愿意把钱投入到公司业务性质的投资上。普里斯特利接受投资物业的售价远远低于其真实价值，这本身就可能导致我的公司破产。

普里斯特利继续作证时，我急切地等待莫蒂默向他展开供袭并为我打出辩护牌的那一刻，出示我的声明并请他解释为什么每份副本都缺少两页？要求他解释为什么他没有向沃德和普林，收回总计超过 10 万英镑的资产，这将向陪审团展示我的公司实际上是有偿付能力的 — 即便其他资产的售价是几近于零。当法庭上播放录音带时，我迫不及待地想看到他的脸，因为我知道他无处可藏，如果案件的真实情况于现在任何时候暴露出来，他的信誉就会毁于一旦。

"谢谢你，普里斯特利先生，"莫蒂默说，"我没有其他问题了。"

有一瞬间我感到相当困惑，难道莫蒂默会把普里斯特利召回作证席接受进一步询问，究竟发生了什么事？我看着罗伊·伯顿，以神情传达"发生了什么事？"，但他耸了耸肩，什么也没说。

检察官亚瑟·哈钦森立马跳了起来，并说普里斯特利先生的作证是控方提出的最后证据。

"谢谢你，哈钦森先生，"法官说，"我们将在下午 2 点听取辩方的陈词。"

莫蒂默站起身来对法官说，他希望在陪审团缺席的情况下向法官提出申请，法官随后指示陪审团走出法庭，并要求他们在下午 2 点时返回出席下午的审判。（他提出的申请内容，是在陪审团不知情的情况下秘密提出的）。

莫蒂默说他已与控方达成协议，撤回与布兰查德先生的商业伙伴高级市政官威尔弗雷德·沃德有关的五件证物，他说他的申请也得到了御用大律师彼得·泰勒（伯顿的出庭律师）的支持，泰勒站起来点头示意他同意这个协议。法官批准了这项申请。

巴里·莫蒂默和彼得·泰勒一起离开法庭，前往他们出庭前使用的出庭律师的私人休息室。我离开了被告席，请苏珊·库珀向我解释情况，但她和我一样困惑。

我觉得你该吃个午饭，试着放松一点，保罗，因为你今天下午要作证，"苏珊说。

在法院的咖啡厅里，内维尔为我们点了茶和三明治，而我和妈妈试图弄清楚早上的事情。我还是一头雾水，因为连苏珊·库珀都不知道莫蒂默的辩护计划，毕竟他可能在玩战术游戏 — 我们只能拭目以待。

"妈妈，莫蒂默没有询问普里斯特利任何探究性问题一定是有原因的。"

"会有的，莫蒂默先生会把所有事情都呈现在陪审团面前 — 他告诉过你，你会被无罪释放，你会以清白之身离开法庭"。然后带着一点微笑补充道"问题在于我的儿子 — 你没有足够的信心 — 真相总会水落石出，这就是上帝运作的方式。"

日复一日的法庭程序逐渐变得熟悉起来。当罗伊·伯顿和我进入被告席时，公众和媒体也会就座。接下来控方和辩方的律师会出庭，之后陪审团会按照指示就座。然后法庭书记员（法庭秘书）会询问是否一切准备就绪，接下来便是"全体起立。"

莫蒂默站起来对法官说："我欲传唤布兰查德先生。"

我对着陪审团宣誓，并等待开始向我询问。莫蒂默先生要求我解释我的经历，以反驳我面临的每一项指控。莫蒂默的辩护似乎是房产价值的下降导致该集团破产。我只回答了他向我提出的问题，并没有偏离他的指示。在午餐休庭时，苏珊·库珀说我做得很好，妈妈说当我告诉陪审团我以前人格品行良好，并且从未在青少年时期与警察有过麻烦时，她感到很正直并感到光荣。

下午继续对我的提问继续进行。很快就到了下午 4 点 30 分的休庭时间，所以我想莫蒂默先生会推迟到第二天早上，才提及我辩护的重点部分。那将是我在法庭上的辩护高潮 — 可以说是"狗屎会击中电风扇"（译者注：意指届时会狗屎满天飞即揭发丑陋真相）的时候 — 那是我揭露高级市政官沃德和他的犯罪同伙威尔逊·普林的真实面貌的时候 — "贪赃枉法腐败透顶"。揭发戴斯蒙德·辛普森和约翰·普里斯特利贪污受贿时，我也会毫不留情。克里斯·沃德和亚瑟·休伊特很担心，我会告诉陪审团真相并承担后果，毕竟除了失去"我的良好人品"以外，我已经没什么好失去的了。

将近下午 4 点 20 分，莫蒂默先生对法官说他已经完成了对我作证的询问，并建议法庭现在休庭，到隔天早上再继续审判是合适的时间。

我立刻就发现事有蹊跷。即便我是法庭诉讼程序的新手，但我的直觉和第六感告诉我，莫蒂默早已被收买并欺骗了我。法庭空荡荡的，我急忙离开被告席开始寻找他，但他已离开无处可寻。我在法庭入口拦下了了苏珊·库珀，她从我脸上的表情看出我很焦虑，她也和我一样迷惑不解。

"苏珊，在检察官和彼得·泰勒对我进行交叉诘问之前，我想先和莫蒂默先生谈谈。"

"但当你还在作证时，这是不被法律允许的。"

"那么，我什么时候可以陈述我的辩护，我们已经在会议上对此进行了全面的讨论，它是非黑即白的。"

"我知道我们有这么做，这就是为什么我不明白里的原因。明天早上我会尝试去见莫蒂默先生，这是我所能做的，保罗。"

"谢谢苏珊，"我说，很清楚她没有什么可以转告给我的。

妈妈和内维尔正从公共走廊下楼梯，妈妈的脸说明了一切。我摇着头，妈妈把手放在我的胳膊上。

"等我们回家时再说，隔墙有耳。"

* * * * *

我以为我可以让妈妈指引我，但她的表情却不是如此。她平时自信的样子已经消失了，今天在庭上发生的事情已经造成了损害 — 她十分震惊。现在不是妈妈对我说"我告诉过你"的时候，事情比我们想像的要严重许多。是的，我们曾谈到沃德和普林收买了我的律师和清算人，但也收买了御用大律师的事实几乎令人难以置信，人们会说我是疯子或有幻想，但我知道他以某种方式参与其中，妈妈也是这么认为。但如果他有涉入陷害我的阴谋，我们该如何证明呢？这些人相当狡猾聪明，他们之间没有任何线索可以让人追查，他们之间也没有留下任何接触联系的证据，没有证据可证明巴里·莫蒂默与普林和沃德有关联。我们需要的是妈妈其中一句常说的话语"意料之外的事情"，而我们却得到了相反的结果。我们没有得到为我的辩护商讨的空间，因为我的辩护律师如此腐败至极，以至于他会为了自己不可告人的动机，而出卖和牺牲他的委托人。

妈妈只想早点睡觉，她已经筋疲力尽了。"哦，只有一件事"，她说，"当我们在法庭里下楼梯时，我们看到莫蒂默和罗伊·伯顿的御用大律师彼得·泰勒一起离开法庭大楼，他们有说有笑。"彼得·泰勒御用大律师是一个野心勃勃的人，他的最终目标是获得英国"首席大法官"的高级职位，而且他会不择手段达到目的，他明白只有 100% 忠于权威机构，他才能实现自己的雄心壮志 — 因此无论何时何地，他都会做符合"国家指示吩咐"的事项，无论这条路将通往何处。

* * * * *

1976 年 7 月 7 日，在利兹刑事法院起诉斯蒂芬·基什科 (Stefan Kiszko) 时，御用大律师彼得·泰勒担任他的首席出庭律师，基什科因涉嫌谋杀和强奸 11 岁的莱斯利·莫尔西德 (Lesley Molseed) 而接受审判。当基什科获判有罪并被判处无期徒刑时，此案在全国传开，并引起了彼得·泰勒的关注，但有一个非常严重的问题 — 基什科是无辜的。

斯蒂芬·基什科患有超雄综合症，这是一种男性多出一条 Y 染色体的病症，这种男性通常是正常的，除了有的人会出现 — 轻微的发育异常现象。正常成年男性的睾丸大小为 15 至 20 毫米，睾丸扩大时可制造精子。基什科在 1975 年的睾丸检查结果为 3 到 4 毫米，他的睾丸小意味着这名男子从未制造过精子，将来也永远不会，他这辈子永远无法制造精子头。

彼得·泰勒知道凶手对孩子手淫，他也知道斯蒂芬身患的症状无法犯下他获判有罪的性侵罪，这是彼得·泰勒知道的（尽管当局否认了这一点），但他却不将此证据告知辩护团队。

十六年后，于 1992 年 10 月 18 日，上诉法院批准了基什科对谋杀莱斯利·莫尔西德定罪的上诉。他的上诉获得批准的原因，不是因为审判案件的法官在法律上犯下的错误，也不是任何其他可能导致上诉法院以"不安全"为由推翻定罪的原因。在斯蒂芬·基什科的案件中，允许他上诉的原因仅基于一个理由 — 斯蒂芬·基什科是无辜的。

首席大法官莱恩 (Lane) 清楚地表明：

"已经证明了这个人不能制造精子。因此，这个男人不可能是那个在小女孩的内裤和裙子上射精的人，因此他不可能是凶手。"

斯蒂芬·基什科是一个洗刷清白但已身心破碎的人。过去 16 年来，他一直被其他囚犯贴上"强奸犯"的标签，这意味着囚犯认为他对儿童犯下了性侵害的罪行。被当作一个强奸犯，在监狱里将会过着最下等的生活，会被所有人厌恶，也会被残暴和欺凌地对待，以及受到其他囚犯数以万计的不同形式的虐待。

彼得·泰勒在泰恩河畔纽卡斯尔文法学校和剑桥大学彭布罗克学院接受教育。他自 1954 年起担任出庭律师，自 1967 年起担任御用大律师。他是英国东北部巡回法庭的负责人，并在基什科案后的五年内被任命为高等法院法官。英国议会讨论了此案，一名国会议员将此案描述为"有史以来最严重的误判"。由于泰勒极其邪恶的行为，使得斯蒂芬在监狱里度过了 16 年。

在命运的捉弄下，斯蒂芬·基什科获释的同一天，御用大律师彼得·泰勒实现了他的野心，他被任命接替首席大法官莱恩，成为戈斯福斯市郊的首席大法官，使他成为英格兰和威尔士最高级别的刑法法官。

* * * * *

回到我的欺诈案审判：

审判的第二天即是结束的开始。我无法接近莫蒂默，而苏珊·库珀无法解释他的所作行为何以至此。法庭上的常规程序结束后我坐上作证席，准备接受检察官和彼得·泰勒的交叉诘问。这将是我毕生难忘的一天。

亚瑟·哈钦森在法庭上肯定度过了愉快顺利的一天，他舍弃就我面临的许多指控进行详细的询问，他反而专注于我的生活方式。

"你开的昂贵汽车和你家的附加设施，包括桑拿浴室和斯诺克台球室，都是为了展示约克这位冉冉升起的商业之星的风格，"他说。

他说我"过着高尚的生活"，并且是那种喜欢向人炫耀，驾驶着一辆马力强大杰森汽车的人，即使我的一些债权人将拿不回他们的钱，我也毫不在乎。

"这个年轻人自视甚高有野心，当一个诚实的人意识到事情已经终了的情况下会改变做法，但布兰查德却准备不顾一切地继续保留他的杰森汽车。"

检察官交叉诘问的方法使我无法在审判中反驳真正的议题。我多次尝试改变询问的方向，但被提醒只能回答问我的问题。当亚瑟·哈钦森结束询问坐下时，我感到体力透支，但当彼得·泰勒站起来询问我时，情况更是雪上加霜。

他告诉陪审团，他的当事人是一名 65 岁的男子，他于 1973 年 12 月卖掉了自己的业务并计划退休。他通过他的女儿安吉拉认识了布兰查德，安吉拉也在 1973 年 12 月与他生了一个孩子。布兰查德似乎是一个非常富裕和成功的商人，在布兰查德的建议下，他的当事人同意借钱给他，以维持他公司集团的运转。。

"布兰查德先生，我认为伯顿先生预付你钱的原因，是因为他认为你"会对他的女儿做正确的事"，彼得·泰勒说。

"不是的，事实不是这样的，他从来没有要求我为他的女儿和孩子做些什么，我也从来没有答应娶安吉拉。"

"你是一个33岁的'小巫师'，你欺骗你妻子和伯顿小姐外遇，并同时让她们俩怀孕。"泰勒说道，又在我的棺材上钉了一根钉子。

"你抛弃了安吉拉，现在和你的前任秘书住在一起，我知道你和她育有两个孩子，你让伯顿先生失望了。"

此时，我整个毁于一旦，无论我因何种罪行接受审判都不重要了，因为陪审团中的八名女性会因我的私生活而认定我有罪，集团是否破产或其他问题已不再是重点了，陪审团的表情说明了一切。

罗伊·伯顿作证时告诉法庭，我知道他在1973年12月卖掉了他的公司，并要求他投资我的公司。他借钱给我是因为他相信我最终会和安吉拉住在一起或结婚，我让他失望了，我现在和我以前的秘书住在一起。他接着说他把钱投入了这些公司 — 他没有对公司进行欺诈 — 他试图拯救这些公司，他只开一辆二手车，并没有过着奢侈的生活方式。

在他们的结案陈词中，亚瑟·哈钦森说我用债权人的金钱来过着高尚的生活，在破产时继续交易，并且对罗伊·伯顿撒谎，对他承诺会娶他的女儿，好让他愿意投资我的公司。

彼得·泰勒说他的当事人被欺骗了，伯顿没有对公司进行欺诈，恰恰相反，他自己出钱维持公司的运转，然后泰勒指责我，说我让他的当事人失望了，也没有兑现对他女兒的婚姻承诺。

巴里·莫蒂默告诉陪审团，为了让我的公司继续运转，我失去了一切，我的名字变得一文不值也失去了家庭。他接着说我受到了严厉的惩罚，因为这些事情已经困扰我很长时间了。我被那些我视为朋友的人抛弃了，我的敌人在我垮台时手舞足蹈。他说，他没有忽视案件中的一名证人"此时正坐在公共旁听席"的事实。

在休庭之前，法官告诉陪审团，他将在隔天早上开始对本案做出总结，并希望在中午左右完成。然后，他会要求他们退庭考虑他们的裁决 — 他告诉陪审团，希望明天他们就能做出裁决。

伯顿离开作证席之后，低头看着地板，避免与我有任何眼神的接触，他完全清楚自己做了什么。莫蒂默已不见踪影，他已经离开了大楼。我在法庭入口与我的母亲和內维尔会合，我们什么也没说，然后就开车回家了。

＊ ＊ ＊ ＊ ＊

这将是一个漫长的夜晚，一个几乎无法入睡的夜晚。结果是可以预见的，我会获判有罪并被关进监狱，唯一未知的是法官将宣判的刑期长度。妈妈似乎显得刚毅坚定，埋藏了她内心深处的感受。这些年来，我多次看到她在面对困难的情况下，深入探究继续前进的力量，而结果总是她比以前更加强大。

保罗舅舅和莉莉舅妈来访，急切地想知道当天发生的事情，当我们说出惊天的消息时，他们并不感到惊讶，因为报纸的报道已经详载了一切。

"儿子，你会挺过去的"，他的声音里充满了关爱之情，然后给了我一个拥抱，"如果可以的话，我会替你坐牢。"我知道他是认真的，这让我热泪盈眶。

晚上结束时，妈妈和我独自相处。就这一次，我需要的是我们的谈话，妈妈会为我"注入相信自己"的力量。

"永远不要让你的敌人看到你失望或崩溃"，她用安慰鼓舞的语气说。"面对逆境，你必须时刻告诉自己，无论生活丢给你什么难题，你都会克服的，主从未给你一个你无法背负的十字架。你出狱后将可重建你的生活。你曾经从无到有，你可以再次实现的，你必须保持积极乐观的态度。"

"我知道，妈妈，但这次会更加困难，因为我将背负刑事定罪，而且约克人都知道发生了什么事情，虽然他们不知道真相。"

"我知道,但最后无论发生什么都会水落石出的,人们最终会知道真相。"
"我希望我有妳的信念,妈妈。"
"总有一天会真相大白的。每个人都有讨回公道的一天,若今生无法办到,那下辈子也会讨回公道的。最终,你应该关心天上的法官对你的看法,而不是这些人世间的法官。"
"而沃德和普林呢?他们撒谎和欺骗,这完全毫无道理可言。"
"好吧,如果我是他们,我会担心被高等法院判刑。"

她向我讲述了保罗舅舅在战争期间的经历,当我们的国家处于绝境时,他是如何目睹"人间炼狱"的,他们如何生活在肮脏的战壕中,数周没有适当的食物或睡眠。他们一定是胆战心惊,但仍然找到了战斗和生存的力量。他曾在法国和比利时边境的战壕中战斗,亲眼目睹他的战友被炮弹歼灭或被机关枪打得支离破碎。有一次,一场爆炸杀死了两个人,他们的头颅和四肢被炸得四处飞散,混杂在流动的泥土里。

有些爆炸攻击十分惨烈,以至于腐烂的尸体从土壤中移到了地表。他们已经死了好几天,但身上覆盖着泥土和粪便的混合物。妈妈说,有时他几乎无法呼吸,汗水从眼睛里流下来,使他的视线变得模糊。当这些士兵们真正放松入睡后,有时候他们醒来时,却发现一只老鼠爬过他们的脸。无所不在的腐烂身体部位、尿液和粪便所散发出的气味,在地球上是无可比拟的,几乎无法用言语描述。

"你将在监狱中经历的事情会令人不快,但你会挺过来的,有此经历后会蜕变得更加坚强,记住,永不示弱。"

妈妈是一个对信仰十分虔诚的人。那天晚上,她似乎比平时娇小,好像过去两周她的身材缩水了。我看着这个了不起的小女子,一生都对上帝有着不可动摇的信仰,这种信仰赋予了她内在的力量,一种与生命战斗之钢铁般的核心力量,她坚持到最后的信仰,甚至到那时,她说的最后一句话都比我更有智慧。

★★★★★

我几乎没有合眼,早早起床,做好准备,并向道恩道别。我给了小保罗和莎拉一个大大的拥抱,他们一个三岁而一个两岁还太小,无法明白发生了什么事情。我告诉他们爸爸要去外地工作,但很快就会回来。我见了妈妈和内维尔之后,便前往约克刑事法院。

我们像往常一样提早到,苏珊·库珀在那里和我们会合。在我和伯顿进入被告席之前,依旧没有莫蒂默的踪迹,一进去被告席之后,他知道我就不能和他说话。这次不同,我们在审判的最后一天由监狱官员看守。一旦陪审团退庭后,我们将被带到牢房,直到他们做出裁决。

法庭挤满了人,我认出在公众席上的许多面孔。当事务律师和出庭律师就座,准备好迎接当天的诉讼流程时,记者们走向媒体席。莫蒂默背对着我坐下,整理他的文件,他完全没有转过身来说几句支持的话。其实他无需这么做,因为他的整个举止已表达了千言万语。

陪审团聚集在一起并开始就座,每个座位上都摆放了他们在过去两周收集的大量文件。法庭的书记员点了点头,接着是"全体起立"。

在法官哈里·班尼特御用大律师总结时,他重复了控方的指控和辩方驳回指控的论点。他没有提及,也不可能提及沃德和普林的交易。早在审判开始之前,莫蒂默就已经妥善地、确切地埋藏了这些议题。他完全知道自己在做什么,并只是对指控的 66,632 英镑的破产金额,进行了简单的辩护而已。其实,无需艰深的学问来解答,沃德和普林欠了公司 10 万英镑,因此我的这些公司是有偿付能力的。

当然,莫蒂默背叛他的当事人有他自己的理由,在接受我的指示为我辩护时,他必须做出选择,则是以最大的荣誉和公平为他的当事人辩护,或者遵守他多年前做出的誓言 — 他在约克市圣救世主街的阿尔伯特·维克托共济会 (Albert Victor Masonic) 的会所内立下的誓言 — 他向崇敬的敬拜大师秘密地宣誓。

法官在午餐前完成了他对本案的总结，陪审团退庭商议他们的裁决。伯顿和我被带到牢房里，我们俩完全无视对方的存在。四个半小时后，牢房的门打开了，陪审团已做出裁决。

在一片鸦雀无声下，首席陪审员站着宣布对 13 项个别指控中的每一项，都给于相同的判决 — 布兰查德有罪 — 伯顿无罪。

彼得·泰勒立即跳了起来，要求他的当事人离开被告席，法官点头表示同意。泰勒随后请求由公费支付其当事人的法律费用，法官再次批准了他的请求并下达了命令。

我站在那里等待法官对我判刑，然后班尼特法官说：

"我接受本案不像其他欺诈案件，是以牺牲其公司或债权人的金钱而自肥。我接受你最终并没有从中做获得任何利益，但我必须谨记在心的是，当操纵这些欺诈行为的活动正在进行时，你过着舒适宽裕的生活。你已经享受了某些物质上的福利，你的生活一定过得十分愉悦。我知道随着时间的推移，这些事情会一直困扰着你，由于你以前的人格品行良好，因此我判你入狱十二个月 — 带他入狱。"

* * * * *

当地和全国的媒体报道了一个以我个人生活为重点的故事，这比无聊的欺诈案件读起来更有趣，其中一些新闻的标题如下：

"这个'花花公子'后悔了"
"约克男子'过着高尚的生活'"
"'神奇小子'的高尚生活已终结"
"商界明星在庭上诉说情史"
"布兰查德否认结婚诺言"
"风流老板以欺诈手段经营他的公司"
"风流神奇小子锒铛入狱"
"神奇小子因欺诈案获判入狱"

罗伊·伯顿已报仇雪恨，新闻报道的标题为"我为荣誉付出的代价"和"金钱使商业大亨承诺婚姻"，他以这样的报道开心地度过了这天，但其他知道真相。然而，非常遗憾，我开始意识到真相在法庭上是毫无意义的。法律与真理和正义格格不入，唯一的重点是赢，无论你是如何办到的，只要你最终赢了即可。

妈妈会说恰恰相反的话，诚实才是上上之策，因为有一天在遥远的天堂里，我们都会受到更高权力的审判 — 我认为可能是这样，也可能不是。此点她比我更有信心，无论如何，现在的情况是如此，所以你必须处理现在的情况，而事实是 — 我所有的敌人大获全胜，这就是现在的现实 — 即便我说真话，也对我无济于事。

在将我移送到距离约克约十英里的拉德盖特开放式监狱 (Ludgate Open Prison) 之前，我在利兹一座古老的维多利亚时期兴建的阿姆利皇家监狱 (Her Majesty's Prison Armley) 呆了两周。有句俗话是这么说的"只有经历过监狱的洗礼，才能完成对一个人的教育"，这句话可能是真的，但我不建议任何人将这种经历添加到他们的简历中。

审判结束了，我从高尚的生活中跌入社会最低层，使得母亲的健康愈加恶化了。她开始患有哮喘病，需要经常使用吸入器和雾化器。她一生都在吸烟，因此只会加重她的病情，而且由于她身体不好，在我服刑期间她无法探望我。道恩会定期来探视，有时会带以为爸爸在外地工作的小保罗和莎拉来探视我。当时的假释制度是，我将因表现良好而只需服三分之二的刑期即可假释出狱，这意味着我总共将服刑八个月，假释出狱日期为 1978 年 11 月 20 日。

"坐牢"的确切含义是，你一周七天一天 24 小时都看着时钟 — 数着日子和月份，直到你重获自由。你也会反思生活的方方面面，并接受你所犯的错误。我最大的遗憾是给妈妈带来了如此多的痛苦，我的私生活不检点，我原本希望她没有在法庭上见证我被判刑的那一刻 — 没有母亲应亲眼目睹这种情况，但她坚持出席。我的垮台也结束了我与安吉拉的友好关系，她父亲的行为破坏了我们维持友谊的任何机会，我将失去与儿子克里斯蒂安的所有联系。

我母亲的来信都在敦促我要有信心，因为上帝有时会考验我们，祂以神秘的方式运作着，无论需要多长时间，最终都会真相大白。她每晚都为她其中之一的说法"意料之外的事情"祈祷，这就可以解释为什么莫蒂默背叛了我。她的信带给我很大的安慰，尽管我没有相信她所有的信念，但母亲通常是对的，她所谓的"意料之外的事情"即将发生。

* * * * *

我的继父内维尔会见了约克议员亚历克斯·里昂 (Alex Lyon)，投诉案情的真相遭到掩盖，以保护从我公司获利的其他商人 — 即高级市政官沃德和威尔逊·普林。他递给里昂一份档案和我录音的副本，他还说警方在讯问时"捏造"了我的回答，并要求里昂先生寻求独立调查当时警方处理我案件的详情。

"捏造回答"是 1960 年代和 1970 年代律师用来证明警察腐败的词汇，他们捏造被告的回答以将被告定罪，换言之，所谓的讯问是编造的且遭到警方篡改。

在 PACE (1984 年警察和刑事证据法) 开始实施之前，"捏造回答"的情形相当普遍，并导致了许多误判，其中腐败的警察为了自己扭曲之目的而"妨碍司法公正"。实施 PACE 之后，该法案强制要求讯问时必须进行录音，迫使腐败的警方寻求其他方式来破坏体系。

亚历克斯·里昂 (因考虑到自己的立场) 无意要求警方独立调查我对警方掩盖实情的指控，而是将档案和录音带交给罗伯特·福利警司和格雷厄姆·沃森警佐 — 他们正是我所指控"捏造"我回答的警官。我难以置信任何在任的国会议员会如此腐败或愚蠢。新闻媒体又大肆愉快地报道着：

"显示欺诈者'有罪'的录音带已交给国会议员"
"欺诈小组调查入狱商人的秘密录音带"

两位警官都来监狱里探望我，我立即签署了一份文件，表示我不希望他们调查我的投诉，因为我知道他们的介入对实情将毫无助益，他们确实进行了调查，想当然尔没有找出他们自己，或参与此案的其他人贪赃枉法的证据。

新闻媒体公布了结果：

"录音带大亨放弃腐败指控"

我根本没有放弃，但新闻报道产生了连锁反应，因此意外发现一个令人难以置信的秘密，如果不是因为妈妈所说的其中一句说法"意外发生的事情"，不会揭开一个可能永远被埋葬的秘密。

* * * * *

约克中央保守党俱乐部位于约克市美术馆对面的展览广场上，它的会员由约克的商业精英组成，我是在威尔夫·沃德的推荐下加入的，如此一来我就可以与志同道合的企业家建立关系和交流。我主要结交了很多年轻一代的企业家朋友，也和其中一些人做生意，包括俱乐部委员会的几位会员。

媒体报道警方正在调查我以前的商业伙伴，这导致年长的会员要求将我从俱乐部开除。约克的每个人，更不用说俱乐部的会员，都知道新闻提到的那些人的身份，所以他们召开了一次会议，我会被俱乐部正式开除。

年长的会员认为我出狱后，会让沃德和普林感到难堪。沃德最近被任命为北约克郡教育委员会主席，加上他因担任警察委员会主席的职位，因而控制了当局三分之二的开支，他现在是英国最有权势的地方政府人物 — 所以我必须离开俱乐部。

委员会为此举行了一次特别会议，仅需要三分之二的成员多数通过即可将我开除，若不是因为一名成员 — 阿尔夫·邓纳姆 (Alf Dunham) 不能出席，否则动议将被阻止，而我仍依旧是会员。该决定引起了一场动乱，四名委员会成员威胁要辞职，除非恢复我会员的资格，此事成为当地媒体的头条新闻：

"由于'不公平'的开除纠纷，俱乐部会员威胁要退出"
"俱乐部因开除入狱的会员而产生分歧"

四位委员会成员，史蒂夫·埃克斯比 (Steve Exelby)、艾伦·巴克 (Alan Barker)、阿尔夫·邓纳姆和凯恩·巴克尔 (Ken Buckle) 都是我的朋友。为了抗议，他们威胁要加入附近的城市俱乐部。抗议活动聚集了强大的气势，其他会员也加入抗议的行列，并威胁要转而加入城市俱乐部。为了解决这个问题，决定举行会员公投，要求每个会员就这个议题进行投票。正是这次的行动引发了揭露丑闻的序幕。

史蒂夫·埃克斯比是一名汽车经销商，此前他曾是约克的一名警官，但由于目睹了他警察同事的腐败行为，他无法再忍受他们的卑鄙手段而离开了警界。他是听到揭发的丑闻之理想人选，并立即意识到他所听到实情的重要性。

在两周的时间里，我的四个朋友开始了一项任务，尽可能获取更多的签名来支持我的会员身份。一天晚上，史蒂夫·埃克斯比主动接近威尔逊·普林的儿子吉姆·普林，请他在请愿书上签字。

"我不能这样做。"他说:"虽然我喜欢保罗，但我最好不要涉入，他和我父亲有生意上的往来，我表哥在他的审判中为他辩护，所以我最好还是不要参与。"

事实摆在眼前 — 所有人都可以看到和听到，他虽然意识到自己说了什么，但收回他说出口的话为时已晚。随之而来的影响对史蒂夫来说是显而易见的，在我获释前两周，他来监狱探视我，告诉我这个重要的消息 — **威尔逊·普林是御用大律师巴里·莫蒂默的姨丈，威尔逊·普林正是那个欠我公司10万英镑的人。**

* * * * *

我找到了拼图缺失的部分，突然一切都变得清晰明了，莫蒂默表示有兴趣代表我出庭辩护的动机从一开始就很险恶。他操纵和滥用我对他的信任，虚假地承诺他会揭露我与沃德和普林的交易，作为我在庭上的辩护理由。

我的律师在他们给于出庭律师的指示和文件中，已向莫蒂默明确说明了这一点，并且也已召开了几次专门讨论所有这些议题的会议，所以他不能否认这些证据对我在庭上辩护的重要性。我想他现在任我宰割了 — 至少我是这么认为的，但我并没有与英国权威机构讨价还价的实力。

* * * * *

我于1978年11月20日获释，回到了道恩、小保罗和莎拉同住的家中。八个月似乎很快就过去了，我们计划在我重新开始经营业务时结婚。我回到了我最初最了解的业务 — 担任一名室内设计顾问。

我做出了一个清醒自觉的决定来重建我的生活，继续向前迈进，但同时在私底下继续抗争以洗清我的罪名，这是我必须做的事情。在我自己亲身涉入司法体系之前，我从未曾多想竟会是"司法不公"或"警察腐败"的情形，我也没有理由朝这个方向去想。然而，我因自己亲身经历的事件而感受良多，我对调查案件的记者曝光的其他案件，产生了浓厚的兴趣。

妈妈的健康略有好转，她的眼中再次闪耀着光芒，因为对她来说，她的信念诞生了，真相大白了；
"你会赢得上诉官司，因为莫蒂默不应该代表你出庭辩护"妈妈说，
"毫无疑问，这存在利益冲突，那个男人背叛了你。"

* * * * *

我自己调查的出发点是,找出巴林顿·布莱克律师事务所,在处理我的案件中所扮演的角色,并查明他们是否在我受审前,便知道莫蒂默和普林之间的亲戚关系。我于1979年3月13日写信给罗伯特·摩尔并提出以下问题:

在3月20日的信中,他回复说:

"就你信件的第四段而言,我们不知道莫蒂默先生是普林先生的亲戚,但在收到你的信后,我们与莫蒂默先生交谈过,而他证实了这一点,但他已经对你审判时的事项做了考虑,得出的结论是他没有理由不能代表你出庭辩护。"

简直令人难以置信,我在阅读这封信时心里想着,难道莫蒂默真的认为我会接受这种表面的回应就让事情过去,如果他真这么认为,那么他就是在侮辱我的智商。当然,他考虑到了这个呈现在他眼前的"利益冲突"因素,但他得出的结论是,维护他姨丈的地位并背叛他的当事人,因此他对我的所作所为,使我失去了一切 — 甚至是我的自由。

这个人的邪恶是无法言喻的,但其实他的背叛还有第二个原因,这个原因超出了他身为出庭律师所宣誓的誓言 — 以最大的诚信和正直为他的当事人辩护。他背叛我的原因是他在共济会圣经上,向宇宙的伟大建筑师立下的誓言 — 他们必须一生尊重并遵守的共济会誓言,这是他们做出的誓言 — 对敬拜大师的誓言。

我一有机会就拜访了亚历克斯·里昂议员,他每个月在位于约克市长官邸后面的约克市政厅 (Guild Hall) 接见他的选民。他也是一名出庭律师和兼职法官,并且知道处理司法体系内所有投诉的正确程序。我问他为什么将我的投诉,交给了起诉我的同一名警官 — 他无法做出合理的解释。然后,我解释了新的事态发展,以及与莫蒂默利益冲突相关的问题,并出示了罗伯特·摩尔的信。

"你必须做的第一件事是写信给出庭律师公会的主席,对莫蒂默提出正式投诉",他说,"根据你向我展示的文件,我认为你的投诉应该会得到支持,他不应该代表你出庭辩护,这将使你有理由对你的定罪提出上诉。"

* * * * *

我于1979年4月19日写给出庭律师公会的信函,阐明了我对莫蒂默的投诉性质。公会做出决定需要几个月的时间,莫蒂默会被要求提供评论并解释,所以,与此同时,我又回去老本行赚钱。很快工作就将我淹没了,我的许多老客户都回笼了。我的公司破产和个人破产威胁,由于时间的流逝,意味着我的债务"受法定失效限制",换句话说,它们在法律上不再具有强制执行力,因此我避免了个人破产的命运。我现在可以重建我的生活,重新拥有财产和赚钱,然后继续前进。我需要一大笔钱来对付我以前的敌人,因为他们会采取一切手段来规避为他们的行为负责。

* * * * *

过去10年所积累的事件,使安妮和迈克尔不再探访我的母亲,安吉拉和克里斯蒂安与我母亲的情形也相似。妈妈的观点是,如果她所有的孙子孙女想来看她,她都会欢迎他们。每周我会带小保罗和莎拉去看她两到三次,这让她很高兴。在小保罗四岁生日的那天,妈妈为他举办了一个派对,我将永远珍藏这些回忆,虽然当时我不知道这个1979年5月6日的日子,令人难忘其实还有另一个原因。这是我母亲写信的日期,但这封信我再过五年才会收到。

出庭律师公会花了一年时间才驳回我的投诉,后续投诉也同样被拒绝,在洗清我罪名的道路上,本应只是拘泥形式的程序而已,却在遇到第一道障碍后就落败了。我向出庭律师公会提供的证据,足以证明莫蒂默的背信弃义,毕竟,如果你从他姨丈欠我的10万英镑中减去破产金额 (66,632英镑),就可得出我有偿付能力,更别提在我的整个审判过程中,他在跟我开会时,对我做出会揭露沃德和普林阴谋的所有承诺。

莫蒂默从来不知道我投诉的细节，其实他也不需要，对他而言，投诉被拒已成定局。但再过二十五年，真相才最终揭晓。
　　妈妈一贯保持积极的态度，她说这些人有他们自己的行事作风，因此我不能放弃，"你永远不能放弃"她说，"你必须始终坚持自己的信念。"我已经知道她接下来的谈论会是什么，但出于尊重，我什么也没说：
　　"真相终将水落石出，你拭目以待。"
　　"是的，妈妈。"我没有争辩，没有意义，反正她可能是对的。
　　一旦你有刑事定罪，你就会被社会视为二等公民，不太可能再取信于大众。莫蒂默当然知道这一点，并且知道在我为洗清我名誉的抗争中，这将永远对我不利。他也知道我在与最高级别的"英国权威机构"较量，而且他占了上风，因为我会被视为一名罪犯。本书的读者很快就会意识到英国司法体系是多么腐败，它是如何保护自己官官相卫的，却不顾公民的基本人权 — 享有公平审判的权利。

*****

第三章

挖掘莫蒂默丑陋的真相

事实证明，为我的案子寻找新的律师非常困难，而且我相信金钱将成为主导因素的想法，事实上与现实相去甚远。我走遍了全国，从纽卡斯尔到伦敦，从赫尔到利物浦，最终还是回到原点。没有律师想知道我的案件，也没有律师想与英国权威机构抗衡，因为莫蒂默正是英国权威机构的一部分。我开始了解到不情愿为我辩护的原因，这是法律界大多数成员之间不成文的忠诚守则，有一天我会更充分地理解箇中因素。俗话说"他们都同一个鼻孔出气"，这句话就是最好的总结，他们官官相卫。说他们"非法操纵"整个体系，算是轻描淡写的描述而已，该体系对任何寻求真相和正义的人都不利。

然而，还是有少数律师愿意接手案件，不畏惧权威机构的任何成员，不在乎他们将惹恼的人，并且充分意识到警察的腐败和我们法院做出的错误判决，而我则要再花七年的时间才能找到那个人，但我终究会找到那个人的。

1980 年 5 月，妈妈被诊断出患有肺气肿，这种情况会让患者呼吸困难。当你患有肺气肿时，由于你的肺根本没有肺活量，因此无论你多么努力，你都无法长时间屏住呼吸。当肺泡受损时就会发生这种情况，结果就是肺部失去弹性并变得像半瘪了的气球，导致呼吸急促。缺氧会对身体的每个器官产生连锁反应，包括大脑和心脏。

肺气肿可能是因妈妈吸入污染物引起的，因为多年前她在塞尔比的甜菜厂工作时，她吸入甜菜粉尘以及她终生吸烟所导致。随着她的病情逐渐恶化，她的呼吸变得日益困难，显而易见的影响是，她的体重以惊人的速度下降，但妈妈是一名斗士，她还有很多斗志，此外，她还有很多话要说：

"我还没有准备好离开，所以我会像往常一样说出我的想法，"她说此话时眼睛里闪烁着光芒。

* * * * *

1981 年 1 月 14 日星期三，约克的每个报刊亭都张贴着同样的海报：
"威尔夫·沃德议员去世"

《约克郡晚报》的头条新闻报道**"威尔夫·沃德议员去世，享年 68 岁"**：

"郡议员威尔弗雷德·沃德，前市长和约克郡治安官，以及北约克郡议会成员昨晚去世，享年 68 岁。然后列出了他担任过的一长串职位和他掌控的委员会，随后是其他议员的许多致敬，以及北约克郡警察局长肯尼斯·亨肖 (Kenneth Henshaw) 先生热情洋溢的致敬，他说："多年来，沃德议员一直是警察的坚定支持者。"

我打电话给道恩，但她已从朋友那里听到此消息。妈妈已读了送来的报纸，所以她也知道，在我追究沃德的责任之前，这个老混蛋已经翘辫子先行逃之夭夭了。但我还要继续追究威尔逊·普林和他腐败的外甥巴里·莫蒂默的责任，所以威尔夫的死并没有改变与莫蒂默背叛有关的任何议题，但我仍然需要找律师来接手我的案子。

我的财务状况逐月改善。由于小保罗和莎拉开始上初中,因此道恩便有了空闲的时间,使她能够在约克的"格雷斯(Grays)"律师事务所找到一份秘书的工作,这又引起了一个妈妈所谓的"意料之外的事情。"

1982年8月5日晚上,当孩子们熟睡时,道恩说她有话要告诉我:

"什么"我立刻问道,想知道是关于什么。

"我今天打印了一封信,寄给一家特许会计师事务所,他们代表一家公司名为朱迪思·莫蒂默有限公司(Judith Mortimer Limited),该公司欠我们一位客户一笔钱,这位客户是一位绅士名叫格雷姆(Grayham)先生。"

"然后呢?"我说,我知道她还没说完。

"朱迪思·莫蒂默有限公司由巴里·莫蒂默和他的妻子朱迪思所有。他们都是董事,公司陷入财务困境,他们开出的1800英镑支票跳票了。"

道恩知道这是个好消息,她可以从我的反应中看出,但我需要该档案的副本,以便我可以从有利的位置调查此事情。"明天上班时,复印整份档案,但要非常小心,不要被发现。"

"会的。"道恩说,"会在我午休的时候复印,明天晚上把档案带回家。"

* * * * *

该档案显示,该公司于1976年12月成立(成立 — 成为实体),莫蒂默一家是控股董事和股东。他们急需现金,并以格雷姆先生贷款给公司1万英镑的条件聘用了他。开出的1800英镑的支票是部分还款,但毫无价值。商业账目显示公司陷入财务困境,但当时我无法采取进一步行动。然而,我将继续监视情况,才能得知情况是否发生变化。

* * * * *

下个周末的天气预报预测,从早到晚都会有灿烂的阳光,1977年8月8日星期日是最热的一天。道恩和我决定开车经过莫蒂默的住所,以便评估他家的价值,并亲自感受一下情况。下午我们开车载着孩子们,前往莫蒂默位于纳尔斯伯勒附近的斯特夫利村的住家。当我们接近村庄时,我注意到排队的车辆和服务员,将汽车引导到通往大型乡村豪宅的私人车道上。

我摇下车窗与一位服务员交谈,他友好地问我们是否来参加"莫蒂默的年度花园派对"。"没有,不是的",我说,"好的,先生,如果您在下一个路口左转,这条路就通向村外。"我点头表示同意,当我们经过豪宅的入口时,我们注意到花园里有一个大帐篷,人们穿着假日最精美的服装参加这个场合。

"以今天的活动来看",我对道恩说:"妳绝对不会想到,就在三天前,他的公司还跳票了一张1800英镑的支票,傲慢的混 ......"道恩知道我要说什么,但我不想在孩子们面前爆粗口。

朱迪思·莫蒂默的档案暴露了莫蒂默的另一面行为。他身为御用大律师的身份,为什么要进行任何形式的欺诈行为并开具明知将不值一分一毫的支票?当公司破产时,他为什么要冒这个风险?毕竟,他是公司法方面的专家。我别无选择,只能暂时搁置这些议题,然而,当他的公司最终破产时,债权人吵着向他要钱时,他的情况将会急转直下糟糕至极。

* * * * *

1982年1月,我和道恩决定虽然我们历经许多分分合合,但我们的关系已经走到了尽头,所以我们分开了,然而,为了做表面文章,她采用了布兰查德的姓氏。我买了两套房子,一套在约克西侧克利夫顿(Clifton)的兰开斯特路(Lancaster Way)的房子是买给我自己的,另一套在约克南部埃克姆(Acomb)的卡伦新月路(Carron Crescent)的房子是买给她、小保罗和莎拉住的。我们和平分手并同意共同分享监护权，让孩子们可以随心所欲地留宿在我们俩的任何一个家中。后来，道恩自愿让我享有合法监护权，这让我很高兴。

2月时，我和我在亨特·斯莫佩奇家具公司做学徒时，认识的朋友特里去特内里费岛度假，他也刚刚结束了一段恋爱关系，所以我们是两个寻找乐趣的单身男子，很容易就能找到乐趣。一天晚上，我们遇到了两个叫洁姬 (Jackie) 和简 (Jane) 的女孩，她们帮助我们在假期的剩余时间里减压。多年后，洁姬和特里在约克的登记处结婚。特内里费岛在1983年时还未受破坏，这是在欧洲欺诈者和"分时度假"欺诈者入侵之前的时期。我认为那里的环境和地点是生活和工作的美妙圣地 — 所以种子就牢牢地根植在我内心了。

在我度假期间，我的家人隐瞒了一个秘密，直到我回来时才发现。妈妈晕倒了，被送往医院。她已经停止了呼吸，也没有了脉搏，多亏了敬业医生们的努力，她才得以苏醒，并重新回到了人世。我的外甥女贝琳达告诉我，他们没有让我知道的原因，是因为我远在天边什么也做不了，反而会毁了我的假期。

妈妈在医院住了一个星期，在此期间，医院牧师提供了"圣餐"，但她拒绝了。"为什么？"他问。妈妈解释说，每次当她去教堂时，她都被拒领圣餐，因为她离过婚。

"我们这次可以破例，因为妳病得很重，"神父说。

"不，我们不必破例，"妈妈坚定地说，"因为我不同意那些原则"，然后解释说她认为主会像世界上任何父亲一样原谅他的女儿离过婚，并让她领圣餐，"你的规矩是人为订下的，因为在天堂里没有婚姻或结婚"，牧师再也无法反驳这一点。

妈妈仍然需要大量卧床休息，并且由于她经常呼吸急促，医生叮嘱她做事要慢慢来。呼吸的挣扎对她的心脏带来了过度的压力，虽然雾化器和氧气对她有所助益，但她的健康状况还是明显下滑，不过她正在进行她人生的最后一场战斗，一场我们都全力奋战但最终失败的战斗，这只是时间的早晚而已。

* * * * *

1983年度，我每天都去看她，我们会连续聊几个小时，回忆过去和未来可能会发生的事情。周末我会带小保罗和莎拉去看她，她总是很开心见到他们。我继续深入探究莫蒂默的财务状况，并在二月份写信给"威廉斯和格林银行有限公司 (Williams and Glyn's Bank Limited)"（现为苏格兰皇家银行），我以正在考虑向朱迪思·莫蒂默有限公司供应商品为借口，寻求获得有关该公司的财务参考资料。我早已知道该公司的财务状况，但在收到以下参考资料时，我感到相当惊讶：

一家以适当合宜的方式成立的私人有限公司，董事会非常受人尊敬（由于莫蒂默的御用大律师的职位）。我们知道该公司已充分利其流动资金，但由于该公司近期的扩张，认为他们应该提供其公司正常业务活动依旧令人满意的证明，其中可能包括您要求的数据。该公司有发行信用债券。

上述的内容对任何毫无戒心的供应商都具有深远的影响，这相当于仅仅因为莫蒂默是御用大律师，而引诱供应商愿意供应商品。由此，潜在的债权人可以清楚地相信，向该公司供货并不存在财务风险，并且不会意识到该公司正面临严重的财务困难。威廉斯和格林银行其实知道详情，因为该公司经常跳票 — 例如格雷姆先生的案例，但由于"备受尊敬的董事会"仍然提供了良好的参考资料给外界。

* * * * *

随着时间的推移，几个月过去了，我可以看到妈妈逐渐输掉她为生命的奋斗，因为她的呼吸日益恶化。在她情况稍微好些时，我们会聊天，谈话内容均是她生活的写照，她多么喜爱于战争那些年在乡村酒吧与埃塞尔阿姨相处的时光，并疯狂地爱上了穿着制服的英俊飞行员。

这也是一个将家人紧紧凝聚在一起的时代。每周她都审慎诚心地写信给保罗舅舅，因为她知道只有少数几封信会送达到他手中，并焦急地等待回信答复。保罗舅舅参加过突尼斯战役。

有一天，他和他的五个战友在上战场前都签署了一封信。这封信的日期是1943年2月6日，上面写着他们的名字和来自哪个城镇。在保罗舅舅的名字旁边，写着"百发百中"。这封信的目的是看最后谁能从战争中活着回来，遗憾的是只有两个幸存下来。像这样的信件收藏得远远的不让我外婆看到。

1944年6月下旬，我的阿姨芬妮（Fanny）收到一个坏消息，据报她的儿子塞西尔（Cecil）在诺曼底海滩上失踪了。当时我外婆和我的阿姨弗洛伦斯住在一起，所以我母亲写信通知她这个消息，但让一个朋友帮她在信封上写地址，所以我外婆认不出我妈妈的笔迹。于1944年6月6日开始登陆，从英国夏令时早上6点30分开始，诺曼底战役的代号为"霸王行动"，也称为D日。

诺曼底战役使我们与德国的战事告捷，但对于许多做出最终牺牲的人来说，付出了巨大的代价，芬妮阿姨付出了巨大的代价 — 她失去了唯一的儿子。多年后，当她去世时，人们发现她靠着枕头坐在床上，手里拿着一张塞西尔的照片，她在睡梦中安详地死去。在塞尔比修道院，有一本纪念册是记录为国家服务而献出生命的当地士兵，而塞西尔的死也记录在册。

在我和妈妈的一次谈话中，她透露当她在医院停止呼吸时，她有"灵魂出窍的经历"。我通常对这些事情持怀疑态度，但这是我妈妈的亲身经历，我毫不怀疑她发生了某种形式的不寻常经历。她描述自己站在房间的一边，看着医生们努力抢救她的生命使她苏醒过来，但同时又感到一种平静。

没有明亮的灯光，也没有人召唤她穿越到另一个空间，只有她从未经历过的平静。等她回过神来，对死亡的恐惧已经烟消云散，她会说这就像站在玻璃房子的外面往里看，一切都晶莹剔透清晰明了，从不同的角度看待事物。我知道她被这段经历深深打动了。

我们谈论了我们生活中发生的事情，其中包括我所有的麻烦事以及未来可能发生的事情。我从妈妈的许多名言中得到了力量，"永远跟随你的内心和直觉"和"为你所相信的而奋斗，并且永不放弃也永不示弱"。她其中的一句名言也是很好的建议"永远不要害怕去要求你理所当然应得到的东西。"这是有道理的，因为在逆境中你会找到自己的真面貌。她会说每个人都会死，但在遇见主之前，死时敞开心扉并保持内心平静。

11月对我母亲来说是一个特殊的月份，因为她总是在英国广播有限公司（BBC）的电视频道观看国殇纪念日，于每年11月的第二个星期日播出，这是最接近11月11日的日期 — 停战日，即第一次世界大战这个仇恨战争，于1918年上午11点结束的周年纪念日。她的弟弟参加了第二次世界大战，妈妈自豪地引以为荣，而她的外甥塞西尔为他的国家献出了生命。她的一生经历过战争时期，经历过"停电"，听过炸弹投下的声音，知道食物配给的意义。

正如俗话所说，她去过那里，穿着T-shirt，当然，她见到了我父亲。大多数情况下，我会在白天来探望她，但如果我忙于工作，我会在晚上来探望她。她很喜欢爱尔兰人，当我来探望她，打开她的前门时，可以听到她的电唱机正在播放爱尔兰民歌的声音。她最喜欢的一首爱尔兰歌曲是《丹尼男孩（Danny Boy）》，她一遍又一遍地播放。

在11月这几日早晨10点55分，在客厅里的那些人，都被要求在播放爱德华·埃尔加（Edward Elgar）的《宁录（Nimrod）》变奏曲时保持安静，这样当皇室成员穿过外交和联邦事务部，前往和平纪念碑右侧时，妈妈可以集中精力等待大本钟在上午11点00分时敲响，并等待英皇的部队 — 骑兵卫队游行时的皇家马炮 — 发射大炮，接下来开始两分钟的静默以示哀悼。她兴高采烈地看着皇家海军陆战队的号手吹响"最后一岗（Last Post）"，随后皇家空军的小号手吹奏"起床号（The Rouse）"。

当伊丽莎白二世女王和其他皇室成员在纪念碑上献花圈时，房子里一片寂静。仪式结束后，妈妈会播放温斯顿·丘吉尔爵士在战争期间的演讲录音，我知道国殇纪念日带给她许多回忆。我们一生中的大部分时间都在展望未来，所以我想最后你会开始思考生命的开始，并重温那些特殊的时刻，好让我们年长后和生命临终时得到一些安慰。

我知道妈妈对我在约克刑事法院的审判结果深感难过，她原本相信上帝派莫蒂默为我辩护，我会以一个清白之身走出法庭，但她错了，不过这并没有削弱她的信仰，然而她确实对自己的人类同胞失去了信心，"你会认为人性本善"她会说，"但事实上并非如此，所以你最好习惯这个事实。"

我从来没有与我母亲坚定地辩论过耶稣的功绩，或他是否真实存在的问题，因为我们都可以自由地拥有自己的信仰。当你死的时候，妈妈会说，你会发掘出真相的，儿子，真相会让你重获自由。她相信，当我们在世时，你的身体只是你灵魂的媒介物，当你死后，你的灵魂就会转移到灵魂世界 — 天堂，在那里你将与来自人世间你所爱的人团聚。

我确实相信，当你死去时，并不是终结点，尚有更高的权力和其他的事物，这是信仰的问题，我们只能拭目以待。妈妈会说，你年纪越大，越多你认识和所爱的同龄人会开始死去，这就是主运作的方式，她补充道。你从来没有父亲陪伴你，所以记住这一点。"当祂为另一个人而来时，这让人感到哀伤 — 但最令人哀伤的是，当祂为你的母亲而来时。"我很快就会知道这些话的意思。

* * * * *

1984年2月23日星期四 — 你永远不会忘记你母亲去世的那一天。当我去探望她时，大约是下午5点30分，她一个人，我给我们俩泡了茶。内维尔去探望他的家人，而贝琳达很快就要下班了。这天对妈妈来说是状况不好的一天，她比平时更奋力地呼吸。我们谈了30分钟左右，然后我要赴一个商务会议。每当我离去时，我总是试图带着快乐的心情离开，但有时难以做到，不过你还是必须努力。这是她教玛丽、贝琳达和我要做的。她会说"总是以快乐的心情和愉快的方式离开你爱的人 — 因为这是你会记住他们的情景。"我现在知道这句话是真的，我最后的记忆是给了她一个吻和一个拥抱，并说我隔天会再来见她。

晚上6点30分左右，贝琳达回到家，她刚喝完茶，妈妈就开始呼吸急促而且脸色也变了，她开始呼吸困难，通常她害怕去医院，但这次她要求贝琳达叫救护车。在接下来的那一刻，她开始说她想要见她的母亲，她一直在重复这句话，她真的脸色发青并看着贝琳达。随即，她目光一转，仿佛在看房间另一边的某个人，她向他们伸出手，然后微微一笑之后便离世。医护人员来得太晚，来不及抢救她，但老实说，我认为即便他们赶上了也不会改变情况。妈妈的尸体被送往约克区医院，她终于得到了平静。她持续不断的呼吸困难使她的心脏变得愈加虚弱，死因是肺气肿。看着她的外婆去世，对贝琳达来说是令人哀伤的经历，她很喜爱她的外婆，我很心疼她。

* * * * *

我母亲的律师是一位我十分熟识的人，名叫比尔·图纳 (Bill Tunnah)，他在60年代加入了一支名为"莫凡 (Morvans)"的乐队，与Cheavours乐队是同一个时期。妈妈的遗嘱（她的遗愿）很简单，任何钱都将平均分配给我、玛丽和贝琳达。当房子卖掉时，她的份额将在我们三个人之间平均分配。

"你母亲没有特殊要求，但你母亲让我在她去世时给你这封信"比尔说，递给我一个浅蓝色的信封。"谢谢你，比尔"，我握着他的手说，"我会在妈妈的葬礼后联系你。"

直到深夜独自一人，我才读了这封信。这封信的收件人是"我的三个爱人 — 玛丽、保罗和贝琳达"，日期为1979年5月6日 — 小保罗五年前的生日那天。我花了几个小时读信，因为期间我一直崩溃痛哭。我因悲伤而能感到身体上的疼痛，这封信对玛丽和贝琳达也产生了同样的影响。葬礼来了之后又结束了，随着生活的继续，当你失去一个亲爱的人时 — 你生命的一部分便永远失去了。我保留了妈妈的信，这对我来说就像一条舒适的毯子，每当我觉得需要妈妈向我"注入相信自己"的力量，或当我需要我们其中之一的"谈话"时，我都会阅读她的信。然后，我便再次准备好再次面对这个世界。

＊＊＊＊＊

多年来，我在约克外出时，多次向吉尔 (Gill) 和她的丈夫史蒂夫·沃尔什 (Steve Walsh) 打招呼，但不记得我在哪里或如何认识他们的。有时我会见到吉尔独自一人外出，我会向她打招呼，我所知道的只是我曾在某个地方见过吉尔 — 你永远不会忘记一张漂亮的脸。

1984 年 5 月的一个晚上，我和一位商业同事去市中心，在约克斯凯尔德盖特 (Skeldergate) 街的"公鸡和酒瓶 (Cock and Bottle)"酒吧，遇到了和女性友人在一起的吉尔 — 谜团在那里揭开了。

我立刻穿过拥挤的房间，与这个有着黑色长发和棕色眼睛的漂亮苗条女孩交谈。我很快地便发现她恢复单身了，在她离婚的过程中，我邀请她见面，5 月 15 日是我们的第一次约会日。

后来发现，当吉尔已婚并住在西约克郡的奥塞特 (Ossett) 镇时，我和安吉拉一起参加了吉尔的 21 岁生日派对。她自青少年起便与父母住在约克，上过富尔福德学校，和安吉拉是最好的朋友，他们甚至一起读同一个班级。

吉尔有两个儿子，九岁的卡尔 (Carl) 和四岁的克里斯托弗 (Christopher)。吉尔早已从安吉拉那里得知了我的过去，知道我曾入狱，知道我是一个不忠的丈夫，知道我和道恩有两个孩子，并且知道我在安吉拉怀有克里斯蒂安时抛弃了她。当安吉拉怀上克里斯蒂安而吉尔怀上卡尔时，她和安吉拉一起去同一个产前门诊做产检，两个男孩的出生时间仅相隔两周。

然而我们的恋爱关系发展顺利，因为我可以做我自己不必假装。在那个阶段，我们都没有在寻求永久性的关系，我们拥有自己的房子，有年幼的孩子，并会和孩子们一起去特内里费岛度假，我们享受自己的空间，因此关系顺利发展。

失去妈妈后，我并没有终日怠堕懒散，我决心赚大钱。贝琳达嫁给了她的男朋友奈杰尔，当内维尔搬去和他的弟弟住在一起时，就把妈妈的房子卖掉了。1984 年 9 月 22 日，我宣传了在约克赛马场举办的约克首届"摇滚音乐节"，吸引了 2 万名观众，门票以每张 9.50 英镑的价格售出，加上商品销售的利润，总共赚进了 25 万英镑。我原本住在兰开斯特路的一栋房子里，搬到了马路对面一个更大的四居室房子里。我买了一辆保时捷，财务状况普遍好转，生活又好起来了。

＊＊＊＊＊

我仍然决心洗刷我的清白，我再次查看了朱迪思·莫蒂默的档案，发现该公司因负债 50 万英镑而破产。它在资不抵债的情况下继续交易了七年，这当然是一种刑事犯罪 — 即便莫蒂默是公司法专家亦是如此。

然后我追查了格雷姆先生，这位债权人是道恩在他的律师事务所工作时偶然发现的，他乐意帮助我。为了保护他的投资，朱迪思·莫蒂默向他提供了个人担保，最终他拿回了所有的钱。"我明白他们必须这样做，因为我在法律界有各种人脉，"他说，并指出莫蒂默夫妇还清了债务，因为他的法律人脉，可能对莫蒂默先生在他自己的职业生涯上造成难堪和损害。"公司破产了 — 它在两三年前倒闭，在 1983 年末或 1984 年初时发生的。"我感谢他的帮助，后来他寄给我副本文件来协助我的案子，当然我也把我们的谈话录音了。

*****

1986年1月11日，轮到老威尔逊·普林翘辫子，他现在正帮助威尔夫·沃德在"地狱"中生火，情况更是雪上加霜。他的死并不影响我上诉的实质内容，莫蒂默的腐败，"利益冲突"构成的问题可赢得任何上诉官司。

*****

吉姆·尼科尔（Jim Nichol）是一名住在伦敦争取司法公正的律师，他接手的案件是他认为被指控犯有严重罪行的被告，在初审时所得到的是一个"司法不公"的判决。我的重点摆在警察腐败和我们司法体系在管理上的缺陷，现在这些是我着重的议题，因为我亲身体验过这些事情。我观看了记者曝光的许多有趣的案例，并阅读了许多强调"崇高事业的腐败"的书籍，这个词用来解释和证明，为什么徇私的警察"陷害"没有犯下罪行的无辜男子和女子。

高官贵族行事腐败是大多数"司法不公"的核心，而且很容易将其解释清楚。在某个阶段，资深调查人员得出的结论为，有关个人应对其罪行负责，有时这种判断可能是合理的。另一方面，证据可能指向有罪，但该警察"已经下定决心"— 不顾一切地，无论与事实是否相反，都着手以徇私枉法的行为来立案，以使起诉案件无懈可击。

在某些情况下，出于多种原因，警方故意"锁定"某人，通常是因为警察知道这些人并想让他们在街头上消失。警察以许多不同的方式妨碍司法公正，他们通过编造证词来伪造证据，这些证词总是有轻微的差异，以使它们看起来是真实的。我们经常读到的报道中，被指控犯有谋杀罪的人在还押候审期间对"监狱草（译者注：这是监狱俚语意指告密者）"供认不讳，问题是大多时候大家选择相信"监狱草"，而被告因此判处终身监禁，但警察毫不在乎 — 他们只要得到结果即可。大多数陪审团成员不明白的是，当警察传唤"监狱草"欲将被告定罪时，这实际上意味着控方的案件是薄弱的，而主持审判的法官狡猾地指导陪审团做出有罪的裁决。

警方指导证人做出不实陈述，并且在共同被告为皇家检控署做证的条件下不起诉他们。只要"目标人物"被定罪，即便不择手段也在所不惜。在调查期间，警察经常会接触到可以确定被告无罪的证据和证人。毕竟，这些材料被掩埋了 — 警方何必要寻找能够削弱他们案件的证据，这一切都是在"腐败的崇高事业"的幌子下进行的。

吉姆·尼科尔对警察的腐败了如指掌，他也熟悉英国的"不公正"体制。他是我寻找了将近十年的律师。

*****

三年后 — 1987年

吉尔和我怀着浓厚的兴趣在电视上观看了一部纪录片，这是1979年在斯塔福刑事法院，因杀害13岁男学生卡尔·布里奇沃特（Carl Bridgewater）而获判有罪的"布里奇沃特四世案（The Bridgewater Four）"的故事。这些人从一开始就抗议对他们的指控并争取他们的清白，他们声称他们是被警察"陷害"，是误判的受害者。被定罪的四人分别是帕特里克·莫洛伊（Patrick Molloy）、詹姆斯·罗宾逊（James Robinson）以及堂兄弟迈克尔·希基（Michael Hickey）和文森特·希基（Vincent Hickey）。1978年11月，莫洛伊是第一个被捕的人。

在讯问期间，据称莫洛伊告诉警方，当他听到楼下的枪声时，他正在楼上的一间卧室里抢劫房子。不久之后，其他三名男子被捕，均否认犯下谋杀罪但还是被定罪，莫洛伊是第四位被定罪的人，即使在试图撤回他的证词（后来证明是警方捏造的）后，仍被判过失杀人罪。

詹姆斯·罗宾逊 (45 岁) 和文森特·希基 (25 岁) 均被判处无期徒刑，最低刑期为 25 年，这将使他们各自坐牢到 70 岁和 50 岁为止，至少到 2004 年。以等候伊丽莎白二世女王发落的名义，判处迈克尔·希基 (17 岁) 监禁刑期，预计他的刑期将比另外两名被判谋杀罪的刑期短。帕特里克·莫洛伊 (51 岁) 因过失杀人罪，被判处 12 年有期徒刑，并于 1981 年在狱中死于心脏病发作。

该电视节目突显出吉姆·尼科尔，为洗刷其余三人的罪名而进行的奋斗，展示了他是一个愿意对抗各个层级的权威机构。节目结束时，吉尔看着我说："那正是你要找的律师，他会为你而战" — 她是对的。

* * * * *

当时，吉姆·尼科尔是伦敦市中心一家受人尊敬的塞弗特·塞德利·威廉斯 (Seifert Sedley Williams) 律师事务所的顾问。我找到了他的办公室并打电话给他，概述了我的案子，并发送了某些文件的副本给他，询问他是否有兴趣接手我的案子。我的信件日期为 1987 年 4 月 21 日，他的回信日期为 1987 年 4 月 27 日，我在此全文转载他的回信内容。

* * * * * *

敬爱的布兰查德先生：

我今天收到了一堆与您的上诉有关的文件，我一开始阅读这些文件时，便对您的案子感到十分有兴趣。我将在这周的后半段，花一些时间进一步研究您的案件，然后会打电话给您约时间见面。

我想我在电话里向您解释过，我有一位同事名叫保罗·福特 (Paul Foot)，他在《每日镜报 (Daily Mirror)》工作。我相信他会对您的案子非常感兴趣，但如果没有您的授权，我绝不会向他透露任何事情。然而，在我看来，解决这个特殊问题的部分方法是让政府、法院和其他相关机构难堪，试图迫使他们采取行动。

也许您能让我知道您的看法。

顺颂
　　　　商祺
詹姆斯·尼科尔 (James Nichol)

* * * * *

吉姆·尼科尔接手了我的案子，并前往约克与我会面。他被认为是国内领航争取司法公正的律师之一，并且无论谁是发动攻势的前线人员，他都无所畏惧地寻求平反他当事人的判决。幸运的是，我的财务状况足以支付他的费用和开支。

他的第一个想法和建议是让我找到莫蒂默公司的受害债权人，这些愤愤不平的债权人，可能会帮助加重莫蒂默不诚实的事实。其他建议包括获取一份威尔逊·普林的"遗嘱"副本，以确定莫蒂默是否为受益人，如果可能的话 — 找出莫蒂默与高级市政官员沃德之间的关系。

吉姆的初步调查显示，莫蒂默已被任命为香港的高级法官，他现在被称为法官莫蒂默先生。我攻击的对象不再是御用大律师，而是向法官开枪。他的所有建议都是有道理的，而且需要相当长的时间，所以我立即着手将我们的计划付诸行动。

* * * * *

我的第一站是会见吉姆·普林的妻子琴·普林 (Jean Pullyne)，当我和安妮结婚并住在哈克斯比时，吉姆·普林是建造我第一个家的建商。吉姆是威尔逊的弟弟，他以吉姆的名字为自己的儿子命名，所以他们的家族里有两个吉姆·普林。我知道

琴讨厌威尔逊 — 她是我平反之路的理想起点，我们会面后，她在 1987 年 6 月写给我的信确认了许多有趣的论点：

她的信透露，威尔逊也是巴里·莫蒂默的"教父"，还透露莫蒂默的两个儿子查尔斯 (Charles) 和尼古拉斯 (Nicholas) 在约克的圣彼得学校接受教育 — 当时高级市政官沃德是该校的理事长。这封信还证实，莫蒂默以出庭律师的身份代表威尔逊及其所有公司。

我决定打电话给莫蒂默的家庭成员且愈多愈好，借口是我正在为年轻的吉姆·普林，编制一份族谱作为他的生日礼物。每次都将电话交谈内容录音下来，纯粹出于恶意，我使用了这个名字 — 威尔逊。

我首先打电话给莫蒂默的母亲。我解释说我和吉姆一起去了保守党俱乐部，我正在为吉姆整理一个族谱作为一个生日惊喜，我想知道她是否可以帮助补足族谱上一两个空白之处。老太太乐意帮忙，并确认威尔逊是她儿子的姨丈和教父。然后我问她已故丈夫的出生地，她回答说 —"塞尔比路"：

〔我〕："来自塞尔比，这很有趣，我来自......我的家人来自塞尔比附近的一个名叫奥斯比的小村庄。"

〔莫〕："哦，是吗？— 那么你认识沃德吗？"

〔我〕："是的，我确实认识来自奥斯比的沃德家族，现在他们叫什么？伊伦·沃德 (Iren Ward)？"

〔莫〕："你认识那里的任何人吗？"

〔我〕："我认识图恩......图恩......T.U.N.E.（图恩的英文拼写）。"

〔莫〕："我听说过，他们是做什么的？"

〔我〕："建商。有一个......。"

〔莫〕："哦，哦，我听说过这个名字。"

〔我〕："威廉·图恩，一位建商..."

虽然这么多年过去了，老太太还是认出了我外公的名字。我感谢她抽出时间跟我谈话，并说如果我需要更多信息，我会再打电话给她。我说谢谢妳的好意帮忙，"再见"老太太说。

我的下一个目标是威尔逊的前儿媳苏·普林，她嫁给了他唯一的儿子吉姆。从我在城里玩女人的日子开始，我就非常了解苏。苏告诉了我许多有用的家族秘密，原来她厌恶威尔逊·普林，并建议我打电话给他的儿子吉姆，她认为他会有所帮助。他确实对我帮助很大，他解释说莫蒂默一生都代表他的父亲和各个家族公司企业，正如吉姆所说，他是家族的法律顾问。

*****

一天傍晚，当史蒂夫·埃克斯比敲门时，我很惊讶地见到他，自从我们上次谈话以来已经快八年没见面了。"前几天晚上我和一些朋友谈话时，有人提到了你的名字，你知道的，你仍在为上诉而战"。"没错，史蒂夫，正是如此"，"好吧，我不说是谁，因为他是朋友，而且该谈话是保密性质的，但可以百分之百确定莫蒂默是共济会会员，我的朋友是共济会会员，这就是为什么我不能说出他是谁的原因，他还认为老威尔夫·沃德和莫蒂默是同一个共济会会所的会员，但他只说这么多了。"

我让史蒂夫了解我案件的最新进展，我们开心地笑着谈论我们在保守党俱乐部的时光，如果不是因为我被俱乐部开除，我可能永远不会发现莫蒂默与普林的关系。史蒂夫是个好朋友，他把我的最大利益放在心上。

*****

在思考这些议题时，我想知道谁可能掌握有关莫蒂默和共济会关系的信息，并愿意披露此类敏感信息。我想出了一个主意，它可能会奏效，反正管他的，我没有什么可失去的。我发现在我们的欺诈审判中，代表罗伊·伯顿的保罗·沃斯利（彼得·

泰勒的助理律师)与莫蒂默在利兹共用同一个律师办公室,并决定假借制作"族谱"的名义打电话给他。我的电话被转接给一位他的事务员戈林 (Goring) 先生。

戈林说："是的,他去香港后在不退会的条件下,他仍然是共济会会员。但我不能保证,因为我真的不了解,但如果他没有退会,他仍然是约克阿尔伯特·维克托会所的成员。"

* * * * *

我对莫蒂默公司的再次攻击,暴露了该公司许多违规的行为。我在郡法院的记录中,搜索了对其公司不利的任何判决,发现他的公司欠一家名为"艾比·达希有限公司 (Abbie Dash Limited)" 509 英镑。吉姆·尼科尔建议我尝试购买他们的债务,如果成功,莫蒂默的公司将欠我个人钱,那么我可能将会造成他各式各样的问题。我打电话给其中一位董事哈多 (Haddow) 先生,他同意以 25 英镑的价格把债务卖给我,而另一位董事杰克·沃尔姆威尔 (Jack Wormwell) 透露了一些非常有趣的八卦:"我在伦敦的一场演出中遇到了朱迪思·莫蒂默,她告诉我她有一些股票,问我是否想用现金购买那些股票,我说是的,我会......。但当我回来之后,我一直都没有时间打电话给她。"

"天哪!"我说,

"所以,我知道他们刻意对债权人隐匿不报这些被盗的股票。"

很显然地,莫蒂默的不诚实是无界限的。他从债权人那里偷了东西,然后又想通过出售公司资产换取现金再次套现 — 我觉得他真是个混蛋。吉姆·尼科尔联系了这些董事并准备了一份转让契约,几天之内我就成为了他公司的债权人。他很快就会知道我是来真的 — 我想要拿回我的钱。

* * * * *

伦敦的萨默塞特宫保存着,在英国居住的人所做的每一份"遗嘱"的记录,这些是由死者的遗嘱执行人,在完成和关闭其遗产后向登记官提交的。吉尔和我期待着我们的首都一日游,我们在寻找另一块拼图,它可能会揭示更多对我的案子有益的普林家族秘密。

那时姓名是按字母顺序在索引卡上归档的,索引卡上详细说明了文件参照号,然后,一旦找到,就需要支付少量费用来购买"遗嘱"的副本。我们焦急地等待着,当助理人员递给我一份威尔逊·普林的"最后遗言和遗嘱"时,吉尔和我坐在一张桌子旁。我们俩都迅速开始浏览文件,我们希望在他遗嘱的受益人名单上找到那个人的名字,然后突然吉尔喊道:"找到了" — "约翰·巴里·莫蒂默"。

遗嘱阐述 1,000 英镑留给我的外甥御用大法师约翰·巴里·莫蒂默,虽然这不是一笔可观的钱,但仔细查看后发现,与另一笔留给他弟弟吉姆的 500 英镑遗产相比,这展现了他对外甥的疼爱。吉姆·尼科尔不仅是一位出色的律师,他还是个杰出的侦探。

* * * * *

自从我在约克刑事法院受审后,与苏珊·库珀已经九年没有再联络了。我希望她还能记得我,但更重要的是,我希望她能记住我案件的某些详情。

(我)(保罗·布兰查德)
(库)(苏珊·库珀)
(我):"哦,我可以和苏珊·库珀谈话吗?"
(库):"正是本人,可以。"
(我):"哦,苏,我不知道妳是否记得保罗·布兰查德这个名字。"
(库):"哦,记得。"
(我):"是吗? 在约克刑事法院。"

（库）:"是的，没错。"
（我）:"妳真的记得。我知道妳已不在巴林顿·布莱克律事务所工作了是吗？"
（库）:"哦，没有了，已经离职很久了。"

我让苏珊了解了我的案子，说莫蒂默现在是香港的一名法官，他已经离开了这个国家，但积欠了几千英镑的债务。她记得我说过有人刻意掩护某些事情，并想起了我案件的主要问题。

（我）:"你是否记得当我作证时，"
（库）:"是的。"
（我）:"我试图和莫蒂默说话，妳告诉我，在我结束作证之前我不能这么做。"
（库）:"没错，你不能。"
（我）:"但我想和他谈谈。"
（库）:"是的。"
（我）:"我的意思是，我很困惑，你看，为什么他当时没有提出 — 妳知道的 — 没有在法庭上提出我向他解释过的事情。"
（库）:"是的。"

自我的审判之后，苏珊嫁给了一名出庭律师并育有两个孩子。我感谢她记起关于我指控有人刻意掩盖真相的事情，并说我可能会再找她，"谢谢"我说，"好的，再见，再见"苏珊说。

* * * * *

我一年来的调查取得了丰硕的成果，我现在是莫蒂默公司的债权人，我手上也握有他不诚实的独立证据。我原本以为他是破产事务的专家，根本是个白痴，想把偷来的股票卖给他的前债权人之一。（在法律上，股票仍属于他公司所有）。

保罗·沃斯利通过他的事务员戈林先生证实了莫蒂默是共济会会员。然而，戈林错误地认为"在莫蒂默不退会的情况下"，他仍然是共济会会员。共济会的会员没有退会这件事，因为一旦加入共济会，将永远是共济会的会员，你也许能让你的会员资格失效，但你始终是共济会的会员。

我仍然必须找出莫蒂默与高级市政官沃德之间的关系，最好是借助共济会的人脉。我联系了史蒂夫·埃尔斯比，问他是否可以通过与沃德参加同一个共济会会所的朋友获得线索，最好是从约克的阿尔伯特·维克托共济会会所这里，史蒂夫答应尽力而为。

* * * * *

1988年2月，吉姆·尼科尔建议我们听取出庭律师公会的建议，以便向刑事上诉法院提出"超时"上诉许可申请。由于之前没有申请上诉许可，我可以自由地申请 — 当作是我上诉的第一站，向上诉法院求助。然后，他聘用了一位愿意接手我案件，备受尊敬的御用大律师彼得·桑顿 (Peter Thornton)。

1988年3月15日，我与彼得·桑顿进行了第一次会议。他的观点是，对于莫蒂默在审判中代表我辩护的部份，这似乎是一种真实而明显的利益冲突。彼得接受了我聘请他代表我的指示，然后向我建议我们应该如何进一步发展，包括吉姆需向证人取得证词、宣誓书并以法庭可接受的格式整理证据。

其中还涉及吉姆需写信给在香港的莫蒂默，以获得他对我指控我们俩存在利益冲突的回应。在这一年里，吉姆多次前往约克，每次都留宿在我家。这是他亲自了解我和我的家人，并帮助他判断我的性格以评估情况的方式，他行事非常仔细彻底。

1988年5月27日，吉姆写信给R·C·穆尔豪斯律师事务所的克里斯·沃德，要求他签署一份宣誓书以支持我的上诉。他在1988年7月14日的信上回应说：

BRITISH JUSTICE EXPOSED

"您和布兰查德先生可以放心，我会尽我所能帮助他"，并且，"我必须说，我担心我的证据可能会为布兰查德先生带来弊大于利的情况，也就是说，布兰查德先生当时给我的指示，其本质上只不过是承认欺诈而已。"

所以，他总算说出来了。声明里缺失的两页的措辞，仿佛是高级市政官沃德、威尔逊·普林和我，合谋诈骗布兰查德集团公司的债权人。当然，克里斯·沃德的信与戴斯蒙德·辛普森于1974年10月29日的信中内容直接互相矛盾，当时他确认我的声明内容显示 — **在任何情形下我都没有罪**。很明显，我的声明被用来勒索沃德和普林，让他们偿还欠我公司的那些钱。当要求提供我的声明副本时，这两个相关页面便很自然地遗失了。那么，谁从我声明的内容中受益呢？肯定不会是债权人。

* * * * *

1989年这年，在很多方面而言都是多事之年。于4月15日，谢菲尔德希尔斯堡足球场发生了惨剧，96名利物浦足球迷因警察的疏失在体育场内被踩死，另有766人因受到挤压和踩踏而受伤，负责人群控制的南约克郡警察局长彼得·赖特 (Peter Wright)，试图将悲剧归咎于大量涌入的球迷。在接下来的几周里，死者家属批评了警方的行为，称他们是罪魁祸首。

前来救援的是"全国"第一操控者代表警方进行调查，并隐藏可能揭露警方"腐败"的证据，他的名字叫做 — 彼得·泰勒 (Peter Taylor) — 压制真相的专家，他最近被英国任命为首席大法官。他代表权威机构行事并得到的指示是 — 维护我们司法体系的声誉并彻底永远地隐藏真相。

泰勒建议改变足球场的安全措施，使他的调查看起来可信。然而，他的调查并没有探究警察的腐败行为，否则会在1990年就揭露164名警察证词被篡改过，以符合他们自己的目的。换言之，他们捏造证据并妨碍司法公正，导致检察官裁定没有证据证明起诉警察、个人或机构是合理正当的。虽然泰勒有权调查全方位的惨剧细节，但他效忠于"国家"。当他的最终报告于1990年1月发表时，它提出在未来体育赛事中提供安全的建议。

泰勒希望他的报告能让死者家属满意，但家属坚持不懈，2013年4月 — 24年后 — 传来消息，2014年初将进行第二次调查。希尔斯堡足球场惨剧调查，是英国法律史上对警察腐败的最大调查，整个南约克郡警察均普遍存在腐败现象。但最终，死者家属仍旧伸张了正义。

2016年4月，经过了27年，调查死因的陪审团，一致清除了球迷对这场惨剧的任何责任，并以多数裁决认定96人被非法杀害，原因是他们认为是"警方的一连串失误。"

南约克郡警察局在幕后急于掩盖他们的疏失和腐败，因此，热心的长官们没有调查警察是否有吹警哨控制人群，而是命令特别部门针对他们的文职新闻官琳赛·麦克法兰 (Lindsay MacFarlaine)。她在26岁便成为第一位女性首席新闻官 — 一个在极端大男人气概的环境中非常孤独的女性，与她的上级发生冲突并遭到解雇，虽然她担任公共关系顾问的角色但却沦为傀儡。

"警司托尼·普拉特 (Tony Pratt) 指导我该说什么以及什么时候说，"她说道。

托尼·普拉特的角色是充当介于麦克法兰女士、警察局长彼得·赖特和御用大律师彼得·泰勒之间的联络人，他的陈述是尽可能全面取悦媒体。当我于2016年4月27日在死因审讯的裁决后采访托尼·普拉特时，他发表的评论清楚地表明了彼得·泰勒和彼得·赖特的忠诚度。

他的评论一针见血："他们两个均是当局派人士"，他们唯一的忠诚只对"国家"效忠。然而，死因调查的结果，使得以对95位利物浦球迷的重大过失而导致过失杀人的罪名，起诉指挥球赛安全的总警司大卫·杜肯菲尔德 (David Duckenfield)，并指控俱乐部秘书格雷厄姆·麦克雷尔 (Graham Mackrell)，未能履行《工作健康与安全法》规定的职责。

审判于 2019 年 4 月 3 日结束时，大卫·杜肯菲尔德获判无罪。格雷厄姆·麦克雷尔以陪审团多数 10 比 2 的裁决获判有罪，并于 2019 年 5 月 13 日处以罚款 6500 英镑。在英国历史上最严重的体育场惨剧发生近 30 年后，他是第一个因希尔斯堡惨案而被追究责任的人。大卫·杜肯菲尔德在 2019 年 11 月的第二次审判中再次获判无罪，对没有一名高级官员受到追究失去亲人的责任，这让希尔斯伯勒惨案的家属心慌意乱并愤怒难当。如果彼得·泰勒从 1989 年一开始就调查了警察的腐败情形，趁所有证据仍然可用的情况，那么事情的结果可能会有所不同。

* * * * *

随着我的财务状况不断好转的情形下，我在 1989 年 6 月成立了一家房地产投资公司，并以超过 20 万英镑的价格，在约克市富尔福德路购买了三处房产。然后，我花了超过 15 万英镑，将其中一间改造成办公室，当作我的新总部，其他的则改造成自助式公寓以获得租金收入。我的想法是创建一些营销公司，向西班牙出口一系列产品。生意确实稳定成长，我对我的计划感到很悠然自在。

1989 年 6 月 2 日，吉姆·尼科尔写信给莫蒂默，信中说明他正在代表我，处理我向约克刑事法院对我的定罪提出上诉申请。吉姆写道上诉的主要理由是，我认为莫蒂默代表我时，存在真实或明显的利益冲突，并且他没有透露与此相关的因素。信中指出的利益冲突在于，他与威尔逊·普林、威尔弗雷德·沃德和弗兰克·B·布里斯比有限公司的关系。

* * * * *

1989 年 6 月 16 日，琼·吉姆 (June Jim) 从苏珊·库珀那里获得了一份宣誓书，指称她参加了我和我的资深法律顾问约翰·巴里·莫蒂默御用大律师的会议，在会议期间她记得我经常提到高级市政官沃德和威尔逊·普林的名字 — 苏珊支持我的上诉案件。

* * * * *

1989 年 7 月 4 日，莫蒂默回复了吉姆的信，但没有说明他是否从普林那里继承了部份遗产，或者为什么他没有透露与普林的关系。"未有真实或明显的利益冲突，以任何方式干扰他为我辩护的行为，"他说。他甚至不记得案件的性质 (他当然会说不记得)。他证实威尔逊·普林是他的姨丈和教父，他们每年大概会见两次面，他记得大约有两次以专业的法律身份代表普林。他不知道沃德是圣彼得学校的理事，和他没有私底下的社交关系，但有人将他介绍给沃德认识，不过他不记得是在什么时候或什么场合。他不知道沃德是阿尔伯特·维克托共济会会所的成员，称他的共济会的"会员已失效"，并补充道"我在很多年前参加了大约六次。"他证实他确实说服了控方，从陪审团的卷宗中删除副本文件，因为它们对我的案子"非常不利。""如果你真的在寻求我的协助"他写道，那么他会需要他原来的案件陈述和文件来唤起他的记忆。

* * * * *

道恩和我于 1989 年 7 月 5 日早晨抵达约克市地方法院参加监护权庭审，我们在门厅等候轮到我们出庭。十五分钟后，法庭的庭吏引导我们到座位上，然后法庭秘书宣读了我们提出的申请。

"本申请由申诉人保罗·威廉·唐纳德·布兰查德提出，他是这两位未成年的父亲，分别是出生于 1976 年 7 月 30 日的莎拉·乔伊·瓦蕾丽 (Sarah Joy Valerie)，和出生于 1975 年 5 月 6 日的保罗·威廉·罗纳德 (Paul William Ronald)，而道恩·西尔维娅·布兰查德 (以下称为答辩者) 是这两位未成年的母亲，为了这两位未成年的福利，他们应该由申诉人监护。"

三名女地方法官均面无表情，脸上的表情说明了一切 — "绝对不将监护权判给这家伙。"接下来，我被允许在法庭上发言。"法官阁下，我的申请得到了布兰查德夫人的完全同意，她随时可以见我们的孩子。"她们脸上的神色转为惊讶，主审法官随后要求道恩起立并确认她同意该申请，她当庭确认了。批准申请后，地方法官点点头，下令撤销我应支付的赡养费，因为我现在拥有合法监护权。

道恩和我在法院外相视而笑了，三个老地方法官原本期望见到的是一场监护权之争。但实际上，谁拥有监护权并不重要，因为小保罗和莎拉大部分时间都和我住在一起。这是我们俩彼此同意的，这个结果对我们双方都有好处。

* * * * *

1989 年 7 月 12 日，我的欺诈审判律师罗伯特·摩尔做了一份宣誓书，其中附有几份证据 — 所有证据都支持我的案子。他证实他得到的指示是，莫蒂默与约克高级市政官沃德有过多的牵扯，并回忆起我针对掩盖沃德、普林和弗兰克·B·布里斯比有限公司的指控。此外，我的意愿是与御用大律师（莫蒂默）充分讨论这些议题，我也给出了具体的指示。我的详细指示包括所有控方的证词和证物、关于我与沃德交易的陈述以及我为清算人所做的声明（减去缺失的两页）。因此，在我的审判进行时，"利益冲突"这四个字正无时无刻紧跟着莫蒂默。

* * * * *

史蒂夫·埃克斯比打电话来告诉我一些非常好的消息：
"老混蛋（沃德）是阿尔伯特·维克托共济会会所的会员，此消息千真万确。"
"我的天！史蒂夫，谢谢你，我的朋友。"
"仔细听好，保罗，还有更多的内幕消息，我明天晚上 9 点左右到你家。""好的，史蒂夫，到时见。"

史蒂夫要我发誓会保守秘密，我们就此事握手。他将告诉我他的朋友发现的内幕消息，但如果事态严重，他会否认我们的会面以及他告诉我的内容。

据了解，沃德是约克几家会所的会员，也是伦敦一家会所的会员。"想想看，保罗，如果没有良好的人脉关系，你不会是内政大臣的警察事务咨询委员会的一员，"，"有道理"我说。

"不仅如此，看看他所参与的所有其他与警察有关的委员会，"史蒂夫停顿了片刻，然后继续说道，"在伦敦，他一直担任主席，这意味着他是那个会所过去的'敬拜大师'，而约克的每一个共济会会员都知道，他所到的任何会所他都会受到尊重，即使他只是以访客的身份到访。"

"这就是我想听到的，这个消息更加巩固了莫蒂默的一切所做所为。"

"还有，我接下来要告诉你的消息，如果不是我朋友告诉我的，我不会相信的。"

我感觉到妈妈其中的一句至理名言"意料之外的事情"将要发生了。

"当莫蒂默以第三等级的身份参加入会仪式时，沃德也在场，所以他对沃德的忠诚是毫无疑问的，不管他与普林家族的关系如何 — 你都没有胜算的机会，保罗。"（入会仪式 — 允许某人进入一个秘密会社，通常会举行仪式。）

史蒂夫解释了以第三等级的身份宣誓基本的誓言入会，他们发誓"爱一个平行端正和真诚的兄弟，胜过对任何其他人的爱。"我感谢史蒂夫的所有帮助，他已经助我一臂之力，很遗憾我们再也没有见过面。几年后，他因长期抗癌并于 2001 年 2 月 9 日去世。

我读过很多关于共济会的书，还在电视上看过由马丁·肖特 (Martin Short) 制作的纪录片 — "兄弟会内幕"，所以我知道会员们宣誓忠诚于彼此，这些誓言不可撤销并将他们与秘密誓言紧密联系在一起，如果他们分享了这个古老的秘密，就会产生可怕的后果："从右边割喉到左边...... 断舌根...... 切腹取肠并焚烧...... 灰烬撒向天的四风...... 拔心献于野兽。"

令人难以置信的是，成年男子打扮得像一群白痴一样可笑。然后接受第三等级的仪式，告诉入会者他们的大师"希拉姆·阿比夫 (Hiram Abiff)"的历史，以及共济会如何看待他的谋杀案。他们躺在棺材里，像伏都教仪式一样装死，然后随着念咒结束，以共济会导师的身份展开新生活。众所周知，许多人都被整个令人难以置信的经历而受到创伤。无法将其称之为无害的成人游戏，远非如此，人们确实非常严肃对待这件事。

共济会是迄今为止，最古老的秘密组织，教会始终对共济会的誓言保持其坚定的反对立场。"*共济会的誓言在上帝的审判中一文不值，你只能发誓做善事，将你束缚在任何错误事情上的誓言本身就是邪恶的*"。根据圣约翰福音第 7 章第 4 节（新国际圣经版本），沃德宣誓"和平的正义"的誓言，和他作为"好人先生"的公众形象与福音直接冲突，*"任何想要成为公众人物的人，都不应该秘密修炼。"*

威尔夫·沃德从当地市议员，升任为掌控约克郡三分之二达数亿英镑的总支出。这位操纵大师在他所服务的各个委员会中，得到了每个成员的全力支持，但他是委员会的决策者，他代表英格兰最大的郡，获得合同并签署了协议。他的人生旅程真的十分出众，他在走后门的帮助下，使其人生旅程变得异常轻松 — 他每个月都会得到他所到访的共济会会所兄弟们的帮助。

在阿尔伯特·维克托共济会所的私密空间里，沃德与当地商人达成了许多秘密协议，但这些协议从未曝光。他把财产和土地交易拿到谈判桌上，桌子上摆满了装在棕色信封里的一沓现金，这些均是他自肥的方式。任何警察当局都不会调查的交易，因为阿尔伯特·维克托共济会所，是许多最高级别在职警察的聚集地。这是权威机构成员的会所 — 法官、律师和地方法官，他们每个月都会见面交际并交流信息。在他们的会所里讨论过的事情，只会留在他们的会所里 — 没有一个共济会的会员会违背神圣的誓言。

石匠工艺从很早就在约克市活跃，可以追溯到 17 世纪。英格兰联合总会所成立于 1831 年，是由两个分别于 1717 年和 1751 年成立的两个独立英格兰会所联合起来的，位于伦敦大皇后街的共济会大厅。英国最令人印象深刻之庞大规模并优美非凡的建筑物之一是约克大教堂，它一直与共济会有间接关系，无论是操作性的还是推测性的关系，并且该教堂包含很多内容，可满足对共济会历史感兴趣的人。

例如，四处散落着共济会的标记，尤其是在教堂的地下室。约克总会所于 1778 年的早期记录会议，详细介绍了约克大教堂地下室皇家拱门兄弟会 (Royal Arch Brethren) 的集会。在中殿的西端是一个小型帕特诺斯特 (Paternoster) 小教堂，周围环绕着含有共济会符号的栏杆，其他的则位于祭坛上方。这些是在 1945 年放置在那里的，小教堂的某些部分，由来自新斯科舍省的女性共济会赞助，她们的徽章收藏在小教堂内。

约克大教堂的窗户 — 总共 128 个 — 包含无与伦比的中世纪彩色玻璃收藏，以及来自其他世纪的玻璃。你会发现共济会向大教堂提供金钱帮助，维护北走廊和南袖廊墙上铭文的证据。在南边唱诗班的走廊上，有一座纪念克拉伦斯公爵 (Duke of Clarence) 阿尔伯特·维克托的纪念碑，他于 1897 年在伦敦去世，他在约克的一个骑兵团担任了三年少校，虽然没有说明缘由，但他是爱德华七世的长子，当时是威尔士亲王。阿尔伯特·维克托会所以公爵的名字命名 — 他是名誉会员。约克有十个已知的会所，它们聚集在城市的三个不同的共济会大厅。"旧彼得派会所 (The Old Peterite lodge[编号:6412])"的会员 — 沃德也是其中的会员 — 与"阿尔伯特·维克托会所"的会员在圣萨维尔盖特共济会大厅会面。

旧彼得派会所主要由圣彼得学校的毕业生组成，这是一所私立学校，莫蒂默在这所学校受教育，并且在沃德担任理事会成员时，将他的儿子送去那里就读。虽然未经证实，但莫蒂默很可能在他开启共济会之旅时，也是旧彼得派会所的会员，尽管如此，沃德的理事职位，为他提供了在不同圈子的共济会场合，与莫蒂默见面的机会。高级市政官威尔弗雷德·沃德毫不掩饰他参与共济会的事情，而其他人并未公开他们自己的会员资格。沃德以成为一名共济会的会员而感到自豪,并始终利用该会的力量为自己谋取利益。

* * * * *

在莫蒂默没有回应的情况下,彼得·桑顿表示仍有足够的材料可以提出上诉许可申请,该申请于 1989 年 12 月的第一周提交给上诉法院,吉姆·尼科尔将付诸执行使政府和法院难堪的计划。他向在伦敦《每日镜报》工作并争取司法公正的记者保罗·福特,提供了一份申请上诉和支持文件的副本,于是他开始着手进行自己的调查。保罗·福特打电话给在香港的莫蒂默以便了解他的回应,然后打电话给我了解我的观点,他于 1989 年 12 月 14 日刊登他的报道。在审判结束的十一年后,我的案子成为全国新闻,这一个报道当然让位于白厅大道 (Whitehall) 上那些不露面的政府官员,感到惊讶并引起他们的注意。我在破坏法官的诚信正直 — 而这是权威机构不会善罢干休的事情。

* * * * *

法官与其教父

保罗·福特的报道 — 于 1989 年 12 月 14 日刊登在《每日镜报》上

这篇报道毫不留情地将沃德和普林描述为保守党的大佬,列出了沃德在地方上和全国内的强大力量。该报道突显出了我在审判前,如何告诉莫蒂默关于沃德和普林的事,以及这些议题对我的辩护是如何的至关重要。它还指出,如果我知道莫蒂默与普林的关系,我永远不会指示他为我的出庭律师。保罗·福特打电话给在香港的莫蒂默,莫蒂默当然否认了一切。我公开羞辱了莫蒂默。这篇报道对英国其他刊登类似报道的报纸产生了连锁反应,但我想在莫蒂默的地盘上攻击他,所以我传真了一份上诉文件给香港《南华早报》的编辑,并得到了对方善意的回应。1990 年 2 月 5 日,我的案件登上了头版新闻:

将香港法官以"利益冲突"为由告上上诉法院

这个故事或多或少地重复了保罗·福特的报道。在香港的法律界,这篇报道会损害莫蒂默的诚信正直。几位律师与我联系,讲述他们自己的经历,均是关于莫蒂默在香港最高法院,对他们当事人的审判做出的判决存在"偏见"。

这是大多数法官在总结案件时,通常表现出的"不正当司法偏见" — 有利于控方 — 而不是辩方。我欣然告诉他们,莫蒂默是个彻头彻尾的骗子,他不仅欺骗了我 — 正如报道所述,他还在他和他妻子共同掌控的公司里,从无辜的受害者身上骗走了 50 万英镑,这些律师的反应 — 十分震惊并难以置信,所以,我传真了关于朱迪思·莫蒂默档案的副本给他们,证明他的不诚实不仅限于司法的范围内而已。

我会想像莫蒂默被国内和国际媒体嘲笑和耻辱的情景,因为此引发无数上诉申请,理由是基于他"不适合"担任司法职务这个事实。新闻界会与律师一起乘胜追击大肆报道,称他"不称职",因此无法对他审理的案件做出合理的判断,这是多么合理的结果 — 可惜这些只是我的想法而已。

* * * * *

于 1990 年 3 月 15 日时,伦敦刑事上诉法院的法官巴克利先生 (Mr Justice Buckley) 审理了我的上诉许可申请。吉尔和我乘火车前往法院出庭,并与吉姆·尼科尔和彼得·桑顿约在法院门厅内见面。

通常仅以书面形式向单独一位法官提出上诉许可申请,但是,由于时间的推移和案件的敏感性,法官允许由出庭律师以口头和书面形式代表申请。法官立即得到了申请的"议题"和上诉的理由。"是的,明显的利益冲突,"他说,但认为他的法庭"不是正确的路线",并建议向英国内政部的内政大臣提交请愿书作为替代路线,我们将会按照建议进行,直到莫蒂默为此负责为止。我指示吉姆撰写请愿书,我知道这需要几个月的时间。与此同时,我又把注意力重新投入到我的业务和赚钱上。

★ ★ ★ ★ ★

第四章

特内里费岛

卡洛斯·贾科梅蒂 (Carlos Giacometti) 在阿根廷出生和长大，三十出头时便周游欧洲，然后定居在特内里费岛，在那里他与当地女子波琳 (Pauline) 结婚并成为岛上的居民。1989 年，我们相识的缘分是起源于，他带我参观了我正考虑在该岛南部的一个小村庄埃尔梅达诺 (El Medanoe) 购买的一间公寓。当时他是一家开发公司的总经理，也是一名天生的推销员，他会说九种语言，而且具有都市生活的智慧。他在商业事务方面也经验丰富，熟悉西班牙的"黑色经济"，即隐瞒西班牙税收的"无形"利润。我判定他是管理我在西班牙商业利益的理想人选，并打电话给他，概述了我的计划，并向他开出了聘用条件 — 他接受了，卡洛斯同意担任我所有西班牙公司的口译员和管理员。

从卡洛斯的外表上看，他就像刚从黑手党电影的片场走出来一样，他有着橄榄色的皮肤，其乌黑的头发以真正的黑帮时尚样式向后梳。在他们家族里的许多人定居阿根廷之前，他的家族其实起源于意大利贾科梅蒂家族。随着时间的推移，我们变得像兄弟一般，总是开怀大笑并喜爱开玩笑，而不只是单纯的商业伙伴关系而已，但在处理商业议题时，我们态度非常认真敬业。卡洛斯教会了我很多关于西班牙文化和生活方式的知识，我们的业务需要他经常去约克旅行，在晚上我们与家人见面互动，他成为了我大家庭的一员。

1990 年，我们在英国和西班牙成立了几家公司，销售一系列不同的产品，包括瓶装水、净水器、保健产品和小木屋。我们在英国成立梅奥营销有限公司 (Mayo Marketing Limited)，以寻找我们欲出口商品到西班牙的姊妹公司 — 约克营销 S L 公司 (York Marketing S L)，该公司位在特内里费岛首都圣克鲁斯的知名办公室进行交易，收到产品后再将产品销售出去。

整个 1990 年里，我们将此业务经营得有声有色，并在 12 月时，卡洛斯与位于西班牙北部拉科鲁尼亚的西班牙最大水分销商 — 北桑迪奥斯 (Sondeos Del Norte, S.A) 的公司所有人唐·恩里克·桑切斯 (Don Enrique Sanchez) 取得了联系，桑切斯同意以 1820 万比塞塔（西班牙货币）的成本，购买 1300 个净水器。

晚上，我学到了西班牙庆祝成功商业交易礼俗的第一堂课，因为按照礼俗，主人会邀请他的宾客共进晚餐，然后参观当地的夜总会。然而，我很快就意识到，我们在一家妓院里被一群美丽动人的女子包围。恩里克不会说英语，所以卡洛斯解释说，在晚上结束时，我可以选择其中一个女孩带回我们的酒店。

"绝对不行"我说，"我不感兴趣。"

"你看，如果你不这么做，你会得罪他，这是恩里克的款待，"卡洛斯说。

我们最后达成了妥协。我会带走其中一个女孩，这样就不会得罪恩里克。回到酒店后，卡洛斯会和两个女孩一起睡一晚 — 他倒是没有反对。第二天早上，有人在敲我卧室的门，是卡洛斯，两只胳膊上各搂着一个女孩，有一点衣衫不整，但脸上挂着灿烂的笑容。

* * * * *

当理查德·汉森 (Richard Henson) 从监狱里释放出来时，他对自己发誓，他永远不会再参与任何形式不诚实的活动。不幸的是，他的誓言只是欲获得自由的一时手段而已，他很快又回到他的老本行 — 靠犯罪谋生。

我认识理查德·汉森已经六年多了，当我在 1984 年宣传约克有史以来的第一个"摇滚音乐节"时，我需要有人负责我的保安，一位共同的朋友介绍我们认识，他看起来身材高大而且壮硕魁梧。他总是彬彬有礼且为人恭谦，我们偶尔会通电话保持联系。他最初来自英格兰北部的南希尔兹，与女友住在约克并在市政府工作，直到 1990 年 8 月他们分手后，他便回到南希尔兹。我向他提议借他一辆宝马汽车，作为他从机场接我客户的回馈，因为这有助于提升公司的形象。其他时候，如果我没空或外出忙于其他业务，他会代我去曼彻斯特机场接卡洛斯或与卡洛斯会面。我和他的交易是他充当公司的司机，而他每月可以使用该汽车、一部手机和少量现金作为他的回报。

在桑德兰，一位新女友珀尔·里奇 (Pearl Richie) 将他介绍给了艾莉森·凯 (Alison Kay)，凯与唯一的儿子艾伦同住。凯是位寡妇，她的丈夫曾是一名在职警察，因此使她后半辈子的财务有保障。理查德帮忙在她家里做一些小工作，并将她介绍给我认识，因为她需要一些财务建议。我见过她三四次，但没有做成任何业务。

*****

我母亲常说："如果你一只手能数出你真正的朋友，你就是一个幸运的人" — 奈杰尔·米德 (Nigel Mead) 就是其中之一。我们认识很多年了，因为我总是亲自认识参与我案件的人，他也是我努力平反我之前判决的主要支持者之一。

1991 年 9 月上旬我的银行限制我借款的额度，而我需要找到一笔钱来完成与恩里克·桑切斯在西班牙的净水合同交易，偶然在超市遇到了奈杰尔，我告诉了他这笔交易。在经过仔细考虑后，他同意投入 5,000 英镑并从中获得一小部分的利润。就像生活中的许多事情一样，我从来没有想过向奈杰尔借的 5,000 英镑，会在几个月内成为纽卡斯尔刑事法院毒品审判的核心问题。

*****

我从一家位于肯特郡梅德斯通镇的过滤公司 — 菲尔德过滤系统有限公司 (Fileder Filter Systems Limited) 购买了净水器，并同意将余额支付给他们其中的一名公司董事马丁·埃德 (Martin Ede)，并且约定当交易在北桑迪奥斯办公室敲定时他将在场。然而，海关文件意外出错，把我的公司写成出货公司，所以导致原本应支付给菲尔德过滤系统有限公司的应付余额，变成是支付给我的英国公司，因此交易在没有埃德参与的情况下完成。

当他意识到错误时，他向西班牙警方投诉，称我们从他的公司偷走了一卡车的净水器。在特内里费岛，卡洛斯出庭并向主审法官解释了问题，主审法官说本案无须答辩，但是，这些事件在西班牙国家警察局的电脑系统里保留了 14 年，因为我当时没有出庭作证，我最终于 2005 年 11 月在拉科鲁尼亚法院出庭作证，而该法院驳回该案件，并指出：

"英国公民保罗·威廉·唐纳德·布兰查德没有任何悬而未决的责任。"

*****

1991 年 11 月 6 日我第一次前往美国，与卡洛斯一起从希思罗机场起飞，降落在华盛顿特区的杜勒斯机场。这次的商务之旅很成功，我们与一个独家联系人协商，欲在整个欧洲建造和分销他们的木屋。商务事宜结束后，我们花了几天时间，实地参观了华盛顿的"白宫"、阿灵顿公墓、乔治城和巴尔的摩国家水族馆。不幸的是，回到英国后，事情突然急转直下 — 理查德·汉森因毒品交易被捕、依法起诉并还押候审。

* * * * *

在我回到家时,珀尔·里奇联系了我,并解释说理查德在桑德兰遭警察逮捕时,他手里拿着摇头丸。警方跟踪并监视他离开艾莉森·凯的家,然后停下来搜查他,然而,因为他刚刚离开她的家,所以她也和里奇一起被捕,并在警方搜查她的房屋时,在她的车库里发现了另外 1,000 片摇头丸。

在讯问中,理查德承认他的罪行,称他是独自行动,凯和里奇都不知道毒品存放在凯的车库里。凯被捕后也遭警方的讯问,否认有任何的涉入,她后来被释放并未遭警方起诉。里奇问我是否会去监狱探望理查德,并向我提供了负责调查的警官的名字 — 位于纽卡斯尔附近戈斯福斯市郊,第二地区反犯罪小组的警探肯尼斯·威尔克斯 (Kenneth Wilkes)。几天后,我打电话给他,安排从警察局取回我的汽车。

* * * * *

达勒姆监狱 (Durham Prison) 建于 19 世纪初,是国内最著名的监狱之一。多年来这里一直是囚禁英国最臭名昭著罪犯的监狱,包括罗斯·韦斯特 (Rose West)、米拉·韩德莉 (Myra Hindley)、克雷 (Kray) 双胞胎兄弟、约翰·麦克维卡 (John McVicar) 和狂人弗兰基·弗雷泽 (Mad Frankie Fraser)。许多在此监狱遭处决的男子和女子,他们的尸首也埋葬在这里,因此这座监狱最终也成为他们的安息之地。虽然我坐过牢,但当我进入这座遭世人遗弃的维多利亚式建筑时,我的心仍然往下沉并有种不祥的预感。由于理查德是在驾驶我的车时被捕,因此他对此造成的尴尬表示歉意,并向我坦诚他从事毒品交易。通常囚犯坐牢后会立即发誓"再也不会犯案了",这是我以前从其他囚犯那里听到过很多次的说法了。有一次我和里奇和理查德的妹妹安一起去探望他,我祝他一切顺利,但决定断绝任何进一步的联系。我不需要跟警方有更多的麻烦,我是一个单亲家庭,我必须先优先考量我的两个孩子小保罗和莎拉。

* * * * *

于 1991 年 11 月 29 日和 12 月 2 日这两天,我接到了艾莉森·凯打来的一连串电话,她说她被汉森的两个妹妹勒索和威胁,她们开口要一万英镑。

"她威胁会找人过来。你知道的,她搬出纽卡斯尔黑帮来威胁我。"

我建议她和她的律师谈谈。通话结束时,我检查了录音设备 — 她所有的通话都被录音了。我很高兴我尽可能远离这些人,我再也没有直接收到她的消息,但我很快就会了解艾莉森·凯"的行事作风" — 她是如何享受生活,以及她到底是一个多么邪恶的"婊子"。距离发生妈妈说过其中之一的道理 —"意料之外的事情"— 只有几天的时间而已,这将对我的家人和所爱的人造成灾难性的后果。我揭露莫蒂默和洗清我罪名的梦想,不仅即将受阻还将背道而驰,因为随之而来的,将是倾尽全力冲着我来的地区反犯罪小组警察以及"司法不公正的法官"。

1991 年 12 月吉姆·尼科尔终于完成了向内政大臣请愿的最后草稿,保罗·富特则尽可能地大肆宣传此事件,以使政府、法院和上诉法院难堪。然而,该权威机构有自己的险恶计划,一场史无前例的司法阴谋,将使请愿书永远无法曝光。

* * * * *

第五章

达勒姆监狱

1992 年 1 月 7 日星期二

  这是圣诞节假期后小保罗和莎拉回到学校的第二天，这一天的开始与其他日子一样，都火烧眉毛了才赶着出门，并一路驾车狂奔驶向学校大门。道恩是一名天主教徒，所以对天主教徒而言，小保罗和莎拉应在约克的"诸圣天主教学校"上学。从家里开车接送大约需要 45 分钟往返的车程，所以我每天早上 8 点 50 分左右回到家。我通常在出发去办公室之前，会先在家里打几通私人电话，当我在书房里静下来时，我注意到两辆汽车停在房子外面，车子里载的全是男人。接下来他们全都聚集在门口，疯狂敲着我的前门，于是我焦急地朝前门信函的投递口大喊，问他们有什么事。
  "我们是警察，请开门，布兰查德先生，我们有搜查令。"
  我打开门但还没来得及说什么，我就因共谋供应毒品的罪嫌被捕了，负责的警员自称是地区反犯罪小组的警探肯尼斯·威尔克斯，他向我展示搜查令和身份证明。威尔克斯问屋子里是否还有其他人，我没有说话，只是摇了摇头。在搜查开始之前，一名警员对每个房间拍照。
  他将我客厅里的画作和装饰品一一拍照下来。当他完成时，整间房子都已被他搞得天翻地覆，看起来就像一个窃贼洗劫了我家一样。在我的书房里，当两名警员在发现一个标有"新闻剪报"的档案时，他们便没收了我所有的商业档案和文件。一位名叫帕克 (Parker) 的警探快速浏览了档案文件，然后挑出了一篇标题为"法官与其教父"的报道，这是由保罗·福特撰写的，并说：***"哦，这就是你要对抗的法官。"*** 虽然当时我并没有意识到这些评论的意义，但后来引起了我的怀疑，并最终导致我发现了一个司法阴谋 — 这是英国法律史上前所未有的司法阴谋。

* * * * *

  我被带到南希尔兹警察局，警察允许我打电话吉姆·尼科尔，他建议我在讯问时都以"不予置评"来回答警察提出的任何问题。警察也允许我打电话给吉尔，这样当小保罗和莎拉放学回家时，她就能够在家里顾着他们。吉姆安排了一位当地律师在我接受讯问时在场，威尔克斯透露，汉森暗示我是进口 1,000 颗摇头丸背后的"老大"。
  我遭警方拘留了两天，然后遭警方起诉并在吉姆代表我辩护的情形下，出席南希尔兹地方法院。检察官说他们有证据证明我涉入毒品进口的事宜，到目前为止他们已经追踪了 22 个银行账户，他说在这种情况下，我有足够的财力潜逃，因此检察官向法官说"我要求将他还押候审，以移交给刑事法院审理。"想当然尔，地方法官批准了他的申请。

* * * * *

在去达勒姆监狱的路上，我坐在囚车上锁的小牢房里，我听到有人喊道：
"嘿，你是布兰查德吗？"
"是的。"
"你是来自约克的商人，汉森向警方告密说你有涉入。"
"是的。"
"到接待处时我再和你谈谈，汉森是个他妈的混蛋。"

我从没想过我会以囚犯的身份再次入狱，当我被带到等待登记处准备入住牢房时，我仍然感到十分震惊。监狱有自己独特的气味，尽管已经过去了十四年，但我依旧记忆犹新如昨日般的熟悉。

"我是大卫，我们在囚车上交谈过，"他说着并伸出手来和我握手。
"我是保罗。"

大卫已经出庭并被进一步还押，他因为所面临的指控遭还押候审已超过六个月。监狱拥有地球上最快的"八卦藤（译者注：英文的原意是葡萄藤，指八卦传闻蔓延的方式）"，每个人都知道彼此的事情。你在监狱里没有隐私，这可能对你有利，也可能对你不利，可说是利弊参半。在这种情况下，它对我是有利的，因为在监狱中众所周知，汉森将使用"Q E"策略，这是监狱俚语，也就是说他为了减轻自己的罪行向控方"提供对共犯不利的证据"。换言之，他是监狱里的一头"草（译者注：这是监狱俚语意指告密者）"，是排名所有犯人憎恨的恋童癖和强奸犯之后的第三低级监狱渣滓。

"听着，"大卫说，"我知道汉森是个大人物，但他在这个监狱里没有办法找你麻烦，所有其他囚犯都会照顾你，如果你有什么需要就向大家提出要求。"

当你是一名新囚犯或被转移到另一所监狱时，其实会感到有点可怕，有点像开始上一所新学校的感觉，在你被其他狱友接受之前，你还是一名新人，不到几天之内，每个人都会知道你被关在这里的原因，也知道你犯了什么法。我立即被狱友接受，因为汉森要提供对共犯不利的证据，但值得注意的是，他和我关在在同一栋牢房侧翼里，这意味着我们会在同一个时间在同一个监狱的院子里运动。我很想出去呼吸新鲜空气，但除了和他的一群朋友一起散步的大卫之外，我不认识任何人。当我一个人走着时，汉森接近我并想找我谈话，但我没有回应，此时大卫却大喊大叫，以至于院子里的每个人都能听到他说的话：

"远离他，你这棵该死的草！"
"我只是想谈谈，"汉森说。

我向大卫表示我无所谓，可以让汉森表达他想说的。他充满悔恨和歉意，说他会要求他的律师撤回他在12月20日接受警方的讯问时，牵涉到我的内容。他向我保证，他说会尽快与他的律师交谈。我什么也没说，只是点了点头。

1992年1月21日星期二大约早上11点20分，汉森在我的牢房门外喊道："让尼科尔（吉姆·尼科尔）来看看我好吗？"当天晚些时候于4点45分，一封信从牢房门缝里塞了进来，信密封着并在正面写着"理查德·汉森对保罗·布兰查德先生的声明"。在信封的背面，他在信封的封印上写了字，所以我小心翼翼地从封印顶端的字母拆信，以免损坏信封上他舔过的黏贴之处。他的声明如下：

* * * * *

理查德·汉森，囚犯监狱编号CK2381，牢房号A2 — 10

我于1991年12月24日在南希尔兹警察局做了一份陈述，我的律师C·斯科特(C Scott)先生和威尔克斯先生均在场。我所做的陈述并非实情，保罗·布兰查德先生与供应毒品的指控无关，也与其他任何人无关，我做此陈述是希望我能获得保释，加上警察对我女朋友说了些事情。珀尔·里奇已怀孕四个月，而且丢了工作和住家，因此我想获得保释以便能够帮助她。上面有文字的纸是我开车送布兰查德先生去机场时，他应我的要求写的。他总是说他不想和毒品扯上任何关系，他从来不知道我私底下在做什么。之前做了 4 年零 5 个月的牢，出来后布兰查德先生借钱给我，让我去阿姆斯特丹度过一个愉快的周末。他还给了我一辆红色宝马，好让我可以当他和他朋友的机场接送司机。我在 1991 年 12 月 20 日接受录音讯问时，我所说的一切都不是真的，我只能希望保罗·布兰查德先生能够及时原谅我，对他和他的家人所做的一切。我问斯科特先生我是否可以收回我的陈述，他说我不能收回。这封信是我 — 理查德·汉森所做的声明，我的出生日期是 1957 年 9 月 27 日。

我的这份声明是出于我自己的自由意志所撰写，如果需要，我愿意出庭作证。我对威尔克斯警探所做的陈述完全是垃圾，为了获得保释，我才做了该陈述。如果我获得保释，我会趁机逃跑。

理查德·汉森

我陷害了布兰查德先生，其实他什么都不知情。

＊＊＊＊＊

当汉森希望撤回他在讯问时做的虚假陈述时，控方并未以共谋罪起诉他，他面临持有并意图供应毒品的指控，而单纯持有毒品的罪行当然比共谋罪的刑罚来得轻。但是在同一天 — 1992 年 1 月 21 日，他的出庭律师帕特里克·科斯格罗夫 (Patrick Cosgrove) 在纽卡斯尔刑事法院，私下向麦克唐纳 (MacDonald) 法官提出保释申请，此申请遭法官拒绝。继上次运动放风时间的四天后，汉森再次道歉说，他会在那天晚上写信给吉姆·尼科尔以解决问题。他确实这样做了，他写给吉姆信件的内容如下：

＊＊＊＊＊

理查德·汉森，囚犯监狱编号 CK2381，地点皇家达勒姆监狱
敬爱的尼科尔先生

我写此封信给您，是想询问您是否会推荐一位独立律师为我行事。我已经解雇了我的律师 C·斯科特先生，我和保罗·布兰查德先生关在达勒姆监狱同一栋牢房的侧翼，我从他那里得到了你的名字和地址。当布兰查德先生来到达勒姆时，他并不想和我说话，但我给了布兰查德先生一份声明，我在此确认我给他的声明是真实的。我想尽快做一份宣誓书，好让布兰查德先生得以获得释放，我的女朋友之前向警方提供证词是有原因的，珀尔·里奇以及特雷弗·尼科尔 (Trevor Nichols) 之前向警方提供证词都是有原因的。缉毒队警员向我提出条件，如果我做针对布兰查德先生的证词，他们就会让我保释出狱。我需要一位独立的律师来为我提供建议，因为我遇到了很多麻烦。

理查德·汉森

＊＊＊＊＊

吉姆·尼科尔不能以任何方式涉入汉森的案件，因为这会产生利益冲突，所以他继续由律师斯科特先生和他的出庭律师帕特里克·科斯格罗夫代表行事。控方已对此立案，他们认为应该以和我共谋提供摇头丸的罪行将汉森一并起诉，这一项决定最终将迫使汉森为控方作证以获得较轻的判决。

在 1992 年 3 月 27 日的交付审讯上，在南希尔兹地方法院里，我和汉森都被指控共谋供应摇头丸，我提出了无罪抗辩，而汉森也提出了无罪抗辩，但很快意识到他被困在"提供对共犯不利证据"的条件下，因此在他返回达勒姆监狱时，立即寻求"第 43 条规则"的保护 — 关强奸犯的侧翼。当一个囚犯选择提供对共犯不利的证据时，这是一条危险的道路，因为他们打破了黑社会的沉默守则，而且他们将无时无刻地害怕遭其他囚犯的报复。

我怀疑汉森是否真的有过懊悔之意。也许他内心盘算，如果他通过发表声明得以撤回他在讯问时所做的虚假陈述，那么我就可能会原谅他并恢复我们的友谊。然

而一旦被以共谋罪起诉，他就不能再继续伪装了，因为我们俩都面临着一项严重的指控，将被判处长期监禁。

因此他唯一的出路是协助警方，此外，当他提出"无罪"抗辩时，他已经与警方达成了一笔秘密交易。这是一个简单的交易 — 但有附带条件。后来发现汉森在他第一次接受警方讯问时，根本没有牵连我，然而在 1991 年 12 月 18 日，他向汉娜 (Hannah) 法官提出保释申请，虽然保释被拒，但法官表示，鉴于汉森愿意协助警方，法官可重新考虑他的保释申请。就在出庭申请后的隔天 12 月 19 日，威尔克斯、汉森和他的律师斯科特先生，在达勒姆监狱举行了一次会议。汉森在会议中提供的信息，对威尔克斯而言犹如悦耳的音乐，所以他迅速安排汉森于会议的隔天 (12 月 20 日)，在南希尔兹警察局接受讯问。

威尔克斯再次成为主导讯问的警员，斯科特先生也陪同在场。正是在那次讯问中，他暗示我是毒品交易背后的老大，威尔克斯告诉汉森他会写信给法官，向法官告知他协助警方办案。于是向法院提出了第二次保释申请，但这次申请是由麦克唐纳法官于 1993 年 1 月 21 日审理，威尔克斯警探也在场，他向法官递交了一封信，信中确认汉森愿意支持他先前提供与共同被告布兰查德有关的证据。

法官拒绝了该申请，但采取了不同寻常的步骤，指示汉森的出庭律师帕特里克·科斯格罗夫，去监狱会见他的当事人并向汉森解释说，在判决时汉森对警方的协助仍然对他有利，要他编造的谎言即是共谋犯案。基本上以直截了当的语言解读法官的说法就是："帮助控方将保罗·布兰查德定罪，你就会得到较轻的判决。"律师会争辩说，在刑事案件中，每天都会发生类似的认罪协商交易，就是其中一名同案被告转为控方的污点证人，以要求获得较轻的刑罚，事实上也确实如此。例如，在美国被告每天都在进行认罪协商，作为污点证人指证他们以前的犯罪同伙，但麦克唐纳法官向汉森提出的提议，事后发现是出于他自己的险恶动机。与此同时，汉森所在的新牢房侧翼，关的均是强奸犯和恋童癖者，他便开始制定一个精心策划的计划，一个好莱坞编剧都无法制定的计划，一个只有在腐败出庭律师的协助下，才能实施的计划，这个人就是他自己的出庭律师 — 帕特里克·科斯格罗夫。

* * * * *

我在监狱还押候审的事情，对现在分别处于青少年时期，16 岁和 15 岁的小保罗和莎拉来说是一种创伤。刚开始时他们搬去和吉尔住在一起，但几周后他们搬去和他们的母亲道恩同住。当《约克郡晚报》刊登消息时，我已遭还押候审，并以共谋提供摇头丸的罪名遭控方起诉，整个城市都充满了八卦传闻，因而所有圣徒学校的其他孩子都注意到了。年仅 16 岁的小保罗很快就掌握了我案件中的法律议题，并相信我会在审判时获得无罪释放。在正常情况下，他的希望是有道理的，然而，我的案件中没有一件事是正常的。我们对抗的对象是英国司法体系里的最高层人员的腐败 — 所以小保罗和莎拉要大失所望了。

我在监狱还押候审的几个星期过去了，我和汤米·欣德马奇 (Tommy Hindmarch) 成为了朋友，他是我们这栋监狱大楼侧翼的最佳清洁工。清洁工比其他囚犯更轻松，因为他们全天都处于放风状态，清洁牢房侧翼并提供餐点。汤米帮我得到了一份清洁工的工作，我们也共用同一个牢房。他来自桑德兰，因持枪械抢劫而被还押候审，他还认识一些来自英格兰北部的大恶棍。

和汤米关在一起使我成为整个监狱囚犯信赖的人，他还把我介绍给威利·亨特 (Willy Hunter)，他是其中一位英国最心狠手辣的人，因谋杀罪还押候审，威利和我成了十分要好的朋友。

* * * * *

4 月控方的文件已送达给辩方和法庭，审判日期定为 1992 年 10 月 12 日星期一。长达 13 页的文件，其中包括汉森于 1991 年 12 月 20 日接受警方讯问的誊写副本。

然而当时在讯问结束时，威尔克斯并未做出此事是否就此终了的任何指示。吉姆觉得可疑，因此他拿到了一份长达30页的控方诉讼文件，多出的页面揭示了汉森将我卷入毒品交易的真正原因。威尔克斯警探故意隐瞒事件的真实样貌，以隐藏警方向汉森提供诱因，让他诬陷我涉入毒品交易的真相。

在同一次的讯问中，汉森还向警方供出艾莉森·凯，他说"艾莉森·凯以每片10英镑的价格购买两百片摇头丸"，而他也说出特雷弗·尼科尔（里奇的弟弟）是他们的送货员，来自哈特尔普尔的商人迈克·肯尼 (Mike Kenny)，是从阿姆斯特丹进口摇头丸的联系人。他也被捕但控方却异常地选择不起诉他并释放他，后来他提供了他被捕的秘密录音。

在众多的证词中，三份来自艾莉森·凯而两份来自珀尔·里奇。在凯的前两份证词中，她根本没有提到我。在1991年11月21日的第一份证词中，她为自己开脱：

"理查德会主动在车库和室外为我做一些零工。事后回想起来，我相信这些摇头丸是理查德·汉森放在那里的，因为除了我自己和我儿子，没有人可以进入车库。"

她在1991年12月24日提供的第二份证词显示，两名男子于1991年12月23日星期一进入她家，并威胁她的儿子艾伦·凯。她描述了其中一名嫌疑男子对她说的话：

"你有一周的时间筹一万英镑，如果妳到时没有筹到钱，我们会回来找妳的儿子。"

当她在1992年2月20日提供她第三次也是最后一次证词时，警方已经妥善地、真正地帮助了她，编造了符合他们需要的证词。整个证词的目的旨在将责任从汉森转移到我身上，诬陷我是共谋毒品交易背后的老大。凯在她的警方讯问中，否认对汉森的毒品交易知情，并且在她的前两次证词中都没有提到我。突然间，她的选择性记忆恢复了 — 她可以记住所有适合和协助控方的事情。凭借她的更新记忆，她可以非常详细地回忆五个月前发生的事件并"逐字"叙述：

她回忆起1991年10月的一个星期三晚上，在一间位于英格兰北部桑德兰镇格兰奇敦区 (Grangetown) 的豪猪公园酒吧 (Porcupine Park Pub)，遇见了理查德、珀尔和我，她说：：

"我觉得保罗很有礼貌说话也很有道理，然而，他的谈话似乎也围绕着金钱和业务。"

凯接着描述了我们四个人外出喝酒后，回到她家吃东西的情形。当大家在她家里时，她回忆起我和她开始谈论关于金钱和投资的议题，巨细靡遗地描述她和我一起投资金钱的话题，后来话题开始变得无聊。她记得当时我告诉她，我曾去过纽卡斯尔，而且她指称我还对她说：

"纽卡斯尔是做某些事情的好地方，比如毒品等，你可以赚很多钱，比那里（约克）要好。"

理查德被捕后，她表示她开始接到威胁电话，所以她报警处理，她接着说我在桑德兰的另一个叫做瑞霍普 (Ryhope) 郊区的"顶级酒吧 (Top House Pub)"跟她见面，凯的哥哥大卫·乔布林 (David Jobling) 也去那里跟我们见面。她指称我在谈话中说道：

"与那里（意思是约克）发生的事情相比，理查德被逮到的小辫子微不足道，我不知道他指的是什么，他提到了一个数字，25万英镑，他说他有一些年仅17岁的年轻人受他雇用，他们是他的手下可为他跑腿。他说他们是无业游民，并不害怕被抓或进监狱。他接着说他听说这里（意思是纽卡斯尔）的毒品市场很热门，他问我关于我儿子的事。"

"他说理查德告诉他，我儿子艾伦和他的朋友们去了纽卡斯尔的夜总会，他问我儿子或他的朋友是否会愿意为他跑腿。他说他会在周五晚上带上摇头丸，并希望他们在周一将钱收齐。我对布兰查德感到非常恼火，并和他发生了争吵。"

她接着描述了一个穿着紫色运动服的男人，在一个星期五的午餐时间到她家的情形。她在花园里的垃圾桶旁边，那个男人问她的名字是不是凯女士，她回答"是"，然后该名男子说：

BRITISH JUSTICE EXPOSED

"将钱交给保罗而不是交给汉森，保罗知道如何处理这笔钱，我知道你儿子在哪里工作，目前没有人会受到伤害，我会给你一周的时间去准备这笔钱，我会再回来的。"

凯说她看到他的运动服口袋里露出了一把枪，她非常伤心难过，所以她从约克的家里打了通电话给我，但我拒绝和她说话，但我告诉她稍后再从公用电话亭打电话给我。然后她说珀尔在晚餐时间去了她家，她告诉珀尔发生了什么事情，珀尔开车载她到一个公用电话亭打电话给我：

"我打电话给布兰查德，他好像说他必须见我的话，他是唯一可以帮助我的人。他要求我南下，而我拒绝了，然后珀尔接过电话和布兰查德并发生了争执，她在通话结束前说'我们会南下。'那天晚上珀尔、我和我的儿子艾伦去了一趟约克，听布兰查德会说些什么并尝试解决问题。"

最后，凯指称我在约克的家中告诉她不要让警察介入，也不要提供任何证词：

"我给妳的建议是，我从未见过妳，妳也从未见过我，也从未和我说过话。"

警察和凯均犯了低估对手的典型错误，因为后来发现警察在凯的手机上安装了电话录音设备。证明凯从来没有用公用电话亭打过电话给我，她只打过三次电话给我我有录音下来）。每通电话都是用她家里的电话打的，她的通话记录详细说明了这三通电话的日期、时间和通话时间。

后来，来自一家叫做 J·P·弗伦奇和同事 (J P French Associates) 的约克鉴定语音和声学实验室的彼得·弗伦奇 (Peter French) 博士，对凯电话录音的三个录音带进行了分析和抄写，他被公认为是英国该领域的领先专家。录音带上录下的每通电话，都与凯在自己家中拨打电话的日期、时间和通话时间完全对应。因此，可以证明凯的故事版本完全是一派胡言，并被用作使控方案件丧失可信度的证据。

警方为了支持他们自己的案件，警方采取了其他证词来佐证凯的证词。她的儿子艾伦证实了他母亲的第二份证词，声称当他的母亲受到威胁时他在场。珀尔·里奇提供了两份证词，描述当凯在公用电话亭打电话给我时，她和凯在电话亭里，而我勒索凯向她要钱。原来大卫·乔布林不是她的哥哥，而是她家人的朋友。乔布林在他的证词里说道，当一名穿着紫色运动服的男子，在周五午餐时间到她家时他在场，他无意中听到该名男子说"将钱交给保罗。"

乔布林是一名消防员，控方会利用他"提高可信度"，取信于陪审团，因为他的职业在社会上备受尊敬。所有这些证词均是控方认为是强而有力的证据，但吉姆·尼科尔认为我提供的录音证据，会使这些所有的证人失去可信度，同时也会摧毁控方的案件，因为录音带可证明，是里奇和汉森的妹妹在敲诈凯并向她索要钱财。

奈杰尔·米德提供了一份证词，说他第一次见到我是在大约 25 年前的时候，当时他参与了汽车拉力赛，而我是他的主要赞助商。他证实他借给我 5,000 英镑，以帮助支付在西班牙做净水交易的押金，其他证人包括调查案件的警察，还有一家手机公司的员工，以及一家旅行社。

* * * * *

马丁·埃德向位于拉科鲁尼亚的西班牙警方提出的投诉，被转交给马德里的国际刑警组织，后者又于 1991 年 10 月 29 日，将档案转交给伦敦的国际刑警组织。马德里的国际刑警组织要求伦敦的国际刑警组织，联系埃德先生并详细记录他的投诉内容，该档案随后被转交给离菲尔德过滤系统有限公司总部最近的梅德斯通警察局。

1991 年 11 月 29 日埃德向西班牙警方提供了一份证词，声称他被骗了。该档案被送回伦敦的国际刑警组织，最终落在了威尔克斯警探的办公桌上，他被指派讯问我并寄回一份报告，以便西班牙当局考虑斟酌此事。

1992 年 6 月 12 日早上 6 点时，我被一名狱警叫醒，他要求我穿好衣服，他会在 15 分钟后回来带我去监狱接待处。我问他为什么，他说"你要去南希尔兹警察局接受警方讯问。"

在警察局时他们告诉我，我将接受威尔克斯警探的讯问，并允许我打电话给我的律师。吉姆建议我对所有问题都以"不予置评"回答，然后安排当地律师在我接受讯问时在场。

威尔克斯对我正式警告后便开始问话，他诉说着一连串导致净化装置被困在西班牙海关仓库的事件（仅此列出相关重点）：

威尔克斯警探："你和埃德先生有讨论货物出关遇到了阻碍，9月23日星期一的午餐时间，你和埃德先生在酒吧饮酒，这是正确的吗？"

（我）："不予置评。"

威尔克斯警探："在午餐时间时，埃德先生觉得他的饮料中被添加了某些东西，因为他感到身体不适，因此他必须上床休息，但他原本是好好的，直到午餐时间他喝了那杯饮料之后，他才感到不舒服必须上床休息。事实上，他说他在喝完一杯后就完全神志不清了，他怀疑你或贾科梅蒂（Giacometti）可能在饮料中加入了某种药物或其他东西，对此你有什么要说的？"

（我）："不予置评。"

威尔克斯警探："这里有一张菲尔德过滤系统有限公司，开给其客户位于富尔福德路63号的梅奥营销有限公司的发票翻拍照片，总金额为1万英镑，我相信这是一笔押金，你认得那份文件吗？你以前见过那份文件吗？"

（我）："不予置评。"

这次讯问所围绕的事件发生的日期，正是审判日期的前四个月。然而，在审判过程中，威尔克斯否认听过菲尔德过滤系统有限公司，因此我指控他犯了伪证罪。他的欺骗行为有助于巩固控方的案件。

* * * * *

如果获判有罪，我将面临长期监禁的刑罚，因此吉姆推荐一名叫做戴安娜·埃利斯（Diana Ellis）的资深出庭律师，她是刑法专家，在处理包括贩毒在内的严重刑事案件方面拥有丰富的经验。我接受了他的建议，聘用戴安娜并协助她，也聘用了另一位出庭律师彼得·罗兰兹（Peter Rowlands）。

吉姆逐字检查每一份控方的文件。法庭下达命令要求提供所有控方证人的通话记录，其中当然包括艾莉森·凯的记录。吉姆交叉比对每个号码，以建立每个证人之间的电话流量图表，但无法识别这只0860890518手机号码的用户，凯在1991年11月7日，当汉森带着毒品离开她家后，就在他被捕前几分钟，立即拨打了该号码。吉姆有一种预感，直觉告诉他那是一部警用手机，如果真是如此 — 凯是一名警方的线人 — 后来事实证明他的预感是正确的。

吉姆向移动电话公司发布了一项法庭命令，以获取该号码的用户身份，得到的答案为"是的"，它属于地区反犯罪小组的号码。这引起了控方的警觉，因为凯的角色现在遭揭露，所有人看得一清二楚。发现凯所扮演的角色意味着，控方不得不重新考虑如何陈述他们的案件。她是控方的证人，并且将被传唤出庭作证。而且即将揭露她所提供的证据之真实样貌 — 全都是捏造的谎言。威尔克斯警探还声称他有一份与我有联系的书面毒贩名单，而且是我的笔迹 — 然而，当要求他提供这份控方认为如此强而有力的证据副本时，他却声称他把名单留在了办公桌上，而且清洁工一定是把它给扔了。

因此，基于两个理由，吉姆和戴安娜建议我不要为自己的辩护出庭作证。首先，我说话非常直接，并且会毫不犹豫地称控方的证人为骗子，从而使控方有权提出我以前的欺诈定罪，若是如此，则可能会推翻辩方提出的任何良好辩护理由。

其次，我们可以用录音带和逐个电话号码，以制造合理怀疑来破坏控方的案件，我同意出庭律师的建议。我开始相信真理会占上风 — 但我错了。小保罗和莎拉周末来看我，说他们想每天都出庭。我从来没有试图说服他们打消念头，他们都非常清楚法律丑陋的一面，因为他们完全了解莫蒂默对我的背叛，以及警察如何"陷害"无辜的人来晋升自己的职位。道恩说她会在最后一天法院判决时陪他们一起出庭。

* * * * *

第六章

我的毒品审判 —— 由荣誉法官安格斯·麦克唐纳御用大律师审理

1992年10月12日星期一于纽卡斯尔刑事法院

第一天

在案件开始和陪审团宣誓就职之前，帕特里克·科斯格罗夫表示，他的当事人希望将他的请求改为"有罪"，他说"已与警方达成协议，汉森先生将为控方作证。"接着他要求法官休庭择日再审，以便他的当事人可以向警方提供证词。他的请求得到了检察官保罗·巴蒂先生的批准和支持，于是汉森和我被送回法庭牢房。

就在午餐时间之前，吉姆和戴安娜来会见我，他们向我提供了汉森证词的副本，声明说他第一次见到我是在我举办"摇滚音乐会"时，随后他被关进监狱，于1991年7月获释。然后他回去南希尔兹并居住在此，在那里他认识了珀尔·里奇和她的朋友艾莉森·凯。

我提供了一份工作给他，让他担任我的司机和个人保安的工作，后来提供了5,000英镑的现金给他，让他可以前往阿姆斯特丹购买摇头丸。在他回来时，艾莉森·凯说她想拿200片，但后来改变主意，以每片10英镑的价格买了20片。

"汉森说她给了我150英镑，我开车送她到一台自动提款机，她从那台机器取出了50英镑给我。隔天我去了艾莉森家，问她我能不能把摇头丸留在她的车库里，她同意了，我说如果有人找到它们或者有说什么的话，告诉他们这些摇头丸是我的。"

他的证词完全是一堆谎言，一旦传唤凯出庭作证时，就会被证明完全是无稽之谈，而且实际上是不正确的。辩方没有义务向控方提供凯和我谈话录音的副本，所以我们有"出其不意"的优势。我们将摧毁控方案件，因为汉森在不知道凯是警方线人的情况下，也将她卷入了共谋罪行中。

第二天和第三天

10月13日上午，检察官保罗·巴蒂告诉戴安娜·埃利斯，艾莉森·凯实际上是一名警方线人，之所以告诉戴安娜这个信息，是好让她可以告诉她认为任何合适的人选。据了解，凯自1991年10月以来，一直与多位具名的警察保持定期联系，警方于11月7日中午到她家搜毒，并于11月18日在她的手机上安装了电话录音装置。

陪审团重回法庭，但在他们听取任何证据之前，戴安娜要求将汉森的证据裁定为非法，因为警方引诱他才使其做出这些证词，但其实更重要的是，法官对汉森提出的引诱是，帮助警察将获得减刑。

法官同意他于1992年1月21日提出的保释申请，而且威尔克斯警探当时在场。他证实威尔克斯已经出示了一封信，详细说明了汉森的协助以及他愿意将"保罗·布兰查德"牵连到共谋罪中。法官还同意他已要求出庭律师让未来审理本案的法官（当时是法官本人）知道汉森与警方的配合，因此可从轻量刑，并表示他理解当保释申请被拒时,为什么汉森可能会感到愤怒的原因。他还要求帕特里克·科斯格罗夫去监狱探望他的当事人(汉森),并告诉他的当事人,他要是愿意帮助警察办案,他将获得减刑。

戴安娜还提出麦克唐纳法官应取消自己作为审判此案法官资格的申请,理由是这构成了重大违规行为 —"司法不公正的法官"(只为自己的利益着想),因为他本人曾向汉森提出作证针对我以获得减刑的条件。戴安娜说法官应该下令在另一位法官面前重新举行庭审。

在听取了戴安娜的意见后,法官做出了裁决(法院命令):

"我无需因为所发生的事情而取消自己的资格,我有责任继续审理这个案件,我自己承担我所做的任何可能对这个案件产生影响的后果。埃利斯女士已经说出各种让我难堪的话 — 但她可以不受拘束在审判中这样做。"

无论如何,麦克唐纳法官还是决定继续担任审判的法官,并让汉森为控方出庭作证。法官的决定不利于辩方,所以甚至在案件开始之前,法官就站在警察那边。随着时间的推移,我了解到保罗·巴蒂和帕特里克·科斯格罗夫在审判时共用同一间办公室。根据进一步的探究显示,麦克唐纳法官也曾使用同一间办公室,这解释了他为什么支持控方的原因,这三个人对彼此都十分熟识。戴安娜独自一人 — 甚至在审判开始之前就被孤立了。

第四天和第五天

保罗·巴蒂向陪审团开始陈述案情,他告诉他们:"他们会听取汉森出庭作证,他们也会看到布兰查德出庭。"

"他们俩的性格大相径庭。布兰查德是来自约克的商人,他有许多涉及多家公司的商业利益。对全世界的人来说,他是一个成功的商人。事实上,控方在 11 月表示,他欠下堆积如山的债务,因而转向毒品交易来解决他的财务问题,我们认为保罗·布兰查德是在玩弄高昂金额的赌注。米德先生是一名来自约克的商人,布兰查德告诉他,西班牙的净水交易需要资金。因经济衰退而减少了布兰查德所积欠的银行债务,他急于为这笔交易提供资金。当他们见面时,布兰查德告诉米德他非常迫切需要 5,000 英镑。米德先生说他可以借给他,但条件非常昂贵,即为期两个月的贷款,利息为 1,500 英镑。这笔钱是一笔立即的交易所需要的,控方表示任何一个诚实的人均不会同意这些敲诈条件,这笔钱定于 1991 年 11 月 6 日归还。汉森说为寄售毒品支付了 5,000 英镑。可以看出,布兰查德急需现金,他才会同意该敲诈条件,这笔款项定于在行程结束后偿还。该笔金额与为支付摇头丸的金额一致。然而他从未偿还该笔贷款,布兰查德直到 1992 年 1 月 7 日才被捕。为什么呢? 控方说因为偿还贷款的方式已被警方扣押(毒品)。"

汉森是控方的第一位证人,保罗·巴蒂一步一步地用汉森的书面证词慢慢地引导他,也让汉森在回答之前有足够时间先理解问题。巴蒂不时会说"在那儿停一会儿",因为他挪动脚步看着他的文件,给人一种他的问题是基于事实的假象。汉森的所有回答都与他的证词内容相符。

汉森离开证人席,带着傲慢的笑容入座被告席。他的举止说明了一切,他正在为控方工作,因此可以获得减刑的保证。

整个周末,尽管遵循"第 43 条规则",汉森仍不出他的牢房半步。因为他打算当他作证期间一有机会时,他便向陪审团解释为什么他这么做的原因。这将是他最后的战术策略,以确保他获得法官向他承诺只要作证针对我,将获得"最大"的减刑。

第二周：第六天

当这天的审判开始时书记员说："全体起立"。到目前为止，被告席上只有一名狱警每天坐在汉森身边看同一本书，对这个案子毫无兴趣。然而这一天，有三位狱警在侧，每边各有一位，一位坐在汉森和我之间。现在轮到戴安娜对汉森进行交叉诘问。

戴安娜的目的是让汉森说出凯涉入共谋罪的深度，而凯将反过来反驳任何犯罪行为，这将会让人怀疑他作证的可信度和可靠性。而他完全不需要戴安娜的帮助，他急于牵连凯、特雷弗·尼科尔、迈克·肯尼和其他我从未听说过的人。他整天都在证人席上，直到下午4点30分左右法庭休庭时才离开。戴安娜向法官表示，她的交叉诘问将在第二天结束。

第七天

整个早上戴安娜继续进行交叉诘问，她向汉森表示他没有说实话，但他坚持自己的说法。中午休庭时，巴蒂告诉戴安娜，他不再打算传唤艾莉森·凯出庭作证。这让戴安娜很生气，因为如果她在盘问汉森之前就知道的话，会改变她对某些问题的处理方式。

汉森看着陪审团，然后解释了我是如何在监狱里传播他的照片，以便其他囚犯能够认出他并伤害他。他说他已经向一名高级狱警报告了这件事，因为关强奸犯的侧翼里的一名男子看到了这张照片，所以他整个周末都待在牢房里不敢出去。他说"即便他有'第43条规则'的保护，布兰查德仍然会找他麻烦"。由于他帮助警察，他生活在恐惧中。"布兰查德有威胁他的人脉和地位"。他说他已经举报了他的恐惧，这就是监狱长为了他的安全起见，而在被告席增派狱警的原因。

当天的情形再次有利于控方，戴安娜正在打一场即将失败的战斗。法官对辩方有偏见，你即便在千里之外都可以感觉到，他的行为令人担忧。直觉告诉我，法官不是公平竞争环境中的裁判。在遵循他所有裁决的日子里，他帮助陪审团做出裁决——一个后果严重的裁决。

第八天

前几天的事件使得戴安娜在庭上提交了许多意见，所有这些意见都是与控方拒绝让凯出庭作证有关。法官实际上限制、束缚和堵住了戴安娜在陪审团面前揭露凯作为警方线人的机会，并阻止她对警察和其他证人交叉诘问，以了解凯在毒品共谋罪中的真实角色。凯实际上是一个"密探内奸"（一个说服另一个人犯罪的人）。她其实是贩毒团伙的一员，因为她允许汉森将毒品存放在她的车库中，且同意购买20粒摇头丸并转售给其他吸毒者，事实上她是一名毒贩。警方于11月7日中午12时30分时检查了毒品，并等待汉森采取下一步行动。那天晚些时候，他回到凯的家中，只拿走了26片摇头丸。凯误以为他已经拿走了所有的摇头丸，所以他一离开后，就用警用手机打电话给威尔克斯，于是汗森被警方抓个正着。但这让威尔克斯处于尴尬的境地，因为他逮捕汉森时，这些毒品的价值并不多，而且他知道凯的家里还有大量毒品。于是从那时起，威尔克斯和他的同僚便开始了一项歪曲正义的计划。

为了取回剩余的摇头丸，对凯的家进行了一次"假"突袭，因此收回了摇头丸。凯随后遭警方逮捕和接受讯问均是警方捏造的，以隐藏她作为线人的真实角色。

法官的裁决不但利于控方，还阻止辩方在庭上呈现其案件。里奇和乔布林可以证明凯受到了我的威胁，好似凯是受汉森欺骗的无辜者，汉森在她不知情的情况下，将摇头丸存放在她的车库里。当汉森带着毒品离开她家时，没有提及她打电话给警察的那只手机号码，乔布林也可以告诉陪审团，他听到枪手说："将钱交给保罗而不是交给汉森。"

所有这些证据都可以在不受辩方质疑的情况下，在陪审团面前呈现。警方在凯的手机上安装的录音设备，就这么恰巧的无法正常工作，因此控方没有提供通话记录的誊本。而辩方的通话记录则必须先暂时保密——它们将会摧毁控方的案件。麦克唐纳显然是一位"司法不公正的法官",保罗·巴蒂随后打电话给奈杰尔·米德,他声称米德的证据将巩固强化控方的案件。

当奈杰尔入座证人席时,他看着我微微点头,好像是在向我打招呼。我点了点头,我知道无论巴蒂如何扭曲他的问题以便适合控方的案件,奈杰尔只会说真话。

奈杰尔宣誓并确认他的全名为奈杰尔·鲁克斯顿·米德。他证实我们已经认识了25年,在70年代初,我赞助了他三年的汽车拉力赛。巴蒂带领他陈述我要求他投资5,000英镑的事件,并递给他一份我们的协议副本,奈杰尔查看了文件并确认其内容是他将获得1,500英镑的利润。他证实他知道该交易涉及净水器的购买和转售,他确定了他在1991年9月6日开出的5,000英镑支票,他说该支票应在11月6日之前连同他的1,500英镑利润一起偿还。

巴蒂:"他还钱了吗?"

奈杰尔:"没有,先生。"

巴蒂:"他有和你做任何沟通吗?"

奈杰尔:"我接到一通电话,说他在将钱从西班牙汇到他的英国银行时出了问题。但是交易已经完成了 — 货物已经通关,一切都进行得井然有序,然而有一些文件出错还没有解决,但是当文件的问题解决时,他说他就会还钱给我,他可能需要两周左右的时间。"

巴蒂:"你相信他说的话是吗?"

奈杰尔:"我相信他说的话。"

受盘问的奈杰尔同意戴安娜的说法,他曾看过西班牙客户北桑迪奥斯公司的一封信,这名客户想要购买这些装置,戴安娜随后递给他两本宣传册,问他以前是否见过它们:

奈杰尔:"是的,我看过这两本宣传册。"

戴安娜:"这两本宣传册是否有北桑迪奥斯这家公司的名字吗?"

奈杰尔:"确实如此,是的。"

麦克唐纳法官:"那些宣传册,你是说你看到的那封信,来自一家名为北桑迪奥斯的公司是吗?"

奈杰尔:"正确。"

戴安娜:"那么,是否让你看了一家西班牙公司的宣传册,好让你确信这家公司在西班牙有分销利益?"

奈杰尔:"绝对正确,就是这样。"

戴安娜:"当他在1991年向你借钱时,即1991年8月时,关于你刚才告诉我们你与他之间的协议,在之前的几个月里你有没有见过他?"

奈杰尔:"是的,我在不同的时间在超市遇见他,信不信由你 — 通常是周六晚上遇见他,女士们会去购物,我们会谈论他在忙些什么和我在做什么事情。"

戴安娜:"那么,是不是因为这个缘故,你觉得这是值得投资的业务?"

奈杰尔:"这确实是我判断出的结论。"

戴安娜:"而且,我假设在他赚取巨额利润或将他的钱翻倍的情况下,你得到1,500英镑的利润并不是不合理的,是吗?"

奈杰尔:"1,500英镑根本不算什么,因为商人一般会花10英镑的成本买货,然后以20英镑的价格售出,而且这种例子不胜枚举,所以这个金额只是小钱。我不认为是不合理的利润。"

戴安娜:"你,米德先生,没有必要冒这个风险,除非你对它完全有信心,是吗?"

奈杰尔:"正是如此。"

戴安娜:"谢谢。在与布兰查德先生讨论他对净水器的业务感兴趣的同时,他是否也与你讨论过他正在研究小木屋的生意?"

奈杰尔："是的，确实如此，我也看到了关于这些生意的宣传册。"

当奈杰尔从证人席上走下来时，他看上去已经筋疲力尽了。他再次看着我点点头，好像在说"希望我刚才回答得很好，伙伴。"奈杰尔说的是实话，我将永远感激他。

第九天

这天一整天，该案中的几名警员都出庭作证，陈述有关逮捕汉森及其随后的讯问以及他为控方提供的证词。控方展示了监视日志和其他文件的副本，以证实他们对事件的说法，为免生疑虑，要求法医专家核实这些药物是摇头丸。

第十天

当天的第一个也是唯一的一个证人是肯尼斯·威尔克斯警探，他进入证人席并宣誓。他穿着西装打着领带看起来一副精明利落的样子，他转身面对陪审团开始作证。

巴蒂："请问你的姓名、职位和职务？"
威尔克斯："法官大人，我是肯尼斯·威尔克斯，警探编号939，北缉毒区第二地区反犯罪小组。"
巴蒂："你是这个案子的负责人是吗？"
威尔克斯："我是。"

威尔克斯讲述了警方的行动，声称他们参与了监视一辆由理查德·汉森驾驶的宝马车的行动，汉森于1991年11月7日因持有毒品而遭拦下并逮捕。当晚的晚些时候，他协助搜查了瑞霍普村 (Ryhope) 雷切尔路 (Rachel Close) 22号的地址，并找到装有摇头丸药片的白色聚乙烯袋。他证实他于1992年1月7日星期二上午8点55分，在考克斯 (Cox) 侦缉警长在场的情况下，在我家将我逮捕。

戴安娜进行交叉诘问：

威尔克斯逐步讲述导致汉森被捕的所有事件，包括他在11月7日中午，与另一名警察一起去了凯的住处并检视了毒品的经过。他证实他曾在1991年11月19日，就在汉森接受警方讯问并诬陷我的前一天，与他的律师查尔斯·斯科特一起去监狱探访汉森。此外，他还证实就在1月21日汉森提出保释申请的前几天，他在1992年1月16日第二次去监狱探视汉森。他说他已经写信给法庭，告知他们某些事情，并出席法官麦克唐纳审理汉森的保释申请庭审。戴安娜随后问了一连串与警方去我家没收物品有关的问题：

戴安娜："你扣押的材料大部分均与布兰查德先生的商业利益有关，不是吗？"
威尔克斯："确实如此，是的。"
戴安娜："当然，警察有责任查看他们扣押的东西，以便检视那些是什么东西，是吗？"
威尔克斯："是的。"
戴安娜："否则扣押这些东西就失去意义了是吗？"
威尔克斯："是的。"
戴安娜："那些扣押的东西装在箱子里，而且还在警方那里是吗？"
威尔克斯："是的，它们还在警方这里。"
戴安娜："有很多关于水净化和水系统的宣传册，不是吗？"
威尔克斯："是的。"
戴安娜："也有关于小木屋的材料对吗？"
威尔克斯："是的，也有。"
戴安娜："还有关于其他商业利益的材料对吗？"
威尔克斯："是的。"

★ ★ ★ ★ ★

戴安娜："宣传册上有一个利兹地址，对吗？"
威尔克斯："是的，有。利兹圣保罗街 21 号，邮编 LS1 2ER。"
戴安娜："如果我认为你在其他文件中，看到的那个地址是写给布兰查德先生的会计师的，你记得吗？"
威尔克斯："是的，我知道这是布兰查德先生在利兹的会计师的地址。"
戴安娜："我想问你一家公司的名称，不在你查获的文件中，但你有没有看到任何发票，是开给位于梅德斯通的菲尔德过滤系统有限公司的？"
麦克唐纳法官："再说一遍。"
戴安娜："菲尔德，法官大人，F-I-E-L-D-E-R。"
威尔克斯："我个人没有看到向该公司开具发票的任何文件。"

★ ★ ★ ★ ★

第三周：第 11 天

审判现已进入第三周，并继续由马修·巴克斯 (Mathew Barkess) 督察员作证，他证实他认识艾莉森·凯和她的家人已有二十多年了。在她丈夫去世后，他定期拜访艾莉森。他说她在 1991 年 11 月 7 日联系了他，而且她听起来呈现歇斯底里的状态，因为汉森未通知她就去她家，并且在车库里呆了很长时间。她很害怕，因为他那天晚些时候会再回来，所以他联系了地区毒品部门的穆尼 (Mooney) 督察员去调查汉森。这位高级警官给陪审团制造的印象是，凯是一位值得尊重的人但遭汉森利用。因为凯身为"密探内奸"，戴安娜当然被阻挡不能对巴克斯或其他警员进行交叉诘问，控方有两种方式 — 提出辩方无法有效挑战的强而有力的证据。

第 12 天

结案陈词

保罗·巴蒂陈述了一遍陪审团在过去两周半内听到的控方证据。他的重点是我从朋友奈杰尔·米德那里借了 5,000 英镑，以赚取高昂的利率为毒品交易提供资金，这与汉森所说他获得购买毒品的金额相吻合。

- "布兰查德先生看似是一位成功的商人，在多家公司都有获利，但实际上他负债累累。"
- "他在玩弄非常高额的赌注，但他在那个人（汉森）被捕的那天输掉了这场赌注。"

他提醒陪审团，梅奥营销有限公司已向菲尔德过滤系统有限公司支付了 5,000 英镑，但他说**"我们不知道他们是谁。"**然后，他打出了王牌，他提醒陪审团，当向威尔克斯警官问及菲尔德过滤系统有限公司时，**"他不记得他在调查过程中有看到这家公司的名称。"**

★ ★ ★ ★ ★

戴安娜·埃利斯虽已尽了最大的努力，但在审判开始之前就已经输掉了这场战斗。保罗·巴蒂自始至终都占有优势，因为麦克唐纳法官支持控方的裁决，阻止了辩方呈现其案件的机会。

律师将此归结为法官在审判过程中行使自由裁量权，但大多数情况下的实际情况是，法官心中已经对被告是否有罪做出了决定，并指导陪审团做出适合控方的判决。当法官说"由陪审团决定"时，虽然这当然是实际情况，但陪审团会根据法庭上提供的证据做出裁决。麦克唐纳法官禁止戴安娜对证人进行交叉诘问以反驳控方的案件，因此无论她在结案陈词时说了什么，从一开始就已经定下有罪判决的结果。

第 13 天
法官总结

法官的总结只能有一种结果，法官早已显现出他针对辩方的偏见，因为他向汉森提供了作证针对我的诱因，并且他拒绝取消自己审理本案的资格。他提醒陪审团，他们听到的案件十分与众不同，可说是来自一个不一样的世界。本案的源头来自贩卖危险毒品的黑社会，特别是一种以其英文化学缩写 — MDMA 而闻名的药物，该药物是《滥用药物法》所禁止的药物俗称摇头丸。

"本案的布兰查德先生，是一位住在约克的 47 岁商人，他拥有多家企业，但我们不清楚他做的到底是什么业务。一个叫做梅奥营销有限公司，还有一个或多个其他企业似乎参与了净水器的销售。本案的另一位被告是现年 35 岁的汉森先生，有三度抢劫罪的前科，过去曾获判长期监禁直到最近才出狱。"

他回顾了保罗·巴蒂、戴安娜·埃利斯和帕特里克·戈斯格罗夫，在结案陈词中提出的所有要点，并强调他希望陪审团考虑的问题。

法官然后提到奈杰尔·米德的证据，他是"双方的重要证人"，法官说：

- "他借给布兰查德先生 5,000 英镑，这笔钱存入已向你们展示的帐户，然后再从同一个账户汇出。这笔钱于 9 月 11 日汇入梅奥营销有限公司的账户，并于 9 月 12 日汇出。"
- **"虽然我们实际上并不知道这 5,000 英镑究竟去了哪里，对吗？实际上，除了一张支票之外没有任何证据，我们对'菲尔德过滤系统有限公司'，是什么公司或任何与之有关的事物知之甚少，但这就是本案处于的立场。"**
- "辩方指出，米德先生认为这是一笔真实的交易，他确实看到文书工作处理上遇到困难。"

法官告诉陪审团，汉森一直遵守第 43 条规则，为了试图让自己远离危险，他写了一份声明或一封信，撤回了他对布兰查德先生的说法，并把它从布兰查德先生的牢房门缝踢进去试图取悦他。但这只是为了让布兰查德先生能感到内心平静，事实上，他告诉警方布兰查德参与其中。

- "我与布兰查德合谋，在合谋期间我向艾莉森·凯提供了某些毒品。"
- "我担心的是我的生命，而不是我的判决。"

"陪审团成员们，斯托特 (Stout) 警官向你们提供我们已经看过的文件，或是一份显示 5,000 英镑汇入以及 5,000 英镑汇出的文件。**当威尔克斯警探被问及菲尔德过滤系统有限公司时，他不记得在他调查的过程中，有看到这家公司的名称。"**

"所以，陪审团成员们，在我看来这是你们应该拥有的证据总结。如果任何一方想让我提醒你其他任何事情，我可以这么做。"

"因此，陪审团成员们，明天早上 10 点 30 分或 10 点 31 分，也许我会要求你们退庭商议你们的判决，同时记住对你们的商议结果保密，谢谢。"

* * * * *

戴安娜和彼得·罗兰兹到法庭底下的牢房探望我，我们都知道会是什么样的判决结果。戴安娜说她将根据法官做出的不公平裁决提出上诉，她认为这很有上诉的胜算。

等待被带回达勒姆监狱的这段时间，让我有时间反思整个诉讼程序以及麦克唐纳进行审判的方式。我从奈杰尔那里借来的 5,000 英镑与汉森指称我给他的现金数额相符，巴蒂坚定相信我一直"负债累累"，为了拯救我的公司而转向毒品交易，并且"在玩弄高额赌注"。**虽然我们已经证明了 5,000 英镑汇入和汇出银行，但当法官提醒陪审团"当威尔克斯警探被问及菲尔德过滤系统有限公司时，他不记得在他调查的过程中有看到这家公司的名称。"因此控方能够对公司和交易的合法性提出质疑。**此外，当向威尔克斯警探提到菲尔德过滤系统有限公司时，他回答说"我不能说我记得。"法官巩固了控方的案子，法官对陪审团说**"我们对'菲尔德过滤系统有限公司'，**

是什么公司或任何与之有关的事物知之甚少，是吗？"并且"没有证据表明这 5,000 英镑去了哪里。"

可明显看出陪审团得出的结论是，从各个角度观看奈杰尔投资我业务的这件事情上，我并未对他诚实，而且我从一开始就故意欺骗他，我欺骗了与我认识 25 年的朋友。我拿走了他的钱并通过菲尔德过滤系统有限公司洗白了这些资金，然后取出了 5,000 英镑现金并交给了汉森。如果我有能力欺骗一个交往 25 年的朋友，那么控方所提出针对我的指控，我一定是有罪的。

第 14 天

可怕的一天终于到来了，我一早就被一名狱警叫醒并被带到接待处。我被关押在候审的监狱侧翼里，待了 10 个月等待接受审判，但今天不同以往，预计陪审团会做出裁决，所以我必须收拾好我所有的东西，带着它们去法庭。在一个正常程序下，如果你获判无罪，那么你会被当庭释放，或者如果你获判有罪则会被送回监狱，你将与获判有罪的囚犯关在同一个侧翼。

汉森在接待处，但为了他的安全，将他与其他囚犯分开。我们到达法庭时便被分开，并由五名狱警押送我们俩入座被告席。其中三个狱警站在我们中间，另外两边各站一个。汉森说服达勒姆狱长，使其相信他担心受怕自己的生命会有危险。陪审团进入法庭，一定已经注意到汉森周围加强的安全措施，这势必会影响他们认为我有能力威胁汉森的任何想法。

麦克唐纳法官

"陪审团成员们，我很快就会要求你们进入你们的会议室，当你们这么做时，请首先选出你们当中的一位来主持你们的会议，并代表你们做出此共谋罪是"有罪"或"无罪"的裁决。陪审团成员们，这个裁决应该是一个一致的裁决，也就是你们全数都一致同意的结果。"

> <u>陪审团于上午 10 点 33 分退庭，并于下午 12 点 48 分返回法庭</u>
> **书记员**："请首席陪审员起立。首席陪审员先生，请回答我的第一个问题，'是'或'否'。陪审团是否达成了全数均同意的裁决？"
> **首席陪审员**："是。"
> **书记员**："你认为被告保罗·布兰查德有罪还是无罪？"
> **首席陪审员**："有罪。"
> **书记员**："你们认定被告有罪，这就是你们所有人的判决？"
> **首席陪审员**："是的。"

麦克唐纳法官

"请被告人站起来好吗？保罗·布兰查德，直到去年 10 月，你还是一个受人尊敬的商人，但在陷入财务困境之后你开始犯罪，由于你的所作所为是共谋提供药片形式的摇头丸，这是最反社会性质的罪行。正如我们所知，这种毒品即使数量很少也可能会产生致命影响，我们也知道它是一种针对未成年或青少年的毒品，如果你记得的话，我们得知这是北缉毒组或北区重案组所查获的第二大缉获量。当然，判刑也必须含有威慑成分。现在，在本案所处的所有情况下，以及你对自己的行为毫无悔意的事实，本法院判处六年徒刑。请把他带到法庭下的牢房好吗？"

四名狱警包围了我，我被带到法庭下的牢房，所以当汉森被判刑时，我不能在场。几分钟后，我听到汉森被押送到拘留室，他忍不住得意洋洋地大喊大叫，所以我听到他说法官才判他二十七个月的刑期而已，圣诞节前就要出狱了，因为他已经还押候审了一年。我后来收到了法官的量刑评论副本。

"现在，理查德·汉森，你才是真正在外面跑腿的人，而且他还提供给你汽车和电话等等供你使用。你已尽最大努力协助控方将你身后的人定罪，而你已经'认罪'，并且你从一开始就公开表明'认罪'。因此，本法院将因你的所作所为给予特别的从轻量刑和减免刑罚，将判处你 27 个月的监禁刑罚。"

当法庭休庭时，戴安娜和彼得·罗兰兹按照惯例到法庭下面的牢房里来看我。我们将对此判决提出上诉，戴安娜承诺无论她在这条道路上让谁感到尴尬窘迫，都会坚持一路抗争到底。她说上诉的理由将基于法官的判决，她将在 28 天内提出上诉申请。我们三人都握了手，我等着被带回达勒姆监狱，以一名被定罪的毒贩身份开始服刑。

*****

一旦被判刑，我就被转移到达勒姆监狱的"A"翼，该侧翼专门关押已定罪的囚犯。大多数囚犯都知道我是谁，在还押候审期间我已经交了些朋友，所以我和其他囚犯之间的相处没有任何问题。在监狱里仅仅提到威利·亨特或汤米·欣德马奇，就足以赫阻受到任何威胁或欺凌，此外，另一个来自桑德兰的硬汉克里斯·库里 (Chris Curry) 刚刚被定罪，我们也是还押候审期间认识的朋友。汉森遭整个监狱囚犯认定是一棵监狱草，他为了自己的安全关押在隔离侧翼，但他无法抗拒向其他囚犯吹嘘，他如何操纵事件以获得较轻的判决，幸运的是 — 他有话痨的毛病。

有一天晚上，我在放风时间等着打电话给吉尔时，一位狱友自我介绍，他的名字叫肯恩·威廉斯 (Ken Williams)。肯恩是厌恶监狱草的男孩之一，他迫不及待地想告诉我他的消息。他是监狱的首席清洁工，这是一个值得信赖的职位，这意味着他经常与被隔离的囚犯接触。肯恩解释说，他对我的案子很熟悉，他曾与汉森谈论过案情，他称汉森为"这个狗屁不如的人"，汉森吹嘘他是如何陷害我的，而且他陷害我的计划已经得到了回报。我感觉到了妈妈口中的"意料之外的事情"正在发生，我不敢相信肯恩对我重申他们谈话时的对话。汉森自信无比地对肯恩所说的话，无疑是一个重磅炸药。唯一的问题是，如果肯恩提供证词来协助我打上诉的官司，那将是他针对汉森的陈述，而汉森当然会矢口否认。

克里斯·库里热心帮忙，在监狱里人脉很好，他同意走私一个小型口述录音机进来监狱给我，所以我问肯恩是否愿意再次与汉森交谈并录下对话，希望汉森能重复他之前说过的话。肯恩迫不及待地要设局让汉森中圈套，他们在 1992 年 11 月 2 日放风时间，在汉森的牢房里再次见面。当肯恩回到我的牢房时，我立即检查了录音机，汉森说的每一句话都响亮而清晰。克里斯·库里安排将录音带偷偷带出监狱，交给我的儿子小保罗，他将对话内容抄写下来。

录音带的誊本明确地显示出，汉森编造了一个精心制作的故事以避免冗长的刑罚，他谈论和笑着说我"负债累累"以及对艾莉森·凯的威胁，称她为"敲诈寡妇"。他提到凯向警方提供的证词中说，她应该"把钱交给布兰奇德而不是交给汉森"，这表明汉森确实是敲诈者。汉森的"思维"是他相信他的出庭律师与法官和保罗·巴蒂检察官结盟，他说**"布兰查德不知道的是，我的出庭律师也是操你妈的法官，来自操你妈的…… 呃…… 利兹和布拉德福德地区，所以他们都在同一个你他妈的阵线上。"**

汉森在整个谈话中的整个态度是，他的计划已经成功了，他是如何从一开始就为艾莉森·凯辩护的，但后来事实证明她是一位线人。

然后汉森对肯恩说："她（艾莉森·凯）其实是线人，而我一直在保护她的真实身份，是的，现在听好，这条路我已经走了这么远，我想得十分周全，我不能 — 我必须坚持同一个操你妈的故事，我在保护她 — 知道我在说什么吗？"汉森提到皇家检控署指称警方丢失的涉嫌毒品清单是我的笔迹，他说道："我女朋友最好的朋友也是，你他妈的最好的朋友，肯恩。她是一个漂亮的小妞 — 也是试图他妈的诈骗她。我告诉你。*你看吧，像这样包括在文件中操你妈的名单 — 就这样消失了。亲笔写下的字迹，名单上面有字迹 — 它只是消失了，上面有这个漂亮小妞的名字，艾莉森·*

凯的名字消失了，警察在他妈的保护她，你看吧 — 他们（警察）真他妈不在乎其他任何人，只是为了留着她保护她。"

即使事实上汉森可能夸大了他故事的某些部分情节，以便给肯恩留下深刻印象，但他向狱友坦白的精神 — 包含其他独立证据的来龙去脉看来 — 与他告诉陪审团的故事相符，这也就证明了他自始至终都在撒谎。有了这个确凿的证据，肯恩·威廉准备宣誓一份宣誓书，原始录音带和誊本将是支持该宣誓书的证据。这种奇怪的命运转折更加坚定了我的决心，不管要花多长时间 — 总有一天，我会洗刷我的罪名，恢复我清白的名誉。

*****

在肯恩用录音带录下汉森的隔天，我收到了一封道恩的信，这封信帮助我重新振作起来：

敬爱的保罗

只想写几行字让你了解孩子们如何看待这件事情，因为我知道你会担心他们。我肯定他们会好起来的，但是当小保罗说"永远不要相信警察"和"没有上帝"之类的话时，让我很担心，因为这表现出他内心是多么痛苦和愤怒，他告诉我他会全身心投入他的学业，我说过如果他找到一份星期六的工作，我会为他支付一些驾驶课程和驾照考试费用，但他必须努力并且别再磨磨蹭蹭拖时间。我发现他在你被判刑的那天晚上躺在床上哭泣，但他现在很乐观地说三年不是一辈子 — 你身体很健康也能结交朋友，你也可以在那里学习西班牙语，所以请尽量在他去探视你时，减轻他的压力使他放松，虽然我知道你的感受将是如何。保罗，你是他十分崇拜的偶像。

尽管媒体根本没有提到任何事情（谢天谢地），但莎拉的老板现在已经知道有关这一切的消息了，他们告诉我，他们认为她是一个了不起的员工并且非常有才华，他们要求她做一些模特儿的工作，这对她来说是很棒的。她可以抽出时间去探望你的，莎拉现在比较乐观了，她迫不及待地想见你并"拥抱"你。请也为她坚强，她是一个很好的小女孩，非常保护你并为你辩护。

我爸爸这个周末来看孩子们，带了一些礼物给他们，所以如果我发生了任何事情，他们还有我爸当作他们的依靠，感谢上帝。他真为你感到抱歉，杰德也是一样，真的，他们知道你被"陷害"了。

在经历过去两年发生的所有事情之后，我们知道我们真的无法预测未来，但我会一直坚持这一点 — 不论我将来会做什么样的决定，我想让孩子们有个"家"。即使小保罗上了大学，或者莎拉和她的朋友们住在一套公寓里，这样他们总有个地方见你或和你住在一起。我当然希望吉尔会等你出狱 — 我相信她会等你的，我是真的这么想，你知道我的意思。

我确实希望你那里的情况对你来说没有那么糟糕。当你转移监狱时，我们希望是离家近的地方，好让我们能方便探视你。我不期望你在那里能回信，但如果有什么我想让你知道的，我会时不时地写信给你。

请记住，当您感到苦涩痛苦时，汉森会在某个时候得到他应得的报应。

上帝保佑你

道恩

附言：你是一个非常<u>幸运</u>的人，有两个无论发生什么都依然非常爱你的孩子，请记住这点。

*****

道恩在这两个方面的论点上都是千真万确的，我是最幸运的人，有两个这么爱我的孩子，事实上，我是世界上最幸运的人，是的，吉尔会等我出狱，对此我毫不怀疑。

*****

1992 年 11 月中旬，我被转移到索普拱门监狱 (Thorpe Arch Prison)，这是一座"第 C 类别"的监狱，隔壁是前拉德盖特开方式监狱，在我因欺诈交易遭定罪后，我曾于 1978 年时被关在那里过。在从达勒姆监狱到索普拱门监狱的巴士上，我与正前往利兹的阿姆利监狱 (Armley Prison) 的威利·亨特戴上同一个手铐 Prison)，因为他的谋杀案审判将在谢菲尔德刑事法院开庭。无论他的审判结果如何，我们都同意保持联系。几周后，我得知威利获判犯有谋杀罪，然而是过失杀人罪 — 这是个好消息。

* * * * *

1993 年 1 月我得知我的房子遭建筑协会收回，因为我一年没有还房贷，所以银行冻结了我的账户。我曾与小保罗和莎拉一起居住的房子，连同所有的家具和我的许多个人物品都一去不复返了。我的英国和西班牙公司均停止了交易，这也导致我的投资物业被收回。总而言之，我损失了超过一百万英镑的股权，又回到了零资产和零现金的起点。卡洛斯在特内里费岛相当低调，从岛的南部搬到北部的首都圣克鲁斯，出于显而易见的原因，我们在不被官方发现的情形下秘密地保持联系。

* * * * *

另一个令人担忧的原因是，我的毒品交易定罪，现在变成阻碍我提出上诉，平反我先前欺诈交易定罪计划的绊脚石。任何对定罪提出上诉的人，总是要面对权威机构的权势，而且他们的胜算比个人大出许多。这是我们的司法体系的运作方式，有一种不成文的规定，即上诉法院的法官必须不惜一切代价"维护英国权威机构的声誉"，因此我们的体系仍然是全世界最受尊重的体系。上诉法院的法官批评下级法院的法官做出的决定，并不受司法界的欢迎，因为会损害该权威机构的形象。

1992 年 11 月戴安娜·埃利斯提出了我对该定罪的上诉理由，理由众多，仅此列出最重要的理由如下：

1) 麦克唐纳法官没有因提供汉森减刑的条件，而取消自己审理案件的资格。
2) 麦克唐纳法官错误地让汉森为警方作证。
3) 麦克唐纳法官禁止提及艾莉森·凯的线人的身份。

圣诞节和新年来了又去，这个季节对囚犯来说，与他们的亲人分开总是一个特别伤感的时刻，但至少录有汉森说出阴谋的录音带让我重新下定决心，继续与妨碍我决心洗刷罪名的任何权威机构人员抗争。

索普拱门监狱方便家人探视，我很幸运地得到了监狱里最抢手的工作 — 教堂助理，这是一个受人信赖的职位。这意味着我不会整天关在牢房里，并且可以秘密地使用牧师的电话，是的，在充分了解牧师的情形下，我善加利用了这一个特权。

* * * * *

小保罗从我获判定罪的影响中恢复过来后，他亲自写信给麦克唐纳法官，他的字字句句斩钉截铁地指证历历。他批评了法官在整个审判过程中做的决定，并告诉法官他司法不公支持控方的案件，从一开始就针对辩护方。小保罗写信给法官的日期为 1993 年 1 月 11 日。

* * * * *

小保罗从未收到法官的回信，所以要百分百确定法官无法否认收到他的信，他于 1993 年 2 月 15 日以挂号信寄出以下信函，麦克唐纳于 1993 年 2 月 16 日签收，信中内容如下：

* * * * *

敬爱的法官大人

若您能回复我于 1 月 11 日所写的信件，我将不胜感激。我在此附上一份此信的副本。

此致
敬礼

保罗·布兰查德

＊＊＊＊＊

现在，即便只是一个 17 岁的男孩公开写信给法官，投诉法官将他父亲误判，权威机构的权力依旧不放过他。继小保罗寄出第二封信两周后的一个早晨，他的家中响起了非常响亮的敲门声。小保罗开了门，迎面而来的是两名警探，他们介绍自己是驻扎在纽卡斯尔市戈斯福斯市郊，诺森布里亚警察局的詹姆斯·布莱恩·凯西 (James Brian Casey) 侦缉警司以及科恩 (Coan) 警探。

凯西解释说，由于收到麦克唐纳法官的投诉，因此他正涉入调查，因为法官收到了一个他签收的信封，但里面没有信。小保罗说他之所以寄这封挂号信，是因为法官没有回复他在一月份时寄的前一封信。凯西建议保罗不要再写信给法官，因为他最终可能会给自己惹上麻烦。从警察投诉局 (PCA) 后来获得的一份证词中，凯西说道："在与法官麦克唐纳交谈时，我确定他也收到了保罗·布兰查德的挂号信，挂号信显示了布兰查德在约克的地址。信封里没有任何信件，但麦克唐纳法官知道小保罗·布兰查德是老保罗·布兰查德的儿子，法官曾因毒品罪判处老保罗有期徒刑。"

由于警方关闭了小保罗和麦克唐纳法官之间的所有沟通管道，我们只能等待我的上诉申请被受理，然而，当上诉法院的法官在没有考虑任何险恶动机的情形下，驳回我的上诉时，妈妈口中的意料之外的事情正在发生。

＊＊＊＊＊

1993 年的第一周，上诉法院的行政办公室一如既往地忙碌。工作人员为圣诞节装饰办公室，仍然保持着节日的气氛。

一位经常接听电话的初级书记员，只接听了一通电话，便立即认出了首席大法官办公室的"来电显示号码"。就在她紧张地接听电话的时候，一位男子的声音要求她拿出纸笔，把他的指示记下来然后念给他听，以免产生任何误解。

"首席大法官办公室要求她在保罗·威廉·唐纳德·布兰查德的上诉通知书上写下：上诉案件编号 92/6687/W3，另一个与他在 1989 年提出的上诉案件编号即 89/6687/W3。他指示她将之前的上诉文件附在布兰查德当前的上诉档案中，并在之前的上诉案件编号前写上'请看'，以引起法官对布兰查德当前申请的注意。""是的，先生。"年轻的书记员说着，紧张地完全忘了问刚才和她说话的人叫什么名字。

＊＊＊＊＊

第七章

上诉法院的腐败

你欲申请上诉许可时，是填写并提交一份"上诉通知书"的表格，这份表格列出了你的定罪细节、哪位法官审理了你的案件，以及在哪里进行了审判。就我的案例而言，上诉法院办公室于 1992 年 12 月 7 日将表格退回达勒姆监狱，那时我已被转移到索普拱门监狱，我总算在 1993 年 3 月的第一周收到了表格。

我被判刑时，吉姆·尼科尔没有出庭，因此他于 1993 年 3 月 9 日来探视我，以全面了解最新情况。我问他是否有收到上诉法院的回复，但他说没有收到。在我们的会面时，他提议他会打电话给上诉法院，并试图了解何时会考虑我的申请。我把上诉通知书递给他，表格右上角详细列出了案件编号。然后他离开去使用访客接待处的监狱电话，当他回来时，他解释说在他打电话给上诉办公室时，他们感到很困惑，因为一开始时他说错了案件编号。

原来表格上有两组数字。一个是正确的刑事上诉法院案件参照编号为 92/6687/W3（我于 1992 年 10 月的毒品审判案件编号），第二个编号为"see89/6687/W3"。吉姆解释第二个编号，是指我之前对巴里·莫蒂默出庭大律师提出的上诉，他不知道或无法解释，为什么我之前的上诉文件，被交叉引用并附在我针对毒品定罪的上诉文件中。

登记员告诉吉姆，我的上诉许可申请已于 1993 年 2 月 17 日，由法官布洛菲尔德先生受理并驳回了我的上诉申请。吉姆认为我的上诉理由十分充分，应该在全席法庭上审理 — 这意味着由三名上诉法官审理，我同意了，吉姆离开时说他会指示戴安娜·埃利斯提出申请。

正是布洛菲尔德驳回了我的申请，才导致我们发现这件事情 — 以及接下来一连串的事件，这将揭露所有阴谋的源头。即使是好莱坞的剧本作家也很难写出这样一个阴谋，妈妈会说这些是"意料之外的事情"，但"真相比小说更加吊诡"这句话十分贴切。司法人员会竭尽全力压制真相，在我的案件中，他们自己的腐败会开辟新的领域 — 即使是权威机构也是如此。

在我消化理解我的申请被驳回之后，我开始深入思考问题并专注于我所看到的事实。我去年一月计划向内政大臣提交针对欺诈定罪的上诉申请时，由于我遭逮捕因而很恰巧地停止了我的上诉计划，对他们而言是多么地便利啊，我认为太巧合了。警察在搜查我家时，在我的文件档案中找到保罗·福利的资料，并说道"*哦，这就是你要对抗的法官*"，那么这位警员的评论又作何解释呢？

然后是威尔克斯警探的伪证，他否认了对菲尔德过滤系统有限公司的所有认知，并且丢失了据说是我亲笔手写的毒品清单。最重要的是，麦克唐纳法官引诱汉森作证针对我，就会获得较轻的刑罚，他该作何解释呢？他在整个审判期间的整个行为都十分异常，导致戴安娜指责他是"*司法不公正的法官*"。有很多悬而未决的问题 — 然后是最新的转折点。谁曾指示上诉法院写下我之前案件的参照编号，为什么要突显出这一点，并将这些案件文档提交给布洛菲尔德法官，此外，他在这一切中扮演了什么角色？我对欺诈罪提出上诉的申请，与我对毒品定罪的上诉申请或其他方面没有任何关系。

我的直觉告诉我，麦克唐纳法官引诱汉森提供不利于我的证据，其背后有一个更险恶的动机。是的，同案被告经常作证以获得减刑，并且他们经常被警方鼓励这样做，以获得较轻的定罪，但我的情况截然不同。这次的情况是，法官引诱一个已知的罪犯为控方作证，他为什么愿意把事情扛在自己的肩膀上？他是否也参与其中呢？

我决定进行调查并聘请私家侦探，来找出参与我案件的三位法官之间，是否有任何关联。这将包括约翰·巴里·莫蒂默、安格斯·麦克唐纳和约翰·布洛菲尔德勋爵。我认识的唯一一个会考虑帮助我的朋友是奈杰尔·米德，即使奈杰尔对我公司的投资让他失望了，我知道他仍然会助我一臂之力。奈杰尔讨厌警察，总是站在失败者这一边，所以我请他询问所涉及的费用。他联系了曼彻斯特、纽卡斯尔和其他城市的侦探社，他们都要求预付约5,000英镑的费用。要求奈杰尔代付这笔钱太昂贵了，幸运的是，他最终在布拉德福德找到了一位经验丰富的私家侦探，预付了1,500英镑委托他做这项工作。奈杰尔在约克与他见面，向他说明了情况，并提供了相关人物的姓名给他。

我还需要证据证明这个编号"see89/6687/W3"，确实是对我的欺诈定罪提出上诉的案件编号，因此在1993年3月22日，我写信给上诉法院的登记官，他证实了这一点。

* * * * *

1993年4月24日，我在索普拱监狱收到了私家侦探寄来的文件。文件中载明法官的每个条目都包括在"名人录"（一本列出重要人物的英国书籍）中，他们的年龄相似，并且大约在同一时间在剑桥大学接受过教育。还包括截至1993年4月20日那段期间，麦克唐纳法官部分家庭电话账号的一张打印文件。我将电话号码091 281 1695，与"名人录"条目中列出的麦克唐纳法官的号码进行了比较，这两个号码是一样的。这份打印文件详细说明了，于1993年1月13日从他家里的电话，拨打一通电话到香港的这只号码+852 849 6464，因此我致电国际电话号码查询单位，询问约翰·巴里·莫蒂默在香港的电话号码。接线员说有两个号码，一个是他的香港办公室号码+852 825 4423和他的住家号码+852 849 6464。我突然感到肾上腺素激增，心跳加速，我立即意识到眼前事物的重要性和含义。这两位法官彼此认识，而我手中握有他们无法反驳的证据。在我的脑海里，我已经把抓住了他们小辫子，他们将任我摆布。

* * * * *

第八章

大卫·罗斯

从现在开始，事件将采取不同的视角，所有调查都是在绝对保密的情况下进行的。我不能再使用监狱的邮件系统，因为工作人员会密切监视我所有的邮件。小保罗联系了吉姆·尼科尔，告诉他最新的发展，他知道这件事的重要性，并立即来索普拱门监狱见我。吉姆认为必须进行更进一步的调查 — 必须非常谨慎。他还认为我的案子值得尽可能地大肆宣传，以便引起该权威机构的注意。现在有两条理由可用来攻击我的毒品定罪，这些相同的议题与我对莫蒂默的上诉有关。小保罗联系了他的商业同事，兼达灵顿学院 (Darlington College) 的媒体研究讲师大卫·泰勒 (David Taylor)，他在报界和电视圈有相当多的人脉。大卫说他会小心应对所接触的人，并有信心找到合适的记者，来支持我的申张正义活动，他也确实做到了，这个人是大卫·罗斯，《观察家报 (Observer Newspaper)》的民政事务记者。

1993 年 5 月我向监狱长提出申请，让我的儿子保罗成为我的"公民代理与当事人之友 (McKenzie Friend)"(译者注:意指在法庭上协助没有律师代表的人，这类朋友"不一定有专业法律资格)，以协助我准备向警察投诉局申请投诉，以及与我的案件相关的其他法律事务。我的申请获得批准，这意味着他拥有与律师相同的权利，也就表示小保罗在每周的每一天，都可以进行特殊的法律访问。是的，我们滥用了这个特殊的特权。每天都能见到小保罗真是太好了，几乎感觉像正常生活一样。小保罗的英语和语法非常出色，这使我的信件文笔更加专业，投诉档案也易于阅读。

1993 年 5 月 20 日我正式向警察投诉局提出投诉，指称威尔克斯警探、帕克警探和艾莉森·凯合谋妨碍司法公正、伪造证据，并且威尔克斯警探在我的审判中，出庭作证时做伪证。于 5 月 25 日我收到了警察投诉局副主席的回复，确认他们正在调查我的投诉。由于警察投诉局正在调查与我的审判相关警察的行为，因此我重新申请让三名法官审理我上诉的许可遭推迟，需等待调查结果出炉才能继续进行。

被任命调查该投诉的警官，是坎布里亚警察局的总警司史蒂文·里德 (Steven Reed) — 这支警力毗邻诺桑比亚警方。在接下来的几个月里，小保罗和我提供了许多报告，其中包含我认为值得调查的最小细节，并帮助揭露那些负责在我的审判中，捏造控方所依赖的证据的警察。

小保罗还将所有文件的副本发送给大卫·罗斯，包括麦克唐纳电话账号的打印件，在考虑了这些材料后，大卫发消息说他对我的案子非常感兴趣并希望拜访我。唯一的问题是，他不能用自己的名字来访，所以我们想出了一个掩饰他的故事，谎称他是一名正在处理我上诉申请的私家侦探，于是他获准与小保罗一起进行特别探访，他在进行所有这些探视时，都以别名保罗·赫普顿斯托尔 (Paul Heptonstall) 自称。

大卫·罗斯是一位受人尊敬的调查记者，他正是我需要深入挖掘并揭露警察腐败的人，以及法官在巩固我的判刑方面所扮演的角色，或者就此事而言，任何其他可能助长这些司法不公案例的人。在我们第一次见面时，他掌握了我案件的每一个细节，并同意自己进行调查。他的想法是等到警察投诉局的调查结束时，然后再写一篇关于地区反犯罪小组的腐败，和威尔克斯警探做伪证的报道。当他离开探视室时，我觉得我的情况正逐渐有了进展，现在我有一个值得尊敬的记者相信我是无辜的。

*****

  1993 年 6 月 4 日吉姆·尼科尔决定写信给麦克唐纳法官，询问他是否曾在任何时候与香港最高法院的法官约翰·巴里·莫蒂默御用大律师讨论过我的案子，并且"如果确实有一次或多次通话谈论我的案件，倘若您能透露详细信息，我们将不胜感激。"

  我们没有收到回信，然而，我们当时不知道的是，1993 年 6 月 8 日，麦克唐纳发了一份传真给上诉法院，信中称纽卡斯尔法院的首席书记员，拆开了一封于 1993 年 6 月 4 日，由伦敦的一家泰勒·尼科尔律师事务所 (Taylor Nichol) 写给他的信。

  "这封信提出了一个问题，即我是否曾在任何时候，与香港最高法院的法官莫蒂默先生，讨论过布兰查德先生的案件。据说这个问题与保罗·布兰查德准备对定罪提出上诉的申请有关"。

  吉姆·尼科尔从未收到麦克唐纳的回复，但他确实收到了纽卡斯尔法院首席书记员 J·C·肖 (J C. Shaw) 先生 (这是在麦克唐纳将他的信传真给上诉法院两天后)，于 1993 年 6 月 10 日写的回复，其中说道 (全文转载)：

*****

敬爱的先生
伊丽莎白二世女王诉布兰查德 — 案件编号：T920719

您于 1993 年 6 月 4 日致信给麦克唐纳法官，内容涉及您的当事人申请准许对他的定罪提出上诉。
在我与法官讨论这封信的内容之前，如您能解释为什么要提出这个问题，以及说明这个问题与向全席法庭提出的申请是否有相关性，我将不胜感激。

我静待您的回复。
J·C·肖
首席书记员

*****

  如此看来，肖先生有将这封信拿麦克唐纳看而且还完全不据实以告，从那时起，所有政府机构都对吉姆·尼科尔和大卫·罗斯的调查保持警惕。这让我们对抗的一方有时间重新整合，为我们对抗权威机构的下一步行动做好准备。

*****

  到 1993 年 9 月时，里德的调查已接近完成，因此他来索普拱门监狱拜访我，以了解最新情况并澄清某些要点，然后再提交报告给警察投诉局。小保罗当时是我的常客，他不再被搜查，因为大多数监狱官员已熟悉他，都直呼他的名字，所以我们充分利用了这一点。在里德拜访的那天即 1993 年 9 月 27 日，小保罗偷偷带进了一个小型录音机，他说的每一句话都被记录下来作为会面的证据。

  出席会议的有里德、伊恩·道格拉斯 (Ian Douglas) 督察、小保罗和我。里德说他已经收集了许多证词，并在正式警告下讯问了威尔克斯警探和其他人。他将向检察官提交他的报告，然后也向警察投诉局提交一份报告。警察违纪问题，也是他代表警察投诉局调查的问题，这些建议也会提交给诺桑比亚警察局 (威尔克斯隶属的地方) 的警察局长。

  然后他补充说，"而且确实有些违纪行为，这已经不是什么秘密了"。我问威尔克斯是否承认他知道菲尔德过滤系统有限公司的交易。他的回答是"无法回答"。"不过你想一下，他是无法否认的，因为如果他说没听过菲尔德过滤系统有限公司，但我有证据表明他确实知道这件事 — 所以这已经算是默认了"。里德还表示，他同意辩方（在审判时）的做法，即让案件按原定计划继续进行，并传唤艾莉森·凯作证，然后套用里德的原话是"摧毁其证据"。后面的这些评论支持了戴安娜·埃利斯，在审判为我辩护时所采取的方法，即当汉森为控方作证时，让控方大展身手感到非常得意，然后传唤凯到作证席时 — 暴露她是线人的角色，出示她的通话记录并"摧毁她的证据"。当里德和道格拉斯离开会客室时，小保罗仔细检查了录音机 — 录音机正常运作。

* * * * *

1993年10月中旬，里德向警察投诉局和检察官提交了他的报告以及证词、讯问和其他材料，然而以公共利益豁免 — 对公众保密为由拒绝提供辩方他的报告副本。

这些证词证实警方从一开始就捏造了艾莉森·凯的角色，这些证词还证实威尔克斯和侦缉警司考克斯都提供了伪造的证词，以隐藏凯真正参与毒品交易的事实。在采讯问过程中，威尔克斯说他的老板指示他，去桑德兰市瑞霍普村雷切尔路的家中见艾莉森·凯："她拿了一个包裹给我看，我将包装拆下并检查了里面的内容，发现里面有一些较小白色药片的塑料袋。根据经验，我怀疑它们是MDMA摇头丸。将包裹重新密封并放回原来的位置"。

威尔克斯接着说："凯被告知，如果汉森来到这间房子，打开楼上的灯，当他离开时，将灯关掉，会给她一个手机号码，以便在紧急情况下与我们联系"。

剩下的故事情节我们已经知道了。汉森晚上离开凯的家，她打电话给威尔克斯说他拿走了摇头丸，他被捕时身上只有蠢带26片药片，但警方知道她的车库里还存放着更多的药片，所以他们进行了一场"假突袭"，来隐藏她的真实的身份，许多警务人员提供控方伪造的证词，而控方在审判中依赖这些伪造的证词。凯第一次接受讯问时，好似她是一个无辜的人，而警方提供的其他一些警察的证词，都讲述了同样的虚假故事。

该材料还显示，珀尔·里奇从头至尾全都在撒谎，当凯使用她的家庭电话时，我秘密录下的录音就证明了这一点。凯在警方正式的警告下接受讯问时，坚称她不知道这些摇头丸存放在她的车库里。当她被问及是否是警察来到她家并确认包裹是毒品时，她回答"是"。里德接着问道，"是不是一个叫肯威尔克斯的警探来过妳家？"，凯再次回答"是"。里德继续说："我将向妳展示一份妳于1991年11月21日提供的证词，该证词的最后一段提到，妳不知道这些药片是什么，这些药片是在妳不知情，和没有经过妳同意的情况下放在妳的车库里，妳为什么这么说？"凯回答说："这是我从警察那里得到的建议，没有人会知道我告诉了他们，这么做才能保护我"。然后里德告诉凯：

"汉森说，当他从阿姆斯特丹回来时，你打算买200片，但后来他说最后是同意买20片，价格为200英镑。汉森说妳只有150英镑，然后妳去自动提款机取了另外的50英镑。对此妳有什么说法？"

凯现在走投无路了，因为调查她的银行账户时就会显示钱被取出的记录，所以如果汉森不在那里，他怎么会知道这件事，所以凯说：

"通过某种方式，汉森对我下药了，他一定是在我的饮料里放了什么东西。我依稀记得当时在他的车里，去超市自动提款机附近的银行，但仅此而已。"

仅那一次讯问就证实了 — 从头到尾 — 整个警察行动都是精心策划的，唯一的目的就是诬陷我为进口"甲级"毒品的幕后黑手。凯不过是一个邪恶的婊子，靠着攀附腐败的警察而得到逍遥自在的生活。我只能等着看警察投诉局和检察官，最终会对里德的报告和支持材料做出什么决定。

* * * * *

保罗将所有证词、讯问和其他材料的副本，交给了大卫·罗斯和吉姆·尼科尔，其中包括迈克·肯尼遭汉森牵连他参与毒品交易后，被警方逮捕并讯问的录音誊本。

录音带的内容毫无疑问地表明，我是唯一的目标。1993年11月7日，《观察家报》刊登了大卫·罗斯的一篇报道，标题为：

检察官深入调查警察在毒品案所扮演的角色
重案组遭指控在法庭上说谎以掩盖证据

报道说检察官收到了一份关于东北地区反犯罪小组警探的档案，这些警探被指控做伪证、捏造证词和刻意不披露重要证据。这篇报道列出了我身为商人的历史背景和该阴谋的细节，以及警察如何伪造证词并妨碍司法公正。这篇报道指控威尔克斯警探，在法庭上就菲尔德过滤系统有限公司的相关信息作伪证，声称他一直都知道我与那家公司的交易，并且知道这5,000英镑用于购买净水器而不是毒品。大卫·罗斯支持我的案子。

* * * * *

在《观察家报》刊登这篇报道后，其他囚犯祝贺我向公众展示了大多数警察都是一群腐败的混蛋。大多时候，在街头工作的警察反而认真尽责，因为当他们成为警探并有机会破坏整个体系以获得晋升机会时，他们就会变成腐败的警察。正如妈妈所说，"权力的阶梯越高，会使人变得越腐败"，这句话适用于各行各业。我还感觉到监狱官员，对待我的方式也不同于以往。一些人甚至祝我一切顺利，另有一些人评论了他们在我们国家的法庭上看到的腐败情形。

由于我忙得不可开交，1993年仿佛飞逝而过，新年期间我有资格于1月7日至11日期间请假回家。我很期待经过这么长时间之后，能在正常的环境下见到我的家人，可以去海边呼吸新鲜的海边空气。由于我的房子没了，于是小保罗和莎拉与道恩住在一起，吉尔毫不犹豫地让我住进她家，使我们的关系更长久，毕竟我们已经交往了将近十年。我的探亲假也让我有机会见到奈杰尔·米德，并进一步调查三位法官的关系。吉姆·尼科尔和大卫·罗斯都热衷支持我去进一步探究问题，因此在11月时，我打电话给私家侦探，询问是否可以进行进一步的调查，包括社会、家庭和商业人脉关系等问题。

我得到的回答是"可以"，由于可以继续进行工作，所以奈杰尔支付了2,500英镑。就在圣诞节前，我打电话给私家侦探，并安排于1月11日，在约克市富尔福德区的一个公共场所犁田酒吧(Plough Inn)的停车场与他会面。我告诉他我会驾驶的车子的车牌号码，这样他就可以认出我来。

* * * * *

当你两年未见外面的世界，真的是会令人感到振奋。小保罗和莎拉在监狱停车场等着我，他们俩兴奋地跳出来拥抱我。十五分钟后，我在吉尔的客厅里与她相拥，这里也将是我的新家。这个周末非常难忘，让我有机会见到保罗舅舅和莉莉舅妈，我的姐姐玛丽和贝琳达以及吉尔的父母。我再次在法利海边呼吸新鲜的海风，这让我想起了我和母亲在那里度过许多假期的美好回忆。

1月11日是我探亲假的最后一天，我在犁田酒吧的停车场与私家侦探见面，我们坐在他的车里，他向我展示了一大捆的影印文件，其中一捆是与麦克唐纳法官和布洛菲尔德法官的电话账号有关的文件，从1991年左右一直持续到1993年底。私家侦探已经用荧光笔标出了，每个法官用其住家电话拨打给彼此之间的通话记录，几乎是不计其数。我检查这些文件，由于我熟悉这些电话帐号，毫无疑问地这些影印文件是货真价实的副本。

我问我是否可以保留这些记录，但私家侦探知道它们的价值，高于奈杰尔·米德已经支付的2,500英镑。他说我可以得到一份副本，但要再花5,000英镑，条件是我永远不会透露他的身份。我告诉那位私家侦探我会试着筹到这笔钱，并问他我是否可以写下所有相关的日期。他同意了,所以我抄写了下来。我们握手后,我便开车回家。

在我的探亲假结束后,吉尔的父亲亚瑟提出要送我回监狱,他和吉尔的妈妈多琳(Doreen)自始至终都非常支持我。这一项新的信息是我迄今为止发现的最强而有力的证据,并将成为未来多年大量诉讼的部分证据。事情现在转向了黑暗的一面,打击警察腐败是一回事,这些新的发展意味着,要对抗权威机构的最高层人员,但我愿意,我在犁田酒吧停车场看到的只不过是冰山一角而已。

* * * * *

我很快就回到了监狱里,并且已经在期待六个月后的下一次探亲假。和我全家一起度过一个周末使我充电再次精力充沛,我再次准备好为我的下一场战斗奋战,以便洗清我的罪名。2月份时我收到了一封印有《观察家报》信笺的来信,大卫·罗斯在信上面写着:

* * * * *

敬爱的保罗

布洛菲尔德和莫蒂默俩人同时在1956年,取得出庭律师资格后,均在国王席大道5号 (5 King's Bench Walk) 的律师事务所工作过。

大卫

* * * * *

我现在有一位受人尊敬的记者,在支持我的案件并进行自己的调查。3月初吉姆·尼科尔来访,讨论新材料的含义并制定我们的下一个行动计划。吉姆问我是否有人可以借给我5,000英镑,来获取法官通话记录的副本 — 我说"没有"。于是他又提出了另一个建议,他会记下法官之间电话通信的详细信息,并指示戴安娜·埃利斯准备"对定罪提出上诉的进一步建议"。

这件事使得我们向上诉法院,申请针对英国电信披露记录的证人令。吉姆说一旦我们手上握有这些证据,上诉法院将别无选择,只能推翻我先前的定罪,不仅是我毒品交易的定罪,还有我对莫蒂默的上诉。吉姆抄下了下面的通话清单,以及在打印件上逐项列出每通电话的日期。

通话记录中包含的信息具有深远的影响。以前从未有一名法官遭指控犯有如此严重的腐败指控,更不用说是同一时间指控三名法官,因此获取通话记录副本是当务之急,需要非常小心才能将"重大违规行为"(重大违规行为,意味着违反法律义务)包括在上诉理由内。

接下来吉姆·尼科尔依次写信给每位法官。1994年8月3日,他将通话记录上的每通电话逐项列出,并询问他们是否要澄清他们的立场。1994年8月9日,莫蒂默回应说他没有和布洛菲尔德谈过话,他们彼此也不认识,他说他是麦克唐纳法官的朋友。吉姆没有收到麦克唐纳或布洛菲尔德的回复。

* * * * *

1994年5月检察官决定是否起诉威尔克斯和他的同谋,伪造证据以及威尔克斯做伪证,由于此事已成定局,所以最后决定不起诉对他们。英国权威机构有着保护腐败警察免受起诉的悠久传统,好比"基尔福四人案 (The Guilford Four)"和"伯明翰六人案 (The Birmingham Six)"是其中两个例子,犯案的这些人遭到屈打成招直到他们签署了虚假供词为止,以及其他数百起案件,妨碍司法的警察基于虚假证据故意监禁无辜男女的。里德曾表示,警察也犯下违纪行为,警察投诉局会将我的投诉转给诺桑比亚警察局的警察局长,再次同样地没有得到任何实质的结果,所有相关人员都在彻底落实他们腐败的行为,因此他们的记录上没有任何瑕疵。

★★★★★

在7月的第一周,我度过了第二次探亲假而且阳光普照。吉尔和我两次前往东海岸的法利镇和其他沿海度假胜地。我们做了家庭烧烤,再次开车去看家人和朋友感觉很好。探亲假唯一的缺点是时间过得飞快,你很快就要再回去蹲苦窑。吉姆打家里电话给我,并说他已经与监狱安排让我获得出狱的"特殊许可证",以便让我到他的办公室准备和宣誓上诉法院的宣誓书。我将在7月11日下午5点左右获释,回到家里过夜,然后一大早开车前往伦敦,于第二天晚上回到监狱。我心里想,这真是个天大的好消息,几天之后我就能回到自己的床上,不必吃监狱的垃圾食物。在接下来的几个月里,我经常获得特殊许可证已成为家常便饭的事情,因为上诉法院要求快速解决我提出的指控。

★★★★★

吉尔和我在7月12日一大早出发,在午餐前抵达吉姆位于伦敦芬斯伯里公园的办公室。吉姆已经准备好了我的宣誓书草稿,我的宣誓书列出了一连串的事件,为了调查这些事件,我在犁田酒吧停车场与私家侦探会面,吉姆由此得出的结论如下:"这些文件交给了我,我对它们进行了检查。当然,我熟悉电话帐户并且在我看来,这些账户是真实的副本。我已写下相关条目,现在包含在埃利斯小姐于1994年6月8日,所撰写的进一步建议中"。

大卫·罗斯获得了我的宣誓书副本,以及向上诉法院提出的进一步建议。带着这两份文件和他收集的其他材料,他打电话给每位法官寻求他们的意见。布洛菲尔德和麦克唐纳拒绝评论此事,并称此事尚待法庭审理。莫蒂默说他认识麦克唐纳法官,但不记得上次与他交谈是什么时候,他说他不认识法官布洛菲尔德先生,也不知道布兰查德在监狱里。五天后《观察家报》在他们的头版上,刊登了大卫报道我案件的新闻。

在《观察家报》公开指控三名高级法官之间勾结,妨碍一个人获得公平的审判,更甚者还剥夺了一个人获得公平上诉庭审的权利,整个权威机构都受到了强烈的震撼。

★★★★★

第九章

警察徇私枉法

于 1994 年 8 月 2 日时，我写信给警察投诉局，为里德警探总警司设下陷阱（相关摘录如下）：

"在 1993 年 9 月 27 日这天，里德警探总警司告诉我，他对艾莉森·凯在我的审判期间作证所下的结论。他告诉我，他同意辩方（在审判时）的做法，即让案件按原定计划继续进行，并传唤艾莉森·凯作证，套用里德的原话是"摧毁其证据"。

1994 年 8 月 11 日，我收到了答复。里德上钩了，包含鱼饵、钩子、线和锤子，彻彻底底〔相关摘录如下〕：

"里德先生否认曾对证人艾莉森·凯发表任何个人意见，我很抱歉当局无法协助您处理您的请求。"

由此揭露另一名警察的腐败，他的回答充分解释了，为什么他对一群不诚实的警察进行调查后，他的报告措辞从一开始就免除他们的责任。戴安娜·埃利斯对此评论说，"里德编造了他的报告，以消除对警察的任何指责。"

* * * * *

在索普拱门，整个监狱充满了流言蜚语和谣言。我被叫到监狱长办公室，他告知我上诉法院已定于 8 月 15 日星期一举行指示庭审，因此，他说将批准我特殊许可证，允许我在 8 月 13 日星期六，与我在伦敦的法律团队见面。我将在 12 日星期五获释并可回家里过夜，然后隔天开车前往我出庭律师的办公室。由于无法确定会议的结束时间，于是我定于周日上午 11 点 30 分返回监狱。

* * * * *

吉尔和我在午餐时间抵达戴安娜的办公室开会，吉尔在接待处看杂志等我，吉姆·尼科尔外出度假，所以他的搭档卡罗琳·泰勒 (Carolyn Taylor) 代替了他参加会议。我们讨论了手头事项的全部细节，以便戴安娜为周一的庭审做好准备。会议快结束时，我在戴安娜和卡罗琳在场的情况下打电话给大卫·罗斯（用扩音），告诉他我们已经达成的最新决定。然后，他投下了一个重磅炸弹，并透露了只有他自己知道的信息，他透露他认识一位高级公务员在大法官部门担任要职。**"这些是不对外公开的，"** 他说，**"法官们并没有否认打了这些电话。"** 戴安娜此时传给卡罗琳一个眼神，她的眼神说明了一切。大卫随后表示，《观察家报》第二天将刊登另一篇关于莫蒂默的公司 — 朱迪思·莫蒂默有限公司资不抵债（破产）的报道。他说他将在周一出庭参加庭审，很快就会再见到我。该新闻报道全文转载如下：

* * * * *

《观察家报》
1994 年 8 月 14 日
囚犯发动对法官公司倒闭的调查
大卫·罗斯
民政事务记者

反欺诈小组的警探已对一家破产公司展开调查，该公司由三名法官中的一名拥有，据称他们彼此之间的私人关系，是长久以来司法不公对审判误判的核心所在。

正如《观察家报》上个月披露的消息一样，上诉法院将考虑史无前例的指控，即纽卡斯尔刑事法院的麦克唐纳法官、伦敦高等法院的法官布洛菲尔德先生，和香港最高法院的法官莫蒂默先生之间的联系，剥夺了保罗·布兰查德的权利，这名商人因遭指控进口毒品摇头丸而获判入狱六年，他欲申请公正和适当的审判和上诉。

明天在法定长假期间，上诉法院将召开特殊预审庭审来审理此案。因为三名法官曾在伦敦和东北部巡回法庭区域担任出庭律师，因此所选择的法官与这些地区没有任何关系。法院将预定一个全席庭审的日期。

北约克郡警察局的刑事侦缉警司凯文·罗斯 (Kevin Ross) 证实，他正在领导一项对软体家具公司朱迪思·莫蒂默有限公司的调查，该公司由法官莫蒂默先生和他的妻子共同拥有，该公司于 1984 年因积欠 50 万英镑的债务而宣布倒闭。

他说启动该调查是由布兰查德的一份档案引起的，他曾在监狱中讯问过布兰查德，布兰查德购买了债务成为公司的债权人。根据《观察家报》的调查显示，该公司在进入清算的前七年已连续不断亏损。但 1982 年的一份银行推荐信表明，与朱迪思·莫蒂默有限公司进行商业往来是安全的，银行基于的理由，是因为其中一位董事在法律上享有盛誉。

刑事侦缉警司罗斯说："我们正在调查这些指控，看看是否有任何实质证据，这相当于一次全面彻底的调查。我们不会弃之不理，我们以思想开明的心态着手进行调查。

他说他本周将拜访其他债权人，其中包括一名男子，他在一项交易中投资了一万英镑，条件是他将成为该公司的一名雇员，却发现自己很快就被解雇了，而且他的薪水支票也随之跳票。他被迫提起诉讼以确保他的投资得以回报，但积欠他的费用仍然尚未偿还。

据了解法官莫蒂默先生否认，有关该公司在破产的情形下继续交易，或存在任何其他不当行为的指控。

当约翰·巴里·莫蒂默御用大律师，即现今的法官莫蒂默先生，为布兰查德辩护针对他的指控时，法官莫蒂默先生自己的房地产公司，却于 1978 年在资不抵债的情形下继续交易。

为此布兰查德遭获判入狱一年，但表示当时的莫蒂默先生，并未在法庭上提出适当的辩护 — 他并未说出事实上，一位名叫威尔逊·普林的前约克保守党议员，欠布兰查德一大笔钱。

直到后来，布兰查德才发现普林先生是莫蒂默先生的姨丈、教父和约克共济会会所的会员。

在进一步的发展下，布兰查德上周再次就莫蒂默先生在 1978 年案件中的行为，向出庭律师公会专业人士行为委员会 (Professional Conduct Committee of the Bar) 提出投诉。布兰查德之前的申诉在 1980 年遭驳回 — 当时莫蒂默先生是出庭律师公会的成员。新的档案包括的新证据 — 布兰查德的前律师和书记员的宣誓证词，支持他对事件的描述。

根据上诉法庭将于明天开始审查的呈文显示，法官莫蒂默先生参与了布兰查德目前的毒品案，因为当布兰查德于 1992 年在纽卡斯尔刑事法院受审时，主审法官安格斯·麦克唐纳，在案件的关键阶段经常打电话到香港给他。

据称法官布洛菲尔德先生，在去年驳回布兰查德提出上诉的书面申请时，曾与法官莫蒂默先生和麦克唐纳法官进行过交谈。

据称由一名私家侦探向英国电信取得的通话记录显示，这些法官之间有通过电话。

这些证据将成为明天特别庭审的焦点，法院将必须决定是否批准证人传票，以全面披露法官的私人电话及电脑记录。

昨晚法律消息人士称此案史无前例："我们处于不可预测的未来情境下"。

* * * * *

第十章

法官均官官相卫

8月15日上午小保罗前往伦敦参加庭审，并在上诉法院与大卫·泰勒、大卫·罗斯和吉姆·尼科尔碰面。大卫·泰勒帮助我们在泰恩－蒂斯电视台 (Tyne Tees Television) 宣传此案，随着事情的发展，该电视台报道了各个阶段的事件。记者拍摄保罗在索普拱门监狱外进入监狱，进行法律探访的画面，也拍摄他在家中办公桌上准备档案和其他请愿书的情形。记者使用的角度是，一个少年帮助他父亲洗清罪名的故事，这将会十分引起观众的关注，特别是新闻发生在麦克唐纳身上。

* * * * *

1994 年 8 月 15 日星期一的指示庭审
皇家司法院
审理案件的法官
罗素 (Russell) 大法官
法官埃布斯沃思 (Ebsworth) 女士
法官柯蒂斯 (Curtis) 先生

戴安娜·埃利斯小姐代表申请人
P·巴蒂先生代表皇室

戴安娜陈述了毒品案的背景，并说我已经向我的律师提供了一些我得到的信息，据称这些信息显示麦克唐纳和莫蒂默之间曾通过电话，因此她就布兰查德先生的上诉，提供了进一步的建议。罗素大法官生气地打断了他的话：

"推测已通知新闻媒体了，是吗？"

"绝对不是那些指示我的人通知的，"戴安娜说。

"不是的，我丝毫不是这个意思。但我们这里有新闻剪报，表明将对上诉法官、审判法官和香港法官的不当行为提出指控。"

"法官大人，正是如此。"

"越早处理这类指控，显然对每个相关人员都越好。"

戴安娜陈述她的上诉建议，经历了一连串的法律争论，这些争论都指向**法院保护布洛菲尔德的地位**。她继续说道，"鉴于该建议，都已各自写信给三位法官。"

罗素大法官接着说道："埃利斯小姐，我是否能说听到这个信息使我感到有点惊讶。"(罗素早已决心免除布洛菲尔德的责任) 说道：

"审判已经结束（毒品审判）并且也已经写信给上诉法官，我想知道这么做是什么目的？"

"法官大人，只是为了调查电话通讯的问题。"

接下来进行更多的法律争论，然后罗素当庭读出《观察家报》的报道。

"三名顶级法官因偏见指控，面临上诉法院的审理。"

"遭指明道姓的法官，因偏见指控面临上诉的审理。"

罗素大法官随后表示，法院收到了上诉法官（布洛菲尔德）的一封信，信中提到了他的电话账户。然后他宣读了一封信，内容是阐述布洛菲尔德否认与莫蒂默或麦克唐纳认识或交谈过。**布洛菲尔德说，当《观察家报》发表了一篇关于布兰查德案的报道时，他曾在今年 7 月与首席大法官谈过此案。**

巴蒂（再次为控方出庭）在庭上陈述，他有一份荣誉法官莫蒂默先生于 1994 年 8 月 1 日写给检察官的信件副本，然后他宣读了莫蒂默否认，曾与布洛菲尔德或麦克唐纳交谈过的信。信中说道：

罗素大法官说，他希望在考虑是否批准上诉之前获得更多信息，并且越早停止在法庭上争论我的指控越好。他说"我不在本案设立任何时间表，但本案必须经由正常的渠道以所有适当的方式进行。在本庭听取下一次的庭审时，我相信指示你的律师会与上诉办公室进行协商。"

* * * * *

第二天小保罗来访，我们检视了指示庭审各方面的所有细节。小保罗说，你可以从罗素大法官的脸部表情，看出他对戴安娜·埃利斯的愤怒，并且他有足够的胆量在英国法院提出此类问题。小保罗的直觉告诉他，罗素会阻止所有任何导致法官通话记录泄露的途径 — 他是对的。其他有趣的事态发展，来自帕特里克·科斯格罗夫（汉森的大律师）提供的一份宣誓书，他对辩方提出的事件提出异议，这让我们都在想到底是谁在幕后策划事情，以及这一切都将如何发展。

我们知道科斯格罗夫是一名腐败的出庭律师，他代表过汉森并完全清楚汉森全是鬼话连篇，但他为什么参与其中以及如何渗入此案。而另一项事件的发展是，布洛菲尔德披露了他在诺里奇的住家电话记录，证实没有打过电话给麦克唐纳或莫蒂默。再来还有一个秘密会议，是讨论布洛菲尔德和我之间的案子，猜猜与会人是谁 — 首席大法官彼得·泰勒，他与莫蒂默密谋破坏我的欺诈案审判。

我想泰勒可能是有史以来主持英国法庭中最腐败的首席大法官，但更令人担忧的是，他是莫蒂默的朋友。泰勒知道我以前的所有经历，并在 1978 年帮助莫蒂默将我定罪。回想起来，*我想起我母亲在我的欺诈审判期间，看到他们俩一起笑着离开法庭*。他究竟扮演什么角色，还有谁与他结盟。

在某个时间点时，有人指称我在上诉通知书上写了"see89/6687/W3"这个案件编号，因此戴安娜·埃利斯去了一趟上诉法院办公室，以验证文件的真实性。当她在上诉法院办公室时，工作人员确认收到了来自首席大法官办公室的电话，指示将我之前的上诉文件与我的毒品上诉申请一起提交。将法官的偏见作为上诉理由的底线，意味着我将必须宣誓另一份宣誓书，说出私家侦探的姓名，但与此同时，我会在申请法院命令，强制英国电信披露通话记录上遇到阻碍。在小保罗离开之前，他给了我一份肯恩·威廉斯在 1994 年 8 月 18 日宣誓的宣誓书副本，内容十分很有趣。"哦，我也给你带来了这些，"小保罗说着把早报递给我，脸上带着微笑。

法官否认彼此谈论案件内容《北方回声报》
法官否认彼此间的不当通话《约克郡邮报》

* * * * *

隔天早上我被叫到监狱长面前，告诉我他已批准了另一张特殊许可证，可以在 8 月 19 日星期五也就是两天后，我可以前往伦敦见我的事务律师和出庭律师。我将在前一天离开监狱回到我的住家住址，然后周五早上开车前往伦敦，并在当天晚上晚些时候返回监狱。这距离上一次吉和我独处的时间只有一周的间隔，我们俩都非常开心这个安排。大卫·罗斯想见面了解最新情况，所以他安排我们前一天晚上，入住伦敦布伦特十字假日酒店 (Holiday Inn at Brent Cross London)，住宿费由《观察家报》出，避免了周五早上的长途车程。我们与大卫共进晚餐，他向我透露了大法官办公室情况的最新进展。

整个部门都处于躁动不安的状态，法官被告知不要对记者发表任何评论，大卫的高层消息人士表示，上诉法院和内政部的官员都收到了来自四面八方的信件。揭露布洛菲尔德与彼得·泰勒见面的消息，成为了大众的热门话题，因为我们都试图解开，法官在不可预测的未来的下一个行动会是什么。

* * * * *

吉尔再一次在戴安娜办公室的接待处等候。由于又适逢吉姆·尼科尔的假期，因此卡罗琳·泰勒代替他开会，秘书希瑟·劳伦斯 (Heather Lawrence) 出席并记录了会议内容。卡罗琳·泰勒向戴安娜和我提供了，从上诉法院收到的文件副本和上次庭审的对话誊本，以及布洛菲尔德电话账号的副本。

我说布洛菲尔德有一个伦敦 071 开头的电话号码。戴安娜说她怀疑他在伦敦有一套公寓，并问我是否和大卫·罗斯谈过话。我说道"我昨晚住在由《观察家报》支付的布伦特十字假日酒店时，有跟大卫见面"。戴安娜非常担心地说：*"法庭说诽谤三名法官的名誉并指控他们共谋，是非常严重的事情"。*

然后我们讨论了我筹集 5,000 英镑以获得通话记录的可能性，我说我正在尽力筹钱。戴安娜随后谈到法官时说道：*"他们为什么不提供通话记录？他们不提供的原因是因为其毁灭性太强。"* 我可以看得出戴安娜很沮丧，然后她说：*"让我们打开天窗说亮话吧，《观察家报》不是垃圾报纸，刊登一周又一周的报道，表明大卫·罗斯对此非常有信心。但为什么呢？他什么都没看到，怎么能对此如此有信心呢？"*（大卫当然从他在大法官部的内线知道最内部的细节）。

我们讨论了帕特里克·科斯格罗夫，在帮助三位法官方面所发挥的作用，我说他有一长串关于出庭律师公会（出庭律师管理机构）登记受理针对他的行为投诉。

戴安娜说道：*"对于不是从事这个工作的人来说，会难以理解这个职业。出庭律师公会是个非常小的圈子，出庭律师通常将来往往会成为法官，他们可能因而一起审理同一个案件，或者他们以前还是出庭律师时，曾在同一个办公室里工作而彼此认识。"*

（出庭律师工会的成员，意味着在法律上能够代表一个人在法庭上辩论）
"回到刚才谈论大卫·罗斯的话题，他的律师如何处理这个问题？"
"还有其他事情正在发生，他知道大法官部门内发生的其他事情，"我回答道。

（戴安娜）："你可以放心告诉我们。"
（卡罗琳·泰勒）："他在大法官部门里认识谁？"
（我）："我不能说。"
（卡罗琳·泰勒）："如果私家侦探拒绝在宣誓书上宣誓，而我们又没有得到通话记录，会怎么样呢？"
（戴安娜）："如果我们没有获得宣誓书或通话记录，那么我们等于口说无凭没有证据。法院不准备接受我们说法官在撒谎的事实。"
（卡罗琳·泰勒）："这就是你所说的，这些法官均在撒谎。"
（戴安娜）："你儿子在 2 月 16 日寄给法官的挂号信，我们必须写信给皇家邮政请他们验证这封信。私家侦探永远不可能找出小保罗信件的内容。"

会议回到我筹集 5,000 英镑去获得通话记录的话题，我概述了几种可能性，包括我的姐姐玛丽，她可能可以提供帮助，但这取决于她丈夫是否同意借钱给我。
〔不对外公开的信息：我说也许《观察家报》能提供这笔钱〕
（戴安娜）："我希望你去了解私家侦探和你的朋友愿意透露什么信息，若是没有私家侦探的姓名和地址就无法进行下去。"

重点是如果我无法获得通话记录，我们就会陷入困境。我在会议上没有这么说，但我已经知道私家侦探奈杰尔·米德，不可能愿意在宣誓书上宣誓的原因有两个。首先，前提条件是他们永远不会向任何人透露他们的身份；其次，如果他们的身份遭披露，他们将因获取受《数据保护法》保护的信息而遭起诉，并且在盗取数据而损害法官立场的情况下，肯定会获判监禁刑罚，你可以想象这三位法官肯定会纯粹出于恶意，而判他们监禁的刑罚。

*****

当吉姆·尼科尔度假回来时，他去索普拱门监狱探视了我，了解我在私家侦探、奈杰尔·米德和通话记录方面取得了哪些进展。我告诉他最新的进展就是已经无计可施，向他解释我绝对不可能将奈杰尔·米德牵连到任何共谋犯罪中。我说我会向上诉法院宣誓另一份宣誓书，但现实情况是，罗素大法官会驳回要求英国电信提供通话记录的法庭命令。因此，对法官的上诉理由已经可说是已走到死胡同。

然而对于吉姆来说，还有另一件事让他深感担忧，他解释道很显然的是，控方在辩方陈述之前，就已知道我案件的某些事件和细节（这意味着我的辩护团队内部有人泄密）。

在法律界的八卦流言中，有人暗示卡罗琳·泰勒（他的搭档）可能是那个泄密的人，因为她是彼得·泰勒出庭律师的侄女，而吉姆完全了解我对"这个撒旦（彼得·泰勒）"的看法。我说我不知道卡罗琳·泰勒是他的侄女。吉姆想让我知道，她从未与她的叔叔或任何其他家庭成员讨论过我的案子 — 他向我保证事实确是如此。他问我是否相信他，我说我相信。直到今天，我的直觉告诉我吉姆·尼科尔是一个信守诺言讲信用的人，但这个消息仍然是一个非常令人担忧的问题。

*****

下一次指示庭审定在 1994 年 10 月 11 日星期二举行，我再次获得了出狱特殊许可证，以便我可以去吉姆位于伦敦的办公室做准备并在宣誓书上宣誓。然而这一次许可证的条件明确规定，我必须在 10 月 10 日一大早搭乘火车往返伦敦，并在当天晚上晚些时候返回监狱，所以我于 10 月 9 日离开监狱，这样我就可以于次日赶上最早班的火车。

*****

当我到达吉姆的办公室时，我很失望地得知他没空见我。他的秘书解释说，他在当地警察局担任一位客户的律师，这意味着他的秘书会准备我的宣誓书并通过电话与他联系，我在宣誓公证人面前宣誓其内容是真实的。我对吉姆感到恼火，我的直觉告诉我，由于最近发生的事件，他对我的案子失去了兴趣。由于一起讨论了几份草稿，耗费相当多的时间，我才最终对完成的文件感到满意，导致我们未在预定时间内结束，因而我开始感到焦虑。我已预订了去约克的回程火车票，所以我打电话给大卫·罗斯，他同意来接我并送我到国王十字车站。幸运的是我及时赶上了，否则我将会违反我的特殊许可证的条件。由于我对吉姆感到脑火，因此我留下一封简短的信给他（全文转载如下）：

*****

敬爱的吉姆

我已签署宣誓书，而我对此事的唯一理解是，我原本以为在申请上诉许可之前，我将有机会与您和出庭律师，讨论我的整个案件并提出上诉。
敬启

保罗

*****

在我回程的路上，我阅读了我的宣誓书，从内容中可以清楚地看出，为什么吉姆对我的案子失去了兴趣。在经过全国报道宣传和谈论获得法院命令，以获取法官的通话记录之后，所有的一切却以一团糟的形式收场。另一方面，从一开始就很明显，我永远无法透露我的消息来源，即使我透露了，他们也会否认有任何的参与，因此我们在没有任何控方反对的情况下，便失去了上诉的理由。在我的宣誓书中，我列出了我需要 5,000 英镑才能获得通话记录，但无法筹到钱的经过。我阐述的最重要的点在于："**私家侦探向我证实，法官布洛菲尔德先生的电话号码是伦敦的号码，而不是诺里奇的号码。**"

从那时起，控方通过展示布洛菲尔德于诺里奇的通话记录误导了辩方。想当然尔，这恰恰表明了英国警方的腐败行为。

我在同一天向上诉法院提交了宣誓书，剩下的就是等法官驳回上诉的理由。这些法官没有必要提供他们的通话记录，因为他们的否认便足以驳回我关于他们彼此联系的说法 — 因为法官不能也不会撒谎。**当我再次断言这些电话是从伦敦的号码打出去的时候，布洛菲尔德提供的诺里奇号码的通话记录已不再重要。**就法官而言，这将是本申请的终结。他们非常巧妙地掩埋了真相，只有那些维持他们自己英国司法虚假名声的腐败上诉法官的"核心圈子"，才知道这个真相，尤其是在保护他们自己人的时候会掩盖真相。

1994 年 10 月 11 日，上诉法院举行了最终庭审，以决定是否可获得法官的通话记录并将其用于我的上诉庭审。我没有提供私家侦探的姓名或他的任何联络方式，既然如此，法官说埃利斯小姐需确切地接受本法院的判决，基于这个理由而言，本法院必须驳回此次的上诉许可申请，这就是本院的判决。"

"关于其他申请上诉的理由，将在另外的庭审上处理。"

任何被指控共谋的普通人，如果他们可以通过披露他们的通话记录来反驳，他们会立即将这些通话记录提供给法庭 — 以洗清他们的罪名。布洛菲尔德披露了他的家庭电话记录，这些记录与他在伦敦拥有的私人公寓毫无关系。即使法官否认打过这些电话，我仍然想继续依据此理由再次提出上诉，因为我知道我所看到的是真实的通话记录，这个证据证明了三位法官之间有共谋。

第十一章

挥别吉姆和戴安娜

目前吉姆·尼科尔和戴安娜·埃利斯在意的是，我将继续寻求剩余的上诉理由，而下一次的庭审定于 1994 年 12 月 20 日开庭。我们的失败意味着法官能够以对他们有利的宣传报道进行报复，并在他们的声誉完好无损及辩方受到上述耻辱的情况下，享受成功的果实。

1994 年 10 月 12 日
"控诉法官的案件遭驳回"《泰晤士报 (The Times)》
"三名法官之间不正当联系的指控遭驳回"《卫报 (The Guardian)》

* * * * *

回到索普拱门监狱，一些狱警对我表示同情，说我对抗的是权威机构的最高层级人员，这是注定要失败的，另一些人则一脸得意地傻笑，好像在说"你活该！"你怎么敢指责我们的法官行为不当。我争取洗刷罪名的行为，或多或少会影响我的假释申请，虽然不是全然是负面的，但如果你接受你的罪行并表现出悔意，假释申请的成功机会就会更大。

在我可否获得假释前，我接受了一次面试，一位官员问我是否接受了我所犯下的罪行，我坚定地回答说绝不接受。该官员指出如果假释获得批准，我将在短短三个月的时间内于一月初假释出狱。那家伙只是在做他的工作并尽力改变我的想法，所以我告诉他我宁愿再坐一年牢，也不愿承认我没有做过的事情。

大卫·罗斯不甘心就此善罢甘休，决心筹出 5,000 英镑购买通话记录，并在 11 月初说服他的编辑，假借以购买我故事的版权为由预付这笔钱。11 月 9 日小保罗前往伦敦，代表我签署合同并收取款项，然后将其交给给奈杰尔·米德，请他转付给私家侦探，并指示私家侦探将原件直接寄给《观察家报》的大卫·罗斯。

这是个绝佳的好消息，我决定与位于利兹的哈里森·邦迪公司 (Harrison Bundy & Co) 的律师马克·弗利 (Mark Foley) 讨论此事，他来索普拱门监狱与我见面。我告诉马克我的故事，他愿意接受我的案件，但这一切都取决于上诉法院是否同意，移转我的法律援助证书给他。他还提到了戴安娜·埃利斯提供宣誓书的议题，他说道如果她从一开始就知道艾莉森·凯不会出庭作证，她会以不同的方式盘问汉森。与儿子商量后，我决定更换律师，与马克·弗利律师重新开始，他的办公室离家只有 25 英里。我不认为吉姆或戴安娜需为我们在罗素大法官面前失败的结果负责，也不认为他们应该为我遭麦克唐纳定罪的结果负责，因为麦克唐纳在法庭上的指导，羁绊及堵住了戴安娜的陈述，她在这样的情形下已经打了一场好仗，即便最终的结果是不可避免的。

* * * * *

我在索普拱门监狱待了将近两年，并接触了许多住在利兹、布拉德福德、利物浦和来自更远地方的囚犯。在我随后的商业活动中出现的三个人，分别是来自北威尔士的尼古拉斯·埃文斯 (Nicholas Evans)，以及来自布拉德福德的桑尼·弗莱彻和雷蒙德·丹尼尔斯 (Raymond Daniels)。这三个人都向我寻求商业建议，我同意在他们获释后协助他们。

＊＊＊＊＊

1994年12月7日我收到了吉姆·尼科尔的一封信，信中表明他将重新启动我对三位法官的指控。然而这一次，我有法官难以否认的确凿证据，来证明法官确实打电话给彼此 — 至少我是这么认为的。这封信加强了我的决心，信中也对法官在上诉法院的否认做出了不同的解释。

吉姆在1994年12月6日的信中说道（全文转载如下）：
敬爱的保罗
大卫·罗斯已向我发送了，与麦克唐纳法官和布洛菲尔德法官那段相关期间的电话账号副本，我已与戴安娜讨论过这个证据。
显然，新证据对您的案件至关重要。在向上诉法院提交新证据时，我们必须非常谨慎小心。
我想和您讨论很多事情，希望明天早上我能去索普拱门监狱一趟。我想与您讨论这些议题，并准备一份宣誓书供法庭使用。
目前戴安娜和我认为，我们应该在12月20日前尝试申请初步庭审，以便向法院申请传唤证人的传票以核实文件。
我将在星期三与您更详细地讨论我的建议。

敬启

吉姆

＊＊＊＊＊

由于我上诉庭审的日期在两周内就定出来了，所以我必须赶紧做出重要的决定。吉姆于周三(12月7日)也就是我收到他来信的同一天与我见面，我们讨论了所有议题，他积极地想向前迈进，在法庭上出示新的证据。我觉得我们会再次回到原点，因为法庭会要求知道我朋友和私家侦探的名字，所以我们虽然有新证据，但不会得到不同的结果。

这些新证据并没有解决罗素大法官驳回上诉理由的那些问题，因此在接下来的一周 (12月15日) 安排了另一次会议，好让戴安娜可以出席。最后，这些会议巩固了我聘用马克·弗利，并寻找新出庭律师的决定。这个决定还可以让我有时间重新组合我的团队，和准备利用新获得的通话记录。

＊＊＊＊＊

我没有获得参加上诉庭审的特殊许可证。上诉法院之前授权特殊许可证的原因，仅因为这符合他们自己的议程，所以前一天我被押送到伦敦的布里克斯顿监狱 (Brixton Prison)，准备第二天早上将我转移到皇家司法院。为了预先阻止反对我更改法律代表的任何意见，我写信给罗素大法官、吉姆·尼科尔和法院登记员迈克尔·麦肯齐 (Michael McKenzie)，概述了我做出决定的原因。通过解雇吉姆和戴安娜，我将有时间重新组合我的法律团队。

当我进入法庭时，罗素大法官脸上的表情说明了一切。妈妈说到了一定年龄，你的为人处世就会呈现在你的长相上，也就是相由心生，这是对这种腐败的野兽恐龙的准确描述。他的脸刻画了一个傲慢自大的恐龙样貌，迫不及待地想戴上黑帽子，尽快判处我缢死的刑罚直到我死去为止。

戴安娜站起来对他说，我希望任命新的事务律师和出庭律师。罗素咕哝着他的愤怒，因为我一直等到最后一刻才任命新律师，并评论我为了平反我的定罪，弃而不舍提出上诉所造成的"国家"成本。当他的愤怒平息后,他做出了以下判断(全文转载如下)。

"今天列入庭审的这份申请将从我们的待审清单中删除,并将由学识渊博的登记员确定日期后重新列入待审清单。我们将法律援助证书移转给指派的新出庭律师和新事务律师,并免除您、埃利斯小姐和您事务律师在目前法律援助证书下所付的责任。"

第二天,当地两家报纸发表了关于我任命新律师的报道:

"布兰查德在新的上诉行动中解雇了律师"《约克郡邮报》
"被监禁的约克男子解雇了他的律师"《约克郡晚报》

由于我上诉庭审的日期被推迟,也任命了新的律师,我知道这会使事情再拖延几个月。圣诞节和新年快到了,我回到索普拱门监狱,回到监狱时我被叫到监狱长办公室,他递给我一张看起来很正式的表格。"恭喜你,布兰查德,"他说,"你的假释被批准了,你将于1月6日获释。"听到这个令人欢喜的消息时,我的肾上腺素瞬间激增。十七天后,我将重新获得自由。

*****

第十二章

终于重返家园

保罗和莎拉在监狱大门外等着接我回家，十五分钟后我到了新家。那周晚些时候，我们与家人和朋友举行了返家团圆聚会。吉尔和我双方的家人自始至终都支持我，喝杯葡萄酒真是让人放松阿，因为我知道这不是探亲假，我现在可以忘记一天内于不同时间点，钥匙发出咯咯作响的声音。一旦与吉尔和她的两个儿子 — 卡尔和克里斯 — 安顿下来一起生活后，我就开始思考我应该开始做能够快速赚钱的生意，以收复过去三年的损失并重建我的资产。我决定等到上诉之后再开始，目前先把所有的时间都花在手头的法律事务上，做生意这件事将必须暂时摆在一旁。

小保罗在过去的两年里全心全意在处理我的案子，充当了我的公民代理与当事人之友，并以电脑打字了数以千计的文件、请愿书和信件。由于这个原因，以至于他忽略了他的学业，所以现在需要找工作赚钱，他决定以电脑软件顾问的身份开始创业。然后他在约克郊区的克利夫顿摩尔零售商圈 (Clifton Moor Retail Park) 发宣传的传单，才几周的时间他就被工作淹没了。他的许多客户都知道他是我的儿子，幸运的是这并没有对他的生意造成损害。他的收入如此之高，以至于他可以帮助我支付所有费用，直到几个月后我又可以自行筹措自己的支出为止。如果没有小保罗在过去几年的支持，回归正常生活之路会花费更长的时间。

* * * * *

马克·弗利熟悉了我的案子后，他花了相当长的时间寻找合适的出庭律师来代表我，并于三月在伦敦安排了一次会议，让我与出庭律师会面，这位出庭律师的名字叫做蒂姆·欧文 (Tim Owen)。

在我们的第一次会议上，我知道蒂姆已经掌握了与我的上诉有关的所有问题，不过他说仅有一个附带条件，他代表我出庭辩护时，将不会涉及对那三位法官的任何议题。因为这些针对法官们的上诉理由已被驳回，但无论上诉法院的裁决如何，都让他感到不舒服，并且只有在我接受现今上诉是基于其余的理由下，他才会接受我的案件陈述。我向他确认我接受他的先决条件，并表示我完全理解上诉法院的裁决。

1995 年 3 月 2 日，蒂姆·欧文写信给保罗·巴蒂，要求澄清他在我的毒品审判中，向陪审团做开场陈词时提到的某些事实，在此开场陈词的过程中，他原本将艾莉森·凯列为控方证人，以及他原本提议传唤她出庭作证。欧文还要求巴蒂澄清他提到奈杰尔·米德投资的 5,000 英镑事宜。巴蒂于 3 月 22 日回复说（截取相关部分如下所示）：

第 (2) 段："我在开场陈词时没有提及艾莉森·凯的证据，"接着说："我根本就没有提及艾莉森·凯的证据，其后我也没有提到艾莉森·凯遭勒索的事情。我被要求不要碰触'勒索'的证据，所以我没有这么做。"

第 (3) 段："在向陪审团做开场陈词时，我的笔记中完全没有写下我曾提及 5,000 英镑的事宜。在我的总结陈词中，我说有证据显示布兰查德缺钱。我进一步说，他借过钱，而陪审团可能认为借贷的利息过高。"

由于巴蒂的回应，戴安娜·埃利斯和彼得·罗兰兹提供了两份宣誓书，证明巴蒂否认他没有提及 5,000 英镑的事宜，他当时以此误导了法院。他没有说实话，在我看来，如果你不说实话，你就是不诚实。在宣誓书中，他们陈述了以下内容（戴安娜的宣誓书 — 截取相关部分如下所示）：

"在上述信函的第 (2) 段中，巴蒂先生表示，他在开场陈词中根本没有提及艾莉森·凯的证据。事实上，他在提及大卫·乔布林的证据时提到了她。"

"在第 (3) 段中，巴蒂先生表示他的笔记中，完全没有写下曾提及 5,000 英镑的事宜。根据我的回忆和我的笔记，他谈到了 5,000 英镑的重要性。"

巴蒂并继续说道："布兰查德负债累累，米德先生是一名约克商人。布兰查德告诉他，西班牙的净水交易需要资金。当他们见面时，布兰查德告诉米德他非常迫切需要 5,000 英镑。"

并且："这笔钱定于 1991 年 11 月 6 日偿还。汉森说为寄售毒品支付了 5,000 英镑。究竟为了得到什么才这么做？因为布兰查德急需现金，所以他才会同意敲诈勒索的条件，这笔款项将在该行程结束后偿还。金额与为摇头丸支付的金额一致，并且贷款从未还清。布兰查德直到 1992 年 1 月 7 日才被捕，为什么没还贷款呢 — 控方陈述因为他原本预定的偿还金额已经被警方没收了。"

彼得·罗兰兹的宣誓书与戴安娜提供的宣誓书相同，戴安娜继续描述了导致巴蒂决定不传唤凯作为控方证人的一连串事宜，这与辩方被误导的论点有关。巴蒂先生在答复中表示，"汉森是他的主要证人，所以汉森完成作证之前，他无法决定是否传唤艾莉森·凯。并且在进行交叉诘问开始之前，正如他所理解的那样，他已经将他的决定传达给了辩方，这点他是完全撒谎的。"

在随后控方的书面争论草稿中，巴蒂 — 现在是御用大律师保罗·巴蒂 — 他无视告知辩方不传唤凯的时间点的重要性，这当然最后变成由辩方提出此点是核心问题所在。控方仍在破坏法律程序，而上诉法院支持这个事实，以确保我几乎没有获胜的机会。

* * * * *

1995 年 4 月 25 日我收到了刑事侦缉警司凯文·罗斯的一封信，信中阐明他对莫蒂默公司破产的调查已结束，内容如下（全文转载）：

敬爱的布兰查德先生

关于朱迪思·莫蒂默有限公司

写这封信是为了通知您，皇家检控署于 1995 年 4 月 20 日通知北约克郡警方，此案证据不足，因而无法建立一个实际的定罪可能性。

敬启

K·罗斯

* * * * *

可以再一次预料结果将会是如何。如果莫蒂默遭起诉，那将增加我指控的分量，即他不诚实而且这个证据将对我的上诉有所助益，因此权威机构不会让这种情况发生在自己的身上。关于莫蒂默在公司破产期间，继续经营业务的证据是铁证如山，然而必须再过八年，真相才会浮出台面，揭示为什么控方没有起诉他的原因。

* * * * *

第十三章

蛇蝎之窝

庭审的前一天，吉尔、小保罗、莎拉和我前往伦敦，在靠近皇家司法院的酒店过夜。那天早上，我们在法院外面遇到了大卫·罗斯、蒂姆·欧文和马克·弗利，当大家在法庭上就座后，我注意到吉姆·尼科尔与其他几个人坐在我们的后面，我向他点点头打个招呼。

注：(法官头衔是"大 (Lord)"法官者，在英国法院担任最高职位)。

皇家司法院

伦敦

1995 年 7 月 14 日星期五

由

罗素大法官

沃德大法官

法官萨克斯 (Sachs) 先生

一看罗素大法官的脸，我就知道结果了。罗素很显然地相由心生，只是这一次他的脸似乎愤怒地跳动着，我认为这是一个多么傲慢、自负、自大、卑鄙的人，他迫不及待地想在拥挤的法庭上尽快做出判决。法学界公认，法官们已经闭门审理本上诉并已决定结果，接下来只是理所当然地下达他们已经决定的判决而已。

罗素对上诉理由咆哮了将近十五分钟后，他向法庭宣判：

"结论是律师提出的这些上诉理由都失败了，因此本院驳回对定罪提出的上诉申请。"

蒂姆·欧文站了起来，完全不浪费一丝一毫的时间说道：

"我感谢法官大人，您已说预定在宣布判决摘要时才处理这件事，但法官大人，我认为您是否无意处理我所提的意见呢？并且无人对此意见提出反对的看法。"

罗素接着谈到了他心中认为最重要的事情，用非常愤怒的语气说（相关部分截取如下）：

"我们已经做出了宣判，本申请必须到此结束。除了这件事情之外：关于负责提供通话记录的私家侦探的身份，你是否有任何的指示？本法院前段时间已考量过那些通话记录以及它所涉及的事宜，因此似乎是在申请人保罗·布兰查德的教唆下，断言麦克唐纳法官、法官布洛菲尔德先生和香港最高法院法官莫蒂默先生之间的联系极端不合法？"

蒂姆·欧文："我是否可以获得一些简短的指示吗？"

罗素："我们知道布兰查德先生知道他们是谁。他上次告诉我那个男子在这里，但他拒绝透露他们的名字。"

蒂姆·欧文："布兰查德先生告诉我，他将配合法院希望进行的任何调查。"

罗素："我们现在能知道私家侦探的名字吗？"

蒂姆·欧文："法官大人，布兰查德先生所说的是，他将很乐意配合大法官部门想要进行的任何调查。"

罗素:"这里不是大法官的部门。我们提议如果申请人无法提供信息,请法院秘书发送文件档案,由于该指控影响麦克唐纳法官、法官布洛菲尔德先生和位于香港的法官莫蒂默先生的诚信。我们建议将这些文件档案发送给检察官,因为很明显的是,这些该为此负责的相关人士企图妨碍司法公正,这些文件档案里详载了这些指控。你可能熟悉也可能不熟悉这些文件档案,因为当时开庭时你不在场。"

蒂姆·欧文:"如诸位法官大人所知,我当时根本没有参与那个阶段的庭审,也根本没有提出那些论点。"

罗素:"你确实没有参与,但我们已听取申请理由的价值所在,现在是考量应该怎能做的时候。你可否向你的当事人取得他的指示,并确定他现在是否准备以明确的方式,披露私家侦探的姓名及其地址、接受指示的人员是谁,以及提供这些法官电话账号的人员是谁,或是披露其中某个人员。"

蒂姆·欧文:"我得到的指示是,布兰查德先生很满意各位法官大人按照提议指导庭审,并且他会配合要求。"

罗素:"我已不能再简化我所问的问题:布兰查德先生,此时此地,是否准备告诉本法庭,负责提供这些信息的私家侦探的姓名和地址,据我所知,这是包括在我们文件的原始上诉申请理由,而本庭已驳回这个理由。"

蒂姆·欧文:"我得到的指示是,不,**他无意说出此信息。**"

罗素:"这一直是他的立场,我必须问的是,你们的事务律师知道私家侦探的身份吗?"

蒂姆·欧文:"不知道,我的事务律师哈里森·邦迪 (Harrison Bundey) 并不知情。"

罗素:"那么很显然的是,之前受雇用的律师一定知情。"

蒂姆·欧文:"我不能为他们发言。"

罗素:"我知道你不能代表他们发言,欧文先生,你一直非常小心谨慎,从头到尾彻彻底底地了解这个案子,这是我对你敬业的恭维。我想知道的是,第一批的律师是否得知这项信息,如果他们不想披露,我不会要求他们披露。"

蒂姆·欧文:"现在我可以诚实的回答您,我不知道而且我没有关于此方面的任何信息…………。"

罗素:"你现在的事务律师也不知道吗?"

蒂姆·欧文:"不,他们也不知情。当这个理由遭法院驳回后,我们就刻意不碰触那个议题,再者我不能代表以前的律师发言。"

罗素:"你知道这件事的细节,不是吗?"

蒂姆·欧文:"当然,我已在报纸上看到真个消息,但我没有仔细阅读报道所收集的证据。"

沃德大法官:"报纸不会收回他们已经大肆报道的新闻,对吧?那是题外话,对此我不再多做评论。"

罗素:"好吧,如你所知,在向本法院提出申请前,对这件事的调查已是竭尽所能。申请人坚决主张,不仅麦克唐纳法官、法官布洛菲尔德先生和香港最高法院的法官莫蒂默先生,就布兰查德的案件相互进行了不当沟通。**这是对任何一名法官的极端严厉指控,更别提是指控三名法官,正如一个人所能想象的,如果不属实,这一项指控是令人发指的。**"

以及:

"在我们看来,现在是法院秘书应该准备一份与本案此部分所有相关材料并将其归档的时候,他应该将此档案转发给检察官,本庭建议检察官进一步调查和采取行动。我们很高兴今天从出庭律师那里得知,布兰查德先生现在似乎准备与此类调查合作,尽管即使现在我们还不知道这个人的身份。"

"我们同时也指示本法院秘书准备一份相同的档案,将其发送给出庭律师公会,要求对申请人的前律师的立场进行调查。如同所有的律师一样,他们是法院的官员。我们认为私家侦探的身份应该由律师披露，当这些律师有权以当事人的特权为由保护自己或他人时，就会出现问题，现在由出庭律师公会来决定那些事项。"

沃德大法官："欧文先生，先前的律师是否今天在庭上？"

蒂姆·欧文："我认为尼科尔先生在这里待了一个小时左右直到午饭时间，但他......。"

沃德大法官："但他现在不在庭上。"

蒂姆·欧文："我正要郑重声明，在提出这些问题时，他并不在场。"

沃德大法官："当罗素法官大人做出宣判时，情绪有些激动，因此我怀疑是否因为他在这里的缘故，如果他刚才在这里的话，他本可以借此机会回答这个问题，既然如此那好吧。"

这些话语说完后，我的上诉就这么结束了，上诉失败已是预料中的结果。警方将对法官通话记录的整个议题进行调查，以证明他们是无辜的，没有做出任何不当行为，权威机构正准备做战。

* * * * * *

我的一小群支持者站在法庭上，均难以置信地摇头。我们都在想同样的事情 — 彻彻底底的掩饰法官的不当行为。法院完全无视任何蒂姆起草的上诉理由，这些理由都有其上诉的价值并值得考虑。当罗素刚刚驳回他的意见书时，我注意到蒂姆的惊讶表情，好像这些意见与上诉许可申请无关。很明显罗素的唯一任务是让检察官和出庭律师公会调查此事，希望将有关妨碍司法公正的人们逮捕和定罪。我对法官们的指控，现在却掩盖了罗素原本可就其他上诉理由做出的任何合理推论，这些理由本应导致上诉申请获准，并最终胜诉推翻我的定罪。

大卫·罗斯制定了其他计划，他调查并亲眼目睹了这些所谓"社会栋梁"的腐败程度。他在大法官办公室的内线所描述的情节，与法庭上三位法官的说法大相径庭。他手中握有法官原来的通话记录，他会进一步调查，但现在法官是赢家。

如果我们把事件倒回到毒品审判上，很显然的警方捏造了控方的案件，并竭尽全力将我定罪。但我的定罪中最令人困扰的地方在于，威尔克斯当时知道那 5,000 英镑没用来购买毒品，但他从未坦白并告知法庭。他清清楚楚地知道我是无辜的，但还是让案件继续进行下去。然而，更令人不安的是，巴蒂和罗素在上诉法院所采取的立场。当巴蒂暗中知晓案件的实情后，他就试图摆脱他在庭上的开场陈词中，提到的这 5,000 英镑对陪审团造成的影响的重要性，及其与核心问题的相关性，甚至质疑戴安娜·埃利斯和彼得·罗兰兹宣誓证词的完整性（或者，换句话说，从巴蒂的角度来看，戴安娜和彼得都在撒谎）。

另一方面，罗素本可批准上诉的理由，因为真相就血淋淋地摆在他眼前，但他却选择无视摆在他面前的所有证据。任何人为压制法律事务的真相而保持沉默，就等同于参与犯罪。事实是警察、皇家检控署、巴蒂和罗素都袖手旁观并且什么也没做。我妈妈曾说过"权力的阶梯越高，会使人变得越腐败"，用这句话来形容再适合不过了。

警察再次登门造访是无法避免的，它会产生深远的影响，这是罗素这位欺凌受害者的人永远无法预期的。这将对英国司法体系的声誉造成可怕的后果，但最重要的是三位法官的诚信，直至今日，这件事让许多律师都难以致信。

* * * * *

隔天两家当地报纸报道了我上诉的申请结果，称伦敦高等法院驳回了我的上诉，并要求我说出收集三名法官信息的私家侦探的姓名。

《约克郡晚报》说道**"毒品案的上诉被驳回"**

《约克郡邮报》**"上诉法院拒绝撤销判决"**

《约克郡邮报》引用罗素的一句话让我的敌人知道，由于权威机构的权势，即便打倒我事情也不会就此结束。

"昨天法院驳回了他的上诉，罗素大法官说，若指控非属实，那么对法官的指控是令人发指的。他说法院将向检察官和出庭律师公会发送详细资料，以便对布兰查德先生的律师进行调查"。

自我获释后的过去六个月里，我将所有心力放在法律事务上，在警察采取下一步行动之前，我什么也做不了。大卫·罗斯比以往任何时候，都更加致力于继续他的调查，并决定寻找自己的私家侦探，来获取另一组法官的通话记录。与此同时，我将重建我的事业 — 从零开始 — 重新开始享受生活。

* * * * *

第十四章

戴菊莺公司

我决定重新拾起我于被捕前所丢下的事务来重新开始我的业务，打算在离岸行业当一名顾问。我需要一个工作基地，于是在约克大学附近的赫斯灵顿 (Heslington) 村找到了一套小公寓，售价为 3 万 2 千英镑。我向儿子保罗借了 2 千英镑，并借贷了 3 万英镑的抵押贷款。小保罗帮忙布置了家具，很快地我就以新兴创业家的身份拿到了许多的订单。1995 年 9 月我创建了戴菊莺金融有限公司 (Goldcrest Finance Corporation Limited，以下简称戴菊莺)，作为我在英国所有业务活动的媒介，并计划将业务再次扩展到特内里费岛和西班牙内陆。我在特内里费岛与卡洛斯重新取得联系，卡洛斯同意在财务允许的情况下尽快加入公司。

* * * * *

通过大卫·罗斯在《观察家报》的人脉，他找到了两名私家侦探，他们可以提供法官通话记录的副本。他们分别是位于南威尔士斯旺西 (Swansea) 市的莱恩·拉德尔 (Len Radle) 和西蒙·黑尔 (Simon Hale)。当时我不知道，大卫设置了一个陷阱让我去执行 — 百分百肯定是如此 — 我绝对不是创建法官通话记录的人，跟我毫不相关。他给了我私家侦探的联系电话号码，并要求我向他们收取这些通话记录，然后将它们保存在马克·弗利的办公室，他会亲自去那里拿这些通话记录。

《观察家报》还汇给我 1,500 英镑，要求我提出款项并以现金的方式支付通话记录的费用。他的计中计的方式简单明了，派我去接收原始的通话记录，但在私家侦探交出这些记录之前，他们会先传真一份副本给大卫·罗斯，以便他可以将两份原件与传真副本进行比较。如此一来他就可以确定这些记录是百分之一百真实的。在这种情况下，我通常会用录音带录下我的电话交谈，后来事实证明此做法是无价的，大约八年后在法庭上当我受到质疑时，这些录音带巩固了我对事件的陈述内容。1995 年 9 月 13 日，我在南威尔士塞文桥附近的四号高速公路上的帕里恩 (Pavilion) 服务区与西蒙·黑尔见面，向他收取通话记录。为了留下我与他见面的证据，我在服务区购买了汽油并拿了收据，然后在我回到办公室时打电话给西蒙，与他通话时，我谈到了当天早些时候与他会面的事宜。然后，我将奈杰尔·米德获得的第一次通话记录，与第二次的通话记录进行了比对 — 它们是完全一摸一样的。

* * * * *

1993 年威利·亨特从监狱获释后，他便开始创业，并在泰恩赛德 (Tyneside) 的北希尔兹 (North Shields) 港创立了保安公司 (Protector Security Services)。这项业务一夜成名，营业额很快就超过了 50 万英镑。该公司与北泰恩赛德市议会，签订了价值超过 65 万英镑的合同，以保护北希尔兹臭名昭著的草甸井 (Meadow Well) 区的房产，公司的生意蒸蒸日上。在草甸井区得到威利·亨特公司的保护之前，该区的盗窃金额每周高达数千英镑，但一旦居民知道现在保全由威利的公司负责后，盗窃案立即停止。

由于纽卡斯尔和北希尔兹周围的流言蜚语四起，因此导致当地报纸《日志报 (The Journal)》调查威利的保安公司，并揭露该公司是由一名被定罪的凶手威利·亨特设立的。所以这造成了一个问题，因为政府即将设立一项新的立法，该立法规定任何有刑事犯罪记录的人，都无法经营保安类企业，因此威利和他的朋友约翰·哈维，制定了一个计划来巧妙地规避这个新的障碍。

1994 年时威利将公司卖给了哈维先生，但在幕后他和他的弟弟吉米·亨特拥有 66% 的股份。由于哈维先生曾在乌尔斯特和伊拉克担任英国皇家海军陆战队队员，因此让该公司受到了尊重。威利和他的搭档莎朗·史密斯 (Sharon Smith) 俩人是该公司的雇员，他们俩加起来的薪水为 39,500 英镑。《日志报》的调查集中在该公司与一些北泰恩赛德工党议员之间的关联，因为其中一名议员与威利的表弟结婚。警方随后对此事进行了调查，没有发现任何违法证据，不过威利的表弟后来遭地方当局免去他的高级决策职位。

威利在英格兰北部的黑社会中享有盛誉，他是一个非常强硬的人，不是一个好惹的人。他很偏执，相信即便他的谋杀罪名已遭清除，但警察还是想再逮捕他。他还相信，当时的郡警察局长约翰·史蒂文斯 (John Stevens)，会不惜一切代价将他再关进监狱。

他与犯罪分子的联系，使他获得内线消息，一名纽卡斯尔警探与一名警方线人，密谋在受威利所经营的公司保护的健身房中放置枪支和毒品。线人不是傻子，他知道不要去惹威利，相反地线人给了威利一个他和警探一起密谋时所录下的录音带。有了这些证据，威利和约翰·哈维要求我准备一份投诉档案，提交给警察投诉局，我同意以 10 万英镑的酬劳为他服务。他们接受了我的条件，因此，有了这份合同和其他工作，接下来的几个月我都很忙。

我准备了一份档案，其中包括警探和警方线人之间的谈话记录，然后由约翰·哈维于 1996 年 3 月转发给警察投诉局。诺桑比亚警方自己的投诉部门和纪律部门进行了他们自己的调查，然后约翰·史蒂文斯将这些调查交给警察投诉局以调查此事，并将报告发送给皇家检控署以供进一步的考量。

大卫·罗斯急于调查此事，他于 1996 年 5 月 5 日星期日，在《观察家报》上发表了以下报道〔全文转载如下）：

《观察家报》
1996 年 5 月 5 日星期日
警察"试图陷害商人"
大卫·罗斯
首席记者

根据警察投诉局正在调查的秘密录音，一名纽卡斯尔警探与一名警方线人，共同密谋在一名商人所经营的公司放置枪支和毒品。

这名警探没有被停职，录音带录下他承诺如果缉毒小组计划突袭线人的家，他会事先警告线人。

"如果他们要突袭你的家，我工作的办公室会在第一时间告知我，"警探说道。他补充说，打电话太危险了，因为电话线会被窃听，但"如果我听到什么，我会亲自来见你，肯定真他妈的通知你。"

经过初步调查后，上周应诺桑比亚郡警察局长约翰·史蒂文斯的要求，指派警察准将安东尼·维维安 (Anthony Vivian) 领导独立调查。录音带显示，涉嫌陷害的主要目标是威廉·亨特（威利是威廉的昵称），他于 1992 年在酒吧斗殴时杀死一名男子，他的谋杀罪名不成立，而因过失杀人罪获判入狱，并于获释后，他创立了一家私人保安公司。1994 年时亨特先生将公司卖给了儿时的朋友约翰·哈维，哈维赢得了价值超过 50 万英镑的市议会合同，负责巡逻住宅区。那年秋天，根据亨特先生和哈维先生向警察投诉局提交的档案，诺桑比亚警方决定关闭该案件。档案称警方消息人士向媒体泄露了有关该公司的信息 — 其中大部分的消息均是不准确的。报纸报道称，哈维先生通过与工党议员的"不正当关系"获得了这些合同，而该公司由一名"被定罪的杀人犯"经营。当哈维先生的律师向警方投诉时，他写的信连同哈维先生的家庭住址，被泄露给了当地的电视记者和广播节目。哈维先生曾在乌尔斯特和伊拉克担任皇家海军陆战队的卧底。

后来的一项调查确定，哈维先生和议员之间没有不正当的关系。但损害已经造成：昨天哈维先生说公司的营业额缩水了80%。与此同时，根据档案表明，警探接近线人并提议进行此项阴谋。具有讽刺意味的是，录音带录下了警探警告此线人，缉毒小组已"盯上他"，并建议他"给自己弄个真他妈的小录音机"。

如果警方突袭线人的住处，他应该"录下与警察的对话，然后说，好啊，搜查我的房子啊，真他妈的，伙计，这里什么都没有"。警探浑然不知，他说的话早已被录音机录下来了。

接着录音带录下了该警探声称，亨特先生正在向北希尔兹的草甸井区的该死的孩子出售毒品（其实没有任何证据），正是威利的保安公司签订合同欲提供保安的所在地。该警探说亨特先生是一个"狡猾的混蛋"，如果他们有机会"陷害威利·亨特"，他和他的同事们将会硬起来有胆量将他再关进监狱去。若是如此就太好了，将亨特送回监狱。"

录音带继续录下了他们在讨论亨特先生所经营的保安公司，所保护的一家拳击健身房的事情。警探说："很容易进入并隐藏一袋该死的快速丸〔安非他明〕。"线人同意并补充说，也可以在亨特先生的车里摆放一些证据。警探说："把它交给我处理，我他妈的会去游说，看看我们能不能弄到一袋像样的毒品和一把像样的枪支，然后我们再见机行事。"后来录音带录下了，他希望毁了该保安公司和哈维先生，他说："我们要干掉他们。"

在随后威利·亨特写给警察投诉局局长的一封信中，为了取回警方搜查期间，从他家中带走的一些微型录音带，他写道〔截取相关部分〕："特别是有两个原始录音带至关重要，因为它们是起诉斯迈尔斯 (Smiles) 警探的铁证。"

在检察官的调查结束时，没有起诉任何参与密谋陷害该保安公司或议员的警察，然而，警察投诉局确实将此事提交给了诺桑比亚警方投诉和纪律部门，诺桑比亚警方于1997年11月24日写信给威利·亨特说道〔全文转载如下〕：

"关于你于1996年3月对警方的投诉，我写信通知你，斯迈尔斯警员于1997年11月14日出席了一次纪律听证会，他遭指控职业操守行为不当，为此他认罪并获判罚款。"

以上是针对一名在职警务人员"妨碍司法公正"的严厉指控且证据确凿，在正常情况下，这些铁证如山的证据会使被告获得有罪的判决，结果会是长期监禁的刑罚。所以这是英国司法机构内部又一个腐败的例子，权威机构完全徇私枉法只照顾自己的人。

在当时约翰·史蒂文斯是诺桑比亚警察局的警长，约翰·哈维和威利·亨特对听命于他的警官提出严厉的指控。随后，他于1998年被任命为伦敦警察厅的副局长，直到2000年晋升为局长。约翰·史蒂文斯现在的头衔是：柯克维普顿 (Kirkwhelpington) 的史蒂文斯勋爵。

2013年2月时史蒂文斯勋爵有了显着的转变，他竟持有该保安集团的控股权，并宣布了一项重大扩张计划，目的是将该集团打造成英国领先的保安品牌。该公司当时的营业额超过700万英镑，聘用了200多名员工，在伦敦、曼彻斯特和苏格兰设有办事处，于2013年由约翰·哈维继续领导该集团。几年前我与威利失去了联系，所以他的股权和他的弟弟吉米的股权是如何处理，幕后究竟发生了什么事，至今仍然是一个谜。

*****

第十五章

苏格兰场

在《观察家报》刊登关于威利·亨特报道的三天后，早上 6 点 35 分时，我家的前门传来一声敲门的巨响，我立刻就知道是警察，因为敲门声如此响亮，也惊醒了吉尔和她的两个儿子，他们在被吵醒之前本来还在熟睡。我打开门时立刻就听到了"保罗·布兰查德先生"这几个字。

"我是。"

"我是苏格兰场（译者注：是伦敦警察厅的别名）的侦缉警长特雷弗·威尔斯 (Trevor Wells)，我以妨碍司法公正、做伪证和诈骗未遂罪名逮捕你。"威尔斯随后出示了他的搜查证并正式警告我，告诉我警方会搜查我的住处。唯一被查获的文件，是我和戈林先生之间电话交谈的录音誊本，戈林先生是莫蒂默以前办公室的办事员。在搜索结束时，我们去了我在赫斯灵顿的办公室，警方在那里进行了进一步的搜索。然后我被带到约克警察局关在牢房里，并于当天晚些时候接受询问。

当我被关在警局时，威尔斯去逮捕了小保罗，威尔斯于下午 12 点 20 分在没有律师陪同的情况下先询问他，随后他得到警方的无条件保释。在听了小保罗的讲述后，威尔斯为了能找到一些令人惊喜的信息，他于下午 2 点 28 分讯问我。威尔斯以一般正常的程序开始进行讯问，介绍在场人员即警探约翰和我。我说出我的姓名和出生日期〔相关摘录如下〕：

〔威〕：威尔斯侦缉警长
〔我〕：保罗·布兰查德
〔威〕："好的，没有其他人士在场。"
〔我〕："完全没有。"
〔威〕："你在本次讯问期间没有律师在场陪同，提醒你，你有权免费获得独立律师的法律建议，你可以通过电话与该律师交谈，并且可以推迟讯问以便你获得此类建议。如果你没有认识的律师或无法联系自己的律师，你可以要求见值班律师或查看当地律师名单。你是否同意在没有律师在场的情况下进行这次讯问？"
〔我〕："同意。"
〔威〕："你能否给出拒绝获得法律建议的理由 …… 或者你是否有理由。"
〔我〕："我已准备好回答你的问题。"
〔威〕："好的，可以。"
〔我〕："尽我所能尽量回答。"
〔威〕："我基本上要表达的是，你并未受到我们的威胁不能请律师在场 …。"
〔我〕："我并未受到这些警察的威胁，他们都很有礼貌也很绅士。"

* * * * *

〔威〕："首先我想要确认你是否知道，你是否明白你为什么被捕 ……"
〔我〕："是的。"
〔威〕："…… 你来这里的目的以及你被捕的原因是你妨碍司法公正，因为你对三名法官提出不诚实的指控，意图诋毁他们的声誉，并促使你对定罪提出的上诉申请得以通过，进而撤销你的定罪。其次，你犯了伪证罪，因为你做出了两份包含谎言和虚假陈述的宣誓书。第三，你涉嫌企图通过欺骗手段获取物品，因为你涉嫌试图通过欺骗手段从英国电信获取通话记录。你明白你被捕的这三个原因吗？"

（我）："是的，我明白。"

（威）："很好，你认识法官莫蒂默先生吗？"

（我）："是的，我认识。"

接下来讯问的重点专注在我试图对我以前的定罪提出上诉，和我企图藉由指控这三名法官来推翻这些定罪，以及我在明知这些指控是虚假的情形下，对我的宣誓书进行宣誓。"

（威）："是的，但是，好的，让我们一步一步来。你是否聘请了私家侦探，来调查三位法官之间的关系？"

（我）："是的。"

（威）："那位私家侦探是谁？"

（我）："该私家侦探的事情是我和他之间的秘密。"

（威）："你表示你提交的证据是你从私家侦探处获得的，我认为该证据是虚假的。"

（我）："好吧。"

＊＊＊＊＊

（威）："是的，因为，因为这个人根本不存在。"

（我）："是因为我所受的待遇，我并不是对你们有任何不尊重的意思，以前的警察……。"

（威）："那么你拒绝在高等法院说出他的名字是不是出于同样的原因？"

（我）："正是如此。"

（威）："所以你也不相信罗素大法官？"

（我）："你会相信拒绝我上诉理由的罗素大法官吗？"

（威）："我认为你导致你自己的上诉失败的原因，是因为你拒绝说出那个人的名字……。"

（我）："根本不能透露。恕我直言，在罗素大法官宣布将案件移交有关当局调查之前，他已做出判决。这个结果是既定的结果，因为过去对这三位法官的指控，我已经注定我的上诉会失败，无论我说什么，我的上诉申请注定以失败收场。"

接下来讯问的内容环绕着我捏造一个假名，将大卫·罗斯偷偷弄进监狱的议题，以及我在调查期间使用"威尔逊"这个名字。威尔问我那位付钱给私家侦探的朋友名字，我回答说："关于这位朋友，我已经说过我不会透露这些人的名字，我已经告诉罗素大法官，我不会说出我朋友的名字。"

威尔斯也想要一份我写下的通话记录的相关条目副本，这些内容包含在戴安娜·埃利斯提交给上诉法院的进一步建议中，他问"那些笔记在哪里？"我回答说："我不知道，也许在吉姆·尼科尔那里，我不知道。"

（威）："那么，你唯一能证明的就是通话记录或笔记的副本。现在，如果你没有其中任何一个副本，你将如何证明法官共谋？"

（我）："我会证明这一点的。同样，我也会证明里德警探总警司撒了谎。"

（威）："你离题了。"

（我）："我知道。"

（威）："我没兴趣……。"

（我）："你可能没有……。"

（威）："你的指控是这样的。"

（我）："但这就是我对这一切的感觉，你必须去考虑到发生在我身上的事情。"

（威）："我在意的是你试图共谋……。"

（我）："那么看来现在唯一重要的事情，即我对三位法官做的事情是吗？"

〔威〕:"是的。"
〔我〕:"那么什么时候会有人在乎他们对我所做的一切？比如里德在撒谎，我在索普拱门监狱有一个录音带可证明他在撒谎、撒谎、撒谎，他对警察投诉局撒谎。"
〔威〕:"我这里有一份你说谎的宣誓书。"
〔我〕:"没有，我没有撒谎，没有，我没有撒谎，你在指控我撒谎，当我被带到法庭时，如果我会被带到法庭，那么在那个时候，我的律师那里会有一切的材料，我会提出证据。"
〔威〕:"我是否可以提醒你？我想提醒你，你依旧在警方的警告之下。"
〔我〕:"可以。"

接下来对我的攻击是围绕我上诉的报道，威尔斯问"那些人是谁？"我回答"那是一家全国性的报社。"

〔威〕:"那么是哪家全国性报纸？"
〔我〕:"它是卫报媒体集团的报社。"
〔威〕:"好吧，那仍然还有两家或三家报社。"
〔我〕:"是《观察家报》。"
〔威〕:"《观察家报》的哪位记者？"
〔我〕:"关心我所有案件的记者是大卫·罗斯先生。"
〔威〕:"所以那不是你做的。"
〔我〕:"不是。"
〔威〕:"你儿子在这一切当中扮演了什么角色......？"
〔我〕:"什么都没有，除了帮我用电脑打很多字，向上诉法院写请愿书，写信给律师......。"
〔威〕:"协助你把人偷带进监狱。"
〔我〕:"如果你这么想的话。"
〔威〕:"欺诈。"
〔我〕:"不是。"
〔威〕:"诈骗。"
〔我〕:"不是。"
〔威〕:"撒谎。"
〔我〕:"不是，他所做的只是试图让我出狱仅此而已。"

讯问的其余部分集中在我向警察投诉局提出的投诉、我为洗清我的罪名所做的努力，以及小保罗参与用电脑写信和准备上诉法院的请愿书上。讯问于下午3点10分结束，时长仅42分钟。我被警方无条件保释。

大约五个月后，我被威尔斯传唤到约克警察局再次接受讯问，但这次有马克·弗利在场。威尔斯希望我放弃"法律特权"，这样他就可以讯问吉姆·尼科尔，但我拒绝了。（如果我取消了"法律特权"，这意味着警察可以逮捕吉姆·尼科尔并搜查他的办公室）

＊＊＊＊＊

可以明显的看出警方非常认真地对待此事。威尔斯是隶属于伦敦警察厅刑事情报部门之特别情报单位中，精英警察小组的一员，该单位负责处理敏感调查，可以要求知名人士和皇室成员在法庭上做证针对被告。

由于所有三位法官遭指控需对自己的行为负责，因此威尔斯的调查非常小心谨慎。无论在哪个阶段，他都不会想因犯下可能有利于辩方的错误而遭受批评，或者因判断错误而导致法律的天平失衡，造成控方的诉讼程序失败而受到批评。他的调查需要相当长的时间，所以在我的第一次讯问结束后，是时候回头继续赚钱并专注于未来计划的时候了。

＊＊＊＊＊

第十六章

重操旧业

由于我已经拥有 10 万英镑的存款，所以戴菊莺公司从一开始就建立在良好的财务基础上。一些高净值客户找到了我的公司，其中一位客户重新安排了他的财务，所以我对他的收费是 58,000 英镑。整个 1997 年，我多次前往特内里费岛，并与卡洛斯计划合并一家姊妹公司，以及开设一家具有声望的公司。1998 年 2 月时，我在特内里费岛创建了戴菊莺金融公司 (Goldcrest Finance Corporation Hispania SL)，并租用了一个大型的室内空间，我们将其改造成位于洛斯克里斯蒂亚诺斯镇中心的商务中心。该商务中心由七套办公室组成，我将其租给其他专业人士（包括会计师、税务顾问和记账人员）。

在所有当地报纸上刊登广告后，岛上的商界无需再寻找其他的顾问，我们公司提供最佳建议，以帮助客户尽量减少他们的纳税义务并保护他们的资产。事实证明，这一年也是我恢复财务稳定的转折点，小保罗和莎拉都在约克的皮尔路 (Peel Close) 购买了房产，这让我有机会定期见到他们。但遗憾的是，这一年的年尾时，我的朋友奈杰尔·米德突然死于心脏病，享年 58 岁。奈杰尔是我屈指可数的真心朋友，我会永远记得他，他是真正的朋友，在我最需要他的时候，他就在我身边帮助我。

* * * * *

1999 年初吉尔和我决定在 5 月 15 日结婚 — 这天是我们第一次约会的周年纪念日 — 但也正好是 15 年前的今天。当吉尔开始制定婚礼计划时，我几乎每周都会去特内里费岛。卡洛斯是公司的全职员工，由接待员、秘书和办公室新兴人员协助。在英国时我在监狱中遇到的桑尼·弗莱彻，想要为他的二手车业务雇佣一位受人尊敬的幕前人员，我同意担任他的全方位财务顾问，我因而赚取更多的收入。

尼古拉斯·埃文斯是我在索普拱门监狱认识的另一位囚犯，他来自北威尔士，后来搬到了约克，当他在约克地区创办了几家企业时，他需要我的投入和建议。生意蒸蒸日上，然而，妈妈说过的其中一句话即将发生，而这件事将会改变我的生活。我在特内里费岛时，我即将透过他人的介绍认识穆罕默德·德巴，将会为戴菊莺带来可观的收入，但同时也会带来令人震惊的影响，而这是我当时无法预料的，因为我不知道的是，我正要面对的人，据称是黎巴嫩黑手党和欧洲最可怕和最危险的犯罪头目。

* * * * *

第十七章

黑手党头目

当德巴的办公室询问说他想见我时，卡洛斯立即表达了他的担忧，因为他知道德巴在岛上的声誉。他说德巴曾是约翰·帕尔默的得力助手，也是他的保安负责人，据报道岛上有许多斗殴和悬而未决的谋杀案均与他有关。我听过这位恶名昭彰的分时度假骗子约翰·帕尔默，并且知道他正在英国取保候审，遭指控的罪名是诱骗来自欧洲各地的数万名度假者。

英国媒体给他取了一个外号为"金手指"，因为他在1983年参与了价值2200万英镑的布林克斯－马特抢劫案。自犯下该抢劫案以来，他已经积累了3亿英镑的财富，而且令人惊讶的是，他的财富曾经与英国女王伊丽莎白二世并驾齐驱，曾在星期日泰晤士报富豪榜上排名第105位。虽然帕尔默的保释条件允许他造访他在特内里费岛的基地，但他的安全将受到敌对黑帮的威胁，这让他的前保安负责人、杀手和得力助手穆罕默德·德巴，有机会建立他自己的犯罪帝国。他们两个人已经可说是完全决裂了，我决定与那个人见面，我觉得我没有什么可失去的，所以预约了见面日期为1999年4月7日。

在他的办公室外等待就像是教父电影中的场景，人们等着看维托·柯里昂阁下一样。五名保镖挡住了他的私人办公室的入口，这些保镖的身材都像绿巨人浩克一样彪悍魁梧。一名保镖好似他们的老大一样，将潜在客户带到另一个等候区，在那里他们等着被秘书带入办公室与穆罕默德见面，几个男人和女人都急切地等待轮到他们，向现在统治特内里费岛的男人寻求帮助。

我在等待时与之交谈的一位英国男子，他说无法获得他购买的酒吧的"开业执照"。当他与穆罕默德见完面后，他脸上挂着微笑。我问他见面的结果是如何，他只是说"德巴先生会把一切都处理妥善"。后来我发现，他花费了相当于2,4000英镑的黑钱，请穆罕默德帮他搞定他的开业执照，而且穆罕默德只不过是打了通电话，给他在执照部门的联系人而已。

当我进入他的办公室时，穆罕默德站起来，带着灿烂的笑容向我打招呼，并像一个失散多年的兄弟一样伸出手向我握手。他的友善很有感染力，我立刻感到很放松，由于他解释说帕尔默做生意的方式不是他做生意的方式，因此我对他之前与约翰·帕尔默之商业往来的任何顾虑瞬间烟消云散。他坚定地强调，他所有的商业交易都得到了会计师和律师团队的支持，他公开谈论了他在特内里费岛的政治关系，以及他与马德里高级官员的关系。他说他想创建一些离岸公司，以尽量减少他必须缴纳的税金，并以合理的方式安排他的财务事务。他的英语无可挑剔，他对离岸立法的了解令人着迷。他说他正在寻找像我这样的人，来担任他的全方位财务顾问，并且他还会将我介绍给他的许多同伙，并为我在特内里费岛打开所有合适的大门。在谈到我的费用问题之前，我们已讨论了相当长的时间。

他迫切需要的是一家现成的公司，在马恩岛的汇丰银行开一个银行账户。我打电话给我的代理人，他们已经在特克斯和凯科斯群岛注册了公司，然后计算出全包费用为486,000比塞塔（约相当于2,000英镑），这笔钱包括完整的银行设施。穆罕默德特别想要一个汇丰银行账户，以便为他在欧洲的客户（度假者）提供信用，幸运的是，我是汇丰银行公认的代理人。该公司将作为穆罕默德位于特内里费岛公司的代理，销售"旅游特惠套餐"，该公司以"千禧俱乐部会员卡"的名义销售这些旅游套餐。

他购买的公司名为舰队证券有限公司 (Fleet Securities Limited)，我填写了申请表和相关的银行开户表格，穆罕默德亲手交给我 486,000 比塞塔现金。原本正常的程序是从律师和会计师处获取推荐信，并对客户的护照进行公证（盖上正式的政府印章）。我自己进行的尽责调查（对客户的检查）与银行开户程序相同，但是，到穆罕默德身上时，情况就大不相同了，相反地，他的护照是由西班牙国民警卫队的高级官员何塞·安东尼奥·马丁·费尔南德斯 (Jose Antonio Martin Fernandez) 认证的。

在这些独特的情况下，不需要其他参考推荐资料，这样的认证认可穆罕默德是一个最值得信任的人，享有最高的信誉。我清楚地记得汇丰银行的经理，代表公司审核其开户申请时的言论，因为在他担任银行经理的这些年里，他从未代表客户接受警方官员的认证，因此，经理毫不犹豫地为他开户了。穆罕默德和我握手，完全没有意识到他任命我的险恶动机，我便成为了一名黑帮头目的财务顾问，他的黑帮心态影响了他在商业和个人生活的方方面面。

* * * * *

回到我的办公室后，卡洛斯并不满意这种情况，觉得一切都会以泪水收场，但决定暂时让事情顺其自然。不到十天我就帮舰队证券开银行账户，穆罕默德似乎对我刮目相看，并渴望将我介绍给他的许多同伙。我同意在蜜月归来时与他联系，蜜月即将来临，距离我与吉尔的婚礼只有几天的时间。

* * * * *

于 1999 年 5 月 15 日，我们很幸运约克的天气非常好。我们在约克登记处举行了婚礼，只有家人在场，然后晚上在一艘豪华的船上举行了招待会，船上宴请了 100 位客人，沿着乌斯河航行直到午夜，与家人、新朋友、老朋友共度难忘的夜晚。约翰·科茨 (John Coates) 和特里·奈恩带着他们的妻子也前来参加，我还邀请了我的前狱友汤米·欣德马奇和他的妻子朱莉 (Julie)，卡洛斯也从特内里费岛赶来庆祝这个时刻。唯一没到场的是我在 Cheavours 乐队的朋友亚历克斯，在他和苏分开后，我和他失去了联系，他的儿子保罗在 1991 年 1 月的一场交通事故中不幸丧生。他后来搬到了伦敦，我无法联系到他。很多年后，我们才再次见面。婚礼后的第二天，我们前往塞浦路斯，在温暖的海岸度蜜月。在过去的 25 年里，我一直未婚，现在娶了一个漂亮的女子，我很自豪地称她为我的妻子，感觉棒透了。

* * * * *

穆罕默德推荐的第一个客户是一名叫做维姆·德·格鲁特 (Wim De Groote) 的比利时商人。在 1999 年 7 月 7 日，当我参加在穆罕默德的办公室举行的会议时，维姆坐在穆罕默德的办公桌的椅子上，看起来像是一个有明确目标的人且知道自己在做什么。另一位比利时商人蒂埃里·博伊纳尔 (Thierry Boinnard) 也出席了会议，他后来成为了我的客户。大家均自我介绍完后，维姆解释说，他也想像穆罕默德一样设立一家离岸公司，并在马恩岛的汇丰银行开户并享有其银行设施。这个想法是复制穆罕默德的相同公司结构，因为维姆另外还有一家公司在特内里费岛，该公司向度假者销售千禧俱乐部会员卡的旅游特惠套餐。在我们四个人交谈的过程中，我才明白到大多数在加那利群岛和太阳海岸销售旅游特惠套餐的公司，实际上都在为穆罕默德的千禧俱乐部销售相同的会员资格。

成为会员后，可享有欧洲各地的住宿折扣、廉价航班、租车折扣、短途旅行折扣和旅行保险优惠等诸多好处。会员费用因会员条款而异，没有实际设定费用，因此销售营销团队能够在仔细计算每个客户的支付能力后做出判断。对于完全相同的产品，三到五年之会员期限的价目表上的价格，从 2,000 英镑到 25,000 英镑不等。这些包套的销售产生了数亿英镑的利润，其中大部分资金（合法地）转移到离岸司法管辖区，并且欧洲各地的税收当局都无法征收税金。

当维姆问我收费是多少时，穆罕默德打断他并说是 200 万比塞塔(约合 8 千英镑)。维姆说成交，他身体前倾坚定地握住我的手。我填写了客户申请表，并为他选择了金卫投资有限公司 (Goldguard Investments Limited) 作为他的公司。接着他算出约定的现金金额并交给我，然后与博伊纳尔先生一起离开穆罕默德的办公室，博伊纳尔先生说他稍后也想见我。

只剩下我和穆罕默德两人在办公室里时，我独自一人拿着现金，脸上带着疑惑等待着他的回应。"我向你介绍的每笔交易，保罗，我们都会以五五分账的比例平分，而你分得的比例将会至少是你通常收费的两倍。""对我而言是个好主意，"我说，于是我们分了这笔钱。

为穆罕默德创建多家离岸公司的全部目的是让他尽可能少缴税。在接下来的五个月里，我陪同穆罕默德多次前往马贝拉、阿姆斯特丹、巴黎、马拉加和马德里。马贝拉是穆罕默德最喜欢的商务场所，会议在高级酒店举行，然后前往马贝拉恶名昭彰的高档妓院"夫人宫殿夜总会"。当他走进门时，女孩们均认得他，纷纷涌到他身边，希望成为他晚上娱乐的选择，他大肆挥霍地为她们购买香槟和给她们大把的现金。他完全二话不说地带着巴结他每句话的三、四个女孩，一时兴起地离开妓院前往他的酒店。来自俄罗斯、罗马尼亚、摩尔多瓦和其他所有国家的女孩，使得马贝拉成为全球妓女人口最多的地区，超过 1 万名妓女每周七天每天 24 小时全天候待命。

在我们的商业旅行中，穆罕默德向我介绍了他的 20 多个商业伙伴，他们希望创建自己的营销团队，并销售穆罕默德包含许多优惠套餐的千禧俱乐部会员卡。他们每个人都需要拥有自己的离岸公司，且其公司的银行设施是由戴菊莺公司所创建的，而穆罕默德和我一起分享这些利润。对于想要在加那利群岛或西班牙内陆做生意的这些伙伴来说，他们需要得到穆罕默德的许可才能开始交易。我开始意识到他有多么强大，因为他控制了他产品销售过程的每一个环节。

任何从事度假套餐销售的公司，其成功与否都取决于外部联系人 — 亦称为分时鼓吹者，他们在街头工作，并通过高压强迫推销的方式来欺骗度假者，说度假者赢得了刮刮乐的奖项，然后困住并扣留他们，直到他们在虚线上签名，并用信用卡支付千禧俱乐部会员卡的会员资格。分时鼓吹是骗局的重要组成部分，并将客户称为"易上钩者"，这是容易上当受骗者（白痴）的行业俚语。任何其他与穆罕默德无关的公司都立即被警察关闭，警察经常上街逮捕，任何不在穆罕默德工资单上的鼓吹者。

穆罕默德的同伙为了回报他允许他们开展业务，他们每月向他支付一笔费用，使得他们受到穆罕默德全面的保护，不仅免于警方的麻烦，也免于其他帮派的找碴，时不时会有新帮派的兴起，但很快就感受到了穆罕默德保安部门的权力。当然，穆罕默德的真正力量，在于他与该岛南部美洲海滩警察局的关系。一段时间后，我了解到警察局长和他的许多下属全都被他买通了，并且牢牢地拽在他的手里。这就是穆罕默德的优势所在，如果心怀不满的度假者向警察提出任何投诉，他们的投诉将永不见天日，并且在他们离开警察局时，这些投诉书就被碎纸机搅碎了。

穆罕默德开始向他人介绍我是他的律师和知己。他将我介绍给何塞·安东尼奥·马丁·费尔南德斯，他是国民警卫队的高级官员，他为穆罕默德的护照认证，并多次在他的别墅参加烧烤聚餐，在那里我遇到了国家和秘密警察的官员。我为穆罕默德和他的同伙创建的公司结构，百分之一百是合法的，营销和销售"度假优惠套餐"，不触犯任何法律或构成犯罪行为，前提是在客户账户中预留资金，用于支付未来销售资料中所述的费用。

穆罕默德向我保证，他是通过将资金转移到他位于黎巴嫩的总公司"全球投资 (Worldwide Investments)"来计算这些费用的，该总公司由会计师和银行家团队管理。在不到六个月的时间里，我会开始警醒并见到穆罕默德真正的一面，不是隐藏在"好人"先生面具后面的穆罕默德,而是那张魔鬼面孔的穆罕默德,这让我想起了我母亲过去曾说过"魔鬼以多种形式出现。"

* * * * *

第十八章

因妨碍司法公正被捕

1999年10月的第一周,当两名身着便衣的刑警敲响我家的前门时,我又再次颠簸地卷入了司法程序中。"布兰查德先生,我们能私下和你谈谈吗?"其中一名警官说道。吉尔过来看看是怎么回事,我们都站在入口门厅处,而警官解释说他正在向我传递法庭命令,要求我于1999年10月18日出席伦敦弓街 (Bow Street) 的地方法院。警方调查已经结束,现在以我对三名法官指控的罪名而正式起诉我。我立即联系了马克·弗利,我们约订于10月7日在他的办公室见面以讨论相关事宜,他聘用马克·乔治 (Mark George) 出庭律师在庭审时代表我辩护。在此期间,大卫·罗斯与理查德·弗格森 (Richard Ferguson) 御用大律师讨论了我的案子,他是国内最受尊敬和最优秀的辩护律师之一,他参与了许多受人关注的有名案件。结果是弗格森先生联系我说他愿意代表我出庭辩护,我欣然同意他的意愿。

在10月18日的庭审上,我被指控犯有两项伪证罪。代表我辩护的马克·乔治,认为控方握有对我强而有力的不利证据,并同意将案件送交位于老贝利街的中央刑事法院(译者注:亦称老贝利法院)进行审判。那天晚上的晚些时候,全家人都处于难以置信的状态,因为《观察家报》有两套完全相同的通话记录,详细说明了法官之间有通话联系的证据。

11月15日我出席了位于老贝利法院的庭审,提出了我的无罪抗辩,随后法庭休庭并同意择日进行审判,审判日期待商定。在这次的指示庭审期间,我收到了一份针对我的案件起诉摘要,按时间顺序列出了他们案件的事实。两项伪证罪的指控如下(全文转载)。

<u>第一项罪名</u>

罪行摘要

做伪证,违反《1911年伪证法》第1条第1节。

罪行详情

保罗·威廉·唐纳德·布兰查德于1994年7月12日,在司法诉讼程序中合法宣誓为证人,他的律师代表他向上诉法院(刑事庭)申请准许对定罪提出上诉,在该诉讼程序中,恣意出示一份他知道是虚假或相信是不实的陈述材料,即1994年1月11日时,有人向他展示他认为是通话记录的真实副本,该副本列出下列通话的详情:
(1) 从荣誉法官麦克唐纳的住家电话号码播出的电话详情:

日期	时间	拨出地点
1992年2月23日	下午1点10分	香港
1992年7月5日	下午5点24分	香港
1992年10月12日	下午5点23分	香港
1992年10月13日	下午5点27分	香港
1992年10月29日	晚上6点09分	香港
1993年2月16日	晚上6点51分	荣誉法官布洛菲尔德先生的住家号码

| 1993年2月17日 | 晚上7点04分 | 荣誉法官布洛菲尔德先生的住家号码 |

(2) 从荣誉法官布洛菲尔德先生的住家号码播出的电话详情：

日期	时间	拨出地点
1993年2月17日	晚上7点07分	香港
1993年2月17日	晚上10点18分	荣誉法官麦克唐纳的住家电话号码

第二项罪名

罪行摘要

做伪证，违反《1911年伪证法》第1条第1节。

罪行详情

保罗·威廉·唐纳德·布兰查德于1994年10月10日，在司法诉讼程序中合法宣誓为证人，他的律师代表他向上诉法院（刑事庭）申请准许对定罪提出上诉，在该诉讼程序中，恣意出示一份他知道是虚假或相信是不实的陈述材料，即有人向他展示如第一项罪名所述之通话记录，并且他相信此通话记录属实。

*****

威廉·博伊斯（William Boyce）御用大律师被任命为控方律师，他以准备案件一丝不苟和注重细节的精神而闻名。他还受理过最严重、最复杂和高度引人注目的案件，包括伯明翰六人案的被告、朱迪思·沃德（Judith Ward）和斯迪芬·基什科（Stefan Klzsko）的上诉。我将与全国最好的其中一位律师对抗，这引起了我极大的担忧，但另一方面，我知道我有证据可以推翻他们案件的各个细节。从几个角度来说，控方的案件根本毫无道理可言，但本案还处于早期阶段，所以在准备我的辩护之前，我们必须先等待，看看他们全部证据的强度到哪里。

我对理查德·弗格森的职业生涯充满兴趣，因为他享有为小人物挺身而出的声誉。他很乐意起身对抗国家的权力，并尽可能为被告获得"无罪"的判决，他的著名案件包括房地产大亨尼古拉斯·范·霍格斯特伦（Nicholas Van Hoogstraten）、理查德·布兰森（Richard Branson）、伯明翰六人案和吉尼斯黑啤酒的老板欧内斯特·桑德斯（Ernest Saunders）。他最著名的案例之一是1989年，凶手对前拳击发起人弗兰克·沃伦（Frank Warren）的袭击，他在参加拳击赛时被一名蒙面枪手开枪射击。沃伦曾经担任一位著名东区拳击冠军特里·马什（Terry Marsh）的经理，但后来与之发生争吵，马什曾因谋杀未遂的罪名遭起诉，该审判案件引起了公众广泛的关注，最后马什获判无罪。媒体评论员说，理查德·弗格森在庭上展现出"许多纯粹戏剧性的时刻"。

理查德·弗格森于1935年出生于爱尔兰，在贝尔法斯特女王大学获得法律学位，并于1956年获得北爱尔兰律师资格，继而于1973年成为一名御用大律师。他于1985年首次向英国出庭律师公会申请授予御用大律师的资格但遭拒，黑尔什姆（Hailsham）大法官认为他对反爱尔兰之事漠不关心，但在第二年重新申请时，成功被授予御用大律师的资格。我认为他自愿代表我，对我而言是一种恭维，但他也有一个他的个人动机，我的案件给了他一个别有用心的机会来对付莫蒂默。原来几年前，他曾代表一名当事人在香港高等法院出庭，随后莫蒂默向出庭律师公会正式投诉他，指控他在诉讼过程中有不专业的行为表现。莫蒂默的投诉因毫无根据所以遭驳回，但弗格森先生想要报复回去，这就如同妈妈曾说过的话"种什么因，得什么果"。

1999年的最后几周，我遭法律诉讼程序束缚而困在其中，似乎加速时光的飞逝，以至于我没有真正去注意到20世纪的结束也没有机会庆祝，因为我的姐姐玛丽在节礼日这天去世了。在没有意识到新年已经开始的情况下，我现在面临着一场英国法律史上前所未有的法律抗争，在这场抗争中权威机构倾尽全力来对付我。于

2000年1月第一周，将我亲手交给马克·弗利办公室的诉讼案，与大卫与歌利亚的圣经故事相比，突然感觉这个圣经故事就像是一件轻而易举的事而已。

* * * * *

控方文件包括无数的证词和证物。三名法官都提供了证词，否认曾打过电话给彼此，并将在审判时传唤他们三人出庭作证。于2000年1月14日时，在中央刑事法院由格里格森 (Grigson) 法官主持的指示庭审上，博伊斯先生提出了审判地点的问题。

他提到"法官大人"（布洛菲尔德），他指出布洛菲尔德是中央刑事法院的法官。因此，在那里进行审判并不甚理想，他说将向米德尔塞克斯市政厅刑事法院 (Middlesex Guildhall Crown Court) 询问他们是否可以受理此案。于是法官将审判日期定为2000年7月24日（无论地点将定在哪里），因为这三位法官在法律界众所周知，因此审判地点将会是难以定案。

欲找到一位不认识所有涉案人物的法官将是困难重重的任务，我之前曾多次对司法人员提出腐败的指控，所以这一次，权威机构必须齐心协力，找一位百分之一百公正的法官审理此案，否则历史肯定会重演因而损害控方案件。未来几个月将会分身乏术地忙于准备审判和手头业务两者之间，在各个方面，客户的需求量很大，业务也在不断扩大中，不乏新客户涌向特内里费岛戴菊莺公司的门口。.

其中一位客户是作家马尔科姆·法尔肖-辛普森 (Malcolm Falshaw-Simpson)，他为一部名为"为兄弟入狱 (Prisoner for a Brother)"的拟定故事片编写了剧本，而他需要350万美元来资助该项目。马尔科姆联系了洛杉矶的人，找到一位名叫艾瑞克·莱纳 (Eric Reiner) 的人，有兴趣参与这部电影的制作。莱纳自称是第七代娱乐电影制作公司 (Seventh Generation Entertainment Inc) 的总裁，在好莱坞富有影响力，而事实上，他是在洛杉矶市梵耐斯区 (Van Nuys) 的小公寓的卧室里进行交易的。莱纳会在洛杉矶的报纸上刊登广告，向想崭露头角的作家提供帮助，为了得到他的帮助，马尔科姆联系了他，希望能实现他的梦想。腰缠万贯的穆罕默德，提出为该制作提供资金，以期电影致谢名单中，将他的名字列为制片人进而美化他的形象。因此该项目继续进行，莱纳前往约克参加会议，但经过深思熟虑后，该计划从未实现。事后证明与莱纳的这次会面是非常有利可图的，因为该会面最终使我成为美国联邦调查局的特工。

* * * * *

回到千禧年俱乐部这个话题上，每年前往加那利群岛和西班牙内陆的度假人数高达数百万，与此并行的是，许多人花费巨额资金购买度假优惠套餐，以便他们可以年复一年地，返回他们最喜欢的度假胜地。维姆·德·格鲁特在金卫投资有限公司旗下开展业务已有十个月，并且该公司的业务超出了他自己的预期。每当我们在穆罕默德办公室举行会议时，维姆通常是坐在穆罕默德的椅子上，穆罕默德则在一旁计算因出售他的度假优惠套餐，而赚取的数百万英镑营收中他的分成是多少。让维姆坐他的椅子，其实是穆罕默德精心策划的一部分，该计划旨在让维姆对他们俩一起开展的许多商业活动，产生虚假的安全感。仿佛在对他表示"你和我是平等的商业伙伴。你不仅有我的组织和警察的充分保护，而且是和我是平起平坐的商业伙伴。"当然，事实并非如此。事实上，穆罕默德嫉妒维姆，因为金卫投资有限公司的销量，尤其是在特内里费岛的销售额，超过了西班牙所有其他度假套餐公司的销售额。

2000年3月22日，我一大早接到穆罕默德的电话，要求我去他的办公室紧急与他见面，讨论有关维姆·德·格鲁特的事情。这次会议将展示穆罕默德的真面目，以及表现出他在追求金钱和权力方面不惜采取任何手段。只有穆罕默德和我在场，他解释说，他已于当天下午12点30分与美洲海滩的警察局预约，要求我前往该警局，就维姆对金卫投资有限公司控制权的欺诈行为提供证词（投诉）。我已经知道维姆曾使用另外两家关联公司的信用卡终端机收取客户的存款，并且客户曾多次向马恩岛的汇丰银行投诉，因为没有收到他们千禧俱乐部的会员资格，但如果他的会计部门记录了每笔交易，就可以解释是出了什么问题。至于没有收到度假会员资格的客户，将是取决于穆罕默德的办公室，是否提供度假套餐给他们，况且他已经从维姆那里获得提供这项服务的报酬。

穆罕默德很有说服力地说："我在玩弄维姆，我要在这个岛上结束他的职业生涯，我要让他坐牢。"穆罕默德建议我应该远离维姆，并补充说他会陪我去警察局，并在我提供证词时一直在场。我以为我已在自己的生活中，看到了很多关于自己遇到的腐败情形，但在特内里费岛南部这个阳光明媚的日子里，在我提供证词时，确实让我大开了眼界。在整个录制证词的过程中，穆罕默德全程控制各方各面，包括删除他有罪的文件，但保留牵连维姆的文件。撰写证词的警察接收穆罕默德的指示，甚至连警察局长也亲自来警局，检查一切是否按照穆罕默德的指示进行。

最终结果是，穆罕默德以牺牲维姆的自由为代价，彻底无偿地窃取了维姆的客户群和金钱收益。穆罕默德不是傻子，所以从这此时此刻开始，我在与他相处时必须非常谨慎小心。我假装帮助他作证这件事情不困扰我，在他心里认为这是我对他忠诚的表现。这一天是我与他关系的转折点，虽然以前我用录音带记录了我们大部分的通话内容，但从现在起我会录下我们所有的通话内容以求自保。我知道在未来的某个时候，我需要疏远这个极其危险的人物，但这需要深思熟虑和仔细规划。我会选择适合我的时机，而且只有在适合我的时候，但我错了，最后是穆罕默德为我做了这个决定。

所以我们看到了穆罕默德的真面目，他是个魔鬼 — 比监狱草还恶劣 — 比警察的线人还糟糕。监狱草通过提供对共犯不利的证据而获得较轻的刑期，而穆罕默德在未作他想的情形下，为了一己私利剥夺了维姆的自由。那天晚些时候，我接到了维姆的未婚妻安妮·里斯沃德 (Anne Ritserveldt) 的电话，请求我不要投诉维姆，因为是穆罕默德陷害维姆，她还收到了维姆的信息，警告我要小心，说穆罕默德最终会在背后捅我一刀，就像他对待大家的方式一样。我觉得糟糕透顶，解释说我已经提出了投诉，并说我很抱歉事情变成了这个样子。几天之内，维姆被捕并遭起诉，他被带到马德里并被关押在该市的阿尔卡拉 - 梅科 (Alcal Meco) 最高安全监狱。

五个月后维姆的西班牙律师成功使保释申请获得批准，但维姆因害怕有生命危险而匆忙逃往比利时，但被抓获且引渡回西班牙并被判处六年监禁。他的比利时律师彼得·卡利博 (Peter Callebaut) 说，当时他因害怕自己会有生命危险而逃离西班牙，因为他仍在加那利岛黑手党的死亡名单上，并要求西班牙当局让他在比利时监狱服刑，但他们拒绝了。对卡洛斯来说，这个令人不快的插曲对他来说已经足够了，他觉得该适可而止，我们虽然既是朋友又是业务同事，但我与卡洛斯还是因此而分道扬镳，他对我重复了他之前的警告，对他来说，这一切都会以泪水告终。穆罕默德是个极端危险的份子，不能待在他身边。我和卡洛斯握手，那是我与他的最后一次接触。

为了找人接替卡洛斯的位置，而且这个人对西班牙的法律必须有深入的了解，我找到了莎拉·希尔 (Sarah Hill)，他于 2000 年 4 月成为我的私人助理。莎拉年仅 23 岁，并且十分精通各种技能。虽然她出生在英格兰，但她九岁时跟随她的父母搬到了特内里费岛，她的父母在岛上唯一的英语学校任教，此后全家一直住在那里。她能说一口流利的西班牙语，并在大学学习了两年经济学的课程，然后休息一段时间后在一家旅行社工作。我藉由提供更多的薪资和更好的前景挖走她，挖角她是其中一个我所做过最好的决定。

*****

尼古拉斯·埃文斯从索普拱门监狱获释后，基于多种原因搬迁到约克，并多次改名，希望能远离北威尔士弗林特 (Flint) 小镇数英里之外的地方重新开始，他曾居住在那里并在该社区受人尊敬。他于 1946 年 1 月出生于布莱克浦 (Blackpool)，他最终采用的名字是杰里米·辛克莱 (Jeremy Sinclair)。

他可以说有点古怪 — 而且是个双性恋者，在 1990 年 9 月他的妻子琴 (Jean) 因乳腺癌去世后，他便完全偏离正轨。1993 年 5 月 10 日他在切斯特刑事法院 (Chester Crown Court) 获判敲诈、共谋和非法监禁的罪名，并获判八年监禁的刑罚。控方声称他是一个帮派的头目，该帮派绑架了酒店老板乔治·约翰逊 (George Johnson)，并将他戴上手铐囚禁在马厩里并用枪指着他，还给他注射了一种强力的马匹镇静剂让他不省人事。该帮派还威胁除非他支付 20 万英镑，否则要砍断他的手脚，并且在他的脖子上悬挂一条六英尺长的蟒蛇来恐吓他。

辛克莱声称这一切都归因于，他在弗林特共济会分会的会员同胞们的阴谋，他曾是共济会的大师，后来按照罗斯·克罗伊 (Rose Croix) 章节举行的礼节（译者注：这是英格兰和威尔士一种古老而公认的礼节，仅向信奉基督教的共济会大师开放），晋升弗林特共济会分会圣玛丽的第 18 层次的共济会大师。无论事情的真相如何，他的共济会伙伴联合起来反对他，他于 1993 年 9 月 8 日被共济会开除会员身份。

这就是他对共济会的仇恨，他写了一本书，列出了他们所有隐藏的秘密，揭露了泥瓦匠工艺（译者注：意指共济会）的腐败程度，以及他们如何影响我们日常生活的许多方面。他从来没将手稿送去出版，因为他害怕后果，而是把它交给了我保管。

杰里米是一个讨人喜欢的人物，显然也有華特·米堤 (Walter Mitty) 做白日梦的性格。由于帕金森病的发作而提前退休，他拥有私人养老金，并经营一家名为国际同性恋俱乐部 (Gay Club International) 的会员制公司赚取收入。2000 年 2 月时他陪同我到特内里费岛出差，我将他介绍给穆罕默德，两人立即成为朋友。3 月时穆罕默德请辛克莱充当他新企业的幕前人士，他已经为这个新企业计划了一段时间，穆罕默德将回报他一部分利润。他爽快地答应了，这简直是无需动脑就能赚进利润的事情。对于穆罕默德的公司而言，这个新的合资企业最终将成为最大的摇钱树，每周可赚取数百万英镑的利润。

从那时起，辛克莱将他的时间分配在约克和特内里费岛之间，并在洛斯克里斯蒂亚诺斯 (Los Cristianos) 镇，距离戴菊莺总部仅几步之遥的地点租了一套公寓。穆罕默德提议的新企业是一家"现金回馈"公司，将提供给他所有的千禧俱乐部会员卡的客户。

最初，穆罕默德要求我成立一家出售现金回馈产品的离岸公司，但我谨慎地回避了任何参与，所以建议让辛克莱使用另一家代理商，因此没有利益冲突。辛克莱指示直布罗陀的代理人，向他出售了一家于伯利兹注册的公司，名为贝尔马投资有限公司 (Belmar Investments Limited)。出于营销目的，贝尔马投资有限公司以统治者黄金信托 (Sovereign Gold Trust) 的名义进行交易，该信托具有体面的形象。

该公司根据穆罕默德的介绍开设了两个银行账户，一个账户是开在直布罗陀的苏格兰皇家银行，另一个账户是开在塞内加尔首都达喀尔的塞内加尔 - 突尼斯银行，他在许多非洲国家都有很好的人脉。账户的安全密码是"共济会"。统治者黄金信托进行交易的办公室，位于美洲海滩的圣欧金尼奥 (San Eugenio) 购物中心，其办公室毗邻穆罕默德所持有的一家黎巴嫩餐厅。

2000 年 5 月统治者黄金信托在香槟酒会上正式开幕，几天之内就有超过一百万英镑的营收。该公司保证客户在三年内投资的任何金额，至少获得百分之三百的回报，向客户做的销售演示确实"美好得令人难以置信"。

几乎每家在加那利岛和太阳海岸销售度假优惠套餐的公司，都将统治者黄金信托的"现金回馈"，作为客户购买千禧俱乐部会员资格的附加产品。穆罕默德每周赚取数百万英镑 — 免税。客户存入的金额从 1,000 英镑到 10 万英镑不等，穆罕默德办公室的情形就像黑帮电影《疤面煞星》中的场景，钱已经多到他们不知道该怎么处理的地步。你可以找到的唯一缺点，那就是穆罕默德深深陷入他的黑手党头目的形象，他相信他是宇宙无敌的并且凌驾于法律之上，正是这一点，再加上他的无比自负，最终导致了他的垮台，这只是时间早晚的问题而已。

* * * * *

穆罕默德想让世界知道他有多么强大，并于2000年4月决定出版他的生平自传。他将任务委托给我，我将获得百分之五十的利润。我成立了一家公司位于伯利兹，名为黎巴嫩媒体集团有限公司 (The Lebanon Media Group Limited)，该公司将担任出版商。自传将由媒体研究讲师大卫·泰勒 (David Taylor) 代写，我在英格兰北部的哈特尔普尔 (Hartlepool) 市认识他已经有一段时间了，他将我介绍给大卫·罗斯认识。他写书所签的合同包括每月支付1,000英镑的薪资，外加支出费用和百分之十五的利润。这本书将着重穆罕默德与约翰·帕尔默、其他帮派份子和肯尼斯·诺伊的关系，诺伊因处理布林克斯－马特抢劫案的赃款而被判处14年徒刑，当时因在25号高速公路上发生"路怒症"，刺伤和杀害斯蒂芬·卡梅伦 (Stephen Cameron) 而获判终身监禁。

在约翰·帕尔默和他的女友克里斯蒂娜·凯特利 (Christina Ketley) 的审判，在老贝利法院经过八个月的审理后，于2000年5月当指导审判的法官下令停止审判并重审时，穆罕默德对此结果感到非常愤怒。

法官裁定必须遗弃这个花费1200万英镑的庭审，并且未对他的决定给出任何理由。帕尔默被解决后，穆罕默德便成为特内里费岛黑社会的最高统治者，他想享受荣耀，但他必须再等一年才能庆祝前老板的失势。帕尔默等于将"他的王国钥匙"给了穆罕默德，他把最内心深处的秘密交给他最信任的人即穆罕默德，但穆罕默德却在他背后捅了一刀当作回报。然而，帕尔默并不是一个容易被打败的人。穆罕默德很快就会感受到帕尔默保安部门的全部势力，两相争夺特内里费岛利润丰厚的分时度假骗局的霸主地位，以及这个骗局带来的数百万英镑利润，而赢家只有一个。

* * * * *

2000年7月当控方送达剩余的案件文档副本时，我又回到了我自己的问题上。距离审判只有三周的时间，控方询问辩方是否打算呈上我在宣誓书中，提到的法官通话记录副本作为证据，如果是的话，他们要求在审判前拿到通话记录的副本，以及获得这些通话记录的私家侦探的身份。

我现在没有合理由不向控方提供通话记录。7月6日马克·弗利发送了两套通话记录的副本，以及获得第一套通话记录的私家侦探的名字，因为《观察家报》拒绝透露获得第二套通话记录的私家侦探的名字。奈杰尔·米德曾指示布拉德福德一家名为胜任者公司 (Able & Co) 的私家侦探社，该侦探社由霍华德·哈雷 (Howard Halay) 先生所有和管理。.

警方现在掌握了非法违反《数据保护法》的私家侦探之姓名和地址，因此控方要求法庭延期，以便他们可以进行进一步的调查，此要求得到法官的批准。事情出现了另一个转折，因为指导审判的法官宣布请辞（不再审理此案），理由是曾与戴安娜·埃利斯共事所以有利益冲突。

理查德·弗格森接受了他的提议，要求在新法官面前重新进行审判。警方的调查将花费相当长的时间，而且控方又回到了寻找合适法庭的原点，并且指导审判的法官对案件所涉及的任何人物必须完全不相识。2000年10月5日我被传唤出庭，接受法官道格拉斯·布朗先生的审判，他说他将在曼彻斯特刑事法庭审理我的伪证罪，并说他不认识涉及我案件的任何人，并询问我是否有任何反对意见。我说我没有，所以审判的日期定于2001年4月24日。与此同时，我又回去继续经营我的业务。

* * * * *

穆罕默德的两个弟弟哈特姆 (Hatem) 和侯赛因·德巴 (Hussein Derbah) 帮助他发展他的帝国。凭借强大的财务影响力，该组织搬到了洛斯克里斯蒂亚诺斯的名贵新办公室，业务扩展到卖淫、敲诈勒索、信用卡欺诈、盗窃豪华汽车，而更多公职人员的腐败助长了此态势，为来自俄罗斯、罗马尼亚与保加利亚的帮派开辟了道路，警匪共同合作开展洗钱的犯罪活动 — 针对国际毒贩 — 并为黎巴嫩的伊斯兰教什叶派武装组织和真主党民兵，安排武器交易和融资。

蒂埃里·博伊纳尔扩大了他的商业利益，并创建了另外两家离岸公司，以满足分时度假业主的全部需求，他们希望出售他们现有的几周时间，以避免支付过高的维护费用。他的公司是第一个实施最简易骗局的公司，即通过出售不需要的时间份额收取费用，然后将钱收入囊中便不再联系业主。他的超级推销员团队，非常成功地向业主收取了前期费用，他们甚至向这些毫无戒心的业主出售了"统治者黄金现金回馈"，从而获得了更多的利润。在10月的第一周，穆罕默德宣布他将"与博伊纳尔玩一场游戏"，并将他的现金回馈业务出售给博伊纳尔，表面上支付100万比塞塔（4万英镑）的费用。博伊纳尔的办公室管理层将接管该公司业务的日常运营，而穆罕默德的公司将在出售他的千禧俱乐部会员卡时，继续推销现金回馈业务。

博伊纳尔和杰里米·辛克莱（充当穆罕默德的幕前人士）之间交换了联系方式，从那时起，以穆罕默德的心态而言，博伊纳尔将依法成为此诈骗业务的负责人，并对现金回馈骗局自成立以来产生的所有收入负责。换句话说，他已经打算将所有责任抛给博伊纳尔，然而，这个非常狡猾的比利时骗子，将证明他比穆罕默德还要精明，他通过多家离岸公司将获得的所有不义之财，转移到他在美国的银行账户中。正是博伊纳尔与穆罕默德的关系，最终结束了我与这两个主要罪犯的往来，时间紧迫正在一分一秒地流逝。

六周后所有博伊纳尔公司，都受到来自欧洲各地心怀不满客户的反击，他们抱怨说他们被聪明的营销技巧欺骗了，他们的房产度假分时份额并没有售出。穆罕默德通过他与警方的关系，建议我封锁博伊纳尔在直布罗陀的日德兰银行的银行账户，如此一来博伊纳尔的生意就会停止交易，给了穆罕默德机会窃取博伊纳尔的客户。

由于受到穆罕默德的胁迫，我冻结了该账户，但在几个小时内，博伊纳尔的律师就解除了封锁。因此，画下了我与博伊纳尔关系的终结点，他拒绝接受我说是穆罕默德精心策划了这些事件的说法。他继续交易，就好像什么事都没发生一样，没有人意识到他已经计划好了他的逃脱路线，他将逃往美国迈阿密。

2000年11月上旬，我陪同穆罕默德去黎巴嫩的贝鲁特会见了能源部长，他正计划将政府合同外包给由德巴家族控制的一家黎巴嫩公司，为该国的每个家庭安装新的电表 — 这是一个价值数百万欧元的合同。然后我们拜访了他住在提尔 (Tyre) 市的家人，该市位于黎巴嫩南部。他向我介绍了他的母亲、弟弟穆斯塔法 (Mostapha) 和哥哥阿里 (Ali)，阿里是当地的政治人物。

他的家人似乎就像一般日常的普通家庭一样，他们热情地欢迎我，他们与穆罕默德作为特内里费岛黎巴嫩黑手党负责人的生活，完全是天壤之别。在见到他的母亲之后，穆罕默德强调说他永远不会伤害我。"你见了我母亲，我会永远保护你，"他说道。在离开贝鲁特之前，他的黑手党团的其他成员聚集在一起参加告别晚宴，由于我是穆罕默德的顾问，因而他们均非常尊重我。这是一个难忘的夜晚，穆罕默德说我见过他的母亲并和她坐在一起，因此我现在是他的兄弟，我是他的家人，他将永远不会伤害我。

穆罕默德的帝国产业发展得越多，他就越享受他的名人地位，并且他的慷慨无止境，他的商业伙伴几乎每天都在他的餐厅免费用餐，他在那里招待拳击王子纳西姆等体育名人，并自豪地在他的办公室墙上展示了他们两人的照片。纳西姆在特内里费岛逗留期间，得到了穆罕默德的热情款待，免费住宿和使用他的许多汽车。为了增强他受人尊敬的形象，他让杰里米·辛克莱帮他穿上全套共济会徽章，并向他展示共济会的秘密标志和共济会握手的方式，然后在他的桌子上展示了一张他穿共济会徽章的照片，意图告诉人们他是马德里共济会分会的大师。

我在穆罕默德办公室的时间，都占据了我大部分在特内里费岛时间，在大多数情况下，尤其是与新的商业伙伴举行会议时，他更喜欢我坐在他宏伟的办公桌的椅子上。

他警察局的朋友经常来他的办公室打个招呼喝杯咖啡，然后带着装满欧元的棕色信封离开。就像其他人一样，我的眼睛会盯着放在他桌子上那些我不认识的文件，我会注意到一些我不知道他持有账户的银行对账单。我会先在心里记下来，然后一旦出了办公室后，趁我的脑海记忆犹新时写下这些信息。很显然的是，我并没有完全了解他的所有财务方面的事务，并且隐瞒我不让我知晓。但很快地，一切都将变得明朗且清晰可见。

在马贝拉，穆罕默德向我介绍了亿万富翁商人雨果 (Hugo：化名)，他与莫斯科的俄罗斯寡头和黑手党集团有往来，个人财富超过 7 亿 5 千万英镑。他那庞大的别墅就像好莱坞电影中的一幕，由一堵 10 英尺高的围墙保卫别墅的安全，配备武装保安的铁门，把守着通往至少 20 辆汽车的停车场。他自己的汽车收藏包括白色劳斯莱斯、红色法拉利、三种不同型号的保时捷和一些宝马。

别墅有自己的室内和室外游泳池，还有一个大地下室，里面有他的私人夜总会。别墅似乎总是人满为患，充斥着众多秘书和六名来自东欧的私人助理。雨果成了我的客户，他的助理之一埃琳娜·唐图 (Elena Dontu)，被指派监督我代表他开展的任何业务，特别是与他的俄罗斯同伙。若说她是个有魅力的女子，只能算是轻描淡写的形容而已。一段时间后，才看清为什么雨果的身旁总是有这些美女围着，以及他如何用"美人计"般的策略，来将毫无戒心的商业伙伴牢牢抓住。一旦这些商业伙伴被他逮个正着，他就会掌握一些他们的东西在手中，并把他们牢牢地抓在手掌心里 (通常是视频片段)。雨果相当精明干练，知道"枕边细语"的好处，并利用它为自己谋利。

雨果随后将我介绍给他的朋友埃德蒙·哈米德，他是黎巴嫩商人和亿万富翁，曾多次与莫斯科强大的黑手党组织和俄罗斯政府官员有往来。他也成为了我的客户，我很快就会见识到令人难以想象的财富。他的家人在美国各地都有人脉，他们都是成功的企业家，其中有几个位高权重且极具影响力。后来哈米德先生指示我让他的全部财富消失，而我非常喜欢这项任务。

在特内里费岛，帕尔默仍然处在大规模的帮派斗殴中，在洛斯克里斯蒂亚诺斯街，爆发了街头争夺霸权的斗殴事件。2000 年 11 月 10 日星期五晚上 10 点 30 分，穆罕默德的弟弟山姆 (Sam) 在走去他的梅赛德斯车时，发现车子的轮胎被割破了。当他停下来检查他的车时，两个骑着大马力摩托车的人朝他冲过来，后座骑手近距离射击了三枪并同时大喊"是我"。山姆扑倒在地并爬进车里，躲进乘客座位的脚踏空间里。与此同时，骑摩托车的人向后翻了两下，将手枪指向汽车内部，又开了两枪，但都没有射击到他们的目标。山姆认出其中一名肇事者是一名 34 岁的德国男性，与帕尔默的心腹理查德·卡什曼 (Richard Cashman) 所领导的保镖密切相关。随着东欧国家黑手党的涌入，特内里费岛成为一个危险的居住地。

*****

当大卫·泰勒采访穆罕默德时，他的采访方式跟大多数作家一样，他也记录了采访内容。2001 年 2 月 19 日上午，大卫和我在穆罕默德的办公室会面，继续收集材料以纳入他的自传，以书本形式写下他的人生故事，为他带来相当多的喜悦，他非常喜欢告诉大卫他遇到肯尼斯·诺伊的事情。

"肯尼斯·诺伊很喜欢我，他很安静不多话，他来看我，他只是一个专注他事务的人。"他忍不住吹嘘诺伊曾告诉他，在 1986 年时，诺伊如何逃脱杀戮一名监视他房子警官的罪名，诺伊说服位于老贝利法院的陪审团他是在自卫，并补充说他还知道诺伊，是枪杀卡梅伦谋杀案的证人艾伦·德卡布拉尔 (Alan Decabral) 的幕后黑手。

他依旧表现出自己是个大人物的样子，他忍不住说是帕尔默的里尔喷射机，帮助诺伊逃脱了英国当局的审判，当帕尔默私人飞机在前往特内里费的途中，降落在巴黎郊外的勒布尔热机场加油时，他们是如何智取突袭帕尔默私人飞机的肯特警察和 30 名武装法国警察。"我们和他们玩把戏，"穆罕默德笑着说。"警察派了四辆警车穿过跑道并包围了飞机，但里面没有人，肯尼（译者注：肯尼是肯尼斯的昵称）已经安全逃脱了。"

根据穆罕默德的说法，早在前一天里尔喷射机 55 — 注册号 N104BS — 已从布里斯托尔飞往圣彼得堡，这架飞机虽被拦截且其行李也被检查，机上的五名男子也被拘留讯问，但两小时后即被允许离开。穆罕默德微笑着说，因为肯特警方的情报显示，帕尔默会试图帮助他的老朋友，所以这架飞机在国际刑警组织的"警报名单"上，事后证明肯特警方的情报是对的。

同一天，博伊纳尔最终意识到他被穆罕默德欺骗了，并向美洲海滩的警方提供一份声明，声称他在购买穆罕默德的现金回馈业务时被杰里米·辛克莱和我欺骗了。他在晚上 8 点 30 分完成了他的声明，几分钟内警察就将他的副本传真到了穆罕默德的私人办公室，这就是穆罕默德的权力所在。第二天，穆罕默德将博伊纳尔的投诉当作琐事置之不理，他说"警察不会对此采取什么行动，博伊纳尔已经在特内里费岛玩完了，我会处理这一切。"

通常一般的情况下，警察会立即逮捕我以听取我的说法，但穆罕默德在幕后控制这一切，等待他毁掉我生意的时刻，并将他的行为归咎到我身上，这个计划即将到来。我的伪证审判即将于 2001 年 4 月 24 日进行，穆罕默德要求我 4 月 21 日前往黎巴嫩，以完成他众多商业交易中的其中一项业务，并定在 23 日审判前一天返回。我也将必须于原定的 19 和 20 日前往巴黎和马贝拉。然而，就在前一天 — 4 月 18 日 — 我被传唤到美洲海滩的警察局，就博伊纳尔的投诉提供我的声明，这将是非常多事和忙碌的一周。

警方的讯问演变成一场彻头彻尾的闹剧，进行讯问的警察无法理清穆罕默德作为其现金回馈业务之真正所有者的立场。我被允许拥有自己的宣誓口译员阿尔贝托·德拉·马尔多纳多 (Alberto de la Maldonado)，他根本自己就难以理清离岸业务结构，是为了隐藏穆罕默德在加那利群岛和西班牙内陆，经营的众多公司的最终受益人（真正的所有人）而设。每次提到一个特定的公司名称时，我都会告诉他们穆罕默德拥有这家公司，但他们均未能理解或接受，因为他的名字没有出现在官方文件的任何地方。当我被问到我在英国是否有任何刑事定罪时，我当然坦白说"是"，穆罕默德认为这是一件很重要的事情，他以后可以利用我的刑事定罪来对付我，将我驱逐出特内里费岛。

警察不想知道任何会伤害穆罕默德或他兄弟的事情，并拒绝记录我讯问的真实版本。最后他们采集我的指纹和拍下我的照片，他们的行为让我明白，不仅仅是将我的声明归档而已，也反应出维姆·德·格鲁特的命令到处充斥在这个腐败的警察部门里，当我在警察局的等待处跟莎拉·希尔碰面并等着警察局长见我时，警察局长已经清楚对我说："在接下来的 48 小时内离开特内里费岛，否则我将逮捕你并将你还押在监狱里"。莎拉脸上的表情说明了一切，我向这个听命穆罕默德的卑鄙小人点点头，随即便立马离开。我现在走在一条非常危险的钢丝绳上，并且这条钢丝很快就会断掉，随之而来的是灾难性的后果。

我的第一站是见穆罕默德，只能顺势随着他正在跟我玩的把戏走下去。到达他的办公室后，他的秘书让我等，以前我会直接被带到他办公室去并坐在他办公桌的座位上。45 分钟后，我进去了他的办公室，穆罕默德满脸歉意地解释说警察刚刚从后门离开。"我有一份你的声明，保罗，你不应该说你在英格兰有刑事定罪的事情，这会伤害你在特内里费岛的信誉。"

"我别无选择，警察问了我一个直接了当的问题，所以我必须如实回答，反正警察已经知道了，因为他们桌上有打印出来的材料。"

"我会处理好这一切的"，穆罕默德说。"明天去黎巴嫩，替我处理这件事，等你回来的时候，我已将解决这个问题了。"

在接下来的 72 小时里，我像一只无头鸡一样四处奔波。下飞机参加会议，然后是搭另一个航班和参加另一个会议。当我到达黎巴嫩时，我可以说是已经相当疲惫不堪了。在贝鲁特完成穆罕默德的业务后，我前往提尔与他的哥哥阿里会面，讨论开展进一步业务的事宜，然后开始回家的旅程，然而，上周忙碌的生活方式和酷热让我筋疲力尽，胸痛并感到头晕目眩。阿里担心我，于是带我去了提尔的纳杰姆医院，医生建议我留在医院，直到他们能诊断出我症状的原因。在解释了我隔天有英格兰的法律事务必须出庭后，医生强烈建议我不要旅行，并联系了马克·弗利，以便他立即通知法院。

2001 年 4 月 24 日上午 10 点，当所有各方齐聚一堂准备开庭时，一切都乱了套，控方要求法庭对我缺席的行为下达国际逮捕令，法官批准了这一个要求。警方随后联系了英国驻黎巴嫩大使馆，英国驻黎巴嫩大使馆又联系了黎巴嫩共和国大使馆，黎巴嫩共和国大使馆指示一名官员与医院核实，以确认我已入院，检查结果当然会是如此。

十天后在曼彻斯特的法庭听证会上，在法官道格拉斯·布朗先生面前，检察官指控我先前住院的消息是捏造的，是一种拖延战术，但法官没有接受他们的意见，相反地，他检视了医院记录并询问我的身体是否安康，我回答说"好多了，谢谢。"法官随后将审判重新定于 2002 年 2 月 25 日。自从我在黎巴嫩住院过后，我开始经常遭受偏头痛的折磨，情况严重到有些时候我的身体完全无法运作。幸运的是，我可以通过每天散步来稍微缓解症状。

于 2001 年 5 月 15 日时我回到特内里费岛，我知道我必须解开穆罕默德制造的混乱局面，这必然会影响到我自己每个层面的商业利益，不仅在西班牙还有在英国的业务也会受到影响。此外，我很有可能会被捕并落得与维姆相同的下场。在过去的几个月里，轮到我坐在他办公桌的椅子上 — 就像维姆一样 — 唯一不同的是我没有受他的把戏蒙蔽。我决定将我办公室的所有文件删除后再返回家中，并准备有关穆罕默德所有公司的档案，详细说明他在整个商业利益网络中所犯罪行的详细情形，但是，在回家之前，我想先百分之百确定他究竟把他客户支付千禧俱乐部会员卡的费用拿去做何之用。

5 月 18 日星期五晚上，我亲自到穆罕默德的办公室，他们让我再次等待，似乎他想说明谁才是老板的样子，等了一段时间后，他以欢欣鼓舞的状态见我。"他有罪，他有罪！"穆罕默德脸上挂着微笑说。

"谁？"

"约翰·帕尔默，他获判有罪，他在周一时被判刑。"

现在帕尔默未来将多年不会成为穆罕默德的阻碍，因此穆罕默德将成为最高统治者，最终帮派战争将随之结束。在他心中，他成为了宇宙无敌的大人物。有鉴于此，我试图解决问题已变得毫无意义，因为他的整个肢体语言都已表露无疑。无论我的计划是什么，对他来说已不会带来任何后果，因为他是特内里费岛的教父，他是这里的国王。当我最后问他是否已经为他客户的花用预留了金额时，他甚至完全没注意到我的问题。帕尔默的结局让他兴奋不已，以至于我在他没有注意到的情况下离开了他的办公室。为了自己的利益，他玩弄过很多人。对他而言，我已失去利用价值，但像许多强大的人一样，他低估了他的对手。

十天后我带着手中的档案回到特内里费岛，准备与那个双面人对峙，并等了一个多小时，与以往不同的是这次保镖的人数比平时多。可以肯定的是，保镖的部署是为了恐吓我，而不是为了保护穆罕默德。

我首先解释道，支付给他假日优惠俱乐部的一部分钱，应该留作将来的垫付款，我认为他没有考虑到这一点，所以他的所有客户都被骗了。我向他展示了档案，然后讲述了情况的严重性，以及根据欧洲洗钱法规，我有义务向马德里当局报告这件事，除非他能满足我的要求，或者他或我们双方都会被警察带走。我说我想以友好的方式结束我们的事情，包括他需支付我剩下尚未支付的 20 万英镑费用，并终结目前由美洲海滩警察局调查的那些事务。我向他保证，他的所有商业事务我都会持续保密下去，我将继续在我位于洛斯克里斯蒂亚诺斯的办公室进行交易，而他再也不会听到我的任何消息。就在那个时间点我递给他一封信，其中包含他从客户那里窃取金额的条列要点，该信以下列段落结尾：

"我希望上述问题可以在没有法院诉讼的情况下得到解决。我很遗憾我们处于这个关头上，但是穆罕默德，是你策划了如今这种情况。除非我们能达成协议，否则你让我别无选择，只能透过马德里最高级别的当局来免除我的责任，并通过西班牙法院追回欠戴菊莺的款项。"

他面带微笑地读着信。然后他转向我，直视我的眼睛，说："保罗，你手中没有筹码。"

*****

帕尔默遭定罪的消息成为世界各地的头条新闻，有报道称他与毒品、武器交易和谋杀有关。他参与了特内里费岛的房产争夺战，其中包含至少一起谋杀案、数次殴打案、刺伤和袭警案。他甚至将他的分时度假业务扩展到俄罗斯，因而他经常乘坐里尔喷射机去他设有办事处的三座城市，他的业务还包括为国际毒贩洗钱和与俄罗斯黑手党进行武器交易。在老贝利法院进行审判的期间，控方大卫·法勒 (David Farrer) 御用大律师表示，他"以巧妙、精心策划且完全不诚实的操作方式，欺骗他的房地产客户并对他们做出虚假承诺。"

尽管他在英国遭定罪并获判八年监禁的有期徒刑，但仍有许多其他罪行等待西班牙警方调查，他们表示他们将在帕尔默释放后，寻求将他引渡到西班牙，尚待西班牙警方调查的罪行包括欺诈、持有枪支、洗钱和黑社会谋杀的指控。

西班牙国家警察准备的一份关于帕尔默党羽的机密档案，概述了他的保安人员对寻求退款希望拿回钱的客户做出的暴力和威胁。有些客户被刀和棒球棒袭击，有些客户的汽车被纵火、房产遭损毁。一件尚未解决的谋杀案的受害者是 38 岁的朱莉·伍德沃 (Julie Woodward)，她是诺丁汉的一名房地产经纪人，在特内里费岛生活了 13 年，她被发现死于她位于洛斯克里斯蒂亚诺斯的公寓里，帕尔默在那里拥有一个巨大的分时度假建筑区。根据八卦人士的说法，与帕尔默和德巴有关的另一起谋杀案的受害者是一名保险经纪人凯·格林 (Kay Green)，她因触怒他们俩，她被割断喉咙像动物一样被屠杀，死在自己的血泊中。

另一个案例是来自柴郡 (Cheshire) 朗科恩 (Runcorn) 镇，一名 24 岁的肖恩·诺尔斯 (Shane Knowles)，于 1999 年 6 月在美洲海滩的一间酒吧洗手间遭到严重殴打，严重到医生甚至担心他会有生命危险，幸好他最终康复了，但失去了一只眼睛。诺尔斯先生坚称，因为他违抗了帕尔默"保安团队"成员的指令，开设了一家酒吧业务，因而他们派一名来自英格兰的职业杀手杀害他。

这起袭击发生后的第二天，来自南约克郡唐克斯特 (Doncaster) 镇，一名 31 岁的职业杀手迈克尔·斯坦丁 (Michael Standing) 被捕后，根据警方的说法，他有军事训练的背景，被发现在拉斯帕尔马斯机场 (Las Palmas airport) 附近的法院牢房里以他的衬衫上吊身亡。然而，法官裁定他死于窒息。岛上的记者声称，西班牙警方并未记录这些暴力行为是犯罪行为，因为他们"害怕黑手党"，并且警方欲阻止度假岛上存在犯罪帮派的宣传，这会破坏岛上的度假声誉。

虽然帕尔默的名字均与整个特内里费岛的暴力案件有关联性，但真正为帕尔默"伸张正义"的人当然是穆罕默德·德巴，他的前得力助手和保安负责人。是德巴赢得了帮派重臣们的尊重，因而他们乐意去执行他的命令，因为他们害怕他并想取悦他。我亲眼目睹了他的一名保镖躺在地板上亲吻他的脚，因为他的保镖做了一些让他不快的事情，并请求他的原谅。

虽然帕尔默倒下了，但他还没有玩完。无论你是谁，拥有现金者都可以是"王者"，而约翰·帕尔默拥有大量现金。仅仅因为他被关押在贝尔马什监狱 — 英国最高安全和最严苛的监狱 — 并不意味着他的业务就因而陷入停顿。即使在监狱体系内，只要拥有 3 亿英镑就能买到奢侈品，可以使用手机和监狱厨房提供的最佳膳食。

BRITISH JUSTICE EXPOSED

帕尔默继续经营他的事业，并得到了外部家庭成员和他暗中信任的新保安负责人理查德·卡什曼的帮助。卡什曼也是帕尔默的公司、南特内里费俱乐部有限公司 (Club Tenerife Sur Limited) 的银行账户的签字人，该公司在马恩岛的国民西敏寺银行开户并持有大量现金储备。媒体报道称他的 60 个银行账户被冻结根本是无稽之谈，因为他的大部分账户都未被发现。卡什曼来自英格兰北部的纽卡斯尔地区，他与穆罕默德截然不同。当他给于承诺时，他是认真的，他是可以在战斗中控制自己的男子。是的，他是一个强硬的人，在他的老板背后捅一刀，或者像他的黎巴嫩对手那样当个双面人，是他不屑做的事情。因此，前市场交易员"金手指"约翰帕·尔默站稳了脚跟。他深思熟虑地选择了自己的亲信，虽然他们的忠诚需要经得起时间的考验，但另一方面，他已经惹怒了俄罗斯黑手党，一个会让他丧命的错误。

* * * * *

在表达了与穆罕默德对立的立场后，我需要得到莫斯科客户的许可，然后才能让英国和西班牙的当局参与进来。穆罕默德并不知道，哈米德先生把我介绍给了维克托 (Victor：化名)，一个强大到令人难以置信的俄罗斯人。在为他创建了多家离岸公司后，我安排将他超过 10 亿英镑的巨额储备现金转移到摩纳哥的一家银行，将储备现今隐藏得十分完美巧妙，以至于几乎无法追踪。

穆罕默德与俄罗斯黑手党的交易被当权者视为"微不足道"，因此，如果他的财务状况受到审查和调查，对他不会构成任何威胁。套用英语的一句俚语形容他，他是一个"胡说八道的蠢蛋"，一个自以为是的虚构黑帮。我已经完全放弃了自己与俄罗斯人的交易，因此对我的财务状况的调查不会构成任何威胁。

我接触西班牙当局时需要非常谨慎小心，因此我联系了西班牙和黎巴嫩驻伦敦大使馆，他们向我确认我应该向马德里警方报案。在我理清自己在德巴事务中的立场之前，我应避免前往我位于特内里费岛的办公室才是明智之举。我推断穆罕默德不太可能对莎拉·希尔造成任何伤害，因为她是岛上的居民，她的父母是教师，也是社区的一份子。

莎拉也有同样的感觉，并且完全有能力管理特内里费岛的办公室，直到问题得到解决并且我可以再次造访办公室为止。在特内里费岛的小道消息中，有传言说穆罕默德有一位名叫何塞·埃斯特班·加西亚·冈萨雷斯 (Jose Esteban Garcia Gonzalez) 的新财务顾问，我认识这个人，他是位于洛斯克里斯蒂亚诺斯桑坦德银行的银行董事。当我听到这个小道消息时，一切都说得通了。冈萨雷斯先生还拥有一家名叫卡拉顾问 (Kara Consultores) 的咨询公司，以企业服务提供商的身份进行交易，因此他可以为穆罕默德提供与我相同的服务，同时还为他提供银行设施和无限资金的使用权。这是穆罕默德的明智之举，但他本可以在我们不成为敌人的情况下做出这样的举动。有一个谣言很快在特内里费岛广为流传，谣传说穆罕默德正在购买大片土地，来建造公寓大楼并扩大他的度假优惠套餐的业务。

蒂埃里·博伊纳尔也与穆罕默德闹翻了，他离开特内里费岛并将他的现金安全地运到迈阿密，使得成千上万的客户仍然拥有他们未售出的分时度假证书，和毫无价值的统治者黄金信托的现金回馈证书。然而，穆罕默德只是简单地创建了一家名为"皇家皇冠投资 (Royal Crown Investments)"的新现金回馈公司，并继续使用相同的销售技术，进一步赚取了数百万英镑的利润。

有了更多的钱后，他变得更加强大，并通过他与俄罗斯同伙拥有的一家黎巴嫩公司购买了一架波音 757，并将其停在马德里巴拉哈斯机场 (Barajas Airport)。他似乎势不可挡，但他没有估算到这个星球上最可怕的法官 — 如火焰般的法官 — 巴尔塔萨·加尔松。

* * * * *

随着统治者黄金信托的关闭，杰里米·辛克莱回来写下一篇关于玛丽埃塔·博斯 (Marietta Bosch) 的手稿，她是博茨瓦纳的一名南非白人妇女，她在毫无从轻量刑的情况下获判极刑谋杀罪，可判处强制性死刑，博斯正在对她的定罪提出上诉。辛克莱于 1999 年 7 月抵达博茨瓦纳，并留在首都哈博罗内酒店开始研究该故事的材料，然而，材料的收集却带来了毁灭性的后果。根据辛克莱的说法，他于 2001 年 7 月回到博茨瓦纳时入住大棕榈酒店，辛克莱声称这家位于非洲最深处的肮脏酒店，变成了残酷的同性恋强奸现场，造成严重的后果，在这场如此荒谬的犯罪行为中 — 他是受害者。

* * * * *

妈妈曾说过"不在于你知道什么，而在于你认识的人"，这句话确实总结了我的人生故事。事实也是如此，智力是赢得我们生活中经历的许多战斗的关键武器，所以如果你能将两者结合起来，你就可以在大部分的时间里保持领先的态势。我提出了为高净值人士和具有影响力和权力的人，建立会员网络组织的概念，我创建我的新公司安吉斯国际有限公司 (Aegis International Limited)，公司登记的地址在伯利兹。会员资格享有许多好处，但最具有远大雄心目标的好处，将是商业智能或简称为智能，因为知识可以转化力量，当《观察家报》获得三位法官的通话记录时，我曾经历过这种力量。

我花时间逐步发展安吉斯国际有限公司，然后决定以稳健的财务基础开始这项业务。当时当地的约克房屋建筑商布莱恩特·霍姆斯 (Bryant Homes) 正在市中心建造最负盛名的公寓，可欣赏该市和约克大教堂的壮丽景色。当销售办公室以香槟招待会举行开幕时，我设法挤到了人群的最前面，并支付了 68 万英镑的押金，预购了可以欣赏城市最佳景观的角落顶层公寓。

在我被秘密告知我在约克警方的视线内并受到他们的监视后，安吉斯国际有限公司在其初期和几周内，将为我提供宝贵的情报来源。2001 年 4 月 11 日，警方在我位于赫斯灵顿村皮尔路的办公室附近观察辛克莱和我，隔天又在约克市中心观察我们的行踪。最令人震惊的情报是，约克反欺诈小组的两名警探找上了住在皮尔路的邻居西尔维娅·哈维 (Silvia Harvey)，询问西尔维娅他们是否可以在她屋子后面的那间卧室设立一个观察哨，好让他们可以俯瞰我的办公室入口。我的伪证审判日期已经预定好，所以那件案子的调查早已结束，这让我认为警方现在正在调查其他事项，而我只能拭目以待他们究竟想查什么。

* * * * *

第十九章

西班牙情报部门

我决定通过苏格兰场与西班牙当局联系，当然我会录下我的通话内容。2001年6月18日，我打电话与班森(Benson)警探交谈，他将我的电话转给弗莱尔(Fryer)警探，我向他解释了些事情。一周后他回电话给我，问西班牙情报部门的劳尔先生是否可以联系我，我说他可以。我安排于7月4日下午3点，在马德里的诺富特酒店与劳尔先生会面。

我决定住在马德里市中心的皇冠假日酒店，然后坐出租车到诺富特酒店，预计提早到达。当我在接待处等候时，我扫描了一份我提供给穆罕默德的档案副本，并不安地等待他的到来。我不知道结果会是什么，因为我不熟悉西班牙法律，认为他们可能会逮捕我甚至起诉我。劳尔先生准时到达，并以友好的方式自我介绍，他的英语十分流利。在接下来的四个半小时里，我解释了戴菊莺的业务活动和我作为德巴的财务顾问所扮演的角色，以及我认为他公司的整个运营从一开始就是一场欺诈行为。当他问到德巴业务的哪些方面存在欺诈行为时，我全盘据实以告，尤其是我相信他没有将客户所支付的金额存放起来用作垫付款，提供给客户度假优惠套餐所述的好处，因此，在这种情况下，这是一个骗局。劳尔先生向我点头，并把档案还给了我，说他会在隔天早上联系我，然后安排两名警察送我回酒店。晚上晚些时候，我打电话给吉尔，告诉她会议似乎进展顺利，但我在隔天早上才会知道更多消息。

隔天上午8点30分左右劳尔先生来电，问我是否愿意与正在调查德尔巴事务的西班牙情报部门的穆尼奥斯督察员会面，如果愿意，他会在一小时后在酒店接待处与我会面。我回答"当然愿意"。当他和另外八名便衣督察员一起到达时，我可以说是有些紧张，但他很快就让我放心了。劳尔先生介绍说这位是费尔南多·穆尼奥斯督察员，他解释说费尔南多是在特内里费岛调查穆罕默德·德巴和其他人的负责人。费尔南多向前倾身伸出手臂，坚定地握着我的手，"很高兴认识你，"他说，然后用蹩脚的英语问我是否愿意陪他去西班牙情报部门的总部，以便我们可以私下交谈。"是的，当然，"我回答。然后，我们走向两辆等候在外的汽车，它们就停在酒店大门外面，由穿制服的警察包围。

车里几乎没有什么交谈，但很明显的是，我让自己陷入的情况是具有相当高的危险性。然而，究竟有多么危险，直到18年后，当我得知根据西班牙法律，我与他们的第一次会议以及随后的每一次会议均非法时，危险的程度才会暴露出来。事实上从第一天起，穆尼奥斯和他的团队就计划利用和滥用我，来达到他们自己扭曲的目的。

大约花了30分钟到达入口处，武装保安人员在大门守卫，然后我们通过栅栏到门楼，以便我可以办理登记手续，扫描我的护照和通过金属探测器检查，在离开大楼的后面之前，对我的公文包进行了搜查。然后我们开车到另一栋楼的地下停车场，乘电梯到一楼的第二个安全检查点。就在那时，劳尔先生说他将把我交给费尔南多和他的团队照顾，他首先将我介绍给他的副手恩里克·埃斯特班，而一位名叫苏珊娜(Susana)的英国平民女士将担任我们的口译员。接下来我们经过一些相邻的办公室，里面有成排的文件柜，所有文件柜都贴有约翰·帕尔默的标签，最后到达一间会议室开始我们的会议。

费尔南多在会议一开始时便说明我不会被视为德巴事务的嫌疑人或同谋，他们需要我作为控方证人与他们同一阵线。我也能看出他们对离岸公司的结构知之甚少，而我积累的材料对于成功起诉德巴至关重要。我向他们披露了这些档案，其中只包含有限的信息，但我解释说我尚有大量其他会计分类账，以及数百个我与穆罕默德和该组织的其他成员间电话交谈的卡式录音带。

当我提到这一项进一步的证据时，他们感到十分的兴奋，底线是我是否同意披露这些材料，并在法庭上作证针对德巴和他的同伙。我已经履行了向有关当局报告这些事情的法律义务，但我也对所有被他欺骗的人负有道德责任。若是能成功起诉德巴，意味着他的资产将被没收以补偿他的受害者，而我知道他在黎巴嫩的银行、土地和房产上投资了数百万美元。我告诉费尔南多，我会与他的部门通力合作，并提供材料以及出庭作证。费尔南多与我握手说，现在保护我的安全对西班牙当局来说将是最重要的任务，我们将在下次会议上充分地讨论我的安全问题，但与此同时，在德巴和他的同伙被捕之前，建议我不要来特内里费岛，我们同意我将在2001年7月15日返回并待上三天以提供证词。第一次的会议结束后，费尔南多安排了一辆警车和两名警察送我去机场。

＊＊＊＊＊

回到家后，吉尔非常担心穆罕默德会报复我，因为我成为了监狱草，我尽力解释这是一个完全不同的情况。首先，我有法律责任，所以我别无选择，只能透露我对他的事务的了解，无论如何，有成千上万的无辜受害者，他们会以不同的方式看待这件事情，因为当穆罕默德的资产被没收时，这些受害者会拿回合理比例的金额。我说穆罕默德比监狱草还坏，他居然把他所谓的朋友和同伙送进监狱，然后吹嘘他如何干掉他们并拿走他们的钱。在监狱里，他绝对会被归类为人渣，社会阶层中最卑劣下等的败类 — 完全没有道德可言，所以我不会被视为监狱草，特别是英国的囚犯绝对不会视我为监狱草，他们反之还会称赞我的作为。我尽了最大的努力化解吉尔的担忧，但无论我说什么都无法阻止吉尔担心，我能理解她的观点。

我开始整理大量文件和会计材料，包括统治者黄金信托的宣传资料，然后打电话给苏珊娜谈论我的航班安排。起初她建议他们部门的人在伦敦与我会面，但我说曼彻斯特对我来说更方便。他们担心我的安危和文件的安全，并想确保我在去机场的路上没有被任何人逮住。

苏珊娜："我们想知道最适合你的方式为何，要不我们在英国的一些同事和你一起去机场。"

我："好的。"

苏珊娜："然后我们会去马德里的机场接你，或者我们会派一些人从这里去英国接你，这样你就可以在周日晚上或周一早上来马德里，尽早于周一早上开始工作。"

我预订了7月15日星期日从曼彻斯特起飞的航班，并预订了下个星期四的返程航班，以便我有足够的时间提供证词以及将大量材料列为证物。考虑携带大量法律文件搭国内航班会是一个荒谬的方式，所以我决定全部由DHL快递寄送。然后我打电话给费尔南多，告诉他用空运货物单号，这样他就可以追踪该快递直到文件安全送达为止。费尔南多随后将电话交给了英语更流利的恩里克：

恩里克："好的，当你到达马德里时，为了安全起见，你和另一位同事待在一起。"

我："好的。"

恩里克："好的，必须随时为了你的安全着想。"

很明显的是在这个早期阶段，我的证据对此案件非常重要，此外，由于我与警方合作，他们已经认为我将自己置于遭德巴组织报复的危险之中，在我发表宣言针对他之前已是如此情况。因此，随之而来的是，一旦我做出宣言并同意出庭作证时，我的安全风险就会与之增加。

2001年7月15日这天我前往马德里，并于7月16日、17日和18日在西班牙情报部门总部，举行了为期三天的会议。该部门安排了一名西班牙律师维达尔·梅尔坎 (Vidal Merchan) 代表我并支付了他的费用。我的声明长达15页，详细说明了我与德巴及其同伙的往来经过，并解释了我提交的文件和档案中的议题。在7月18日晚上10点结束所有作业时，费尔南多重申我根本不被视为德巴案的嫌疑人，并将我介绍给警察总局局长胡安·科蒂诺 (Juan Cotino)，他向我个人保证，我的个人安危对西班牙当局来说是最重要的事情，我将被归类为"受保护的证人"。

隔天早上7月19日，费尔南多要求我签署一份文件，解释这是我出庭作证的承诺。然后他和恩里克带我到马德里中央法院的五号法庭，正式提交我的文件并签署宣言，然而，在整个过程中，我的律师不在场，也没有宣誓口译员在场为我翻译，所以费尔南多充当口译员。我被带到巴尔塔萨·加尔松法官的私人办公室，费尔南多说他是全西班牙最资深的法官。当他们将我介绍给他时，他先是坐在桌子后面，然后起身与我握手。然后，他递给我一份两页纸的文件，费尔南多要求我签字，同时解释说该文件是我承诺出庭并为控方作证针对穆罕默德·德巴。

费尔南多再次表示，在针对德巴的案件中，我不会被视为被告，并用西班牙语向加尔松法官重复了同样的话，而加尔松法官点头表示同意。我按要求在文件上签名，当时两页上都没有其他签名。加尔松法官随后握了握我的手，用西班牙语说了些什么，费尔南多翻译说法官感谢我为西班牙警方提供的所有帮助。然后我离开了他的办公室，费尔南多和恩里克继续与法官交谈而我在外面等候。

一到法院外面后，费尔南多再次感谢我与他的部门合作，并说如果我在西班牙有任何事情需要任何帮助，我只需要向他们提出来即可。然后他给了我他的个人手机号码和他办公室的其他电话号码，便带我去机场搭飞机回家。在途中费尔南多兴致勃勃地解释说，一旦我签署了我的宣言，"雪松行动"将正式启动，这项行动已经搁置了相当长的一段时间，因为某些议题与约翰·帕尔默的定罪互相重叠。我知道我与西班牙当局的合作是明智之举，考虑到戴菊莺公司的业务活动至少可以说是有争议的，这件事在德巴的案件中确实如此。它还让我在两个阵营中都有立足之地，我可以同时为我的俄罗斯伙伴进行监视。

届时我在加尔松的办公室签署的承诺，将成为西班牙和英国刑事诉讼中最重要的文件，我签署的这份文件，但出乎意料地，最后竟变成是伪造的文件。

* * * * *

尽管杰里米·辛克莱遭共济会开除，但他仍然利用他学到的知识和技能，为他对玛丽埃塔·博斯案的研究打开了正确的大门。2001年4月他联系了博茨瓦纳高等法院院长约翰·布莱克本·吉廷斯 (John Blackburn Gittings) 法官，两人会面讨论此案，尽管他们的会议没有实质性的结果，除了吉廷斯提供了其他上诉法院法官的姓名以外，其中包括 — 令人难以置信的人名 — 勋爵约翰·布洛菲尔德御用大律师。

辛克莱对博斯案的兴趣是可以理解的，因为她是第一个在南部非洲国家被判处绞刑的白人女性，也是唯一一个在射杀丈夫贾斯汀 (Justin) 多年后获判绞刑的白人女性。此案吸引了全球许多地方的广泛宣传，特别是南非，因为她是该国的公民。在英国，辛克莱将注意力转向了布洛菲尔德，因为不同的媒体反复且不准确地报道说，布洛菲尔德是法院的一名成员，听取并拒绝了她对定罪的上诉，然而事实并非如此。

在非洲没有陪审团，法官必须独自做出裁决。审判充满了不准确之处，博斯因她的丈夫弟媳朱迪思·博斯的证词而被定罪，朱迪思说玛丽埃塔承认有婚外情，并在谋杀自己的丈夫后将那把凶枪交给了朱迪思的丈夫。主审法官问玛丽埃塔在被判刑前有什么要说的，她回答说："我无罪，法官大人，您对一个没有犯下此罪行的女人判刑。"休庭五分钟后返回庭上宣判，他戴上黑帽对她说："妳将被送回监狱，在那里妳的脖子将被套上绳索直到妳死去为止，国家的总统将决定妳尸体的安葬处，愿主怜悯妳的灵魂。" 2001 年 3 月 30 日星期五，将玛丽埃特的死刑令宣读给她听，并告知她将在隔天一早执行绞刑处决，死后她的遗体被安葬在监狱墓地。

博茨瓦纳上诉法院每年 1 月和 7 月各开庭两次，开庭时间大约为三周。2001 年 7 月辛克莱与西蒙·埃尔德里奇一起前往博茨瓦纳，为他的书寻找材料。然后，辛克莱在他的酒店打电话给布洛菲尔德，说他正在写一本书，关于包括博茨瓦纳在内的各个非洲国家的法律管理，接着说，约翰·吉廷斯建议他联系布洛菲尔德，因为吉廷斯确信布洛菲尔德能提供帮助。布洛菲尔德同意于 2001 年 7 月 19 日在辛克莱入住的大棕榈酒店与他会面，十分巧合的是，那天正是我在加尔松法官面前签署我的宣言的日期。

以下是 2001 年 7 月 19 日在博茨瓦纳首都哈博罗内的大棕榈酒店的 444 号房，发生的两个不同版本的事件。布洛菲尔德说他在中午 12 点 45 分左右到达酒店，并安排他的司机在下午 2 点整来接他。他向酒店柜台人员要求见辛克莱，他们打电话到辛克莱的房间，不久他就来到柜台，向布洛菲尔德做了自我介绍。在交谈了几句话之后，辛克莱告诉他，他已经在房里点了一份三明治。然后他们乘电梯来到他的房间，布洛菲尔德坐在房间一侧的沙发上，面对坐在另一侧咖啡桌旁椅子上的辛克莱。在他停留期间，布洛菲尔德从未移动过位置，直到他起身离开。然后辛克莱递给他一杯酒，他接下了那杯酒。接着他们讨论了博茨瓦纳的法律制度，辛克莱提到了博斯案。在采访的某个时间点，一位非洲服务员带来了一些三明治，布洛菲尔德吃了他的那份，这时他该离开了，布洛菲尔德记得辛克莱带他到酒店门口。

而辛克莱的说法是，布洛菲尔德想要同性恋性交，以换取他提供有关玛丽埃塔·博斯上诉的机密敏感信息，但后来他拒绝提供这些信息。辛克莱声称他被布洛菲尔德强奸了，由于这是一项对法官如此严厉的指控，苏格兰场的警探会跨越两大洲进行调查，即便惊天动地也在所不惜地诋毁辛克莱。特雷弗·威尔斯侦缉警司肯定会调查每一个细节，我相当了解他是什么样的警官。

★ ★ ★ ★ ★

在马德里，西班牙情报部门正忙于建立针对德巴组织的案件，因此为了支持他们的案件，我通过 DHL 寄送了无数我与德巴和他的许多帮派成员的电话交谈的录音带。2001 年 9 月 1 日我打电话给费尔南多，告诉他我将于 11 月去圣卢西亚度假，他说他需要在我去之前见我。在与他的电话交谈中，他说想要一个名叫鲍里斯 (Boris) 的俄罗斯人的情报，他是穆罕默德的一位知名同伙，但警方无法找出他们俩财务相关联的部份（截取通话相关部分如下）：

（费）："你度假回来的时候我需要见你一面。"
（我）："我回来后会打电话给你。"
（费）："好的，我有一个问题。"
（我）："好的。"
（费）："这名叫鲍里斯的男子。"
（我）："俄罗斯人。"
（费）："是的，他是谁？"
（我）："他是德巴的俄罗斯同伙。"
（费）："哦，他在特内里费岛有房产吗？"
（我）："他在特内里费岛有商业利益。"
（费）："呃，在特内里费岛有商业利益。"
（我）："是的。"
（费）："好的，好的。"

我决定在假期前去马德里看看他们对鲍里斯有什么情报，这样我就可以向我莫斯科的客户报告。我无意透露任何信息，并且会随着谈话的内容往下说。我安排在 10 月 16 日与费尔南多会面，并在前一天乘坐易捷航空从利物浦出发，这些旅程的安排今后将成为例行性公事。我会在前一天到达，然后在隔天早上情报人员会来皇冠假日酒店接我，并载我到情报部门总部。

费尔南多和恩里克对我表示热烈欢迎，并说明事情进展得很顺利。他们需要德巴控制的其他秘密银行账户的详细信息，以及愿意提供证词针对他的任何客户的详细信息，我说我可以提供两者。他们问我对鲍里斯和穆罕默德的生意了解多少，"很少，"我说，我知道他们有商业交易，但穆罕默德对此相当保密。

"任何有关穆罕默德和俄罗斯人的信息都会有很大帮助，"费尔南多说。他还透露，约翰·帕尔默欠了一个与德巴无关的黑手党组织债务。他们的情报显示，当他出狱时，将会有人买通杀手要他的性命。恩里克说："当你欠俄罗斯黑帮的钱时，就会有严重的后果。"会议结束时，恩里克送我去机场，"保罗，祝假期愉快，"他说，他在出境处让我下车。"谢谢，"我说，"再见。"

* * * * *

我们在圣卢西亚的假期简直是一生难忘的假期，圣卢西亚岛在各个方面都令人惊叹，我们住在当时的希尔顿酒店，那里有两个火星塞山、火山峰，名为皮通山 (Pitons)。乘坐维珍航空的高级舱后，我们乘坐直升飞机前往酒店，鸟瞰壮观的热带雨林，增添了另一种奢华感。当时，格伦康纳勋爵 (Lord Glenconner) 以 45,000 英镑买下马斯蒂克岛，在度假村附近经营一家精品餐厅，让吉尔和我感觉我们是最受欢迎的客人。

2000 年圣卢西亚成为一个离岸司法管辖区，因此我能够进行一些研究；勋爵大人将我介绍给他在岛上的会计师和律师。后来，勋爵大人寻求我的建议，重组他的部分财产以避免遗产税，同时通过创建信托将这些资产从他的所有权中移除。我曾经甚至考虑将戴菊莺公司搬迁到圣卢西亚，因为在它的立法下，所有权和董事均获得了最严格的保密，由有执照的注册代理妥善保密这些信息。另一个"加分项"是豪华游艇的所有者可以通过圣卢西亚公司注册，以隐藏最终受益所有者（真正的所有者）的身份。两周很快过去了，在我们 11 月 22 日回来的时候，我打电话给费尔南多询问最新情况，他爆料说穆罕默德已经被捕并关在马德里的监狱里。

据了解于 2001 年 11 月 20 日，巴尔塔萨·加尔松和他的打击犯罪小组前往北特内里费岛，进行了岛上前所未见的突袭行动。国家警察在法官的指示下，同时突袭了德巴的家和他的全部办公室，并在同一时间突袭了他兄弟们的家。所有的突袭行动都发生在上午 9 点，戴着滑雪面罩的武装警察吓坏了许多路过的人，而"搜捕"行动一直持续到下午 6 点。

当天结束时，在特内里费岛逮捕了 16 人，其中包括为穆罕默德护照背书的西班牙国民警卫队高级警官何塞·费尔南德斯，以及他的新财务顾问何塞·冈萨雷斯和马德里的另外两人。法官下令对穆罕默德及其两个弟弟侯赛因和哈特姆进行无条件监禁，并发出国际逮捕令，以搜查和逮捕穆罕默德最亲密的合作者奥马尔·弗朗西斯 (Omar Francionis：别名"塔诺 (Tano)")，和德巴的同伙伦敦黑帮分子"丹尼斯·纽 (Dennis New)"。

除了没收文件和逮捕行动之外，加尔松法官还禁飞德巴停在马德里巴拉哈斯机场的波音 757 飞机，并没收了数百个装有现金的信封（用于贿赂政客的现金）、两把散弹枪、两把电击枪、两把手枪和两把左轮手枪。新闻报道称，特内里费岛南部的市长们认为警方的行动"非常积极"，而加尔松法官本人 — 一个能像任何流行歌星或电影偶像一样吸引人群的人 — 带领了这次的行动，这一个迹象显示，马德里的西班牙当局已经掌握了加那利群岛正在发生的事情的脉络。

国际媒体报道称德巴是黎巴嫩黑手党的头目，与基地组织有联系，他被指控为来自英国、俄罗斯和南美的帮派，洗钱的金额高达 5 亿英镑。报道还称，他曾向黎

巴嫩的阿迈勒 (Amal) 运动和真主党民兵提供武器和金钱，并代表基地组织参与盗窃 1,300 本法国护照。电话窃听揭示了德巴与阿迈勒运动主席纳比·贝里 (Nabih Berri) 的往来，贝里确认他向阿迈勒运动提供"椅子"(此为阿拉伯武器的公认代码)。一些外国情报机构也将德巴列为与恐怖组织有往来的军火商。

于 11 月 21 日时一家叫做《舆论报 (La Opinion)》的西班牙报社，刊登的一篇报道揭露我正是向警察提供信息的人，并说我无需隐瞒我正在与西班牙当局合作。媒体显然已经"泄露秘密"，并且他们这样做，将会导致我成为德巴组织报复的目标，穆罕默德将这项任务委托给他的私人保镖"塔诺 (Tano)"，他身高超过六英尺六英寸，身材像个巨人。该篇的新闻内容如下：

> "其中一名被捕者证实，德巴为叙利亚和黎巴嫩购买枪支。据说一个叫保罗·布兰查德的人 (不是遭警察逮捕的人之一) 表示，德巴告诉他，他通过由一名黎巴嫩人拥有一家名为神剑 (Excalibur) 的法国公司，为叙利亚和黎巴嫩购买枪支。"

在媒体将我的名字向大众公开后，没过多久，肖恩·杜格尔 (Shane Dougall) 就联系了我，他负责管理约翰·帕尔默位于埃塞克斯郡布伦特伍德镇，一家名为港岛金融服务有限公司 (Island Financial Services Limited) 的法律部门。肖恩想见我，因为根据小道消息，我与穆罕默德彻底闹翻已经不是什么秘密了，由于约翰被定罪并服刑八年，他相信如果我泄露某些信息 (关于西班牙和英国腐败警察的信息)，有可能会使得约翰能有理由对定罪提出上诉。我同意会见肖恩，我们约在我的约克办公室见面。

我做的第一件事，是播放费尔南多要求我向他提供有关约翰·帕尔默信息的录音给肖恩听。我这样做是为了让他取信于我，因为我不想在约翰·帕尔默和我之间产生任何误解。我强调我是坦率直白的，我与他的交易将完全透明。我接下来说的是，他可以告诉他的客户，我不会向西班牙警方透露我所知道的任何信息。在这件事上，我向他做出保证。多年来我通过德巴、我的俄罗斯联系人以及其他无数人那里，获得了大量关于帕尔默的情报，这些人都向棒打落水狗一样，对待这个以前曾经是点石成金的人，他们均乐于"透漏"关于这个人的消息。

我们谈了相当长的时间，在此期间很明显我掌握了宝贵的情报，这将有助于以英国警察腐败的理由申请上诉并且帕尔默的上诉会得到批准。但是，如果我泄露信息，可能反而会自找麻烦，约翰·帕尔默到头来可能会觉得当初不要上诉才是对的，特别是他与俄罗斯黑手党有在往来。我告诉肖恩，我知道帕尔默仍在牢房里经营着他的帝国，并说我希望他不要受到伤害，但为了他客户的利益着想，事情最好还是搁着就好。

我最后说如果要我提供帮助，但事情反而变得更糟，那么最后受到指责的人将会是我。我已经与德巴为敌，我当然不想与约翰·帕尔默为敌。因为一个有钱和人脉的人仍然还是一个危险人物，即使这个人是在牢房里亦是如此。我们握手并双方达成共识，他答应会告诉帕尔默我无法提供帮助，肖恩祝福我与西班牙警方打交道的过程一切顺利并建议我要格外小心，他说："随时小心会从背后咬人的毒蛇。"

* * * * *

于 2002 年的年初我决定接受费尔南多的帮助，并询问他是否可以安排马德里警方，颁发外国人身份识别证书 (译者注：这是西班牙政府颁发给外国人的一个身份证号) 给我。当时西班牙的新法律要求，任何开设银行账户或创建西班牙公司的人都必须向警方注册，并在申请银行账户和官方审核公司文件时，需附上外国人身份识别证书。我延迟了证书的申请，因为以前与英国警察做交叉检查时，都会揭露我之前的刑事定罪。

于 1 月 20 日星期日时，我前往马德里并入住皇冠假日酒店。隔天早上，一个名叫丹尼的年轻警探来酒店接我并送我到情报部门总部。在那里费尔南多和恩里克像失散多年的兄弟一样热情地向我打招呼，当我们前往会议室时，他们告诉我已经在处理我的申请。自从我们上次会面以来，我收集了大量材料，这些材料显示蒂埃里·博伊纳德与德巴俩人进行欺诈交易。

在向我更新最新消息后，我们驱车前往马德里市中心的另一个警察局，那里聚集了一大群人，他们全是欲申请外国人身份识别证书的人，排队等候他们的面谈预约时间。我们把车停在正门外的马路上，一名身穿制服的警察立即上前，他想要求我们离开，但费尔南多向他展示了他的警察徽章，并说我们只需几分钟，所以警察一直站在车边直到我们回来。然后我们绕过人群队伍，找到发证处后领取我的证书 — 就这么简单。接着我两个最好的新朋友带我到机场的出境入口处，搭乘飞机返回利物浦。

* * * * *

距离我的伪证审判日 2002 年 2 月 25 日越来越近，控方提供了更多的证词、证物和麦克唐纳法官的一封信。之前未送达的一份证词，是由英国电信总部担任经理级别，一位叫做斯蒂芬·威廉·雷恩 (Stephen William Wren) 先生所提供的，他说：

"我被要求证明账单明细记录（法官的通话记录）副本的真实性和准确性。英国电信的政策是不进行此类验证，因为无法验证文件的来源，加上电脑功能会自动删除该记录，所以无法满足《1984 年警察和刑事证据法》第 69 条的要求。只有当原始信息仍然存在时，才能验证内容的准确性。**然而，可以认为该信息是在符合标准格式下制作的。**"

从这里我们可看到警察渎职的行为表现得淋漓尽致。换句话说，现在已无法证明通话记录的真实性与否，因为它们已从英国电信的电脑上删除。警察根本是等到无法获得通话记录后才对我提起诉讼。然而，雷恩不得不承认，这些记录符合制作时的标准格式，它们的真实性将成为我辩护的核心，也将是陪审团做决定的主要因素。

麦克唐纳法官于 1997 年 11 月 13 日，写了一封信给位于伦敦拉德盖特城门 (Ludgate) 的皇家检控署。我几乎无法相信我在几分钟内所阅读的内容（截取相关段落如下）：

"从我个人的角度来看，越来越没有以证人的角色出庭的意愿。我的隐私受到了侵犯（例如，我和我妻子过去一年多来的每通电话都受到审查），另外我将于 1998 年的年中以法官的身份退休。再者，毋庸赘述我也不希望这个案子在我退休后困扰我和我的家人。"

以及：

"可以肯定的是，如果决定起诉布兰查德，肯定将会传唤所有三名法官出庭在审判中作证，并且辩方将会竭尽一切所能，在公众下诋毁我们的名誉或使我们感到不适，媒体也将会大肆报道。仅就最后一点而言，我冒昧地建议最高层能否做决定，或许由检察官本人做决定，本起诉是否不仅符合公共利益，而且现在是否有必要进行本起诉。"

在我的案例里，我们英国的一位刑事法庭法官，被一名遭定罪的欺诈者和毒贩指控腐败，他一生都在从事司法的工作，但他却不希望有机会在法庭上为自己洗清罪名。任何思想正确的人都会希望能有机会为自己洗清罪名，而不会去在乎他的隐私是否受到侵犯，他就会知道在寻找真相的情形下，坐在证人席上被攻击是什么感觉。显而易见的是，从他写的信中可看出，他没有勇气为自己挺身而出并奋斗的决心。我把信放下时，脸上带着一抹微笑。

* * * * *

在预计持续三周的审判期内，我预订了曼彻斯特的艾美 (Meridian) 酒店，并计划周末呆在家里。我很早就到了，顺便去了六号法庭，却发现大门紧锁，上面的牌子写着控方正在进行不对外公开的庭审。外面至少有 15 名便衣警察，他们告诉我法庭内正在审理的案件属严重的罪行。过了一会儿我看到理查德·弗格森，他脸上带着担忧并示意我走进一间面谈室。"检察官代表控方向法官提出公共利益豁免的申请，即申请不对媒体公开庭审的过程"，他一脸焦急地说道。"这是关于什么呢？"我问。"不知道，但不管是关于什么都属严重性质，光看警察在场的人数便知。"大约 30 分钟后，弗格森先生被传唤到法庭，被告知皇家检控署的申请及法官的指示。

几分钟后，他拿着一张打印好的 A4 纸从法庭里出来并坐在我对面。"保罗"，他说，把那张纸放在我面前的桌子上，"我希望你对我完全诚实，你在今天之前看过这张传单吗？"。"是的，我有"，我立即认出这张传单。"昨晚前警司托尼·普拉特 (Tony Pratt) 向我展示了那份传单，他现在是一名私家侦探，一直在与辛克莱一起处理他的案件。"我已经知道传单的内容名为"**同性恋正义**"，然后传单的标题是：

"布洛菲尔德法官强奸了我 …… 然后他把舌头伸进我的耳朵里，并且他问是否可以用拳头伸进我的身体里。"

（想把他的拳头伸进辛克莱的肛门里）

"告诉我你没有参与创作和发布此传单，因为如果内容不属实，制作此传单的人将会被追究责任并被监禁。"

"我的弗格森"，我说，因为我们讨论的内容严肃因此我以正式的方式称呼他。"我向你保证，我与这件事没有任何关系。"然后我告诉他，我已经阅读了全部内容，我确实知道杰里米·辛克莱指控布洛菲尔德欺骗了他，并已向博茨瓦纳警方正式投诉布洛菲尔德强奸。弗格森先生随后解释说，控方要求延期审理以便对此事进行调查，因此本审判重新定于 2002 年 11 月 18 日星期二开庭审理。

"毫无疑问的是警方将会就此事讯问你，这是一件十分严重的事情，苏格兰场将会不放过一丝一毫的线索全面调查此事件，因为控方声称你参与了此事并精心策划了整个事件，目的是为了推迟你的审判以诋毁布洛菲尔德。"

"我知道这件事会被如何解读，但我不需要卑鄙的伎俩，因为我们有通话记录作为证据，我无需诉诸任何形式的诈骗行为就能证明我的清白。"我们握手，弗格森先生说他会在适当的时候再见我。

* * * * *

大卫·罗斯在读了几遍传单后几乎说不出话来。我向他解释了辛克莱的背景，他预感这一切都与法官的通话记录有关，结果他是对的。他回到他在《观察家报》的办公桌前，拨打了每条法官的通话记录上列出的每个号码，结果是"宾果！"他在布洛菲尔德的通话记录上找到了线索，从布洛菲尔德在伦敦拥有的公寓里拨出的号码，是一个发布同性恋材料出版商的电话号码。难道这就是警察一直等到这些通话记录从英国电信电脑中删除的真正原因吗？这也可以解释为什么上诉法院拒绝向英国电信发出证人传票，要求他们在记录仍然可获得的时候出示这些记录的原因。罗素大法官是否暗中知道布洛菲尔德于 1994 年通话记录的信息，并为权威机构掩盖了此证据？当威尔斯侦缉警长开始调查时，错综复杂的欺骗网络仍在进行中。

* * * * *

由于我的伪证审判第二次被取消，因此我又回到我的工作岗位上。在黑社会的小道消息中，我被列为一个可以将客户最深处秘密托付于我的人。逃税和避税之间只有一条很细的界限，我已经成为区分两者的专家，所以我的客户均站在遵守税法的这一边。

* * * * *

2002 年 7 月 22 日的早晨晚些时侯，我接到莉莉舅妈打来的电话，她听起来相当烦恼且惊恐万分。"赶快过来，保罗舅舅晕倒了且一副很痛苦的样子，这边只有我一个人。"

"我在路上了，你叫救护车了吗？"

"是的。"

"我几分钟后就到。"

在赶去的路上我打电话给我的儿子保罗，因此他也出发了，我们和救护车同时到达。医护人员迅速评估了情况，很快地他就在救护车里并载往医院的路上。莉莉舅妈上了救护车，我们两个跟在后面。保罗舅舅被送进了急诊手术室，而我们三个人则被带到隔壁的一间小候诊室。他最近才被诊断出患有胃癌，所以他突然晕厥倒下令人相当震惊。似乎就几分钟的时间而已，一位资深护士过来告诉我们，保罗舅舅已经没有救了，他接近临死边缘，问我们是否想在他最后的时刻和他在一起。莉莉和我被带进了手术室，我们俩坐在他的床边并握着他的手。我们和他说了大约五到六分钟的话安慰他，然后就在那一刻，他离世了。

和大多数家庭一样，我们全都悲痛万分。我安排了葬礼的相关事宜，将保罗舅舅安葬在约克公墓。对就我而言，我失去了一个如同我父亲的人，我从未有过生父扮演父亲的角色。他亲眼目睹了战争的暴行却从未抱怨过，他虽然过着平凡的生活，但每一天都相当充实，可能因为他经历过战争年代，他总是笑着说："你永远不知道哪一天是你的最后一天。"

*****

于 2002 年 8 月 15 日，穆罕默德的律师为他申请的保释获得批准，保释条件是允许他返回特内里费岛等待法院敲定审判日期。他的保释获得批准根本毫无道理可言，但在西班牙金钱可以打开公家机关最高层级的大门。法院虽冻结了他们发现的银行账户，但仍有许多未被发现持有大量现金的账户，这些现金会一直隐藏起来且当局会永远无法查出。

穆罕默德获释后的第二天，他展示了他的威力，我在约克市中心几乎碰上他的贴身保镖塔诺。我设法从商店的门口离开迅速消失，以避免与这位来自阿根廷的巨人面对面。我格外小心地回到我的办公室，以防有其他人潜伏着对我造成伤害。我打电话给费尔南多欲报告这件事情，但没有得到回复，所以我留言给他的办公室同事。当我们终于在 8 月 22 日通话时，他道歉说现在是 8 月，大多数政府部门都会在这个月关闭。在解释了我与塔诺近乎碰面之后，他告诉我穆罕默德已被保释，并建议我如果害怕应联系当地警方。你会认为他们应该在第一时间通知我穆罕默德已被保释，这样至少我可以对情况保持警惕和时刻维持警觉。

他说他 9 月份要去度假，所以想在 10 月份见我，因为他有很多关于穆罕默德的新信息，他说：

"我想和你秘密商谈这一切，你的安全对我们来说至关重要。"

尽管西班牙最高等级的警官胡安·科蒂诺一直保证会保护我的安危，但事实证明，这只适用于我在西班牙的时候，他们口中所谓的"受保护的证人"也不过如此而已。

*****

桑尼·弗莱彻出狱后，他发誓要遵守法律。在我的建议下，他创建了一家英国公司弗莱彻汽车销售有限公司 (Fletcher Car Sales Limited)。由于该公司的利润丰厚，因此他将大部分工作委托给了他的儿子小桑尼，这让他有时间去做如他所说"投机取巧"的事情。因为他的公司赚取了大量的现金，因此现在是重组他的财务并将他的现金储备运送到海外的时候了。桑尼创建了金星营销有限公司 (Gemstar Marketing Limited)，他的犯罪伙伴雷蒙德·丹尼尔斯创建了汤森贸易有限公司 (Townsend Trading Limited)。两家公司都在直布罗陀的日德兰银行开设了银行账户，并计划利用这两家公司当作"钱箱"来储存他们满坑满谷的现金(钱不会被使用，只是存起来)。桑尼不识字不会读也不会写，但他可以肯定会数钱。他和丹尼尔斯投资的一个项目是康沃尔 (Cornwall) 郡海尔 (Hayle) 镇海尔港的重建计划，该项目需要 1,500 万英镑的资金，才能包括海港本身和为度假者开发的 69 英亩土地。桑尼说服他的朋友用"现金"投资这 1,500 万英镑，这笔钱是通过多家英国公司，和一家在英属维尔京群岛注册的离岸公司 — 罗斯希尔地产有限公司 (Rosshill Properties Limited) 所支付，该公司由桑尼的朋友菲利普·卡拉瑟斯 (Philip Carruthers) 控管，该项目幕后的主脑和推动力。他请我来筹集 1,500 万英镑，这样他的朋友们投资的现金就能拿回报酬。

　　在商业领域上，通过介绍而拓展人脉，由于与桑尼进行的这笔交易，他向我介绍了三位绅士，他们分别是约翰·阿林、达伦·斯特德曼和穆罕默德·汗。我们于 2002 年 9 月 18 日在曼彻斯特附近六号公路上的一个莱姆服务区 (Lymm Services) 会面，讨论海尔港项目和他们提供的其他交易。任何来自桑尼介绍的业务，都意味着他将获得 50% 的利润，因为他保证每个人都会因他的推荐而获得报酬。在喝咖啡的时候，我做了例行性的简报，向他们解释我可以提供的所有服务，这三个人都很感兴趣。穆罕默德·汗住在伯明翰，他喜欢被称为穆，地点就在亚洲社区的中心。他说他的许多朋友都想要一家拥有秘密银行账户的离岸公司，他会向他们散播此消息，并在适当的时候回复我。开车越过奔宁山脉进入约克郡，我可以看到桑尼眼中出现英镑的标志。"那些人的介绍会为我们带来很多生意，穆认识每个人。"当我把他送到布拉德福德的家中时，我说"好，希望如此"。

* * * * *

第二十章

因伪证罪被捕

2002年9月3日星期二早上7点28分,我因涉嫌分发布关于布洛菲尔德的传单而被捕。威尔斯侦缉警长走进我家的走廊,向我宣读了《暴乱法案》,几分钟后我们到达了约克警察局。在完成了通常的手续和向我做出警方的警告之后,讯问于上午8点19分开始,出席讯问的有威尔斯、他的同事马尔科姆·埃利斯(Malcolm Ellis)警探和我。

〔威〕:侦缉警长威尔斯

〔我〕:保罗·布兰查德

〔威〕:"你没有律师在场参加这次的讯问,在此提醒你,你有权免费获得独立律师的法律建议,你可以通过电话与律师交谈,并且可以延迟讯问以便你得以获得律师的建议。如果你不认识律师或无法联系自己的律师,则可以要求见值班律师或查看当地律师名单,你是否同意在没有律师在场的情况下进行这次的讯问?"

〔我〕:"是的。"

〔威〕:"你拒绝享有获得法律建议权利的原因是什么?"

〔我〕:"我已经就此事听取了法律建议,我会回答你的问题。"

〔威〕:"好的。今天的日期是9月3日,现在是早上8点19分,在约克郡富尔福德路的约克警察局进行此次的讯问。你可以保持沉默,但如果你日后出庭被问到相关问题时你才回答,会损害你的辩护。任何你所说的话都可能成为呈堂证供。你明白吗?"

〔我〕:"我明白。"

我被警方逮捕和讯问的目的是试图 — 通过精明巧妙的问题 — 将我与创作和散播布洛菲尔德强奸他人的传单连结起来。我是在哪里以及如何遇到辛克莱的?辛克莱是否按照我的指示行事?我第一次看到传单是什么时候?我去过博茨瓦纳吗?我是怎么认识托尼·普拉特的?我是否知道杰里米·辛克莱使用过任何其他名字吗?一直不停地向我提出层出不穷的问题。

我毫不犹豫地回答了向我提出的所有问题,并表示我先前已去过曼彻斯特法院,并已做好充分准备在散播本传单之前接受审判。因此,我说我看不出布洛菲尔德的性取向与我的审判有什么关系,或者与我的审判中可能出现的任何问题有什么关联。根本没有任何其他证据可以呈上法庭,进而改变将要针对我的既有证据,而且"传单"与我在任何方面或形式上都無任何牵扯。

* * * * *

威尔斯对我进行的讯问过程中,他告诉我,警方将无条件保释我,并表示他们的调查将继续进行。然后他问我是否会与辛克莱联系,他要我要求辛克莱与他联络。然后,他在一张纸上写下了他的名字和伦敦的联系电话 0208 246 1419。我告诉威尔斯,下次我收到辛克莱的消息时,我会转达他的信息。回到家后,我打电话给马克·弗利,告诉他我被警方逮捕和讯问的事宜,以及威尔斯要求我联系辛克莱的事情。

马克觉得这有点奇怪，他认为这不符合警察正在调查案件时，寻求嫌疑同伙人帮助的规定。

辛克莱于 2002 年 2 月 4 日星期一，向位于博茨瓦纳的西哈博罗内 (Gaborone West) 警察局的博茨瓦纳警方，提出对布洛菲尔德的指控。托尼·普拉特全程陪伴他，他用美国运通卡支付了机票和酒店的费用。在场的还有辛克莱的非洲律师爱德华·W·法绍拉 — 卢克 (Edward W Fashole-Luke)。为了强化布洛菲尔德强奸他的指控，辛克莱对宣誓书宣誓，宣誓书中详细描述了于 2001 年 7 月 19 日，在大棕榈酒店 444 号房发生的事件。必须指出的是，布洛菲尔德否认了辛克莱的说法。宣誓书的内容如下（截取相关部分摘自他在 2002 年 2 月 14 日宣誓的宣誓书）：

"在上述会议中，我们喝了巴兰汀威士忌和几杯红酒，还吃了酒店餐厅部门准备的奶酪午餐，他们知道约翰·布洛菲尔德勋爵正在我的酒店房间里吃午饭。布洛菲尔德很快把话题转向了同性恋议题，并说他被我吸引了，他向我解释他是双性恋并问我是不是同性恋。"

"我记不起确切说的话，但谈话的要点如下。我说：'我不是同性恋，我和你一样是双性恋。我记得我们俩都笑了，我想我又给他倒了一杯酒。我问他一生中是否有很多冒险经历，他回答说，因为他工作职位的缘故，所以他总是非常小心，但偶尔还是会发生。布洛菲尔德接着说道，你正在写的这本书是关于玛丽·埃塔博斯案，我可以帮助你的书成为畅销书。"

所以我问"如何做呢？"

布洛菲尔德回答说："我可以提供给你，只有我们上诉法院的法官在办公室里讨论的最敏感信息。"布洛菲尔德微笑着说。你看，这对我来说很简单，因为我与博茨瓦纳的司法体系互有分歧，我们可以互相帮助彼此。"

"我说，约翰勋爵，你的意思是说你想跟我上床的意思吗？"

布洛菲尔德说："是的，是的，你很了解我，如果你履行了你的承诺，而且我们在床上度过了一个愉快的下午，那么我愿意提供信息给你，使你的书在英国和博茨瓦纳成为畅销书。"

"但我并没有被布洛菲尔德所吸引，而且实际上觉得这个想法非常令人反感，但我非常渴望为我的书找到非常好的材料，所以我点头表示同意。然后我们进入卧室，他要求关闭双层窗帘，他还希望关闭休息室的门。然后他要求我脱光衣服且转过身不要看他，他要求我靠在床上，然后他开始舔我的屁股，然后他把我的阴茎拉到我的两腿之间帮我口交，然后又回头舔我的屁股，接下来他相当粗暴地将他的阴茎插入我的肛门，在此期间他喃喃自语说着关于鞭打的事情，然后我听到他抱怨剑桥大学和一个叫福布斯 (Forbes) 的人，接下来他毫无预警地在我体内射精，他将阴茎从我的肛门中抽出，然后将舌头伸进我的耳朵，说他想伸拳头进我的肛门内，并要求我留在床上原来的位置。然后他对我背后的纹身说了一些评语，并机智地说你会想知道接下来会发生什么在你身上，他告诉我在我穿好衣服之前不要进入休息室。对于他这个年纪的人来说，我对他的耐力感到惊讶。布洛菲尔德想在伦敦与我见面并再次做爱，并说他会帮助我写书，他要求我在 9 月再与他联系。"

2002 年 2 月 19 日时辛克莱的英国律师事务所，一家位于利兹的博德纳公司 (Bodnar & Co) 写信给大法官部门的司法通信单位，称辛克莱聘请他们处理他对布洛菲尔德的投诉（截取相关段落如下）：

"我们的客户承认是一名双性恋男性，根据法官向他提供的保证，即向他披露敏感材料，所以我们的客户同意让法官与他发生性关系。第一次性行为发生在博茨瓦纳的大棕榈酒店，法官当时并未履行承诺向我们的客户透露敏感信息，但向我们的客户建议会有进一步的联络，并要求我的客户回到英国后与他（法官）联系。我们的客户确实做到了这一点，并且记录了与法官、他的秘书和他妻子的一些电

话交谈内容。但最后法官却与我们的客户断绝关系，拒绝向我们的客户透露更多信息。"

及：

"我们的客户最近就此事件向博茨瓦纳警方提出了投诉，但不相信此事会在该国得到充分或适当的调查，因为我们知道法官是博茨瓦纳上诉法院的法官。"

以及：

"很显然地，法官是否犯下罪行是刑事调查员和法院最终要处理的事情，如果这件事将来发展到由法庭审理的地步。我们客户目前的观点是，法官为了自己的自我满足，而以欺诈手段骗取他"同意"发生性行为，在这种情况下并不构成有效的同意行为。因此，我们的客户认为法官犯下了罪行。他因该事件深受创伤，如果当局未能适当调查并且决定不采取进一步行动，他准备以个人提起诉讼的方式，积极追究法官的刑事责任。"

以及：

"当然，法官不论是否实际泄露任何敏感信息，也不论是否有犯下任何罪行，法官滥用职权获取性行为，是一个完全独立且同样令人不安的问题。"

* * * * *

辛克莱对布洛菲尔德的投诉现在跨越了英国和博茨瓦纳两国，但该案中的警察未能视他为受害者，反而他们的调查重点是不惜一切代价地诋毁他。辛克莱提供的其他证据是T·摩尔 (T Moore) 医生的一份独立医学报告，他在过去的 19 年中，曾在南约克郡警察局担任法医和警察的外科医生，在此期间他检查了许多可能是性犯罪的受害者，包括肛奸。大约在强奸案发生六个月后，他于 2002 年 1 月 23 日对辛克莱做了检查，检查报告的日期为 2002 年 1 月 27 日。他的三页报告以下列段落总结：

"尽管如此，辛克莱先生对随后出血、疼痛和轻度大便失禁的症状描述，确定是人们在进行粗暴的肛交时会出现的症状。"

辛克莱的律师很高兴为我的辩护团队提供所有证据，以支持他对布洛菲尔德的投诉。另一方面，辛克莱声称，他一开始是先向利兹霍尔贝克 (Holbeck) 警察局的警察举报了这一个事件，然而，皇家检控署表示他们没有在英国任何地方见过他提出的投诉记录。

* * * * *

威尔斯侦缉警长现在的任务是想永远彻底地摧毁我，不仅想要证明我作伪证，而且也想证明辛克莱对布洛菲尔德的指控，是毫无根据而且是捏造的。他认为他的调查将完全免除布洛菲尔德的罪名，并决心成功完成他的使命。2002 年 3 月 19 日，他准备了一份案件摘要，其中包括以下段落：

"警方将继续调查此案，据信辛克莱目前不在英国，据我所知他经常前往西班牙内陆和加那利群岛，警方正在尽一切努力寻找和追踪他。当警方发现他时，如有必要，会将他逮捕并引渡到英国。此时在针对布兰查德的阴谋指控审判开始前，将他逮捕归案和讯问他是至关重要的任务，并且可以请普拉特作证针对他们俩。但是，如果在找出辛克莱的下落上有任何延误，我们将重新审查该行动方案。"

他的暂定报告还声称，可能有第二个人和辛克莱一起住在总统酒店（在涉嫌强奸罪行的同时，即：西蒙·埃尔德里奇），因为不同酒店的每个房间都有食品和饮料的支出。此外，2001 年 7 月 18 日从 444 号房向总统酒店打了一个电话。该报告还指出于 2001 年 2 月 20 日,《泰晤士报》的一名记者打电话去布洛菲尔德的住家号码，并与他谈论了辛克莱的指控，其他媒体的询问也随之而来。在逮捕并讯问我之后，他便逮捕并讯问了托尼·普拉特，剩下的工作就是找到和逮捕杰里米·辛克莱。

* * * * *

我和妻子吉尔决定在 2002 年 10 月 17 日星期四，我与费尔南多和恩里克开完会后，我们俩在马德里观光几天。我们在前一天的下午茶时间抵达，在俯瞰充满花坛和树木的中央广场的皇冠假日酒店餐厅享用晚餐。隔天早上有人来酒店接我并载我到情报部门总部，与费尔南多和恩里克俩人在会议室见面。当我们完成对穆罕默德银行账户之间资金流动之某些细节的审查后，费尔南多说，他听说有传言提到穆罕默德的一名摩洛哥保镖一心要报复并杀死我。恩里克说，我们必须时时刻刻谨慎小心，并强调我的证词在他们针对穆罕默德的案件中扮演至关重要的角色，因此我的安全至始至终均是最重要的。

在大致讲述我的业务进展情形时，我告诉他们我最近通过介绍认识了阿林、斯特德曼、穆罕默德·汗，以及他与伯明翰、卢顿和布拉德福德的许多亚洲人有往来。费尔南多对恩里克笑了笑，说他们对来自英国这些地区之亚洲人的任何信息感兴趣，尤其是对伯明翰感兴趣。费尔南多说，我与他们联系所产生的任何费用，他的部门将承担这些费用。恩里克说道"保罗，任何信息，无论看起来多么微不足道，我们都想知道。"

午饭后，我在会议室向八到十名情报人员介绍离岸公司结构的复杂性。我认识在场的大多数情报人员，包括帕科·弗朗西斯科 (Paco Francisco) 和一位名叫马尔 (Mar) 的情报人员，她在场担任我的口译员。在回答了许多问题后，他们称赞我的简报非常出色。当一辆欲把我送回酒店的警车抵达时，费尔南多递给我一盒巧克力饼干，说："请把这些送给吉尔，这是我的一份小礼物，我希望她会喜欢。""谢谢你，费尔南多，这是一份好礼物，我们很快会再见面的。"

* * * * *

原本皇家检控署任命威廉·博伊斯御用大律师起诉我做伪证，但现在却必须退出此案，因为他还将起诉皇室管家保罗·伯勒尔 (Paul Burrell) 盗窃戴尔士王妃戴安娜的数百件物品，而该审判日期预计将与我的审判日期相互重叠。待伯勒尔的审判结束后，他将起诉另一名被指控犯下类似罪行的皇室助手哈罗德·布朗 (Harold Brown)。

正因为如此，任命了一名御用大律师理查德·霍威尔 (Richard Horwell) 先生代表控方。他是一位出色的辩护律师并富有盛誉，经常被任命处理最复杂和最引人注目的案件。距离我的审判还有两个多星期，当保罗·伯勒尔的审判失败时，我是乐见此结果的，因为伊丽莎白二世女王透露，伯勒尔在戴安娜去世几周后告诉她，他已经拿走了戴安娜的一些文件以妥善保管。所以，博伊斯必须在法庭上宣布"控方得出的结论是，目前的审判不再可行"，然而，五周后传来更多关于博伊斯的坏消息，针对哈罗德·布朗的案子也失败了。在庭审开始时他做了非同寻常的干预，他向法庭宣读了长达半小时的陈述，详细概述了针对这两人的案件，最后得出的结论是，伯勒尔案的结果使得控方无法成功起诉布朗。

* * * * *

2002 年 11 月 6 日的清晨，威尔斯侦缉警长逮捕了杰里米·辛克莱，然后在约克警察局讯问他，随后警方将他保释。在他回答了所有的问题后，辛克莱授权他的律师获取录音带的副本，并让我的辩护团队得到一份誊本。马克·弗利还试图从控方处获得他的讯问记录副本，并收到一封来自莎莉·沃尔什 (Sally Walsh) 于 2002 年 11 月 15 日所写的一封信，信中的答复如下 (截取相关段落)。

> "我不准备公布辛克莱先生的讯问，在保释期间内，控方还在调查针对他的这起案件。因此，将他的讯问记录透露给第三方是不合适的。"

辛克莱的律师罗杰·克拉彭 (Roger Clapham) 随后联系了北约克郡警方，并试图获得辛克莱关在警局的记录和录音带的副本，但都被他们拒绝了，他们说："在起诉一个人之前，我们不能释放这些物品，而且他未被以任何罪行起诉。"克拉彭先生还向马克·弗利证实，辛克莱将作为辩方的证人，而财政部律师也证实，布洛菲尔德承认在博茨瓦纳大棕榈酒店的 444 号房与辛克莱见面，但否认了辛克莱对事件的描述。

为了协助我的案件，辛克莱指示他的律师向马克·弗利提供任何所有相关证据，包括他与相关人物制作的信件和原始录音带。特别是辛克莱和布洛菲尔德夫人俩人在 2001 年 10 月 16 日的一段录音，无疑增加了他声称布洛菲尔德会承诺为他的书提供信息这个说法的可信度。在辛克莱自我介绍之后，布洛菲尔德夫人确切地知道他是谁，知道布洛菲尔德协助为他的书提供信息，而辛克莱知道布洛菲尔德一家刚刚从法国度假回来。

从录音誊本中可以看出，辛克莱通过布洛菲尔德的家庭电话号码联系他，而布洛菲尔德夫人知道辛克莱的书是关于博茨瓦纳的法律事务。同样清楚的是，法官一定告诉过辛克莱他计划去法国度假，而法官在向警方提供的任何证词里，都没有提到这一个事实。虽然这不是什么大问题，但这表明他愿意向刚认识的男人透露隐私。录音带的誊本所显现出来的是，一个男人与一位高级法官和他的妻子关系非常友好，而且法官愿意透露这些信息，这就引出了一个问题 — 出于什么原因呢？

控方的证物卷宗包括布洛菲尔德的证词，其中包括他否认辛克莱所描述的事件，并阐述了他对 2001 年 7 月 19 日，在博茨瓦纳首都哈博罗内大棕榈酒店 444 号房与辛克莱会面事件的描述：

由于辛克莱几天前被捕，审判即将到来，因此迅速安排了几次会议，分析辛克莱律师提供的所有材料，以及商讨这可能对布洛菲尔德的可信度产生什么样的影响。弗格森先生认为，控方认为一名嫌疑伪造者在布洛菲尔德的通话记录中，插入一笔 1993 年 2 月与同性恋杂志出版商的通话记录，但除此之外，根据记录，拨打该电话的人，也是大约九年后遭指控犯有同性恋强奸罪的人。

弗格森先生和马克·哈里斯 (Mark Harries) 初级律师考虑向控方提出"滥用诉讼程序"为辩护的论点（应依法驳回本案），因为控方为了等通话记录从英国电信电脑中删除，所以才延迟对我提起诉讼。

滥用诉讼程序声明 — 议题的总结：

在这种情况下，我们有显而易见的滥用诉讼程序的辩护论点。控方延迟诉讼是非常极端的做法，当布兰查德先生第一次被捕时，控方知道通话记录实际上可供辩方使用，因为他们知道五年后这些通话记录将从英国电信电脑中删除，因此要求延迟审判的时间。不仅该延迟是相当极端的做法（从 1995 年 7 月至今，超过七年的时间），而且有重要证据表明，<u>控方故意操纵延迟审判的时间，以彻底破坏辩方进行适当辩护的机会</u>。

我在审判前的最后一次会议是在 2002 年 11 月 15 日星期五，在弗格森先生位于伦敦的办公室举行的，所有我们可以做的事情都已完成。由于布洛菲尔德的强奸传单受到公共利益豁免命令的约束，因此它未包含在控方提供的伪审判证物中。由于我知道自己不仅由本国最好的辩护律师之一代表，还是由一个真正致力于为他的当事人辩护的律师，因此我感到完全放心。星期一早上即将到来。

* * * * *

第二十一章

我的伪证审判

2002年11月18日星期一

曼彻斯特刑事法院于1957年至1962年间由城市建筑师伦纳德·C·豪伊特 (Leonard C Howitt) 建造，以取代先前在战争期间遭到严重破坏的法院。该建筑在设计上是英国城市其他现代法院的典型设计，里面包括许多法庭、面谈室和供公众使用的自助餐厅。法庭舒适设计精良，被告席由玻璃包围以防止囚犯逃跑，可从法庭的玻璃门或从下面牢房通向法庭的楼梯进入被告席。

在接下来的两周里，法庭上的例行公事将使我慢慢回忆起，之前在纽卡斯尔法院的毒品审判的熟悉画面。由于我尚在保释期间，因此我会从玻璃门进入被告席，被告席上的玻璃门全天都将保持微开。出庭律师和事务律师会就座，法庭的书记员会传唤陪审团进入法庭，随后他会敲法官办公室的门，然后大声而清晰地说出"所有人起立"这几个字。接下来法官进入法庭，向聚集的在场人士点头示意，然后坐下准备开始当天的庭审。

法官道格拉斯·布朗先生在之前的庭审上明确表示，他不认识与案件中的任何有关联的人，包括出庭律师、事务律师、证人，尤其是被传唤作证的三位法官的任何一位。甚至在审判开始之前，我就感觉到这位法官将是公平的，并且不会像大多数通常支持控方的法官有那种既定思维。

代表控方的是御用大律师理查德·霍威尔先生和他的后辈艾德里安·达比舍 (Adrian Darbisher) 先生。我的辩护团队由理查德·弗格森御用大律师、他的后辈马克·哈里斯和马克·弗利事务律师组成。星期天晚上，我和吉尔住在子午线酒店，该酒店距离法院仅几步之遥。晚饭后我抽出时间尽可能放松，但至少可以说是有些焦虑，就在睡觉前我读了妈妈的信，在需要的时候我总能从信中得到安慰，在我的伪证审判期间，如果陪审团认定我有罪时，我绝对是需要母亲毫无疑问的保证和精辟洞察的精神。

在我的脑海里，我听到她说我不应该害怕人世间的法官，应该更关心天上法官的想法，我会回答"是的，妈妈"。但现在此时此地，我想我的生活掌握在这位法官的手中。每当我这样回答她时，我总是会输掉一场没有胜算的辩论谈话，无论我从她的信中得到什么安慰，我都会振作起来，无论我自己的信仰如何。

一个星期一的早上，我和吉尔提早到达，这样我就可以在诉讼程序开始前与我的法律团队进行最后一次会议。审判的第一天时，小保罗和莎拉从约克乘火车前来参加审判，并且每天都会出席以展现我们家庭的团结力量。弗格森先生建议在轮到我作证前，避免与陪审团成员进行目光接触，或对控方或证人的任何有害言论表现出任何情绪反应。整个案件都是关于我以前的定罪，这当然最终导致了控方指控我做伪证的结果。这意味着陪审团将听取两项小型审判，在伪证审判（这些案件的所有细节）中，一项是针对我的欺诈定罪，另一项是针对我的毒品交易定罪。他们将可获得这些案件的事实，并帮助他们判断就指控我的那些罪行上我是否有罪。弗格森先生说，陪审团会了解我的"缺点和全部信息"（关于我的一切），而损害我的人格（破坏我的名誉）将成为控方案件的重点，所以"我不能有情绪反应，只能直视前方法官。"

这次审判对于所谓的"英国司法"来说将是一个重要案件，因为从未有人在法律诉讼程序中指控一名法官腐败，更不用说涉案的有三名高级法官，并且他们极尽所能维护他们的声誉。你可以轻易地将我获胜的几率比作大卫和歌利亚之间的战斗，只是这是在现实的土地上，我对抗的是权威机构的力量。我之前的定罪肯定会成为御用大律师理查德·霍威尔律师帽中的一根羽毛，使他更加声誉大振，因为他将成为不仅挽救了三位法官的声誉而且挽救了英国司法体系的人。

或者如果我胆敢想赢，理查德·弗格森会昂首阔步，因为他知道他已经揭露了英国司法的真相 — 从底层到最高层均决疣溃痛。

如果法官允许，他将揭露前首席大法官彼得·泰勒和布洛菲尔德之间的秘密会议，以及警察内部至大法官的腐败问题。他会向街上的普通人证明，法律界的许多决定，都是由这些老头子们点点头和他们之间的联系下做出的。

在玻璃包围住的被告席上坐下后，我看向坐在对面的吉尔、小保罗和莎拉并对他们微笑。弗格森先生戴着他的出庭律师假发，看上去很出众，他转向我露出一个令人安心的微笑。当吉尔低头看向地板时，她看到了一个闪闪发光的东西并把它捡了起来，这是一个出庭律师衬衫领口的领扣，她便在整个审判过程中一直保留它作为幸运符。当每个人都准备好时，法庭的书记员敲了法官的门并说"全体起立"。

第一天 (不对外公开的庭审，無陪審團也無媒体)

道格拉斯·布朗先生："是的。"

霍威尔先生："控方将召集的第一位证人是英国电信专家雷恩先生。当他结束作证时，几乎可以肯定是今天就会结束，我们将邀请您决定交叉询问的限制和范围（可以向他们提出哪些问题），特别是关于布洛菲尔德法官的缘由。弗格森先生已同意私下进行所有此类争论，毫无疑问地，法官大人会下达命令的。"

道格拉斯·布朗先生："是的。"

霍威尔先生："法官大人，我们准备开始这个案子了。"

道格拉斯·布朗先生："谢谢。好的，我们现在可公开法庭的庭审。"

一旦完成选取陪审团成员并且他们就座后，法庭的书记员宣读了起诉书中对我的指控，指控我犯有两项伪证罪。然后，他详细宣读了每项罪行的细节。"对于这份起诉书，他不认罪，而你们的立场是，在听取证据后，决定针对他的每一项指控他是否有罪。"

道格拉斯·布朗先生："是的，霍威尔先生？"

霍威尔先生："陪审团成员们，我与坐在我身后的达比舍先生一起出庭起诉现年57岁的被告保罗·威廉·唐纳德·布兰查德，被告由弗格森先生和哈里斯先生代表出庭。控方呈上的案件为，您将听到的证据会证明被告是一个坚决、狡猾及成功操纵人们和证据的人。他将尽其所能打赢这场诉讼案件，他不计后果也不顾成功的机会相当低。"

"本案的起诉书是基于1994年发生的一起事件，后来被告试图申请撤销共谋供应摇头丸的定罪。他冒了很大的险犯下这项罪行，他因此获判六年的监禁刑罚。*他的上诉理由之一涉及对三名高级法官的不当行为指控，他提出的指控是，法官们在司法诉讼程序的关键阶段相互联络沟通，他认为法官们之间的通讯联络绝对与他有关。他指控这些法官们之间的通讯，是为了首先确保被告遭定罪，其次是确保上诉法院不会推翻他的定罪。显而易见地，这是非常严重和耸人听闻的指控。*"

霍威尔先生随后让陪审团了解了案件的背景，起于1978年在约克刑事法院的审判，我遭指控犯下不诚实或欺诈的罪行，他告诉陪审团那次的案件是御用大律师巴里·莫蒂默先生代表我出庭辩护。

"审判持续了两周,布兰查德先生获判有罪,他被判处 12 个月的监禁刑罚。布兰查德先生对莫蒂默先生的投诉之一就是这个理由。被告说他没有进行不诚实或欺诈的交易,因为威尔逊·普林欠他十万英镑,而且普林并未支付这笔钱给他。被告说当他在约克刑事法庭被定罪后,他发现在审判中代表他的御用大律师巴里·莫蒂默先生实际上是威尔逊·普林的外甥,而莫蒂默先生在审判期间没有透露这一个事实。"

"无论这件事是真是假,您在此不是来决定这个议题的,被告随后发起了一场针对巴里·莫蒂默的上诉申请,您可能会认为他痴迷沉浸于挞伐莫蒂默先生。"

霍威尔先生继续告诉陪审团,在我准备对我的定罪提出上诉的过程中,我曾冒用威尔逊这个名字打电话给莫蒂默以前的办公室,以查明莫蒂默是否是共济会的会员。

"您将听取到的证据,清楚地显现出被告如我所说的那样,热衷于损害莫蒂默先生和他妻子的声誉。被告抓住一切机会诋毁他们,包括向警方提出针对他的指控,甚至在香港发起投诉他的行动,但遭莫蒂默先生拆散他的谣言。被告对此事件的痴迷程度,是该场投诉行动的催化剂,同时也是此起诉书的核心。"

霍威尔先生随后巧妙地指导陪审团了解我在 1992 年,因共谋供应摇头丸而被捕的一系列事件,以及理查德·汉森在我遭定罪的过程中所扮演的角色,并详述了他的御用大律师为帕特里克·科斯格罗夫。

"所以布兰查德先生再次接受审判并被定罪,就像上一次一样,他开始对这一项定罪提出上诉,但现在冒的风险要高得多,他被判处长期监禁的刑罚。因此,他制定了一项计划来撤销该定罪,涉及攻击指导审判的麦克唐纳法官的诚信,而且该计划无疑也是为了恢复他对大约 14 年前第一次定罪的上诉申请,这名被告利用莫蒂默法官(现在是香港的法官)将这两项定罪连接起来。"

"1993 年 2 月 13 日,麦克唐纳法官收到了一封寄去他家地址的挂号信。信封是空的,但他被告知是被告的儿子寄来的,目前尚不清楚其意图是什么。"

谈到上诉程序,霍威尔先生一丝不苟地指导陪审团了解该法律程序,直到法官布洛菲尔德先生于 1993 年 2 月 17 日拒绝上诉的时间点。然后他将注意力转向戴安娜·埃利斯起草的新上诉理由,其中包含逐项列出法官们之间在案件审理期间内的所有通话清单,包括 1992 年 10 月 29 日晚上 6 点 09 分,位于纽卡斯尔的麦克唐纳拨电话给在香港的莫蒂默,这天即我被定罪和判刑的那天,以及 1993 年 1 月 13 日下午 4 点 42 分,麦克唐纳拨电话给在香港的莫蒂默,这天即是麦克唐纳收到小保罗来信的日期。

陪审团要考虑的清单上的下一个项目,是我为上诉法院宣誓的宣誓书内容。霍威尔先生依次阅读了每份宣誓书,解释了我是如何授权一位密友请私家侦探进行调查的。我是如何在约克富尔福德的犁田酒吧的停车场与私家侦探见面的,私家侦探让我看一叠与荣誉法官麦克唐纳和布洛菲尔德相关的通话记录,以及我是如何写下相关通话记录条目的,这些条目包含在埃利斯小姐提供的文件中,文件日期为 1994 年 6 月 8 日。

霍威尔先生直视陪审团,他说这些细节和这些指控被泄露给了媒体,随后是耸人听闻的报道。在上诉法院的下一次庭审上,收到布洛菲尔德法官、莫蒂默和麦克唐纳的书面答复并当庭宣读了他们的答复,霍威尔先生补充说:**"这三位法官中的每一位,都以最明确斩钉截铁的方式否认了这些指控。"** 因此,他解释说上诉法院要求将指控的细节发送给本法院。他转向陪审团问道:"这位密友支付的私家侦探是谁?您可能会觉得这是一个非常简单的问题,而且我们需要一个答案。"

"让我们看看布兰查德先生所说的部分内容,"

"调查人员向我证实，布洛菲尔德法官的电话号码是**伦敦的号码，而不是诺维奇的号码**。我已在会议中与出庭律师和我的事务律师，讨论有关通话记录的上诉理由，我确认我希望追究这个理由。"

霍威尔先生看起来很高兴地告诉陪审团，在我第二次对我的宣誓书宣誓后的第二天，我于1994年10月11日再次回到上诉法院。"法院要求被告提供进一步细节，但被告却没有提供。该问题仍未得到解答，"霍威尔先生随后引用了法官驳回指控三名法官作为上诉理由的决定：

> "就这一个理由而言，这项上诉许可申请必须遭驳回，而且必须如此。至于其他的上诉理由，将在下次的庭审时处理。"

"我现在讲述于1995年7月14日举行的最终上诉庭审，基于这些剩余理由的上诉许可仍遭驳回。"

"与上诉程序的最后阶段相关的是庭审结束时发生的事情。在拒绝了被告的上诉许可申请后，法庭又回到了您该考虑的议题上，即两份宣誓书中列出的不当行为指控。在当时被告已成功寻找新的出庭律师和事务律师，出庭律师欧文先生取代了戴安娜·埃利斯。

霍威尔先生将陪审团的注意力转移到本案的文件，所列出罗素大法官向欧文先生提出的问题上，文件中写道："布兰查德先生现在准备好告诉本法庭，提供文件的私家侦探的姓名和地址了吗？"欧文先生回答说："我得到的指示是不，他不准备说出来。"然后他读出了罗素大法官所说的另一段话，"我们建议，如果无法提供此信息，请记录员发送文件档案，该文件档案必须包含，影响指导审判的布洛菲尔德法官和位于香港的莫蒂默法官诚信的指控。我们建议将它们发送给检察官，**因为显而易见的是，该为此事负责的那些人企图妨碍司法公正。**"

霍威尔先生聪明巧妙地为陪审团埋下我有罪的种子，因我拒绝合作和拒绝透露私家侦探姓名。他说布兰查德先生"一次又一次地被要求提供细节，四年后的2000年7月，也就是本次审判开始前几天，辩方向控方提供了另外十份文件，使得审判无法进行。因为必须审查这些文件，所以直到今天才能进行审判。"

法官道格拉斯·布朗先生：（打断霍威尔先生）"我认为陪审团一直非常专注于你详细的开场陈述。"

霍威尔先生："我认为他们确实如此。"

法官道格拉斯·布朗先生："而且我认为我们现在该休庭直到下午两点再继续。陪审团成员们，我们现在第一次休庭，我想对你们交代以下事项，除了你们12位成员外，将不会有其他人决定这个案子的结果，没有其他人。因此，非常重要的一点是，不要让其他人的观点试图影响你的想法。是你们12位成员为此案做出裁决，别无他人，所以不要和任何人谈论本案，也不要让任何人有机会和你谈论本案。即使是你今晚回家后见到你的亲戚或朋友，当他们问你，你正在审理什么案子时，请你保密不要透露出去，并且此规定适用于每次你离开这个法庭时，出去会见其他公众、朋友、任何人都不要讨论这个案子，好吗，陪审团成员？请你们下午两点回来，谢谢。"

（中午休庭）

法官道格拉斯·布朗先生："是的，霍威尔先生，你可以开始了。"

霍威尔先生："**由于此文件是在2000年7月在他被捕的四年后制作的，**那个月的重要性**在于文件是在那个时间点制作的，**距离审判开始的日期还有几天的时间而已。正如我今天早上告诉你们的，这是本案第一次提交陪审团。为什么需要这么长的时间制作这些文件？而且这些文件很显然是确切审查这些事实的重要依据？为什么花了这么长时间被告才出示这些文件？**我们认为他等到最后一刻，即审判开始后的几天才出示这些文件，因为很显然他知道它们是伪造的。**"

霍威尔先生随后将注意力集中在通话记录上，解释说陪审团会听取英国电信专家雷恩先生的证词，他会谴责这些记录是伪造的。他引导陪审团听取一长串控方声称辩方布局有瑕疵之处，他抓住机会说：

"为什么布兰查德先生花了这么长时间来制作这些通话记录？我们认为他知道它们是伪造的，因为他处于绝望的境地，所以当他的审判即将开始前，他便披露了这些记录，他等于是在最后一刻披露了它们。"

"2000年7月，被告确认私家侦探为霍华德·哈雷。"

"哈雷先生与此案以及我们所关注的文件毫无关联。"

"被告进行了一场高风险的赌注，他不诚实地指控三名法官，并特意诋毁莫蒂默法官是因为他们之间的过往。我们认为他这样做，是为了不顾一切地，试图撤销他共谋供应摇头丸的定罪，如果成功，他将避免获判入狱。根据将摆在您面前的证据，您将判定这些指控是否得到证实。他故意在这两个宣誓书中撒谎，目的是推翻定罪和诋毁法官，特别是正如我所说的那位法官 — 莫蒂默。"

"这就是我在开案陈词中欲说的全部内容，正如我已经告诉过你的，我们将从本案的核心文件开始，那么当然是英国电信的专家雷恩先生，将成为我们控方的第一位证人。"

法官道格拉斯·布朗先生："霍威尔先生，我虽然不是很确定，但我想我们今天的庭审应该是到此为止。我收到了一些陪审员的讯息，他们表示这些是非常密集的证据，所以他们需要集中精力。"

霍威尔先生："法官大人，确实如此。那么我们明天早上的第一件事，便是传唤霍威尔先生作证。"

法官道格拉斯·布朗先生："是的，好的，陪审团成员，我们现在休庭，请你们明天10点30分出庭。我现在重复我在午餐时间给你们的警告，我应该不需要再重复说一次，但非常重要的是，要切记不可与任何人、朋友、陌生人、亲戚讨论此案，也不要让任何人与你谈论此案。准时10点30分。"

当法官站起身来时，他向法庭点了点头，同时法庭的书记员喊道："全体起立"。当我从被告席走下来与吉尔、小保罗和莎拉在公众席会合时，出庭律师和事务律师开始收拾他们的文件。然后我和弗格森先生聊了几句，才和家人一起回酒店。我们讨论了当天法庭的情形，以及霍威尔先生的开案陈词，是如何让我在任何证人被传唤作证之前，就使我看起来是一副有罪的样子。"总是会那个样子的，爸爸，"小保罗说，"在轮到弗格森先生之前，控方会让你看起来就是有罪的样子，然后让我们看看陪审团最后的表情，别担心。你已经拿到了三张王牌。"我确实有三张王牌，而且控方的案子了无新意一成不变。他们的立场是，*通话记录是我直到2000年7月在第一次审判即将开始之前才制作的，我当然知道它们是1994年由《观察家报》制作和获得的，我对此感到相当开心。*

审判的第二天是我期待了25年的日子，轮到莫蒂默作证了，我迫不及待地想在证人席上看到他，并接受弗格森先生的交叉诘问，弗格森先生已准备好计策来好好地对付他。

2002年11月19日星期二

第二天

雷恩先生要说的证词，甚至在他张开嘴之前就已经可以预想得到了，宣誓后他告诉陪审团，他担任英国电信总部经理一职。霍威尔先生仔细地指导他查看通话记录的每一个细节，他说任何人都不可能侵入英国电信电脑系统，更改任何人的通话记录，并证实他无法进行身份验证，因为这些记录已不再存在于英国电信电脑数据库中。然而，他证实这些信息是以标准格式制作的，这点有利于辩方。弗格森先生只问了几个问题，他要求霍威尔先生再次核实，这些记录是否以标准格式制作的，雷恩先生说正是如此。在他结束作证时，霍威尔先生对法官说：

"法官大人，有一个法律上的问题需要进行讨论。"

法官道格拉斯·布朗先生："是的，你认为需要多长时间来讨论？"

霍威尔先生："我们俩个都认为需要半个小时的时间。"

法官道格拉斯·布朗先生："是的，好吧，陪审团成员们，我认为你们经历了一个漫长的上午，耗费精力专注于听取证据，因此我让你们现在可以休息到下午两点半再回来法庭。有一件事我需要与出庭律师们讨论，所以你们的休息时间会稍微长一些。律师是两点钟回来法庭。"

（中午休庭）

下午 2 点整（不对外公开，没有陪审团也没有媒体）

这个法律论点旨在界定对三名法官的盘问范围，特别是对布洛菲尔德法官的盘问范围，以及弗格森先生就他涉嫌强奸杰里米·辛克莱，对他提出的质疑可以到多深的程度。底线是如果盘问布洛菲尔德法官，他在博茨瓦纳发生的任何事情，那么他给出的任何答案都将被视为最终答案。换句话说，即使证据显示他的回答和事件版本互相矛盾，弗格森先生也不能再进一步挑战他。通常如果证人涉及案件中的问题，则可以向证人提出任何问题，如果有证据显示证人的回答与事实不符，则可以向证人提出进一步的质疑。然而，因为通话记录仅与我宣誓书中的核心议题有关，所以对布洛菲尔德盘问他对辛克莱的强奸指控，无论他的回答为何，将不得再继续盘问，因为该事件与伪证起诉书中的议题无关。

（法律论证的相关部分）

法官道格拉斯·布朗先生："霍威尔先生想发言是吗？"

霍威尔先生："法官大人，我想我们都会接受这是非常不寻常的情况。弗格森先生友好地向我们告知，他提议欲对布洛菲尔德法官进行盘问的问题，已经过我们的审查，尽管布洛菲尔德法官承认在博茨瓦纳会见辛克莱，但他坚决否认针对他的指控。"

"通常控方当然不知道辩方的案件，也不知道被告给出的指示，但我们确实知道在这种情况下，*辩方寻求在法庭上呈现的是一个积极的案例，即法官们确实有打过这些电话。*"

法官道格拉斯·布朗先生："我必须说，就法官们彼此通电话的议题上，我不认为弗格森先生会难以说服我，怀疑这三位法官中任何一位的证词可信度，控方必须证明他们是可信的，控方必须让陪审团确信他们说的是真话。*这就是为什么传唤他们出庭作证，以证明宣誓书中的内容是虚假的。*如果这一点受到质疑，那么他们的可信度就存在争议。关于通话记录的证据，控方在回答对其证据的任何批评上，可能不会有太大的困难，但在我看来，要证明他们的可信度没有争议并不容易。*如果受到质疑，那么控方必须让陪审团相信，他们的证人说的都是实情，则事情便到此结束。*"

霍威尔先生："向法官们提出的问题，是否与他们的诚实与否相关且必要？"

法官道格拉斯·布朗先生："是的。"

霍威尔先生："一旦您裁定他们的诚信是本案的一个重点是吗？"

法官道格拉斯·布朗先生："是的。"

霍威尔先生："正如我们论证中所述，我们的意见是这些问题与该议题无关且没有必要，这纯粹只是弗格森先生需为他的交叉诘问奠定基础而已。"

法官道格拉斯·布朗先生："是的。"

霍威尔先生："但目前我们不接受这些问题与本案相关或必要。"

法官道格拉斯·布朗先生："是的。"

弗格森先生："法官大人，在本案令人愉快的独特情况下，这三位证人以及他们的身份，不多也不少，正是控方为证实针对布兰查德先生的指控而传唤的证人，这是组成控方案件的部分内容。现在，就像任何其他的控方证人一样，我在此恭敬地提议，如果传唤本案的三位证人作证针对被告，那么他们的可信度问题可以或可能会立即出现。既然如此，在我看来，我必须完成的步骤如下，法官大人：第一点是争论，我尽可能坦白直率和中肯地做到这一点，**但我恐怕这三位证人的可信度是有争议的**。不过这不是我造成的，但在这个特定案例的框架内是不可避免的，那么就出现了一个问题，即交叉诘问的适当界限。"

法官道格拉斯·布朗先生："是的。"

弗格森先生辩论通话记录详，细列出了一通于1993年2月，打给同性恋材料出版商的电话，但此外，据称拨打该电话的人，也是大约九年后被指控犯有同性恋刑事罪的人，那么博茨瓦纳发生的事情可能与信用度相关，也可能与本案中的问议题相关。"

法官道格拉斯·布朗先生："帮我厘清这个问题。关于上诉或这些通话记录，你对约翰·布洛菲尔德法官提出了哪些指控？"

弗格森先生："法官大人，是的，这是控方针对布兰查德先生的重要部分，控方说他不相信共谋案的真相，如同布兰查德先生所言。法官大人，我将必须向所有三位法官调查有关共谋的指控是否属实，如果约翰·布洛菲尔德法官与法官莫蒂默先生或麦克唐纳法官有联系，那么我恭敬的提议，这肯定会攻击到他的可信度。"

法官道格拉斯·布朗先生表示，依他的观点而言，毫无疑问的约翰·布洛菲尔德法官以及其他两名法官和其他控方证人的信誉，是陪审团面临的一个问题，因为三名法官都否认打电话联系彼此，但随后补充说：**"最终还是由陪审团来决定这个问题。"**

法官道格拉斯·布朗先生："弗格森先生说，发生在非洲那件案子的证据，与本案中的议题之间可能存在某种关系。辩方提供给控方的其中一份文件已受谴责，**但仍有待陪审团决定。**"

法官道格拉斯·布朗先生随后再次查看通话记录，显示其中一个号码，是利兹一家同性恋出版社的号码。法官说：

> "在我看来，陪审团不太可能认为交叉诘问，会影响他就通话记录的议题，以证人的身份出庭作证。在所有情况下，如果情况允许，我都会行使我的自由裁量权，拒绝这种无实质意义的交叉询问。"
>
> （也就是说，通话记录的真伪与否由陪审团决定）

霍威尔先生："法官大人，我们将从莫蒂默法官开始。"

法官道格拉斯·布朗先生："是的，我们的时间足够吗？我会去留意不让证人留在法庭上太长的时间。我们今天可能完成所有的证人出庭作证的程序吗？总共是三位证人是吗？"

在传唤莫蒂默之前，他们讨论本案可能持续多长的时间。霍威尔先生说他希望在那周完成控方的案件，弗格森先生估计将持续到下周。法官布朗先生感谢两位律师并说："我们进入公开法庭程序，请陪审团参加。"

（陪审团就座，然后法官回到法庭）

法官道格拉斯·布朗先生："霍威尔先生，请开始。"

霍威尔先生："法官大人，我们先从三位法官中的第一位开始，请莫蒂默法官就座。"你可以感受到法庭上的气氛，因为每个人都在等着看法官作证以证明自己的清白。当他宣誓时，我内心呐喊'是的，妈妈，这个人的确由心生，'我不禁脑海里想着，这是一个多么自负、傲慢的人，他还发誓说实话，而且只说实话。"

霍威尔先生："请说出你的全名。"

莫蒂默："约翰·巴里·莫蒂默。"

霍威尔先生："我将要问你一些关于你的背景问题，正如你所知，问题在于你过去与约翰·布洛菲尔德法官和麦克唐纳法官有过什么联系或认知。你在约克接受教育，然后在剑桥的伊曼纽尔学院接受教育是吗？"

莫蒂默："是的。"

霍威尔先生引领莫蒂默讲述了他的背景，询问他在大学期间，是否与任何一位法官有接触过。"绝对没有，"他回答道。你于 1956 年取得律师资格，首先在伦敦执业，然后是去利兹执业。你于 1971 年被任命为御用大律师，并在 1972 年至 1985 年间担任法官，莫蒂默确认所有日期都是正确的。然后，他要求莫蒂默确认他曾于 1978 年 3 月，在约克刑事法庭代表我出庭辩护，而我因多项罪名遭定罪并被判处 12 个月的监禁。"我相信是的，"他说。

霍威尔先生："你在那次审判中代表他之后，你有没有因此成为他申诉的对象？"

莫蒂默："是的，我想那是很久以后的事了，我的意思是刚才我说很久以后，是因为我记不清确切的时间，但根据我的记忆可能是九个月或一年，不过我不确定。"

霍威尔先生："那投诉的性质是什么？"

莫蒂默："嗯，如果我没记错的话，投诉的本质是我代表他这点存在利益冲突。"

霍威尔先生："你与威尔逊·普林之间的利益冲突吗？"

莫蒂默："是的。"

霍威尔先生："投诉的性质成立吗？"

莫蒂默："是的，他是我的教父。"

霍威尔先生："布兰查德先生向谁投诉？"据你所知，他向谁投诉过？"

莫蒂默："向出庭律师协会投诉，但我不确定我知道那次投诉的细节。"

霍威尔先生："据你所知，那次的投诉是什么结果？"

莫蒂默："嗯，什么都没发生。我想后来成为首席大法官的彼得·泰勒先生，是出庭律师公会的主席，我有一次见过他，他告诉我这件事没有被受理。"

听到这些话证实了我对我们司法体系的所有想法。我们的司法体系在默认情况下，在一个基于毕业校友网络、校友情谊、共济会的兄弟情谊、闭门秘密会议的阴谋中运作。所以我的投诉从未被受理。该投诉的情节如此严重，任何思想正确的人都可以得出这样的结论 — 我自己的出庭律师，牺牲了他当事人的自由来保护他自己的群体。未来的首席大法官只要"点头和眨眼示意"，一件事情就这么结束了。莫蒂默不知道我的投诉是什么，甚至没有被要求回应我的投诉。我想他没正面回答这个问题，你这个聪明傲慢的混蛋。

霍威尔先生："我们现在可以转而谈论你在香港的生活吗？你是否于 1985 年 9 月担任最高法院法官，1993 年被任命为最高法院的上诉法官？"

莫蒂默："我相信是的。"

霍威尔先生："所以从 1985 年起，你在香港的生活一直到今天吗？"

莫蒂默："不是直到今天，于 1999 年底我离开香港，我以上诉法庭副庭长的身份退休，之后便成为香港终审法院的非常任法官，它取代了枢密院，也就是说当有要求时，我会去香港指导那个法院的庭审。"

霍威尔先生问莫蒂默是否与麦克唐纳有任何联系，或与约翰·布洛菲尔德勋爵有任何联系。他回答"没有"。霍威尔先生随后向莫蒂默提出以下问题：

"当你搬到香港时，你是否知道被告提出的其他投诉？"

莫蒂默："是的，我不确定日期，可能是几年后，也许是 1994 年，当我接到一位香港记者的电话时，但我不记得谈话的性质，只说被告提出一些关于我妻子公司的议题，以及该公司是否妥善进行交易。"

霍威尔先生："那这间公司叫什么名称呢？"

莫蒂默："朱迪思·莫蒂默有限公司。"

霍威尔先生："你是否知道任何其他人向你或你妻子以及你妻子的公司，提出的任何其他投诉或表示感兴趣，无论是告诉你本人，还是你自己读到的消息？"

莫蒂默："呃，警察介入了。"

霍威尔先生："哪个警力？"

莫蒂默："北约克郡警察。我想他们收到了投诉，并且警方通知我投诉的内容，但我真的不知道，我不知道投诉的性质是什么，除了是一些不当行为以外。"

在这五分钟的时间里，莫蒂默展示了毕业校友网络的真正强大之处，以及它的力量如何深入我们的警察成员中，特别是高级警官听命于他们。我已向北约克郡警方提出正式投诉，称莫蒂默和他的妻子进行欺诈交易超过七年的时间，诈骗了他们的债权人共50万英镑的金额。但他们没有按照正常讯问程序警告莫蒂默，就做出没有足够的证据起诉他们的结论。莫蒂默自己承认不记得细节，并表示只记得"**除了一些不当行为**"外的事宜而已。至少我现在知道为什么他们从未被绳之以法，以及为了这两个关系密切人的利益，而忽视了警察的规章制度。

霍威尔先生："你在香港生活的期间，除了1993年1月13日的一次电话外，你是否曾与麦克唐纳法官进行过任何其他电话交谈。"

莫蒂默："没有。"

霍威尔先生："你在香港的那段时间里，你和约翰·布洛菲尔德勋爵有通电话吗？"

莫蒂默："完全没有。"

霍威尔先生："你用你家里的电话和麦克唐纳法官通过话后，有发生什么事情吗？"

莫蒂默："嗯，我想在这次通话之前，我们接到了一些扰人的电话，但几乎全是我的妻子或女仆接听了这些电话。"

霍威尔先生："现在，鉴于本案调查的结果，你有没有向香港有关当局查询你的通话记录？"

莫蒂默："是的，如果我没记错的话，通话记录只保留了一段有限的时间，可能是三个月或类似的时间。"

霍威尔先生："一个通话记录都没拿到吗？"

莫蒂默："一个都没拿到。"

霍威尔先生："好的，谢谢你。"

法官道格拉斯·布朗先生："弗格森先生，请。"

霍威尔先生此时坐下，弗格森先生仍然低头看着他的文件，准备开始他的交叉诘问。我不禁脑海里想着，香港电话公司只保留三个月的记录，这对他们控方而言，真是再方便不过的好藉口。当莫蒂默提到"女仆"时，我也看一眼陪审团，我敢肯定，这些来自曼彻斯特的普通人，过着普通的生活不会喜欢女佣这个词。我能感觉到他们的反应，因为这个自负的势利小人低头看着他的鼻子，他期望纯粹因为他在社会中的特权地位能被相信。

弗格森先生："你和实际上住在香港的麦克唐纳法官有共同的朋友吗？"

莫蒂默："据我所知没有。"

弗格森先生：""在你的证词的第二页中，你告诉警方，如果证人想要索取他的证词，他是可以这样做的。你于1996年1月25日向警方提供证词，在该证词中你所阐述的，以及其他内容为'当我在东北巡回法庭担任出庭律师时，我认识了安格斯·麦克唐纳，他后来成为巡回法官。我们一起参与了许多案件，但没有共用同一个办公室。自从我来到香港后，我就没有和麦克唐纳法官保持联系，回到英国后，我们也没有见过面。我得知他相信我们在香港有共同的朋友，但我想不出他指的是谁'。"

莫蒂默："是的，有人这么问我。"

弗格森先生："嗯，是谁问你的？"

莫蒂默："我想是警察。"

弗格森先生："不过，因为这些事件，你已经和麦克唐纳法官交谈过了，是吗？"

莫蒂默："没有。"

弗格森先生："完全没有吗？"

莫蒂默："没有。"

弗格森先生："此后，当你得知有人指控你、法官布洛菲尔德先生和麦克唐纳法官之间一起共谋时，难道你没有和你的老朋友麦克唐纳法官说'安格斯，这一切是怎么回事？'或'发生了什么事？'或'你知道发生了什么吗'？"

莫蒂默："没有，因为他跟我不是那么熟的老朋友。"

弗格森先生："难道你不会很想从他那里得知，他对这一切的看法吗？他会告诉你什么理由，为什么有人要对你们三个提出这些毫无根据的指控？"

莫蒂默："嗯，我想是这一切都浮出台面之后的很长一段时间我才知道的。"

弗格森先生："只要拨打一通电话即可，'安格斯，到底发生了什么事？布兰查德这个可怕的人声称你、布洛菲尔德和我一同共谋'。"

莫蒂默："没有，我不这么认为。根据我的记忆，我想我再也没有和他说过话了。"

弗格森先生："你一直在说'根据我的回忆'。"

莫蒂默："嗯，那是很久以前的事了，我的意思是，如果我有再次和他谈话，我相信我会记得的。"

弗格森先生："那么约翰·布洛菲尔德勋爵呢？如果你对他说：'你看，你和我真的不是十分熟悉彼此，但不幸的是，有人对我们俩提出了这么可怕的指控，让我们感到很遗憾，你知道这是怎么回事吗？'"

莫蒂默："没有，我没有。"

弗格森先生的下一个问题，涉及莫蒂默认识约翰·布洛菲尔德勋爵的可能性，因为他们同时在伦敦的同一间办公室执业，但莫蒂默否认认识他或见过他。弗格森先生强调了两位法官们的年龄相仿，并且几乎都在同一时间就读剑桥这一个事实，弗格森先生说："那么你的意思是无论在什么样的情形下，你从未见过约翰·布洛菲尔德勋爵是吗？"而莫蒂默的回答是"没有"。

接下来是关于我在约克刑事法庭的欺诈审判，和我向出庭律师公会提出的投诉，弗格森先生说，在你的职业生涯中，有人对你的执业操守提出投诉，是一件非常重大的事情，莫蒂默回答说："是的，我认为是的。"当被问及有多少针对他的投诉时，莫蒂默说"两个"。还有你告诉我们的，"弗格森先生说 —"我有一个，或者我该说有一个投诉是关于某种利益冲突。"

莫蒂默："是的。"

弗格森先生："好吧，帮助我们了解，关于投诉的这件事情，你的了解有多少？"

莫蒂默："我认为该投诉的内容，是关于霍威尔先生刚才提到的，我与威尔逊·普林有利益冲突，而且因为他是我的教父，我记得有人提出威尔逊·普林将有可能成为辩方的证人。"

弗格森先生："你看吧，威尔逊·普林确实是你的教父，不仅如此他也娶了你的阿姨是吗？"

莫蒂默："是的。"

弗格森先生："这么说来他还是你的亲戚？"

莫蒂默："是的。"

弗格森先生："你和他是姻亲关系，除此之外，他也是你的教父。你是否曾在某些场合上，为他提供你专业的服务过？"

莫蒂默："我想我为他做过一次规划申请。"

弗格森先生："是的，而且你后来还成为了他遗嘱的受益人是吗？"

莫蒂默："1,000 英镑。"

弗格森先生随后递给莫蒂默，一份关于我提供给他的欺诈审判的指示副本，并请他注意其中说明，我希望揭露高级市政官沃德有参与各种交易的事实，以及他如何从我的损失中获利的部分。弗格森先生告诉莫蒂默，莫蒂默当时知道沃德是他的教父和姨丈的亲密好友，但莫蒂默说他认为在当时他并不知情。

弗格森先生："你看，你不仅收到了布兰查德的指示，希望曝光高级市政官沃德，而且在会议上布兰查德还告知你，希望曝光沃德当然还有你的姨丈普林。"

莫蒂默："有关于证人问题的讨论，如果我没记错的话，问题在于这些证人或这个证人（普林）有承认，基本上承认是有罪的。"

莫蒂默对这个问题的回答，终于暴露了他在审判时背叛我的真正原因。因此，由于高级市政官沃德和他的姨丈可能因欺诈而受到牵连和遭起诉，因而他牺牲当事人的自由来保护他们。我给清算人的声明中缺失的两页竟永远的遗失了，但莫蒂默没有抓紧任何机会为我辩护。与其忠于他的当事人，不如隐瞒他的利益冲突并打破他的出庭律师誓言。

弗格森先生："帮我厘清这个问题。当你一开始看到当事人给你的指示，并看到他希望曝光高级市政官沃德时，你有没有告诉布兰查德先生，你和普林先生之间的关系是什么？"

莫蒂默："没有，我想我当时不知道高级市政官沃德与普林有什么关系，并且我没有，我当然没有告诉他关于这段关系的任何事情，除非有必要这样做，否则我不会告诉他，任何与这段关系有关的事情。"

弗格森先生："但你看，我认为对于任何出庭律师或事务律师来说，当受到其当事人的指示时，出庭律师或事务律师会立即告诉其当事人，所涉及的案件、将涉及或可能涉及的关系，这是最基本的。你应该告诉布兰查德先生说'那么，你知道吗？我想有一件事情你应该知道，布兰查德先生，就是我与威尔逊普林是有亲戚关系的'。"

莫蒂默："嗯，我没告诉他。"

弗格森先生："但那是错误的，不是吗？"

莫蒂默："我不这么认为。"

弗格森先生："你不这么认为是吗？"

莫蒂默："我不这么认为，出庭律师公会也不这么认为。"

弗格森先生："好吧，我们将与出庭律师公会处理这件事情，让他们为自己发言，让我们自己处理这件事。你是否告诉我们，无论是在会议期间，还是在整个审判过程中，或者在审判之后，你都没有向布兰查德先生指出，其中一个涉及的人物或可能涉及或也许涉及的人，是你的姨丈也同时是你的教父？"

莫蒂默："我记得我确实没有说过。"

弗格森先生："你看，布兰查德先生对这些诉讼的辩护是，在部分或在大多数情况下，钱是预付给一家建筑公司名为弗兰克·B·布里斯比有限公司的款项，你还记得吗？"

莫蒂默："没有，我不记得。"

弗格森先生："弗兰克·B·布里斯比有限公司，这家公司与布兰查德在商业上有着密切联系，是你姨丈婚后拥有的公司，是由高级市政官沃德先生管理的吗？"

莫蒂默："我在审判后才发现的。"

弗格森先生："什么？"

莫蒂默："那个布里斯比公司是我姨丈的。"

弗格森先生："但你是否记得在审判前的会议上或审判期间，你被告知弗兰克·B·布里斯比有限公司有涉入。从某种意义上而言，布兰查德先生的辩护理由是，如果他们向他支付他们欠他的钱，那么他就不会资不抵债，并且就不会是有罪的。"

莫蒂默："我不记得了，*但在我看来，如果有人欠他钱，他肯定不会资不抵债。*"

弗格森先生引领莫蒂默回顾我当时的辩护摘要，内容阐述我寻求曝光高级市政官沃德，然后阅读了沃森警佐的证词，内容阐述道："我问布兰查德是否愿意就他被讯问的事项发表书面陈述，但他拒绝了。他补充说，他已经向他在利兹的前律师提供了一份证词，其中提到了我们知道参与其中的其他约克人物，他告诉莫蒂默，你可以看到*那段已被刻意划掉*，"我认为是你刻意划掉的。"

莫蒂默："*我不知道我有没有把它划掉。是否是我得到的指示呢？*"

弗格森先生："是吗？让我向你展示你得到的部分指示内容，这是布兰查德先生向清算人发表的声明，其中阐述道"沃德与我讨论了未来进行此类交易的可能性，他将向我的公司介绍交易，他会及时分享利润。他提到他曾为威尔逊·普林先生做过类似的交易。"

莫蒂默："是的，这是我得到的部分指示是吗？"

弗格森先生："是的。"

法官道格拉斯·布朗先生："有准备一份副本给我吗？"

弗格森先生："你看，事务律师的回忆是布兰查德声称......"

霍威尔先生："很抱歉，这是从哪里来的资料？"

法官道格拉斯·布朗先生："对不起，能解释这个吗？这是布兰查德先生对清算人的声明吗？"

弗格森先生："是对清算人的，法官大人，是的。事务律师回忆说，**布兰查德先生声称高级市政官沃德、你的姨丈普林先生以及他的弗兰克·B·布里斯比有限公司的事实遭刻意掩盖。**你知道这件事吗？"

莫蒂默："呃，我觉得这让我很吃惊，因为他参加了当时进行的咨商会议。"

弗格森先生："确实，嗯，也许你还记得，**苏珊·库珀也出席了该场会议是吗？**"

莫蒂默："我不知道苏珊·库珀到底是谁。"

弗格森先生："嗯，巴林顿·布莱克律事务所正式聘她为律师的秘书，她职责的其中一部分，就是必须参加出庭律师与其当事人的会议。**她记得布兰查德先生经常提到沃德和威尔逊·普林的名字。**现在，如果她说的是对的，如果那是对的，那么你一定已经知道你的姨丈参与或可能参与此案？"

莫蒂默："嗯，这取决于这是什么背景条件下提到了这个名字。"

弗格森先生："好的，在任何情况下，抱歉，我是说在任何情况下，除非当事人有所误解，或者他很明显地误解了该立场，否则向当事人解释清楚难道不是最基本的吗？例如向当事人说'请你听好，我应该立即告诉你，他是我的姨丈。你给我指示时提到了他的名字，我必须告诉你，布兰查德先生，普林是我的姨丈也同时是我的教父。'难道你没有那样做吗？"

莫蒂默："根据我的记忆，我没有这么做，不，我想我没有。"

弗格森先生："嗯，你难道不认为这么做，是最简单和最基本的事情吗？"

莫蒂默："好吧，我当然可以这样做。除非这件事与我们的讨论和辩护相关，否则我认为我不会这么做。"

法官道格拉斯·布朗先生："弗格森先生，霍威尔先生问，这份文件的来源是什么。我还以为他会问这份文件所要引领的方向是什么，我能否问清楚这次交叉诘问的目的是什么。"

弗格森先生："是的，法官大人。"

法官道格拉斯·布朗先生："*是重新争取上诉法院的上诉请求是吗？*"

弗格森先生："不是的。"

法官道格拉斯·布朗先生："向出庭律师公会投诉最初的审判，或者这只是针对该证人的疏失行为，还是仅仅是针对该证人的信誉所做的铺陈呢？"

弗格森先生："法官大人，这是相关的，因为正是这位证人的过错，才会导致布兰查德先生投诉他，布兰查德先生的内心坚信，他没有得到公平的审判，才会引发布兰查德先生随后采取的所有行动。这解释了一个事实，即他相信他所看到的通话记录是真实的，因为那是他当时的想法，但这就是我们的辩护方向，法官大人。我想要呈现的是，这位证人未能告诉布兰查德先生，证人和参与他案件的人之间的关系，这就是此交叉诘问的基础，至于布兰查德先生愈来愈坚信此点，无论是对还是错，他是共谋下的受害者。""

法官道格拉斯·布朗先生："嗯，为了确定这一点，是否有必要详细讨论这个问题？"

弗格森先生："法官大人，我希望能这么做而且我一直都希望能这么做，我不太确定我何时会结束对这位证人进行的交叉诘问，但我认为我还没有深入详细地探讨此事。"

法官道格拉斯·布朗先生:"很显然地,你今晚无法完成对这名证人的交叉诘问了。"
弗格森先生:"是的,我恐怕今晚无法完成。"
法官道格拉斯·布朗先生:"嗯,好。好吧,莫蒂默先生,恐怕你必须在星期四时回来出庭作证,法庭明天不开庭。好吧,陪审团成员,我只是想提醒你们,我们明天不开庭。烦请于星期四早上 10 点 30 分出庭。"

今天是十分重要的一天,因为看到弗格森先生盘问莫蒂默。那么根据他的说法,尽管之前他曾代表公司处理过几份规划申请,但他在审判后才发现,弗兰克·B·布里斯比有限公司归他的姨丈所有,真是个扯下漫天大谎的混蛋。我想他是一个有选择性记忆的法官,如果真有这种法官。不过他回答最好的部分是,当弗格森先生提出布里斯比欠我钱时,他说***"在我看来,如果有人欠他钱,他肯定不会资不抵债。"*** 我认为这个证词不仅是一个很好的回答,也是一个正确的回答,如果但就那个问题而已,就已经绝对有上诉的理由。第二天结束后,我和吉尔回到约克,在我们自己舒适的床上度过一个晚上。隔天我们再度到曼彻斯特,出庭观看隔天早上对莫蒂默的交叉诘问。

<u>2002 年 11 月 21 日星期四</u>

第三天

弗格森先生只剩下几个问题并告诉莫蒂默,他唯一还没有处理的事情,是布兰查德先生向出庭律师公会投诉莫蒂默的崇高职位,他的职位也是出庭律师公会所在意的。

弗格森先生:"在当时你是出庭律师公会或参议院或其他任何组织的成员对吗?"
莫蒂默:"我不是非常确定。我断断续续是出庭律师公会的成员。"

弗格森先生随后讲述,由大卫·罗斯撰写的一篇刊登在《观察家报》上的新闻,并读出于 1994 年 7 月 17 日刊登的一篇新闻的其中一段落。"上周法官布洛菲尔德先生和麦克唐纳法官拒绝发表评论,称此事尚由司法审判中,因此不得公开讨论,麦克唐纳法官说他被告知什么都不要说。莫蒂默法官说,他认识麦克唐纳法官,但不记得上次与他交谈是什么时候。"

弗格森先生:"你有没有试图找出英国媒体对你的评价?"
莫蒂默:"嗯,除了那些事情以外,我不记得有这么做。"
弗格森先生:"嗯,我的意思是,比如说你是否被告知,有人指控你存有偏见(不公平)和与他人共谋,而你是被指控的人之一?"
法官道格拉斯·布朗先生:"有人指控这位证人存有偏见是吗?"
弗格森先生:"嗯,《观察家报》中的这个标题……"
法官道格拉斯·布朗先生:"那时他不是法官,他是出庭律师,是对出庭律师的指控。"
弗格森先生:"不是的,新闻上写着法官的头衔。"
法官道格拉斯·布朗先生:"这位证人在 1978 年存有偏见,这就是你想表达的是吗?"
弗格森先生:"不是的,我不是这个意思。我正在讲述的是陪审团在 1992 年、1993 年,审理针对法官们互相联络的指控。法官大人,你明白我指的是哪件事情吗?"
莫蒂默:"是的,与我通电话的人可能已经告诉我那件事了。"
弗格森先生:"你一定很震惊,英国的报纸刊登的新闻,是针对你们的指控,并且点出你与其他人的名字,我强调指控这个词,有人指控你与他人共谋。"
莫蒂默:"嗯,这太离谱了,很难认真看待这件事情。"
弗格森先生:"如果这件事情出现在《观察家报》的报纸上,法官大人,这将是相当严重的事情,不是吗?无论是犯下该罪行与否。"
莫蒂默:"嗯,这是很严重的指控。我记得对记者说过,如果他要发表任何诽谤我的消息,我会告他们,然后告诉他我不会再发表其他意见。"

弗格森先生："你有告《观察家报》吗？"

莫蒂默："没有。这是一个非常勇敢的人，他勇于对抗诽谤诉讼。"

弗格森先生："这取决于报纸上的内容冒犯你的程度多寡。"

莫蒂默："在某些情况下，可能有必要洗清你的罪名，但很显然不适用此情形。"

弗格森先生："那是你的意见是吗？"

莫蒂默："正是如此。"

弗格森先生："我的意思是，你有没有就是否可以或应该告《观察家报》征求法律意见？"

莫蒂默："没有。"

弗格森先生："你没有这么做，是不是因为首先你认为这个指控只是他幻想出来的，你已这样告诉我们，其次，你认为该指控没有足够的分量或严重性，所以你认为无需做进一步处理？"

莫蒂默："嗯，我认为这件事会自动不了了之。"

弗格森先生改变了话题，向莫蒂默询问了他妻子的公司朱迪思·莫蒂默有限公司，该公司于1984年倒闭，欠下50万英镑的债务。莫蒂默说他是一名非执行董事，并不认为公司有这么多的债务，因为公司被卖掉了，而他的妻子继续为该公司工作。弗格森先生没有进一步询问此事，因为围绕公司破产的问题，与所谓的共谋和通话记录的真实性无关，至此他结束了对莫蒂默的交叉诘问。

霍威尔先生："请，麦克唐纳法官。"

法官道格拉斯·布朗先生："霍威尔先生，证人已经结束作证，除非你有得到反对的指示。"

霍威尔先生："请告诉我你的全名可以吗？"

麦克唐纳："安格斯·卡梅隆·麦克唐纳。"

霍威尔先生对麦克唐纳的盘问时间相对较短。霍威尔先生询问他关于出庭律师的教育背景和学生身份的常见问题，麦克唐纳确认他在被任命为法官之前，曾在东北区担任巡回法官。他说他曾以出庭律师的身份与莫蒂默有社交上的往来，并知道他去香港当法官。他否认认识布洛菲尔德或曾经打电话给他。当被问及挂号信（由小保罗寄出）时，他说他收到时有立即打开，但里面没有任何东西，随后他向警方报了案。他再次否认曾与布洛菲尔德或莫蒂默交谈过。

弗格森先生进行交叉诘问

麦克唐纳法官已经否认曾与布洛菲尔德或莫蒂默交谈过。弗格森先生质疑他在2月13日收到了一封挂号信，他声称该信封是空的，但表示在此之前他曾在1993年1月11日之后不久，收到小保罗·布兰查德的一封信。

麦克唐纳："不，我没有收到那封信，如果这封信有被寄出的话。"

弗格森先生："那么，法官，你现在告诉我们的意思是，有人不辞辛劳地支付了必要的费用，寄了一封挂号信给你，而信封却是空的？"

麦克唐纳："是的，这是很奇怪的事情。"

弗格森先生："你看吧，我认为事实上，1993年2月的挂号信是该被告之子寄出的另一封信，内容说道："我将非常感谢若是你能回复我，于1993年1月11日寄给你的信，我在此附上此信的副本。""

麦克唐纳："你是说另一封信？"

弗格森先生："是的。"

麦克唐纳："没有第一封信，也没有你说的这封信。"

弗格森先生推断小保罗于1月11日寄给麦克唐纳的第一封信，与麦克唐纳于1993年1月13日（即他收到这封信的日期）打电话给莫蒂默的这件事联结起来，证明了自己的观点。换句话说，推断打电话给莫蒂默，是麦克唐纳阅读小保罗信函之后的反应，这封信批评了他在我的审判上的行为，并表示他在我案件上的表现具有很大的欺骗行为。麦克唐纳结束了他的证词并从证人席上走下来。

法官道格拉斯·布朗先生: "好的。"
霍威尔先生: "请传唤约翰·布洛菲尔德勋爵。"
霍威尔先生: "约翰勋爵,请说出你的全名好吗?"
布洛菲尔德: "约翰·克里斯托弗·卡索普·布洛菲尔德。"
霍威尔先生: "约翰勋爵,请先说你的背景,你是否在伊顿公学和剑桥国王学院受过教育?"
布洛菲尔德: "是的。"
霍威尔先生: "你于1956年取得出庭律师资格是吗?"
布洛菲尔德: "是的。"
霍威尔先生: "你在1975年成为御用大律师,并在1982年成为巡回法官,然后在哪一年成为高等法院的法官?"
布洛菲尔德: "1990年。"

当问他是否曾在剑桥见过麦克唐纳或莫蒂默时,他说他不记得见过他们。他证实他在伦敦有一个住所,但他的主要住所在诺福克。"我现在可否问你,首先,特别是在1993年2月17日这天,即你拒绝布兰查德先生提出休假申请的那一天,你有打电话给麦克唐纳法官在纽卡斯尔的住家号码吗?"

布洛菲尔德: "没有,我不知道他的电话号码,我也从来没有打过电话给他。"
霍威尔先生: "他有没有打电话给你?"
布洛菲尔德: "没有。"
霍威尔先生: "在同一天即1993年2月17日,你有没有打电话给巴里·莫蒂默?众所周知,莫蒂默法官当时人在香港。"
布洛菲尔德: "没有,一样没有。我从来没有打电话给他过,他从来没有打电话给我。我不知道他的电话号码,我至今仍然不知道他的电话号码。"
霍威尔先生: "好的,谢谢你。"

弗格森先生进行交叉诘问

弗格森先生首先指出他的伦敦电话号码,是不记载于电话号码簿上的登记号码,因为在他的电话帐号的右上角,详细列出的这支电话号码不记载于电话号码簿上,是一支未登记的号码。然后弗格森先生问他,是否曾在伦敦与莫蒂默共用同一栋建筑和办公室时,遇到过莫蒂默,布洛菲尔德回答说"没有。"

弗格森先生: "我想给你看一份文件,这份文件称作上诉理由通知书,此份上诉理由通知书的右上角,列出了布兰查德先生的申请参照编号,但有人写了这个**'请看89/6687/W3'**。"
布洛菲尔德: "我可以看看原版吗?"
弗格森先生: "这是上诉法院的文件,我不太确定我们是否有原版。"
霍威尔先生: "是的,我们有。"

弗格森先生解释说,那个参照编号指的是我之前的上诉编号,并问布洛菲尔德在考虑我的毒品定罪的上诉申请时,是否看过这些案件文档。他说他没有,他说无论在什么样的情形下,完全不会影响他拒绝我上诉申请的决定。接下来,让他看他写给刑事上诉法院登记员麦肯齐的信件副本,并询问了他写信的原因,他回答说他是为了回应,他从布兰查德先生的律师那里收到的一封信,这是首次感到有某事发生的迹象。因此,他打电话给首席大法官,询问这是怎么回事。布洛菲尔德说,麦肯齐的办公室已经知道这件事,并且有个不联系他的政策决定。

弗格森先生: "让我们看看这封信好吗?'我附上了我家庭电话号码的相关页面的影印副本,我的家庭号码是 0603782202。我认为没有太多条目,因为它没有列出个人电话。'那么从你的信中陈述以下内容可能是合适的。第1点:你否认接到麦克唐纳法官的电话,你声称从未和他说过话。第2点:你否认打电话给法官莫蒂默先生,声称从未打电话给他过,也没有和他说过话。第3点:可能与麦克唐纳法官闲聊时,谈论过关于在纽卡斯尔法院担任法官的事宜,完全记不起这件事。

第 4 点："从未与法官莫蒂默先生或与麦克唐纳法官谈过布兰查德的案件。从来没有谈过布兰查德的案件，除了今年 7 月当《观察家报》发表了一篇关于此案的新闻时，与首席大法官谈话过。"

布洛菲尔德："*是的，我说过我和首席大法官谈过话。*"

然后，他指出了他与首席大法官谈到《观察家报》的新闻报道，并表示他知道通话记录的重要性，并曾查找过他是否有这些通话记录，但他没有。"你看，你提供给麦肯齐的材料，"弗格森先生说，"是你的电话账号中的一张明细，上面写着你家的电话号码是 0603782202？" 布洛菲尔德回答"*是的。*"

弗格森先生："你没有提供任何关于你的伦敦住家号码的记录。"

布洛菲尔德："如果不提供我信息，我很难回答这个问题，因为我的回答取决于我得到的信息是什么。如果你要我回答这个问题，我会回答。"

弗格森先生："我只是想要一个解释。"

布洛菲尔德："嗯，我应当必须告诉你我被告知的消息，我对这件事情认知的状况。有人告诉我，有一个关于我在诺福克住家号码的电话帐号的复印件不是原件，该通话记录显示我曾经拨打电话给麦克唐纳法官。"

弗格森先生："是的。"

布洛菲尔德："*我从来没有被问到关于我伦敦住家号码的任何事情*，据我所知，*从来没有任何迹象显示，我曾用我伦敦住家的号码打过电话给他*，直至今日，*也从来没有任何信息显示我曾用我伦敦的住家号码打电话给他*，我从来没有查看过我伦敦住家号码的通话记录。"

弗格森先生引领布洛菲尔德查看他在伦敦住所的通话记录，他认同于 1993 年 2 月时，拨打到他住家的电话号码是真实的号码。

弗格森先生："我不知道你是否曾被问过，或者出于好奇，你是否曾花时间查阅这些电话号码，但你是否记得曼彻斯特的号码，即在同一页上这支号码的下一个号码，是否让你想起了什么？"

布洛菲尔德："完全不认得这支号码。"

弗格森先生："还有一个利兹的电话号码，是在 2 月 16 日拨打给同性恋材料出版商的电话。我只是想知道你当时有没有在利兹的联系电话号码。"

布洛菲尔德："你刚才说联系是什么意思？"

弗格森先生："我所谓的'联系'这个词没有任何重要的含义。于 1993 年 2 月，你是否曾经打电话给在利兹的任何人或因任何事务或任何人或公司？"

布洛菲尔德："我住过............我的意思是说我真的不常使用电话。除了打电话给我在诺福克的妻子或打商务电话外，我基本上不经常使用电话。我不会在我的公寓里打电话，除非............我不认为我会。我只是碰巧不认识在利兹的任何人，就像我不认识曼彻斯特的任何人一样。"

由于弗格森先生无法进一步就同一个议题往下问，因此他继续查看通话记录中详细列出的剩余号码。这些号码是拨打到布洛菲尔德的住家号码，以及一通拨打到麦克唐纳在纽卡斯尔的住家号码。*布洛菲尔德说为免生疑虑，"警方从来没有向我表示过，布兰查德先生所依赖的上诉理由，与我的伦敦住所号码拨出的电话有关。如果他们询问过我伦敦住所的号码，我会提供关于此号码的信息。"*

弗格森先生递给布洛菲尔德一份，我于 1994 年 10 月 10 日的宣誓书副本，然后对他念了以下段落："私家侦探向我证实，法官布洛菲尔德先生的电话号码是伦敦号码，而不是诺里奇号码。" 布洛菲尔德看起来有些不知所措，他说："*我以前从未见过那份文件。*"

弗格森先生："你是否在告诉我们警方没有告诉你，布兰查德曾在宣誓书上提过电话号码，与此案件相关的电话号码，*实际上是伦敦的号码而不是诺里奇的号码？警察难道没告诉你吗？*"

布洛菲尔德："我肯定他们从来没有告诉过我这件事。"

弗格森先生:"好的。"
布洛菲尔德:"那时他们问我关于诺福克的号码,*但他们再也没有回来问我,关于第二份证词提到的伦敦号码的事情。*"
法官道格拉斯·布朗先生:"你的回答很有帮助,非常感谢,你可以离开证人席了。"
布洛菲尔德:"谢谢。"

霍威尔先生和弗格森先生达成协议,向陪审团宣读七份证词。其他的由法院职员包括上诉法院的登记员麦肯齐提供文件,他已十分熟捻向法庭呈上证据,包含各种上诉申请、法官的裁决和出庭律师的建议书,这些全都做完后,最后结束了在法院漫长的一天。

霍威尔先生:"我的法官大人,我只是想告知您目前的进展。我们明天会有私家侦探哈雷先生出庭作证,接下来,我们会讲述警方提供的证据,将会是一个相对较短的盘问。"

法官道格拉斯·布朗先生:"真的非常感谢你,这些就是我们今天所有要做的事情。好的,陪审团成员,明天 10 点 30 分请准时出庭。"

又是一个非常有趣的一天,我们想着在我们酒店喝咖啡休息时讨论这些事情。莫蒂默非常巧妙地摆脱了对《观察家报》提告的议题,但很显然地没有正对这个问题的核心。如果他告《观察家报》诽谤罪,那么通话记录不是真实的就是虚假的,因此根据他自己的说法,《观察家报》将败诉,则他将获得损害赔偿和所有费用,但他并未提告。布洛菲尔德承认他曾与首席大法官(撒旦)— 彼得·泰勒讨论过我的案子,此举证实了司法机构成员,在司法行政中采用**"闭门商议"**的欺骗卑鄙行为。弗格森先生无法继续向布洛菲尔德盘问利兹电话号码订户的身份,因此这个谜团已经无解,真相永远彻底地被埋葬了。

2002 年 11 月 22 日星期五

第四日

下一个传唤的证人是私家侦探霍华德·哈雷,他在 2000 年 7 月和 8 月向警方提供了三份证词,否认为保罗·布兰查德先生进行任何调查。他否认曾在监狱里见过我或探望过我,并说他*从未见过一个名叫奈杰尔·米德的人*。他从来没有在约克富尔福德的犁田酒吧的停车场见过我,也从来没有从代理我出面的人那里收到过任何钱。当向法官出示通话记录的打印件时,他查看了这些文件并说:"我已经查阅过这些,我可以明确地说我以前从未见过它们,我从未制作过这样的记录,即便要求我这么做,我也不会去做这样的事情。"然而,就在传唤他作证的前一天,他提供了第四份的证词(11月21日星期四),他在证词中表示*他可能有见过一个叫米德的委托人*。

霍威尔先生:"请告诉我们你的全名好吗?哈雷先生,虽然我是向你提出问题的人,但请你看向法庭的另一边,并在回答问题时提高你的音量,好让陪审团能够听到你的回答。如果陪审团能听到,那么其他人就都能听到。"
哈雷:"霍华德·鲍登·哈雷。"

哈雷证实他在 1993/1994 年,在一家名为胜任者公司的私家侦探社担任私家侦探,但目前已不再从事该行业。他说他有时会使用科林·特纳 (Colin Turner) 这个名字,并且从未在监狱里见过或拜访过一个叫保罗·布兰查德的人。

霍威尔:"你有没有收到过委托的费用,订金是 1,500 英镑,后续的款项是 2,500 英镑?"
哈雷:"没有。"
霍威尔:"你是否可以获得英国电信的数据?"
哈雷:"不行,但我可以通过各种来源获得一些数据和一些信息。"
霍威尔:"例如什么?"

哈雷："通过询问调查，例如向酒店的职员询问是否有人来电。有时他们会保留记录，有时还能获得可用的信息，我有一位信息追查员，有时可以协助我获取未登记在电话簿里的电话号码，还能不时获得与电话帐号有关的信息，但我永远无法获得某人通话记录的副本。"

霍威尔先生："好的，谢谢。请你在证人席稍等一下好吗？"

由弗格森先生进行交叉诘问

弗格森先生："你有一位信息追查员可以获取未登记在电话簿里的电话号码是吗？"

哈雷："是的。"

弗格森先生："哈雷先生，这位人员是谁？"

哈雷："让我想想他的名字，我现在突然想不起这个名字，给我一点时间。住在威尔士一个叫鲍文 (Bowen) 的人。"

弗格森先生："你说他住在威尔士是吗？"

哈雷："是的。"

哈雷说他相信鲍文来自南威尔士的斯旺西地区，担任他的信息追查员并获取未登记在电话簿里的号码，但他从未取得通话记录的信息。弗格森先生将哈雷在 2000 年 7 月 31 日提供的证词拿他看，并引用了他在第三段中所说的话："我被询问在这段期间即 1993/1994 年，我是否受保罗布兰查德先生雇用或为他进行任何调查，根据我的回忆，我从未见过这个人。我从未在约克郡见过这个人或其他任何人，也从未有人问我是否认识一个名叫奈杰尔·米德的人，他可能是布兰查德先生的代理人。据我所知，我从未见过一个叫这个名字的人。"哈雷回答："是的。"

弗格森先生："你是否用过其他的名字？"

哈雷："没有。"

弗格森先生："你是否曾用过哈络格 (Halage) 这个名字？"

哈雷："哦，是的。"

弗格森先生："抱歉，哈雷先生，你的回答及立场转变得非常迅速。我刚才问你有没有使用过其他的名字，而你回答："没有。"但当我询问你哈络格这个名字时，你立刻说"哦，是的。""

哈雷："容我解释一下。"

弗格森先生："请。"

哈雷："这个名字的发音是哈雷，是哈络格的原始拼写，一直一来人们将其发音为哈拉杰 (Halaj) 或 哈拉吉 (Halaji)，所以我通过改名契将最后的字母 A 改成了 Y，所以这个字的发音才能更准确。哈雷这个名字的发音非常接近，比我过去的名字更接近现在的发音。"

弗格森先生："所以，事实上哈络格是你原本的名字？"

哈雷："是的。"

弗格森先生："你把你的名字改成哈雷，对吗？"

哈雷："是的。"

弗格森先生："哈拉杰先生这个名字也是你吗，我按原字拼写，H-A-L-A-J **这个名字遭指控盗窃罪是吗？**"

哈雷："对不起，我可以给法官传个便条吗？"

弗格森先生："这完全取决于你。"

法官道格拉斯·布朗先生："如果我看了这个便条，根据法律条款的规定，我可以向律师展示此信息。你介意我把这个便条读出来给出庭律师听吗？"

哈雷："这毕竟是个公众法庭。"

法官道格拉斯·布朗先生："是的，我不能阻挠出庭律师提问，事实上，当你出庭作证时，他有权问你任何问题，当你被盘问时，你完全有权向我指出这份便条的内容。"

弗格森先生:"我们继续往下进行吧。哈雷先生,你是否于1989年5月于特鲁罗刑事法院(Truro Crown Court)出庭?"

法官道格拉斯·布朗先生:"在你问这个之前,我必须提醒你,你只能就证人的诚实度与否提问。你在质疑他的证据,认为他的证据是不真实的是吗?"

弗格森先生:"是的,法官大人。"

法官道格拉斯·布朗先生:"既然如此,那么你有权提出这个问题。"

弗格森先生:"非常感激您,法官大人。"

哈雷:"请再说一次你的问题。"

弗格森先生:"我想问的问题是,你是否于1989年5月22日于特鲁罗刑事法院出庭?"

哈雷:"根据《罪犯自新条例》的条款,我可以声明我没有犯罪记录,我是一个品德良好的人。"

法官道格拉斯·布朗先生:"哈雷先生,我熟悉《罪犯自新条例》及其规定。在某些情况下,律师有权可以公开几年内的定罪,弗格森先生在我同意的情况下向你提出这些问题,我现在这么告诉你。"

哈雷:"好的。"

弗格森先生:"你是否因两次共同盗窃住宅罪名而被判有罪,对吗?"

哈雷:"是的。"

弗格森先生:"判处九个月监禁的刑期是吗?"

哈雷:"是的。"

弗格森先生:"还构成共同妨碍司法公正罪?"

哈雷:"是的。"

弗格森先生:"而因此遭判处九个月监禁的刑期是吗?"

哈雷:"实际上是坐四个半月的牢,四个半月的假释。"

弗格森先生:"你有没有在你的私家侦探社里工作时,以各种名称交易过?"

哈雷:"是的。"

弗格森先生:"例如,你是否曾以阿比调查(Abbey Investigations)的名称进行交易?"

哈雷:"可能有过,只有12个月而已,也许我曾用了那个名称。"

弗格森先生:"你是否曾以阿德曼调查(Ardman Investigations)、阿什沃思调查(Ashworth Investigations)以及亚伦追踪调查〔Aaron Bugs(sic)〕的名义进行交易?"

哈雷:"是的。"

弗格森先生:"你是否曾以007伙伴关系(007 Associates)、亚历克斯·邦德(Alex Bond)以及海伦·德拉西(Helen Delacy)的名义交易过?"

哈雷:"是的。"

弗格森先生:"为什么会以这么多不同的公司名称进行交易,哈雷先生?"

哈雷:"1989年我第一次在黄页电话号码簿上刊登广告的时候,只有两三个竞争对手,所以你还容易做生意接案子,之后似乎每个人都进入了这个市场,唯一的竞争方式就是拥有不同的公司名称以此获得业务。"

弗格森先生:"这么做难道不会让自己更像一个难以捉摸、虚幻的人物,反而难以让客户找到你吗?"

哈雷:"不会。"

弗格森先生:"在你昨天提供的证词里,你说'在读了第一份证词之后,我相信我可能有一个叫米德的客户'是什么因素让你突然想起这个名字?"

哈雷:"嗯,这是因为我不记得奈杰尔·米德了。我记得在我的脑海里,有一些对米德先生的模糊记忆,我没有将奈杰尔·米德与我记得的米德先生做连结。在我模糊的记忆中,我曾见过一位叫米德先生的人。"

弗格森先生："谁问你关于奈杰尔·米德的事情，奈杰尔·米德这个名字，是警察吗？"

哈雷："是的。"

弗格森先生："当警察问你奈杰尔·米德这个名字时，你告诉他们的是，你可能有一位叫米德的客户，但你不记得他的名字。'我不记得他到底要求我调查什么，但我相信他要求我调查电话号码'。"

哈雷："是的。"

弗格森先生：*"而你实际上见到了米德这个人，是吗？"*

哈雷：*"是的，大约是三到四分钟的时间。"*

弗格森先生："你见到他了，是吗？"

哈雷："或五分钟吧。"

弗格森先生：*"那是在约克的一家酒吧是吗？"*

哈雷：*"是的，我相信是在约克的一家酒吧。"*

弗格森先生：*"你告诉警察'我将他要求的信息材料交给了他'，是吗？"*

哈雷：*"是的。"*

弗格森先生请哈雷阅读了他证词的其他部分，内容说道他可以获得未登记在电话簿里的电话，这段内容讲述"我可以获得电话帐号的信息"，但哈雷辩称他只是指未登记在电话簿里的电话而不是通话记录。

弗格森先生："你看，我可以告诉你事实上的情况是如何，哈雷先生，奈杰尔·米德确实联系过你，而你当时使用的是科林·特纳这个名字，由于你与他的接触，因此布兰查德先生为此事打电话给你。"

哈雷："根本是胡说。"

弗格森先生："他与你说过话，并且他确实从监狱里与你通过话。"

哈雷："胡说八道。"

弗格森先生："而且你会很清楚知道他是从监狱里打电话给你的，因为电话那头有明显的背景噪音或有其他噪杂的声音，对吗？"

哈雷："简直胡扯。"

弗格森先生："他要求你调查商业往来关联的证据，包括一个名叫麦克唐纳的人，可能还有朱迪思·莫蒂默有限公司？"

哈雷："胡扯瞎说。"

弗格森先生："还向你询问或请你调查是否可以获得通话记录，对吗？"

哈雷："没有，从未发生过。"

弗格森先生："假设你以科林·特纳的名字与他接触，他在电话中告诉你，他想调查三位法官并公开他们的名字，对吗？"

哈雷："没有。"

弗格森先生："他与你或科林·特纳这个人协商的费用是 2,500 英镑，对吗？"

哈雷："简直胡言乱语。"

弗格森先生："你的意思是你永远不会承认做过这项工作是吗？"

哈雷："完全错误，从来没有发生过那种谈话，从来没有。"

弗格森先生："事实上，哈雷先生，我现在可以告诉你，奈杰尔·米德向你支付了 2,500 英镑，大概在 1993 年 11 月左右时支付的。"

哈雷："没有，完全是妄言谵语。"

弗格森先生将他的盘问话题，转移到我在约克市富尔福德村的犁田酒吧与私家侦探会面的事情，并问哈雷："当时布兰查德先生在约克与某人会面，而他说这个人就是你，对吗？"

哈雷："我从未见过布兰查德先生。"

弗格森先生："事实上，布兰查德先生同意，你不是他在约克遇到的那名男子。"

哈雷："感谢老天爷。"

弗格森先生："那个人是科林·特纳。"

哈雷："谢天谢地。"

弗格森先生："还没有完全走出这个谜团，哈雷先生。你派其他人去见布兰查德先生，是因为你想一如既往地隐藏你的真实身份而不想曝光对吗？"

哈雷："并非如此。"

弗格森先生："可以说在取得公众无权获得的通话记录这件棘手的事情上，你不希望自己出面，是吗？"

哈雷："当然不是。"

弗格森先生："你有没有派人去酒吧与布兰查德先生见面，并将一些文件交给他？"

哈雷："从来没有。我从未处理过这件事情。"

弗格森先生："请法官大人给我一点时间好吗？你知道约克吗？"

哈雷："不是很熟悉，我会很容易就在那里迷路。"

弗格森先生："你去过那里的酒吧吗？"

哈雷："是的，偶尔。"

弗格森先生："*你有没有与人约在那里的酒吧停车场见面？*"

哈雷："*正如我刚才所说，我见到了一位米德先生。*"

哈雷承认他从来没为自己的公司做过任何所得税申报，也从未为他所赚取的收入缴纳任何税款，而且就税务局而言，从未有他担任过私家侦探的记录。他否认知道任何关于收取5,000英镑调查通话记录，并交给客户该材料的事情，也否认《观察家报》向他支付金钱以换取通话记录的事情。"希望我即将结束对你而言，等同于噩梦一般的盘问"，弗格森先生向哈雷说道，"哈雷先生，你碰上了麻烦，是一个叫马尔科姆·格林 (Malcolm Girling) 的人，对吗？"

哈雷："正是如此。"

弗格森先生："在此事件中或是别的独立事件中，是否有人向终止犯罪服务专线寄了一封信，声称你向伦敦的客户通过欺骗手段获取金钱？"

哈雷："我不知道。"

弗格森先生："你是否知道有人向终止犯罪服务专线投诉，声称你通过欺骗手段获取金钱？"

哈雷："没有。"

法官道格拉斯·布朗先生："你提出的一个问题含有两个具体的数字，即1,500英镑和2,500英镑。你能够或者你想盘问他这笔钱是如何支付的？"

弗格森先生："是的，法官大人，1993年11月，奈杰尔·米德支付了2,500英镑。"

法官道格拉斯·布朗先生："好的。"

弗格森先生："奈杰尔·米德又再次付款，因此总共支付了5,000英镑。"

法官道格拉斯·布朗先生："好的，但我的问题是，你能否向证人提出这笔钱是如何支付的？是付支票给他吗？"

弗格森先生："不是的，法官大人，据我所知是付现。"

法官道格拉斯·布朗先生："现金是吗？"

弗格森先生："是的。"

法官道格拉斯·布朗先生："现金或支票，你的意思是你从来没有收到过那笔钱是吗？"

哈雷："正是如此。"

霍威尔先生："现在请威尔斯侦缉警长作证。"

霍威尔先生："威尔斯先生，你是这个案子的负责人吗？"

威尔斯："是的，现在我是。"

霍威尔引导威尔斯讲述了一系列事件，从我被捕和警方正式警告我开始讲起，以及警方是如何搜查我的住家和我在皮尔路上的办公室，随后向陪审团播放我于1996年5月8日，在约克警察局接受警方讯问的录音。威尔斯告诉法庭，警方希望讯问我的前任律师尼科尔先生，并要求我放弃法律特权，尽管皇家检控署被告知将在七天内获得答复，但皇家检控署从未收到答复。霍威尔先生说，控方的案件至此结束。

法庭书记员高喊熟悉的"全体起立"后，审判的第一周便随之结束。在回到我们留宿的酒店之前，我与我的法律团队进行了一次简短的会议，弗格森先生认为陪审团的结论会是哈雷确有得到奈杰尔·米德的指示，并且他正是那位提供通话记录的私家侦探。"想想看，"他说，"哈雷在约克的一家酒吧遇到米德先生的可能性有多大，辩方提到的人正是奈杰尔·米德先生说的同一个人，机率肯定至少是一百万分之一，肯定是同一个人。"吉儿和我周末回到约克，因为在星期一早上的第一个行程，便是我坐上证人席作证，所以我需为此做好准备，这天恰好是我妈妈的生日，我想这是个好兆头。

2002年11月25日星期一

第五天

弗格森先生："好的，布兰查德先生，请就座。""布兰查德先生，麻烦请你说出你的姓名。"

我："保罗·威廉·唐纳德·布兰查德。"

弗格森先生熟练地引导我讲述了可追溯到1974年的一连串事件，当时我从事房屋建筑和金融业务，以及我的公司集团是如何倒闭的，因此最终导致我于1978年3月在约克刑事法庭接受欺诈案的审判，并提到我对我先前的约翰·巴里·莫蒂默御用大律师的观点。他问我，我对面临的指控所提出的辩护是什么，我回答道：**"我提出的辩护是，如果能从一家名为弗兰克·B·布里斯比有限公司，和向威尔逊·普林先生收回所有资产，那么我的这些公司实际上是有偿付能力的。"** 我解释了高级市政官沃德的角色，及他与威尔逊·普林和弗兰克·B·布里斯比有限公司的关系，以及沃德的多重身份，他是如何成为当地社区不可忽视的力量，他的身份包含地方法官、前市长和北约郡警方的主席。我详细解释我向清算人发表声明的原因，以便莫蒂默可以向普林追回属于我公司的资产，以及我的声明缺少两页，遗失的内容正是阐述我与沃德和普林交易的那两页，以及列出他们实际上窃取的资产。

转而谈到我先前来自巴林顿·布莱克律事务所的前任律师，我证实处理我案件的律师叫做罗伯特·摩尔，摩尔对出庭律师的陈述书，强调了我指示律师将沃德、弗兰克·B·布里斯比有限公司和普林包含在我的辩护中。"你有没有跟莫蒂默先生开过一次或多次会议？"弗格森先生问道。

我："曾有过两次或三次。"

弗格森先生："根据你的记忆，在与莫蒂默先生进行这些会议时，他是否就威尔逊·普林先生出庭的可能性，与你进行过任何的讨论？"

我："是的，绝对有，在整个会议期间都有。"

弗格森先生："是关于哪方面？"

我："嗯，我继续讲述刚才提到的陈述书，刚才提到的缺失的两页，牵涉到这两个非常知名的商人。他们有属于布兰查德集团的资金，我遭指控有66,000英镑的债务，但这两个人欠我大约10万英镑，所以很容易算出我的集团是否资不抵债，我在声明中提到肯定是为了掩饰他们俩，所以案件各方所拥有的声明副本都缺失了相同的那两页。"

弗格森先生："在你与他进行的那些会议期间，莫蒂默是否曾在任何时候说过或向你暗示过他与普林先生有关系？"

我："完全没有。"

弗格森先生问是谁在我的欺诈审判中带领我在法庭上作证，我回答是莫蒂默。他想知道莫蒂默是否问过关于威尔逊·普林的问题，我回答道"完全没有。"

弗格森先生："你是否有采取任何方式去改变此情况？"

我:"我尝试过,但没成功。"

弗格森先生:"你做了哪些尝试?"

我:"嗯,他像你一样带领我讲述我的证据,然后他突然结束提问并坐下来,接着法庭休庭,所以我去找苏珊·库珀女士询问。"

弗格森先生:"谁是苏珊·库珀女士?"

我:"她是巴林顿·布莱克律师事务所的一位秘书。所以我向她询问道"发生了什么事?为什么他不问我关于沃德、弗兰克·B·布里斯比有限公司、普林的所有相关问题,并把这一切都说出来?她回答"我不知道。"我说"好吧,我想和他谈谈。"她回答道"你不能和他说话,你还在作证阶段。""

弗格森先生继续谈到我是如何发现莫蒂默与普林有关系,我解释他的儿子吉姆·普林,是如何在保守党俱乐部里故意隐瞒这层关系的,从那时起一切关系都暴露出来了。接下来提到我向出庭律师公会提出的投诉、我向当时的内政大臣提出的请愿书,以及一连串其他所有被置若罔闻的投诉。对我与吉姆·尼科尔的交易进行了分析,我承认在调查莫蒂默时使用了威尔逊这个名字。

弗格森先生:"你为什么使用假名?"

我:"嗯,我打电话给莫蒂默家族的成员,因为约克的所有宣传报道缘故,他们会知道布兰查德这个名字,约克就像一个村庄一样消息会散开来。所以吉姆·尼科尔假设莫蒂默是共济会会员,以此列出我们必须尝试调查的一张清单包含家庭和社会关系。所以我过去曾打电话给每个人试图获取信息,直至有一次我打电话给他住在约克的家人斯内尔 (Snell) 先生,我向他介绍自己是威尔逊先生,他对我说"早上好,布兰查德先生。"他以及每个人都知道,他的家人均知道我在用这个名字。"

弗格森先生:"我们知道于 1992 年 10 月,你在纽卡斯尔刑事法院接受审判是吗?"

我:"是的。"

陪审团现在听取与我的毒品审判相关的事件。我解释了我与汉森之间的关系,他试图获得保释但遭拒,所以他同意污蔑我为主导毒品案的老大,以换取一个较轻的刑期。我现在直视陪审团,知道他们会评估我的外表和可信度,或者我身为证人的可信度。接下来的一系列问题,是在我遭判刑后,我与同狱犯人肯恩·威廉斯的会面详细情形。

弗格森先生:"威廉斯先生有没有告诉你,他从你的前共同被告汉森先生那里听到的任何事情?"

我:"是的,威廉斯有。威廉斯说汉森一直说,他陷害这个约克商人,因而得到了较轻的刑罚,他做了伪证以试图获得保释,法官站在他一边,他们不让某些控方证人作证,因为担心会彻底毁掉这个案子,并且他撒了谎。"

弗格森先生:"他是指谁?"

我:"我所说的他就是汉森,他说他撒了谎,他还说他的出庭律师和法官都共同策划这个'阴谋',这是他使用的词。所以我对威廉斯先生说,下次他再说这些事情时,请你把谈话录下来,否则没人会相信你,而他确实有录音下来。"

接下来是导致我对毒品定罪提出上诉的一连串事项。弗格森先生展示了上诉理由通知书,内容详细说明案件编号 **C89/6687/W3**,此编号正是我的两个上诉遭连结在一起的原因。陪审团听取了各式各样的证物,这些证物引起了吉姆·尼科尔和我的好奇心,因而寻求一位私家侦探做进一步的调查。接着概述了我与奈杰尔·米德的交易,并提到了他代表我支付的款项。

弗格森先生:"谁告诉你私家侦探科林·特纳这个名字?"

我:"奈杰尔。"

弗格森先生:"你是在哪里初次见到特纳先生的?"

我:"就在我住的地方拐角处,富尔福德有一家犁田酒吧,我们在那里与他见面的。"

然后我接着阐述科林·特纳看起来大约 45 岁，白色与黑色头发相间，身高约 5 英尺 10 英寸，说话像我一样带有约克郡口音。

弗格森先生："你在宣誓书的第 13 段中阐述了你坐在车里，而这个人向你展示了一大捆影印文件。麻烦请你帮助我们了解，你能否详细说明一下，他给你看的到底是些什么文件？"

我："有很多关于麦克唐纳法官的信息，他有一份法官在利兹劳埃德银行的银行账户副本、其水电费账单副本，以及许多与朱迪思·莫蒂默有限公司相关的文件，该公司是莫蒂默已破产的公司。他提到这位先生犯了欺诈罪时，情绪显得十分兴奋，而且，你知道，很多事情均与朱迪思·莫蒂默有关。我问他是否可以给我这些通话记录材料，他说还不能给我，因为他要求我需支付 5,000 英镑。"

我告诉陪审团，这些文件大约有 1 英寸厚，当时的时间是早上 11 点，而且光线十分充足。私家侦探已经用荧光笔画出了法官之间的所有通话记录，我认为这些是他们通话记录的真实副本。我告诉私家侦探我会设法筹到这笔钱。

弗格森先生："你有没有告诉其他人发生的这些事情？"

我："我一回到家就将发生的事情告诉了吉尔，我知道布洛菲尔德先生的电话号码是伦敦的号码，所以我拨打了查号台询问，能否可以提供我布洛菲尔德先生位于伦敦的电话号码，一个 071 开头的号码，他们说那是未登记在电话簿里的电话。所以我知道我看到的材料是没有问题的，他给我看的文件是准确的。"

弗格森先生将他的下一个问题，转向了我向警察投诉局提出的申诉。"那么关于你向警察投诉局提出的申诉呢？"

我："嗯，一开始时简直是棒呆了。里德警探总警司去索普拱门监狱探望我，他向我询问所有不同事件的事发经过。第一件事情是，皇家检察官在法庭的开场陈述时，讲述我向一个来往一辈子的朋友奈杰尔·米德借了 5,000 英镑，我当时根本没有半毛钱，我借到了这 5,000 英镑，我不是把借来的钱用于购买净水器的合法商业交易上，而是把钱交给了汉森买毒品。"

法官道格拉斯·布朗先生："弗格森先生，我们需要这些证词吗？"

弗格森先生："是的。"

我："这些事情是矛盾的，法官大人，这很重要，因为这就是我的感受。这就是为什么在我的证词中我说他撒谎，我现在试图解释为什么我说他撒谎。"

弗格森先生："谁撒谎？"

我："里德警探总警司来索普拱门监狱见我时告诉我：'我们去见过威尔克斯，他承认（作伪证），我有证据表明这 5,000 英镑用于合法的商业交易。'"

弗格森先生："所以警探总警司告诉你，他已经和该警察谈过了，而那位警察所说的是错的，是吗？"

我："正是如此，我这里有警察投诉局的证词，我还指控这个人做伪证。"

弗格森先生："这个人是谁？"

我："如果你想要的话，威尔克斯和我可以当庭读出录音的誊本。他告诉我威尔克斯已经是默认了，他承认做了伪证。并且所有与艾莉森·凯有关的事情，特别是这件事情，他说如果在我的审判期间传唤凯作证，那么就会摧毁控方的案子。"

法官道格拉斯·布朗先生："你正在引导这位证人作证，你应当是让他讲述他的证据，而不是引导他作证。你必须围绕本陪审团关注的相关事项，而他们不关注警察投诉局的事宜。"

弗格森先生："法官大人，不是这样的，证人......"

法官道格拉斯·布朗先生："他在乎这件事情，但陪审团不关注此事。"

接下来弗格森先生告诉我，警察投诉局不会提供特定有助益的证词，并回到刚才所提到里德在索普拱门监狱见我时，告诉我的信息。

我："我录下那次我们在索普拱门谈话的内容，我对警方没有调查我的投诉感到非常生气，我不信任当权机构，我写信给警察投诉局 — 我已经快要说完这件事

的来由 — 询问里德警探总警司是否会证实他告诉我的事情，但他们回信说：'谢谢你于 1994 年 8 月 2 日的来信，我已与里德警探总警司谈论过此事，而里德先生否认发表过对证人艾莉森·凯的任何个人意见。' 我简直无法相信这个结果，完全令人难以置信。"

由于我没有钱也无法筹到款项，弗格森先生告诉陪审团，这就是为什么尼科尔先生建议，获得法官通话记录的唯一方法，是向上诉法院提出传唤证人的申请。然后，他带领陪审团了解当初戴安娜·埃利斯给我的进一步建议，当时罗素大法官驳回了我宣誓书中陈述的上诉理由，他的理由是我拒绝说出私家侦探的名字，或透露借我钱的朋友的名字。向陪审团充分解释大卫·罗斯的参与，且将《观察家报》上刊登的新闻报导副本递给陪审团。弗格森先生甚至提到，当我宣誓我的第二份宣誓书时，吉姆·尼科尔当时并不在场，因此种下了我最终更换律师的原因。他要求我解释当我宣誓该份宣誓书时的情况：

我："好吧，我来好好地解释这份宣誓书当时的情况，当时监狱准我出狱一天去办这件事情，而当我到达尼科尔先生的办公室时，他根本不在那里。他人不在那里，他在法庭上做另一件案子。所以他在电话里向他的秘书提供指示，而我和大卫·罗斯一起坐在办公室的接待处，由于所剩的时间不多了，因此他只好完成宣誓书，然后我们赶到另一位律师那里，我对我的宣誓书宣誓，我对宣誓书中的内容宣誓。"

弗格森先生："关于宣誓书这件事情，你当时有没有记下发生的事情或当天发生的事情？"

我："嗯，因为这一切十分重要，所以吉姆选择不在场的这个决定，让我很不高兴，因此我留了一张便条给他，他还将那张便条还给我。"

弗格森先生："所以 10 月 11 日时并未出庭，你知道 10 月 11 日那天将举行庭审吗"？

我："是的，我知道。"

弗格森先生："好的，你已经告诉我们你并未出庭，但你儿子有出庭，就是小保罗·布兰查德，他有告诉你开庭的情况吗？"

我："是的，我们无法拿到材料或者通话记录。"

弗格森先生："关于私家侦探所要求的 5,000 英镑，是否有对此做任何进一步的讨论？"

我："是的，有人建议大卫·罗斯是否可以向《观察家报》的编辑那里，申请 5,000 英镑来获取该材料。"

法官道格拉斯·布朗先生："谁建议的？"

我："我认为不是吉姆·尼科尔建议的，就是我们在会议上讨论过如何获得该材料，因为法院拒绝提供这些文件给我们。所以就像是在一个公开的会议上讨论一样，但我认为是吉姆·尼科尔对罗斯先生询问，他能否向他的报社申请这笔钱。"

弗格森先生："你自己跟《观察家报》谈过此事吗？"

我："是的，我和大卫·罗斯谈过。"

弗格森先生："你对他说了什么？"

我："嗯，大卫表态无论如何我们都必须得到通话记录，他向他的编辑谈了此事，而他们同意提供资助。他们同意提供这笔钱，以签约为名目以便购买与我案件有关的所有出版权利。我这里有一份合同副本。"

弗格森先生："请读出来，这是一份简短的文件，是吗？"

我："今日达成协议《观察家报》将立即支付 5,000 英镑的费用，由他的儿子小保罗·布兰查德代表和签署一份合同，获得保罗·布兰查德遭定罪、监禁和试图上诉经过的全球电影、电视和文学权利的第一选购权。这个选购权涵盖了他参与刑事司法体系的所有详情，从 1973 年直至所有诉讼程序的结果、调查或其他无法预料的事件。"

法官道格拉斯·布朗先生："日期是哪天？"

我："法官大人，是 1994 年 11 月 9 日。"

弗格森先生："你刚才说这笔钱，是以伪装在其他的名目下资助的？"

我："是的。"

弗格森先生："那是你刚才说的话，现在我希望准确地解释你刚才所说的，该合同的真正目的，是支付 5,000 英镑来获得这份通话记录，是吗？"

我："正是如此。"

弗格森先生随后出示了卫报媒体集团，支付给保罗·布兰查德的支票复印件，他说这张支票已存入小保罗的账户，小保罗提取了现金然后交给了奈杰尔·米德，米德又将现金交给了私家侦探。接下来弗格森先生解释，大卫·罗斯在《观察家报》的办公室，收到了一份法官布洛菲尔德先生和麦克唐纳法官的原始通话记录，他将这些记录转发给了尼科尔先生。他告诉陪审团，由于在 10 月 10 日当我签署第二份宣誓书时，尼科先生没有在场，所以我对我的法律团队失去了信心。因而在 1994 年 12 月 20 日，由罗素大法官主审的上诉庭审的初始阶段，我解雇了我的律师，所以必须推迟上诉庭审并设定新的庭审日期。

弗格森先生："罗素大法官有没有向你提出任何问题或询问你任何信息？或者你是否有做好任何打算？"

我："他问我是否愿意说出私家侦探的名字。"

弗格森先生："那么你对此的回应是什么？"

我："我不愿意。"

弗格森先生告诉陪审团我于 1995 年 1 月 6 日获得假释出狱，并任命了一个由马克·弗利和出庭律师蒂姆·欧文组成的新法律团队，由于上诉理由已经遭拒，他们在不提及三位法官的条件下接受了我的聘用。接着往下讲述 1995 年 7 月 13 日的这天晚上，即隔天上诉庭审的前一天晚上，我说我与马克·弗利和大卫·罗斯共进晚餐时，他们告诉我们，那天有一名英国电信的工程师，因代表《观察家报》试图获得该份材料而遭逮捕。

弗格森先生："罗斯先生告诉你那个遭起诉的罪名是什么？"

我："试图获取通话记录。"

弗格森先生："那么，罗斯先生有没有告诉你，如果他有这么做的话，这对他追查此事或不追查此事的态度造成什么影响？"

我："他给我一个肯定的、非常具体的建议。他和他的编辑谈过，他们自己找到了一家独立的私家侦探社，他们可以得到另一份真实通话记录的副本，这是 1995 年的事情。所以他们聘用这家侦探社并支付了 1,500 英镑，但他们不想自己直接参与此事，我也是如此……。"

弗格森先生："你说他们不想直接参与，你指的是谁？"

我："《观察家报》和大卫·罗斯，所以他们在斯旺西找到了一间私家侦探社，他们的想法是让我充当沟通的中间人。所以他向我提供了电话、姓名和电话号码、手机号码和地址。"

弗格森先生："在斯旺西是吗？"

我："在斯旺西。"

弗格森先生："你刚才说'他'提供了你这些设备，是谁提供的？"

我："大卫·罗斯。"

弗格森先生："你有没有记下名字或电话号码，你有带来吗？"

我："我有带当时用手写下的笔记，那是在 1995 年，我写下莱恩·雷戈耶 (Len Regal) 和西蒙·黑尔这两个名字。"

弗格森先生："是 R-E-G-A-L 这样拼吗？"

我："是的，还有西蒙·黑尔，H-A-L-E。"

弗格森先生："是谁提供这些名字给你的？"

我："大卫·罗斯。"

在将我的笔记交给法官和陪审团之前，弗格森先生解释说，我的这张纸上还有其他的名字和详细的信息，包括对方指定付款的托马斯·库克集团（Tomas Cook）的分行。其他的笔记包括两本书的参照代号 —— 一本南方的书和一本北方的书，实际上这两本书是指每组的通话记录。该本南方的书指的是布洛菲尔德的通话记录，北方的书指的是麦克唐纳的通话记录。并讲述我于1995年9月13日在塞文桥与西蒙·黑尔的会面情形，我出示了加油收据作为证据。我描述了西蒙·黑尔是如何交出通话记录的，他确认他已经将一份副本直接传真给大卫·罗斯，因为他即将要去度假。

弗格森先生："你有没有问过罗斯先生，他是否会来拿这些文件或类似的谈话吗？"

我："我打电话给助理编辑，询问我应该怎么处理这些材料，我说我会去伦敦，他回答'一大早'，诸如此类的字眼。我可以在一分钟内告诉你他确切说了什么，然后он说'将这些材料带去你在利兹的律师那里，直到大卫·罗斯度假回来为止，然后他可以和你一起去拿这些材料。"

弗格森先生："最后，刚才你说'待会告诉你们当时确切的对话，你要如何告诉我们这些呢'？"

我："是这样的，我当时人在家里，而且我对此相当猜疑，因此我决定记录每一次的对话，但不幸的是，当你有犯罪记录时，人们会理所当然的视你为骗子，这就像你总是处于防御的态势一样。所以我将自己与大卫·罗斯的每一次谈话都录音下来，这些录音均呼应了所有这些文件、私家侦探和会计部门的信息。"

弗格森先生："哪一位私家侦探？"

我："威尔士私家侦探、《卫报》的会计部门以及与我谈过第二份材料的每一个人，我有将录音带和录音誊本带来法庭。"

当我说话的时候，我看着陪审团，他们的脸上都带着惊讶的表情，霍威尔先生和他的下属也是如此。

弗格森先生："好的，若是法官大人允许，我们就说到这里。"

法官道格拉斯·布朗先生："当然可以。"

霍威尔先生："我可以在陪审团不在场的情况下提一件事吗？"

法官道格拉斯·布朗先生："可以，陪审团成员你们可以比我早点开始休息时间，两点钟回来开庭，好的，布兰查德先生你可以离开证人席了，请坐在任何座位上。"

（在陪审团缺席的情况下）

霍威尔先生说，很多这些材料对控方来说都是未知的，他们希望尽其所能对此进行调查，也希望检查这些文件材料。"我只是想让你注意到此事，而不是让你大吃一惊。"

法官道格拉斯·布朗先生："我明白你所说的，你说的其中一件事是你想检查他刚才在证人席上出示的文件档案。"

霍威尔先生："是的，我向弗格森先生提过这件事，他说这很可能需要向你争取，但也可能需要耗掉一些今天下午的时间。"

法官道格拉斯·布朗先生："好的，可以。"

弗格森先生："法官大人，恐怕我必须这么说，我的立场很简单，很显然证人提到的任何文件当然都可以接受检查，法官大人，但我恭敬的建议仅能到此为止而已，我学士渊博的法律朋友无权超越这一点。"

法官道格拉斯·布朗先生："我可以告诉你，霍威尔先生，我的第一个直觉的想法是，我同意弗格森先生的看法。"

霍威尔先生："谢谢您。"

法官道格拉斯·布朗先生："好的，下午2点再继续开庭。"

（中午休庭时间）

理查德·弗格森回到我在塞文桥与西蒙·黑尔会面的话题，问我如何处理我收到的文件。

我的外公威廉·图恩
在英格兰北约克郡塞尔比镇奥斯比村建造了大部分的房屋

1894年，17岁的年轻威廉

1927年，50岁的威廉

1933年，威廉和他的兄弟们

这条在奥斯比村的路是以我外公的名字命名

我的外婆和我的母亲、姐姐玛丽和舅舅弗雷德

这条在奥斯比村的路是以我外公的名字命名

我的母亲、姐姐玛丽和我的外甥女贝琳达

1936年,16岁的妈妈

1942年,22岁的妈妈

1944年,24岁的妈妈

妈妈和玛丽——一起当护士

妈妈、姐姐玛丽和我的外甥女贝琳达

与妈妈和贝琳达

妈妈于1955年在村庄美腿比赛中夺冠

我的姐姐玛丽

在玛丽的婚礼上

高级市政官威尔弗雷德·沃德
英国历史上最腐败的地方政客

沃德 — 强大的共济会大师

1978年10月6日,威尔弗雷德·沃德成为英格兰最有权势的地方政府人物。

他是约克市议员和北约克郡议员;他曾任约克市市长和治安官;他曾任北约克郡警察委员会主席和北约克郡教育委员会主席。他曾在不少于100个其他有影响力的委员会任职,包括内政大臣的警察事务咨询委员会。他是约克地方法院的主席,也是约克圣彼得学校的董事,该学校始建于公元627年,是世界上排名第三古老的学校。

沃德的终极力量在于他在共济会的地位,他是第33层次的共济会大师。最高荣誉只授予那些为兄弟会做出杰出贡献以及拥有专业和个人成就的人。

市长游行,担任约克郡治安官的威尔逊·普林也在其中

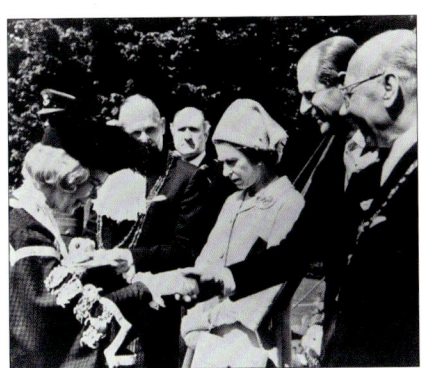

沃德与女王和菲利普亲王的合影

沃德担任约克市市长,威尔逊·普林担任约克郡治安官

沃德与女王的母亲

沃德与女王在约克的赛马场

毕生的朋友

Cheavours乐队的最后两名团员
亚历克斯 — 常驻我心

尼克·佩卡姆
永远的朋友

约翰·科茨
在我们能走路和说话之前就已经是朋友

一些我小时候的照片

四岁

12岁

六岁

和我的姐姐玛丽的合照

和我最好的朋友布奇的合照

继续向前迈进并回顾过去

我的笔译员 — 蔡千善

我是认真的

与被誉为"飓风"的世界冠军
亚历克斯·希金斯的合照

与莎拉·希尔的合照

和我的百万富翁客户格伦康
纳勋爵在圣卢西亚的合照

Cheavours乐队

西班牙与保罗·布兰查德
保罗的引渡审判

新闻报导

伦敦威斯敏斯特地方法院

伦敦皇家司法院

于2019年12月3日4日在威斯敏斯特地方法院举行的为期三天的庭审上,英国皇家检控署代表西班牙向高级法官谭·伊克拉姆说了一大堆谎言。六个月后,他下令引渡保罗到西班牙。保罗的法律团队提出上诉。

法官听到的谎言是,当英国法院向西班牙法院提出司法互助申请时,西班牙给予的回应,英国法院要求西班牙情报部门确认保罗与其情报人员的沟通。

于2008年6月20日(7年后于2015年8月3日收到)西班牙的**第一份答复中**,第二页指出:

   (3) "关于据说打给西班牙情报部门的电话,我们确认警察总部的情报部门中没有这些记录。"

   (4) "没有记录表明警察总部的情报部门曾,打过任何电话给布兰查德先生。"

在2015年8月3日(2016年11月2日收到)西班牙的**第二份回复中**,第二页指出:

   (3) "关于据称打给西班牙情报部门的电话,我们可以肯定,该情报部门没有这些通话的官方记录。"

   (4) "该情报部门没有官方记录显示有人打过电话给布兰查德先生。"

在法官面前呈上的证据

保罗的通话记录详细录下了他打给西班牙情报人员的70多通电话,其中他录下的40个通话记录在公开法庭上播放。

故事里的迷人女子

埃琳娜·唐图

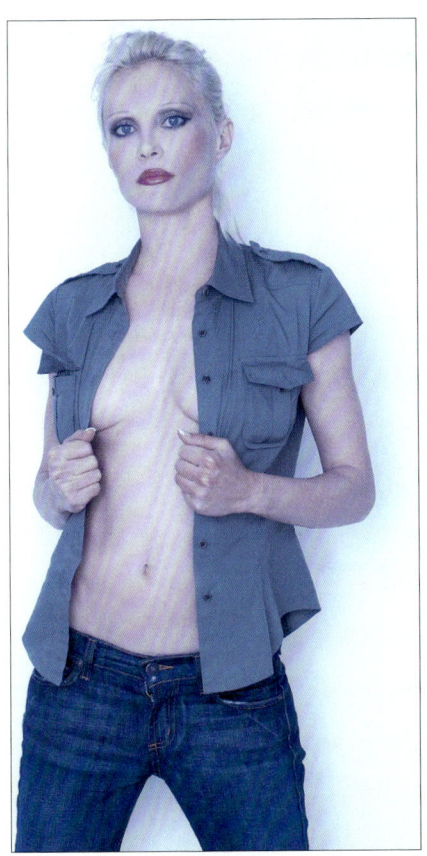

埃琳娜重返洛杉矶从事模特儿的生涯

我的西班牙律师维达尔代表我辩护宣誓

西班牙从未挑战保罗的"离岸资产"索赔

家族里的两个保罗

我的养父保罗舅舅　　　　1943年在埃及的保罗舅舅

我:"我打电话给《观察家报》的助理编辑罗塞利(Rosselli)先生,问他我是否应该把这些文件带到伦敦,他说'不要,我不想要接收这些文件,因为大卫·罗斯在度假。'我建议隔天早上 9 点将这些文件送到马克·弗利的办公室,于是我这么做。"

弗格森先生:"据你所知,后来怎么处理这份文件?"

我:"后来大卫·罗斯来到约克,然后我们一起去了利兹,到了马克·弗利的办公室后,他把通话记录交给了大卫·罗斯。"

弗格森先生:"当将文件交给他时,他有没有说些什么?"

我:"他打开文件材料,看着它们并露出笑容。"

弗格森先生:"他有没有说他已经拥有这些材料的副本?"

我:"没有,我们是直到后来才发现的。"

弗格森先生问我拿到第二份通话记录后有什么打算,我回答说我已经开始准备和收集所有信息,以申请第二次的上诉,但我却遭威尔斯侦缉警长逮捕。

弗格森先生:"你确实同意回答威尔斯侦缉警长和他的同事向你提出的问题,对吗?我们已经听取你是如何处理这些问题的,**并且在那次讯问的过程中,你告诉警方罗斯先生有涉入此事,对吗?**"

我:"正是如此。"

弗格森先生:"他去见你时,用保罗·赫普顿斯托尔(Paul Heptonstall)这个名字是吗?"

我:"是的。"

弗格森先生:"好的,现在,布兰查德先生,在本陪审团面前的起诉书中,你遭指控犯有两项伪证罪,其中一项源于你在 1994 年 7 月 12 日宣誓的宣誓书,而对你的指控是,当你提供有关各种电话联系的材料时,据称你知道这些细节是虚假的,或者你不相信它们是真实的。现在,你是否相信这些材料是真实的,你的立场是什么?"

我:"我相信材料是真实的,先生。"

弗格森先生:"那是你在 1994 年 7 月 12 日时的想法吗?"

我:"是的。"

弗格森先生:"那是你在 1994 年 10 月 10 日时的想法吗?"

我:"是的。"

霍威尔先生:"法官大人,显然有一个法律问题,我想在陪审团不在场的情况下讨论,我们也可以在陪审团不在场的情况下,讨论时间方面的这个议题。"

法官道格拉斯·布朗先生:"是的,陪审团成员,法律方面的问题是由我来处理而不是你们。因此能否请你们退去你们的休息室,我想不会花太多时间的。"

霍威尔先生的请求是,将他对我的交叉诘问推迟到隔天早上,并在当天下午花时间查看,我在证人席上出示的文件,但此请求遭弗格森先生反对。

法官道格拉斯·布朗先生:"如果一个比布兰查德先生更没有条理的证人,带着两个或三个装满文件的公文包进入证人席,并像布兰查德先生一直从他的公文包拿出文件一样,你会说他在证人席上已展示一切的事实,但这不赋予控方进行搜查文件的权利。"

弗格森先生:"当然不是,事实上公平地对布兰查德先生来说,警方没有搜查到任何文件,现在控方想搜查文件,是因为布兰查德先生在证人席上出示了副本。但是,法官大人,我的基本论点是,控方当然有权查看布兰查德先生出示的任何文件,我完全接受这一点。但法官大人,除此之外,我的提议是当证人在证人席上,从一堆文件中选择了一份文件的这个事实,并不代表他们陷入另一方查看其他文件的风险。"

法官道格拉斯·布朗先生:"你的意思是同意他可以查看文件是吗?"

弗格森先生:"不是的,法官大人。"

法官道格拉斯·布朗先生："请谅解我误会你的意思，你并未想要大方地让控方检查文件是吗？"

弗格森先生："对的。"

法官道格拉斯·布朗先生："霍威尔先生，你可以根据什么理由来查看不是作为证据的文件？"

霍威尔先生对于查看我在证人席上出示的所有文件，提供了强而有力的陈述。我担忧的是，他说如果他对我进行交叉诘问时，盘问我是否有与私家侦探谈话有关的文件，而我回答有，那他当然必须有权查看这些文件。

法官道格拉斯·布朗先生："当你到达那个阶段时，你可以，但若只是想查看他自己的私人文件，我认为你不能这么做。"

霍威尔先生："法官大人显然反对我的论点，但当然我们遵守您的裁决…………。"

法官道格拉斯·布朗先生："霍威尔先生，如果本案是民事诉讼，毫无疑问你可以这么做，他将必须披露这些文件，但本案是刑事诉讼案件，基于原则考量，我认为皇家检控署无权查阅这些文件。"

霍威尔先生："我会认为同样的原则适用于此。"

法官道格拉斯·布朗先生："为什么？你在哪里找到这个原则可以适用于此的？"

霍威尔先生："我们并未找到任何授权来支持我的论点。这是因为他的文件与这些特定事件有关，而不是与这次审判毫无关系的事件有关。他的文件是这些问题的核心，这就是为什么我们认为我们应该有权查阅这些文件。我不是在与您争论，您已经反对了我的提议。"

法官道格拉斯·布朗先生："在没有明确授权的情况下，我裁定你无权查看他的私人文件。"

陪审团被召回法庭，法官告知他们，隔天早上将进行交叉诘问，以便警方进行调查。因此，他们将在下午时退庭。"所以我们现在将休庭到明天早上10点。"

在陪审团退庭的情况下，法官说如果本案最后会做出判刑，他想现在提出一个要点。"我想知道延迟将本案提交到弓街（Bow Street）地方法院审判的原因，我完全明了此后的拖延和原因，但警方的逮捕是在1996年初进行的，并在1995年底之前一直在进行调查，此案于1999年11月提交审判。

霍威尔先生："我们会整理一份解释笔记说明原由。"

回到我们的酒店后，我们讨论了当天的整个过程，并一致认为法官的裁决（法庭命令）是百分之百公正的。我有为我的审判事先做了充分的准备，法官认可这一点并说我井井有条，并且在合理范围内可以通过支持的文件或录音带，来证实我的大部分证据。控方不知道我的辩护强度为何，并假设基于法官否认没有彼此通过电话，他们将会有一个开放和封闭的案件。法官不能也不会撒谎，这是控方的案件所依据的论点，但即便如此，在通话记录仍然可以在英国电信数据库中找到时，他们还是没有费心去获取他们的通话记录。法官已经两次表示，通话记录的真实性与否由陪审团决定。

法官拒绝控方查阅我的私人文件，他似乎对案件悬在我身上的时间表示同情，如果最后判我有罪并且法官进行量刑时，他显然会将这一点考虑进去。我晚上提早休息，好为我早上的交叉诘问做好准备。

2002年11月26日星期二

第六天

（由霍威尔先生进行交叉诘问）

法官道格拉斯·布朗先生："好的，请开始。"

霍威尔先生的第一道问题是，关于《观察家报》在整个调查过程中支付给我的金额，因此让我能收集到支持我案件的证据。

霍威尔先生："你是一个执着于保管文件的人，是吗？"
我："我对我的文件有时候是这样的，是的，我是，是的。"
霍威尔先生："你有一张汽车加油的收据是吗？"
我："是的。"
霍威尔先生："1994年10月，你从尼科尔先生的秘书那里，取回了一张你留给尼科尔先生的便条是吗？"
我："是的。"
霍威尔先生："而且你知道证据可以得到证实的好处，不是吗？"
我："是的，我知道。这就是为什么如果你听录音带，你会听到位于斯旺西的私家侦探承认收到了款项。因此，在电话交谈时，有提到1,500英镑的收据。"
霍威尔先生："那么你有那个录音带的誊本是吗？"
我："我这里有录音带和所有的誊本，我希望你能播放给陪审团听。"
霍威尔先生："你不会介意我看录音誊本对吗？"
我："绝对不会。"
霍威尔先生："这些是你和黑尔先生的谈话录音誊本是吗？"
我："如果可以的话，我会依序告诉你誊本上的名字，即大卫·罗斯、西蒙·黑尔、大卫·罗斯、大卫·罗斯、大卫·罗斯、大卫·罗斯、西蒙·海尔、大卫·罗斯、我的儿子小保罗、小保罗、大卫·罗斯、大卫·罗斯、大卫·罗斯。与《观察家报》的接待员的谈话，与《观察家报》的莎莉的谈话，与《观察家报》的会计部门的谈话，一位名叫理查德·霍尔特 (Richard Holt) 的绅士，他是我当时的缓刑官。有人打电话给《观察家报》会计部门的戴夫的谈话，以及西蒙·黑尔的录音在编号为1的录音带里。而编号为2的录音带里，有录下《观察家报》接待员的谈话，《观察家报》的助理编辑马克·罗塞利 (Mark Rosselli) 以及西蒙·黑尔的谈话。"
霍威尔先生："这正是我感兴趣的录音誊本。"
我："我试着讲解这些录音带里各自有录下谁的谈话。"
霍威尔先生："那么，我是否能得到可以帮助此案的录音带呢？"
我："当然可以。"（将录音带递给霍威尔先生）
霍威尔先生："布兰查德先生，你用录音带记录电话对话有多久了？"
我："大约从1970年开始。"
霍威尔先生："我们可以期待在这个法庭上看到大卫·罗斯出庭作证吗？"
我："当然可以。"
霍威尔先生："那么西蒙·黑尔也会出庭作证吗？"
我："我不知道。我们无法追踪到他，但你也许能够找到他，我们希望你可以。"
霍威尔先生："你的律师已经代表你提过，将传唤1978年在欺诈审判上代表你的律师是吗？"
我："莫蒂默先生提到的罗伯特·摩尔先生，实际上会来这里作证，是的，他会。"
霍威尔先生："那么其他人呢？"
我："还有苏珊·库珀。"
霍威尔先生："你告诉陪审团你被以欺诈交易罪名起诉，而你的不幸归咎于高级市政官沃德、威尔逊·普林和弗兰克·B·布里斯比有限公司是吗？"
我："你说的不幸是什么意思？"
霍威尔先生："他们欠你钱，但他们没有还，所以你资不抵债是吗？"
我："正是如此。"
霍威尔先生："那是你昨天提供的证词对吗？"
我："正确。"
霍威尔先生："在你的审判期间中，你指控伦敦警察局的警司弗利撒谎，指控他编造了一个虚构的讯问？"

我："正是如此。当时他们没有将我的讯问录音下来，所以警察可以任意说他们想说的话。"

霍威尔："你以同样的理由指控沃森警佐是吗？"

我："他和弗利警司一同在场。"

霍威尔先生："说谎是吗？"

我："是的。"

霍威尔先生说我指控其他人撒谎，然后发起了一场反对莫蒂默的运动，以及我已成为朱迪思·莫蒂默有限公司的债权人。

霍威尔先生："你购买了别人的债是吗？"

我："是的，尼科尔先生建议我购买朱迪思·莫蒂默有限公司欠下的债务，以试图获取公司记录，以便显示莫蒂默先生在七年内的不诚实行为，因为他犯下欺诈交易的罪行。"

霍威尔先生："当你成为朱迪思·莫蒂默的债权人后，你写信给香港总督，其中部分的内容是'我认为你让他继续审判他人是可耻的，我对莫蒂默能担任如此高的职位感到厌恶。"

我："正是如此。"

霍威尔先生："因为他犯了这样的罪行？"

我："是的。"

霍威尔先生："我相信在调查他的交易期间，你暂停他的职务是正确的，你在反对莫蒂默的运动中还做了些什么？"

法官道格拉斯·布朗先生："我可以看看那封信吗？"（递给法官）

霍威尔先生："你试图调查莫蒂默先生与共济会的关系是吗？"

我："是的，确实如此。"

霍威尔先生回顾了我在毒品审判前拥有的财产，我认识汉森有多长的时间，以及我在洗刷自己清白的运动中，如何获得儿子的帮助以洗清我的罪名。他提到我向警察投诉局提出的投诉，投诉中表示我有证据表明里德警司在撒谎。

霍威尔先生："谁录下了汉森先生的谈话？"

我："肯恩·威廉斯"

霍威尔先生："威廉斯先生愿意提供证词吗？"

我："我有他的宣誓书，我会把它交给你的。"

霍威尔先生："我暂时对宣誓书不感兴趣。"

弗格森先生："恕我直言，如果我的律师朋友问了这个问题也得到了答案，并且证人愿意出示宣誓书，那么我在此恭敬地提议，证人应该有权出示宣誓书。"

法官道格拉斯·布朗先生："是的，在重新盘问证人时可以这么做。"

弗格森先生："如法官大人所愿。"

霍威尔先生回顾了依时间先后顺序排列，导致最终向上诉法院申请上诉的全部事件，在庭审上我拒绝透露私家侦探的姓名。

霍威尔先生："为了隐瞒私家侦探的姓名，你愿意危及你的上诉，不是吗？"

我："这不是我在乎的，你误解了这个议题。"

霍威尔先生："我没有误解这个议题，布兰查德先生。上诉法院要求你提供那个人的姓名，但你拒绝提供，你给陪审团的答案是"我不能违背哈雷与我的保密约定。"

我："是的，若你想这么说的话。"

霍威尔先生："是什么让你改变心意？"

我："因为我因此被捕，所以现在我必须公开一切，我别无选择。"

霍威尔先生："你为什么不告诉警察呢？"

我："我为什么不告诉警察？因为我不相信警察。"

霍威尔先生试图营造出，我刻意一直等到2000年7月才披露哈雷的名字，并表示哈雷从未提供过任何通话记录。

霍威尔先生："那些文件是你创造出来的对吗？"

"绝对不是"我回答道。我继续解释即使法官否认打过电话，我仍然想继续以该理由申请上诉。我对我所看到的材料非常有信心，我仍然相信这些通话记录是真实的，我依然想继续以此理由申请上诉。上诉法院本应下令披露这些通话记录的，但却从未这么做，而这正是我认为将来会发生的事情，这就是为什么我想继续追溯下去。

"既然是如此严重的指控，他们为什么不批准传唤证人？"

这次他盘问了更多关于 5,000 英镑的议题，以及哈雷将通话记录直接传给《观察家报》的大卫·罗斯的一连串事项。一步步查阅我在宣誓书中详述的通话记录，然后霍威尔先生问"谁指示黑尔这么做？"我回答道"大卫·罗斯。"

霍威尔先生："你把这些通话记录交给了罗斯先生，是吗？"

我："我接收了这些文件，并将它们放在一个棕色信封里，然后将它们送到弗利先生的办公室，等大卫度假回来后，我们一起去了他的办公室，弗利先生把装在棕色信封里的材料交给了他。"

霍威尔先生："所以即使罗斯先生想要这些文件的独立来源，还是通过你交给他的？"

我："是的，但他已经先收到了这些材料的传真。"

霍威尔先生："你有把传真带来吗？"

我："是的，这是罗斯先生交给弗利先生的传真。"（递交）

霍威尔先生："你去塞文桥与黑尔先生见面是吗？"

我："塞文桥旁边的服务区。"

霍威尔先生："你在同一个服务区里的加油站加油吗？"

我："我想价格是十英镑。"

霍威尔先生："再次这是你对保留文件的执着程度，布兰查德先生，使得你不仅在你与他见面的加油站里加油，而且你还拿一张收据，地点是在塞文河景的帕里恩服务区，时间是 1995 年 9 月 13 日，你保留了那张收据是吗？"

我："是的。"

霍威尔先生："基本上我们都知道这些文件的差异，但与哈雷先生提供给你的那些文件，基本上相同是吗？"

我："是的。"

然而，霍威尔先生对我的更多探究，是对我的人格进行无情的攻击，可以说是他全力以赴地对我进行了猛烈的攻击。一步一步地回顾了 5,000 英镑，最终是以什么方式交给哈雷先生，甚至问我是否有录下我与他见面的谈话，我说我没有，这使得霍威尔先生问"为什么没有"。我回答道"因为这是面对面的，而不是通过电话"。在被这位经验丰富的出庭律师盘问完后，感觉似乎像是过了一世纪一样，最后他终于坐了下来，让弗格森先生有机会，就我证据的某些议题重新盘问我。

（由弗格森先生进行重新盘问）

弗格森先生："刚才问你是否有任何与黑尔先生的谈话录音誊本或录音带，你是否有任何与黑尔先生谈话的录音誊本或任何录音带？"

我："是的，我有而且我已经交给了他们。"

弗格森先生："控方已经拿到了这些材料，但如果可能的话，也许我们可以请他们交给我们(递交材料)，关于我们所关注的黑尔先生，这些录音带上录有什么内容？"

我："对话内容是关于我问他如果他拿到了文件，他是什么时候拿到的，他一直在和大卫·罗斯讨论关于金钱方面和《观察家报》会计部门的一些事情，然后我安排去见他。"

弗格森先生："你能否指出这些对话在录音带的什么位置，我不想播放一大堆对陪审团没有实质性帮助的部分，你能否指出这些对话在录音带上的什么位置？"

我："好的，弗格森先生，这些对话从头至尾都出现在录音带上。"

法官道格拉斯·布朗先生："弗格森先生，控方并没有质疑那些录音带上的誊本。"

弗格森先生："没有，法官大人。"
法官道格拉斯·布朗先生："我们必须听录音吗，或者你能读出誊本的部分内容吗？并没有对誊本有任何的挑战。"
弗格森先生："控方挑战布兰查德先生说'在此点上，你是一个非常聪明的人，你肯定有记录下与黑尔先生谈话的誊本或录音带。'他回答说他有，这些谈话都包含在这些誊本中。我不确定控方是否接受布兰查德先生确实曾与黑尔先生交谈过。"
法官道格拉斯·布朗先生："我没有听到该誊本受到挑战。"
霍威尔先生："我没有质疑布兰查德先生一直与黑尔先生交流。"
弗格森先生："也许请你指出你与黑尔先生谈论文件材料的对话在哪个部分。"
我："所有的谈话都是关于材料的，安排去拿这些文件材料。"
弗格森先生："文件材料，我们在谈论什么样的文件？"
我："通话记录。"
弗格森先生："你是在告诉法官大人和陪审团成员，如果他们聆听或希望聆听这些录音带，这些录音带会显示出，你与黑尔先生谈论获取通话记录的情况是吗？"
我："是的，没错，我希望他们聆听这些录音带。"
弗格森先生："嗯，这完全取决于法官大人的决定。"
法官道格拉斯·布朗先生："嗯，如果有挑战誊本的准确性，那么你当然要听录音，但我不知道是否有这个必要。因为关于他与黑尔先生见面并打交道的这个事实没有受到任何挑战，除非涉及案件中的议题，否则没有理由将法庭的时间花在听录音上。"
弗格森先生："我想向霍威尔先生清楚地表明，对我来说这件事是毋庸置疑的。"
法官道格拉斯·布朗先生："你听到刚才说的话了。"
霍威尔先生："我们显然没有时间对照录音带对誊本进行检查，但我们将会安排在一夜之内完成这件事情。如果弗格森先生想把誊本呈上法庭，我不反对。"
弗格森先生："我满意这样的安排，法官大人，如果能将誊本呈上法庭，那么就可以提供录音带，我这位学识渊博的朋友可以将录音带与誊本进行比对。那么为了法庭的记录，你能否指出黑尔先生的录音誊本是哪个？"
我："它们全都是录下西蒙·黑尔或我谈话的录音带。"
弗格森先生："这位黑尔先生，自从你在塞文桥附近见过黑尔先生后，你还有再见过他吗？"
我："我有再见过他吗？"
弗格森先生："是的。"
我："我刚刚看到他和威尔斯督察员在法庭外的一个小会议室里，如果那位就是这位先生的话，他长得和他十分相似。我不是说就是他，但他看起来很像是黑尔先生。"
弗格森先生："我懂你的意思。你说的那个和黑尔先生长得很像的人，有本案的警察陪同，你说的是这个意思吗？"
我："我相信是的，是的，已经很久了，我已经七年没见过他了，他掉了很多头发。"
我告诉法庭，卷入这些案件会影响你的生活和业务。任何人会觉得羞愧，因为这些事使我觉得羞愧。无论我到哪里，我身上都背着犯罪记录，我会为一切感到羞耻，我的妻子、我的孩子，所有的一切。我说这会让任何人痛苦，我很痛苦。
弗格森先生："你还提到了与威廉斯先生之间的谈话录音，据我所知他是一名你的狱友，而理查德·汉森是在你的审判中，为减刑而向法院提供对你不利的证据，或出庭作证不利于你的那位绅士是吗？"
我："是的。"
弗格森先生："你有带来那个录音带吗？"

我："我没有将那个录音带带过来，但我明天可以带过来，我有带来录音誊本和他的宣誓书。"

弗格森先生："你现在有那次谈话的誊本是吗？"

我："是的，我有带过来。"

弗格森先生："那么再次，你是否愿意让你的律师，将原始录音带提供给皇家检控署，以便他们可以将录音带和誊本进行比对呢？"

我："当然可以。"

弗格森先生："法官大人，我要求不在庭上宣读这份誊本，但陪审团可以有一份副本，并且应该将其列为证物。"

法官道格拉斯·布朗先生："是的，当然可以。"

弗格森先生："哪一份是宣誓书，请注明。"

我："这是录音带上的肯恩·威廉斯绅士，于1997年8月18日做出的宣誓书。"

弗格森先生："由肯恩·威廉斯宣誓的对吗？"

我："是的，先生。"

弗格森先生："好的，也许如果我们可以纳入此份录音誊本，将它列为证物，我是否可以把只有三页的宣誓书当庭念出来，如此一来我们就有了誊本的摘要，希望这样的方式比听录音要节省更多时间，这是由失业的肯尼斯·威廉斯（译者注：肯恩是肯尼斯的昵称）所宣誓的宣誓书，他在宣誓书中说道：

"我，肯尼斯·威廉斯，失业者，地址为克利夫兰(Cleveland)郡索钠比(Thornaby)镇麦田路(Cornfield Road) 2号，邮递区号是TS17 6LP 宣誓如下：

1: 1993年11月我是达勒姆皇家监狱A翼区的囚犯，我在那里认识了一个名叫理查德·汉森的囚犯。他是一名狱友，不过他在"第43条规则"的保护下，这意味着应他自己的要求，将他与其他囚犯隔离开来。当时我是监狱的首席清洁工，这是一个值得信赖的职位，这意味着我经常与被隔离的囚犯接触。"

2: 汉森和我经常聊天，在这些谈话的过程中，我自然而然地问到他是如何入狱的，特别是为什么他是"第43条规则"保护下的囚犯。他告诉我，他刚刚完成了六年的刑期，他已无法再继续忍受坐牢了。他告诉我他会做"任何事情"以避免被判入狱。在与他谈话的过程中，他会谈论他的情况，并提到他已经陷害了他的一个朋友，此时他并没有说出他陷害的朋友是谁，但我知道他是个商人。他非常轻率地谈论陷害他的朋友，尽管当时我认为他只是在虚张声势而已。"

3: "我问他为什么'受到保护'，他告诉我这是计划的一部分 — 当他的案子在法庭上呈现时会相当有利。他说自己完全没有危险，但用了类似"他最终会得到回报"的话语。他补充说因为他遭"定罪"，因此他的女友不再来监狱探视他。"

4: "起初我只是对这个案子产生了一丁点兴趣而已，但当我阅读该审判的每日新闻报道，并读到汉森在庭上声称他的生命有危险时，我就产生了浓厚的兴趣，因为我知道他这么做只是计划的一部分而已。审判结束后，我认识了一位叫保罗·布兰查德的人，他刚刚被定罪并来到'A'翼，这里是关已定罪的囚犯。我意识到这正是汉森陷害的商人。他告诉我该案件的始末，因此这两件事在我脑海中拼凑在一起。我意识到汉森所做的事情的严重性，当我和布兰查德详细谈这个案子时，我告诉他我和汉森的谈话。"

5: 在与布兰查德交谈后，我特别记得与理查德·汉森进行了两次交谈。这两次交谈都发生在汉森被转移到一所开放式监狱的前一天。我和他的第一次谈话，是在我想谈话的情况下发生的，在谈论其他话题时，我们谈到了这个案子。汉森的态度是他"赢了"，他的计划得到了回报，他对自己感到很满意。他告诉我在他们上法庭之前,这一切都已是"安排好的",并笑着说他知道他的出庭律师知道,他告诉律师的事情与事实相去甚远,他还惊讶地笑着法官居然相信他的故事版本。但对必须在监狱里多待一点时间感到难过,他似乎以为他的刑期会是等同于他已经还押候审的时间。"

6:"当我们讨论此案时,他总结了自己的立场,并说警察愿意让他保释。如果他没有按照计划这么说的话,他的刑期将会是十年的徒刑。我同意他的看法,并对他说他做得很好,他的计划也得到了回报。他承认在法庭上撒谎,并告诉我他的故事版本部分是真实的而某部分不是,他引用了"百分之九十九的实话,但百分之一的谎言"这句话。他必须吻合一位线人的说法,她是一名警察的遗孀并受到警方的保护,他必须符合她的故事版本。他说他试图欺骗她,他还告诉我,他出狱后计划与警方合作,并再次嘲笑法庭相信他的说法。他的照片已在监狱中流传,他是一名"通缉犯"。

7:后来我再次去接近汉森,问他这个案子的事情,我们像往常一样谈论着,但我就这个案子问了他几个让我困惑的问题。他之前曾告诉我,他的部分故事是真实的,但某部分是谎言。我问他哪部分是谎言,他的回答很直白即"布兰查德的部分。"我问他"欺骗"警察遗孀是什么意思,他只是说"为了很多的钱"。我开玩笑地问他还有没有良心,但他没有回答布兰查德所关心的问题。他说了一些像是事情还没有结束的话,或是他会继续对布兰查德怀恨在心的话,但很显然的是,汉森会继续使布兰查德受到委屈。"

在结束时,弗格森先生说:"好的,谢谢。这就是我想在庭上念出的部分,法官大人,谢谢您。布兰查德先生,你可以回座了。"

* * * * *

传唤罗伯特·摩尔先生到证人席上作证。
弗格森先生:"摩尔先生,你的职业是什么?"
摩尔先生:"律师。"
弗格森先生:"你是位于利兹南帕瑞街 (South Parade) 7号,巴林顿·布莱克律师事务所的正式合伙人吗?"
摩尔先生:"正是如此。"

摩尔先生证实他曾代表出席于1978年在约克的审判,他确认了他给与出庭律师的指示,并证实莫蒂默先生曾代表我出庭辩护。他证实苏珊·库珀女士和他俩人负责该案件的日常管理,他记得普林这个名字。

弗格森先生:"最后,你是否记得布兰查德先生,是否有任何他希望提交给出庭律师的文件?"
摩尔先生:"我想我在给予出庭律师指示时提到了这一点,但我的回答必须依赖你所拥有的关于这方面的文件。我知道布兰查德先生想请出庭律师注意这些事情。"
弗格森先生:"好的,请留在证人席上。"

(由霍威尔先生进行交叉诘问)

霍威尔先生的盘问与弗格森先生的盘问一样短,因为摩尔先生的证据没有受到质疑,但是,摩尔先生确实说莫蒂默先生不是他通常会指示的大律师,因为"每个人有自己喜爱的出庭律师。"

霍威尔先生:"好的,好吧,我确信弗格森先生希望出示任何此类文件,而他将会这么做,这就是我所要求的,谢谢你。"

(由弗格森先生进行重新盘问)

摩尔先生被要求指出一封 RC 摩尔豪斯 (RC Moorehouse),于1978年2月22日写给巴林顿·布莱克律师事务所的信,信中有他所指的相关事项。这封信提到了我给清算人的声明中缺失的两页。他确认了这封信,并且将这封信列为证物。

传唤苏珊·库珀女士作证:

弗格森先生："请说出妳的全名。"
苏珊·库珀："苏珊·玛丽·库珀。"

苏珊证实她曾在利兹的巴林顿·布莱克律师事务所担任律师助理，并与高级出庭律师巴里·莫蒂默（御用大律师）开会，并在审判期间出庭。弗格森先生随后提出了一个重要但难以回答的问题：

"现在，我想请妳告诉我，我明白这件事情已经是很久以前了，但妳是否记得布兰查德先生在那些会议上，特别提到的任何名字？"

苏珊·库珀："是的，有一位叫做高级市政官沃德和另一位叫做威尔逊·普林的人。"

（由霍威尔先生进行交叉诘问）

与摩尔先生接受盘问的时间一样，霍威尔先生对苏珊库珀的盘问时间很短，因为她的证据没有受到质疑。

霍威尔先生："谢谢妳。"
弗格森先生："非常感谢库珀女士，我猜想法官大人没有问题想问是吗？"
法官道格拉斯·布朗先生："没有，谢谢你。"

＊＊＊＊＊

传唤大卫·罗斯先生作证：

弗格森先生："罗斯先生，请问你的全名是？"
大卫·罗斯："大卫·雅各布·爱德华·罗斯 (David Jacob Edward Rose)。"
弗格森先生："从牛津墨尔文学校 (Movern College) 毕业后，你成为了一名记者是吗？"
大卫·罗斯："是的。"
弗格森先生："首先是为《闲暇 (Time Out)》杂志工作，然后在 1984 年至 1990 年间成为《卫报》的记者是吗？"
大卫·罗斯："是的。"
弗格森先生："除此之外，在你的职业生涯中，你还曾在英国广播公司 (BBC) 担任过记者对吗？"
大卫·罗斯："是的。"
弗格森先生："在你的职业生涯中，你是否调查过一些备受瞩目的误判案件？"
大卫·罗斯："是的。"
弗格森先生："你是否出版过有关此类案件的书籍？"
大卫·罗斯："是的。"
弗格森先生："在 1996 年，你被出庭律师协会授予奖项，这是出庭律师团体的年度法律记者奖？"
大卫·罗斯："是的。"
弗格森先生："我想起最近你成为智库 (Think Tank) 的成员并向政府汇报，这次是与民事司法体系有关对吗？"
大卫·罗斯："不是的，刑事司法体系。"

弗格森先生详细讲述了，大卫自 1993 年以来是如何参与我案件的缘由，他如何去索普拱门监狱探望我，当他探视我时，我让他熟悉了我的案件和所涉及的人物。他同意我递给他一些与我的毒品案有关的文件，同时递给他一张麦克唐纳的通话记录打印件，其中详细说明了他打电话给在香港的莫蒂默。

弗格森先生："现在，由于你和布兰查德先生之间发生的事情，你是否写了一篇文章并将其刊登在 1993 年 11 月 7 日的《观察家报》上，这是与他的毒品审判有关是吗？"
大卫·罗斯："是的，那篇文章是与那次审判中警察所做的行为有关。"
弗格森先生："在那篇文章的内容上，你讲述布兰查德先生的审判，和威尔克斯警探在审判中的所作所为是吗？"

大卫·罗斯："是的。"

弗格森先生："现在，文章中所引用的材料，罗斯先生，是不是来自你向任何与布兰查德先生无关的人士调查访问，以及研究那次审判的背景信息？"

大卫·罗斯："是的，我做了很多调查访问。"

弗格森先生："有没有人代表警察或威尔克斯警探或文章中提到的任何人，对你所写的内容提出异议？"

大卫·罗斯："没有。"

大卫·罗斯告诉陪审团，他于1994年再次去监狱探视我，他说我的刑期已经到了可以获准休探亲假的时间点。我告诉他，我在一家酒吧停车场与一名私家侦探见面，并看到了一份来自英国电信电脑的打印件，其中披露了三位法官在我的毒品审判期间的重要日期，以及布洛菲尔德拒绝我上诉的那一天，彼此互通电话的通话记录。

弗格森先生："现在我们知道，罗斯先生，你在7月24日和8月14日写了另一篇的文章，这次是关于三名法官之间涉嫌的关联，你是否记得你或《观察家报》，是否采取了任何措施，看你们是否可以验证通话记录的真实性，例如这些材料是否可获得？"

大卫·罗斯："不是在当时的那个阶段验证。"

弗格森先生："但我想听取的证供是，他在监狱里给你看的材料究竟是什么？显然他当时没有这些文件材料，根据你的证据以及根据他的证据，私家侦探已经向他出示了这些文件材料，但他究竟向你出示了什么材料？"

大卫·罗斯："笔记，他做的笔记。"

弗格森先生："他的什么笔记？"

大卫·罗斯："关于他看过的文件。"

弗格森先生："你当时的结论是什么？在看过他的笔记后。"

大卫·罗斯："嗯，首先在我看来，警察在他的毒品案中行为不当，文章指控调查案件的警察做伪证，他们没有因为在他毒品案的报道中被公开姓名并被指控做伪证，而向报社提出投诉，我认为这是重要的背景信息。如果确实法官们彼此互通电话，而倘若这份文件确实存在并且是一份真实的打印件，那么在我看来，这当然可能是另外一个不公平因素，并可能会影响他的毒品审判。在我看来，就警方在这起案件中的作为而言，他可能已经是误判的受害者。我的观点是，法官涉嫌的行为有可能是造成误判的进一步因素。除此之外，依我的看法而言，拒绝要求英国电信查看他们的电脑，并查阅法官们是否真的打过这些电话，这似乎是在压制真相。"

法官道格拉斯·布朗先生："我刚才没听懂你说的，谁拒绝这么做？"

大卫·罗斯："上诉法院拒绝命令英国电信提供当时仍然可获得的通话记录，我相信当时还正在进行调查，以确定这些通话记录是否真的存在，这些通话记录当时还存储在电脑里，但上诉法院拒绝要求英国电信提供这些记录。因此，在我看来，真相有可能是一件非常严重的事情，但却永远不会水落石出。"

弗格森先生："好的，现在，你有没有和任何人，不仅只是布兰查德先生还有《观察家报》的任何人讨论过你的恐惧，以及什么可以或不可以做，以便帮助布兰查德先生？"

大卫·罗斯："是的，我们对此案进行了广泛的讨论，关于通话记录的议题以及布兰查德先生的上诉所面临的危机。"

弗格森先生："《观察家报》有资助任何款项吗？"

大卫·罗斯："是的，在讨论过后，我们决定与布兰查德先生签订一份合同，他将获得5,000英镑作为购买他故事版权的选购费，不仅是在报纸上刊登他的故事而已，而且是任何可能出刊的未来书本或上映的电影。在当时《观察家报》拥有一家为电视制作纪录片的电影公司，该电影公司名为观察家电影 (Observer Films)，而《观察家报》及其母公司、《卫报》也与一家名为房地产书籍 (Estate

Books)的图书出版公司密切相关。所以看起来，如果事实上这些通话记录是真实的，布兰查德先生的指控最终将得到证实，他的故事可能会拍成电影和出书以及上报。"

大卫·罗斯承认，尽管 5,000 英镑用于购买我的故事版权，但《观察家报》知道我会用这笔钱购买通话记录。他还表示该报已采取措施对这些记录进行验证，并聘请了一位名叫大卫·巴克森代尔 (David Baxendale) 的文件分析专家，他认为这些文件看来似乎是真实的。

弗格森先生："钱已经付了还是安排在 1994 年 11 月支付款项？"

大卫·罗斯："在那之后的一段时间，我相信在 1995 年，我们，我是说我收到了一份匿名包裹，里面装的是这些通话记录的副本。"

弗格森先生："罗斯先生，你能否提供更多的细节给我们，请你尽可能回忆一下这些文件是如何送到你手上的，它们是装在什么东西里面，有什么封面吗？"

大卫·罗斯："没有封面说明，它们是装在一个牛皮纸袋的信封里。我不记得邮戳上面的信息是什么，没有任何迹象表明是谁寄的。"

当要求大卫·罗斯解释这些通话记录包含哪些细节时，他回答这些记录显示麦克唐纳在我的毒品审判期间，曾在多个十分重要的日期上打电话给莫蒂默，其中一通电话的日期，是他裁决理德·汉森的证词，是否可作为证据使用的那天打的。并且当陪审团退庭考虑他们的裁决时，他也在那天打了另一通电话，而在我被判刑的那天，他又打了一通电话给莫蒂默。当问他是否用自己的名字去监狱探视我时，他说他用了一个假名，因为当时以记者的身份去探望囚犯是一件困难的事情，如果他用真名，他很有可能会遭拒探监，那么他将无法调查我的经历。

弗格森先生："你有没有在监狱以外的任何其他地方见过布兰查德先生，例如在他的律师办公室里？"

大卫·罗斯："是的，我记得有一天他来伦敦见尼科尔先生，我们一起去了尼科尔先生的办公室，事实上，这对布兰查德先生来说是一次非常令人沮丧的行程，因为当我们到达那里时，尼科尔先生不在，我们在办公室里等待，而他非常焦虑不安，因为他必须在某个特定时间之前回到监狱。他对着宣誓书宣誓，然后他必须去另一个办公室对另一份宣誓书宣誓，最后我开车送他回到伦敦国王十字车站，这样他就可以坐火车回到索普拱门监狱。"

弗格森先生："所以你是见过他的，你曾多次在监狱里见过他，你也在他的律师办公室见过他，你是否亲自出席过任何上诉法庭的庭审？"

大卫·罗斯："是的，我有。"

弗格森先生："是否有就《观察家报》提供任何资金，以便他们可以获得这些通话记录的副本，进行过任何讨论或提议？"

大卫·罗斯："法官大人，我在今天作证之前已经得到了建议，我被告知我有权要求法院行使授予我免于自证其罪的特权，我现在要求行使该特权。"

弗格森先生："嗯，这是否意味着，我不是，我的意思是法官大人将对此做出裁决，我想知道你所问的是什么问题，罗斯先生。我想问你的是，《观察家报》是否有做任何动作，或建议应该由《观察家报》或代表《观察家报》获取该通话记录副本，你问的问题是否与这件事有关？"

大卫·罗斯："是的。"

法官道格拉斯·布朗先生："是否有该文件材料的其他副本？"

大卫·罗斯："没错，有的。"

法官道格拉斯·布朗先生："有一件事，我想听听控方律师的说法，但我必须考虑的一件事是，你现在是否有被起诉的可能性。"

弗格森先生："是有这个问题要考量。"

法官道格拉斯·布朗先生："嗯，霍威尔先生无论如何均无法给出任何保证，但在经过这么长的盘问时间之后，在我看来，不太可能有任何人遭控方起诉，也许我们最好在陪审团不在场的情况下讨论这件事。陪审团成员,麻烦请你们退庭回到你们的休息室。"

(陪审团离开法庭)

法官道格拉斯·布朗先生:"在陪审团不在场的情况下,也许我可以找出其背后的原因。你认为如果你被问到以任何方式参与从英国电信获取通话记录的问题时,你可能会犯下刑事罪行,是这个意思吗?"

大卫·罗斯:"是的,法官大人。"

法官道格拉斯·布朗先生:"好的,我想严格来说你可能是对的,你有什么意见要表达吗?"

霍威尔先生:"法官大人,我完全同意您在陪审团面前所观察到的因素。这是不言而喻的,虽然我没有权力或权威,但显然站在正义的利益考量上,是必须要求提供这个证据。然而由于此事件发生的时间点已相当悠久,因此没有人能想象,现在控方会起诉这名证人或当时参与这方面的任何其他人。因此,我们想请求您采取步骤以确保证人提供证据。"

法官道格拉斯·布朗先生:"好的,弗格森先生,我想你支持皇家检控署的观点,你希望这位证人继续作证是吗?"

弗格森先生:"正是如此。"

法官道格拉斯·布朗先生:"嗯,从理论上来说,证人可能是在自证其罪,但事实上我必须考虑他是否极有可能因此被起诉,而我的判断是没有这个可能,因此你必须回答这些问题。"

大卫·罗斯:"好的,法官大人。"

法官道格拉斯·布朗先生:"请邀请陪审团回到庭上。"

(邀请陪审团回到法庭上)

法官道格拉斯·布朗先生:"弗格森先生,陪审团应该知道,我的裁决是证人必须回答这些问题。"

弗格森先生:"遵循法官大人所愿。罗斯先生,我想问你的是,是否由你或《观察家报》的任何人或代表《观察家报》的任何人,做出任何以便他们是否可以或你是否可以,获得一份我称之为有争议的通话记录的决定?"

大卫·罗斯:"我的一位同事,已在《观察家报》上广泛报道过,我的一位同事告诉我,他认识一个人,一位私家侦探能够获得此类信息,并且有办法获得电话号码的通话记录打印件。但是我不记得是我自己还是我的同事,但我想最初可能是我的同事,后来是我联系了这个人,我们要求他去调查是否可以从法官布洛菲尔德先生和麦克唐纳法官的通话记录上,获取相关期间内的通话记录。"

弗格森先生:"你能否帮我们了解此事,他人在哪里以及他的地理位置。"

大卫·罗斯:"除了他的名字,我个人对他一无所知。"

大卫·罗斯:"他叫什么名字?"

大卫·罗斯:"我不记得了,但我记得他位于南威尔士。我有一种奇怪的感觉,他的名字可能叫莱恩,但我无法完全的肯定就是他。不过他肯定位于威尔士,因为他有威尔士的口音。我从未见过他,但我和他在电话中交谈过。"

弗格森先生:"有没有要求这位莱恩或无论这个在威尔士的人叫什么名字,去获取或查看他是否可以获得通话记录的副本?"

大卫·罗斯:"没错,是的。"

弗格森先生:"那么关于支付这项服务的钱呢?"

大卫·罗斯:"我不记得支付了多少钱。我似乎记得我们进行了一项相当周密的安排,基于现在和当时我都不记得的原因,报纸的管理层决定,最好是布兰查德先生亲自把钱交给私家侦探。我认为在询问那位私家侦探是否可以提供该信息之后,过了相当长的时间后他才表示他可以提供。当他获得文件的时候,我当时正在度假,但已经安排布兰查德先生支付他款项,我认为双方同意的安排,是私家侦探会传真第二份通话记录副本给我或传真给《观察家报》，而布兰查德先生去威尔士，从他那里获得一份副本。"

弗格森先生："你有没有直接从私家侦探那里收到任何文件？"

大卫·罗斯："是的，我收到了传真。"

弗格森先生："我指的是按时间顺序排列，当你看到第二份通话记录时，你的反应是什么？"

大卫·罗斯："嗯，我觉得它们证实了第一份通话记录的内容，我觉得它们表明确实有打过这些电话，而且这些记录一定是真实的，因为它们来自与布兰查德先生毫无关联的来源。"

弗格森先生："这些报纸上刊登的新闻文章，你知道的，描述了三位法官之间涉嫌的关联性，你是否记得在刊登这些文章之前，是否经过任何代表《观察家报》律师的查阅？"

大卫·罗斯："经过很小心谨慎的查阅。由于这篇文章在这方面可能会引起争议，因此肯定会非常仔细谨慎地审查材料来源。"

弗格森先生："是否为了确保不会因刊登该文章而被以诽谤罪提告，才会对其记录进行周密的查阅？"

大卫·罗斯："正是如此。"

弗格森先生："现在，罗斯先生，你肯定看到了传真到《观察家报》办公室里的传真文件，你是否在任何时间点看到过第一份通话记录的副本？"

大卫·罗斯："在那时几个月前收到的那份，是的。"

弗格森先生："你看过两份的通话记录是吗？"

大卫·罗斯："正是如此。"

弗格森先生："就你而言，你能说一下你如何看待这些文件的真实性与否吗？"

大卫·罗斯："我相信他们是真实的。"

弗格森先生："谢谢你，请留在座位上。"

霍威尔先生："法官大人，在非常有限的时间内，我需要了解调查的进展情况，还有才刚提交上来一些作为证物的文件，在我交叉诘问这位证人之前，我们需要先查看一下这些文件。我能否要求明天早上再开始吗？"

法官道格拉斯·布朗先生："可以，罗斯先生，你明天早上能出庭吗？"

大卫·罗斯："可以，法官大人。"

法官道格拉斯·布朗先生："好的，10 点开庭。"

至少可以说这是一个多么变故多事的一天，弗格森先生成功地向陪审团成员，展示了肯恩·威廉斯使汉森坦白承认陷害我的所有谈话录音誊本。他还展示了经由肯恩宣誓的宣誓书，原始录音带证实了该宣誓书的真实性，如果需要的话可以当庭播放录音带，但皇家检控署没有做此要求。令人惊讶的是，他们没有对证据提出质疑，也没有要求传唤肯恩·威廉斯作证。摩尔先生和苏珊·库珀证实了我的证词是真实的，而大卫·罗斯自始至终表现出色且口齿伶俐。明天早上将轮到大卫在证人席上接受交叉诘问，我对此相当期待。

2002 年 11 月 27 日星期三

第七天

（由霍威尔先生对大卫·罗斯进行交叉诘问）

法官道格拉斯·布朗先生："请霍威尔先生开始。"

霍威尔先生："罗斯先生，显然我稍后会向你提问通话记录的事情，首先你是否还记得你第一次看到该份文件是在什么情况下吗？"

大卫·罗斯："是传真。"

关于大卫·罗斯是如何以及何时收到文件的，《观察家报》的传真机是什么型号，他家里有没有传真机，以及是否有一张包含发件人信息的封面，进行了长时间的讨论。

大卫·罗斯："嗯，我只能说，我记得我当时正在度假，而这份传真确实，正如我预期的那样，传到了《观察家报》的办公室，是有一张封面，但我真的不能确定上面写些什么。"

霍威尔先生："1994年和1995年即我们关注的这两年，你是《观察家报》的内政记者，但在法庭上被描述为调查记者是吗？"

大卫·罗斯："是的。"

霍威尔先生："这有可能会是一个耸人听闻的故事，不是吗？"

大卫·罗斯："这可能是一个非常重要的故事。"

霍威尔先生："你本可以毁损三位法官的名誉以及动摇权威机构，并可能送三位法官进监狱，难道不是吗？"

大卫·罗斯："我不是这么看待这件事的。"

霍威尔先生："我相信你没有这么想，但结果可能是如此不是吗？"

大卫·罗斯："有可能。"

霍威尔先生："因为如果故事属实，那么三位法官向上诉法院写了完全误导的信件是吗？"

大卫·罗斯："是的。"

霍威尔先生："因此他们试图妨碍司法公正是吗？"

大卫·罗斯："这是你的说法。"

霍威尔先生："你信任布兰查德先生吗？"

大卫·罗斯："这取决于你所说的信任是什么意思。我是否毫不保留地相信他告诉我的任何事情，那么答案是否定的，我没有，这就是为什么我采取措施，试图验证他告诉我的任何事情。随着时间的推移，其他调查清楚地证实他告诉我的事情，例如他告诉我关于警察在毒品审判中的行为。这让他在我心里有了一定的可信度，如果你问我是不是毫不保留地信任他，那么答案绝对是不。"

向他提问的其他问题始于，大卫·罗斯是如何获得他刊登在《观察家报》的文章中提到的某些信息，从1994年7月刊登的第一篇文章开始讲述。大卫说这是来自于戴安娜·埃利斯关于上诉所提出的建议，自从我被以伪证罪名起诉后，他就断断续续地与我的律师联系。霍威尔先生随后转而提及，在我被捕时我的财富情况之议题。

霍威尔先生："他拥有价值近百万英镑的房产是吗？"

大卫·罗斯："是的。"

霍威尔先生："谁告诉你的？"

大卫·罗斯："他告诉我的，但我想我已经采取了措施来确定那是什么样的房产。我相信他拥有一些出租物业，而不仅仅是他自己住的房子而已。"

继续对文章中提到的问题进行更多探索，提到刊登我的毒品审判中警察腐败的新闻，特别是关于威尔克斯警探的证词。

霍威尔先生："你在这篇文章中指控威尔克斯警探做伪证，不是吗？"

大卫·罗斯："是的。"

霍威尔先生："那是明显的诽谤对吗？"

大卫·罗斯："只能算是中伤，只有与事实不符的情形下才是诽谤。"

霍威尔先生："好吧，这是明显的中伤言论，在刊登文章之前你进行了哪些检查？"

大卫·罗斯："嗯，我阅读了所有相关文件，我也对公司做了搜索，我还和布兰查德的律师谈过话。我确立了有关菲尔德过滤系统有限公司整个事件的先后顺序。在我看来，整个菲尔德过滤系统有限公司的这件事，是威尔克斯先生在布兰查德先生与菲尔德过滤系统有限公司的议题上误导了法庭。他告诉法庭，控方提出了布兰查德先生与菲尔德过滤系统公司，没有任何关联的陈述，因而造成布兰查德先生提供任何涉及他与菲尔德过滤系统公司关系的辩护，都变成是虚假的，而事实上，几个月前，威尔克斯先生曾指控布兰查德先生，并就涉嫌企图欺骗菲尔德过滤系统公司之事讯问他。"

霍威尔先生："你昨天说过，由于威尔克斯先生并未提出投诉或起诉他，你就更加相信了是吗？"

大卫·罗斯："嗯，当我写这篇文章时，我相信这篇文章的内容是真实的，事实上没有人对其内容提出投诉，我的意思是总有可能出现一些不准确的地方，那么威尔克斯先生或他的法律代表将会使我们知道，但没有发生这件事情。"

霍威尔先生："警探可能会起诉《观察家报》吗？"

大卫·罗斯："嗯，该位警探很有可能属于警察联合会 (Police Federation)，该警察联合会可能比国内的任何其他组织资助更多的诽谤诉讼，每年超过 100 起的案件，因此威尔克斯先生要控告《观察家报》是相当容易的。"

霍威尔先生："很容易吗？"

大卫·罗斯："很容易。"

霍威尔先生："你的意思是什么？"

大卫·罗斯："好吧，我可以这么说，代表警察联合会的罗素·琼斯和沃克律师事务所 (Russell Jones and Walker)，将会代表这些声称被诽谤的警察，因此根据我的经验，如果他们认为有正当的理由，他们绝对会积极控告报社。在 1990 年代的这个时期里，他们在寻求执行这项政策方面比现在更积极。"

霍威尔先生："但显然你写的这篇文章，是根据布兰查德和他的律师告诉你的信息，不是吗？"

大卫·罗斯："这篇文章由布兰查德所提出的指控开始讲述，经他的律师证实并经进一步调查验证，该篇文章中描述的任何一方均未否认。"

在霍威尔先生对我进行了无情攻击后，大卫·罗斯也遭受了同样的抨击，然而大卫完全有能力尽全力据理力争，并且他的回答强化了我的辩护并证实了我提出的证据。当被问及朱迪思·莫蒂默有限公司积欠 50 万英镑债务的信息是如何获得时，大卫说他拥有该公司的所有文件，显示该公司每年都欠下巨额债务之后便破产了。霍威尔先生继续问了另一个问题，当大卫回答这个问题时，揭示了我们的司法体系真正运作的方式，其与上诉通知书上所特别注明的编号有关，该编号可将我针对莫蒂默行为不当所提出的上诉，与我的毒品案上诉连接起来，请参阅上诉案件编号 "89/6687/W3"。

霍威尔先生："你明白他是在告诉你，之前的案件编号已经写在由布洛菲尔德审理的上诉文件上吗？"

大卫·罗斯："是的，没错。"

霍威尔先生："他就是这么告诉你的是吗？"

大卫·罗斯："嗯，我也采取了措施进一步深入探讨这件事。我有一个机密消息人士，是大法官部门的一名高级公务员，她告诉我，在提交这些文件后，大法官部门此时已经处于非常躁动的状态。就在我刚才说的那个时间点，她告诉我法官布洛菲尔德先生，已经查阅了布兰查德先生案件的档案，并且她确认确实发生了这件事情，她还告诉我已经逝世的首席大法官彼得·泰勒即泰勒法官，还查看了本案和前一个案件的档案，因为这件事引起了极大的关注，而且有记录表明，当时的彼得·泰勒御用大律师，是 1978 年布兰查德先生审判中共同被告的出庭律师。"

霍威尔先生："我问你的是一个非常简短的问题。布兰查德先生告诉你，之前的案件编号已写在法官布洛菲尔德先生签署的文件上是吗？"

大卫·罗斯："我向大法官部门的一位消息人士证实了这一点，她告诉我，她亲自去问过上诉法院的登记官，并证实这个消息是准确的。"

每次大卫被问到一个问题时，他都可以藉由参照以前的控方证物，或我在证人席上出示的文件，来佐证他对事件的描述。霍威尔先生再次询问了有关 5,000 英镑这笔款项的一连串事项，并出示了我提交给《卫报》会计部门的账目和发票。然后他转而陈述我在 1994 年 12 月 20 日庭审上,将我的法律代表从吉姆·尼科尔更改为马克·弗利的原因。

霍威尔先生:"但实际上在庭审之前夕,布兰查德先生已解雇戴安娜·埃利斯和吉姆·尼科尔是吗?"

大卫·罗斯:"正是如此,是的。"

霍威尔先生:"他有没有向你抱怨过他们?"

大卫·罗斯:"有。"

霍威尔先生:"他对你说了哪些抱怨的话?"

大卫·罗斯:"他抱怨了两件事。他抱怨尼科尔先生的是,他担心由于尼科尔先生接手了其他一些备受瞩目的案件,因而没有给予他的案件应有的重视。而我昨天谈到的那件事情,事实上当他从监狱告假南下,我陪他去尼科尔先生的办公室时,尼科尔先生实际上并没有在办公室与他见面。就埃利斯小姐而言,关于针对法官司法不公为由而提出上诉,他觉得当时的埃利斯小姐资历尚浅,虽然我不得不说我同意他的看法,但在上诉法庭上,她缺乏承受住罗素大法官非常敌对的攻击经验。除此之外,在 8 月的庭审上,罗素大法官已经像特快车一样向她驶来,如果我可以使用这个比喻或象征,她真的无法技巧性地承受这种冲击,所以他曾多次表达过这些担忧。"

霍威尔先生:"还有没有提到其他对于他们的抱怨呢?"

大卫·罗斯:"哦,还有一个我刚才忘记了。后来发现吉姆·尼科尔的工作伙伴是法官泰勒的近亲,可能是他的侄女。"

霍威尔先生:"是谁告诉你的,我想是布兰查德先生吧?"

大卫·罗斯:"我想实际上在过去的某个时间点,我与尼科尔先生证实了这一点。我认为这是既定的事实,事实上我记得曾与我在大法官部门的机密消息来源人士讨论过这件事,这完全是她自己说出的评论,我认为这是另一个让他感到重要的考虑因素。"

接下来霍威尔先生向大卫盘问他与私家侦探打交道的议题。霍威尔先生想知道介绍私家侦探给他的同事的身份,但大卫选择仰赖《藐视法庭法》第十条的规定,拒绝透露他的消息来源。霍威尔先生还指控大卫在调查期间接近我,大卫反对他的说法。

霍威尔先生:"你是否知道布兰查德以银行转账的方式支付私家侦探任何款项?"

大卫·罗斯:"我原以为他会想要以现金的方式交易。"

霍威尔先生:"他会想要以现金的方式交易,是的。法官大人,我们可以休庭一下。休庭的理由是,我们必须决定我们应该将多少数量的录音带呈上法庭,以及实际上该在庭上播放录音带的哪个部分,而我们昨天才收到这些录音带,所以我们需要一点时间来考虑这些议题。"

法官道格拉斯·布朗先生:"没关系,好吧,我们现在休庭,并在适当的时候再次开庭审理。"

霍威尔先生:"我也是这么认为。"

法官道格拉斯·布朗先生:"好的。"

(法庭休庭了一小段时间)

霍威尔先生:"我们已尽最大努力保留我们将要播放的片段,并尽量将欲播放的内容降到最低限度。我想严格来说,我应该只会播放几秒钟的录音带,然后询问证人是否认得他的声音,好让我们可以确认他的身份。"

弗格森先生:"好的,法官大人,显然我们已经对这个议题进行了考量。法官大人当然会记得以及陪审团也记得,在讲到布兰查德先生接受警方讯问的议题时,我这位学士渊博的朋友播放了录音带,我们也拿到了录音誊本。法官大人,既然控方似乎专注在罗斯先生和私家侦探之间,以及布兰查德先生和私家侦探之间的这些内容上,我恭敬地建议,为了能够全面性地处理此事,并以一种陪审团可以理解的方式进行，应该完整播放录音带是较为合适的。那将是我的请求，法官大人。"

双方就有关播放录音带的问题做了进一步讨论，并各自提出了强而有力的理由。弗格森先生总结说，陪审团应该听取录音带的全部详细内容，才是适当的而且确实是必要的。

法官道格拉斯·布朗先生："我同意这么做。"

弗格森先生："我很感谢法官大人的决定，我认为罗斯先生或许应该留下来，因为这确实是对罗斯先生进行盘问的部分过程，但除了这个请求之外，我没有其他问题。"

法官道格拉斯·布朗先生："我明白了，好的。我只有一个问题，这位文件审查员巴克森代尔先生，是你雇用他还是布兰查德先生雇用了他？"

大卫·罗斯："《观察家报》雇用的。"

法官道格拉斯·布朗先生："《观察家报》雇用的，你说他是文件审查员是吗？"

大卫·罗斯："我所记得的是，他是一位众所周知的文件审查员，他为许多刑事审判提供专家证据，并且还为伯明翰六人案的上诉以及为其他众所周知的误判案件出庭作证，或提供有助于那些案件的证据。我认为实际上是他的审查使得伯明翰六人案的上诉得以成功，当时他能够证明警方在该案中出示的文件是伪造的。"

法官道格拉斯·布朗先生向大卫提出了更多问题，想知道巴克森代尔先生在审查电话帐号方面，有哪些特别的专业知识。大卫说他对这些账号呈现的形式以及代码和数字呈现的方式很有经验，并且显然在整个档案分析领域上拥有广泛的专业知识。

法官道格拉斯·布朗先生："谢谢，罗斯先生，请坐。"

(在法庭上播放录音带)

法庭听取了我与大卫·罗斯和西蒙·黑尔的许多录音，其内容记录了造成获取法官通话记录的一连串事发经过。在一次谈话中，黑尔确认第一份通话记录已经送到他的办公室，他将其称之为南方书 (布洛费尔德 — 位于英格兰南部的伦敦市)。在另一次的谈话中，他确认第二份通话记录已经送到，他将其称之为北方书 (麦克唐纳 — 位于英格兰北部的纽卡斯尔市)。其他的对话是关于我亲自去拿取通话记录的安排，并在横跨英格兰南格洛斯特郡 (South Gloucestershire) 和南威尔士蒙茅斯郡 (Monmouthshire) 之间的塞文河的塞文桥上，将 1,500 英镑现金交给黑尔。为了证明我有与黑尔见面，我回去之后打电话给他，在这通电话上我们讨论了大卫·罗斯、《观察家报》、支付的款项以及与通话记录有关的其他事项。我还在塞文桥加油站帮我的车子加油以证明我这趟的行程。

* * * * *

法官道格拉斯·布朗先生："现在，弗格森先生，录音带的内容已播放结束。"

弗格森先生："是的，法官大人。"

法官道格拉斯·布朗先生："你还有什么要问证人的吗？"

弗格森先生："我不再需要这位证人了，法官大人。"

法官道格拉斯·布朗先生："好的，谢谢你，罗斯先生，你可以离开了。"

(中午休庭)

法官道格拉斯·布朗先生："弗格森先生，请。"

弗格森先生："希望法官大人会满意。在午餐休息时，我已经根据证据和所发生的事情考虑了辩方的立场，法官大人。我将不准备传唤任何进一步的证人，所以这就是辩方的全部证据，法官大人。"

法官道格拉斯·布朗先生："非常感谢你。"

霍威尔先生："法官大人，我已经解释给……在很短的时间内我们已经追踪到黑尔先生，并且由于这个议题显然是我们所未预料到的，因此公诉人必须提出反驳证据，由于这与陪审团必须考虑的问题相关，并且辩方对此没有异议。"

法官道格拉斯·布朗先生："那就如此决定。"
霍威尔先生："我们有一份手稿声明，我们会尽力提供给您，但他所给的证据将会相对较短。"
法官道格拉斯·布朗先生："你已经拿到手稿声明了吗？"
霍威尔先生："证人将带来庭上。"
法官道格拉斯·布朗先生："喔，了解。"

＊＊＊＊＊

传唤西蒙·黑尔先生出庭作证。

（由霍威尔先生盘问）

霍威尔先生："请告诉我们你的全名好吗？"
西蒙·黑尔："当然可以，西蒙·马丁·黑尔。"
霍威尔先生："黑尔先生，我想要问你一些关于1995年发生的事件，作为这些事件的开场，我想问你一些关于一家名为 E.S.W. 调查公司的问题，那是什么类型的公司？"
西蒙·黑尔："这是一家信用调查公司。"
霍威尔先生："而这家公司的所有人是莱恩·拉德尔对吗？"
西蒙·黑尔："是的。"
霍威尔先生："拼音是 R.A.D.L.E. 对吗？"
西蒙·黑尔："正确。"

霍威尔先生询问黑尔先生一连串与该公司的活动有关的问题，以及他在工作期间所扮演的角色的问题，黑尔先生回答他主要提供法庭文件。他说莱恩·拉德尔基本上独自作业，并为包括《太阳报 (The Sun)》和《世界新闻报 (The News of the World)》在内的《新闻国际集团 (News International Group)》工作。

霍威尔先生："你是否曾参与从英国电信获取详细的通话记录？"
西蒙·黑尔："我不知道该怎么获取。"

黑尔先生说于1995年初，工作量已经减少许多，因此他和莱恩·拉德尔接受了去沙特阿拉伯工作的面试，他们于1995年10月30日离职并开始这份工作。

霍威尔先生："现在我想问你的是，在那年你去沙特阿拉伯之前很近期的时间内所发生的事情。你已听过两卷录音带吗？"
西蒙·黑尔："是的，我有。"
霍威尔先生："我们今天早上已听取了这卷录音带的内容，所以我们就不必再播放一次，黑尔先生，你是否有看过所录下的那些通话誊本？"
西蒙·黑尔："是的，我有。"
霍威尔先生："在录音誊本的各个不同的时段，都有你的姓名缩写 SH 的通话，那是你的声音吗？"
西蒙·黑尔："是的，那是我的声音。"
霍威尔先生："你现在有想起什么吗？昨天是你第一次听到录音带的内容对吗？"
西蒙·黑尔："是昨天。"
霍威尔先生："你还记得通过那些电话吗？"
西蒙·黑尔："我不记得。"
霍威尔先生："你现在是否还记得这是一个会面的地点，实际上至少在那些其中一次谈话中讨论过见面的地点，约定在塞文桥附近的服务区会面是吗？"
西蒙·黑尔："我不记得了，想不起来。"

（递给黑尔先生一份电话帐号的副本）

霍威尔先生："你现在还记得以前是否看过这些文件吗？"
西蒙·黑尔："我不记得在昨天之前看到过这些文件。"

霍威尔先生："我想要问关于这些文件的一些具体问题，你是否在 1995 年参与了这些文件的创建或获取吗？"

西蒙·黑尔："我不这么认为。我不这么认为。"

（递给黑尔先生一份我潦草的笔记，其笔记详细记下他的、莱恩·拉德尔和大卫·罗斯的联系电话）

霍威尔先生："我们可在那一页上看到大卫·罗斯的名字，你以前有没有听过这个名字或和罗斯先生打过交道？"

西蒙·黑尔："我不认为我曾经和罗斯先生打过交道，没有。"

（递给黑尔先生一份录音誊本的副本）

霍威尔先生："我只是要求你看一下内容，因为我们可以在该页的底部看到上面写着 SH：'我一直在考虑我们所说过的话，有 13 通电话的那部分，名为南方的书'。你知道这到底是怎么回事吗？"

西蒙·黑尔："不，我不知道。"

霍威尔先生：（继续往下看）"如果有必要，你是否有可能获得更多信息，例如所拨打号码的姓名和地址"。"你能获得某个特定电话号码的姓名和地址吗？"

西蒙·黑尔："呃，我知道主要的……。"

霍威尔先生："你知道这究竟是怎么回事吗，黑尔先生？"

西蒙·黑尔："不知道，抱歉，我不知道。"

霍威尔先生："请留在座位上稍等一下。"

（由弗格森先生交叉诘问）

弗格森先生："黑尔先生，你现在在告诉我们的是，我希望我有正确地引用你所说的话，'我不认为我有以任何方式参与这些文件的获取，我也没有创建这些文件，我无法获得这些文件。现在暂时假设你自己无法亲自获取这些文件，你是否有要求其他人，即在英国电信工作的人帮忙你？"

西蒙·黑尔："没有，我没有。"

弗格森先生："你为什么要使用"我不认为我有以任何方式参与"这样的措辞？是否因为你在为自己所说的话留一条后路，以防出现其他情况证实你确实参与了此事？"

西蒙·黑尔："那似乎是很久以前的事了，我记不清那些事了。"

弗格森先生："好吧，你可能参与了是吗？"

西蒙·黑尔："参与哪方面？"

弗格森先生："关于获取账号副本、英国电信的通话记录并将其转发给其他人是吗？"

西蒙·黑尔："我不认为我有这么做，没有。"

弗格森先生："你不认为，你的意思是你没有？还是说你可能已经忘记了？"

西蒙·黑尔："我无法获得英国电信的通话记录。"

弗格森先生："那么莱恩呢？"

西蒙·黑尔："我不知道。"

弗格森先生："你看，你刚才确实告诉我们，莱恩为《新闻国际集团》、《太阳报》和《世界新闻报》工作不是吗？"

西蒙·黑尔："那是正确的。"

弗格森先生："如果你能帮助我们了解，他为那些公司、那家公司或那些报社做了什么样的工作？"

西蒙·黑尔："我不太确定，这与我毫无相关。"

弗格森先生："但可能涉及从英国电信获取通话记录是吗？"

西蒙·黑尔："我不知道。"

弗格森先生："嗯，莱恩现在人在哪里？"

西蒙·黑尔："莱恩目前在俄罗斯。"

弗格森先生："我敢肯定，我向你道歉问你这个问题，你从来没有跟当局有过麻烦对吗？"

西蒙·黑尔："没有，我没有。"

弗格森先生："你看吧，当问你是否曾与大卫·罗斯打交道时，你也使用了同样的措辞，并且你再次回答'我不认为我曾经与大卫·罗斯打过交道'。"

西蒙·黑尔："我完全不记得与大卫·罗斯先生打过交道。"

弗格森先生："嗯，是吗？假设昨天我问你这个名字之前，你对这个名字熟悉吗？"

西蒙·黑尔："不熟悉，我不熟悉这个名字。"

弗格森先生："你看吧，我们已经在庭上播放过录音带，而且陪审团也有谈话的录音誊本，上面写着你的英文名字缩写 SH，我认为你已有机会阅读过这些录音誊本对吗？"

西蒙·黑尔："我已看过那些录音誊本，是的。"

弗格森先生："我们是否以录音誊本中注明的英文名字缩写 SH，实际上即是你本人的基础下继续进行下去？"

西蒙·黑尔："那是正确的。"

弗格森先生："很显然从录音誊本和录音带的内容中，可以清楚地证实你与一位叫做保罗·布兰查德的人对话是吗？"

西蒙·黑尔："看起来是这样，是的。"

弗格森先生："是这样对吧？录音誊本和录音带的内容清楚地表明，在这些谈话过程中提到了大卫。例如，'大卫在度假'。"

西蒙·黑尔："是的，我在录音誊本上看到了。"

弗格森先生："当你说'大卫在度假'时，你指的是哪一位大卫？"

西蒙·黑尔："我指的是之前在谈话中提到的人，我想，我不记得了。"

弗格森先生："我认为你指的是大卫·罗斯对吗？"

西蒙·黑尔："我不记得了。"

弗格森先生："你不记得了。我的意思是，毫无疑问的，黑尔先生，可从录音誊本和录音带的内容中看出，你就是安排在塞文桥会见保罗·布兰查德的那个人对吗？"

西蒙·黑尔："好像是这样的，是的。"

弗格森先生："是这样对吧？你不仅事先做好了见面的安排，事后还和他谈过话，他告诉你，与你见面后他的回程花了多久的时间。你与他的会面是关于什么事情？"

西蒙·黑尔："我真的不记得会面的内容了。"

弗格森先生："好吧，能否请你帮住我们了解，你在塞文桥见到保罗·布兰查德的可能原因是什么......"

西蒙·黑尔："我不知道。"

弗格森先生："你不知道是吗？"

西蒙·黑尔："不知道。"

弗格森先生："当警察第一次问你这些事情的时候，你已经记不起任何对话了，对吗？"

西蒙·黑尔："正确。"

弗格森先生："你甚至想不起一个叫做保罗·布兰查德的人是吗？"

西蒙·黑尔："那也是正确的，是的。"

弗格森先生："当然，我认为那是在是警察或他们的代表向你播放录音带之前是吗？"

西蒙·黑尔："是的，正确。"

弗格森先生："是这样对吧？黑尔先生，在向你播放录音带的时候，你的记忆力突然间有所改善对吗？"

西蒙·黑尔："显然我曾和保罗·布兰查德先生谈过话，虽然我不记得了。"

弗格森先生："你不记得了。你不记得你为什么在塞文桥与他见面是吗？"

西蒙·黑尔:"正确。"
弗格森先生:"你不记得录音带中提到的大卫是谁对吗?"
西蒙·黑尔:"正确。"
弗格森先生:"我认为你不记得为什么你和保罗·布兰查德之间,会有任何关于将钱汇给你的谈话,你也不记得那件事对吗?"
西蒙·黑尔:"我想应该是关于莱恩的指示。"
弗格森先生:"原来如此,处理这件事的人真的是莱恩吗?"
西蒙·黑尔:"呃,从谈话中可以看出莱恩不在。"
弗格森先生:"好吧,莱恩有没有告诉你,他要你去哪里,或者为什么要安排你见布兰查德先生?"
西蒙·黑尔:"他一定是有这么说,是的。"
弗格森先生:"你看吧,黑尔先生,我可以很直白地向你提出这个论点。你健忘和记不住,是因为你害怕如果你说出关于这件事情的真话,由于你获取你无权取得的文件,会让你或可能让你惹麻烦上身是吗?"
西蒙·黑尔:"事实并非如此,那是很久以前的事了。"
弗格森先生:"仅就时间的流逝,是不是影响了你的记忆......。"
西蒙·黑尔:"是的,对我来说似乎是很久以前了。"
弗格森先生:"对大家来说似乎是很久以前的事了,但我的意思是你经常在塞文桥及服务区和约克的人会面,而不是......。"
西蒙·黑尔:"不是的,我没有这么说。"
弗格森先生:"无论是如何做出这样的安排,你是否有同意将该文件传真和邮寄给布兰查德先生?"
西蒙·黑尔:"我不记得有亲自传真或邮寄任何东西,我认为所要求的任何文件都是由莱恩的联系人发送的。"
法官道格拉斯·布朗先生:"请再说一次,是由谁邮寄了该文件?"
西蒙·黑尔:"莱恩的联系人。"
法官道格拉斯·布朗先生:"好的。"
弗格森先生:"你能告诉我们联系人的名字吗?"
西蒙·黑尔:"我不知道,我不知道。"
弗格森先生:"好吧,拜托,黑尔先生,这是一笔生意,难道不是吗?"
西蒙·黑尔:"是的。"
弗格森先生:"无论发生了什么,无论你记忆中的情况是什么,这是一次不寻常的交易吗?"
西蒙·黑尔:"在莱恩不在的情况下,是的。"
弗格森先生:"好的,莱恩的联系人是哪方面的,你记得吗?"
西蒙·黑尔:"那是莱恩的联系人。"
弗格森先生:"据你所知,所谓的联系人,即是获取英国电信的文件或个人通话记录详细信息的人是吗?"
西蒙·黑尔:"我不知道那些联系人是谁,我不知道他们能做得到什么或做不到什么。"
弗格森先生:"莱恩什么时候去俄罗斯的?"
西蒙·黑尔:"老实说我不太确定,我想他已经在那里呆了大约12个月了。"
弗格森先生:"我明白了,你上次和他说话是什么时候?"
西蒙·黑尔:"今天早上我才和莱恩谈过话。"
弗格森先生:"明白,在俄罗斯吗?"
西蒙·黑尔:"是的,他从俄罗斯打电话过来给我。"
弗格森先生:"什么,你之前和他有保持联系吗?"
西蒙·黑尔:"没有,我没有。"

弗格森先生："与本案无关，还是与本案有关？"
西蒙·黑尔："是的，有关。"
弗格森先生："明白，很好，好的，谢谢你。"

(由霍威尔先生重新盘问)

霍威尔先生问黑尔先生，拉德尔先生什么时候打电话给他的，他回答说："今天早上 11 点 30 分左右。"随后，询问黑尔传真文件的相关问题，但不记得将通话记录传真给任何人的细节。

霍威尔先生："谢谢你。"
弗格森先生："有一件事，法官大人，我刚才忘了询问。"
法官道格拉斯·布朗先生："好的，你当然可以再次盘问。"

(由弗格森先生做进一步的交叉诘问)

弗格森先生："是这样的，黑尔先生。当然，当时如果你有一台传真机并且你不希望传真机的传真号码出现在文件上，则你不必输入这些详细信息。你还记得是否那是当时的情况吗？"
西蒙·黑尔："我会把你的说法当作是当时的情况。"
弗格森先生："好的，谢谢你，我很感激你的回答。"
法官道格拉斯·布朗先生："1995 年 9 月时，办公室停止营业了对吗？"
西蒙·黑尔："是的，我认为办公室起码在 1995 年中便停止营业了。"
法官道格拉斯·布朗先生："你在家工作是吗？"
西蒙·黑尔："是的，我在家工作。"
法官道格拉斯·布朗先生："你家有传真机吗？"
西蒙·黑尔："没有，我家没有。"
法官道格拉斯·布朗先生："你们两个人还有什么问题想问吗？"
霍威尔先生："没有了，法官大人，谢谢您。"
弗格森先生："没有了，谢谢您。"
法官道格拉斯·布朗先生："好的，黑尔先生非常感谢你。"
霍威尔先生："法官大人，控方至此结束所有的证据。"
法官道格拉斯·布朗先生："这就是所有的证据，对吧？好的，正如我今天早上的解释，陪审团成员们，我们现在休庭以便按照顺序整理文件，明天早上你们会听取两位律师对你们进行结案陈词，然后我会做个总结。所以我们今天会稍微早一点休庭，请明天早上 10 点出庭。"

这天是在法庭上最成功的一天，我们都决定在我们的酒店一起吃晚饭。"当大卫反驳说如果警察联合会认为威尔斯遭受诽谤，他们便会采取行动支持威尔斯时，你看到霍威尔脸上的表情了吗？我笑着说。小保罗认为最精彩的部分是，当陪审团听取来自斯旺西的西蒙·黑尔作证时，因而将两份通话记录的来源与南威尔士连结在一起。在结案陈词和法官的总结开始之前，我就已经感到很乐观，我的精神也确实十分振奋。

2002 年 11 月 28 日星期四

第八天

(霍威尔先生的结案陈词)

霍威尔先生：

"这次的审判不是最长的审判，古希腊人有一种很好的方式来处理陈词冗长的律师。那是一壶水，或者我们今天所说的沙漏，当律师站起来的那一刻，就会将沙漏倒过来，当沙子从顶部流到底部时，无论律师是否在陈述他的第一个或第三十一个论点，他将必须停止陈词。出于三个原因，我将对自己施加希腊式的时间限制。"

"正如我所说,这是一个相对较短的审判,尽管其中有很多细节。而且因为这是一个较短的审判,毫无疑问,你们会希望尽快退庭。如你们所知,我希望明天早上会是你们考虑裁决的时候。其次,本案中的议题现在已经成为非常明确的焦点。当本次的审判于上周一开始时,便展开了一次发现之旅,不仅对你们而言是如此,你们也可能已经想到,对控方而言也是如此。我们和你们一样第一次听到了辩方的详尽内容,没有对辩方提出披露要求,而这就是制度。你们在过去几天听到的辩护不仅澄清了相关问题,而且我们认为它反而使起诉案件变得无比强大。

"**现在已经完成展示所有的证据,很显然的,有一个解开本案的关键。当然,这个关键便是通话记录。如果没有打过这些电话,那么该文件一定是伪造的,而如果该文件是虚假的,那么一定是布兰查德先生伪造的。如果布兰查德先生伪造了这些文件,则他一定犯了伪证罪。**"

"我们必须追溯到1978年,才能了解这个人为此穷追不舍的原因。让我们回到1978年,回到约克刑事法庭的那个案件。"

为了摧毁我的人格,霍威尔先生尽其所能全力以赴地攻击我。他提醒陪审团,在我的欺诈审判期间,我曾指控两名警察撒谎。他说我指控莫蒂默并指责他需对我的定罪负责,并对他进行了24年的无情复仇行动。霍威尔先生仔细研究了案件的各个方面,并以证据为基础,他说:

"**它们不可能是真实的文件,陪审团成员,我们也不要忘记,虽然有时会很容易忘记显而易见的事情。我们听取了莫蒂默的证词,我们听取了麦克唐纳的证词,你们也听取了布洛菲尔德的证词。**"

"我们认为如果它们是伪造出来的,现在的证据表明它们完全只是布兰查德先生想像出来的而已。**没有其他人可以凑巧地随机选择相同的信息,这样的想法是荒谬的。根本不会发生两个伪造者凑巧地伪造出相同文件的情况,但却说相同的文件是来自完全独立的来源。**"

"如果文件是伪造的,它们显然是伪造的,那么没有独立的来源能够创建相同的文件。**我们都知道有四千万分之一的机会赢得彩票。两个独立的伪造者伪造相同文件的机会是多少?这样的假设是如此遥不可及,以至于超出了任何理性的计算范围。**"

"**从文件的外观上看,这些文件与第一批文件完全相同。该文件均包含同样的信息,包括同样的通话记录,包含相同的时间。关于通话的细节,与第一组相同的通话日期吻合。**"

"经过你们深思熟虑的考量,重点是,如果布兰查德先生制作了两份文件,他肯定有这么做,由于我们刚刚陈述的所有原因,根本就不会涉及独立来源。如果他出示了这些文件,那么他一定犯了伪证罪,因为他一定知道,当宣誓书这些宣誓书时,这些文件是不真实和虚构的。"

接下来是对录音誊本的完整分析,在此期间,霍威尔先生剖析了每一行文字,试图造成西蒙·黑尔与任何获取通话记录无关的假象。

"你怎么看布兰查德先生这位证人?那么,陪审团成员,他是否有信用呢?你相信他所说的程度有多大多深?他的说法取决于他当下说话的情况。"

"他指责莫蒂默、麦克唐纳和布洛菲尔德共谋以将他定罪并维持该定罪。他责备所有妨碍他人生道路的人,而那正是他给你们的证据。好吧,陪审团成员们,如果你按照控方的要求,将指控布兰查德先生的两项罪名定罪,那么有一件事是可以肯定的,布兰查德先生只能责怪他自己而不是他人。"

法官道格拉斯·布朗先生:"好吧,弗格森先生,我认为我们为了陪审团的利益考量,我们现在休庭,我会在中午12点15分时再审理此案。"

法官道格拉斯·布朗先生:

(弗格森先生的结案陈词)

弗格森先生:

"我们的辩护很简单,而且也很容易开场。我们要向你们证明的是,控方即霍威尔先生的案子,未能证明布兰查德先生不相信这些文件是真的。因此,从某种意义上说,你们处理整个案件的方式,基本上来说我们会顺从你们从一开始就掌握这一点。换句话说,控方声称布兰查德先生不相信这些文件是真实的,则控方必须证明这一点。"

"布兰查德先生不需要证明什么,每宗案件都是如此。你或者这栋大楼里的任何其他陪审团,这个国家的任何其他陪审团,都是一样的。控方提出指控,则控方必须证明其指控是真的,而布兰查德先生不需要证明什么。"

"他们该如何证明?他们必须排除合理怀疑下证明这一点。这曾经是老式的说法,现在,他们必须证明这一点,这样你们才能确定。换句话说,在你们根据这两项指控中的一项或两项裁定布兰查德先生有罪之前,你们必须确定,你们必须确信在排除所有合理怀疑的情况下,他不相信这份宣誓书中所说的是真实的。这就是这个案子的症结所在,这就是这个案子的真正意义所在,你们可以在一开始就如此说。我可以在一开始就对你们说,大卫·罗斯以他的证人身份出庭作证,他认为这些指控是真实的,并且罗斯先生也认为这些指控是真实的。"

"嗯,你们可能会认为这不是布兰查德先生本案的基础点。本案的罗斯先生是一位记者,他认为这些通话记录是真实的。如果我也认为这些文件是真的,能够怪我吗?所以,正如我所说,我们提出的辩护是直截了当简单明了的,我们提出的辩护是控方未能证明他们原本想要证明的内容。如果真是这样,那么这件事就没有争论的部分了。当然,这个案子完全是关于布兰查德先生对他认为所发生事实的观点,以及他对文件中内容的看法,我们真的必须深入他的想法,探讨他是如何看待这件事情的。"

"但是,当然,我们有一个优势是我们可以进行判断。坐在评断席上的是你们而不是我,你们坐在评断席上评断他,你们看着他作证,你们听取他的证词,你们看着他被律师交叉诘问,之后你们必须做出对证据的评估。"

"本审判的一开始,就已经有一些阻碍的因素,即布兰查德先生是一个深受委屈而耿耿于怀的人;布兰查德先生是一个被怨恨驱动的人;布兰查德先生是一个偏执的人,在审判中控方使用过这个词,我们辩方的陈述是他有很多的理由促使他偏执。在约克获判12个月的监禁,并在纽卡斯尔获判六年的监禁。如果你被认定有罪并被判处监禁,即便你知道自己是有罪的,你还是会认为情况糟糕透顶,你可能也会认为处境已经十分艰难了。更何况当你被定罪时,你确信自己不只一次而是两次误判的受害者,欲在这种艰难的情况下生存下去,你可以想像那是超出人类的承受能力。"

"误判或司法不公这些词汇顾名思义即是指错误的定罪,但难道这些情况不会发生吗?不幸的是,我们在现今所处的年代已经看到了这样的例子。你可能对罗斯先生提到的一些案例持有看法也可能没有看法,但这并不重要。重要的是这些误判的灾难确实发生了,不幸地发生了。"

"由于你认为是刑事司法体系的腐败而获判有期徒刑,这确实会令你感到相当震惊。因为你认为自己的律师没适当地为你辩护,而使得你失去自己原本的好声誉,这将是你无法忍受的。并且看到你的家人因为这些事情而受苦,一定令你感到十分心碎。正如我所说,如我所见,布兰查德先生曾经是并且如今也是一个因这些事而感到怨怼的人。我们向你们陈述的是,他确实有很多值得怨怼的地方。"

"当然,正是因受到不公平待遇的感受,这种不满的情绪引起了针对莫蒂默和警察的投诉运动,正是这种受到不公平待遇的感受和这种不满的情绪,驱使他努力奋斗欲证明他的清白。他曾使用威尔逊这个名字,这个理由是可被接受的,在投诉的过程中,他写信给香港总督并向警察投诉局投诉。"

"也许你不赞成他的做法,但我不是要求你认可他的做法,不过如果你接受他对权威机构的看法,那么也许你也会赞同他对权威机构的看法,他做他认为必要做的事情,以证明他是司法不公的受害者。"

"莫蒂默和麦克唐纳彼此是朋友的这个巧合,而布洛菲尔德和莫蒂默曾在同一所大学就读,并且他们俩的办公室曾在伦敦的同一栋大楼里,当然还有以前的上诉案件编号被写在上诉通知书上。如果从我们理解的证据开始,而我也应当这么做,我向你保证我会像霍威尔先生一样尽快完成结案陈词。于1978年进行的审判,你可能会十分清楚地认为,这位名叫威尔逊·普林的人,在那个案件中涉入很深或可能曾经涉入很深,起码他扮演一个潜在的角色。"

"我们从律师罗伯特·摩尔先生那里得知,你面前的辩护卷宗里有两页是给莫蒂默的指示,实际上这两页是他包含在简报中。这里有明确的参考材料,你们可以在退庭时查看这份文件,此内容清楚列在第2页上,提到高级市政官沃德,他是威尔逊·普林的商业伙伴。当时的秘书苏珊·库珀也告诉你们,在预审会议上提到了普林和沃德的名字。"

"莫蒂默先生是主要的法律代表,莫蒂默先生就是布兰查德先生委托他在审判中进行辩护的人。据我了解,这是控方的案件。莫蒂默先生承认他从未告诉布兰查德他有这层利害关系,因为他认为这点无关紧要,也没有产生任何争议。"

"他发现他的高级法律顾问不仅与威尔逊·普林男子有关,而且他的高级法律顾问曾是他妻子 — 莫蒂默夫人公司的董事,该公司后来也破产了,与多年前布兰查德先生在约克接受审判和遭定罪的事情性质是相同的,均是公司破产。"

"你们也有拿到或者应该有拿到,即便还没拿到,但到你们退庭时肯定会拿到,一个名叫肯尼斯·威廉斯所宣誓的宣誓书,他曾是一名达勒姆监狱的囚犯,与布兰查德先生的同案被告理查德·汉森同时关在那里,在那份文件中,我现在只是提到它而已,当你们退庭时,你们可以再查阅一次,汉森告诉威廉斯,他赢了,他的计划得到了回报,他对自己的表现相当满意并沾沾自喜。"

他在上庭之前告诉威廉斯这一切是如何安排的,并笑着说他知道他的出庭律师和法官暗中共谋此事,他的出庭律师知道他所说的话与事实相去甚远。他还沾沾自喜地嘲笑法官竟然相信他的说法,但汉森很失望及难过必须在监狱里多服一点刑期。"

"哈雷先生在2000年7月31日的第一份证词中说道:"根据我的记忆,我从未见过这个人。据我所知,我从未见过一个叫保罗·布兰查德的人。不仅如此,他现在突然记起曾在两三个场合下与保罗·布兰查德交谈过。"

"毫无疑问,由于医疗科学所带来的利益,让哈雷先生的记忆力持续获得改善,而且在本月11月21日,现在哈雷先生出人意料地找到他曾收到的一封信,要求他获取布洛菲尔德未登记在电话簿的号码的详细信息。**更值得注意的是,他现在记起在约克遇到了一个名叫米德的人,并把米德想要的信息交给了他。**你们可能认为肯定有可能是丢失了文件,我会是第一个必须这样说的人 — 你们可能已经注意到我在这里四处找寻我放错地方的文件 — 但你们会认为如果你放错了文件,你会把所有相关文件放在同个地方,以本案为例,一位名叫保罗·布兰查德的客户档案里。"

"但尽管如此,哈雷先生最终还是出庭在你们面前提供证据。结果发生了什么事情呢?他告诉你们他在威尔士有一个叫鲍文的联系人。无论这名在威尔士的联系人是谁,哈雷先生说他特别擅长获取未登记在电话簿里的信息。然后他记起了更多关于这个联系人的信息,他说他住在在斯旺西地区,我以为他实际上会向我们提供地址,如果我没记错的话,不是吗?他离开后会提供地址,但我们没收到他的消息。"

"对于哈雷先生的言行举止已不再令人感到讶异了,但更重要的是,哈雷先生告诉你们,他有一个通话记录调查员,一个可以获取通话记录信息的联系人 — 真是令人难以置信。哈雷先生,这个原本声称对布兰查德先生一无所知的人,后来事实证明,他却告诉你们,他拥有一个调查电话帐号信息的来源。"

"当然,你们可以通过这种证词前后不一的差异得出结论,虽然这完全是由你们来决定结论是什么,他有一个联系人可以获得我们与本案相同类型的文件。几乎是一场为布兰查德先生设下和配置的竞赛 — 几乎。还有另一场竞赛要比,那就是和黑尔先生一起竞赛。"

"你从伟大的哈雷先生、难以捉摸的哈雷先生那里听到的证据是,正如我所说,哈雷先生没有财务记录,没有所得税申报表,什么都没有。但他确实有的,他告诉过你们，他有办法，有一个联系人可以获取你们可能认为的信息，也就是在这次审判中呈上法庭的文件类型，这个议题将由你们来决定。"

"那么黑尔先生又是如何呢？黑尔先生又是如何呢？他暴露出另一件事情，不是吗？如果真有一个能想操纵别人的人，那么他就是一个想操纵别人的人。因为他迫不及待地想进入证人席，告诉你们关于他自己的一切事物，他做了哪些事情，没有做哪些事情。当然，他也患有失意、健忘这种可怕的记忆状态。"

"因为他在几天前的 26 日这一天提供了证词，那时他想不起任何一位叫保罗·布兰查德的人。黑尔先生不记得，他不记得在塞文桥的加油站会面的事宜，可怜的黑尔先生。真是悲哀啊 —— 当他第一次被警察询问时，他就记不起这些事情了。当然，不幸的是，对于黑尔先生来说，**一直以来谨慎小心的布兰查德先生录下了与他之间的对话。**"

"*哎呀，哎呀，黑尔先生，他没想到真相会浮出水面。警察一开始便让他看了录音誊本，当他看到录音誊本时，他不记得对话，记不起对话内容，但在他听了录音带的内容后，他才恍然大悟事实早已被记录下来，一切事实均光辉地揭露出来。然后黑尔先生说，录音带上的声音是我的声音。如果保罗·布兰查德没有录制这些谈话，那么他在本案的立场将会是如何？你们是否曾花一分钟的时间想过，那个狡猾的证人会承认他曾经和保罗·布兰查德说过话吗？*"

"他当然不记得了，但他却被自己的谎言困住了。当向他播放录音带时，他不得不承认，确实是他自己在和保罗·布兰查德说话。很显然他确实见到了布兰查德先生，不是吗？而我们现在又录音带可以证明此事，他在服务区与他见面。至于霍威尔先生，我赞许他，但这是我唯一会给他的赞美 —— 十分足智多谋，如果仅此而已的话，因为现在他必须应对这些录音带造成的影响，我确信他会非常高兴若是它们从未出现在审判中。"

"那么他说了什么？根据霍威尔先生的事件版本，这实际上是布兰查德先生为陷害倒霉的黑尔先生，所做的非常复杂的努力。据我了解这是控方的事件版本，控方认为布兰查德先生接管了此事，并真的设局陷害了黑尔先生。"

"你们已经得到了辩方所说的录音誊本，其毋庸置疑地证明了黑尔先生正是获得通话记录的人。"

"你看吧，哈雷先生告诉你们，他认识的人可以得到这种信息，真的有这样的巧合吗？根据哈雷的说法，如果你们相信他，你们可能会认为有一位来自南威尔士名叫鲍文的人，或者当然，还有一位来自南威尔士的黑尔先生。现在我们知道本案有一位雷恩先生，他是一位在英国电信工作的专家、合法的专家，他代表英国电信出面并代表英国电信发言，他是专门处理这类事情的人。结果发生了什么事情？将会发生什么事情？这是什么样的机率，既然我们正在谈论机率，一件事又一件事所发生的机率，这位雷恩先生是不公正的人吗？这位雷恩先生是个腐败的人吗？一位被私家侦探指称能够创建这种材料的雷恩先生吗？"

"然而我要向你们陈述的是，出庭作证的哈雷和黑尔均一样腐败。无论是指他们的商务交易往来，还是指他们向你们提供证据时，他们在庭上并未如实回答，我们无法从他们背后看出，他们向他人出售所获得的信息来源。"

"现在，我重复一遍，如果布兰查德先生没有录下与黑尔先生的这些谈话，他的处境将会是什么？让我转而讲述关于通话记录的议题，向你们解释一些我认为我还欠你们一个解释的事情。当然，我没有向雷恩先生引导这些记录是真实的。我寻求他协助就三个特定的论点做出回答：第一，没有原始数据库，是否有可能得以绝对肯定你们拿到的信息是真实的？我们当然知道 —— 我们没有拿到最原始的数据库信息。"

"第二，难道答案不是取决于，你就他们的电脑系统提出的问题吗？换句话说，不同的问题产生不同的回答；第三，我有信心向雷恩先生建议，英国电信系统可能会出错，无论是在其硬件的应用上，还是在软件的运行时出错。换句话说，它并非绝对可靠的。"

"清楚且绝对并再清楚不过的是，公众、公众成员不应该能够访问到这些信息。访问不仅遭禁止，而且还是非法的。这是否说明了你们可能认为是事实的实情时，私家侦探却选择保持沉默的原因，即他们所做的是 — 他们花钱请人入侵或访问英国电信系统。"

"也许英国电信里面有人，而这个人认识那两个私家侦探，但他们不敢告诉你们实情，因为他们害怕可能会被起诉。毫无疑问，你们清楚地记得，罗斯先生非常担心，如果他提供证据，他可能会造成自己被起诉的后果，而私家侦探也同样地恐惧，如果他们告诉你们真相，他们可能会有的后果。这是否正是他们不愿告诉我们所发生的一切根源的原因。因此，我们认为，他们担心遭起诉的后果，已剥夺这个人可以证明布兰查德是无辜的最后证据。"

"在处理罗斯先生和布兰查德先生的证据之前，我还想处理另一个论点，即皇家检控署提出的论点，这是一个很好的论点，事实上我们建议这是唯一的论点，即关于威尔逊这个名字的使用。首先，布兰查德先生当时被关在监狱里。其次，因为每个人都知道，当然莫蒂默家族也都知道，当布兰查德先生试图从他们那里获取信息时，使用了威尔逊这个名字，你们可能会认为布兰查德先生用威尔逊这个名字打电话给他们，是非常愚蠢的行为，这不仅是十分愚蠢而已，你们可能会认为对莫蒂默家人来说，他还不如用自己的名字打电话。"

"罗斯先生，现在讲到大卫·罗斯先生，然后再讲述布兰查德先生。你看吧，其中的好处之一就是你们坐在陪审团席上，而证人就坐在你们的对面，所以你有机会观察证人并评估他们，以及判断你们是否认为他们是说实话的证人，评断他或她可能是诚实的好证人或糟糕的证人。我冒昧地向你们建议，当然这完全是你们才能决定的事，我只能向你们提议大卫·罗斯先生是一等证人的建议，他口齿清晰、见多识广、有着令人印象深刻的记者经验，他当时是《观察家报》的内政记者。"

"你们是不是有权认为这是一份记录文件？它不是《私探杂志 (Private Eye)》，也许不像《私探杂志》那么有趣，但它不是一份无关紧要的文件吗？就好比如果某些消息出现在《观察家报》中，你们可能会认为它有一定程度的可信度。当然，就我们所关注的而言，我们提议罗斯先生以及他的出版物，是可以相信的东西。也许我过于简单化了，但如果我要向你们就这件事提出建议，如果你们认为大卫·罗斯说的是实话，或如果你们得出的结论是大卫·罗斯可能有实话实说，那么你们很可能得出的结论是保罗布兰查德是无辜的。"

"几乎就是这么简单。让我来继续探讨这个主题，因为根据罗斯先生的说法，他安排《观察家报》资助第一份文件的费用，那是一笔 5,000 英镑的款项。他还为《观察家报》安排向另一个独立来源收购第二份文件，这些文件在所有重要细节上都是相同的。诚然，他不能说，他也不想说，他知道是谁把这些文件传真给《观察家报》的，但正如他所指出的，当然，如果你是这些狡猾的私家侦探，他正在获取你知道你不应该得到的信息时，你不太可能在你的传真封面注明你的传真号码，因为这么做将是一件非常愚蠢的行为。因此，根据定义，基本上我们将总是会被剥夺得到那一点额外证据的机会。然而罗斯先生非常有信心，虽然他当时不在，但他肯定是署名给他的文件，而《观察家报》的某个人一定把文件注明要交给他，所以之后他就可以取回它们。"

"我们认为他的证据在所有重要细节上，都验证布兰查德先生的说法。因为即使是细节，非常细微的细节，例如于 1994 年 10 月对第二份宣誓书宣誓时有谁在场。正如布兰查德先生告诉你的，他记得布兰查德先生很生气、很沮丧，因为当时他的律师不在办公室，而且大卫·罗斯后来开车匆忙地送他到车站，证词甚至详细到那种细节。"

"但让我来处理你们可能认为更重要的事情，即罗斯先生宣誓的宣誓书。在罗斯先生作证时，布兰查德先生已经告诉过你们，他，布兰查德，相信这些文件是真实的。请记住，这是我们正在探讨的议题。他相信这些文件是真实的，布兰查德先生自始至终均会说:"每个人都支持我的信念,包含蒂姆·欧文、戴安娜·埃利斯、大卫·罗斯以及整个《观察家报》的法律团队。大卫告诉我,他们已对此进行了仔细的审查,因此他们才不会为发布虚假内容而烦恼。"

"你们可能认为这是有道理的论点,但他因相信并发誓他相信这些都是真的而受到批评。他有权说"好吧,为什么是我?看看《观察家报》、看看我的律师、看看我的出庭律师、看看《观察家报》的法律团队,这些细节内容像疹子一样在文件上扩散开来,他们也相信这些文件是真实的,否则《观察家报》就不会写这些文章,不是吗?"

"这不是一个不好的论点,你们将会看到,而你们也必须探究保罗·布兰查德先生的想法心态,当然,你们也会将大卫·罗斯提出的观点考虑进去,在他于1993年11月刊登自己所写关于纽卡斯尔审判的新闻报道之后,没有人控告他们。接下来会出现这样的想法'威尔克斯警探怎么能接受《观察家报》刊登的报道呢'?"

"嗯,答案很简单,罗斯先生已给出答案。警察有一个工会 — 警察联合会,如果他们认为其中一名成员受到诽谤,他们会愿意资助诽谤案件。当然,如果威尔克斯、里德或参与纽卡斯尔审判中的警察认为新闻报道的内容不真实,他们本可以控告《观察家报》,但他们却没有这么做。为什么呢?嗯,有一个推论可以解释其原因 — 可能是因为新闻报道所说的是实情。"

"然而,尽管如此,当询问布兰查德先生他所相信的事实时,他告诉你这不仅是他所相信的而已,也是蒂姆·欧文所相信的、戴安娜·埃利斯也相信、大卫·罗斯也同样相信、《观察家报》的法律团队也相信。这些人的支持对布兰查德先生产生什么样的影响?他告诉你们"这让我更加相信这些文件是真实的。"

"正如我所说,我想如果大卫·罗斯认为这些文件是真实的,而如果你们认可这个证据,如果你们认可它 — 当然,你们不必认可任何东西。你们可能会把大卫·罗斯排除在外,谁相信他们在该文件里写了什么?但如果你们相信这是真的,这个证人可能说的是真话,这难道不是保罗·布兰查德的完整回答吗?"

"而且大卫·罗斯并不天真,因为他对你们说,当他被问及'你信任布兰查德吗?'这是霍威尔先生向他问的问题,罗斯先生的回答是'我不相信他告诉我的一切,这就是为什么我采取措施验证事情的原因。随着时间的推移,他所说的事情得到了证实。'罗斯先生还告诉过你们,当他听到保罗·布兰查德录下了他们之间的电话交谈内容时,他感到相当失望。"

"你们可能认为这代表罗斯先生是名正直诚实的证人。当然,罗斯先生确实采取了措施验证保罗·布兰查德告诉他的事情,不是吗?。他在大法官部门有一个机密消息来源 — 一名高级公务员,报社和记者通常均会有这种消息来源,她告诉他大法官部门处于鼓噪的状态。不仅检查了布兰查德的案件档案,当时的法官是首席大法官彼得·泰勒,不幸的是,他现在已经离世了,泰勒也看过这些档案。当然,如你们所知,这一位彼得·泰勒曾在约克审判中,担任同案被告的出庭律师,所以由此可见,大卫·罗斯并没有一开始便完全听信保罗·布兰查德的说法,他有自己的方式来验证事情,并为自己证实布兰查德对于自己为何遭定罪的理由是正确的,罗斯坚信自己看到的是真实文件。他告诉你们,在他看来警察的行为不当。然后他告诉你们,警察没有提出诉讼,因此这加强了他的信念,即布兰查德告诉他关于纽卡斯尔审判的事情是正确的。正如我所说,当他被问及他是基于什么来相信时,我已经告诉你们他的回答是什么。"

"这些构成了什么结论呢?难道不是构成如下的结论吗?我们认为通过大卫·罗斯的证据,构成了一幅压倒性的画面,因为这支持了布兰查德先生的信念,即这些文件是真实的文件。"

"验证通话记录的措施、上诉法院的诉讼程序,以及此时此刻,女士们先生们,我们再次向你们建议一个基本的、简单的论点,但我们建议的是,当你们考虑该论点时,你们必须得出一个结论。也就是说,在这项指控下,布兰查德先生是无辜的。

重点在于，如果保罗·布兰查德知道这些文件是虚假的，为什么他还要让上诉法院认证这些文件呢？也许你们会想思考这个问题，*我再重复一遍，如果保罗·布兰查德知道这些文件是虚假的，为什么保罗·布兰查德会希望上诉法院认证这些文件？*"

"这简直太疯狂了，这是你们能想到最疯狂的事情。根据控方的说法，他设下了一个圈套，他编造了这些文件，这些伪造品。他这么做的目的是什么？他的出庭律师建议应当对这些文件进行验证。根据她的建议，这些文件将提交给上诉法院。布兰查德先生知道这一点，因此如果他知道这两份文件都是伪造的，他就会赶紧设法避免这件事，那么他最不想要的就是上诉法院验证或查看这些文件的真实性。除了基于整个辩方案件的理由——他相信这些文件是真实的，否则将完全没有任何道理可言。请你们思考这个问题。"

"当然，上诉法院本可以下令无论如何都应该对文件进行验证，回想起来，这当然是一个合理的期望。在某种程度上，法院没有这么做是很奇怪的一件事情。这是针对三名司法机构的高级人员骇人听闻的指控，*大可用最简单的说词来描述，如果它们是假的，上诉法院可能会说"检查那些文件，好好检查那些文件，检查完后，我们再来探讨我们该怎么做"。*

无论出于何种原因，并没有完成这件事。但我要提出的一点，也是我最后一次想强调的一点，*如果保罗·布兰查德知道他们是虚假的，他绝不会接受任何关于验证文件的任何建议。他也许有很多问题，但他并不愚蠢。*"

"关于布兰查德先生本人，是我想和你们提及的最后一件事。你们在庭上见到了他、你们听取他作证、你们看着他被交叉询问、你们听取他的证词。当询问他关于文件验证的问题时，他告诉你们，'*我要求上诉法院对它们进行验证，即便三位法官都否认打过电话，但我还是这么做了。上诉法院下令传唤证人本来会是一件很容易做到的事*'。他告诉你们，'我对我所看到的文件非常有信心，我想继续追溯下去。这件事能带给我的唯一好处，就是查出该通话记录是否真实。我想藉此出狱，只有在这些文件被证明是真实的情况下，我才能够出狱'。

"再一次，这取决于你们，女士们先生们，你们将对此做出裁决。你们认为那一定是对的，是吗？还能有什么理由让布兰查德将这些文件提交上诉法院，而且他的出庭律师也建议这么做，如果他知道这些文件是假的，他还会这么做吗？我们向你们提出的建议是，这是他当时认为最有力的证据。最后，他还说:'*如果这些文件是假的，我将一无所获。我否认这些文件是我的或我编造的，若真是如此，我将永远不会要求他们对文件进行验证*'。

"他出庭作证并且他接受交叉询问，他大可不必出庭作证。他没有在纽卡斯尔的审判中在庭上作证，他没有作证的原因是因为当时他的律师建议他，确实这么建议他，如果他作证指控任何警察在撒谎，那么他之前的定罪当然会被赤裸裸地摊在陪审团面前，陪审团将会知道他之前的定罪，就会危害他的审判。"

"当然，本案没有同样的问题。你们可能已经阅读过一些案例，向陪审团隐瞒被告之前的记录：性案件或强奸或猥亵案件。隐瞒先前的定罪，因此不会危害被告获得公平的审判。"

"这个人以前的定罪均赤裸裸地公开在这个案子上，这个案子从头至尾均提到他以前的定罪，这就是本案的精髓所在。*所以你们看，你们知道保罗·布兰查德、他的劣势和所有的事项。*他说他的上诉被驳回，霍威尔先生问他为什么后来不继续追溯此事，他回答道:"我还能怎么做？上诉理由已被驳回。"霍威尔先生继续往下提问，他告诉你们，当时布兰查德先生本可以找寻其他的方法。但我不知道还能做些什么，也许霍威尔先生知道我不知道的事情。你们可能会认为，对一位非专业人士而言，考虑到事实上该上诉理由已被驳回，对于非专业人士（非专业人士——不是律师的人）来说，这已经成定局了，他无法进行任何进一步的司法补救，他没有别条路可走，他在司法这条路上已经别无选择。*除了忍受这种强烈的司法不公正结果，和多年来发生在他身上的不公平感受，*他还能再做些什么。

"最后，这就是本案的议题所在，你们必须要探讨的是保罗·布兰查德的内心世界。除非控方能够排除一切合理怀疑，证明他不相信或相信这些文件是真实的，否则他有权获判无罪。自 1995 年 7 月以来，这些诉讼程序的阴影笼罩着他。七年多前上诉法院表示，这些文件应该发送给检察官。那是七年多以前的事了，*我们想向你们陈述的是，他受够了，他承受够多苦痛了。*"

"当然，只有你们才能结束他的痛苦，我以我所有的信念要求你们，当你们退庭时，你们能真正结束这种痛苦*如果你们能尽快按照你们查看案件证据的义务这样做，我将感谢你们。*"

法官道格拉斯·布朗先生 : "非常感谢你。好的，陪审团成员，我将于下午 2 点时为你们总结案情。"

* * * * *

（法官总结案情）

法官道格拉斯·布朗先生
"陪审团成员，我首先要提醒你们我们各自的工作职责是什么。我的任务是控制审判的过程，本审判目前为止完全没有任何问题，并且根据法律指导你们，并为你们提供执行任务的法律框架。根据证据来为本案进行裁决是你们个人的任务，与我无关，事实上根本不是我的领域。我会提醒你们证据的主要特点，当我这样做时，若是我遗漏了你们记得的任何证据，那么你们需根据你们记得的内容，而不是我提醒你们的内容行事。换句话说，在这种情况下，决定是由你们做出的，而不是由别人来做决定。"

"我提到的第一个法律事项是，虽然你们以前从出庭律师那里听说过，但这是我们刑事管辖权的核心。控方有责任证明这名被告有罪，而不是让被告在庭上证明什么。那么控方如何证明其案件？只有当他们确定被告有罪时，他们才能证明这一点。若是达不到此要求的，被告都有权被无罪释放。陪审团成员，总而言之，当我说控方必须证明或满足你们这个或那个事实时，这意味着此标准甚高以便你们能确定控方的举证。"

接下来法官向陪审团强调在过去八天中，听取的所有控方案件和辩方案件的相关议题。他提醒他们我之前的定罪以及导致我提出上诉的所有事件，该上诉于 1995 年 7 月 14 日由罗素大法官审理，他说上诉理由被拒。在那次庭审上，他提醒陪审团，罗素大法官将我对这三位法官的指控描述为*"这是对任何一名法官的极端严厉指控，更别提是指控三名法官，正如一个人所能想像的，如果不属实，这一项指控是令人发指的。"* 他说正是因为这些指控，法院才下令将这些文件发送给检察官，结果，经过很长一段时间后才进行审理，你们现在正需裁决此两项伪证指控。

法官随后转而讲述伪证罪的指控，并向陪审团解释必须将两项伪证指控分开考虑，他们可能认为这两项指控都成立或不成立。

"控方的案件是，被告知道该证词是错误的，因为布兰查德先生策划了整件事情，愚弄《观察家报》和他们的律师。布兰查德先生在 1 月 11 日那天没有与谁会面，并且他不相信电话帐号是真实的，因为他知道它们是虚假的。这就是控方陈述的全部案件。"

"在我讲述到伪证之前，我能否先对你们说这些？无论是谁的观点都会认为，延迟了相当长的时间才将本案提交到法庭进行审判，是不可接受的。弗格森先生已经谈到了这一点，但很明显的，经过那么长一段时间后，使得被告要为自己辩护的难度变得更加困难。因为记忆会逐渐消退，本案有许多证人声称他们被要求记住很久以前的事件。如果你们也这么认为，请在考虑被告案件时，能够适当考虑这一点。"

"科斯格罗夫先生的重要性，当然在于他在 1992 年的审判中，为布兰查德先生的共同被告辩护。汉森先生是一个在那次审判中，为减轻罪行而提供对布兰查德先生不利证据的人。关键问题在于，控方是否有证明布兰查德先生参与了这个骗局？"

法官道格拉斯·布朗先生一丝不苟地依序讲述了一连串事件。在阐述莫蒂默提供的证据时，他专注于我的断言，即如果普林的公司支付了他们所欠的款项，我的公司就不会资不抵债。他提醒陪审团：*"他就不会资不抵债，因此公司就没有在资不抵债的情形下进行交易。"* 法官强调的另一部分证据与布洛菲尔德的通话记录有关。在我的第二份宣誓书中，我明确表示这些电话是从布洛菲尔德在伦敦的公寓打出去的，他提醒陪审团：*"事实上，警方从未询问过他的伦敦电话号码，警方也从未试图获得那件事的详细信息。"*

英国电信专家雷恩先生的证据，以简单直白的方式列出供陪审团掌握，法官告诉陪审团："当弗格森先生对雷恩先生进行交叉诘问时，雷恩先生同意电脑可能会出错。"

"好吧，陪审团成员，这是他提供的证据。他是个专家，专家具有的特殊知识是普通大众所没有的，我们由陪审团进行审判，而不是由专家进行审判，*你们必须对雷恩先生提供的证词做出决定。*"

接下来是两名私家侦探提供的证据，法官从哈雷先生开始阐述，法官说道"控方依靠他 — 弗格森先生形容他腐败。"

"他似乎没有一个有效的归档系统，他没有缴纳任何所得税，因为他没有将收入向国税局进行任何申报。于 1989 年时，他被特鲁罗刑事法院的陪审团，判定犯下盗窃罪和妨碍司法公正罪，但他声称那是误判，他获判九个月的监禁，其中部分的刑期获得缓刑。当我讲述布兰查德先生与刑事定罪有关的证据时，我将会再次指导你们。*关于哈雷先生和布兰查德先生俩人，在评估他们的可信度时，你们可以考虑他们过去的定罪。*"

"这并不意味着任何曾被定罪的人，或者被之前的陪审团不相信的人，将永远不会说实话，这个论点将是荒谬的。如果你们愿意，在评估你们是否相信他时，这是你们可以考虑的一个因素。你们肯定会考虑的一件事实是，他的其中一项定罪是妨碍司法公正。"

"最初哈雷先生说他不记得与布兰查德先生有过任何交易。布兰查德先生接受了他俩从未见过面的事实，但在哈雷先生的第一份证词中，他说他不记得见过布兰查德或与他打交道。他否认在 1993 年 3 月时，向布兰查德先生或其代表那里收 1,500 英镑以获取通话记录的信息，并且他进一步否认在 1993 年 11 月，以同样目的为由收取了 2,500 英镑。他说他没有于 1994 年 1 月 11 日，在约克郡富尔福德村犁田酒吧的停车场与布兰查德先生见面，他没有向布兰查德先生展示麦克唐纳法官和约翰·布洛菲尔德勋爵的大量通话记录。"

"他说他经常用科林·特纳这个名字接电话，但通常不与客户面对面接触，他的证词继续阐述他从未见过任何叫米德的人。这就是他在 2000 年提供的证词中包含的证据。"

"两年后，事实上，在上周他作证的前一天，他又提供了另一份证词。*在他最近一次的证词中，他现在想起他可能有一个叫米德的客户。*他不知道那位客户的全名，但米德先生想要他调查一个或多个电话号码。*他确实见到了米德先生，并在约克的一个公共场所，把米德先生想要的信息交给了他。*"

"在他的证词中，他说'我个人无法获得通话记录信息，但我知道一些私人调查员可以办得到，即使他们无法获得实际的通话记录。'当他被追问时，他说其中一个人叫鲍文，他认为鲍文来自斯旺西。"

"你们显然会仔细审视哈雷先生的证据。他可能要照顾自己的利益，他知道从英国电信获取私人电话信息属于刑事犯罪。由于他做了此事，因此现在正在试图掩盖所做的事，或者这可能是他的立场，还是他说的是实话？由你们来决定，记住你们必须先确定他的证据是真实的情况下，才能接受并仰赖它。如果你们接受他的证据,那么对于本案而言,你们就是在否决布兰查德先生的说法。如果你们认为哈雷说的是实话,这意味着布兰查德先生支付给他 4,000 英镑,并于 1 月 11 日由哈雷的代表人,在车上向他展示用荧光笔强调出的通话记录是谎言。若是如此,那么同理可证,布兰查德先生声称他向哈雷支付了 5,000 英镑,以获得你们在蓝色文档上第 13 至 20 页中看到的通话记录也是捏造的。"

"我稍后会更详细地提醒你们大卫·罗斯先生的证据,"法官说道。然后,他回顾了我在 1996 年 5 月 8 日,被威尔斯侦缉警长逮捕后的一系列事件,并强调了我接受警方讯问的某些部分内容。

"正如弗格森先生正确地告诉你的那样,这名被告大可不必进入证人席作证,他本可以留在他的座位而不接受盘问。他不必提供任何证据,但他选择提供证据并且他也已传唤证人提供证据,你们需以看待任何控方证人的相同方式,看待他的证据和他的证人提供的证据。同样仔细的审查他们提供的证据,虽然他从被告席走出来作证,但这不会改变他的立场,必须将他与任何其他证人一视同仁,以相同的方式看待。"

"正如他所说,他有两项定罪,一项是在 1978 年因欺诈交易而被定罪,而另一项是在 1992 年因共谋提供甲级毒品而被定罪,他已服完两个不同的刑期。关于这两项定罪,我现在要说的和我刚才讲述证人哈雷先生的内容是一样的。被告虽有不诚实和毒品交易的定罪,但并不意味着他永远不能被视为一个诚实的人,那将是荒谬和不公平的。当你们考虑他的可信度时,你们需考量是否相信他,他说的是真的还是可能是真的。他以前的定罪是你们要列入考量的一个因素。"

法官准确地总结了我自己的证据,重复了弗格森先生好似仅在几分钟前,向陪审团概述的主要问题,并总结说:"**他说他原本的主要目的以及罗斯先生的主要目的是,请求上诉法院下令核实通话记录。如果它们是虚假的,那么去核实这些虚假记录对他没有任何好处。那是布兰查德先生的证据。**"

"接着罗斯先生出庭作证。他是一名调查司法不公的专家,他最初参与调查地区反犯罪小组,在布兰查德先生毒品定罪中所做出的不当行为,随着时间的推移,他确信这一项指控是正确的并且被证实了。然后布兰查德先生告诉了他一些关于法官通话记录的信息,他代表布兰查德先生处理了这件事。他的理解是,上诉法院拒绝命令英国电信提供记录,即其记录的副本。他描述了如何通过合同提供 5,000 英镑,来购买布兰查德先生故事的书籍和电影版权,他确实认为布兰查德先生,会用这些钱来支付私家侦探并获取通话记录。"

"**他收到了一份匿名包裹 — 装在牛皮纸信封里的电话记录,并立即把它们交给了布兰查德先生的律师。**他和《观察家报》的管理层决定,他们应该尝试验证这些通话记录。**他们去请一位文件审查员验证,而他宣称这些文件是真实的。**他们还决定聘用其中一名记者认识的私家侦探的服务,这是一位在南威尔士名叫莱恩的人,他们想了解他能否获得通话记录的副本,并试图核实匿名者提供的通话记录。他们提供资金让布兰查德先生把钱交给私家侦探,私家侦探将另一份通话记录的副本传真给他和布兰查德先生。"

"最后,控方传唤前一位私家侦探西蒙·黑尔出庭作证。当他提供他的证词时,他不记得布兰查德先生或大卫·罗斯,也不记得去过塞文桥,但在他听取了布兰查德先生和他自己之间的两段电话录音后,他承认录音带上那位安排递交文件和事后通话的那个人是他,然而他仍然没有回想起这一切究竟是为了什么原因做这些事。他说他本人并未获得这些通话记录,他也没有创建它们,他无法这么做。他的老板莱恩与报纸社打交道,但他不知道莱恩是否有可以获得通话记录的联系人。"

"好吧,陪审团成员们,究竟他的证词是否对你们有帮助,你们自己决定。他似乎患有不寻常的失忆症。**你们可能会认为,从布兰查德先生录制的电话录音中可以清楚地看出,他们确实见过面,而他,布兰查德先生,收到了一些东西,他们**

在电话中以南方书和北方书的代码称呼这个东西。这些通话记录的来源是他证据的谜团之一。**它们实际上与布兰查德先生在 2000 年 7 月提供的通话记录相同，只是在格式上略有不同而已。"**

"就像第一份通话记录一样，也有南威尔士的缩写字母 SW 标记在上面。如果它们是伪造的，*那么你们必须对此做出决定，*是否这两份均是伪造的或是其中一个而已？*请谨记在心的是，莱恩和黑尔先生均来自南威尔士，事实上，哈雷先生所说那位名叫鲍文的人也是来自同个地方。"*

"好吧，陪审团成员，这就是我想提醒你们的所有证据。你们今天早上听取了霍威尔先生和弗格森先生各自令人钦佩的结案陈词，他们非常清楚地阐述了控方和辩方的案件。我不必也将不会详细提醒你们他们所说的话，我认为我只需要提醒你们，他们各自对你们说的主要论点即可。"

"霍威尔先生的中心论点是，你们可以确定通话记录是伪造的，两份都是伪造的。你们同样可以肯定布兰查德先生参与其中并且知道它们是假的，因此伪证指控是成立的。你们可以认为布兰查德先生参与其中，因为伪造者不会知道该伪造哪些日期，必须包含哪些日期的特定通话在通话记录中。他引导你们参考第 45 页和第 46 页，这部分列出了埃利斯小姐对这些通话的看法，以及它们与案件中的哪些特定事件有关；庭审的开始、庭审的结束、法官签署拒绝上诉许可等。霍威尔先生说，如果日期不是来自布兰查德先生，伪造者怎么会知道要包括哪些日期？"

"弗格森先生有两个中心论点，第一，如果罗斯先生相信这些通话记录是真实的，那么布兰查德先生也可以这么相信不是吗？第二，*如果他知道这些通话记录是虚假的，他为什么要求上诉法院下令对该记录进行验证呢？"*

"陪审团成员，这就是我在本案中欲提醒你们的全部要点，明天早上，肯定不是现在，我会要求你们退庭考虑你们的裁决。在我要求你们明天退庭之前，我只有两件事要对你们说。第一，如果你们还没有这样做，请指定你们其中的一个人担任陪审团团长或女团长，主持你们的讨论并在你们返回庭上时，宣布你们的裁决；其次，你们应该听求达到多数票裁决。但在经过你们很长一段时间的讨论后，才会考虑多数票裁决。我将必须在法律上为你们提供有关多数票裁决的进一步指示，因此请暂时忘记这件事。先集中精力对这份起诉书做出一致裁决，我希望我们不会涉及多数票裁决的问题。但如果我们必须这么做，我将必须给你们进一步的法律指导。陪审团成员们，这就是我今晚所做的总结，稍后你们就会退庭，也就是明天早上时，你们将考虑做出什么样的裁决。"

"出庭律师是否有任何事项希望更正或修改？"

弗格森先生："没有，法官大人，我们不需要麻烦陪审团任何事情。"

法官道格拉斯・布朗先生："好的，那么陪审团成员，请你们现在就退庭，明天早上 10 点之前回到庭上。"

一旦法庭清空完毕后，我在毗邻法庭的一间小会议室，与弗格森先生和马克・哈里斯进行了简短的会谈。弗格森先生的观点是，他认为我们的辩护进展顺利，但他当然说你永远无法预测陪审团会做出什么样的决定。我知道他已经十分乐观了，当我们握手时，他的临别之词是："振作起来，保罗，这次你得到了公平的审判，我对这次的陪审团的感觉很好。"

当然，我需要的是一个足够勇敢的陪审团为本案做出裁决，该裁决证实并谴责英国权威机构对我的案件司法不公，以掩盖和保护他们自己。

晚饭后，吉尔的儿子克里斯托弗来接她回家，小保罗和莎拉将留下来等待裁决。吉尔在过去两周均出庭给予我支持，但她已无法明天再次出庭 — 如果我获判有罪 — 看着我再次被判刑和入狱。她会崩溃，也可能会落泪，我们不希望威尔斯和霍威尔这样的人看到这一幕并幸灾乐祸。如果我被判刑的话，吉尔已经打包了一个小袋子装我要换穿的衣服，我将其带在身上。

有两条牛仔裤、一些短袖汗衫、袜子和运动鞋，比我出庭时穿的时髦西装更适合监狱生活。说再见后，想到过去两周的压力，我感到异常平静，感觉过去25年来，在我脑海中盘旋的一切都突然消失了。无论裁决的结果如何，我都感到轻松自在、内心平静。我把妈妈的信放在西装的内袋里，并再次读了一遍。我可以在我的脑海中听到她的声音在说"哦，要有一些信心"和"相信主"之类的话，她还会说"你不可能在圣经上发誓后，然后说谎最终还能侥幸逃脱。"她说的话虽然无法解释为何会有这些误判的发生，但不管真相如何，读过她的信之后，我感到很安慰。明天，我想，我们会看到真相到底是什么。

2002年11月29日星期五

第九天

法官道格拉斯·布朗先生："现在，陪审团成员，稍后我会请你们退庭并考虑你们的裁决。没有更多的证据要呈上法庭，如果你们想到什么而需要进一步的证据，恐怕无法提供给你们，因此传便条说你们想知道一些未呈上法庭当作证物的事实是没有意义的。但我绝对会提醒你们任何你们想被提醒的证据，而我也已经向你们提醒了这些证据。我想，你们已经得到了所有、几乎所有你们可能需要的证物。如果有任何你们需要的呈堂证物，那么你们可以拥有它。现在请你们在陪审团法警宣誓后退庭并考虑你的裁决。"

(法警宣誓)
(陪审团在上午10点退庭以考虑他们的裁决)

法官道格拉斯·布朗先生："弗格森先生，我当然会持续批准被告的保释。我认为条件是，在短暂休庭之前，他肯定不会离开法院大楼。但如果到中午时陪审团没有做出裁决，我不会在1点到2点之间接受陪审团的裁决，届时他可以离开法院大楼。"

弗格森先生："法官大人，相当感谢您。"

小保罗、莎拉和我去了自助餐厅，在那里等着被叫回来听取裁决。通常当陪审团退庭时，被告会被带到牢房，因为到那个阶段，如果被告认为监禁刑罚迫在眉睫，他们可能会逃跑，但法官甚至裁定，如果陪审团的讨论持续到下午，我可以离开法院大楼。我对这位法官有一种直觉，陪审团往往非常重视法官告诉他们的内容，并且经常愿意确实接受他们的指导。因此，当法官总结案情时，是司法行政中强大而有影响力的工具。无论会是什么样的裁决，我都会觉得这位法官的总结是对我有利的。似乎只有等待几分钟的时间而已，就听到法庭的广播系统播放"所有布兰查德案件中的相关人员到第六号法庭"，然后再次播放"所有布兰查德案件中的相关人员到第六号法庭。"

小保罗、莎拉和我面面相觑，我承认我感到焦虑和紧张。我看了看表，才上午10点30分。陪审团是否达成了裁决，还是陪审团需要进一步的信息，我的思绪飞快运转着。到达法庭后，我找到了马克·哈里斯，但没有看到弗格森先生。霍威尔先生、他的下级和威尔斯侦缉警长已经就座，等待法庭书记员将陪审团带回法庭。

法院广播系统再次响起"所有布兰查德案件中的相关人员到第六号法庭"。弗格森先生总算出现了，并为让法庭等待而道歉(他一直在与另一个法庭的另一位法官喝咖啡)。我走进被告席，但这次有一名狱警陪同，他关上了玻璃门以防止我离开。陪审团被带入法庭并就座，然后，当法官道格拉斯·布朗先生进入法庭时，熟悉的"全体起立"，他点头后就座。我看了看表，时间是上午10点45分。陪审团仅用了30分钟就做出了裁决。

★ ★ ★ ★ ★

法庭书记员："陪审团成员，请你们的团长起立。你们是否就起诉书的第一项伪证罪指控，达成了你们都一致同意的裁决？"

弗格森先生："是的。"
法庭书记员："你们认为被告保罗·布兰查德有罪还是无罪？"
陪审团团长："无罪。"
法庭书记员："这就是你们所有人一致通过的裁决是吗？"
陪审团团长："是的。"
法庭书记员："你们是否已就本起诉书的第二项伪证罪指控，达成你们都一致同意的裁决？"
陪审团团长："是的。"
法庭书记员："你们认为被告保罗·布兰查德有罪还是无罪？"
陪审团团长："无罪。"
法庭书记员："这就是你们所有人一致通过的裁决是吗？"
陪审团团长："是的。"
法庭书记员："谢谢你们。"
弗格森先生："法官大人，可以先释放被告吗？"
法官道格拉斯·布朗先生："可以。"
弗格森先生："其次，法官大人，布兰查德先生的法律援助费用尚有一些款项还未付清。我正要问法官大人，您是否会考虑下达辩护费用令来支付所积欠的款项，以支付法律援助令？"
法官道格拉斯·布朗先生："是的。"
弗格森先生："谢谢您。"

当我听到这两个字时，我永远无法解释我当下肾上腺素的激增和我的感受，我低头看着笑容满面的小保罗和莎拉，并环顾法庭等待控方的反应。宣布判决时，站在威尔斯旁边的莎拉听到他说"哦，不。"

霍威尔脸上的表情完全将他内心的想法表露无疑。当法官解散陪审团时，我走到弗格森先生和马克·哈里斯身边，坚定地与他们握手。"弗格森先生，我将永远无法感谢你。""保罗，所做的所有努力均在这一天结束了，现在你可以对你的两个定罪提出上诉。"我内心不禁想着，他是多么的绅士，一位竭尽心力为被告平反的律师。

在法庭外，莎拉把我的手机递给我，我打电话给吉尔告诉她这个好消息。然后，我们回到酒店取回我们的行李，途中遇到了一位年轻的陪审团成员。我向前伸出手，坚定地握住了他的手，并称赞他们在很短的时间内就做出了裁决。"昨天法官总结完毕后，我们就已做了决定，"他说，"无论如何，弗格森先生要求我们尽快做出裁决，我们不需要再查看任何证物，因为谁说的是真话，一目了然。"

那天晚上，我们匆忙安排了一个持续到凌晨的庆祝派对，我兴奋得整晚都没合眼。经过了漫长的 25 年后，我说的话终于被相信了。十二名来自一般大众的男女，知道我的一切并选择相信我。我忍不住想，妈妈的观点又再一次应验了，虽然我的观点错了但无论如何我从不介意。

* * * * *

第二十二章

黑暗势力的运作

12月初审判结束后，杰里米·辛克莱永久移民到特内里费岛，然而，在离开之前，他知道我对保存文件的执着，他递给我另一份档案，其中包含关于他对布洛菲尔德的强奸指控的最新信函。该档案包含苏格兰场对辛克莱的律师事务所 — 莱昂·菲利普斯公司 (Leon Phillips & Co) 的回应，驳回了他针对威尔斯没有适当调查他案件的投诉，并表示"我不认为威尔斯侦缉警长，要求布兰查德先生请他的朋友联系警察，有什么不妥的地方？"

还有代表布洛菲尔德的财政部律师在2002年11月25日的信中说道："虽然我的客户承认他在2001年7月19日左右会见了您的客户，但他否认您的客户描述的事件真有其事。"虽然我本可以预料到这两个反应，但还有来自西约克郡警方的另外两封信，内容起初令人费解。第一封信的日期为2002年10月15日（就在我的审判的前几天），收件人为：詹姆斯·金 (James King) 先生，地址为约克市赫斯灵顿村皮尔路17号（这是辛克莱的地址）。信中写道：

"敬爱的詹姆斯

我希望这封信没有冒昧你，我从一个朋友那里得到了你的地址。我真的很想你，并很想再见到你。请你联系我。

爱你的

Viv xxx

第二封没有注明日期的信是：

辛克莱先生

请紧急联系拉斯 (Russ) 警员，他的手机号码是 07693 224162。

我必须强调这件事**十分紧急**

拉斯警员

（注）两封信的笔迹相同

我认为这两封信被错误地放在一起。警察似乎试图招募辛克莱作为我的审判的控方证人，然而，后来发现，在辛克莱积极投诉他被布洛菲尔德强奸的整个过程中，他还担任西约克郡警方的线人。

尽管他曾宣誓他曾被布洛菲尔德强奸，但警方从未以伪证罪起诉他，令人惊讶的是，布洛菲尔德从未以诽谤罪起诉他。他再也没有收到来自博茨瓦纳警方或布洛菲尔德的消息，他在霍尔贝克警察局（西约克郡警察局）提出的申诉，遭一名高级警官下令永远掩埋。

他的强奸案中有许多悬而未决的问题，这将永远是一个谜，但审判后获得的证据证实了布洛菲尔德在伦敦住所播出去的电话号码，以及其通话记录中的详细信息，确实是拨打给同性恋材料的出版商。

威尔斯侦缉警司进行的两项调查均告失败。布洛菲尔德强奸案从未取得进展，而我的伪证罪指控获判无罪，然而，在胜利之后，马克·弗利给出一些非常中肯的建议。"保罗，"他说，"如果警察出于任何原因必须再次调查你，他们就会严惩你，当局永远不会忘记你在曼彻斯特审判上获得的胜利，以及你对布洛菲尔德的指控，他们会将这些事长期牢记在心的。"他还提醒我需保持警惕，并建议我将我保留记录的执着程度再更上一层楼，尽可能将每笔金融交易，以书面方式记录下来并录下每通电话。他知道我从事有争议的业务，因而吸引了可疑人物。"你只需要回顾你与穆罕默德·德巴的交易，"他说。马克的建议相当中肯而且十分有道理，我接受他的建议并每天将其建议付诸行动。

距离 2002 年圣诞节只有几天的时间了。我终于可以在过去 25 年的过往，没有在我脑海中盘旋的情形下，尽情欢乐地享受这个节日。我已攻击了英国司法机构中最高级别人员的公信力，并揭露了英国司法机构上广为普及的腐败程度。我还揭露了那个"核心圈子"，该圈子的成员在中央刑事法院闭门秘密开会。那些腐败的上诉法院法官和官员，遍布范围从英国大法官的高级职位，到首席大法官办公室的毒蛇窝。那么，谁指示法院书记员在我的上诉申请的上诉通知书上写下 — 参照 /C89/6687/W3，以确保布洛菲尔德可以发挥他的作用，并秘密会见彼得·泰勒御用大律师以破坏我的上诉申请？

究竟泰勒和布洛菲尔德讨论了什么？所有这些法官都坚定不移并决心掩埋布洛菲尔德的强奸传单。罗素大法官是同性恋吗？他知道他们内心深处的秘密吗？还有谁是同性恋？众所周知，许多住在大学里的年轻男性，在发现他们真正的性取向之前，就已经有同性恋倾向。

我的上诉与首席大法官本应没有任何关联，但泰勒参与将我置于死地的时间点，可追溯到我于 1978 年的审判，当时莫蒂默和他密谋，因以我获判有罪。难怪在我被定罪后，他们离开法庭时，妈妈看到了他们开心大笑的情形。戴安娜·埃利斯说，不在此领域工作的人很难理解这个职业，她说道**"这是一个很小的圈子，出庭律师通常最终会成为法官。"**，这意味着最终他们会互相包庇彼此。

好吧，现在全世界都知道了，所以这些话非常适合这种情况。简而言之，司法人员必须讨好逢迎上司并掩护他们的同事，才能使他们的职业生涯更上一层楼，因为在他们的职业道路上的某个地方可能会彼此交会，这表明他们确实都"同一个鼻孔出气。"

控方的案件以一种奇怪的方式反倒支持了辩方的案件，因为他们确信这些通话记录是伪造的，并且是我在 **2000 年 7 月** 首次向控方披露时编造的，当时他们并不知道《观察家报》早在 **1994 年 12 月** 便获得了这些通话记录。霍威尔先生在结案陈词中对控方案件的说法坚定不移，称这些记录不是真实的就是伪造的：

"当然，关键是那些通话记录。如果没有打这些电话，那么文件一定是伪造的。如果文件是伪造的，那么一定是布兰查德先生编造了这些文件。没有任何其他人可以偶然随机选择相同的信息，这样的想法真是荒谬。"

霍威尔先生告诉陪审团，两个独立的伪造者可以伪造相同文件的机率是**"四千万分之一。"这个机率是如此遥不可及，以至于超出了任何合理的计算范围内。**我认为机率是**"十亿分之一"**而已。法官告诉陪审团，他们可以将我过去的定罪列入考量，当然他们也这么做了。从本质上来说，审判中的两次小型审判以及我过去定罪的每一个细节，都让陪审团相信我在这两个案件中都是无辜的。陪审团知道关于我的每一个细节，并且仍然宣判我无罪 — 尽管三位法官均否认彼此没有互通电话。

所以，就像一群白痴一样，警方依靠这三位法官的否认，并相信他们没有打过电话给彼此，但警方只需要在 1994 年趁通话记录还保存在电脑里时，检查英国电信的电脑便可得知，或者 — 他们检查过，而这就是他们等到该记录消失不能作为证据的原因。有一件事是肯定的，警方从来没有向布洛菲尔德询问，他从伦敦秘密公寓拨打的电话号码的详细信息，或者向他询问这些通话记录副本的信息。那么他们一直都知道电话是从他的公寓打出去的，而且至少有一通电话打给了一个确定是同性恋材料出版商的号码，他们一直都知道的可能性是多少？这也是罗素大法官拒绝法院命令英国电信披露通话记录的原因，因为他知道证据最终会人间蒸发并永远消失。

霍威尔先生的观点是"三位法官希望确保 (1) 先将我定罪，以及 (2) 确保上诉法院不会推翻我的定罪"，若是如此会产生严重后果，因为那些追究他人责任的人，将必须反过来被追究责任。

我将对这两项定罪提出上诉，并使用我在伪证审判的通话记录，该记录是证明莫蒂默背叛我的铁证，而且我的公司一直都是有偿付能力的。我还可以证明我的毒品定罪和上诉受到了腐败当权者的破坏，包括腐败的警察和其他腐败的司法人员。不管那些官官相卫的腐败官员怎么对付我，我都会恢复我的名誉和人品，所以我的上诉是否会成功将不是问题，而是我的上诉何时能成功。

我虽已在与英国权威机构的抗争中取得了胜利，但马克·弗利的谨慎言论将证明言之有理。因为在约克警察局的密谋桌周围，聚集了一群精锐的欺诈小组员警，这些行事不公的员警一心立案对付我，他们将对付我的计谋，与之相比，使得我过去 25 年的抗争，看起来像是一件十分轻而易举的事。我与西班牙情报机构的合作，将揭露我们社会最高层的腐败，并最终使我再度成为监狱的阶下囚。

我曾与那些不露面的政府官员抗争并最终赢得了胜利，但西班牙和英国法院的力量以及来自西班牙和军情五处的情报官员，已经准备好并意图埋葬，我提供给他们关于马德里和伦敦暴行的恐怖组织的重要情报。

这场抗争将是一场漫长而艰苦的战斗，会带来毁灭性的后果，虽然与我的任何法律案件无关，但"布洛菲尔德的强奸传单"，将遭西班牙和英国不道德的警察情报人员利用，成为未来以刑事罪名起诉我的因素之一。

妈妈过去常说，如果有天真相大白，那么真相会让我重获自由。她会说真相"终会大白"。在我的内心深处，我想相信那些明智的话语，并紧紧抓住她坚定不移的信念，与那些腐败、欺骗、不诚实和毫无界限的权威机构的邪恶成员做抗争。而我生活在现实的土地上，只有时间会证明和检验妈妈的信念 — 即最终真相会战胜一切。

*****

第二十三章

与有钱有势者的相遇

当 1999 年 12 月一位自称是好莱坞制片人，名叫艾瑞克·莱纳的人访问约克时，他嗅到了金钱的味道，便开始转发几千万美元的投资建议书，而且他的姿态还高高在上，简直侮辱了你的智商，期待你相信他的每一句蛊惑的言语。2001 年 10 月，他成为客户并创建了一家位于伯利兹的公司，名为星门创投有限公司 (Stargate Ventures Limited)，他是该公司的最终受益所有人。莱纳正是我所说的长期欺诈者，他花时间建立友谊和商业关系，迷惑你及培养你产生一种虚假的安全感，然后才开始大开杀戒，并以牺牲毫无戒心的受害者为代价赚取巨额利润。

在我们俩多次的谈话中，我提到了雨果，他希望在美国投资项目，而莱纳知道这件事后，便想向他借 1 亿美元，为他的第七代娱乐电影制作公司加强信贷措施。雨果真的很感兴趣，因为任何通过美国的资金，都会拥有 100% 的合格证明重新进入欧洲 — 这是最终的洗钱机制。雨果将任务委托给埃琳娜·唐图，她需要从美国驻伦敦大使馆获得签证。因此，于 2003 年 2 月 8 日莱纳写信确认，他希望在接下来的几周内与我们在洛杉矶会面，结果她被批准了十年内可多次入境美国的签证。然而，随着事情的发展，莱纳最终反而是聪明反被聪明误。

* * * * *

2003 年 2 月 13 日的上午，费尔南多打电话来说，他认为如果我在马贝拉开设办事处会是个好主意，并补充说："但如果你想留在特内里费岛，请先不要张扬，暂时不要做出任何决定。"他真的打了这通电话给我，因为他需要更多关于德巴银行账户的信息，然后他把电话交给了恩里克。

〔恩里克〕："是保罗吗？"
〔我〕："恩里克。"
〔恩里克〕："早安。"
〔我〕："早安。"
〔恩里克〕："新年快乐。"
〔我〕："是阿，祝你新年快乐。"
〔恩里克〕："你有个愉快的圣诞节吗？"
〔我〕："很好，很愉快，你也是吗？"
〔恩里克〕："是的，谢谢你，保罗听着，我有一个非常简单的问题想问你，我认为没有必要为此开会。正如你现在所知，我们试图获取有关在马恩岛的银行账户和公司的所有文件。所以我们得到……我们现在有一些关于……的文件，这些文件是关于银行账户和汇丰银行的。正如你所知，有几家公司在那里有银行账户，因为是你开了这些账户，不是吗？"
〔我〕："是的。"
〔恩里克〕："我的问题是，当你在马恩岛或任何其他避税天堂开设这些银行账户时，是否有必要在马恩岛的任何其他行政部门，采取任何官方或法律步骤，或者我们有的全部这些文件是否均来自马恩岛，还是只有银行的文件是来自马恩岛呢？"

〔我〕:"首先要开银行账户,因为我们是有执照的代理商,当我们为客户开户时,银行会以我们的信誉为依据。因此,唯一需要或需求的是银行对签署帐户的个人出示的银行征信信函。以穆罕默德为例,我以公司董事的身份签署文件。这意味着你需要的任何信息,我都可以获得,每一件事情的信息均可,因为我们是所谓的公司董事 — 即戴菊莺公司的董事。"
〔恩里克〕:"好的,保罗,非常感谢。"
〔我〕:"费尔南多在旁边吗?"
〔恩里克〕:"我把电话递给他......拜。"
〔费尔南多〕:"保罗。"
〔我〕:"费尔南多,新年快乐。"
〔费尔南多〕:"祝你新年快乐。"
〔我〕:"我将会很快再与你通话。"
〔费尔南多〕:"再联系,再见。"
〔我〕:"好的,拜拜。"
〔费尔南多〕:"祝你有个愉快的一天。"

* * * * *

在那通电话之后的几天之内,费尔南多打电话过来,要求我去一趟马德里,以协助和解释我所提供针对德巴案件数不胜数的文件。于是我再次开始了我前去马德里的例行公事,在去他们总部开会的前一天先到达那里。我对复杂的离岸结构领域的投入是无价的,因为他们发现相当难以理解、解开和拆除德巴帝国的谜团。然而,2003年2月12日这一天,将是我与这两位高级情报官员关系的转折点。

"恭喜,保罗,"费尔南多说,脸上带着微笑并坚定地握着我的手。恩里克伸出手并与我握手,他说:"保罗,恭喜你,恭喜你。"我一定是满脸不解的表情,所以费尔南多说:"你在曼彻斯特的审判上获得无罪的判决,你战胜了三名法官。""是的,我做到了,说来话长。""请告诉我详情,"费尔南多说,"我们是在你获判无罪的第二天听到这个消息的。"

我尽可能用最简单的方式将经过解释了一个多小时,最后费尔南多说他有一个提议请我考虑。

"我们希望你成为我们情报部门的特工 — 一名卧底的国家特工。由于你是一名商人,因此我们对你充满信心,并且你已对西班牙表现出了你的忠诚,你非常关心西班牙。我们视你为值得信赖的证人,是我们可以与之合作的人,我们将尽我们所能帮助你作为回报。"

"我接受,有件事你可以帮我,"我说道。

费尔南多强调我将与他的部门建立特殊关系,向我解释我的个人安全无论在任何时候都是最重要的。虽然我将继续协助德巴案,但他们希望获得我拥有的任何可疑客户,或我接触过的任何人的情报,尤其是关于亚洲人或亚洲商人的。当我告诉他们我在约克办公室与阿林和斯特德曼有过第二次会面时,他们全神贯注地倾听着,因为他们知道这两个人在英国有许多的亚洲联系人。我告诉他们,我在一月份把他们俩都介绍给了西蒙·埃尔德里奇,他是我儿子保罗最好的朋友之一。

我说西蒙与小保罗自四岁起在学校就成为了朋友,小保罗去年九月在夏威夷与他的妻子希瑟结婚后,西蒙在小保罗于约克举行的婚宴上担任他的伴郎。恩里克问西蒙以何谋生,我说他做生意。我告诉他,只要西蒙能获取利益,他就会为任何人做异常奇怪的交易。

我向他们说明,阿林和斯特德曼于1月14日,在西蒙正要离开时来到我的办公室,所以我介绍他们三人认识,他们彼此交换了名片。我向他们保证,如果他们决定一起开展任何项目,西蒙会将所有信息反馈给我。

"现在我们可以为你提供什么帮助?"费尔南多问道。

"我想在西班牙申请进行货币交易和交易许可证。"

"为什么在西班牙而不是在英国？"恩里克问道。

"我会立即遭拒，因为我在英国有刑事定罪在身。"

"这不是问题，"费尔南多说，"我们可以为你提供帮助并打开正确的渠道，你可以信任我们，保罗。我想与你分享一些我们手上握有关于你的客户，桑尼·弗莱彻和雷蒙德·丹尼尔斯的信息，整个欧洲的所有执法机构都知道，他们是毒品卡特尔的"六大"人物之中的一份子。你必须非常小心，不要卷入他们的任何行为，否则会产生严重后果。"

在返回利物浦的航班上，我一直对自己微笑。这是一个多么疯狂的世界，这真的无关于你知道了些什么，而是取决于你认识什么样的人，而在所有人当中，我获选成为西班牙情报单位的卧底。我可以听到妈妈说我又回到游乐场的旋转木马上，直到它毁损并带来更严重的后果时才会停下来。相信费尔南多和恩里克这两个人只能怪我自己，因为我把谨慎行事的想法抛诸脑后了。我又再次鲁莽行事，我本应知道该怎么做才对。

* * * * *

费尔南多向我保证我的安全对他们而言至关重要，这个保证很快就会受到考验，因为我需要去一趟我在特内里费岛的办公室，为我所有的西班牙公司签署年终会计报表。2003 年 2 月 28 日早上 — 我开启了我的录音设备 — 我打电话给费尔南多，他说特内里费岛的新警察局长，会在我逗留期间对我进行特殊保护。

"我会请莎拉·希尔打电话给你，因为你知道她会说一口流利的西班牙语，并且可以和你一起安排一切事务。"

"好的。"费尔南多说道。

在我于 3 月 4 日到达的前一天，莎拉与费尔南多进行了所有安排，费尔南多将我的安全委托给了特里尼塔奥 (Trinitario) 督察员，他取代了忠于德巴组织的前警察局长。在女儿莎拉的陪同下，我们抵达了特内里费岛，全程受到武装警察的保护。费尔南多信守诺言，所以我在回家的三天后，我打电话给特里尼塔奥督察员，感谢他的帮助和保护。然后我打电话给费尔南多，感谢他安排这些事情。所提供的安全水平确实相当卓越非凡，这对我来说再次证明了西班牙当局，相当重视我是德巴案中受保护证人的地位，尽管我提供了不胜枚举的证据，但只能在审判中透过我提供的证据才能公布此类材料。费尔南多毫不掩饰地表示，如果没有我提供的证据，德巴会带着他的财产安全地离开法庭，回到他的家乡黎巴嫩。

* * * * *

当克里斯·艾尔 (Chris Eyre) 清醒的时候，他是位极佳的律师，他十分聪明伶俐。遗憾的是，酒精对他的影响与对太多有天赋的人的影响一样，酒精把他的生活搞得一团糟，以至于他有 75% 的时间都处于酩酊大醉的状态，但他仍然有办法在生活中跌跌撞撞地谋生。他对犯罪分子的喜爱，源于他因一次小规模欺诈案审判入狱一小段时间，并且在成功上诉推翻他的定罪后，他回到了塞尔比继续职业，他与妻子和孩子们住在那里。艾尔有一个黑暗的秘密，他后来表示这引发了他的酗酒问题。

当艾尔代表桑尼·弗莱彻和达伦·利弗塞奇 (Darren Liversage)，亲自将大量现金送到西蒙·埃尔德里奇的办公室时，他曾多次见到西蒙。我也请西蒙帮我自己的客户把钱送到他的办公室，因此两人很了解彼此。西蒙并不知道一个高效有组织犯罪集团正计划，从一个位于爱尔兰都柏林的大型跨国美国企业 — 朗讯科技窃取 430 万英镑。当我将西蒙介绍给阿林和斯特德曼时，他们已经找到了可为他们承担责任的"傻瓜"，加上西蒙也认识艾尔，他们可以远远地隐藏在幕后，但仍然可以完全控制情况，直到骗局完成并且在他们的控制下，将资金安全地汇到离岸账户中。

斯特德曼将西蒙介绍给位于马贝拉，另一个在幕前行事的人，他叫做帕科·利苒 (Paco Lizarran)，他告诉西蒙他曾为一家大型游艇中介工作，但由于合同中的欧洲广泛除外条款，因此他在大约 18 个月内不被允许从事任何游艇经纪业务。这笔交易意味着他将有效地利用西蒙作为人选（幕前行事的人），进行游艇经纪业务，并且当除外条款期限结束时，他提议将亲自处理此事。利苒告诉西蒙，他以前的客户还是继续与他交易，但"知道为什么"他们不能直接与他打交道。为了进行这笔交易，西蒙必须成立一家公司 — 科尔斯波特有限公司 (Colesport Limited) 将负责这些交易，利苒同意在 18 个月到期时，向西蒙收购该公司。

阿林和斯特德曼是犯罪组织的头目，他们也将艾尔当作一个傻瓜，艾尔引进大卫·泰勒进行重要会议，和引进泰勒的朋友骗子彼得·格洛弗 — 他因对英国税务和海关总署进行"旋转木马式增值税欺诈"而逃亡到西班牙。在格洛弗被捕后，泰勒将格洛弗介绍给了艾尔。格洛弗的职责是协助西蒙在西班牙开设银行账户，以接收来自诈骗朗讯的资金。

斯特德曼和利苒随后组织了一次骗局的排练，从大洋游艇 (Grand Ocean Yachts) 购买了一艘停泊在意大利的特定游艇。大卫·泰勒组织了游艇的视频制作安排，然后利苒使用该视频来说服西蒙，另一笔交易已在手，将购买一艘可停泊在伦敦的游艇，该游艇是朗讯用来招待中间商以获取在伊拉克的电信分包合同。为了促成这笔交易，利苒表示他已安排朗讯贷款西蒙 430 万英镑，为此他将获得 5 万英镑的费用作为促成交易的酬劳。西蒙同意这么做，因此桑尼·弗莱彻感到相当高兴，因为他已经介绍了所有相关当事方，并希望获得他的推荐费。当西蒙向我转述细节时，我为他感到高兴，毕竟 5 万英镑是一笔不小的数目。

* * * * *

2003 年 3 月 24 日这天，我赶上了从约克到伦敦的清晨火车，欲前往位于皮卡迪利的子午线酒店开会，我计划在那里过夜。穆罕默德·汗组织了这次会议，与会人员包括阿林、斯特德曼和一群亚洲商人。当我初次与人见面时，我总是难以记住他们的名字，当下是一件令人尴尬的事情，因为尚有其他七个人参与会议。我在那里解释了离岸公司的结构，以及在避税天堂持有复杂的空壳公司和银行账户，可获得的所有优势。穆已经熟悉离岸银行系统，经常将资金转移到伊斯兰堡而没被察觉。我在那里说服他的朋友。

有时在会议期间，穆仿佛置身于人群外，专心地用他的手机拨打和接听电话，他显然是在将信息传递给他称之为"阿米尼"的同伙。其中一个与会人员询问"萨拉赫丁"是否安好，穆回答说一切都好。该会议事后证明是成果丰硕的，穆说他的朋友将使用我的服务。到了下午晚些时候，发现我没有必要留下来过夜，所以我把我的房间钥匙交给了那群人，并说如果有人想使用我的房间，他们可以使用，然后第二天早上再将钥匙交回给酒店接待处。正是我的这种慷慨行为巩固了阿林、斯特德曼和汗之间的关系，他们是对外国和英国银行进行欺诈以资助恐怖组织的首脑。

* * * * *

两天后，当我的女儿莎拉在网路上查看我的美国运通账户时，她发现了子午线酒店收取了几笔未经授权的交易。当我向酒店保全主管鲍勃·斯坦布里奇 (Bob Stanbridge) 询问时，发现我预订的房间批准了这些收费。我后来发现，穆一直住在我的房间里，然后授权他的同伙使用其他房间，然后把消费全数记在我的账上。斯坦布里奇先生说，所有需为此事负责的人，都已被酒店的闭路电视系统录下，如有必要，他可以提供给警方。当然，通常情况下我会与所有这些人渣断绝联系，但不知道费尔南多想让我做什么，所以我决定等到下次会议再做决定。与此同时，我会努力追查到底是谁应为此负责。我首先联系了达伦·斯特德曼，他说即使他和阿林都没有待在我的房间里，他也会安排我得到 919 英镑的全额退款。

〔我〕:"你没有留在那里过夜吗?"

〔达伦〕:"是的,我在那里过夜。"

〔我〕:"所以你在那里过夜,然后将费用记到我房间的账上吗?"

〔达伦〕:"不是的,没有。"

〔我〕:"你分开结账是吗?"

〔达伦〕:"是的,我们自己付账的,我们分开付的。"

然后我打电话给穆罕默德·汗,他充满了道歉和借口,并说他会把钱还到我的账户来化解这种情况。

〔穆罕默德〕:"好吧,就像我说的,我的意思是我知道你很生气,我为此道歉,但老实说,我不知道发生了这样的事,这不是大问题。我的意思是,我....老实说,我希望,我会追根究底,我不会就这样算了。我会付钱的,没问题,我会追查到底。无论如何,你知道那些在那里的所有亚洲小伙子,直到在我和另一个人一起抵达那里之前,我个人是不认识他们的,当我发现是这些人干的时候,我感到有点不舒服。我知道他们来自伯明翰的安斯沃思 (Ainsworth) 地区,这就是为什么我带上其他人以确保不会出事的原因。当我到达那里时,和我在一起的那个小伙子都认识他们,所以我觉得没事。但我没有意识到,他们对我说时,我没有意识到这些是记到你账上的。"

〔我〕:"你看问题在于不是我使用这些消费的。问题在于酒店,我必须提出正式的投诉,因为我不知道......我仍然不知道谁将帐记在我卡上。"

〔穆罕默德〕:"老实说,无论如何我都会追根究底。但显然我的意思是和所有这些他妈的家伙......和我自己......我的意思是我在那里......我和那些小伙子们一起在那里的,我不想要......**我最不想要的就是一张他妈的影像......在他妈的摄像镜头上显示我自己和这些人在一起。**"

汗说的这些话已经足够了,可以与阿林和斯特德曼永远像连体婴一样蛇鼠一窝。如果不是因为汗与其他亚洲人的关联,以及继续通过我与他的关系,去获得有价值情报的可能性,我会对他更加不礼貌,但我会将最终决定留给费尔南多来做。

三天后,有人代替汗在汇丰银行的黑尔斯欧文分行(离伯明翰不远)支付了919英镑,记入我在汇丰银行持有的个人账户存款。

* * * * *

艾瑞克·莱纳热衷于推进他的计划,但我坚持让他在与雨果敲定任何细节之前,向戴菊英公司缴交善意的押金,因而阻碍了他的计划。我怀疑他是骗子,他的同伙拉里·大崎 (Larry Osaki) 声称他在洛杉矶遇到了现金流问题,他们请我帮忙,我为莱纳的同伙拉里·大崎安排了价值5千万美元的"信用状",我证明我是个说到做到信守承诺的人。

我告诉莱纳,要实现他的计划,需要大量的工作和费用,这将包括埃琳娜·唐图需前往美国和欧洲其他地区,与雨果的同事和其他利益相关方会面。双方同意,无论事情完成与否,结束后我将在未来向他的离岸公司星门开具发票,以计算所有这些支出和我自己的费用。莱纳根本身无分文,所以他开始说服他的友人理查德·杰拉尔多 (Richard Gerardo) 支付 225,000 美元(等同于 14 万英镑)的押金,条件是莱纳提供抵押贷款作为安全保障,并亲自在他位于洛杉矶的家中与我会面。

2003年4月9日我前往洛杉矶,住在著名的比佛利山庄希尔顿酒店,第二天与杰拉尔多见面,他问了很多问题并要求我的护照复印件。莱纳还在晚餐时将拉里·大崎介绍给我认识,他想借2亿5千万美元,莱纳详细解释了大崎如何成为美国当局锁定的目标,导致他的应收账款(类似于英国的保理融资)被关闭,以及他的银行账户被冻结。

大崎表示他非常富有,在库克群岛有一个由一名中国妇女管理的信托基金,该妇女拒绝释放属于他的5亿美元资金。为了增加大崎的可信度,莱纳说他自己的母亲已经投资了他的生意,他会亲自保证我的投资者取得任何进展。莱纳提出的另一笔交易,是他的虚假电影公司需要 1 亿美元,才能说服美国其他投资者注资 2 亿美元。以我的投资者利益为考量,这 1 亿美元的资金首先会被冻结,然后起码解除冻结 10 天后,则第二轮投资者就会认为,我的投资者资本实际上是莱纳提供的股权。

莱纳继续他的欺骗之旅,隔天莱纳向我介绍了一位名叫雷蒙德·荷马 (Raymond Homer) 的人,声称他与美国联邦储备委员会的官员关系密切。他说荷马可以使用美联储的交易计划,该计划承诺每年的回报率超过 300%,有时甚至达到 500%。离开洛杉矶时,我在想莱纳的底细究竟是什么,以及他在这些完全保密的高级金融家中扮演什么角色。当他递给我另一个需要 4,400 万美元在内华达州采矿的项目时,显现出他渴望得到投资者资本的贪婪是无止尽的。莱纳得先采取行动,但我并不想自费在美国和欧洲跑来跑去,因为我需支付自己的安全费用。

* * * * *

接下来的一周即 2003 年 4 月 14 日,我在马德里机场的自助餐厅与费尔南多和恩里克见面,当时我正在前往马拉加的途中,欲在马贝拉寻找新的办公场所。在解释了子午线酒店发生的事件和汗担忧被酒店的摄像机拍下的事情后,费尔南多敦促我继续保持与他的关系,先不去在乎他们的不尊重和将消费记账在我的美国运通账户的事情。

"任何有关伯明翰地区亚洲人的信息,都将有助于我们情报的收集,"费尔南多说,"当你在马贝拉开设办公室时,我会将你介绍给当地的警察局长,我必须对你的安全全权负责。"

* * * * *

我一直觉得约翰·阿林处事彬彬有礼、表现专业,总是准时参加我们的会议,与我们讨论交易或任何其他业务。在 2000 年 5 月 8 日的一次会议上,我们讨论了许多方面的事项,第一件事项是将 5 亿的德国马克(等同于 2 亿 5 千万英镑)兑换成德国欧元的货币交易。尽管德国"马克"已不再流通,但在欧元首次推行时,仍有大量德国马克尚未兑换。这些交易中的大多数都附有未申报货币的证书,证书上说明了为什么在相关时间点没有兑换这些货币。实际上 — 直到今天 — 仍有数百万价值的欧洲货币当时没有兑换,因为它们是犯罪所得。阿林表示这笔交易将通过律师进行,因此,在费尔南多协助我申请货币许可证的情形下,我当然同意促成这笔交易。

阿林很高兴将西蒙介绍给他认识,并告诉我他计划与西蒙进行一笔交易。他说这是一个额外的好处,艾尔也是西蒙的律师,在这个阶段他透露了他的爱尔兰背景,说他有第二本护照,而化名是约翰·唐纳利 (John Donnelly)。他对自己是半爱尔兰人持开放态度,表示他的家人与爱尔兰关系密切,甚至暗示他的一些联系人认识爱尔兰共和军的成员。

这也许是他在虚张声势,但他的肢体语言却并非如此。朗讯的贷款合同是由一位名叫托马斯·坎宁 (Thomas Canning) 的人安排的,他也是爱尔兰人且与该美国企业有关联。我们讨论了穆罕默德·汗和子午线酒店所发生的事,但当时他说他不知道有人将帐记在我的美国运通卡上,因为他和斯特德曼已经为自己买单了。我们都同意一起处理交易,我小心翼翼地不要过度打听,以免看起来我真的对他可疑的联系人感兴趣。后来我得知托马斯·坎宁也有两个化名,分别是"约翰·坎宁和托马斯·坎农 (Thomas Cannon)"。

* * * * *

仅仅五天后我回到了马德里,在西班牙情报总部的会议室向我的上级汇报,并花时间解释参与朗讯游艇交易的不同人士。费尔南多在一张大纸上画了一张相互连接的流程图,显示资金一路到其最终目的地的流通路线,最终资金会转入到西蒙在

西班牙贝纳马德纳 (Benalmadena) 镇的大西洋银行的账户中。当费尔南多小心翼翼地把这些人连结起来时，恩里克离开去查看他是否能找到关于托马斯·坎宁的任何情报。他离开了一段时间后再次出现，脸上带着微笑说："托马斯·坎宁这个名字是军情六处和军情五处都知道的，并且与爱尔兰共和军有关联。"

当然，这个新情报对于整个事件发展到不同的层次和严重性具有很大的意义。"保罗，你必须更加小心，不要意外暴露你与这些人打交道的真实动机，"费尔南多说道。"当然，我会更加深入探索，我会非常小心。"

* * * * *

桑尼·弗莱彻对介绍他所有的联系人给彼此认识，而收取高额费用感到欣喜若狂，但他打算收取的不仅仅是他该拿的费用而已。在与阿林和斯特德曼的会谈中，他们要求西蒙在几天内以现金形式提取全部金额，而桑尼计划拿走全部的金额，他天真地以为他可以赤手空拳吓跑这两个老练的欺诈者。当然，他不知道的是，在阿林和斯特德曼的背后，有一群令人生畏的人，他们会寻求报复直到他还清了他偷来的东西为止。

在桑尼的计划背后，他安排一位他熟识来自以色列的私人银行家，在钱到达西蒙的银行后在马贝拉与他会面。他要求我陪同他前往，因为他不识字需要我在场监督事务，并指导他处理所有法律上的义务，该义务需适合我自己的议程以便我可以监控全部事项。

计划汇款的日期是 2003 年 6 月 11 日，将款项从朗讯科技网路系统英国公司 (Lucent Technologies Network Systems UK Limited) 汇款到西蒙的账户，因此当天三人到西蒙位于约克的办公室，签署了双方之间的贷款协议。这三个人包括一位介绍给西蒙叫做安妮·福克斯 (Anne Fox) 的女士（有一位叫安妮·福克斯的女士曾受雇于朗讯，但这位不是她），这位女士有爱尔兰口音，并出示了一张表明她是公司秘书的名片。另外两位是男性，一位带有爱尔兰口音，另一位带有英国口音。所有人都阅读了协议，安妮·福克斯签署了该协议，她和西蒙在其他两人的见证下签名。

2003 年 6 月 11 日星期三晚上，西蒙打电话来说贷款已经到了他在西班牙的银行，因此他隔天早上会去一趟马拉加。"西蒙，我会在那里和你碰面，"我说，"我明天要飞去见桑尼，所以我们会见面的，我会从我的酒店打电话给你。""好的，"西蒙回答，"再见。"

6 月 12 日我抵达马贝拉，住在靠近埃斯特波纳 (Estepona) 镇的一家五星级凯宾斯基酒店 (Kempinski Hotel)，准备隔天晚上在酒店接待处会见桑尼的银行家。西蒙会见彼得·格洛弗，并计划让西蒙在下周一先去该银行以进行取款安排。此时此刻桑尼已经兴奋不已，主动提出带西蒙去银行的提议，完全不知晓达伦·斯特德曼正带着他自己的计谋在前往西班牙的路上。

星期一早上，桑尼和我在灿烂的阳光下享用咖啡，等待西蒙从银行回来并向他竖起大拇指示意。之后我们驱车返回马贝拉，我们同意当晚见面共进晚餐，并以西班牙的风格庆祝此事的完成。

在计划撤离的前一天晚上即 2003 年 6 月 16 日，桑尼、西蒙和我去了太阳海岸首屈一指的妓院 — "夫人宫殿"夜总会。桑尼像失心疯的人一样疯狂地饮酒，仿佛一心要毁掉他的肝脏似的，并疯狂地吸食着可卡因，好似现在不赶紧吸食将来没机会了一样，直到他完全双腿瘫软无力为止。我拿了他的宾利车钥匙，将他送回他的公寓，安排西蒙隔天早上去接他然后带他去银行，然而，当桑尼忙着筹划他的计中计时，阿林和斯特德曼接到了命令，他们别无选择只能服从，因为他们的生命依赖于此。当有一只枪顶着你的头时，你只能照吩咐办事。

隔天早上，我与西蒙碰面，我们开车去了马拉加附近的一家银行。警方指示银行经理配合西蒙的安排，在接下来的两天内提取全部现金，而实际上这笔款项在到达银行时已经被冻结。当我在附近的咖啡馆等待时，事态恶化得相当快，当西蒙回来咖啡馆时，我们立即被警察包围。西蒙被捕并戴上手铐，我用西班牙语向逮捕警官解释了我在西班牙情报局的身份，然后他点点头表示他相信我，所以没有将我戴上手铐，但说他只能回到警察局后再核实我的说法。

当我在接待处等候时，西蒙被关进了一间牢房。大约三十分钟后，案件负责人、编号 66080 的副督察员和编号 60727 的警察对我进行了讯问，在讯问期间我出示了我的护照。当他们查阅警察国家电脑系统时，他们发现我以前的定罪，他们一定以为他们抓对人，因为我有"足够可被定罪的证据"，编号 66080 的副督察身体向前倾说道："好吧，你在我们安全部门的联系人是谁？""费尔南多·穆尼奥斯，费尔南多·穆尼奥斯督察员，"我说，"我的手机里有他的联系电话，"我将我的手机递给他。"不用了，我自己有联系电话，谢谢你。"当他最终联系上恩里克时，他脸上的笑容逐渐消失了。"好的，"他在与恩里克的谈话结束时说道。然后他放下电话，摇摇头，几分钟后他们便将我释放。

一到外面后，我就打电话给恩里克，并安排下周去总部与他见面。我的手机记录了下午 2 点 15 分拨打马德里警方的电话 (34) 91 582 2042，通话时间为 1 分 18 秒。与此同时，恩里克建议我密切关注所有行动，并在西蒙出庭后获取任何可获得的情报。

桑尼完全不知道达伦·斯特德曼已到达马贝拉，并向那些真正是这场骗局和控制事件背后的主脑人物汇报。他很快意识到西蒙可能牵连他，他可能会因此被捕，如果西蒙牵连他，他们有许多相互关联的证据将不利于桑尼，所以确保西蒙能被释放将符合他自己的利益。

桑尼在太阳海岸有合适的人脉，他认识所有主要犯罪分子，并且可以联系他们的腐败律师网络。入狱三天后，西蒙出庭并被无罪释放。桑尼向法官、律师和警察局长支付了 20 万欧元的费用。由于担心西蒙可能会供出他来，花点钱帮助他自己摆脱困境，是为他自身的自由付出的一丁点小代价而已。

* * * * *

第二十四章

伊莎贝拉

确保将我从西班牙当地警察的拘留所里释放出来，对恩里克来说只是走一趟公事上的形式而已，当地警察只知道我的特工身份，当我们于下周 6 月 24 日在马德里见面时，他已经掌握了桑尼贿赂的全部细节，但他并不关心司法腐败的部份，毕竟这在西班牙已是司空见惯。当朗讯的会计部门发现该笔汇款是一场骗局时，他们的一位欧洲董事，已飞往西班牙并向警方提出申诉（正式投诉），导致西蒙的账户被冻结。

朗讯自己的安全主管巴里·希思 (Barry Heath) 正在进行自己的调查，并于隔天会见克里斯·艾尔向他收集信息。恩里克知道这件事，并建议我在艾尔的办公室与希思先生见面，以便获得对他们自己的调查至关重要的任何进一步情报，以查明该为这次企图对这家大型跨国企业，进行欺诈的负责人员。

"保罗，"恩里克说，"现在就打电话给艾尔安排会议。"

我记得我坐在会议室里想着，我作为他们的特工的角色，正在提升到一个不同的层次，但无论如何，这到底是怎么回事。当艾尔最终接听了他的电话时，他对我为什么要见希思感到困惑不解，但我随便找藉口搪塞，而他也没有要我做更深入的解释。因此他同意了，并答应一旦希思到达他的塞尔比办公室，他会打电话给我，向希思找借口说我正在协助西蒙，因为他被利莴和他的一群骗子欺骗、利用和滥用。

恩里克对我的努力感到满意，并完全专注于将这笔钱，从英国转移到西班牙的情报和方法。我可以看出恩里克正在消化所有的事件，他的眼神表明他在深思熟虑。

"我认为由于发生的这一切，我们需要提高你身为特工人员的层次，"他说道。

"这是什么意思？"

"这意味着让军情五处知道你的身份，如果你需要联系我们或他们来自世界任何地方的人员，你将使用一个紧急情况的代号，我们不能冒着你的安全可能受到危害的风险。"

"当然，"

"你必须有一个代号，你现在能想出一个吗？"

"让我想一想，"我说道（后来我决定我的代号是伊莎贝拉）。

然后他开车送我到机场，当他开车时递给我一张斯蒂芬·亨利·皮特曼 (Stephen Henry Pitman) 的照片，他说皮特曼是马贝拉的主要毒贩，并问我是否认识他或认得他。我说不认识他，也没见过他。

"我们相信他与弗莱彻和丹尼尔斯有关联，所以你听到的任何事情都会对我们有所帮助。"

2003 年 6 月 25 日上午，我打电话给艾尔，敦促他为我安排与希思会面。他仍然有点疑惑我为什么要见希思，但很快就改变了话题，说达伦·斯特德曼联系过他，说朗讯的钱又被以不同的幌子汇出。我认为那没有道理，但我顺着他的话说，这样我就可以见到希思并获得任何信息。我拿起手机拨打了 + 34 91 582 2042。

（恩里克）："哈罗（以西班牙语说）。"

（我）："早安，烦请找恩里克。"

（恩里克）："是的，我是。"

（我）："哦，对不起，我没认出你的声音。"
（恩里克）："我也是，我没认出你的声音。"
（我）："我刚刚发了一份传真给你。"
（恩里克）："哦，你发传真了？"
（我）："上面有署名。"
（恩里克）："哦，好的，是署名给我的是吗？"
（我）："不是，署名给费尔南多的。"
（恩里克）："哦，是署名给费尔南多的，好的。你的旅途如何，还好吗？"
（我）："是的，很好（指的是我前一天从马德里出发的行程）。现在事情有了新的发展，汇钱的公司（意思是朗讯），今天和............（我计划和艾尔会面）的会议............。会有人与律师见面（克里斯·艾尔会见巴里·希思），他们......想下周再次汇款（克里斯·艾尔指的是朗讯汇给西蒙的那笔款项）......所以我已经向那位律师建议，我无法在电话上解释一切，所以我想参加这次会议并获取信息。"
（恩里克）："好的，这是个好主意。"
（我）："所以我会这样做，当我获得这些信息时，我会在今天下午打电话给你。"
（恩里克）："好的，非常感谢。我们保持联系，*也许我们必须设置另一个更安全的......*。"
（我）："*沟通方式。*"
（恩里克）："*更安全的沟通方式。*"
（我）："*正是如此。*"
（恩里克）："*我们会这么做的，我们现在必须更加谨慎小心。*"
（我）："*确实如此。*"
（恩里克）："好的，你发传真了是吗？"
（我）："是的，我发了。"
（恩里克）："好的，我去看看。"
（我）："我今天下午会打电话给你。"
（恩里克）："好的，非常感谢你。"

艾尔在他位于塞尔比的办公室外面将我介绍给了巴里·希思，我们去一家咖啡馆讨论了一些事情，但很快就发现没有任何收获，因为希思已经把艾尔、西蒙、我和其他人当作骗局的幕后黑手。他还发现西蒙几年前，将他的原本的姓氏伯克 (Bourke) 改为埃尔德里奇。后来希思认为我与此欺诈行为有关，并向警方提供了几份证词和安全报告，以支持警方对这起企图从他的公司盗窃 430 万英镑的刑事案件调查。

希思提供的其中一份证词中，他说道：

> "当我和克里斯·艾尔在一起时，他告诉我他接到了一位绅士的电话，他曾与西蒙·埃尔德里奇一起在西班牙，他表达想与我交谈的意愿，我认为那个人是布兰查德。克里斯·艾尔几两天前就知道我要来，知道我对什么事感兴趣。当我离开办公室时，布兰查德从街角处出现，并来到高索普街 (Gothorpe：塞尔比的一条街道)。艾尔先生说："这就是想见你的人。"他从来没有提到过他的名字。我做了自我介绍，布兰查德告诉我，他的名字是保罗·布兰查德。我建议我们去喝杯咖啡谈谈，然后我们去了高索普街一家有铝制家具的咖啡馆。他表示他想尽其所能提供帮助，但对于我问的每一个问题他都回答："你得问西蒙。"那个自称是布兰查德的人，我会形容他的身高为 5 英尺 8 英寸、身材苗条、长长的灰发到肩膀、有着黑色眼睛，看起来约 50 多岁，他操着约克郡口音，肤色有点晒黑。我认为他对我们想知道的事和调查程度更感兴趣，而不是帮助我们。"

希思还证实安妮·福克斯与该公司有联系，但表示她从来都不是公司的员工，她只是担任公司的顾问，偶尔会做些合同的工作、发新闻稿和其他公关工作。他接着说，当埃尔德里奇被捕时（在西班牙），保罗·布兰查德正在当地的一家咖啡馆：

> "布兰查德最初也被捕，但他给了他们一个马德里金融调查部门的电话号码，当警方联系该部门时，该部门要求释放布兰查德。"

希思继续描述他接到两通神秘电话，而这名男性来电者似乎知道这个骗局的幕后事件：

> "我接到一个自称约翰·罗杰斯 (John Rodgers) 的男人打来两通电话，他有着爱尔兰的口音，不愿透露公司名称或他的所在位置，我认为这种口音是属于南爱尔兰口音。这两通来电均未显示来电号码。这个人似乎对已发生的事情很了解。我发送了加密电子邮件，给我的老板亚历克斯和新泽西的安全主管哈里·米勒 (Harry Miller)，概述了我接到的两通电话的内容。我已于今天下午 3 点 20 分，将这些电子邮件的副本交给警察编号为 930 的雷格 (Wragg) 员警。第一通电话是于 2003 年 7 月 15 日接到的，我将与此通电话有关的电子邮件呈上作为证物，证物编号为 BCH/3。第二通电话是在 2003 年 7 月 17 日接到的，我将与此通电话有关的电子邮件呈上作为证物，证物编号为 BCH/4。"

在他证词的最后，希思阐述：*"我觉得这件事很诡异，因为此犯罪行为本身似乎相当复杂，且涉及多个国家，但显然涉案人员并没有试图隐藏自己的身份。"* 他的最后评论是"作案手法"，正是阿林和斯特德曼采用的一贯方式，使自己远离参与犯罪过程，让其他人承担责任。

朗讯公司的安全经理罗伯特·金尼 (Robert Kinney)，提供的另一份安全报告说：

> "观察到埃尔德里奇进出银行的行踪，然后在银行旁边的一家小咖啡馆与另一位绅士会面。第二名男子被确认为保罗·威廉·唐纳德·布兰查德，一开始时也被警方拘留。"

以及：

> *"布兰查德还提供了西班牙马德里金融调查部门的电话号码，当警方打电话去那里询问时，该部门要求释放布兰查德。"*

当西班牙警方询问大西洋银行的银行经理乔治·马德里·埃斯皮诺萨 (Jorge Madrid Espinosa) 时，他证实是他认识的人，让西蒙·埃尔德里奇与他取得联系，并且西蒙的账户是通过传真指示开立的。他说有个人曾于 2003 年 3 月 20 日去过该银行，并表示汇往西班牙的金额非常重要。那个人就是彼得·格洛弗，他实际上从未见过西蒙。格洛弗当然是按照大卫·泰勒的指示行事。

所有参与朗讯欺诈的人士都认为，当西蒙在西班牙法院获判无罪释放时，警方对此事的调查已经结束，但他们大错特错（想想看 — 在西班牙公然欺诈 430 万英镑竟然可以被无罪释放）。桑尼贿赂了西班牙警方和审理案件的法官，因而该案件才会结案。然而，在英国的巴里·希思不打算就此善罢甘休，所以他联系了伦敦的严重欺诈办事处，他们建议他联系西蒙和我居住地的约克当地警方，因而此案交由北约克郡警方处理。

马克·弗利的预测是，如果警察再次将他们的目标锁定在我身上，他们会"严惩你"，这句话将在未来几个月内实现，因为我不知道，我已经被一项跨越多个大陆的国际警察调查贴上了"主要目标"的标签，这些大陆包括英国、爱尔兰、西班牙、德国、法国、葡萄牙、伯利兹、马恩岛、加那利群岛、特克斯和凯科斯群岛以及美国。再一次，时间愈来愈紧迫，很快地我将在游乐场的旋转木马上失去控制。

* * * * *

在过去两周的灾难性事件发生后，约翰·阿林渴望想见我一面，并想向我解释他的说法。他还需要我协助促进其他交易，并确保在英国或爱尔兰当局找上门来或介入时，他自身的安全能得到妥善和真正的保障。2003 年 6 月 28 日早上，他像往常一样准时到达，当我递给他一杯刚煮好的咖啡时，他看起来挺开心的。

刚开始时他非常的狡辩，辩称说他不知道朗讯的交易是一场骗局，并说相关人士已把整个事情搞砸了，但桑尼对西蒙做了正确的事情并安排将他释放，有鉴于此，他相信警方已结束任何的介入。我问是谁组织了朗讯的交易，他说是托马斯·坎宁，他在爱尔兰的联系人和"格拉斯哥人"。他说他们在朗讯的爱尔兰办公室的内部有一个内线，是他做了所有的安排，并且在德意志银行有联系人，当他说到此时，我没有继续谈论此事，以免我显得过于好奇。

他说他会在以后提供西蒙另一笔交易来弥补所发生的事，他充满歉意，并强调他提出任何涉及戴菊莺的交易都是100%合法的。他煞费苦心地向我保证，他可以介绍许多有利可图的交易。他说一旦钱汇到西蒙的银行账户，托马斯·坎宁的手下在旅馆里，持枪囚禁了他一晚以作为交易的担保，并将他囚禁在他家中足足四天，直到交易完成，钱转移到他名下的一个安全账户。他说他们（坎宁和他的同伙）知道这笔钱已经安全了，但是交易却出错并且斯特德曼证实了此事之后，他就被释放了。他为自己在爱尔兰的关系感到自豪，并首次透露坎宁与爱尔兰共和军有联系，并补充说，当桑尼·弗莱彻发现谁是骗局的幕后黑手时，他明显地瞬间脸色苍白。"这就说明了一切，"我说道。"自从西蒙被捕以来，他便一直低调行事。"

我们随后讨论了价值5亿德国马克的货币交易，并安排于2003年7月15日在德国会面交换合同。"拥有该货币的客户将有他的会计师和律师在场，因此你可以放心，一切都将符合法律规定，"约翰说。我同意与他继续我们之间的业务关系，但这只是纯粹因为我为情报部门工作需要这层关系。"

* * * * *

正如他所承诺的那样，约翰·阿林介绍的货币交易是100%合法的，有三组不同的律师和两名注册会计师参加会议。两天后，我向费尔南多传真了一份遵守国际洗钱程序以及维护我自己立场的协议副本。我已经接近朗讯骗局交易的线索，但这种货币兑换远远超过了货币条款的任何附带损害，因此在履行合同之前需要格外小心。

* * * * *

当艾瑞克·莱纳在2003年8月的第一周来电时，他听起来很兴奋，说他已经准备好了存款债券，并急于启动他的计划，并迅速安排了8月9日在马贝拉，与正在寻求开发资金的客户开会，他们欲开发在内华达州的采矿项目。抵达后，莱纳在巴努斯港安达卢西亚广场酒店（Andalucía Plaza Hotel）的接待处介绍大家认识彼此，我可以从他积极的肢体语言看出，他认为这是一场大满贯，而且钱已经存入他们的银行账户。"这位是汤姆·科普兰（Tom Copeland）和拉里·克里克（Larry Creek），"莱纳说道，但脸上带着悲惨的表情。"很高兴认识你们，"我说道，我们彼此握手并走向其中一张大咖啡桌讨论他们的提案。我一生中曾遇到过一些悲惨的人，但莱纳那张死板的脸和悲惨的性格无疑是位居第一位。

另一方面，汤姆和拉里·克里克都是性格开朗的个性，我对他们的第一印象是，我相当乐意和这两个家伙一起合作，所以当我们都仔细检查莱纳重新制定的商业计划时，我专心认真地听着。后来我发现他为重新设计他们的商业计划收取了一大笔费用，并且他对汤姆和拉里·克里克的意图从一开始就很险恶，旨在从他们注入采矿项目的任何投资资金中自肥。

我的第一个问题当然是，如果他们的项目有可能获得可观的利润，他们为什么要在美国以外的地方寻求投资者资本。汤姆解释说，美国的大多数采矿项目都受到投资者社区的反对，而且都是过时老套的项目，所以他们正在寻求跨境融资，如果我能促进他们的要求，他们愿意支付一笔特殊的推荐费。

拉里·克里克指出，他们以自己价值为184百万美元的公司——特种粘土公司（Specialty Clays Corps）作为贷款担保。该矿山位于内华达州丘吉尔县，拥有约50万吨钠基膨润土。拉里·克里克解释说，有两种不同的膨润土；钙基膨润土和钠基膨润土。他说钙是大多数人所知的普通粘土或陶土，钠基膨润土更为稀有，并且具有钙所没有的某些特定特性。使钠基膨润土如此有用的主要特性，是当它与水接触时能够膨胀至其原始体积的许多倍。它的主要用途之一是将猫粪结块，而他们的公司打算进入这个市场。晚上我们全部的人一起吃饭，我同意在 10 月份参观该矿山，希望在我尽职调查和得到雨果的最终批准后，能将业务继续发展下去。

晚饭后我们都回到了酒店，然而，隔天我得知汤姆和拉里·克里克去了"夫人宫殿"夜总会狂欢，以西班牙的风格举行了庆祝，而莱纳则较早就寝。他有受邀，但他拒绝了。当然，他向外界描绘的那种伪善的信念，与他那些奸诈诡计的骗局实在是格格不入。用不了多久，当他相信他周围的人都成为他骗局的傻瓜，因而他开始伸出魔抓杀戮时，一切都会变得清晰明了。在未来三个月的时间里，他骗子的身份将被揭穿，他只是从未预见到即将到来的事而已。

2003 年 8 月 13 日，225,000 美元汇入我在西班牙的戴菊莺公司的客户，位于马恩岛的汇丰银行账户里，莱纳将他在洛杉矶拥有的几处房产抵押贷款给杰拉尔多，其公平价值为 26 万美元。他现在有三个同时运行的资金申请，总计是 394 百万美元，其中有 1 亿美元用于他的第七代娱乐电影制作公司。汤姆和拉里·克里克为他们的采矿项目投入了 44 百万美元，以及另一个价值 25 千万美元的申请投资，用于他所说的由美国联邦储备银行支持的"高收益投资计划"。

莱纳非常确信我对他充满信心，因此他于 2003 年 8 月 19 日至 20 日造访我在约克的办公室，并更加肆无忌惮地在我面前玩弄他的计谋，天真地以为我能配合他设下的骗局，并信任他将我客户的钱托付给他。他一定以为自己中了彩票。

在他造访期间，汤姆和拉里·克里克来电说他们想开始推动该项目，所以我与他们约定了 10 月份造访他们矿山的日期。虽然莱纳看起来是个骗子，但我与汤姆和拉里·克里克进一步发展业务是没有任何损失的，因为根据一家富有声誉的房地产公司的专业评估，他们的项目肯定是可行的。

* * * * *

我计划于 10 月 10 日在洛杉矶与莱纳和埃琳娜·唐图会面，因此我于 10 月 8 日通过 DHL 向唐图寄送了该采矿项目的最新商业计划，以便她可以在我到达之前仔细考虑这些提案。当时她已经在洛杉矶，下榻在弗洛雷斯酒店 (Hotel Del Flores)。然而，随后发生的一些小事件 —— 一本假护照的签发日为 10 月 3 日（当时我对此并不知情），而 10 月 8 日正是我寄出 DHL 包裹给埃琳娜的日期 —— 因而后来这个巧合构成了对我的指控，警方指控我参与弄假护照给埃琳娜的罪行，他们还指控我们俩是一对恋人。

* * * * *

我于 2003 年 10 月 10 日抵达洛杉矶，在机场外等候的是埃琳娜，她站在一辆有司机的豪华轿车旁边。她身穿紧身短裙看起来相当令人惊艳，我可以理解为何男人会疯狂爱上她的原因。在我们去该中心的路上，她回顾了接下来几天的行程，从那天晚上开始我们与雨果的律师共进晚餐，他们已经听取了莱纳提出的三项投资建议的简报。原则上，这些提议的优点是基于安全方面的考量，将把资金存入并保存在冻结账户中，但特种粘土的申请除外，该申请将以公司资产价值的抵押贷款来保证。从这些会议上，我估计雨果的净资产财富远远超过我最初估计的 75 千万英镑，因为他的大部分资产，都隐藏在不同司法管辖区的离岸信托和离岸公司中。

第二天晚上即 10 月 11 日，莱纳、埃琳娜和我在比佛利山庄希尔顿酒店共进晚餐，我留在那里与他们一起讨论他的提案，在此期间我感觉到莱纳对埃琳娜提出的某些问题感到不舒服。晚上会议结束后，就在她即将离开时，莱纳建议他自己与她一起讨论他的项目的细节，以及根据美国法律确保雨果的资金所需的法律手续，埃琳娜同意他的提议。很明显莱纳想和她单独相处，所以我让他们自己发掘莱纳最终将会自掘坟墓。

他太自以为是，以至于遗漏了显而易见的事项。隔天我和莱纳飞往萨克拉门托国际机场 (Sacramento International Airport)，前往内华达州与汤姆和拉里·克里克会面，然后乘坐吉普车前往他们的矿山。到达的几分钟后，我就了解他们的项目，是基于全球对猫砂的需求而堆砌起来的，更不用说药物钠基膨润土用在粘合剂的数量有多少了，该项目的投资将会一帆风顺并获得可观的利润。一周后汤姆和拉里·克里克将 30 万美元汇入我客户的账户，作为我身为中间人所产生的任何费用的保证金。

* * * * *

2003 年 10 月期间将发生许多重大事件（当时我并不知情），这些事件后来构成了英国法院对我提出数个起诉的原因。9 月下旬克里斯·艾尔要求西蒙·埃尔德里奇，找人担任他的一位客户达伦·利弗塞奇的公司秘书。他说那个人必须是二十五岁至三十岁之间的女性，她将获得合理的持续费用。西蒙招募了他妻子珍妮弗的朋友简·兰卡斯特 (Jane Lancaster)，并在艾尔的塞尔比办公室将她介绍给他认识。事后将发现，原来艾尔别有用心并且刻意误导西蒙。

2003 年 9 月 29 日艾尔在他的办公室处理的文件显示，简·兰卡斯特已将她的名字改为埃琳娜·唐图，艾尔将相关文件连同一份附有埃琳娜照片的英国护照申请一起寄出，并收到了护照办公室的回复，要求他确认兰开斯特（改名为唐图）已经认识他两年了。艾尔证实了此事，护照办公室于 2003 年 10 月 3 日核发护照给兰开斯特，并将护照寄去她位于约克的住家地址，随后她将护照交给了艾尔以换取一沓现金。

* * * * *

莱纳的欺骗是可说永无止境的。为了说服汤姆和拉里·克里克交出保证金，他向他们俩提供了向理查德·杰拉尔多相同的贷款担保，他将他已抵押贷款给理查德的投资物业重复抵押贷款给他们俩。莱纳的另一项打算是他与汤姆和拉里·克里克达成一项秘密协议，将他们的大部分资金投入到一个高收益投资计划中。

当然，他重新格新的商业计划并没有提及他隐藏的计谋，因为任何预付的钱都清楚地表明，将用于资助钠基膨润土的勘探和销售。这个秘密协议是由莱纳于 2003 年 9 月 24 日制定和签署的，但是汤姆和拉里·克里克拒绝签署该合同并给了我一份副本。后来，当莱纳走投无路时，他向他们发了封电子邮件，说道：

"向布兰查德发送一份我们的协议副本，可能会扼杀你让他资助矿山的任何机会。我不确定这样做是否正确。"

由于莱纳现在处于优势，所以我们同意于 2003 年 10 月 20 日，在马贝拉巴努斯港的安达卢西亚广场酒店会面，以巩固他的项目。另一方面，桑尼·弗莱彻、约翰·阿林、达伦·斯特德曼和穆罕默德·汗已将另一笔交易交给西蒙，并向他保证这是 100% 合法的，只是一个避税计划而已，所以他所要做的就是通过他公司的银行账户接收 375,000 英镑，再将这笔钱转入到由斯特德曼在西班牙操作的账户，而他将因此获得 7,000 英镑的佣金。

当 375,000 英镑在 10 月下旬汇入西蒙的银行账户时，他扣除了属于他的 7,000 英镑佣金，然后将余额 368,000 英镑汇入斯特德曼在西班牙阿利坎特 (Alicante) 的账户，然后那笔钱再由阿林和斯特德曼分赃和以现今方式领取。2003 年 10 月 23 日，阿林和斯特德曼与阿林的妻子珍妮（珍妮佛的昵称），一起抵达安达卢西亚广场酒店并下榻该酒店。那天晚上晚些时候，我将莱纳介绍给了这三个人，斯特德曼说他们的交易很成功，西蒙已经获得了佣金。

隔天即 2003 年 10 月 24 日，我离开马贝拉并回到家。这些日期和事件的先后顺序成为重要的部份，因为后来成为斯特德曼故事的一部分，当他被警方讯问时"出卖"了他所谓的朋友和同伙，并提供了他试图挽救自己身家的证词。

穆罕默德·汗大约在同一时间抵达西班牙，也预订了安达卢西亚广场酒店。10月28日星期二，约翰·阿林与他见面，阿林递给他等同368,000英镑面额为500欧元的新钞。那笔金额并不大，也不是可汗在2003年10月转移到西班牙的唯一一笔钱。总共盗来的1千万欧元，被他的亚洲兄弟利用太阳海岸的货币兑换处的连锁店"洗成了现金"。

由于资金路线已被识破，现在需要重新存入银行并汇到迪拜。

当天晚上回到英国，我用手机接了一个没有来电显示的电话，起初我没有认出他的声音，因为接收信号很差，

"马贝拉的一位律师让我大大地失望了，"穆说道。

我问他什么意思，他解释说，出于某种原因，他聘用的一位律师拒绝为他洗钱，现在他急需处理1千万欧元的现金。

"保罗，"他说道，"如果你可以帮忙的话，我需要你的帮助。"

然后他问："你有没有联系人在马贝拉可以帮我将9百万欧元电汇到迪拜？"

"可能可以找到人，"我回答。然后他以一贯悠闲的态度，慢慢地说：

"如果你能帮助我，我会预先给你1百万欧元现金，因为如果警察用这笔钱抓到我，他们会发现我与基地组织有关联。"

我简直不敢相信他的傲慢如此明目张胆。"一小时后打电话给我，"我便挂断了电话。不到一个小时，他就回了电话，他不再需要我的帮助，他已经解决了这个问题。

* * * * *

五天后，即11月1日这天莱纳来电，在电话中他精神抖擞，急于往下发展他的诡计，他透露加州地区的美国检察官办公室，指控拉里·大崎操作25千万美元的庞氏骗局，他和我的名字均出现在法庭文件上。

"没什么好担心的，"他说，"我们没被指控任何事情。"

我立刻意识到了他的意图，但没有向莱纳明说，只是轻松惬意地问他，是否可以传真给我一份，包含我们俩名字的法庭文件的副本。原来法庭文件上提到我的名字，是关于我安排的信用状，因为当时大崎想贷款。在没有让莱纳知道的情况下，我决定与美国当局一起调查此事，因为我最不需要的就是与大西洋彼岸的那些人有任何关系。

由于我不相信莱纳告诉我的事，我决定联系洛杉矶的地方检察官办公室，了解发生了什么事。在打了几次电话后，我最终联系到了美国洛杉矶地区的助理检察官大卫·威林汉姆 (David Willingham)，他非常乐于助人。经过讨论这件事情后，我决定将我的完整档案发送给莱纳，并在洛杉矶与大卫和他的团队会面。双方同意我在2003年11月10日与大卫、美国国税局的斯蒂芬妮·米勒 (Stephanie Miller) 和联邦调查局的奥黛丽·贝瑞 (Audrey Berry) 进行电话会议：

(大卫)：大卫·威林汉姆
(斯蒂芬妮)：斯蒂芬妮·米勒
(我)：保罗·布兰查德
(大卫)："每个人是否都在？"
(斯蒂芬妮)："是的。"
(大卫)："保罗在吗？"
(我)："哈罗。"
(大卫)："哦，嗨，保罗。"
(大卫)："嗨，美国国税局的斯蒂芬妮·米勒和联邦调查局的奥黛丽·贝瑞也在线上。"
(我)："嗨，斯蒂芬妮和奥黛丽，妳们都好吗？"
(大卫)："保罗，我有机会...... 我想每个人都已经有机会查阅你寄给我们的一些材料，即便没有全部看完。我目前还没有机会阅读所有内容，我们要感谢你，嗯，这些材料对我们所有人都很有启发性 (笑)。"

〔我〕:"好的。"
〔大卫〕:"从很多方面来说,呃,我们想讨论出一个时间表,呃,我们接下来可以采取什么措施。"

在概述了莱纳的提议后,我们便制定了一个计划,让我于11月20日,在比佛利山庄希尔顿酒店的房间里约莱纳前来与见面,然而,莱纳不知道的是,我会提前两天到达,先会见大卫·威林汉姆和他的团队来制定我们的计划。大卫希望我能感到自在地安排这次的会面,他希望届时莱纳可以坦白一些(感到内疚)。我告诉大卫,我录下了莱纳暗示我欺骗我的客户投资者的对话:

〔大卫〕:"哦,你将那次的对话录音下来了?"
〔我〕:"我保存了那次对话的录音带,我会带上那个录音带。"
〔大卫〕:"哦,太好了。"

在接下来的一周里,我的日程的安排非常的紧凑,我预定了2003年11月16日去马德里,与费尔南多和恩里克开重要的会议,之后我将前往洛杉矶。我们的会议一开始,恩里克便递了一张纸给我,上面有两个名字,夏洛特·德尔沃(Charlott Delvaux)和一家名为普罗尼克预算(Budget Pronic)的公司。他们认为德尔沃通过这家公司以及比利时骗子蒂埃里·博伊纳尔与穆罕默德·德巴联系。

后来我发现他们对蒂埃里·博伊纳尔的兴趣只是一个烟雾弹而已,目的是让我误以为我是安全的,因为他们根本不想起诉博伊纳尔任何罪行,而是计划在诉讼程序中使用他作为受保护的控方证人,他们根本不关心成千上万的度假者受他的欺诈,而他却远走高飞逃到迈阿密。然后,我们讨论了我之前披露的大量财务信息有关的其他几个问题,然后转而讨论我收集的关于穆罕默德·汗的新情报。

费尔南多说,他们早就知道基地组织在马德里很活跃,因为他们与德国的联邦情报局(BND)共享情报。因此他们截获了恐怖分子的通讯,但没有查出任何恐怖分子的身份。恩里克插话说,对我的报告进行全面调查和审查是至关重要的,如此一来他们才能建立汗及其所有同伙的档案。他们会检查他的电子邮件、通话记录、短信和任何社交媒体网络。他们会深入调查到最小的细节,查出他曾去过的地方。查看他的银行账户、财务状况和刷卡记录。我的报告包括他的地址、联系电话以及经我确认主要是亚洲人的同伙姓名。萨拉赫丁·阿明是我的报告中最重要的一个名字,尽管当时它只是众多名字中的其中一个。汗的基地在伯明翰,但他与在利兹、布拉德福德和迪斯伯里(Dewsbury)—— 伦敦七七爆炸案自杀炸弹客的家园 —— 的人也有联系,并与那些应对马德里暴行负责的人有关联。

汗毫不掩饰他害怕被子午线酒店的摄像头拍到他的画面,费尔南多认为这是"视频证据",而正是因为汗提到他与基地组织有关联以及1千万欧元的资金,因而使他被列为活跃恐怖组织的主要嫌疑人,因为全世界的情报机构都知道,在反恐战争中,"脏钱"是最危险的武器。

汗 —— 基地组织的筹款人 —— 现在成为费尔南多部门直接锁定的目标,因此他们可以实施反制措施,发起围堵他的活动,并防止这些圣战极端分子,以"圣战"为幌子策划任何阴谋,以"圣战"的暴力形式伤害无辜的受害者。

恩里克称赞我的报告非常出色,并表示他会将每一个细节都转达给他的情报总监,并随时通知我任何事态发展。后来,我才得知我的报告从未见过天日。费尔南多将我的报告深埋在他的私人档案中,并未向他的上级和英国情报部门通报。会议照常结束,恩里克问我是否需要他们的任何协助,我回答说"我不需要"。

*****

当天是 2003 年 11 月 17 日
搭乘易捷航空 7102 航班从马德里飞往利物浦 — 晚上 8 点 30 分

我喜欢独自旅行，眺望 3 万 5 千英尺高的棉花云，因为此时的我有时间反思生活并从不同的角度看待一些事情。我认为自己与西班牙当局合作是明智之举，我开始思考与任何国家的当局建立关系，比我在国内与当局抗争要好得多。在利物浦出关后，我打电话给吉尔，大约在两小时后回到约克。第二天早上，我从利兹 / 布拉德福德飞往伦敦希思罗机场，登上了飞往洛杉矶的飞机。

第二十五章

美国联邦调查局

当天是 2003 年 11 月 17 日

我于 2003 年 11 月 18 日抵达洛杉矶，因此我在第二天会见大卫·威林汉姆和他的团队之前，有时间调整我的时差。我们之前已经同意，在我们会面之前我不会与莱纳联系或交谈。我以为晚上就是我个人的自由时间 — 至少我是这么认为的。我在我的房间里休息放松，但此时电话响起，是酒店接待处打来的电话。"布兰查德先生，有位唐图小姐在接待处想见你，"接待员说道。"我会下去，你能不能请她等一下，"我说道，不知道她到底有什么事情。原来莱纳通知她我会来洛杉矶，所以她想给我一个惊喜，期待她在与我共进晚餐时享受五星级酒店的待遇，并用最好的葡萄酒来搭配此场景。埃琳娜当然不知情的是，联邦调查局已经在监视酒店的闭路电视摄像机，他们计划第二天早上一大清早，在我的房间里装设录音设备，为我与莱纳的会面做好准备。由于我对埃琳娜起了疑心，因此我立即为她预订了另一个房间。随着夜幕降临，埃琳娜喝得越来越醉，令她惊讶的是，第二天早上她独自一人在 644 号房醒来，她原本的计划破灭了。

我的房号是 602，我很满意自己早几步破坏了埃琳娜设下的圈套，她想让我陷入进退两难的妥协情况。这些俄罗斯和东欧女孩不是傻子，她们知道自己交易的所有把戏并抓住每一个可利用的机会。她们大多数人会说好几种语言，不断地展望未来，都希望能得到一张一辈子的饭票，从此过上幸福快乐的生活。我在比弗利山庄希尔顿酒店的停留期间，埃琳娜一直待在那里，除了一起用餐之外，她没有机会实施她的"美人计"，保罗·布兰查德不会陷入她的圈套而成为她的诱饵。

* * * * *

11 月 19 日早上两名联邦调查局的官员来接走我，把我带到了位于 11 楼的地方检察官办公室，在那里我见到了来自美国国税局的大卫、斯蒂芬妮·米勒，和代表联邦调查局的特工克林特·威尔姆森 (Clint Wilmsem)。我必须说这些美国人在任何时候都像商务人士一样，彬彬有礼而且很专业。我们讨论了关于我与莱纳及其欺诈者彼此之间关系的各个方面，我甚至解释了我以前经历过的事，包括我与穆罕默德·德巴的往来情形、他与恐怖分子的关系以及我自己与英国权威机构的抗争，包含我在曼彻斯特刑事法庭的伪证审判。

我播放了与莱纳在约克开会时所录下的录音带内容，我同意联邦调查局可以保留录音带以作将来参考之用。大卫证实了莱纳所谓的美联储投资计划是一场骗局，并向我指出了一些概述这些骗局的网页。他还指出，在莱纳发送的每封传真信的左上角都出现了迈克尔的名字，表明这是一种较旧型的传真机。这是莱纳使用的别名，而美国当局也知道他的另一个名字叫做迈克尔·哈尔森 (Michael Heartsong)，但他们真正感兴趣的是，他们需要找到拉里·大崎隐藏在库克群岛信托里遗失的那数百万美元。我根据自身的经验可判断，任何当局向库克群岛要求提供任何信息都会吃上闭门羹。

会议结束后，克林特带我到当地的联邦调查局总部听取简报，并了解了第二天的行程。克林特解释说我被归类为他们的特工，所以我的安全对他们的部门而言是至关重要的。我的房间周围会安置录音设备，由联邦调查局特工监控，还会在我的衬衫下面装置一根线路。无论在任何时候，他们都可以听到说出的每一个字，所以如果莱纳变得具有侵略性或携带枪支，他们会在他明白发生了什么事情之前冲进门来。这场布局的最终目的，当然是让我使他自己说出大崎的欺诈计划，以及失踪的数百万美元的下落。

隔天早上当我见到莱纳时，我们走路经过两名联邦调查局的特工，他们坐在酒店接待处附近的一个壁龛里，对所有其他人来说，他们只不过是两个深入交谈并专注于自己业务的商人。莱纳毫无察觉我对他起了疑心，尽管如此，莱纳从未提及自己有涉入大崎的计划，而是坚持己见坚决认为这是美国当局的过失，大崎才会惹上麻烦。我已尽我所能，但莱纳坚持认为大崎自始至终都是无辜的，所以这次会议对联邦调查局来说毫无斩获。就我而言，我已与当局合作，并在离开前我已让莱纳非常清楚地披露，足够可让自己定罪的证据，因为他所谓的投资计划根本是一场骗局。我决定逐渐与他断绝联系，因为我知道他最终会崩溃，并在拿不出225,000美元之前便上吊自杀。

做出"出卖"莱纳的决定后，我需要在他不知情的情况下见汤姆和拉里·克里克，以期关闭他们的资金需求。因此我们定了2004年1月22日在我的约克办公室开会，就在我生日的前两天。

当莱纳意识到我们的业务关系正摇摇欲坠时，他怀疑我在马恩岛的汇丰银行的经理告诉我，他的投资计划确实是一场骗局，从而阻碍了他的诡计。实际上，我从未到过银行或与银行谈过关于设立一个专门账户，来冻结25,000万美元的事情，但莱纳确信这是银行的错，并发了一封传真给我，其中包含100多条不实陈述，欲向我保证使我放心。

莱纳花了几个月的时间才放弃追回存款债券，后来他联系了洛杉矶警方，警方建议他转而寻求北约克郡警方的协助，建议他在英国提出正式投诉，他便于在5月10日提出投诉，并附上一份未签名的宣誓书，但是，信函和宣誓书的内容均是莱纳一直以来一贯的说谎伎俩。

他一次也没有提到他欺骗我的投资者的事情，也没有提到他将自己一模一样的投资物业，重复向理查德·杰拉尔多以及汤姆和拉里·克里克抵押贷款的事情，并声称我甚至向他们欺诈了30万美元。他只字未提他协助埃琳娜·唐图获得美国签证的事情，没有提到他见过她，也没有提到我遭指控参与以她的名义获得假护照的事情。2004年6月28日，他写给联邦调查局的克林特·威尔姆森的信中，阐述了他最离谱的供词，他自以为聪明过人，他却聪明反被聪明误，他在信中阐述：

"布兰查德相信星门是我的公司，因为我聘请他来设立这家公司的。但是，我是应其他人的要求这样做的，他们才是星门和第七代娱乐电影制作公司的实际所有者。"

换句话说，当他在信中写下上述段落时，他傻到明显忘记了他在公司申请表上是他自己的签名。他宣称他是"最终受益所有人"，这意味着从一开始他就不实陈述了，他与戴菊莺公司进行业务往来和所有其他关联交易的意图。当然，他的另一项欺骗是，在我们的整个交易期间，他甚至都不是第七代娱乐电影制作公司的所有者。莱纳肯定是一个长期进行欺诈的骗子，他会寻求报复并在法庭上大展身手 — 或者他是这么认为的 — 当我因涉嫌为埃琳娜·唐图获得假护照而遭起诉时，他可在审判中成为控方的主要证人。

*****

我在约克办公室与汤姆和拉里·克里克的会议上，将真正的艾瑞克·莱纳暴露出来，因为我们彼此交换了信息，他们很高兴我继续努力为他们的采矿项目争取融资。

拉里·克里克说莱纳曾向他施压，要求他签署一项秘密协议，好让他们可以利用他与戴菊莺公司的联系作为杠杆，将大部分贷款投资于高收益投资计划。当我们三人正深入讨论时，令人难以置信的事情发生了，此时莱纳打电话过来，说他希望我们能够解开任何误解并继续合作关系，于是在当下我便把电话交给了汤姆，他切切实实地教训了莱纳一场。

将莱纳甩掉后，我们签署了一份经纪协议，要我为他们筹集 4,400 万美元，从中我将获得 400 万美元的佣金。同一天下午，雨果打电话过来并与汤姆通话，说他会安排埃琳娜·唐图参观矿山，如果他满意，他会准备好贷款文件，并要求他们在他位于纽约的律师办公室与埃琳娜会面。晚上晚些时候，埃琳娜来电与汤姆交谈，确认敲定她的行程，并将在接下来的两周内与他们会面。

* * * * *

雨果在纽约的律师发现莱纳是个骗子，不仅停止他本欲投资的项目，也停止投资汤姆和·克里克的项目。导致雨果认为莱纳介绍的任何人肯定都不是好东西，因此我与他的关系也随之结束。虽然他没有明说，但他也不必明说，并且我知道他很生气，因为我介绍了莱纳给他认识，他追究我让事情发展到现在这样的阶段。雨果一直以来是我获得大量投资者资金的主要来源和渠道，虽然我知道埃德蒙·哈米德的财富远远胜过雨果，但我与哈米德的关系不同，无论如何，如果我主动接近哈米德，可能会破坏我重组他全部财富的机会，而这件事已安排在我的待办事项上。

我联系了我在布拉格认识的一位代表一个俄罗斯财团的经纪人，虽未成功，但在与约翰·阿林会谈后，他认为他可以通过一名合伙人促成这笔交易，并为自己赚取一大笔介绍费，所以于 2004 年 3 月 9 日在马贝拉的晚餐上，他介绍我认识尼古拉斯·利奇 (Nicholas Leach)，他认为他可以通过一间家族控股公司为采矿项目提供资金。当天早些时候，他们与其西班牙律师伊斯雷尔·罗梅罗 (Isreal Romero) 见面，他与N&H 律师事务所 (N&H Abogados：马贝拉的另一家律师事务所) 联系，以他们的客户购买机动船为借口，从客户账户中提取大量现金。我没有透露我也认识伊斯雷尔，他曾代表我处理我在马贝拉的办公场所的租赁权益。事后发现这些律师就是阿林在去年 10 月，为穆罕默德·汗提取 1 千万欧元的待命律师。为了支持阿林日后的收费，他给了我一份经过公证的协议，其中详细说明了律师费和处理交易的佣金。我问阿林是否可以提供一份副本，以防我的任何客户需要该财务设施。"这里有一份，"他说，"现在就拿一份副本，我有好几份，几天之内就能搞定这些交易。"

在为我的新办公总部敲定租约的两天后，我于 2004 年 3 月 11 日上午搭机返家。我几乎不知道那天早上在马德里发生的事件，将是我生命中的一个重要转折点，想当然尔，我的母亲会将此描述为她常说的"意外发生的事情"，这一个事件永远改变了你人生中的方向，并使我与穆罕默德·汗的交易变得极端阴险，因为主流电视新闻将报道我与马德里暴行有关，这些事件在西班牙和英国都会对我产生深远的影响。我当时只是不知道我自己与汗、阿林和斯特德曼的关系，竟会与两个独立的恐怖组织的筹款人员有关。

西班牙首相何塞·玛丽亚·阿斯纳尔 (Jose Maria Aznar) 迫不及待地指责巴斯克分离主义组织 (Euskadi ta Askatasuna) — 简称埃塔 (ETA) 需为此暴行负责。他说毫无疑问地，爆炸使用的炸药类型已确定为塔塔丁 (Titadine)，这是该组织在之前的恐怖袭击中经常使用的类型。何塞表现出强硬的领导能力，并对恐怖组织表态。然而，恐怖组织的回应是发出另一个警告，他们正在计划一场重大且迫在眉睫的袭击，而这次袭击恰好与 3 月 11 日的暴行同时发生。

"绝对清楚明了的是，恐怖组织埃塔正在组织一次能造成广泛影响的袭击活动，"西班牙内政部长安吉尔·塞贝斯 (Angel Acebes) 说，他建议阿斯纳尔呼吁所有西班牙人团结一致，并于 3 月 12 日星期五走上街头抗议，这天正是西班牙 2004 年大选投票开始的前两天。阿斯纳尔充满信心，因为选举前的民意调查显示，他的人民党以些许优势领先于他们的竞争对手，由何塞·路易斯·罗德里格斯·萨帕特罗 (Jose Luis Rodriguez Zapatero) 领导的西班牙工人社会党。

据估计，当晚有 500 万人聚集在马德里，大多数人手持蜡烛表示敬意。西班牙的政治评论家表示，强硬派阿斯纳尔的领先优势将会增加，如果埃塔被认为需对该恐怖袭击事件负责，肯定会增加他连任的机会。然而，他们的政治派别巴斯苏纳回应说，他们"绝对拒绝"对该起爆炸事件负责，并且在暴行当天寄给位于伦敦的一家阿拉伯报社 — 圣城阿拉伯人报 (Al-Quds Al Arabi) 的一封信中，基地组织的附属组织 — 阿布哈夫斯·马斯里旅 (Abu Hafs al Masri Brigades) 声称是犯下该爆炸事件的幕后黑手。

埃塔的作案手法通常会预先警告即将发动特定的袭击，并针对西班牙高级官员而不是无辜平民，屠杀规模是属于典型的基地组织作法。多年来发生了许多袭击事件，导致恐怖分子和西班牙警方之间达成了某种形式的了解。一位西班牙官员对主流媒体说："他们不会袭击工人阶级，他们总是在引发炸弹前打电话通知我们，告诉我们炸弹在哪里。"

许多人说，由于阿斯纳尔对伊拉克战争的大力支持，以及他在 2003 年 3 月战争前夕主持了具有历史意义的亚速尔峰会 (Azores summit)，因此他将西班牙置于恐怖分子报复的目标。

2004 年 3 月 11 日那天早上，所有四列火车都从埃纳雷斯堡 (Alcala de Henares) 火车站出发，警察在一辆停在附近的面包车中，发现了炸弹制造设备和手机。法医测试的结果显示，使用的炸药是戈马 2 (Goma-2)，而不是最初预期的塔塔订，接下来，仅仅两天之后，警方逮捕了与该事件有关的三名摩洛哥人和两名印度人。他们还发现了一段由此袭击事件的幕后人员制作的视频，他们在视频中宣称，这是基地组织对西班牙向伊拉克和阿富汗派兵的报复。

费尔南多工作的西班牙情报部门表示，他们在爆炸攻击当天告诉政府，伊斯兰激进分子可能应对此负责而不是埃塔，但他们被告知要不动声色，因为所有证据都指向基地组织，阿斯纳尔所领导的人民党认为会将其早期的领先优势抹去，并会将选举导往完全不同的方向。阿斯纳尔坚持己见认为是埃塔才是幕后黑手，并很快被公开嘲笑和谴责利用这些袭击，来证明他的埃塔政策是正当的。面对 90% 的西班牙公众和西班牙议会多数议员的反对，他批准西班牙军队前往伊拉克参与战事。于 3 月 14 日，西班牙人民做出了他们的决定和表达他们的感受，阿斯纳尔输掉了此次的大选。

在西班牙，调查的结论对于一些人来说仍然是一个观点上的问题，许多议员声称马德里警方篡改甚至销毁了证据。其他报道称马德里火车车厢被拆除和焚烧以隐藏证据，在没有解剖受害者尸体的情况下埋葬尸体。当然，费尔南多在袭击事件发生前大约四个月就知道，汗转移到西班牙的钱被用来资助马德里的恐怖分子，有鉴于此，巩固了他的部门认为伊斯兰激进分子可能需对此事负责的看法。

后来在 2004 年 12 月，西班牙国会调查委员会 (Spanish Congressional Commission of Inquiry) 对马德里爆炸案进行调查并透露，阿斯纳尔政府已下令，删除他办公室中处理爆炸事件和大选之间的所有电脑记录。新任首相何塞·路易斯·罗德里格斯·萨帕特罗表示，这证明阿斯纳尔故意欺骗西班牙人民，把袭击怪罪在埃塔上，并表示"这是决定性的信息和证据，从那一刻起，埃塔就再也不是调查的目标"。他们进一步透露，前首相八年任期的所有记录，都被一群忠诚的政府官员删除。

在该暴行的大约六周之后，在我去马德里的情报总部见费尔南多和恩里克之前，当我在去马拉加和马贝拉的路上为我的新办公室签署租赁协议时，由于 3 月 11 日发生的事件，途中我停下来查看最新消息。

费尔南多说自从该暴行发生以来，他们一直在忙于处理事情，并询问事情的总体进展情况。我告诉他阿林已经成功地为两位美国客户安排了资金，该资金的安排将于 4 月 30 日在马贝拉的一家律师办公室完成，当然我会随时通知他情况，并补充说阿林的最后一笔交易也是由律师完成的，所以我没有理由怀疑交易的合法性。在对马德里袭击事件表示哀悼后，我前往马贝拉并完成了新办公室的合同。

* * * * *

第二十六章

基地组织恐怖分子的融资

于 2004 年 3 月 25 日，在我办公室举行的电话会议上，达成汤姆和拉里·克里克的贷款协议，阿林和拉里·克里克通过扩音器参与会议，因此我们都可以表达意见并同意贷款合同的措辞。利奇表示他的父母坚持要求，以 10 万欧元现金的预付费用为协议条件，来支付安排财务设施的费用和其他费用，因此拉里·克里克将这笔钱，电汇到我在马贝拉的戴菊莺公司的账户，我取出现金并交给了利奇。由于阿林是中间人，因此安排他、汤姆、拉里·克里克和利奇在罗梅罗先生的办公室见面，在罗梅罗先生的见证下签署和交换合同以及交出 10 万欧元的现金，以换取一张 2 千 5 百万英镑相当于 4 千 4 百万美元的支票。他们没有要求我参加该会议，也不认为会进行得不顺利，因为一切都在律师的办公室里进行，但我大错特错了。

汤姆和拉里·克里克于 4 月 29 日的前一天抵达，并预订了位于巴努斯港的迪纳马酒店 (Dinamar Hotel)，他们与艾伦在那里见面，并安排第二天在罗梅罗的办公室见面。那天晚上，我们都在"夫人宫殿"夜总会，以西班牙风格预祝第二天的活动将顺利进行，结果后来证明我们的庆祝有些为时过早，因为拉里·克里克和汤姆即将被诈骗 10 万欧元。

第二天我预计他们交换合同大约需要 30 分钟的时间，所以我在下午 2 点左右从酒店出发，沿着马贝拉商业大街走去与汤姆和拉里·克里克会合，此时我看到了阿林和利奇也在这里。当利奇注意到我时，他突然跑了起来，消失在一条小街上，但阿林一直朝我走来。"利奇怎么了，"我问阿林。"不知道，他一言不发就跑掉了。"

我立即感觉到有些不对劲，并且猜测这可能是一场骗局，但阿林否认知情或有任何参与，并说他会让利奇还钱。我联系了汤姆和拉里·克里克，我们约在他们的酒店见面，而阿林则按照自己的方式说他会把钱拿回来。然后我打电话给费尔南多，他指示我联系马拉加的警察局。在警察局里时，他安排高级警官胡安·费尔南德斯 (Jaun Fernandez) 协助汤姆和拉里·克里克，而我则提出投诉分别针对利奇和阿林，然后我打电话给阿林告诉他发生了什么事，他自愿来到警察局接受讯问。

胡安·费尔南德斯对我与费尔南多的关系感到不解，并且知道费尔南多来自他们的安全部门，所以费尔南德斯一直在询问我问题。当拉里·克里克在一名宣誓口译员的协助下进行他的投诉时，他让我坐在旁边。在那个阶段，阿林并没有被捕，而是在接待处等待，因此他可以自由地开始向达伦·斯特德曼传真一些文件，然而，当费尔南德斯先生意识到他有足够的证据不利于阿林时，他派他的员警将阿林逮捕并没收了阿林的文件和手机。由于阿林被捕，他们允许我查看他的文件，并检查他的手机存储记忆和联系人，这些信息不仅揭示了，将穆罕默德·汗与基地组织连结起来的大量重要信息，也暴露出他是盗窃 375,000 英镑的幕后主谋。他们通过西蒙·埃尔德里奇的帐户处理这笔款项，西蒙再次被这些有经验的欺诈者当作傻瓜利用。

文件和资金流向，是从西蒙的公司在英国的银行账户，转到达伦·斯特德曼在西班牙的银行账户，在那里达伦以现金形式提取了部分资金，并将余额汇到了阿林于马贝拉的凯克萨银行的账户中，阿林以现金形式提取了全部金额并交给穆罕默德·汗。汗的电话号码存储在阿林的手机里，并且还找到了一条提到将钱转到迪拜的短信。我还查看了他的笔记本，其中详细说明了汗与萨拉赫丁·阿明（我在伦敦子午线酒店听到的名字）和另一个名叫苏尔曼 (Suleman) 的亚洲人 — 来自伯明翰的"老大"，以及另外两个名叫穆罕默德·西迪克·汗和沙扎德·坦维尔的亚洲人的关联。

我向费尔南德斯督察员强调，他必须保留阿林的文件和手机，从他的反应以及口译员和其他员警的反应来看，他们对我的确切职位以及我与费尔南多的关系感到困惑不解。当费尔南德斯向我追问阿林文件的重要性时，我无意不慎地违反了我的保密职责，表示阿林可能与恐怖主义有关联，因此引起了警察局极大的兴奋，因而警察局长与费尔南多通了几次电话，特别是关于这些我说过的言论。

我当时并没有意识到，我的口误和关于恐怖主义的言论，最终会导致我与费尔南多和恩里克的关系就此画下句点。那天晚上 8 点 20 分，我打电话给他，简短地告诉他有关将阿林和穆罕默德·汗与恐怖主义连结起来的文件，以及那笔与西蒙·埃尔德里奇的交易也是欺诈行为。

在我填写投诉书并提交正式投诉后，汤姆、拉里·克里克和我便回到约克，他们起草并宣誓宣誓书，内容详尽利奇欺诈的更多细节，然后我通过 DHL 将其寄送给胡安·费尔南德斯。在我意识到斯特德曼和阿林与汗共谋欺诈后，我在英国警方的内线通知我，斯特德曼因从圣戈班 (Habitat) 的创始人，特伦斯·康兰 (Terence Conran) 爵士那里窃取了 100 万英镑，而在保释中，并且他与汗的许多罪行有关联，均使用同样的"作案手法"。

换句话说，同样的手法是找一个傻瓜来承担刑事责任，而他们可安然在幕后不被发现。我立即打电话给西蒙，提醒他警察会大张旗鼓地找上门来，并建议他确切地说出他和这些人渣往来的经过。我还担心马贝拉的警察可能会遗失或错放阿林的文件和手机，或者出于某种原因，在没有复印的情形下将这些证据归还给他，所以我决定发一份备忘录给费尔南多，说明警方保留他的文件和手机的重要性，我还传真给莎拉·希尔，这样她就可以将其翻译成西班牙语，然后从我的特内里费岛办公室里传真出去。2004 年 5 月 4 日早上 9 点 59 分，我传真了一份英文备忘录副本给费尔南多（截取相关部分如下）：

"斯特德曼和阿林与诈骗国民西敏寺银行 375,000 英镑的欺诈案有关。这笔钱被汇到了斯特德曼位于巴伦西亚的凯克萨银行的账户里，然后再汇到了阿林在巴努斯港的凯克萨银行的账户。阿林随后将现金取出，交给了一位绰号"穆"的印度绅士，穆和阿林同时住在巴努斯港的安达卢西亚广场酒店。我在阿林的手机里看到了穆的电话号码，还有一条短信提到要将这笔钱转账到迪拜。穆与伯明翰的"老大"有关。我在阿林的笔记本上看到可支持这个证据的文件。"

"阿林的手机里有很多亚洲联系人的电话号码。"

"保留阿林的手机和笔记本至关重要，因为它们包含重要证据。"

三天后，于 2004 年 5 月 7 日我打电话给费尔南多，想安排去马德里见他，并让他知道我已将汤姆和拉里·克里克的宣誓书寄给了马拉加的警察局。当我告诉他我有其他信息要提供给他们时，我感觉到他的声音有点犹豫，当下他说（仅截取相关部分）：

（费尔南多）："我想要求你一件事情。"
（我）："好的。"
（费尔南多）："呃，不要，呃，不要，呃，和其他人谈论，呃，关于，**关于我们的事情**。"
（我）："好的，当然，当然不会。"
（费尔南多）："呃，关于，呃，关于，呃。"
（我）："只是关于欺诈而已。"
（费尔南多）："呃，**关于穆罕默德或恐怖主义**。"
（我）："好的，好的。"

这件事引起了我的注意，因为对于我向马拉加警方提到恐怖主义，费尔南多感到非常愤怒。我很快就会彻底全面地感受到他的愤怒，不过他却没有意识到他的每一个字都被录音下来了。

很快就会发现约克警方与德比郡的警方，联合调查了我两年多前的事情。正如马克·弗利所预测的那样，他们已经将我锁定成为他们的目标，并得到了"严惩我"的指示。当西蒙·埃尔德里奇 5 月 9 日参加完婚礼回到家时，一封来自德比警察局的一名史蒂夫·温纳德 (Steve Winnard) 警察于 5 月 6 日写的信已在家里等着他，该信要求他签署一份授权书，以便他们能调查他的银行账户。西蒙打电话给我，那天晚些时候来到我的办公室，这样他就可以打电话给斯特德曼并录下谈话内容。我告诉西蒙，无论斯特德曼以何种方式引导谈话都予以配合，因为他在不知道自己被录音的情况下，绝对会揭露自己做的事情。

（斯特德曼）："他们要求你做什么？签署文件吗？"

（西蒙）："他们要求我签名并寄回。莱斯特警察局有个叫史蒂夫·温纳德的人想调查我的账户。"

（斯特德曼）："了解，因为这件事的起始之地是在德比。"

（西蒙）："我现在该怎么办？"

（斯特德曼）："你能传真一个副本给我吗？"

（西蒙）："我没有传真机。"

（斯特德曼）："你能就近找一个吗，我不认为……如果他们要求授权……信上的日期是哪天？"

（西蒙）："是六号，所以我不知道那天是什么日子。今天就要传真吗？"

（斯特德曼）："我觉得……如果你今天不能传真给我，那么尽快把它交给我，我会马上把它给我的律师，看看他怎么说。我的意思是这样的事情，我们必须照章办事，我会听从我律师的建议来保护你、我和约翰。银行账户是谁的名字？"

（西蒙）："尼尔 (Neil) 和卡尔。"

（斯特德曼）："是你妹夫吗？"

（西蒙）："卡尔是我的弟弟，而尼尔是我生意上的伙伴。"

（斯特德曼）："是的，所以我们想像保护我们一样保护他们。因此另一件需要做的事是，我们需要得到这份文件，我认为最好的事情，真的……我只想说如果我们明天能见面是最好的。"

（西蒙）："明天我就真他妈的死定了，我因没有缴罚款而必须出庭。"

（斯特德曼）："好吧，即便是明天晚上或明天下午。*需要尽快完成这件事，否则我们四个人都会遭殃，没有人会知道他们的事情。你知道布兰查德已经向警察提过这件事吗？*"

（西蒙）："哦，他这次真他妈的把我害惨了。"

（斯特德曼）："*布兰查德已经向西班牙警方提到了这件事，警方向他出示了文件，因为约翰在西班牙被捕时，这份文件在他身上。*"

（西蒙）："约翰有文件在他身上，他妈的，你有副本吗？"

（斯特德曼）："没有，他当时正传真副本给我，警察从他手上拿走了文件。*我们需要创建新的文件。*"

（西蒙）："那你想让我把所有公司号码和地址和所有其他信息都写下来吗？"

（斯特德曼）："全部都写下来，我的朋友，是的。我能搞定这件事。"

（西蒙）："像是变戏法一样，这份文件可以瞒得过去吗？"

（斯特德曼）："是的，会看起来百分百真他妈像真的一样。"

（西蒙）："啊该死的文件，我只是需要准备我和你之间的文件，还是我需要向他们展示你、约翰和穆之间的一些东西，还是我只是与你处理这件事情而已？"

（斯特德曼）："只是与我处理就好，我会填写剩下的部份，因为我和约翰之间有代理协议。"

如果是我自己写了他们之间对话的剧本，不会比事实上的这番对话来得更好。现在我们知道斯特德曼，是一个显然熟悉国民西敏寺银行欺诈案方方面面的人，而且他与西蒙的对话是由他来引导的。当西蒙说是莱斯特警察局的史蒂夫·温纳德正在调查此事时，斯特德曼立即意识到了这件事的重要性"因为德比是这件事的起源地，"（意指被盗的那 375,000 英镑），这就是他一直都知道钱是从哪家银行的分行被盗的证据。

斯特德曼以一种奇怪的方式证实了马拉加警方处理此案的方式，以及讲述我牵涉的经历，他说**布兰查德已经向西班牙警方提到了这一件事，他们还向我展示了文件，因为当约翰遭警方逮捕时，他手上拿着文件，约翰正在传真一份副本给斯特德曼。**

当我们回放录音带时，这个证据很明显地连同其他录音带清楚地指出，汗、斯特德曼和阿林是从国民西敏寺银行盗窃 375,000 英镑的幕后黑手。我建议西蒙立即联系史蒂夫·温纳德，并提供完整而坦率的证词，否则他最终会承担刑事责任并获判入狱。五天后，西蒙在没有律师陪同的情况下，在约克警察局接受了亚当·哈兰德(Adam Harland) 刑事侦缉警长和史蒂夫·温纳德警探的讯问，在讯问期间，他毫无保留地告诉他们原原本本的确切根据，包含他成为我儿子小保罗最好的朋友，他们两在四岁时一起就读同一所学校认识的。

他甚至想起第一次被介绍给阿林和斯特德曼的经过，当时他们正离开我的办公室，于是他们见到彼此并交换名片。事实上，他说什么并不重要，因为他们已经锁定西蒙与国民西敏寺银行的骗局和朗讯欺诈案有关，当然，他们认为我对这些骗局很感兴趣，骗局里到处都有我的踪迹。

巴里·希思差不多一年前就报告了朗讯的骗局，所以现在是时候我去一趟马德里，从费尔南多和恩里克那里获得支持，来巩固我们的辩护了。我还采取了预防措施，将我所有的档案、纸张和录音材料从我的办公室移走，并将它们存放在马克·弗利位于利兹的办公室。英国警方已经在调查我的案子了，所以我必须试着抢先他们一步。接下来，我开始制定一项策略，即将新的更新文件送到马克的办公室，并复印我需要使用的档案以供我自己使用。

当我预订行程的安排时，我的直觉告诉我，这将是我与这两位情报人员的最后一次会面。他们再也没有提议要到马德里机场见我和接我，只有一通来电告诉我，他们会在那儿与我会面，双方约好了于 2004 年 5 月 17 日下午 1 点，在诺富特酒店的接待处碰面。我感觉到两位警官都会开始试图与我保持距离，并否认我曾与他们合作过，所以我武装起自己，身上配戴着一根收音线路，希望该线路不会发生故障或发出噪音让他们发现，我需要将他们的对话录在录音带上，否则他们会否认我所说的任何话并拿来对付我。

在握手寒暄之后，我们都围坐在一张小咖啡桌旁，这时我找了个借口说我想在我们开始之前去男厕所，这样我就可以开启我的录音设备了。费尔南多显然处于情绪激动的状态，并说在马拉加警察局发生的事件后，当我提到恐怖主义时，他对我非常生气和恼火。我说英格兰正在对约翰·阿林、达伦·斯特德曼和西蒙·埃尔德里奇进行调查，我真的需要他与英国的某个人谈谈，无论是警察还是英国情报部门都可。

"马拉加的警察提出了一些棘手的问题，"他改变话题。

"我在西班牙的活动可能与英国的活动重叠，我的安全处于危险之中。"

我可以从他的肢体语言看出他并不在意，并且还相当过分地说他不会与来自英国的任何人交谈"**不不不不，不可能，我们的这种关系 …… 行不通，行不通，**"（他们（西班牙情报部门）将否认与我有任何牵连）"**最终，我们将 …… 不，虽然不会在不久的将来。我们目前与你的合作，他们（英国当局）一无所知。我们可以让他们知道你是穆罕默德（德巴）的证人，但是，如果（英国）警察怀疑我们的关系 …… 我们会暂时停止联络。**"

我的观察：

- 他们会在未来某个时间点确认与我之间的关系，因为他说"**最终我们会。**"

- 我与西班牙警方合作,因为他说*"我们正与你合作。"*
- 我们之间是有一层关系,因为他说*"如果英国警方怀疑我们的关系。"*

我必须非常小心,以免看起来像是我故意引导对话以获得特定的回应。我们普遍谈论了我提供的信息,我漫不经心地说我在马德里爆炸案之前提供了宝贵的情报:

(我):*"是的,是的,但我之前就告诉过你,只有我们三个人知道这一点,我很自信地说,在马德里爆炸案发生前两三个月,我告诉你视频的事情(子午线酒店的闭路电视镜头拍下了汗和他的同伙的影像)。我还告诉你其他的事情,我,我们讨论过这个……。"*

(恩里克):*"我知道。"*

(费尔南多):*"虽然你有采取行动,但他们(马拉加警方)没有听说过你是谁,例如我有发一份文件说你是警察局的好朋友。"*

(我):*"我一直都将所有一切的情报提供给你。我将自己置于危险之中,我亲自经历与约翰·阿林和所有这些人发生的事件当中,这是我的底线,我把自己置于危险之中。现在所有这些与阿林、德巴有联系的人,他们都是最糟糕的坏人,他们全是罪犯。我已经告诉你这一切,是因为我发了一份传真给你,概述了这些情报,我把它写在了纸上。我面临更大的问题是,在英格兰有人或不管是谁都会找上门来,他们会问我所有这些问题,关于我与所有这些人一起做过的事情,所以我对此的感受以及为什么我现在问你,你可以选择去告知他们(军情五处),或是我可以自己打电话给他们,无论你希望怎么做,该告知他们的时候到了。"*

(费尔南多):*"你担心是吗?"*

(我):*"我担心的是警察会突袭我的办公室,拿走我的电脑和所有东西。我有我的事情要处理,我现在没有电脑,我已经不能再去特内里费岛了。"*

费尔南多说由于德巴的案子,因此我们继续保持联系很重要,很快思考之后我就回答道:"当然,最后一件事是向你保证,我仍然会作证针对穆罕默德·德巴。"如果要挽救我们之间的关系,那就是在不受当局干预的情况下,在西班牙继续开展我的业务。我知道如果没有我出庭作证,他们起诉德巴的案子就会失败,所以他们必须至少在他的案子上法庭之前,让我依旧站在他们那一边。

然后我把我关于穆罕默德·汗的最新特工报告交给了费尔南多,其中包括我在马拉加警察局时,从约翰·阿林的文件和手机上抄下来的名字。那时我不知道穆罕默德·西迪克·汗和沙扎德·坦维尔这两个名字有什么重大的意义,对我而言,只是我多年来提供的众多名字中的其中两个而已。

(我):*"我把所有与(马拉加)事件有关的情报都带来了。"*

会议结束后,他们没有如往常一样提供送我去机场的服务,所以我去了男厕所,检查了我的录音设备 — 有成功运作,我把他们俩的对话录下来了。刚开始时,他们一直保证我的安全和保障对西班牙当局来说是最重要的,直到现在对我的态度,这是多么大的转变。以前每次会议结束时,他们都会问我是否需要他们为我做些什么,现在想起来真是一堆废话。当时的事实是,费尔南多和他的团队对我在西班牙或国内的情况根本毫不在乎。我应他们的要求,把自己置于一些危险和难堪的境地。他们为了自己的目的而利用和滥用我,现在却毫不犹豫地把我扔到了粪坑里而毫不在意。

我从每一个角度来仔细思考和消化整件事,知道是时候与这两个卑鄙的混蛋走法律途径的时候了,他们不仅完全毫不在乎我的处境,而且也丝毫不在意这会对我的家庭造成什么样的影响。我需要在下一次这些反欺诈小组找上门之前,将较不利于我的部份全部处理好,因为他们已经聚集在约克警察局的会议桌上,谋算要如何对付我。第二天早上,我传真了一份备忘录给莎拉·希尔,请她将其翻译成西班牙语,以便转发给费尔南多。

* * * * *

敬爱的费尔南多

"我希望正式回应我们昨天在马德里公平公园胡安卡洛斯路1号,诺富特酒店的会议上讨论的议题。如果您能向我确认恩里克的全名和警察编号,以及您的全名和警察编号,我将会十分感激。我的律师维达尔·贝拉斯科·梅尔坎先生,要求尽早与警察总局局长和西班牙安全局局长会面。您知道您违反了我作为西班牙安全部门特工的合作条款,并因您的行为使我处于"风险"之中。恩里克和您自己一直强调并向我保证,由于你们两要求我代表你们进行的工作和领域,使得我的人身安全对于西班牙当局至关重要。"

"请将您的**回复**传真到这个号码:- + 44 1904 410955

* * * * *

我预计不会得到他的回应,但我想将我所提出的问题记录下来,以供将来参考之用。妈妈曾告诉我,我的祖父威廉·图恩说过你要选择做这件事,还是选择做另一件事;你要么什么都不写,要么全部写下来,后者的建议更明智,因为这个建议实践了一种行为模式,如果需要,你可以依靠信件来证实你的证据。

* * * * *

第二十七章

罗塞塔

我把全部的经过一五一十的告诉大卫·罗斯，他对这个故事很感兴趣，因为阿林和斯特德曼与两个独立的恐怖组织有关联。大卫还与罗塞塔研究和顾问责任有限公司 (Rosetta Research and Consulting LLC) 合作，这是一家新成立的美国公司，旨在调查资助911恐怖袭击的资金来源。

在袭击事件发生后，大多数美国人说要寻求司法正义，但他们其实真正想要的是恐怖份子得到报应和复仇，虽然总统布什因此宣战，但许多家庭仍渴望通过更传统的途径，通过起诉任何负责资助或支持恐怖分子的人来追究责任。当蒂娜·伯内特 (Deena Burnett) 从失去丈夫汤姆的震惊中恢复过来后，成为第一批寻求此类诉讼的美国人之一，并于2001年11月致电罗纳德·莫特利 (Ronald Motley)，他是南卡罗来纳州的律师，因赢得美国有史以来最大的集体诉讼和解而闻名，打败烟草业大亨，使得该公司支付10亿美元的和解金乖乖屈服。

他寻找他的下一个大案子，因此莫特利和他的律师事务所莫特利·里瑟 (Motley Rice) 同意代表蒂娜·伯内特和其他人行事，并开始建立值得他们信赖的同事团队，为战斗做好准备。身处火线的是沙特阿拉伯的金融精英，沙特阿拉伯是地球上最富有的石油王国，也是一个在华盛顿拥有比任何其他外国势力，更具有政治影响力的国家。莫特利指责他们资助基地组织和对纽约和华盛顿的恐怖袭击，并要求赔偿1兆美元。他决定他需要自己的内部调查人员，他自己的情报部门，有胆识及能力对付石油资源丰富的沙特人，不像布什在暴行后立即投降，并安排飞机将奥萨马·本·拉登 (Osama bin Laden) 的家人送回家。

已经进行的一项诉讼有4,733名原告代表2,762名受害者。该诉讼还指责沙特阿拉伯精英，因此在2003年6月，莫特利·里瑟和其他一些律师创建了罗塞塔公司，任命哈里·赫格 (Harry Huge) 为董事长，他将日常管理委派给迈克尔·阿西莫斯 (Michael Asimos) 和帕特里克·约斯特 (Patrick Jost) 处理，该公司被认为是调查*哈瓦拉* — 伊斯兰汇款系统的其中一个政府的智慧领导。

约斯特还招募了布赖恩·马龙 (Brian Mallon)，两人与整个欧洲的调查记者建立了联系网路，其中当然包括大卫·罗斯。后来在另一个法庭诉讼中，发现罗塞塔在没有任何合同或正式协议的情况下，成为联邦调查局的调查助手。约斯特在法庭上宣誓，罗塞塔被指定为联邦调查局的秘密行动小组，实质上将911的家庭诉讼案，变成了五角大楼的情报收集企业。这使罗塞塔能够在美国境外追查欲调查的线索，而不受联邦执法机构的限制。

约斯特和马龙于2004年5月的最后一周抵达伦敦，并想在5月28日与大卫·罗斯和我在希尔顿旗下的一间酒店会面，然而，在我们见面之前，马龙遇到了来自新苏格兰场反恐单位的两名警察。他与一位匿名的记者在伦敦监视一名疑似伊斯兰极端分子，当地警察要求他陪同前往巴金 (Barking) 警察局。三小时后，两名反恐员警抵达车站，并强烈坚决地建议他们放弃监视。后来发现，约斯特能够依靠他与联邦调查局的关系来化解情势。

大卫·罗斯向他们保证我的可信度，而约斯特和马隆像失散多年的兄弟一样热情地向我打招呼。在解释了我与西班牙情报机构的关系后，约斯特相信他可以说服他们确认我的特工角色一职，这将使我不再是朗讯和国民西敏寺银行诈骗案的嫌疑人。我同意向他提供关于赃款汇往西班牙路线的确切根据，约斯特说这将有助于支持美国的 911 诉讼案件。

约斯特告诉我哈里·赫格结识了沃尔特·亨伯格 (Walter Hemberger)，他是德国负责处理与 911 袭击事件直接有关案件的首席检察官，其中的案件包括主要劫机者穆罕默德·阿塔 (Mohamed Atta)。约斯特说他的团队还与巴尔塔萨·加尔松合作，加尔松正在马德里监督被指控为 911 的劫机者，提供支持的西班牙基地组织成员的审判。

鉴于穆罕默德·汗的筹款活动与马德里爆炸案，和一系列经迪拜到巴基斯坦再到德国、西班牙和美国的汇款线路均有关联，这个线路有效地掩盖了最初的资金来源，因此我的情报至关重要。约斯特坚定地表示会完全保密，并提供给我属于我自己的罗塞塔电子邮件地址 pb@rosettawindow.net，出于安全原因，要求我永远不要使用自己的电子邮件地址。后来我发现一名参与联邦调查局和罗塞塔合作案的联邦调查局的分析师，通过他们的政府数据库对我的姓名进行了"威胁评估"检查，并被要求回答一系列具体问题，以便他们分析资金流向。同时确认我已经成为与洛杉矶地区检察官办公室、联邦调查局和国税局合作登记在案的人。

由莫特利·里瑟和其他投资者向罗塞塔提供了数百万美元的资金，直到 2013 年罗纳德·莫特利去世后，这家公司才不再活跃。到最后，罗塞塔只不过是约斯特和他的朋友们，在世界各地玩侦探游戏，并收集对 911 袭击事件的被害人家庭，没有任何助益的证据的藉口而已。他们希望将那些谋杀亲人的帮凶绳之以法的希望，逐渐退散并消失了。后来发现，对加尔松或西班牙情报部门没有造成任何影响，因为他们既没有证实也没有否认我与他们合作关系，他们不能证实的原因为 — 若是证实了我与他们的合作关系，会显出他们自己的无能，因为他们不与世界各地的其他机构，分享对全球反恐抗争至关重要的情报。

* * * * *

第二十八章

遭西班牙情报部门出卖

在我等待维达尔安排我与西班牙警察和情报部门负责人的会面时，莎拉·希尔为我安排位于马贝拉商业大街的新办公室的翻修工作。我仍然需要巩固我针对穆罕默德·汗和他同伙的证据，所以在 2004 年 6 月 16 日，我打电话给汗并录下了我们的对话，我希望他会暴露自己的罪行。汗当然是充满警觉心的，因为斯特德曼透露我正在与西班牙警方合作的消息（相关对话摘录如下）：

〔我〕："你知道透过他们两个白痴完成的那笔 375,000 交易吗？"
〔汗〕："哪两个白痴？"
〔我〕："约翰和达伦。"
〔汗〕："哦，对，是的。"
〔我〕："他们试图以此欺骗你，他们向你收取费用是吗？"
〔汗〕："是的，是的，继续，无所谓。"
〔我〕："他们把那个还给你了吗？"
〔汗〕："谁？"
〔我〕："约翰和达伦。"
〔汗〕："嗯，我不想深入讨论细节。"
〔我〕："嗯，不过，正如我所说，这通电话是安全的，他们最终有给你一些钱吗？"

对话进行得很顺利，比起大多数的书面对话，用说的听起来效果更好，因为你能感受到口语背后的感觉和情感。汗听起来很犹豫，很担心他所说的话，因为他显然处于戒备状态，但响亮而清晰地被录音下来。

*****

莎拉·希尔和我于 2004 年 6 月 30 日，在马德里市中心的皇冠假日酒店会面，当晚共进晚餐时，我们俩讨论了第二天我在与警察总局局长会面时、应采用何种方式进行。第二天早上，我们与维达尔碰面并前往他的办公室，会议计划在 12 点 30 分举行，然而，抵达后我们被告知，会议将由代表警察总局局长和安全部门的高级警官杰西·涅托·罗德纳斯（Jesus Nieto Rodenas）先生出席。因为罗德纳斯先生不会说英语，所以现场还有一名为警察工作的口译员，在一旁做笔记作为会议记录。维达尔首先讲述了我与穆尼奥斯和埃斯特班的关系，涅托先生因为德巴案而知道这层关系，并认可我已向警方提供了信息和文件，他对我的情况表示关切，并询问我对两位警官的感受，我说他们让我失望了。

会议持续了大约两个小时，在此期间，我出示了一份我以前提供给西班牙情报部门的所有报告的档案副本。涅托先生检查了档案并就我的报告提出了许多具体问题，并记下我在 2004 年 5 月 3 日传真给费尔南多的内容，并要求我解释 375,000 英镑的欺诈行为，以及这笔钱是如何汇到西班牙，然后以现金形式提取的。我说穆罕默德·汗与许多其他参与恐怖主义的亚洲人有关联，并请他注意我向费尔南多提供关于我怀疑参与朗讯欺诈的其他人士的报告。我说至关重要的是，建立出的资金流向会暴露出汗与马德里爆炸案，以及在德国和英国的其他人士有关联。

他似乎很同情我，并理解我在 2004 年 5 月 17 日，将我与两名督察的最后一次会面录音的理由。我向他提供了我与费尔南多、恩里克和其他警官电话交谈的录音带副本，并解释了每次录音的对话议题。令我惊讶的是，根据我的解释，他同意我的职责是收集可能与恐怖主义有关的个人信息。我表示我主要担心的是，我代表西班牙情报部门的活动，使我在英国面临受警方调查的风险，因为他们已经在调查朗讯和国民西敏寺银行的欺诈案，所以让英国当局了解我所扮演的角色十分重要，如此一来我才能与他们合作。在会议结束时，涅托先生要求我，永远不要向任何人透露他有与我开会的事情，直到他进行了他的调查为止，他说这需要相当长的时间，将来他会联系维达尔。

2004 年 7 月 1 日这天的会议浮现的重要问题是，西班牙当局掌握了大量证实穆罕默德·汗和其他人士，为资助恐怖活动而进行筹款活动的证据。这些报告和证据永远不会有争议，并详细说明一年多来，在这些暴行发生前，汗与萨拉赫丁·阿明、穆罕默德·西迪克·汗、沙扎德·坦维尔和其他亚洲人，在利兹、布拉德福德和迪斯伯里 ― 伦敦七七爆炸案自杀炸弹客的家园 ― 的关联。

后来被揭露出来的是，费尔南多和他的团队，从未与军情五处或军情六处的同行，分享这一个重要情报。更糟糕的是，将汗和他的团伙与马德里爆炸案连结起来的情报，他们也同样隐蔽不报。

维达尔从未收到罗德纳斯先生的确认通知，但于 2005 年 2 月 16 日，加布里埃尔·富恩特斯·冈萨雷斯 (Gabriel Fuentes Gonzalez) 先生 (西班牙警察总局副局长) 直接回应约克警方说，他们应该向马德里中央法院的第 5 号法院提出信息请求申请，以获取有关保罗·威廉·唐纳德·布兰查德的信息。

* * * * *

7 月 9 日就在那次会议之后的第 8 天，我正在吃早餐并望向窗外，这时我注意到许多警车和面包车停在房子外面，我当下便立即知道他们要来逮捕我了。我听到熟悉的只有警察才能做到的完美"警察敲门声"，我打开门，迎面而来的是亚当·哈兰德刑事侦缉警长对我说"布兰查德先生"，然后是正式的逮捕和警告程序。虽然当时我不知道，警察同时去突袭克里斯·艾尔和西蒙·埃尔德里奇的办公室和住家。警方搜查了包括车库在内的所有物品，没收了不计其数的文件、电脑和每个人的手机，他们还没收了所有关于穆罕默德·德巴的档案。

然后我被带到我熟悉的环境 ― 约克警察局，在等待接受讯问期间，他们将我关在小牢房里，但在此之前，我要求与军情五处的代表见面。上午 8 点 43 分，我被介绍给安德鲁·布雷 (Andrew Blain) (来自约克办公室的特设分部)，并告诉他我与穆罕默德·德巴的关系，我是控方的证人，而且我还一直在为西班牙情报部门工作打击恐怖主义。这次的讯问很短，因为我向他提供了托马斯·坎宁的名字和他的别名，以及他可能与爱尔兰恐怖主义有关联，布雷说他会进行确认并联系西班牙情报部门来核实我的故事。在整个过程中，他做了笔记，讯问持续了 18 分钟，并于上午 8 点 58 分结束。

那天晚上的时候，布雷先生于下午 5 点 24 分再次讯问我，他告诉我西班牙警方已经确认我是德巴案的证人，但仅此而已，在他与军情五处的同事交谈后，他们要求他再次向我提问，因为我提供的个人姓名非常重要，并且已经在我国两个情报机构锁定的目标上。然后，我更详细地解释了朗讯欺诈背后的作案手法，还解释了我从西班牙得到的指示是，渗透并结交与位于伯明翰、利兹和布拉德福德的伊斯兰恐怖主义的相关人物，并且我与这些人的关联与当天早上我被捕的事情有关。在整个过程中，布雷一直在记下姓名和日期，然后建议最好让军情五处的人联系我，这样我就可以全面披露我所知的情报。讯问持续了 34 分钟，于下午 5 点 58 分结束。

又等了三个小时后，警方再度讯问我。由于马克·弗利没空，所以他的同事肖恩·邦迪 (Sean Bundy)，参与了在晚上 9 点 13 分警方对我开始进行的讯问。出席的有亚当·哈兰德和威尔曼 (Wilman) 警探，在向我提出正式警告后，哈兰德开始提出他列在清单上的问题。显然我遭逮捕与朗讯和国民西敏寺银行的欺诈行为有关，此时哈兰德开始讯问我，所以肖恩·邦迪把我预先准备好的声明递给他，上面写着：

"正如你所知，自从我被捕以来，我已经让你知道我为西班牙安全部门工作的职位，我被捕的原因涉及我为他们所做的工作。你从我的住所没收的文件中可看出，我是如何开始为西班牙警察和安全部门工作的。上周三，我从利物浦前往西班牙，周四我与西班牙警察总局副局长和安全部门的代表开会，与会人员有我的秘书莎拉·希尔和我的西班牙律师维达尔·梅尔坎。警察总局副局长特别询问我涉及国家安全的事情，当下甚至要求我不要向任何人透露那次会议的信息，因为我在西班牙安全部门的工作已遭曝光，不仅暴露了我自己的生活，也暴露了我家人的生活，因此我们可能处在危险之下。正是基于此，现阶段我不打算再回答任何问题，但我已做好接受军情五处的讯问，并愿意将每一条信息都透露给他们的充分准备。我已经将此信息转发给布雷警探。"

为了公平起见，哈兰德接受了我为西班牙当局工作的角色，他说：

"我所相信的是，如果我错了，请纠正我，你参与了这笔付款，在我们确定你的立场后再来讨论这个问题。我希望能早日确立起你的立场，我想应该是在下周中旬的时候可以完成。"

这是令人筋疲力尽的一天。然后我被警方保释，回家后发现吉尔相当难过，因为不知道他们的下一步行动会是什么。我知道哈兰德无法在一周内得到任何信息，或者倘若真能如此，总而言之我们只能等而已。

7 月 13 日晚上，我接到来自军情五处一位绅士名叫查斯 (Chas) 的电话，他建议我于 7 月 16 日下午 1 点 30 分，在约克的希尔顿酒店与他和他的同事斯图尔特 (Stewart) 见面，我同意与他们会面。我考虑过用录音带录下会议上的对话，但后来决定不这样做，以防他们有一些反监视设备，因为他们特地为这次会议租用了一间会议室。我向他们简要介绍了我与德巴的交易，并披露了我交给西班牙警方涅托先生的所有档案，他们对我的简报表示赞赏。他们抄写了有关托马斯·坎宁和朗讯欺诈案的信息，和我收集关于穆罕默德·汗的所有情报，及他与萨拉赫丁·阿明、穆罕默德·西迪克·汗、沙扎德·坦维尔，以及位于利兹、布拉德福德和迪斯伯里的其他亚洲人的关联。

我还向他们展示了一份阿林化名为约翰·唐纳利的护照复印件，他们记下了细节，我说他在西班牙被捕，因为他持有将汗与萨拉赫丁·阿明和其他亚洲人连结起来的文件。会议结束后，他们告知我可以披露我们会议的细节。如果他们希望我在接受录音讯问时这么做，我才同意做进一步的合作。

后来为了巩固我的合作和我提供的信息，我于 7 月 21 日打电话给约克办公室特别分部的安德鲁·布雷，告诉他我想发一份传真给他，几分钟后他回电并提供号码：01904 669713 (特别分部 — 约克)，他说：

"你打算什么时候传真过来？"

"如果你想现在的话，我立马就传真过去。"

"好的，我去站在传真机旁边等着。"

传真内容包括托马斯·坎宁的所有详细信息和联系方式。

隔天经过进一步的考虑后，我决定将我之前制作的关于穆罕默德·汗的特工报告传真给他，其中详细说明了他所有同伙的情报。出于保留证据的目的，我录下了我们的通话内容，这些录下的时间与我电话记录中，逐项列出的拨电话时间和通话时间完全吻合。

正如我在 7 月 1 日与罗德纳斯先生的会议，以及我在 2004 年 7 月 16 日与军情五处特工的会议一样，这些电话和传真确定了军情五处正式知悉穆罕默德·汗的活动，及其与萨拉赫丁·阿明、穆罕默德·西迪克·汗和沙扎德·坦维尔有关联的日期和时间。

2004 年 2 月，反恐警察和军情五处发起了"格雷维斯 (Grevice) 行动"，最终将奥马·尔钦 (Omar Khyan)、萨拉赫丁·阿明 (绰号"阿米尼") 和其他三人逮捕归案，并在 2007 年 4 月于中央刑事法院，进行为期一年的审判后遭定罪。从他们的审判中得知，奥马·尔钦首次引起军情五处的注意时间点，是在 2003 年 3 月他突然出现在他们调查的范围内。

在巴基斯坦，他和阿明在一个训练营中学习如何混合制造炸弹的化学物质，然后进行测试，以期在肯特郡格林海斯 (Greenhithe) 镇的蓝海 (Bluewater) 购物中心，和伦敦的内阁之声 (Ministry of Sounds) 夜总会等潜在目标上引爆炸弹。除此之外，还揭露出裂缝帮与巴基斯坦两名已知的基地组织领导人有往来。

后来军情五处观察到奥马·尔钦与两个陌生人交谈。这两个人正是穆罕默德·西迪克·汗和沙扎德·坦维尔，他们俩后来因伦敦七七爆炸案而臭名昭著。军情五处的监视日志清楚地显示，于 2004 年 2 月 2 日至 3 日这段期间，卧底人员正在监视穆罕默德·西迪克·汗和沙扎德·坦维尔。卧底人员记录、录音并跟踪他们三人到利兹，看到他将他的两个朋友送到该城市的比斯顿 (Beeston) 区。

军情五处的日志记录了这两个地址。穆罕默德·西迪克·汗随后驱车前往他在迪斯伯里的住家地址。几周后，在警察突袭阿明的团伙不久前，他回到了巴基斯坦，然后继续他的逃亡，最后他放弃逃亡的生活，他表示在他被捕并搭机回英国之前，在整个 2004 年曾多次受到巴基斯坦安全部门的酷刑。2005 年 2 月他遭反恐警察逮捕，并在伦敦帕丁顿格林高等安全警察局被警方讯问。

当然，西班牙情报部门不仅知道这些恐怖分子嫌疑人的身份，而且军情五处也有关于穆罕默德·汗与格雷维斯帮派成员关联的确切依据，这个帮派成员与未来执行伦敦七七爆炸案的恐怖分子是朋友关系。因此可以证明，当我向军情五处披露萨拉赫丁·阿明与穆罕默德·汗、穆罕默德·西迪克·汗和沙扎德·坦维尔的关联时，军情五处早已盯上了萨拉赫丁·阿明，而且他的名字在情报界是一个"活生生的问题"。审判期间发现的其他证据，暴露了该团伙在离开英国之前，曾开玩笑说如何敲诈银行和贷款公司的作案手法。

军情五处录下奥马·尔钦说"所有的兄弟都在执行欺诈骗局，所有要离开的兄弟都这么做。"穆罕默德·汗与所有这些恐怖分子均有关联，为基地组织筹款，但我们的安全部门却未能在 2005 年 7 月 7 日发生暴行之前或之后，采取行动或调查他的活动，这在两份证词中均可得到证实，这些证词讲述了两个相互矛盾的事件版本。

两年后，安德鲁·布雷提供一份证词说，我想和他谈谈穆罕默德·德巴和爱尔兰共和党的事情，以及我在西班牙安全局所做的工作，但他丝毫没有提到我们就伊斯兰恐怖分子的议题进行了 30 分钟的谈话。他说他做了笔记，但这些笔记很可能随后即被销毁（当然他们已经销毁了）。他还说他唯一一次与我交谈是在 2004 年 7 月 21 日左右，当时我将一些详细信息传真给他，让他转交给（英国）安全部门，他说他有转交。然后，大约三年半后，2007 年 11 月 4 日查斯或斯图尔特其中一人提供了一份证词，在证词中只以他的警官编号 9040 来代表他的身份，然而，当将他的证词与布雷的证词一起阅读时，差异显而易见。军情五处的官员编号 9040 阐述（仅截取相关部分如下）：

> "安全部门被告知，布兰查德因涉嫌金融诈骗被捕，但他声称一直在为西班牙当局工作，目的是打击爱尔兰**和伊斯兰恐怖分子。**"

* * * * *

在被警察逮捕、讯问和没收所有物之后，你别无选择，只能不屈不挠地继续过生活和经营事业，尽管这些乌云笼罩着你。在对所有备选方案进行了深思熟虑之后，费尔南多采取的立场是可以预见的,因为如果他的辩护可以表明我为西班牙当局工作,那么这将破坏对德巴的任何起诉,因此他们比较有可能采取的步骤是,污染我的证词以促进他们的诉讼案件。一方面,他们会向英国警察和情报部门否认我是他们特工的真正身份,但另一方面他们需要我的证词来支持德巴的诉讼案,所以情况相当复杂。在德巴的审判结束后,他们不太可能使我难以在西班牙经营我的业务,因为他仍然可以使用同样的议题作为上诉的理由。因此,我得出结论是,在西班牙国税局的雷达下继续经营我的业务,并在马贝拉开设我的新办公室是可行的。

办公室位于马贝拉商业大街的二楼,即芒果(Mango)时装店的楼上,有自己的电梯且电梯门直接通向接待处。宽敞的环境包括一个大型开放式区域,可容纳八张办公桌供来访客户使用、三间私人办公室套房和一间豪华会议室。我将重新设计和翻新工作委托给莎拉·希尔,预算为25万英镑,完工日期为2005年1月。

一旦发现莱纳是个骗子之后,雨果就退出了,他解雇了埃琳娜·唐图,她随后搬到了洛杉矶,计划重新开始她的模特儿生涯。整个2004年我都与她保持联系,当她在洛杉矶的模特儿梦想破灭时,我提出愿意帮助她获得英国签证,但在第一关就失败了。然而,在12月时她搬到了伦敦并租了一套公寓,试图找模特儿的工作但均未果,并且她很快就花光了所有的积蓄。

虽然当时我不知道,她是持假护照入境英国的,我为她争取工作许可证的努力也宣告失败,所以她没钱也没有栖身之所,她在未事先通知的情况下,出现在我的约克办公室,并要求一大笔款项,还说如果我不付给她想要的钱,雨果最终会入狱。

我试图解释我不再代表雨果,但这并未造成什么影响,所以她毫不掩饰地说出,她知道雨果隐藏的68,000万英镑黑钱的下落,而我应该满足她的要求 —"或者别的要求"。所以这就是这位来自摩尔多瓦的迷人女士的另一面,她突然看起来一点吸引力都没有了。在我警告她,她正在与非常危险的人打交道之后,她以激烈的方式结束了她的来访。"我会非常小心的,埃琳娜,"我说,那是我最后一次见到她。然而,这不会是我最后一次听到她的消息。当我后来被指控以她的名义获得假护照时,她和莱纳均一起寻求报复我并成为主要针对我的证人。

* * * * *

整个2004年,维达尔多次试图让马德里法院确认,我曾担任他们安全部门的特工,但均未果。他们在跟我玩游戏,玩等待游戏,他们等待在做出任何最终决定之前,先看看英国的诉讼程序的走向将会是如何。费尔南多想要鱼与熊掌都兼得,就像他一如既往一样,但时间对他和恩里克来说已经所剩无几了。只有到那时,他们才会搬出他们认为是他们稳操胜算的人选 — 即马德里法院的加尔松法官本人。

* * * * *

第二十九章

马贝拉

当办公室于 2005 年 1 月开业时，它看起来就像是一家全球金融机构的总部。我决定保留一个在特内里费岛由莎拉·希尔管理的办公室，并为她找了一位任职于马贝拉办公室名叫米琪拉 (Michaela) 的私人助理，她是一位迷人的罗马尼亚女孩，与两个办公室资历较浅的职员一起管理办公室。随着我在马贝拉商业中心的心脏地带，建立了富有声望的办公室，我被排山倒海而来的客户淹没了，他们需要以合法的方式来保护他们的财务，即避免纳税或向妻子、债权人或合伙人隐瞒他们的财富。

一个有趣的案例是，桑顿 (Thornton) 先生在发现他与妻子吉尔所谓的幸福婚姻是假的后，发现自己陷入困境，他深爱她和他们的两个孩子。这是一个 500 万英镑消失的案例……是吗？他从富有的父母那里继承了数百万美元，而且他的经济本身也十分有保障。作为一名受人尊敬的专业牙医，他拥有一间非常成功的诊所，生活也很美好，直到他发现他"深爱的妻子"背地里有外遇。不仅如此，她对她的婚外情还很认真，吉尔打算等孩子大一点的时候跟他离婚，并索取一半的婚姻财产。

好消息是桑顿先生没有对此做出任何反应，也没有与他的妻子正面交锋，而是计划通过剥夺她以及她的新情人获得他的任何财产来进行报复。在我的建议下，他继续假装幸福的家庭，并将他的财富投资到离岸业务去，而他不忠的妻子私下知道后，她说这是"非常糟糕的投资建议"。事实上，他将几乎会"失去"一切。

这个计划成功的关键是，桑顿先生让他的妻子靠近此行动计划。十分的靠近此行动计划，以至于当他的世界在他周围崩溃时，她甚至对她的丈夫感到同情。就他的妻子而言，这笔钱是通过一家拥有代理董事和代理股东的离岸公司进行投资的，目的是为了避税，该离岸公司随后投资其他不相关的代理董事和代理股东的离岸公司。遗憾的是，这些公司做出了错误的投资选择，最终在伯利兹的公司注册处被除名，如有必要，伯利兹的律师和会计师可以向离婚法庭核实这个事实。出于检验的目的，所有文书工作和资金流向都是 100% 合法的，吉尔和她的法律团队接受了这个事实，真是太好了。随着孩子们长大之后，他们离婚了，这意味着桑顿先生可以重新开始生活。他继续经营他的诊所，幸运的是在离岸的投资运作顺利并重建了他的财富。桑顿先生在开始这个复杂的计划之前，寻求了正确的建议，帮助他保留了他应得的遗产。那些表面上糟糕的投资选择，最终证明是非常有利可图的选择。

整个 2005 年夏天，我都忙于处理高价值交易，一旦出现危险信号，就会自动引起当局的注意，因为他们会监督此类活动，并将调查结果报告给相应的政府合规部门，此类报告称作可疑活动报告。即使没有西班牙情报部门的帮助，我也成功完成了几笔货币兑换交易，不过在 2005 年 7 月的这笔交易必须在德国完成，我必须非常仔细地考虑才行。

根据我自己的经验，我可以说希腊人是逃税的高手，所以难怪他们的国家因逃漏税而破产，他们的社会接受贪婪是他们的天性，因此他们根本毫不在乎他们的国家破产。他们也是非常出色的欺诈者 (女性也是如此)，我很高兴被介绍给两位女士"女孩"认识，她们俩与公共行政总秘书处及内政部电子政府，以及公共行政和权力下放的政府高层关系密切。

我的事业往上发展是与瓦尔玛丽 (Valmarie) 和她的母亲莫莉 (Molly) 有关。2005年时她们俩在政府部门工作，可以与卡罗洛斯·帕普利亚斯 (Karolos Papoulias) 总理和乔治·帕帕康斯坦蒂努 (George Papaconstantinou) 财政部长接触，这为她们的兼职活动 — 造诣纯熟的交易者 — 提供了完美的掩护，她们在整个欧洲与不胜枚举的欺诈者有联系。多年来，许多希腊商人向我提出了不计其数的交易，而这些交易确实是骗局，需要离岸公司作为将资金转移到避税天堂的渠道。我的私人档案充满了我感兴趣的提案，但之后我还是拒绝了，因为我不想让当局找上门来。

莫莉和瓦尔玛丽带着出色的凭证，和她们俩的客户德米特里·埃菲法尼亚德斯 (Demitri Ephiphaniades) 找上门来，她们的客户想将他拥有的 5 亿希腊欧元"现金"兑换成德国欧元。德米特里愿意支付 7% 的佣金 — 3,500 万欧元，余额 46,500 万欧元 — 存入银行然后通过"Swift"转账电汇到他在德国持有的账户。

在 2005 年时，众所周知希腊欧元实际上是一文不值，这就是为什么这位狡猾的女孩的客户，想将他一文不值的希腊欧元，兑换成价值更大、更可靠的德国欧元。

实际交换将在德国汉堡的"Brink's"安全仓库中进行，现金将存放在那里。各方都会到场，当电汇转账记入德米特里先生的账户时，5 亿欧元将交由我保管。

在交易的前一天晚上，我和女孩们共进晚餐，然而，我使用酒店卧室的电话进行了预订，结果发现这是一个错误的决定，因为坐在餐厅里中间隔两张桌子上的，是来自希腊和德国的情报人员，而且通过我自己的情报来源，我后来发现另一个外国情报机构也在监视局势，实际上，这意味着我们受到三个情报机构的监视。

第二天，一切都准备就绪，直到德米特里用手机接听电话，他什么都不需要说，便知道这笔交易"取消"了，你可以从他脸上的表情，看出他处于震惊状态。有那么一刻，他看起来好像心脏病发作了并颤抖着，然后用希腊语和莫莉交谈，几分钟后我们都离开了酒店。那天晚上晚些时候，当我遇到瓦尔玛丽和莫莉时，我才知道发生了什么事。据了解，希腊议会的一名联系人，暗中向情报机构泄露德米特里的交易。

我保留了我与"女孩"及其同伙打交道的所有档案、文件和原始录音，幸好我有这么做，因为在未来针对我的犯罪所得没收程序中，控方对我去德国的行程大做文章，并提到我的"隐藏资产"，控方说：

> "被告极不可能仅仅为了娱乐目的而前往汉堡 — 德国商业中心之一。我要求法院考虑根据他的旅行和他的同伙网络，被告拥有超出已确定的资产的可能性。"

因此，与我打交道的人物，有权势及有影响力的希腊人，一定早在 2008 年金融危机之前，就已经看到了他们自己国家经济将崩溃。这些人都是幕后的黑手，他们了解希腊的真实财务状况，他们会不惜以牺牲同胞为代价，而为自己谋福利。

* * * * *

第三十章

一张白纸

2005 年 7 月 7 日，卢顿

　　四个穿着休闲的背包客慢慢地穿过卢顿火车站繁忙的人行道，彼此几乎没有交谈，那是早上 7 点 22 分。来自贝德福德郡的通勤者正涌入伦敦，当四人接近验票口时，他们很快就被人群分开了。

　　当天凌晨 4 点，一行三人从约克郡利兹租车出发。他们与小组中的第四名成员在卢顿碰面，他们背着满载的紧绷背包，将两辆车留在了车站停车场。其中两个年轻人戴着棒球帽，掩盖了他们样貌的许多特征。

　　早上 7 点 24 分，一列南行泰晤士连线 (Thameslink) 火车抵达卢顿。四人挤在火车上，火车预计将会在四十分钟之后抵达伦敦市中心，但事实上火车将延误抵达首都。上午 8 点 23 分，这群人在伦敦国王十字车站下车，穿过大厅进入首都标志性的繁忙地下铁路网络。

　　背包客乘坐公共交通工具经过伦敦是经常发生的事 — 所以这四人周围的人群不会去注意他们身上背着的沉重行李。这只是首都另一个于夏季时分，匆忙的早上尖峰时段而已，而且人们仍在庆祝前一天宣布伦敦将举办 2012 年奥运的氛围中。当这群人进入国王十字地铁站时，一名男子前往西行环线站台，第二个人在同一条线上向东走去。第三个人走近皮卡迪利线西行站台，第四位也是最年轻的成员，年仅 18 岁，徘徊在国王十字车站。

　　上午 9 点后不久，英国媒体报道了伦敦地铁网络可能因出现电源功率剧变而引起爆炸，但是关于地下一百英尺的细节尚未确定。几分钟之内，受伤、震惊和恐惧的通勤人群，开始涌向首都六个地铁站周围的街道，有关更黑暗事件的报道开始浮出水面。

　　上午 8 点 49 分，三名男子在埃奇韦尔路 (Edgware Road)、阿尔德盖特 (Aldgate) 和罗素广场 (Russell Square) 站的地铁车厢内，引爆了自杀式炸弹，每列火车在爆炸前几分钟就离开了国王十字车站。由于伦敦的火车网络因重大恐怖袭击而被封锁，通勤者穿过首都的街道以逃离潜在的目标区域，许多人改搭公共汽车。

　　上午 9 点 47 分，第四名自杀式炸弹袭击者 — 曾在国王十字车站逗留的 18 岁年轻人 — 在车站南面的塔维斯托克广场 (Tavistock Square) 的伦敦标志性红色双层巴士上，引爆了一个装置。爆炸威力太大，直接将巴士车顶炸飞。聚集在附近的英国医学协会总部开会的医生们，跑向爆炸地点治疗伤者。他们到了那里之后，见到了大量的尸体。当笼罩在那个致命性早晨的烟雾终于散去时，伦敦的紧急服务部门宣布，有 52 名无辜者死亡，近 800 人受伤。三过氧化三丙酮炸弹里塞满了尖锐物品 — 硬币、钉子和螺丝 — 目的是确保在每个装置爆炸后，能够造成最大的破坏。许多勉强活下来的幸存者，有 20 便士的硬币塞进他们的体内，要将这些硬币从体内取出，对医生来说是十分危险或非常艰辛的事情。

　　原本马德里 311 连环爆炸案在人们的脑海中仍然记忆犹新，注意力立即转向了一个受基地组织启发的组织，他们可能是此次的肇事者。伦敦袭击当天晚上 11 点 40

分，在受袭击的埃奇韦尔路和阿尔德盖特车站的地铁车厢内，警方法医小组在鲜血、袋子和扭曲的金属中，发现了银行卡和个人物品的残留物，上面有两个名字：西迪克·汗和沙扎德·坦维尔先生。

几个小时内，警探们确定"西迪克·汗"很可能是穆罕默德·西迪克·汗。他们还发现，坦维尔的全名是沙扎德·坦维尔。后来，当一起公开两名伦敦七七爆炸案头目与其他自杀炸弹客的名字时，出现两位青少年的名字杰曼·林赛 (Germaine Lindsey) 和哈西卜·侯赛因 (Hasib Hussain)，我应该是曾经记录过这两个名字，但会是几年之后，在我的律师重新检查，我于 2004 年交给西班牙和英国情报人员的文件副本时才发现，其中包含两名伦敦七七爆炸案自杀炸弹客的身份：汗和坦维尔。在约翰·阿林被捕后，我在马拉加警察局从他的手机和文件中复制了许多名字，其中包括他们名字的详细信息。

汗和坦维尔无疑是伦敦七七爆炸案的头目，他们比另外两名自杀炸弹客杰曼·林赛和哈西卜·侯赛因年纪大，并且参加过数个恐怖训练营。虽然两人都是国内土生土长的激进分子，但他们受到基地组织原教旨主义意识形态的启发。在爆炸之前，两人都录制了视频信息，将自己描述为圣战"士兵"，并概述了他们杀害平民的意图。伦敦七七爆炸案发生后的几个月，这些录音由卡塔尔的半岛电视台播出。伦敦袭击事件发生时的英国内政大臣查尔斯·克拉克 (Charles Clarke)，最初将这四名自杀炸弹客描述为"一张白纸" — 情报部门使用这个术语来表明肇事者以前不为当局所知。简直胡扯。

在伦敦七七爆炸案之前的 12 个月，我已经将这两个头目与"穆"·汗的关系连结起来 — 他被怀疑是受基地组织启发的缝隙行动团伙 (Operation Crevice) 包括萨拉赫丁·阿明的成员筹集恐怖资金。此外，虽然军情五处监视了"缝隙行动"炸弹的策划者，但情报人员有观察到穆罕默德·西迪克·汗和沙扎德·坦维尔与该团伙会面的情形，并且情况还不仅于此而已。

2005 年 1 月和 2 月期间，英国警方两次对穆罕默德·西迪克·汗进行了调查。有一次，警察从一位向恐怖分子出租一辆礼宾车的车厂老板那里获得了一份证词，可能是因"缝隙行动"的监视而引起这些调查活动。残酷而令人不安的事实是，两名伦敦七七爆炸案的自杀炸弹客，已经在欧洲情报和警察部门的监视下起码有一年之久。我知道这一点的原因是，因为我曾经在过去两次场合，将他们的名字提供给这些机构。我于 2004 年 5 月 17 日，将穆罕默德·西迪克·汗和沙扎德·坦维尔的名字交给了西班牙特工，并且在 2004 年 7 月 22 日，又将同样的名单发送给了特别部门的官员安德鲁·布雷，他于 2007 年 5 月 10 日撰写的证词里，确认他已将这些姓名传达给军情五处。

* * * * *

第三十一章

使 250 亿美元消失

2005 年 7 月中旬,我的手机接到了来自卡特琳娜 (Kateryna) 的电话,她是一个相对年轻且有吸引力的乌克兰女孩,她是黎巴嫩商人兼亿万富翁埃德蒙·哈米德的私人助理,他建立了一个全球帝国和积累了超乎想像的财富。没有人可在不走捷径的情况下积累财富,进而建立一个数十亿英镑的帝国,哈米德先生就是一个典型的例子。他给出的指示是,让他的全球财富消失(250 亿美元)并且改变他的身份。律师和会计师团队分布在全球不计其数的司法管辖区,包含在岸和离岸,他们均非常有资格提供与逃税相关的专家避税建议,他需要我服务的地方是,一个与他的核心圈子无关的人,在幕后不着痕迹地重组他的帝国。这就是我与哈米德先生会面的秘密,我从法国的夏尔·戴高乐机场起飞,如此一来才不会在英国有我旅行安排的飞行记录。

当他的私人飞机降落在雅典机场时,我感谢他的私人机组人员使我有个愉快的飞行旅途,然后我走下台阶,前往停在飞机附近一辆有司机的豪华轿车,就如同你看到的电影情节一样。一样有正式的入境和出境护照检查,由一名穿制服的官员通过后窗,检查我的护照而我则坐在车里,然后司机向他点头之后便踩油门加速通过机场的侧门。到达他宏伟的别墅后,两名身材魁梧的保安拦住了汽车,然后挥手让司机穿过通往正门的大铁门。在那里,另一位身材魁梧的助理打开车门,向我打招呼说"欢迎布兰查德先生"。带我到我的房间后,我换上了更休闲的夏季服装,然后和哈米德先生一起坐在朝南的游泳池边,沐浴着灿烂的阳光,俯瞰大海和海港的壮丽景色,几艘价值数百万英镑的游艇停泊在那里。

那是 2005 年夏天的 7 月下旬,当时平均气温达到了令人窒息的华氏 90 度的最高温度。在一周的时间里,我研究了大量的文书工作,制定了现有的跨公司结构,包括谁拥有哪家公司、谁控制了哪家信托、哪些会计师和律师代理他管理公司,以及由谁控制分散在世界各地的许多银行账户。他计划重组他的帝国,是由于避税天堂的立法有诸多的改变,使得任何聪明的税务官员都会在调查后的几分钟内,即可识别出"转让定价"协议,因而使得离岸公司的最终受益所有人曝光,这种事情肯定会发生,除非拆除现有的结构,并重新格式化到无穷大才能避免。

我设计了一个系统,它不仅可以满足许多会计师和律师的要求,还可以满足整个欧洲的税收当局和美国国税局的要求,这些机构已经开始质疑已经存在多年的某些结构,且这些结构被裁定为非法并被禁止用于税收目的,理由为这些结构是非法互相缠绕在一起,纯粹只是避税计划的一部分而已。这些结构与星巴克、亚马逊、谷歌、脸书和其他主要联合企业采用的结构相似,转让定价安排是透明的,因为它们对股东和银行负责,股东和银行可以审查公司整体活动的账目。在星巴克的案例中,他们只是向低税管辖区的另一家公司支付了许可费,此举有效地抹去了在英国和在其他税收较高国家的公司之任何利润,并削弱了他们的底线利润。哈米德先生所持有的公司间的结构相似,因此我的任务是拆除他的帝国,使其看起来像是在出售和退出,然后重组他的事务,使得这些公司表面上好似处于新的所有权之下,以便他们可以继续相互交易,但不是在透明的情况下公平交易。

从一开始就必须正确地确定结构，因此我首先创建了一个库克岛信托，该信托又作为巴拿马私人利益基金会的创始人，这是最受超级富豪例如洛克菲勒家族 (Rockefeller) 和罗斯柴尔德家族 (Rothschild) 青睐的资产保护工具。随着世界各国政府对整个离岸行业的攻击，现实情况是，真正提供 100% 完全保密，或密不透风的资产保护的司法管辖区越来越少。大多数情况下，如果公司结构有任何缺陷，律师和顾问都不会预先发现未来可能出现的许多陷阱。随着"信息协议"的共享，以及计划披露大多数避税天堂的受益所有人的名单，因此选择藏匿你的秘密资产的司法管辖区至关重要。我还被教导如何利用小型家族律师事务所，来避免类似于"莫萨克·冯塞卡 (Mossack Fonseca)"、"天堂"和"潘多拉论文"这些丑闻的陷阱，这些丑闻对于一心想从税收当局获得巨额奖赏的举报人来说，是可喜可贺的。两家律师事务所的陨落，震撼了离岸行业的基础，迫使该行业进一步地下化。

基金会是一个独立的法律实体，没有成员或股东，通常是为了反映创始人的意愿而成立的，创始人可以是个人或公司实体，这些愿望包含在基金会的章程和条例中。基金会的建立可以是固定期或无限期，可用于慈善、商业或家庭用途。在构建家族和公司资产的所有权时，基金会是一个非常重要的组成部分，特别是在信托通常不被认可的情况下尤为重要。基金会在许多方面与公司实体相似，但提供了源自使用信托的保护和延续性。

如果你拥有大量资产和/或严重的潜在金融敌人，那么隐藏你的资产和现金最安全的国家是库克岛信托 (作为巴拿马基金会的创始人)。该司法管辖区为信托持有的资产，提供了绝佳的保护，并且它们抵御外国判决，甚至抵御政府机构索讨信托持有的资产的能力，是有据可查的。只有当索赔人在库克群岛提起诉讼时，针对库克岛信托的任何索赔才能进行下去，而且该岛的法律，往往有利于已建立的信托和受托人。向在库克群岛设立的信托提出索赔的时效为一年，而诉讼理由的时效则为两年。在这种情况下，索赔人的举证责任非常重，使得库克群岛的信托，成为一个坚不可摧的资产保护堡垒。挑战在库克群岛建立的信托的每一个诉讼案例中，都是信托赢得了诉讼案件，即使当美国政府试图索讨信托持有的资产时亦是如此，已发生过几个有名的案例。

当指控某人犯有洗钱罪时，法院会立即发出财产禁制令，冻结其资产和银行账户。这些财产禁制令将一直有效，直到审判结果出炉，但这可能需要几个月的时间，甚至在某些情况下需要几年的时间。在这段等待的期间里，被告的业务通常会遭到破坏，直到事情得到解决前，会带给他们的家庭和生存更进一步的压力。逃税是一种刑事犯罪，因此你无需是毒贩或欺诈者，你的资产也可遭冻结。

随着基金会的成立，我随后在其他司法管辖区创建了一些信托，并创建了若干受跨行业所有权约束的控股公司，而这些控股公司持有大量现金储备，并享有利息免税的贸易实体、房地产公司和企业。一旦有效出售贸易公司，则将与任何非法互相缠绕的所有权分离，再由新任命不了解幕后实际操作的会计师和律师确认此事。哈米德先生巧妙地规避了该体系，改名并消失了。他委托我作为他秘密的守护者，是唯一 (在他的家庭圈子之外) 能够识别和解开的隐藏资产所有权的人 — 房产、游艇、艺术品、汽车、珠宝和私人喷射机，以及他的银行账户、股权、公司和信托。

在全球反避税战争中，当局错误地相信，必须先召集税务稽查员和调查员的团队，他们像无头苍蝇一样四处奔波，以便获得搜查令和禁制令，但真正的逃税者逃跑了，他们能成功逃跑是因为他们是鬼魂 — 鬼魂是不存在的 — 在离岸领域上亦是如此。

埃德蒙·哈米德有很多藏匿资产的理由，因为他在与俄罗斯寡头和政府官员打交道时，积累了大部分的财富，他还非常高兴地将弗拉基米尔·普京视为密友。他的一位友人鲍里斯·别列佐夫斯基 (Boris Berezovsky)，在与俄罗斯新总统闹翻后，于 2001 年逃往英国，因此，哈米德先生宣誓效忠普京，并切断了与别列佐夫斯基的所有联系，尽管他们以前曾一起达成了数百万英镑的交易。别列佐夫斯基定居在英格兰，通过欺诈虚构的交易员斯科特·杨 (Scot Young) 的介绍，购买了位于萨里

郡 (Surrey) 的温特沃斯公园庄园 (Wentworth Park Estate)，斯科特·杨于 2014 年 12 月，被发现从伦敦马里波恩区 (Marylebone) 的四层楼豪华公寓坠落，身体直接刺穿在栏杆上身亡。

杨与别列佐夫斯基卷入了不计其数的交易，其中包括"莫斯科项目"，后来杨声称这让他一夜之间失去了 4 亿英镑的财富。哈米德先生原本在该项目上投入了大量资金，但在俄罗斯安全部门的建议下退出了，因为杨进行"欺诈"并从他的俄罗斯合作伙伴那里攫取利润，包括诈骗他的合作伙伴在"莫斯科项目"中的份额，杨曾试图在英属维尔京群岛，隐藏这些通过欺诈手法获得的金钱但失败了。杨本来已计划好逃脱的方法，并着手掩盖他的踪迹，因为他知道别列佐夫斯基的参与，会激怒克里姆林宫的当权者，但为时已晚，因为当他进入被俄罗斯流放的亿万富翁的核心圈子时，他的日子就屈指可数了，这些被俄罗斯流放的亿万富翁，实际上是"国家的敌人"。

别列佐夫斯基在受到死亡威胁后逃离俄罗斯，并于 2003 年获得托尼·布莱尔政府的政治庇护，而杨相信他已经精通并掌握了洗钱的艺术，因而成为别列佐夫斯基信任的英国顾问，帮助别列佐夫斯基通过秘密离岸公司隐藏资金踪迹，购买豪宅、名车、金条和珠宝。

有许多反对克里姆林宫的人士从俄罗斯逃亡到英国居住，而别列佐夫斯基排行在克里姆林宫"打击名单"中的首位，他于 2013 年被发现在他前妻位于伯克郡 (Berkshire) 的住家浴室里上吊身亡。验尸官发现他的死因与上吊一致，且没有任何挣扎的迹象，验尸官记录了一个"公开判决。"

然而，真相是他被专业的保加利亚杀手谋杀，在莫斯科，这三名保加利亚兄弟的称号为"索非亚三人组"，他们只听命于莫斯科最高级别的俄罗斯黑手党组织的命令进行暗杀。兄弟俩在对受害者使用致命且无法追踪的毒药方面，拥有专业技能，从不留下任何痕迹或证据。他们在莫斯科生活和居住，去世界各地出任务并持有摩尔多瓦护照。当得到拿下目标的指示时 — 就像约翰·帕尔默的情形一样，他们执行军事风格的计划，让全球各地的警力捉摸不到他们高深莫测的秘密身份。别列佐夫斯基掌握了"莫斯科项目"的某些秘密信息，并打算将其公之于众，但尚有一个容易闯祸的人 — 斯科特·杨。由于当权者没收了他的现金存款，他非常惧怕自己被暗杀掉，因为他的五个朋友 — 他们都通过他促成交易因而获得了巨额财富 — 却在四年内相继遭遇了暴力、突然死亡。

现在他对自己的生命感到恐惧，他犯了一个严重的错误判断，寻求与俄罗斯黑手党组织有关联的伦敦黑帮分子包括约翰·帕尔默在内的保护，因此很快就适得其反，因为帕尔默利用别列佐夫斯基在莫斯科伪造了自己的利益，由于他们的这层关系，这些利益是注定要失败的。斯科特竭尽全力将他的秘密商业交易保密到家，并无视法院一再要求披露证据，并解释他的财产在离婚诉讼中消失的命令。他非常害怕恐惧，以至于在 2013 年，他宁愿因藐视法庭而被判入狱六个月，而不是选择在公开法庭上，揭露他复杂的财务事项的真相。最终，他被这一切淹没了。他情绪变得十分不稳定，每天吸食可卡因并企图自杀。他已成为当权者的负担，因此在 2014 年 12 月 8 日，他被让别列佐夫斯基永远开不了口的保加利亚杀手，扔出公寓的窗户，一劳永逸地解决掉了这个麻烦。

帕尔默也在莫斯科精英认为"不值得信赖"的名单上，因此他也被列入到与日俱增的处置名单上，六个月后，轮到了"金手指"的死期到了。2015 年 6 月 24 日，杀手们通过帕尔默在埃塞克斯郡的南威尔德 (South Weald) 的花园栅栏上的一个窥视孔监视着他，他在死前总共被子弹射杀了六次。起初，埃塞克斯警方并未认为他的死亡有可疑之处，认为他的伤口来自最近的微创胸部手术所致，然而，案件重新审查时显示他的身体有六个弹孔，此结果导致埃塞克斯警方的两名警官受到纪律处分 (因为未能完全遵守埃塞克斯警方处理猝死的政策)。后来埃塞克斯警方发言人说："我们认为他的谋杀是职业杀手做的，因此，我们仔细调查了与他生前有往来的许多商业和私人伙伴，以及他与重大有组织犯罪的关联。"

帕尔默利用他对度假房地产行业的了解，帮助他的俄罗斯人脉，在俄罗斯黑海建立了类似的度假村，并凭借他的专业知识向他们借用大量的金钱，但他的计划因自己成为阶下囚而失败。他所欠下债务的对象是他见过最无情、最冷血的恶棍。与穆罕默德·德巴相比，他的新商业伙伴来自不同的犯罪组织，他们这些人丝毫没有怜悯之心。调查他谋杀案的警探，应该从位于俄罗斯中央联邦区莫斯科河的城市开始。

* * * * *

埃德蒙·对我提议实施的计划很满意，将他全部的财富隐藏完美无缺，没有人可以解密或将他与他的巨额财富连结起来，也不会发现他的商业伙伴被召集在一起，为命运多舛的"莫斯科项目"提供资金。我代表哈米德先生，审阅了莫斯科项目及其阳伞参股有限公司 (Parasol Participations Limited) — 他的过滤公司的账目。在审阅的过程中，我重新编写了哈米德的资本账户分类账，以获取最初通过拉脱维亚和塞浦路斯银行转移的资金 — 然后将他的投资转移到直布罗陀的信托中。斯科特·杨的份额和其他投资者资金，在到达英属维尔京群岛的一家银行之前，通过离岸银行经过多次转移。一旦处理完后，资金便"干净、清晰且无犯罪来源"（由他们的内部银行合规官经手），就会将这些钱电汇回塞浦路斯银行。一旦这笔钱到塞浦路斯，这些现金就被莫斯科有影响力的人物没收了。将这些秘密彻底完善掩埋后，他的资产现在可以抵御地球上任何执法机构的调查。临别时，他让我记住一个秘密的联系手机号码，如果出于任何原因而有所变动，我将会收到通知。提供这个号码给我的目的，是为了以防我需要保护，他说会将我的名字在当权者们之间流传，也会传给许多黑社会人物知晓，让他们会知道我有正确合适的人脉关系，我不是他们可以惹得起的人。

2008年的后半年，原本一位渴望与英国警方合作调查我的事务的证人，在与曼彻斯特警方讨论后退缩了，因为警方告诉他我与中东（俄罗斯）的有组织犯罪集团有关联。有鉴于此，他告诉约克反欺诈小组的梅兰妮·斯潘顿 (Melanie Spanton) 警探他决定为了自己和家人的安全退出。2011年，在我的审判过了很久之后，另一位证人也向梅兰妮·斯潘顿提供了信息，但拒绝提供正式的证词，并表示担心"保罗·布兰查德"可能会对他进行威胁，他担心遭到报复。哈米德先生所说的话真的奏效，甚至破坏了英国警方的行动。

* * * * *

2005年底时，发现所有筹集汤姆和拉里·克里克的4,400万美元的努力，甚至在遇到最后一道障碍之前就失败了。似乎采矿不仅在美国失宠，并在全世界都失宠。汤姆是一位经验丰富的商人，曾与国际大宗商品交易员、对冲基金经理、金融家和商人马克·里奇 (Marc Rich) 合作过，马克·里奇以创立全球最大商品交易商 — 嘉能可 (Glencore) — 而闻名，并因逃税和在伊朗人质危机期间，非法与伊朗进行石油交易，而在美国被起诉。被起诉时他人在瑞士，再也没有回到美国。2001年1月20日，克林顿在任的最后一天，他获得了有舆论争议的美国总统比尔·克林顿的总统特赦。

汤姆需要赚他所谓的"大笔钱"，他建议我们聚在一起，为整个欧洲的企业提供贷款设施，就像许多美国公司一样，为他们提供重新格式化他们商业计划的服务，对他们的项目进行尽职调查，然后提交他们向美国贷方提出的提案。他过去曾做过类似的经纪人交易，若是成功则收取一定比例的项目费用，但前提是在安排好资金并提前给客户之后才算成功。这项业务的另一方面，是为提供完整的服务而收取预付费用，因而产生了微薄的利润。我们的想法是，我们将利用戴菊莺公司的成功，可以在真正的全球范围内，为金融业提供一站式服务。

这个想法很有价值，因此我们与汤姆达成协议，决定出售他在采矿项目中的股份，以全职专注于我们的新冒险事业。我的另一位客户尼克·佩卡姆 (Nick Peckham) 加入了他的行列，他创建了联合资本基金集团 (United Capital Funding Group SL) 作为中介公司，从那些没有价值的提案中，筛选出实际可用的提案。后来警方声称这家公司是一场骗局，指控我们三个人通过欺骗手段收取预付费用，警方的理由是投资者并不存在，但他们是错的。汤姆让艾瑞克·海斯勒 (Eric Haessler) 加入我们的行列，他是一位非常富有的美国律师，在金融公司和银行里均有人脉，愿意接受我们的提议并提供无上限的财务设施。当该业务启动时，我们收到了来自欧洲各地的公司和个人的提案，希望以他们可以得到任何形式进行跨境融资，包括借贷资本、股权参与、夹层融资或合资伙伴关系。

汤姆有能力研究商业计划，并在会议期间牢记每一个细节，这让许多客户感到很赞赏。他对商业事务的广泛了解和他的美国口音，意味着他能够以使人信服的权威方式主持这些会议，因而给客户留下深刻印象，也使他们相信我们是认真谨慎的参与者，而不是那些暗中进行敲诈的经纪人，只是寻找预付费用却瞬间不知去向的骗子。

有了这项向客户提供的新服务，我一周 7 天每天 24 小时都相当忙碌，因此决定为马贝拉办公室聘请一位经理，才能腾出我的大部分时间，这样我就可以专注于那些乐于支付大笔费用，将他们的纳税义务减少到几乎为零的高净值客户。在寻找合适的人时，我去找了约克的商人艾瑞克·杰克森 (Eric Jackson)，他早在 1995 年就为我安排我在皮尔路那套房子的抵押贷款。他正在寻找其他事情做，因为针对抵押贷款经纪人的新立法使他难以生存，他没有获得资格或被金融服务管理局批准可以提供金融服务。艾瑞克拥有庞大的客户群，并且还为几个客户提供货币交易，因此，我们同意他将领取 5 万英镑的基本工资，和一定比例的利润，受戴菊莺公司聘用。

当时艾瑞克住在巴比 (Barlby) 村，一栋名为"艾恩塞 (Ionside)"的大型独立式房屋，这是我的出生地奥斯比的隔壁村庄，他在各方面看起来都像一个成功的商人。虽然他有一位名叫阿黛尔 (Adele) 的女友，但他独自生活，因为他与儿童抚养局 (CSA) 和他的前妻有纷争，他的前妻想要更多的孩子赡养费。我们的计划是让艾瑞克搬到马贝拉，在英国和西班牙之间分配他的时间，因此阿黛尔成为他的私人助理，以他家作为办公基地管理他的日程和预约。为了躲过儿童抚养局的追查，艾瑞克要求将他的薪水存入阿黛尔名下的账户，他们同意将合伙账户分成两半，一半是阿黛尔的，另一半是艾瑞克的，尽管实际上艾瑞克都是所有收入的受益者，如此一来他只需缴纳很少的税或不需要缴纳税款，而且他不必增加支付给儿童抚养局的款项。

为了给阿黛尔留下深刻印象，艾瑞克告诉她，他个人拥有一栋自己的房子，但后来事实证明并非如此，他尚有许多他设法隐瞒的个人问题。阿黛尔后来告诉警方，"我一直认为艾瑞克拥有'艾恩塞'这栋房子，然而，自从警方展开调查后，他告诉我事实并非如此。"在将他介绍给我所有的员工和商业伙伴之后 — 包括尼克·佩卡姆、汤姆·科普兰和拉里·克里克 — 他很快就将克里斯·威尔逊 (Chris Wilson) 带到了谈判桌前，威尔逊正在西班牙为高尔夫度假村的开发寻求融资。然而，艾瑞克虽然只是短暂参与了戴菊莺公司的管理，但最终却导致几名证人和警察共同编造出一堆捏造的证词，以帮助警方的刑事案件永远"严惩我"。

皇家检控署针对我的案件，在这一方面将集中在三项不同且不相关的交易上，这些交易表面上看似是互相缠绕，因为控方在这些事件上动了手脚。其中两个涉及我的现有客户，分别是马克·史达琳 (Mark Starling) 和奈杰尔·考克斯 (Nigel Cox)，第三个涉及艾瑞克的朋友卡罗 (Carol) 和艾伦·库珀 (Alan Cooper)，虽然我至今从未见过他们，但他们将艾瑞克录音并向警方提供证词，指控我不诚实地剥夺了他们 12,500 英镑。

* * * * *

第三十二章

警方竭尽所能严惩我

自从我被捕以来，警方一直在积极审查我的许多银行账户，详细查阅账户的进出交易，他们从那里确定资金的来源，追踪账户持有人的姓名和地址，并获取他们的联系信息。莱纳告诉约克警方，我还骗走了汤姆和拉里·克里克 30 万美元。所以在 2005 年 10 月，警探史蒂夫·温纳德找来拉里·克里克问话，询问他关于利奇和阿林在西班牙对他和汤姆犯下的骗局，这让拉里·克里克有机会提到莱纳没有告诉他们的事情，莱纳已将他的投资房产抵押给理查德·杰拉尔多，但却以相同的房产重复抵押贷款给他们。拉里·克里克警觉到英国警方对他们的事情感兴趣，因此他立即打电话给我，向我转述他们谈话的细节。

在接下来的几个月里，由于警方继续进行调查，我的客户只是简单地转发了这些信息，并补充说他们认为警方调查的事件带有"阴险"的意味在。2006 年初，随着警方的调查加快步伐，他们骚扰了渴望建立针对我案件的潜在证人，不仅与朗讯和国民西敏寺银行的诈骗案有关，为了强化他们不利于我的案件，还欲建立任何其他警方可以认定为犯罪行为的交易。温纳德于 2006 年 3 月 21 日，首次联系马克·史达琳，他描述温纳德找他谈话的动机"令人费解"，因为他是我以前的隔壁邻居，而且他已经搬家只是尚未更改他在银行的地址。然而，当时温纳德（我当时并不知情）已经得到考克斯的证词，指控我成功地抢劫了他 73,950 英镑，这让温纳德有机会建构出我的商业活动的样貌，以显现我与客户打交道和欺骗他们的"行为模式"。

考克斯通过戴菊莺公司创建了一家名为天龙金融有限公司 (Dragon Finance Limited)，这是一家位于伯利兹的离岸公司，并存入了 73,950 英镑，他希望戴菊莺公司将其兑换成巴哈马元以购买房产，但随后改变主意，他的进一步指示是，合并四家离岸公司并编制可行性研究，为他的企业提供纳税有效的结构，以尽量减少他所缴纳的税务。自 2005 年 12 月以来，我一直与他位于基德明斯特市 (Kidderminster) 的瑟斯菲尔德 (Thursfield) 律师事务所，进行了一段相当长期的通信往来，他似乎并没有告诉他的律师他改变主意，并同意我可以为提供他所要求的服务，开具 62,950 英镑的发票。他没有透露的是，2005 年 12 月 9 日这天他去了我在约克的办公室，签署了必要的文件，并要求将 11,000 英镑的差额，以支票的方式，支付给代表他的瑟斯菲尔德律师事务所，该笔款项已在几天后付清。

当我拒绝满足他退回 73,950 英镑的要求时，瑟斯菲尔德律师事务所来信说，他正向警方提出投诉。因此，他在 2005 年 1 月 30 日向警方提供了一份证词，该证词描绘的版本，与我后来在警方讯问中描述的版本不同。考克斯表示在 2005 年 9 月成为我的客户后，他于 11 月再次去了我在约克的办公室，我们讨论可以（几周内）产生 10% 利润的货币交易投资，所以接下来的一周，他带着 1 万英镑现金回到我办公室欲用这笔钱做投资。然后他说："他（保罗）带我去他在皮尔路办公室的楼上，给我看了一个装满钱的公文包，那是一个黑色的大公文包，就像你在电视上看到的那种显示奖金的公文包。我看到的钞票是 20 英镑的纸钞，我估计公文包里至少有 10 万英镑。"然后他继续说道："接下来的一周（不是几周）我需要布兰查德先生之前，为我完成的货币交易产生的 11,000 英镑的利润，1 万英镑 + 10% 的利息 = 11,000

英镑，并且在打了几通电话给他之后，我去了他位于皮尔路的办公室，从他那里收了一张支票，支票抬头是我位于基德明斯特市的瑟斯菲尔德律师事务所。"

他对事件的描述完全是胡说八道，所以我决定全力以赴并与他的说法对抗，不顾我已经接受了警方的调查，这点给了他优势，因为他对我的指控，后来与史达琳和库珀的罪行结合在一起。围绕"考克斯"文件的问题，日后将决定针对我的整个起诉案件的结果。

当史蒂夫·温纳德在2006年3月21日与马克·史达林通电话时，他要求史达林于3月28日到约克警察局，就他与我和我公司的交易提供一份证词。根据马克的说法，温纳德问他贷款的用途，马克说他不记得了，所以温纳德："如果我说有人接触其他人来投资货币交易，而这就是这笔钱的用途，这样的说法听起来正确吗"？所以马克回答说"是的"，解释说他很紧张。他说温纳德对他严加追问，并往下谈论到"犯罪所得"，并对他说他不会因参与涉嫌的洗钱罪而遭控方起诉。马克立即打电话给我，告知我全部的情况，并承诺他一离开警察局就会到我的办公室。好几个月后，当我最终读到他的证词时，这与他向我描述的警察讯问版本完全相反。

后来，当我在约克警察局因马克的3万英镑贷款，接受哈兰德侦缉警长和梅兰妮·斯潘顿警探的讯问时，我提到马克，我告诉他们，马克告诉我，他们是如何联系到他的，以及他在等待警察将他的证词用电脑打出来时，他打电话给我的情形。他向我形容他被讯问的方式和策略，以及警方对待他的方式是"阴险的"。

在史达琳与警察擦肩而过之后，他一直与我保持联系，甚至通过电子邮件确认他已将钱"借给"戴菊莺公司，并且在电子邮件中没有提及货币交易，然而，警方从考克斯和史达琳那里得到的证词中的描述，显示出某种模式的货币交易行为。警方不在乎这些证词是否是按脚本编写的，只要它们有利于控方的案件并可成功将我起诉即可。在我看来，这些投诉人只是想在日后提出赔偿要求，并且试图不显现出傲慢的样子，在与埃德蒙·哈米德、维克多和雨果等人打交道多年后，这些投诉人加起来的金额对我来说是微不足道的。

* * * * *

艾瑞克·杰克森试图同时耍太多花招，因此在许多领域上都陷入了困境，并且他刚刚才与女友阿黛尔建立了商业伙伴关系，却又很快在马贝拉遇到了一位年轻的女子。因此他与阿黛尔需要解散彼此"所谓"的合伙关系，所以他向艾伦和卡罗·库珀借了12,500英镑，然后将这笔钱存入了戴菊莺公司的银行账户，实际上是为了抹去他之前的工资，以避免阿黛尔向税务机关，提交他们俩任何合伙交易账户的材料。他还因货币交易而深陷与客户的麻烦中，并承受着偿还他在妓女、酒精和他每天抽100支烟的习惯上，花掉的巨额债务的压力，这些都是他一直隐藏起来不为人知的险恶一面。

2006年3月库珀已经厌倦了等待他们的本金加上利润的回报，艾瑞克说这些钱是戴菊莺公司投资于货币交易的。他甚至让阿黛尔向库珀证实，她亲眼目睹了他在我的办公室留下现金，然后空手而归，这是真的，所以库珀认为我持有他们的现金而不是艾瑞克。

另一方面，艾瑞克说服了另一个名叫巴里的朋友，投资10万英镑进行货币交易，但事实上他用这些资金的真正用途，是用来支持他的烟瘾和生活方式。阿黛尔认识巴里，所以艾瑞克在两人之间投下了一个烟幕弹，说他还向戴菊莺公司投资了10万英镑，然后说服巴里再拿出10万英镑，而最后可收回总计20万英镑的本金加利润。

根据库珀的录音誊本，巴里欲雇用凶残的罪犯，来威胁我帮他追回他的钱，他说我当时有介入，我有打电话给巴里并告诉他，他与艾瑞克的交易与我毫无关联。我当下建议他写下一个名字，他的朋友在对我采取暴力威胁之前应该先联系那个人。几分钟后，他回了电话，对我的任何威胁都立即烟消云散，使得巴里白白损失了20万英镑。

艾瑞克于2006年3月29日辞去了在我公司的工作,手里拿着他的最后一张薪水支票,并说我们之间没有任何的不愉快。第二天,他打电话说他接到了他自己交易商的电话,这笔钱(巴里的20万英镑)当晚就退还给了巴里。我试图弄清楚一切,因为据我所知,巴里从来没有拿回他的钱,但艾瑞克有他自己的计划,他想成为警察的线人以掩盖他留下的不法踪迹。

库珀的录音誊本的另一部分显示艾瑞克告诉他们,他是警方的间谍并与警方合作,他说:"我希望警方参与其中,我们将设下一个骗局,因为这是他们抓住他的唯一方法。"卡罗·库珀回答说:"所以如果你将警察牵扯进来,继续往下说,"艾瑞克接着说,"所以唯一的办法,就是让警察把我当成像间谍一样利用......你和巴里,都是我的好朋友......因为这一切全都出了错......钱并不能代表什么,受伤的是你和我,巴里和我,因为这件事,我们的关系已经破裂了。"

在艾伦·库珀后来提供的一份证词中,他说道:"卡罗和我拼命想让艾瑞克承认,收到了我们的12,500英镑,但是,我们绝对没有要求他延长与布兰查德的工作关系。我能回忆起的唯一类似情况是,艾瑞克说他将继续与布兰查德合作,并配合警方行动试图诱捕他。卡罗和我不鼓励他这样做,因为这似乎是一个荒谬的想法。"

随着警方行动脚步的加快,我再也没有听到艾瑞克的消息,一直到我们俩被共同指控诈骗库珀时,才从支持控方案件的证物中,发现了他可笑滑稽的欺诈行为。在英国商业人士通常会拥有所谓的"董事贷款账户",该账户有时可以贷记或借记。

在艾瑞克的案例中,他的贷款账户透支12,500英镑,他只是在同一个公司纳税年度(用库珀的钱)偿还了这笔款项,从而避免了缴纳任何税费。这种会计方法不是犯罪行为,并且是英国税务机关公认的做法。艾瑞克在审判中的辩护很简单直白,他把一切责任都归咎于我。

在我购买了该市最昂贵的顶层公寓后,警方针对我的调查行动便贴上了"顶层公寓行动"的标签,引起了当地媒体的头版宣传,这件事激怒了警察,因为他们认为在我因毒品审判遭定罪后,应当永远销声匿迹了。在未来的没收财产的诉讼程序中,我呈上这篇新闻报道为证物,令资产追回小组感到惊讶,因为他们完全忽略了相关性,以及我试图将法官的注意,放在我购买这套豪华顶层公寓的目的,进而来消除控方指控我的问题。我想证明我不必诉诸犯罪就有能力赚钱。

2006年夏天,温纳德和他的亲信以电话和电子邮件联系拉里·克里克和汤姆,试图说服他们成为控方证人,理由是我还骗走了他们30万美元,他们将这个欺诈的罪行与莱纳连结在一起,莱纳可以说是迫不及待地想进入证人席作证。亚当·哈兰德侦缉警司(那时他已经晋升为侦缉警司)打了好几次电话给汤姆,并留下了语音信箱 — 语气亲切友好 — 我复制了这些语音信箱的留言以供将来参考之用,但在几周后汤姆被捕并被指控诈骗戴菊莺客户预付费用时,他将会看到哈兰德的另一面。温纳德还联系理查德·杰拉尔多,欲拉拢他支持他们的案件,但杰拉尔多不想帮助将莱纳和我贴上骗子标签的人有任何牵扯。

温纳德发给汤姆的一封电子邮件中附有一份证词草稿,其中的措辞好像我真的在马贝拉的律师办公室亲自参加了会议,在场目睹利奇骗取拉里·克里克和汤姆10万欧元。虽然拉里·克里克已经提供了一份与该份草稿的版本不同的证词,但警察的首要任务是不择手段严惩我,所以该证词草稿将我描述成是操作整个骗局的中心人物。

除了拉里·克里克和汤姆的西班牙文证词外,他们还宣誓了与温纳德的证词草稿完全相反的宣誓书,汤姆的回答如下所示:

"关于这封电子邮件和我们在电话中的谈话,让我觉得你正试图让我以不正确的方式来陈述事件,以符合你错误的计划。"

汤姆在他的电子邮件最后,提到他正在咨询他的律师。与此同时,温纳德不停以电话轰炸克里斯·威尔逊,要求他对我提出正式的投诉,以至于克里斯在电子邮件中说温纳德在胁迫他。克里斯在一个有录音的电话中说,他的妻子情绪激动到她不想让她的孙子们四处走动,以防警察打电话来。

2006年的夏天，在很多方面是个多事之秋且令人难忘的，不仅是关于我的客户的事情，还有我不断向西班牙法院提出申请以及我自己的情报收集，因为北约克郡的反欺诈小组继续纠缠证人，以支持他们的案件。自亚当·哈兰德刑事侦缉警长于2004年7月逮捕我以来的两年内，他晋升为侦缉警司，并为他的新职位感到自豪。我于2006年9月14日星期四早上，再次被逮并被拘留时，他已是侦缉警司。典型的警察办案程序同时也逮捕了其他几人，包括西蒙·埃尔德里奇、克里斯·艾尔、艾瑞克·杰克森和西蒙的弟弟卡尔·安东尼·伯克 (Carl Anthony Bourke)，卡尔曾在西蒙的科尔斯波特有限公司担任公司负责人，这家公司被用来协助向国民西敏寺银行窃取375,000英镑的工具。

所有的住家，包括我在约克皮尔路的办公室在内的所有物品，都被再次搜查和洗劫一空。温纳德和哈兰德几个月来，一直在讨好汤姆和拉里·克里克，希望招募他们作为控方证人，直到梅兰妮·斯潘顿警探在我的办公室里，发现了一张上面有汤姆名字的名片，上面显示了他在戴菊莺公司的工作职位。她脸上的表情已胜过千言万语，从那一刻起就是"变脸" — 自此汤姆被视为嫌疑人。

在约克警察局按惯例打电话给我的律师马克·弗利后，进行了多次警方讯问，每次的讯问都与某些具体的罪行有关。警方计划将对我的指控分为四项独立的审判，首先是伪造护照罪（第一个审判），然后是430万英镑的朗讯诈骗案，和375,000英镑的国民西敏寺银行欺诈案（第二个审判）。库珀、考克斯和史达琳的罪行是排在第三个审判，以及针对汤姆、尼古拉斯·佩卡姆 (Nicholas Peckham) 和我的另一项审判（第四个审判），罪名是以不存在的贷款设施共谋诈骗客户缴交预付费用。

警方就指控我密谋为埃琳娜·唐图获取假护照之事对我进行讯问，马克·弗利向警方展示一份预先准备好的声明，内容阐述我否认这一项罪行。我透露了我与她的关系，并表示由于她向我要求金钱，因而结束了我们的关系，然后对所有警方提出的其他问题，都以"不予置评"作答。

在每次讯问的等待时间里，警方都会披露想要问的问题摘要，以便你可以与你的律师讨论问题，并决定你将提供什么样的回应。在约克警察局，有许多玻璃隔板的讯问室供法律咨询，所以我可以看到西蒙和克里斯·艾尔及他们的律师，我们可以互相点头和偶尔对彼此微笑。

接下来的讯问是与从库珀那里偷走了12,500英镑有关，在讯问的过程中，我披露了他们的钱被存入戴菊莺的公司账户的原因，是为了偿还阿黛尔·格林诺夫 (Adele Greenhough) 的工资（重新格式化的贷款账户），并且艾瑞克·杰克森签署了适当的文件。我自愿透露警方没有在那天早些时候，没收到杰克森的文件，因为它们放在另一个地方，哈兰德追问为什么我没有将我的所有会计记录保存在我的办公室（约克），因此他由此判断我的行为不诚实。

我可以看得出哈兰德很生气，但讯问在那个时间点刚好就结束了。他一定是忘了我还有其他的办公室在马贝拉和特内里费岛，那里存放着与戴菊莺公司相关的文件和档案。但是，哈兰德和梅兰妮·斯潘顿不知道的是，杰克森的文件一直秘密隐藏在皮尔路的办公室里，是她自己在搜索过程中，没发现它们和其他无数的文件，而我当然不会告诉她实情。..

一个多小时后，他们就马克·史达琳的事情讯问我，我回答了哈兰德和斯潘顿提出的问题。显然他们的问题是根据史达琳的证词所架构出来的，这让我有机会说"是的，因为史达琳先生不是这样告诉我的。"

我说史达琳告诉我，他面临警方的压力，警方要求他提供证词以符合控方的案件，他对我说警方的作法是险恶的。关于史达琳借钱给戴菊莺公司一事，我有电子邮件来证实我在讯问中所说的一切。

斯潘顿：

"史达琳先生已经向警方签署了一份证词，大意是证词里提到的3万英镑，这3万英镑的交易是关于货币交易的资金，并且你向他描述这是一个非常短期的交易，绝对会产生 10% 的回报，显然这与你刚刚在上一个讯问时，就库珀先生和夫人的钱所做的回答相呼应，那是在去年差不多同样的时期发生的，现在又再次被描述为是一笔短期的交易，而且保证回报的利润是 10%，你能对此发表任何评论吗？"

"我从未见过库珀夫妻俩，我不知道别人对他们说了什么。"

他们又问了几个问题之后，这次的讯问就结束了。当哈兰德完成密封录音带后，他非常高兴地告诉我，我将被关在拘留所里一夜，并在第二天早上就其他罪行再次接受讯问。在我被带到我的牢房前，我让马克·弗利联系吉尔，让她知道我人在哪里，这将是一个难以入眠的夜晚。

你真的无法在警察局的牢房里睡得很安稳，所以第二天早上其实你会很累，而且警察也知道这一点，这都是他们玩心理战术的一部分。马克·弗利到了警局之后，我们拿到了一份关于我涉嫌从艾瑞克·莱纳那里诈取 225,000 美元的摘要。讯问开始了，在像往常一样对我进行警告之后，马克宣读了我预先准备的声明，然后对于所有其他的问题，我一律以"不予置评"来回答。我的声明详细说明了，我们是如何认识以及在哪里见面的，莱纳想为他的第七代娱乐电影制作公司借钱的经过，我向洛杉矶地方检察官办公室举报他欺诈的经过，以及莱纳与欺诈者拉里·大崎的关系和往来。我还让警察知道我曾与美国联邦调查局合作，这后来导致莱纳被揭露为欺诈者。

随着环绕着莱纳议题的讯问结束后，休息吃午饭的时候到了。在你被拘留期间，警察提供的饭菜就像一盘呕吐物一样，所以我问梅兰妮·斯潘顿是否可以给我一些香蕉，她便给了我一根香蕉，好似在说"我不怪你拒绝一盘垃圾食物。"

坐在玻璃讯问室里，西蒙、克里斯·艾尔和我都可以看到彼此，我们各自的律师正在为我们的下一次讯问讨论事宜。

我的下一个讯问是在下午 2 点 20 分开始的，该讯问是基于考克斯的故事版本，我知道他的故事版本在法庭上受到审视时，将会露出马脚，因为我有一份档案将彻彻底底地驳斥他的说法。再一次，在马克的建议下，我披露了一份预先准备好的声明，然后对所有其他问题均以"不予置评"回答。我解释了考克斯如何成为我的客户，并为他创建了一家名为天龙金融有限公司的离岸公司，并说明他存入了 73,950 英镑的资金，原本想用于购买房产，但后来却改变了主意，我用这些资金创建了另外四家离岸公司，成本为 62,950 英镑，我退还了 11,000 英镑的差价。我还表示考克斯的所有其他指控都是毫无根据的。

到了另一个休息时间的时候，趁此时间与马克·弗利讨论与其中一项主要罪行有关的问题摘要，即涉及从国民西敏寺银行窃取 375,000 英镑的骗局。我已经回答了有关 2004 年 7 月，涉及 430 万英镑的朗讯欺诈案的相关问题。我在此次讯问中所进行的程序是相同的，先披露预先准备好的一份声明，然后对所有其他问题均以"不予置评"来回答。

马克·弗利：

"我，保罗·威廉·唐纳德·布兰查德，希望发表这份声明如下，我希望有人把我想说的话写下来。我明白我可以保持沉默，但若现在我选择不回答问题，而日后出庭时，我欲仰赖该回答作为我的辩护，将会损害我的辩护，此份声明可以作为证据呈上法庭。

我完全没有参或涉及部分关于 375,000 英镑的洗钱活动，这是达伦·斯特德曼在 2005 年 9 月 9 日的证词中特别提到的款项，现在我才得知此事。斯特德曼和莱纳的证词（证词上的日期是 2005 年 8 月 8 日）中包含的大部分内容，是不真实的和／或我不知情的。我从来没有主动接触斯特德曼，并要求他进行如指控而言的洗钱行为。斯特德曼描述我、他、阿林和埃尔德里奇，在我位于皮尔路的办公室开会的事情，事实上根本没有这回事，这个情节纯属捏造。然而，有一次阿林和斯特德曼到我的办公室来找我，他们到达时，西蒙·埃尔德里奇正要离开。我介绍他们认识，我想他们彼此交换了名片，西蒙和他们之间没有讨论其他的事情，然后西蒙便离开了。这是我们两个唯一一次在一起的场合，就是在我的办公室。我记得在安达卢西亚广场与阿林、他的妻子和斯特德曼见面，当时我和莱纳在一起。我记得他们的其中一位来电说他们在那里并建议我们见面。我完全不知道他们当时参与了什么样的商业活动或金钱交易/提款。我否认有进行任何付款给我的谈话或讨论，我否认如指控所言，直接或间接通过我的公司，从阿林和斯特德曼那里收到任何款项。我完全否认关于斯特德曼所描述，我亲自前往巴努斯港的凯克萨银行之事。(签名) 保罗·布兰查德；(签名) 马克·弗利。"

随着讯问的进行，很明显可以看出，他们已经从斯特德曼和莱纳那里获得了伪造的证词，意图将我描述成阴谋的核心人物，他们声称斯特德曼给了我从国名西敏寺银行欺诈案中偷来的钱。

温纳德：

"现在你从证人的证词中，得知他们对你的指控是…………根据艾瑞克·莱纳和达伦·斯特德曼的说法，你到过安达卢西亚广场取走欺诈得来的现金，对吗？"

我回答"不予置评"，因为温纳德明确表示，斯特德曼的证词是，他在**2003年10月24日星期五晚上**将赃款交给了我，然后我在当晚晚些时候离开西班牙。

莱纳的证词竟然精准地与斯特德曼对事件描述的细节完全吻合，而我所做的只是简单地介绍他们俩彼此认识而已，这个结果真是令人感到万分讶异。这次的讯问在下午5点09分短暂休息片刻，第二次讯问于下午5点35分开始，在此期间温纳德提出了一连串令人费解的问题：

"你是洗钱专家吗？"

"不予置评。"

"我在某处读到你曾担任西班牙政府的洗钱顾问，这是正确的吗？"

"不予置评。"

"而且你已经收到了25万英镑的报酬，这是正确的吗？"

"不予置评。"

"如果这是正确的，你把钱存到哪里去？"

"不予置评。"

警方从西班牙情报部门获得了一些信息，因为我以前有向他们的特工做简报，但温纳德并没有透露他们究竟知道了些什么。这是当天最后一次的讯问于晚上6点07分结束。然后哈兰德正式指控我所有罪行，他脸上露出灿烂的笑容并告诉我，我将继续被拘留，因为我的保释遭拒，他们认为我有逃跑的风险。克里斯·艾尔和西蒙双双都被指控犯有伪造护照罪和朗讯欺诈罪。西蒙与约翰和珍妮·阿林 (Jeanne Allin) 以及达伦·斯特德曼，一起被指控犯下 375,000 英镑的骗局。我们三人于2006年9月18日星期一早上，在约克地方法院出庭，在哈兰德告诉地方法官，我有可能处理掉我的资产并有钱潜逃后，我被还押在赫尔皇家监狱。

这绝对是胡说八道，但警方知道，遭还押候审会让你在为审判做案件准备时，变得极其困难，因此他们拥有战术优势和所有促成他们想要的结果的资源 — 将你定罪，无论事情的真相如何。幸运的是，一周后马克·弗利向约克法院的一名法官申请保释，我的保释申请获得法官的批准。当我走出赫尔监狱时，小保罗站在一辆他刚刚拿到的新跑车旁边，45分钟后我回到了家。艾尔和西蒙也申请了保释，并且他们的保释也获得了批准。现在必须开始为审判准备辩护的工作，这一切都取决于我与西班牙情报部门的关系能否得到证实。在我们获释后，我们与西蒙交谈，得知在警方讯问他的弟弟卡尔·伯克的过程中，他被问及西蒙为何前往博茨瓦纳的原因：

(哈兰德)："好的，西蒙有没有提到要去一趟非洲的事情？"

〔伯克〕："没有，没有，我很抱歉。没有，他没有，没有。非洲是吗？没有。"
〔哈兰德〕："他从来没有告诉过你他去过非洲吗？"
〔伯克〕："没有。"
〔哈兰德〕："他去过博茨瓦纳吗？"
〔伯克〕："我能问一下他为什么去博茨瓦纳吗？"
〔哈兰德〕："你可以问，但我们想问你是否知道他在博茨瓦纳做什么。"

当警察突袭艾尔的家时，他们发现了西蒙护照的复印件，上面显示了入境和离开博茨瓦纳的日期，与杰里米·辛克莱入境和离境的时间相同。苏格兰场的调查，查出了辛克莱入住的酒店房间。打了一通电话给一位住在另一家酒店的不知名人士，但他们未能确定该不知名人士的身份，实际上辛克莱打电话给西蒙欲雇用他为他的书收集材料，当时辛克莱正在为他的书，搜寻关于玛丽埃塔·博斯谋杀案审判的材料。警方的这些问题显示，哈兰德和他的团队充分了解布洛菲尔德的强奸事件。

马克·弗利是对的，该权威机构永远不会忘记我在曼彻斯特的胜利。虽然布洛菲尔德涉嫌强奸辛克莱与针对我的任何指控毫无关联，但对于警察来说，这是他们最关心的问题，他们为了报复我，不顾一切想尽办法欲重重地严惩我。

* * * * *

2006年9月19日在利兹高等法院暗中进行一项活动，警方获得了一项财产禁制令，有效地冻结了我的所有资产和银行账户。法院还批准了提交令，要求我提交一长串与库珀、考克斯和史达琳罪行有关的文件和客户档案，警方突袭我的办公室时没有发现这些材料。他们还要求必须在2006年9月21日或之前，将所有关于莱纳的文件交给约克警察局。

在该法院幕后暗中发生的事情，便是妈妈曾说过的意料之外的事，因为我向警方提供这些档案和文件的这件事，将是我随后对多项罪行认罪并被判处六年半监禁的决定性因素。

当然在我提供这些档案之前，我复印了每份文件以供自己参考之用，同时还提供了戴菊莺公司客户账户的账簿和银行对账单的副本。虽然我已经提供了提交令中列出的所有文件，但我仍然将数千份其他文件，安全地存放在马克·弗利位于利兹的办公室。后来警方称我是一百多家公司的最终实益拥有人，我曾利用这些公司为我自己的利益洗钱。然而，我隐藏的文件将证明事实并非如此。

* * * * *

在约克法院进行了一系列指示庭审后，所有审判都被交付审讯到谢菲尔德法院，由法官西蒙·劳勒 (Simon Lawler) 御用大律师审理。多年以后，才发现原来法官早在当时已经有人警惕他 — 甚至在审判开始之前 — 由于我之前与当权机构的抗争，（一位他的亲密同事）告诉他，我是一个"极其危险"的人物。

第一位马克·弗利聘用的高级出庭律师是罗宾·弗里兹 (Robin Frieze)，和来自利兹办公室的初级出庭律师吉莉安·巴茨 (Gillian Batts)，他们起草了指示，表示我们必须抄写和翻译我所有的录音带材料，因为这些材料是我辩护的核心。弗里兹先生起草了一份，我们试图从西班牙当局获得回应的建议，西班牙当局的答复，将会帮助撤销控方对我的指控。

实际上，我们不期望能得到西班牙当局对我们有利的回应，因为费尔南多在我们2004年5月17日的最后一次会议上，已经这么说过了，所以我决定写信给加尔松法官，列出我以前向他们提供的所有由录音、传真、文件和报告的副本，以支持我的辩护。

我的信函和附件上的日期为2006年10月12日，由我的西班牙律师梅尔坎亲手送交马德里第五号法庭，该法院由加尔松法官管辖。在当时我不知道加尔松法官的两面派手法，并且由于他享有致力于支持真理和正义的法官声誉，我愚蠢地相信他会下令彻底调查并进行干预，以及确认我自始至终都是按照西班牙情报部门的要求行事 — 我完全大错特错。加尔松有他自己的计划，一个非常险恶的计划。

* * * * *

当梅兰妮·斯潘顿发现印有汤姆·科普兰名字的戴菊莺名片时，警方在约克警察局的密谋桌上，便制定了不同的行动计划。哈兰德和温纳德都急于想要拉拢汤姆和拉里·克里克，希望让他们成为控方案件的证人，甚至温纳德不惜告诉拉里·克里克，他计划就马贝拉 10 万欧元的欺诈案讯问阿林和利奇。由于汤姆和尼古拉斯·佩卡姆是投资者资金的渠道，因此警方正监视他们的动向，并发现汤姆于 2007 年 1 月 4 日从曼彻斯特机场入境英国，他的回程预定航班是 1 月 12 日，从利兹／布拉德福德飞往阿姆斯特丹。

汤姆飞来与尼古拉斯·佩卡姆、莎拉·希尔和我会面，因为他们打算继续开展业务，并热衷于接管我在马贝拉的办公室，好让我能心无旁骛地处理我的问题，我当时希望加尔松能拯救我于水深火热之中。然而，当汤姆于 1 月 12 日，在利兹布拉德福德机场接受护照检查时被捕，并被带到约克警察局接受哈兰德和温纳德的讯问时，警方便破坏了他们精心策划的诡计。

我们已经安排汤姆在通过护照检查时让他打电话，所以我们知道他已经被捕，并且通过我的情报联系人，得知莎拉·希尔也在他们的讯问名单上，所以我们认为从英国出发最安全的出境路线，是通过英吉利海峡隧道到巴黎，然后搭乘飞机返回特内里费岛。莎拉收到严格的指示，在她回家之前不要打电话或发短信，所以目前为止，她安全地逃离哈兰德和他亲信的魔爪下。

汤姆获得警方的保释但警方没收了他的护照。哈兰德告诉他，警方将继续调查此事，意味着他将继续被关押在英国，直到警方对案件做出决定为止。距离这个决定只有几天了，于 2007 年 1 月 30 日，根据哈兰德的说法，尼克·佩卡姆和我（与汤姆一起）因涉嫌共谋诈骗客户，因收取不存在的贷款设施的预付费用而被捕。我对所有问题的回答"不予置评"而后获得警方的保释。

尼克在讯问过程中采取了不同的方法，并且自始至终均保持"沉默"，这完全破坏了警方的警告：

> "你可以保持沉默。但是，如果你将来出庭被问到相关问题时你才回答，并想仰赖此作为你的辩护，会损害你的辩护。你所说的任何话都可以作为呈堂证供。"

在任何审判中，取决于陪审团看你出庭作证时是否相信你。我的观点是，无论你是否在讯问时回答了问题 — 尽管警方给了你警告 — 都无关紧要。我可以信誓旦旦地说，当我向英国警方回答问题时，他们都歪曲了证据，所以我总是建议他人不要配合警方，也不要回答任何警察的问题，他们的唯一目标是将你定罪，因为我从自身在英国的经验中了解到，真理和正义是与法律不相容的。

当汤姆被拘留在利兹布拉德福德机场时，接下来尼克和我将会遭到警方的盘问，而尼克的家也会被警方洗劫一空，他的文件将被没收，由于事先预料到此事，因此尼克事先删除他所有的文件，他的一位专家朋友用仅执法机构可获得的软件，消除了他电脑硬盘中的所有内容。警察没收了他的电脑，然后什么都没查到，没有一项信息对他们的调查是有用的。尼克和我忍不住会心一笑，他的智商完全超过了那些混蛋。汤姆被困在英国后，他在约克找到了一个租的住处安顿下来，并为自己的自由而战，而这个过程出人意料地长久。

罗宾·弗里兹才刚接收到我的指示，他就退回了我的文件，这让马克·弗利有些尴尬，所以有一段时间我没有出庭律师。马克很快找到了另一位名叫保罗·布鲁斯（Paul Brooks）的出庭律师，马克说他是"跳出固有思维框架"的人，所以我同意见他，他当然可以跟我谈谈。我们很快就同意，他将向法官提出让西班牙当局协助的申请，以披露我自 2001 年以来，向他们提供的所有文件、备忘录、特工报告和录音带。

布鲁克斯将此申请（与所有审判相关）称为一种机制，若是欲获取的材料无法获得，以至于无法在审判时当作证据使用，则我们辩护的论点将是"滥用诉讼程序"。他将其描述为"技术淘汰"，这个策略对我来说是有如天籁般的音乐，因为我知道这些材料无疑会让我无罪释放，并撤销皇家检控署针对我案件的各方各面。（所谓滥用诉讼程序是，法院不应允许案件继续进行的论点，而本案的情形是 — 没有上述的材料。

2007 年 4 月 24 日，我出席了谢菲尔德皇家法院的指示庭审，我认为这是申请将所有审判合并处理，以及向西班牙当局请求援助的申请。然而，在抵达时我接到了弗利先生的电话，在此期间他告诉我，伪造护照审判将于 2007 年 5 月 16 日开始 — 只剩三周的时间 — 且不能推迟。

我立即提出了我的担忧，表示我们还没为该审判做好准备，因为尚未提出请求西班牙当局协助的申请，而这正是我接受任命保罗·布鲁克斯，为我出庭辩护的唯一原因。我告诉马克，由于我声称我是西班牙情报部门的特工，如果没有我的材料，我无法证实我的证据，而且我会被当庭嘲笑，如此一来我会被判有罪还会被还押候审。我们约定尽快见面，他还谈到了如果我入狱的话，保释的成功率是多少。

在庭审之前，我请保罗·布鲁克斯解释一些问题，他说法官绝对不会推迟审判日期，并表示他正在积极起草向西班牙当局请求援助的申请，并且在涉及 430 万英镑和 375,000 英镑诈骗，这两项更严重的罪行审判之前，他肯定会准备好这个申请书并提交给法院。他没有提到在指示庭审上，决定将所有审判合并在一起的事情，我不禁注意到他似乎会是容易受法官摆布的人。

那天晚上晚些时候，我的脑海中不禁出现了担忧的想法，因为我的整个辩护都依赖于从西班牙当局获得我以前提供过的材料，而且还有不到三周的时间为审判准备这些材料，还有大量工作要做和收集其他的证据，而其中一些证据需要法庭下达命令才可收集。那天晚上，我内心深处知道马克选择了错误的人来为我辩护，因此我注定要失败。

第二天，也就是 2007 年 4 月 25 日，我发了封电子邮件给马克，表达了我的担忧。我告诉马克我对昨天的结果感到多么失望，并提出了我的担忧。我表示我们在过去几周和几个月里，谈到要向法官做出的重要陈述，保罗·布鲁克斯在法庭上甚至都没有提到这些。

我在电子邮件中的评论内容和我给出的指示是相当具体的。马克和保罗·布鲁克斯两人都知道该申请的重要性，但布鲁克斯一定知道，如果我在没有任何确凿证据的情况下，在法庭上提出我为西班牙情报部门工作的议题时，我肯定会被当庭嘲笑。

我对这些事态的发展感到非常沮丧和担忧，因此我决定更换律师，并于 2007 年 5 月 9 日，在伦敦的宾曼斯法律师事务所的办公室与一位名叫裘德·兰钦（Jude Lanchin）的律师见面。她愿意接手我的案件，但建议我继续由这两名律师代表我，在伪造护照审判上进行辩护，因为距离庭审只剩下六天的时间而已，因此她没有足够的时间熟悉案件并收集其他辩护材料。我别无选择，只能继续由马克和布鲁克斯代表我，而且在如此接近审判日期的时间点解雇他们，这在法官面前将会显得十分可疑。

在审判前的另一次会议上，布鲁克斯说他还没有完成向西班牙请求协助的申请书，也没有将审判延期的希望，而且无论我喜欢与否，审判都会如期进行。我相当愤怒，因为我知道如果没有西班牙当局提供我当初给他们的材料，我就无法反驳控方的案件。我表示根本就没有进入证人席的必要，因为我无法证实我的证据。我现在知道我当初应该解雇这两位律师，审判才会被延期（就像吉姆·尼科尔和戴安娜·埃利斯当时的情形一样），但当然这是事后的想法。

* * * * *

第三十三章

伪造护照的审判

由荣誉法官西蒙·劳勒御用大律师审理 — 2007年5月16日星期三

控方的案件很平铺直述简单直白。他们指控唐图和我曾经是恋人，我曾利用艾尔和西蒙为她弄到一本伪造的英国护照。虽然有堆积如山的间接证据将我与所有这些骗子连结起来，但没有直接证据表明我参与了犯罪。在艾尔的要求下，西蒙将他介绍给了简·兰卡斯特（他的妻子詹妮弗的朋友），他想要一位女性担任达伦·利弗塞奇的公司秘书。西蒙不知道真正的意图是，利用兰开斯特作为一个以埃琳娜·唐图的名义，获得一本假护照的工具而已。由于兰开斯特和唐图的年龄相仿，因此非常适合这个角色。在艾尔的帮助下，提出了护照的申请，但用了她的照片代替了唐图的照片，并附上了她的出生证明和改名契，证明她已将名字改为埃琳娜·唐图。

护照办公室写信给艾尔，要求他确认此事后便签发护照，并将该护照寄送到兰开斯特的地址，兰开斯特随后将其交给艾尔以换取100英镑的酬劳。

有不计其数的证据将我与唐图的关系连结起来，包括我寄给她钱的详细信息，以及我为她支付飞往西班牙、美国、摩尔多瓦和英国航班的证据，以及她为进入美国而申请签证的详细信息，上述全都由艾瑞克·莱纳的证词所佐证，因为我以智取胜让他付出了18万英镑的代价，所以莱纳迫不及待地想要报复我。

西蒙被艾尔欺骗了，兰开斯特否认曾见过他们两人中的任何一个，所以陪审团得出的结论是，西蒙出于不正当的原因撒谎。艾尔在审判开始时便认罪，因此在任何情形下，都会在陪审团听取任何证据之前，对诉讼程序和其他被告产生怀疑。由于他证实了唐图的照片，他别无选择只能认罪，他在法官知情的情况下，与控方为自己进行了认罪协商，随后获得保释，等待其他罪行的审判。

根据西蒙的证词，他说在2003年8月/9月时，他将兰开斯特带到了艾尔的办公室，因为艾尔希望为他代表客户成立的公司提供一位公司秘书。控方的出庭律师山姆·梅恩斯（Sam Maines）向西蒙轰炸了许多与本案无关的问题，其中一些问题表明布洛菲尔德（涉嫌）强奸辛克莱一事，仍然是法律机构的眼中钉。然后他出示了西蒙护照的复印件并问道：

"这是你护照的复印件吗？"

"是的。"

"2001年7月2日入境约翰内斯堡，同日抵达博茨瓦纳,7月2日抵达的,正确吗？"

"是的。"

"2001年7月19日离开博茨瓦纳？"

"是的。"

"你的护照在艾尔先生那里是吗？"

"他为我的游艇中介业务工作，他需要知道我的身份。"

"你在博茨瓦纳做什么？"

"没做什么，本来是当研究助理，但大部分时间都是在商业大街上走来走去，做自己的事情。代表杰里米·辛克莱为他的书搜寻一些材料。"

我一直在等待梅恩斯跟进这一系列的问题，因为这一切都与布洛菲尔德涉嫌强奸辛克莱的指控有关，但他却改变了方向，转向了另一个话题。

"保罗·布兰查德是否要求你为护照的申请而获取一份出生证明？"

"没有。"

"你有没有在 2003 年 10 月，从简·兰开斯特那里得到任何文件，然后你把这些文件交给了保罗·布兰查德？"

"没有，从来没有从简那里获得任何文件。"

"让我说得更清楚一些，你说的这些回答全是谎言，你心知肚明。"

"没有，不是的。"

到 5 月 18 日星期五，控方决定不传唤莱纳出庭作证，因为他的证据充斥着不实和不准确的信息，而且我们辩方可以轻而易举地证明他是个骗子。控方也没有传唤唐图出庭作证，因为她被关进了摩尔多瓦的精神病院。在排除这两名证人的情况下，保罗·布鲁克斯仅依靠控方案件对我不利的间接证据，提出了"无须答辩"的申请。这个申请注定要失败。我本可以告诉他不必申请了，那些类型的申请从未见天日，果然申请被拒。到法官驳回申请时，已是下午晚些时候，因此法庭休庭至下一周的 5 月 21 日星期一。

那个星期一是一场看似短暂审判的最后一天，当天早上控方便结束陈述他们的案件。现在轮到辩方提出辩护，所以保罗·布鲁克斯转身看看我在被告席上会做出什么样的回应，好像在说"你要提供证据吗？"陪审团没有错过地清楚看到了这个反应。我对庭上的所有人摇摇头，当你拒绝为自己的辩护提供证据时，这个动作就是等于向庭上的人发出了负面的信号。

在辩方不传唤证人的情况下，案件直接进入了结案陈词。山姆·梅恩斯提出传唤简·兰卡斯特作为真相的证人，因为她没有刑事定罪和其他证据显示，她与案件中的所有人物有关。保罗·布鲁克斯发表了一个纯粹形式上的结案陈词，虽然他说对我不利的证据是间接的，但他的论点很薄弱，没有确凿的证据支持。他一直滔滔不绝，我一直在咒骂他没有完成向西班牙当局提出协助的申请，这个申请可能帮助推迟审判的时间 — 因为必须等待西班牙当局的回应与否 — 但最终他使用的方式辩护，是滥用诉讼程序论据，来期望可以无限期休庭，他经常谈论的"技术淘汰"以及其他我最初雇用他的原因，现在听起来真是讽刺。我真正需要的是为我奋战到底如"街头霸王"的出庭律师，但现在说什么都为时已晚。

劳勒法官的案件总结很典型，好似他在要求陪审团退庭考量所有证据之前，他已经引导陪审团做出有罪的裁决。似乎感觉上只有几分钟的时间而已，陪审团回到庭上后裁定我和西蒙都有罪。其他审判前的任何保释申请都不在此次的议程上，我们俩都被还押候审。当时监狱人满为患，所以我们被转移到不同的警察局，最后被关在曼彻斯特的史川吉威监狱 (Strangeways Prison)，后来又被转移到利兹的阿姆利皇家监狱。

* * * * *

在你被定罪后，关于你案子的一切，会很自然地在你的脑海中无限盘旋。我与埃琳娜·唐图的往来，一直都有真正无辜的理由，因为她是雨果的私人助理，他计划资助拉里·克里克和汤姆在内华达州的采矿业务。虽然我有大量文件，还可以依赖汤姆的证据，证明他曾与唐图和雨果都谈过话，但我真正需要的是我提供给西班牙当局的录音带，这些录音带足以摧毁整个案件，就像我在曼彻斯特伪证审判上所播放的录音带一样，成为我的铁证。我一次又一次地咒骂保罗·布鲁克斯没有在审判前，及时完成向西班牙当局请求援助的申请。然而，在 2011 年 6 月 — 大约四年后 — 妈妈口中说的意料之外的事情，揭示了该援助申请所产生的不同故事版本，均带有险恶的暗示。

后来所发现的证据，证实保罗·布鲁克斯已于 2007 年 5 月 15 日，完成了向西班牙当局请求援助的申请，并在我受审的前一天，向劳勒法官于同一天内递交了该申请和其他支持的文件。

该申请是由单方面提出的，并被标记为"高度机密"。（单方面，意思是"仅针对一方或为了一方的利益而做的 — 在本案的情况指的是辩方"）该申请还有一个特殊条件，在申请的首页有详细说明。

"这项请求是代表被告就他即将进行的审判提出的，所寻求的材料对他的辩护具有重大的意义。在被告为当事方的情形下，此诉讼程序的任何其他方(包括国家或任何机构、当局、军方和警力或与国家相关的个人）均不得因**该**请求而获得任何信息、材料或披露（也不能得知提出此请求一事）。"

该申请书长达 14 页，涵盖了许多信息请求，包括就**伪造护照罪**请求相关信息的申请。因此，法官知道该材料的重要性及其与伪造护照罪的相关性，这引起了两个争论点。首先，保罗·布鲁克斯本应在劳勒决定批准申请与否之前，寻求延期审判日期。其次，在布鲁克斯没有提出申请的情况下，劳勒本人应该 — 以正义为由 — 应主动提出在收到西班牙法院的答复之前择日再审。劳勒当然可以说应该由布鲁克斯提出这个问题，但我说任何公正的法官，都应当在他的私人办公室见布鲁克斯时便说："你看，明天庭审需要这个材料，难道你没有要替你的当事人申请延期吗？"布鲁克斯知道该申请的重要性，另一种选择是向我辞去他的工作。自从我获释以来，与我交谈过的无数律师都持有这种观点。如果布鲁克斯辞去代表我辩护的工作，法官很可能会将审判延期并让我指示新的法律代表，而不是让我自己代表我自己。然而，当发现警方、皇家检控署、特别部门和军情五处隐瞒了可导致我无罪的证据时，他们更多险恶的行为将在 2007 年 10 月浮上台面。

☆ ☆ ☆ ☆ ☆

2007 年 6 月 12 日，劳勒法官在一项判决中，终于批准并办理了西班牙申请。在他的判决记录中，有两点是相关的：

"我在我的办公室里与布鲁克斯先生见面进一步讨论事宜，今天下午不久，他在一两个我不确定的议题上协助了我。简而言之，关于被告对面临的起诉书提及的其余两项指控所提出的辩护，保罗·布兰查德说，全部的这些文件均记录下，他与西班牙情报部门和警察当局合作并为他们工作的详情。"

"在第 48 段，列出了大约 22 项要求西班牙当局披露的单独项目。第 49 段指出，所寻求的证据，是为了协助被告就控方对他提起的诉讼程序进行辩护。"

该申请列出并要求西班牙当局，确认我与西班牙官员的每次会议以及这些会议的性质，请他们确认我打给他们所有特工的每通电话的日期，以及请他们确认所接通的电话号码，实际上是属于西班牙情报部门特工的号码，我也同样请求他们确认那些特工打给我的电话。我也要求他们提供所有的特工报告、备忘录、档案、电子邮件、传真和我提供的所有录音材料的副本。该请求将费尔南多·穆尼奥斯和恩里克·埃斯特班列为我的主要联系人，并详细说明了我向他们提供有关恐怖主义的信息。

该申请提到穆罕默德·汗及其与萨拉赫丁·阿明的关联，以及他们与其他疑似"基地组织"操作者的关联，包括提到一名叫做"Q"的人，他是恐怖分子的另一名筹款人，他还从英国卢顿镇提供设备到阿富汗的"基地"组织，后来发现巴基斯坦安全部门和军情五处，已经监视他的活动有一段时间了。该申请提到了我与费尔南多和恩里克的特定会议，并强调我提供给他们俩关于 430 万英镑的朗讯欺诈案，以及穆罕默德·汗、约翰·阿林和达伦·斯特德曼操作 375,000 英镑骗局的情报。

另一个强调的部分，是我在 2004 年 7 月 1 日与维达尔和莎拉·希尔，一同与杰西·涅托·罗德纳斯所开的会议。这一点至关重要，因为当时西班牙当局完全了解穆罕默德·汗与萨拉赫丁·阿明的关联，以及知悉他们与马德里爆炸案的恐怖组织有关，当然也与后来的伦敦七七爆炸案有关。

虽然当时我不知道，但当保罗·布鲁克斯准备对伪造护照罪提出上诉时，他寄了封电子邮件向马克·弗利提出他的建议，可以如何与控方就我面临的其余指控达成认罪协议。他做的所有这一切同时让我觉得，他原本表示不仅是西班牙的请求援助申请对剩余审判的优势，还有他所谓的"技术淘汰"，以及在伪造护照上诉方面也有优势，现在听起来均相当讽刺。在我面前，他说我可以做一个"穆罕默德·阿里"，我可以强势回归并比以往任何时候都更强大，但背地里他却已接受了失败，他对马克·弗利说：

> "我相信正确的前进方式是（通过梅恩斯）非正式地向控方表达，我们可能愿意达成的协议和协议条件为何。他们很可能愿意接受被告对下一份起诉书中的第 1 项罪行认罪，以换取将其他罪行撤销的条件。当然，这并不一定能保证保罗最后能得到最好的判决，但尝试在此基础上进行谈判，将使我们无需全力以赴，就知道皇家检控署的立场是什么。然后，保罗可以决定，他想如何使用他所拥有的所有信息，以及他是否愿意提供证据/信息，针对包含在和不包含在各种起诉书中所指控的其他人。"

很明显布鲁克斯认为我有罪并且已经认输了，但事实是，在像我如此复杂的一系列审判中，他已经无法驾驭也不能胜任这份工作。由于他过往根本没有值得赞许的案例，我真正需要的是御用大律师的专业知识（这个论点后来被马克·加根 (Mark Gargan) 法官和两位受人尊敬的御用大律师认可）。这就是许多律师和出庭律师所做的工作，在他们的客户面前说一套，在背后说另一套。

* * * * *

2007 年 6 月 25 日劳勒批准了请求西班牙援助的申请，他对布鲁克斯说："是的，很好，我明白了"（保密条款）。八天后于 7 月 3 日，马克·弗利写信给军情五处，要求他们提供大量信息。在阐述了相关性之后，他询问英国情报部门，是否知道穆尼奥斯和埃斯特班是西班牙情报人员，以及关于我身为他们情报人员为他们提供了哪些信息（如果有的话），反之亦然。这些问题很重要，因为它涉及情报机构之间，为预防恐怖活动而共享信息的核心。他还问他们是否会证实我在 2004 年 7 月 9 日，与约克特别部门的安德鲁·布雷会面时向他披露情报之后，我于 2004 年 7 月 16 日在约克的希尔顿酒店，会见了他们的两名情报人员。其中一段的阐述如下：

> "我们的当事人提供了不胜枚举的报告，包括 2003 年的一份报告，详细介绍他在伦敦子午线酒店与八名亚洲男子开会的事宜。安排这次开会的主要人物叫做"穆"，他在开会期间打了电话，并接听了一个他称之为"阿米尼"同伙的电话，这个人现在被认为是最近被定罪的缝隙帮成员萨拉赫丁·阿明。据信"穆"是一名在巴基斯坦有人脉的人，于 2003 年策划了从国民西敏寺银行盗窃 375,000 英镑的案子，并安排将这笔钱汇到西班牙，然后以现金形式提取这笔款项以资助恐怖活动，我们的当事人在马德里爆炸事件的前六个月，已向西班牙情报部门的穆尼奥斯督察员报告了上述事件。"

我现在有两条线即英国和西班牙情报机构并肩进行调查。这两件事是一成不变的、无可辩驳的事实，详细说明了一名与马德里和伦敦爆炸案有关的恐怖分子，有了所有这些证据，我相信他们会做出善意的回应，但是，我很快就会面对这两个政府机构排山倒海来的力量，以及他们不择手段去掩饰自己无能的程度。

* * * * *

西蒙在阿姆利监狱的"B"翼与其他狱友共用一间牢房，控方的文件送交到他手上，好让他得知何时这些文件会被受理，每份文件总计超过 30 份的文件夹。马克·弗利于 7 月 20 日向劳勒法官提出保释申请，不过想当然尔还是被拒了。提出申请保释的理由是，我在狱中准备辩护会较为艰难，并且无法接触我的所有辩护材料，与此同时，这些都是申请中的有效论据，但劳勒会知道这个因素给了控方一个优势，这就是他将我还押候审的重点（我一生中从未有过逃跑的风险）。马克还说我和西蒙共用一个牢房，马克根本就无需透露此点，所以那天晚些时候（应约克警方的要求），狱警将我转移到"E"翼，以防止我们俩为我们的辩护相互策划。

一个月后的 8 月 20 日，保罗·布鲁克斯代表我，提交了对伪造护照定罪的上诉许可申请，但该申请从一开始就注定要失败。他当然不能也没有表达我被剥夺了公平审判的权力，因为我无法证实我的证据，但起因是他没有为审判及时向西班牙当局请求援助的申请，或者提到"技术淘汰"。相反地，他依赖于他在法官面前陈述的'无须答辩'作为抗辩。该申请的优点是非言语所能形容的，因为一年级的法学院学生都知道，上诉法官很少批评下级法院的法官同事，因为这就是司法体系运作的方式。当然，在申请之日，我并不知道每个机构都拒绝为辩护方提供的证据，将可导致我被无罪释放。

在"E"翼我被从一个牢房转移到另一个牢房，并且不允许我获得我的案件文档，他们一直将我转移牢房，直到我意识到这根本是监狱在耍我的把戏。由于缺乏运动和吃着狗屎食物，及面对整个情况的压力，我又患上了偏头痛的问题。在我的伪证审判中，马克·弗利尽全力以赴比这次付出的努力还要多，但这次我对他本人和他在这些案件中，对我辩护的处理方式感到非常失望，所以我联系了宾曼斯律师事务所的裘德·兰钦，她同意接手我的案件。然而，我几乎不知道这将是我一生中的第二大错误。这一个决定将为我带来灾难性的后果，令人遗憾的是，在接下来的 15 年里，为我和我的家人带来更多的痛苦。

8 月 28 日我写信给劳勒法官，请求他批准我更换法律代表，将马克·弗利变更为裘德·兰钦，并说明我做出此决定的原因。

我表示马克·弗利在审判前几乎没有做任何准备。

我的申请获得批准，于是我的法律代表证书转移到位于伦敦的宾曼斯律师事务所，这一家是最受尊敬的律师事务所之一。在获得批准后，裘德·兰钦建议将我转移到伦敦的贝尔马什皇家监狱，以方便她来探监进行法律访问，因此她写信给监狱长和内政部寻求许可，此许可得到了批准。当我最终再被转移到"E"翼后，我得到了一份清洁工作，并与关了 12 年的头号清洁工和臭名昭著的毒贩法里曼·汗 (Fariman Khan) 关在一起。

在我与法里曼共享牢房的第一个晚上，他告诉我，他已经向狱警为我安排了一份清洁工作，因为他希望在他释放后，我能协助将他团伙的犯罪收益隐藏到离岸公司去：

"你似乎相当了解我，"我说。

"是的。"

然后他继续解释说，他的哥哥的绰号为"梅吉 (Meggy)"（穆罕默德·尼萨尔·汗：Mohammad Nissar Khan），控制着布拉德福德和利兹的整个毒品市场，他们与桑尼·弗莱彻和雷·丹尼尔斯彻底闹翻了。

"你过去几乎每周都去马拉加，"他说。

"你到底是怎么知道的？"

"因为桑尼有几次让我们埋伏在利兹布拉德福德机场。"

"埋伏，为了什么要这么做？"

"为了让你重伤住院或者甚至比这个更惨，他认为你会当监狱草，将他们在西班牙的欺诈行为说出去。"

"真他妈的，这听起来很严重可怕。"

"放心，我们是他的保镖。如果你在我的地盘上，就不会有问题。"

同月即 2007 年 8 月 20 日，由于帮派为了控制布拉德福德的毒品市场，而发生街头战恶斗，因而法里曼·汗的哥哥梅吉，在家中被一位不知名的杀手开枪射中腹部。由于子弹穿透他的结肠并撕裂他的肝脏，导致他在医院住了两个多星期。警方指控桑尼、他的侄子詹姆斯·弗莱彻和雷·丹尼尔斯密谋谋杀梅吉。汗和弗莱彻之间的冲突，涉及一笔 75 万英镑的毒品交易，他们均被以共谋供应海洛因的罪名起诉。警方逮捕并指控桑尼和他的侄子密谋谋杀梅吉，两人遭还押候审。丹尼尔斯其实已经逃往西班牙，但被引渡回来面对毒品案的审判，但布拉德福德法院的罗杰·斯科特 (Roger Scott) 法官驳回了此案，丹尼尔斯因而以自由之身逍遥法外。

在那个阶段，警方尚未以共谋谋杀的罪名起诉丹尼尔斯，因为警探正在等待西班牙当局，同意根据引渡法将他引渡回英国。在他因毒品案获释的两天后，西班牙批准了该引渡申请，所以在获释后，他逃回马贝拉并躲藏在桑尼的公寓里，在西班牙警方的眼皮底下，过着高格调的生活。

后来在他们的谋杀案审判中，检察官詹姆斯·格罗斯 (James Gross) 御用大律师说，其他人也参与了共谋谋杀的罪行，特别是桑尼·弗莱彻的密友雷蒙德·丹尼尔斯涉入的程度很大，他说显而易见的是，詹姆斯·弗莱彻知道是谁对梅吉开枪的。

虽然有堆积如山的证据对两名被告不利，包括警方的秘密录音，然而案件却还是瓦解，因此桑尼和他的侄子得以逍遥法外。而丹尼尔斯则仍在逃，并成为英国十大通缉犯之一，在英国电视节目"犯罪观察"中，有播出通缉犯的特别故事。

他从未因共谋谋杀而遭警方起诉，该团伙继续享受奢侈的生活，所有资金都来自他们的犯罪收益。

一段时间后，一位严重及有组织犯罪调查局 (SOCA) 的高级官员找上了我，他想知道我所知关于桑尼和他的帮派的一切信息。虽然向我提供奖励引诱我配合，但我拒绝了，有些秘密应该永不外泄。2013 年 10 月 7 日，严重及有组织犯罪调查局，与相当于美国联邦调查局的英国国家打击犯罪调查局 (NCA) 合并。

* * * * *

第三十四章

我的事务律师和出庭律师的疏失

由于劳勒批准我更换法律代表的申请，我被转移到了英国最严密及最安全的监狱——贝尔马什皇家监狱。然而，在离开阿姆利之前，不仅其他囚犯还有狱警都暗示兰钦一定是疯了，只是单纯为了她个人的方便，完全没把我的最大利益摆在她的心上，便将我关在贝尔马什皇家监狱，导致我离开家人和朋友足足有两百英里之远。

你所爱的人来访的重要性，在于可使你的精神振奋起来，我在利兹离约克只有20英里的地方有很多的亲朋好友。而我在贝尔马什的访客将会十分稀少，加上制度很强硬，会导致我的健康恶化。很快就发现兰钦显然对我的案子或我的健康福祉毫无兴趣，我们之间经常争吵且闹得相当地严重，而代价是我再入狱三年。

当我在贝尔马什监狱时，我解雇了保罗·布鲁克斯，并在裘德·兰钦的推荐下，我任命塞尔瓦·拉马萨米 (Selva Ramasamy) 为我的高级出庭律师，并任命伦敦加尔默罗律师事务所 (Carmelite Chambers) 的胡兹拉·拉瓦特 (Houzla Rawat) 为他的初级律师，该律师事务所曾是理查德·弗格森以前任职的地方。审判的日期定在11月26日，控方就430万英镑的欺诈案，和375,000 英镑的国民西敏寺银行骗局，提供了案件的文档，其中包含数千份文件和证人的证词。有些是西班牙警察的证词，详细说明了西蒙在西班牙遭警方逮捕的情况，每一位曾经讯问我的警员各提供一份证词，在将我短暂拘留后根据恩里克的指示释放了我。

其他证据包括航班详情、酒店预订、电子邮件流量和通话记录，这些证据将所有在相关时间点的被告连结在一起。有些是斯特德曼和阿林所犯下其他罪行的许多摘要案件文档，显示了他们一贯的"作案手法"和行为模式。还包括警方对所有被告的讯问，这些讯问均由亚当·哈兰德、史蒂夫·温纳德和其他英国警察，包括来自约克特别部门的安德鲁·布雷的证词支持。军情五处提供了一份没有署名仅有职位编号 9040 所撰写的证词。朗讯的安全主管巴里·希思和他的工作人员提供了证词，德意志银行的工作人员，提供了指示他们将钱汇到西蒙在西班牙账户的证据。对西蒙和我不利的主要证据，是达伦·斯特德曼在警方讯问时说的话以及他的证词，他还供出了他的犯罪伙伴约翰·阿林。

斯特德曼总共提供了五次警方讯问和三份证词的证据，所有这些证词都充斥着不实的谎言和错误之处，笨拙地试图免除他参与这两种欺诈案的罪行。我们都听说过"超级草（译者注：与监狱草的意思相同）"，他们通过连累他人来拯救自己于水深火热中，甚至在黑手党的审判中亦是如此，他们这种人在他们的余生中，需永远寻求得到"证人保护"的金牌。在斯特德曼的案子中，他的手段更上一层楼，将朗讯的欺诈案责任，全部归咎于真爱尔兰共和军。每次他接受讯问或提供证词时，他都会给出一个不同版本的故事，这与他之前的故事版本互相矛盾。

当然自 2004 年 4 月 30 日以来，斯特德曼就知道我在为西班牙警方工作，并且我已经向他们提供他和约翰·阿林参与 375,000 英镑骗局的情报，所以他为了报复我，他在警方讯问中以及他提供的证词里，均无时无刻将我牵连在内。在 2006 年 7 月 5 日的一次讯问中 — 他迫切地想知道我是否供出穆罕默德·汗 — 他问温纳德警探："有没有说到或提过穆·汗或阿里、阿里·汗、阿里·汗这个人。"

温纳德拒绝透露这个消息给他，所以从那时起，斯特德曼一次又一次地改变了他的故事版本。他当然不知道的是，我偷偷将他的对话录了下来，这些录音带会毁掉他的整个故事版本。这些损害他证据的录音若是经过分析验证，是可以彻底破坏控方对我的指控，但裘德·兰钦未能理解它们的重要性，裘德认为我对穆尼奥斯、埃斯特班和加尔松的腐败指控是毫无根据的。

* * * * *

在没有正式认收该申请的情况下，劳勒法官寻求重新安排审判的时间顺序，以便给西班牙当局更多的时间做出回应，因而推迟了审判的日期。然而，为了得到西班牙的回应，裘德·兰钦无视申请中的保密条款，甚至与负责我约克案件的警方律师迈尔斯·巴克 (Miles Barker)，讨论了对西班牙的请求。

后来事实证明，兰钦并不是唯一一个违反法官保密裁决的人，兰钦向法官申请单方面会谈，即与法官的会议是秘密进行不对控方公开。迈尔斯·巴克相当警觉军情五处和西班牙情报部门被扯进诉讼程序的重要性，因此在 2007 年 11 月 23 日，他写信给宾曼斯，确认军情五处的特工和我在约克的希尔顿酒店有开过会，他证实已无法获得该次会议的初步报告，因技术问题该份初步报告已经遗失，但已准备好另一份报告。他说该报告已经过审查，并且根据特殊规则属于不可披露信息（不向辩方透露的信息）。

之后迈尔斯·巴克确保我的辩护律师不会获得我与布雷警探之间的相关材料：
> "布雷警探在他的证词中提到，他有记下布兰查德先生对他说已向安全部门通知此事的笔记，但布雷警探表示他不再保有他做的任何笔记。确实有一份文件详载了你的客户对布雷警探所说的话，并且这份文件已经过审查，同样该文件将被明确标记为保密不可公开文件。布雷警探在与你的客户会面后，发送给布雷警探的回复文件已经过审查，但也被列为保密不可公开文件。"

在与军情五处特工会面后，我将回复文件发送给布雷警探（我将我命名为伦敦七七爆炸案的特工报告传真给他）竟然被永远地埋葬了。巴克知道如果我的报告被披露，那么整个控方的案件就会瓦解，因为这些报告毫无疑问地证实了，我是西班牙在反恐战争中的离岸资产。

由于西班牙迟迟没有回应，劳勒决定下一个审判将是审理考克斯、库珀和史达琳案，他把审判日列在 2008 年 2 月 5 日，所以关于朗讯审判的工作便停止，我们开始准备我的辩护，我的录音带和其他证据使我的辩护坚如磐石。

在马德里，另一件妈妈口中说的意料之外的事情，即将向我火力全开，攻击得我体无完肤，因为当时这个星球上最可怕的加尔松法官，即将打出他的王牌，来掩饰他自己以及穆尼奥斯和埃斯特班的无能。

2007 年 12 月 27 日他以洗钱罪起诉穆罕默德·德巴和他的所有同伙，并将我列入他起诉的被告之一，正如加尔松所说的那样 — 将黑钱洗白。其他涉嫌的罪行包括非法结社、持续的欺诈犯罪、促进欺诈性信用卡交易、施压／胁迫的威胁以及妨碍司法公正的犯罪行为。起诉书包含俄罗斯、黎巴嫩、西班牙、法国和英国不计其数的欧洲人，与臭名昭著的"亚当斯家族 (Adams family)"，该家族是伦敦最重要的黑手党家族。

一夜之间，我从一个我认为是"受保护的证人"，变成了一个国际犯罪集团背后的首脑，该集团使用复杂的结构，包括缓冲公司，以全球经济警察部门从未见过的规模，促进洗钱和与犯罪有关的资金转移。加尔松寻求判处 15 年的徒刑，真正是我所需要的，不是吗? 真是讽刺阿! 我原本以为一旦我与英国当局的问题得到解决，加上我已经写信给加尔松 — 我原以为他是维护正义的法官 — 希望他能确认我是西班牙特工的角色，如此一来我就能从这场可怕的噩梦中解脱出来。原本他们对我安全的担忧，以前甚至到了武警保护的程度，现在都瞬间烟消云散了。这些西班牙叛徒试图将我关押在他们肮脏的监狱里，在那里我会被穆罕默德·德巴和他的帮派归类为监狱草，将会每天生活在遭报复的恐惧中。

* * * * *

2008年的新年，主要由律师助理维姬·布朗（Vicky Brown）来监狱对我进行法律访问，然后她再向裘德·兰钦汇报。在与兰钦专门讨论考克斯议题的一次会议上，我们两个"争论不休"无疑巩固了我后来遭判刑的结果。我自愿向北约克郡警方提供了考克斯、库珀、史达琳、莱纳和第七代娱乐电影制作公司的所有原始文件，法院之前下达提交令必须呈上这些文件。

当然在交出原件之前，我复制了所有档案。我之前有提供马克·弗利一份副本，他后来在我更换法律代表时，将它们转发给宾曼斯。在与兰钦专门为处理考克斯议题而举行的一次会议上，她要求我对考克斯文件发表评论，并出示了考克斯档案的副本，此时我解释说它们将与控方的证物相同，因此我们可以此为基础。然后她提高了声音，用厌恶的语气说她是在征求我对辩方证物的意见，而不是控方的证物，我们可以留到日后再来处理。

我说现在讨论没关系，因为这些文件是"相同的"，而且我已经将它们交给了警察。虽然在与案件中其他数千份文件相比，这似乎是一个相对次要的重点，但这份文件是她所知道以及她对我案件了解的核心，因为任何人尤其是律师都会谨记这种类型的对质，特别是当这件事的重要性，是为了被告的自由所准备的辩护。那次会议和讨论的议题是日后一系列错误的起点，并且因为"考克斯"文档是一个"活生生"且压倒一切讨论的主题，因此在会议上提出时，应该是她脑海中的优先重点，并且在日后的会议中她应当再次提出来讨论。

很显然我的法律团队不相信我所说的每一句话，兰钦认为我有罪的假设和判断，这个先入为主的观念，必然会在他们的律师会议上玷污和影响其他人。一段时间后，当我仔细检查宾曼斯的工作文档时，我发现了一封她发送给我法律团队的其中一名成员的电子邮件，她在邮件中称我为"行骗高手"，她甚至还大言不惭地说，她为所有成为我受害者的人感到难过。这封电子邮件的日期是2007年12月3日，我们可看出她当时几乎没有掌握我案件的情况，而这是她所犯的一系列错误中的其中一项，而这完全归咎于她自己的无能。很明显可以看出她种下了一颗我是行骗高手的毒种子，毒树的树枝迅速蔓延并影响其他成员，有效地消弭我为自己辩护的一切说法。一方面，我说我曾是西班牙情报部门的特工并正在寻求他们的帮助，但他们却回应说，我与整个欧洲诡谲多变的罪犯共谋，所以这些种种迹象均显示我是有罪的。2008年1月22日，就在审判前几天，皇家检控署为他们调查中发现的某些材料，申请了公共利益豁免，以国家安全为由，有效地压制了军情五处提供的信息。我还指责英国警察和情报部门腐败，所以我可以从律师的角度理解，他们会认为所有这些证据均相互矛盾。当我难以确认我认为与我辩护相关的最小细节之间的关联性时，我便跟兰钦在许多问题上产生意见不合的情形。她对我的案件和辩护的看法，可以从她对于我对奈杰尔·考克斯证词的回应中窥见一斑。在其中一个案件的笔记里（针对考克斯所说的）我说：

> "这全都是谎言，我不知道考克斯为什么这么说。关于1万英镑和那个装满钱的箱子这个故事，我认为是警方与他谋划的阴谋。由于我在曼彻斯特的那场胜仗以及我指控三位法官的事实，他们想竭尽所能地重重严惩我。"

在兰钦的案件笔记中，她说道：

> "这一切听起来好像是电影里才有的情节。"

她的看法证明了她根本不相信我的证词，以及我证据中清晰列出的事件版本。她先入为主的意见玷污了我案件的整个准备工作，并于2008年1月29日，在我的整个法律团队举行的一次会议上，可更具体地看出她对别人的不良影响 — 就在我的审判开始的前七天。我的证据以及我对考克斯的评论，和我给律师的指示是清晰明了的，没有"灰色地带"，无法辩驳说我并未提供我试图依赖的信息。我的辩护是我没有偷"考克斯"的钱，并且一直按照他的指示行事。

于 2007 年 1 月 29 日星期二，在贝尔马什皇家监狱举行的会议的与会人员有：
- 律师裘德·兰钦
- 律师劳拉·希格斯 (Laura Higgs)
- 高级出庭律师塞尔瓦·拉马萨米
- 高级出庭律师肖恩·拉金
- 初级出庭律师胡兹拉·拉瓦特

拉马萨米先生首先解释说，我们没有收到日期为 2006 年 9 月 13 日提交令的副本（警方要求提供考克斯、史达琳和库珀的文件），该副本也没有包含在未使用的材料中（未使用的材意指警方取得的材料，但不作为证据使用）。他对此感到忧心，因为除了交给警察的文件外，我们似乎还有文件未交出，因此看来我实际上并没有按照提交令，交出我拥有的所有东西。

我解释说我已经提供了提交令中要求的所有信息，并且根据马克·弗利的建议，我自愿提供了自 2003 年 8 月 1 日起，戴菊莺公司的客户银行账户的财务账户记录。我说我没有向警方提供大量其他的辩护材料，因为在提交令中并未要求提供这些材料，不过无论在何种情况下，这些材料均与其他审判有关。

拉马萨米特别忧心的是，因为我提供了一封日期为 2005 年 12 月 9 日，由奈杰尔·考克斯签名的信件副本作为我辩护的材料之一。考克斯证实了一张 11,000 英镑的支票，已支付给瑟斯菲尔德律师事务所（考克斯的律师），自 2005 年 12 月 1 日起，由于戴菊莺公司因应客户要求而同意提供的服务，因此可从戴菊莺持有的该客户款项中扣除。

他说这份文件让他很忧心忡忡，因为有这个提交令，但不清楚是否曾提供给警方。他担心在我与瑟斯菲尔德律师事务所的通信中，我不想提及这份文件或向他们出示这份文件的副本。他说这看起来很奇怪，因为这些通信可以向瑟斯菲尔德律师事务所解释，我为什么持有奈杰尔·考克斯的钱。我向他解释我在与瑟斯菲尔德律师事务所的通信中，没有提到考克斯于 2005 年 12 月 9 日写的信，是因为我决定采取"强硬态度"，理由是考克斯指控我犯有刑事罪行并编造了他的说法。拉马萨米认为陪审团会觉得奇怪的部份在于，奈杰尔·考克斯在他的所有证词中，都没有提到这份文件。他表示这似乎支持了警方对此不知情的说法，若是警方知情，他们肯定会在讯问时向考克斯提出这一点。

拉马萨米非常担心的是，如果我们依赖这份文件，皇家检控署会说这份文件是捏造的，并要求分析文件上的签名。我说考克斯已经签署了这份文件，警方可以对这份文件做任何他们想做的事情，他们可以进行任何必要的验证，并且我已经向警方提供了原件，考克斯先生确确实实已经签署了这封信。拉马萨米说这**不可能**，因为如果警方知道这一点，他们肯定会在讯问时，向考克斯提出这个问题。

我开始变得非常沮丧，告诉他我听不懂他在说什么，因为我已经向警察提供了他们要求的一切，所以他们肯定拥有该文件的原件。拉马萨米重申**不可能是这样**，因为考克斯先生在他的证词中，没有提到这份文件，因此我不可能已经把它交给警察，他再次重申，**如果他们有这份文件**，他们肯定会在讯问时向考克斯提出这个问题。

会议开始时，我已经头痛欲裂，此时转为偏头痛；由于他们不相信我，对此我到非常沮丧和恼火。我试图让我的法律团队相信我是无辜的，以及警察确实有考克斯的该份文件。拉马萨米随后表示，我可能会因伪造考克斯的信函而**面临额外指控** — **罪名是妨碍司法公正**，至于未披露考克斯的文件一事，将会面临额外的刑罚。有传言说审判遭停止，以便有时间检查考克斯的信函（辩方提供的原件副本），但因为**警方从未收到过这封信函**，所以我无法证明它是原件的副本。

我现在感到十分困惑，以至于我开始相信我的法律团队所说的一切 — 警方没有拥有原始文件。我开始相信亚当·哈兰德刑事侦缉警司一定是毁掉了这些文件，好让控方能以此来对付我。因为另一方面，我的出庭律师说如果考克斯的文件已交给警方，那么我的辩护就会得到佐证，但没有这份文件，我们有没有什么具体的问题可以向考克斯提出。我转向兰钦说：

"我以后代子孙的生命发誓，我已将原件交给了警察。"

兰钦说：

"如果是这样的话，那么警察就会将它列为证物，他们就会提到该份原件，但他们没有。"

唯一合理的解释是警察销毁了这些文件，因为在我的脑海中浮现出马克·弗利响亮而清晰的警告，我在曼彻斯特的胜利，应该就是警察再次逮捕我的理由，他们想方设法要"严惩我"。他曾建议我更加谨慎地记录下我的所有交易，包含录下相关通话和会议的内容，我接受了他的建议。因此，我十分肯定我已将这些文件提供给警方，所此他们肯定是已经销毁了它们。

我们讨论了史达琳和库珀面临的指控，而我努力加强我的辩护论点的优势，但不幸的是，基于对我不利的整个控方案件，拉马萨米再度给我类似的负面回应。我们讨论了西班牙的事态发展，现在加尔松也将我列入起诉穆罕默德·德巴的起诉书里。我说我相信他这么做是为了"封我的口"，因为我声称一直在为西班牙情报部门工作，以打击伊斯兰恐怖分子。然而，很明显的是参与我案子的律师，没有一个是完全熟悉与本案有关的西班牙相关人士，因为兰钦和拉马萨米都认为，穆尼奥斯和埃斯特班遭西班牙的控方起诉，并且是莽撞行事的督察员。就在那时兰钦说："接下来你将指控加尔松和西班牙情报部门腐败"。

在无法提出对考克斯、库珀和史达琳所指控罪行的有效辩护下，极有可能会对剩余的审判产生多米诺骨牌效应，因为控方会以"品性不良"（由于我有其他刑事定罪）的论点来攻击我。没有得到西班牙援助申请的回应，而且加尔松也将不会采取任何行动。

会议结束时，我处于完全混淆不清的状态，我抗议说我十分肯定，我已向警方提供了所有要求的材料，但他们完全对此置若罔闻。我当下整个偏头痛和胸痛，我正处于我生命最低潮的时候，并且与我所相信的一切背道而驰，我最终屈服并接受了他们与控方"认罪协商"的建议。鉴于警察已经销毁了我的原始文件，我看不到还有什么出路可言。我告诉我的法律团队（摘录自他们的案件笔记）：

"我觉得我对我没有犯下的罪行认罪，关于朗讯的欺诈案，我是代表西班牙情报部门监视，并且我完全没有参与该 375,000 英镑的欺诈案。"

当我回到牢房时，我因偏头痛而承受着剧烈的疼痛并且呼吸困难。我胸痛、左臂疼痛而且食不下咽，我的偏头痛和胸痛持续的时间比我以前经历的要长。那天晚上晚些时候，我显然遭受了一次无症状的心脏病发作，并且永久性地损害了我的一块心肌。在这些事件之后的 1 月 29 日，我持续遭受头痛和偏头痛的折磨，并有一段很长的时间会感到混乱迷惑。

仅仅一周后于 2 月 5 日，我被带到谢菲尔德法院与我的法律团队再次会面，并最终确定我对这些罪名认罪。抵达后我与兰钦、拉瓦特和拉马萨米进行了进一步的会议，他说他在周末期间**再次阅读了所有案件文档**，他的建议（以及整个团队的建议）是与控方"认罪协商"。鉴于我仅在一周前便断言，我已经向警方提供了考克斯的文件，我理所当然的认为，这三位律师会再次检查控方的证物，以便能 1000% 绝对确定，所以我得出的结论是文件已被销毁。当我签署文件接受他们的建议，并接受我将进入犯罪所得没收程序时，我无法用言语形容此时我的病情有多严重。就在一周前，我几乎不知道我曾经心脏病发作过，我当下的身体状况完全无法处理我的法律事务。

于 2008 年 2 月 6 日，我就针对我的每项指控全数认罪，并要求也对其他罪行认罪。我放弃了抗争，控方大获全胜。劳勒判处我六年零六个月的监禁徒刑，只要我表现良好，我将在服满刑期的一半时便可假释重获自由。艾瑞克·杰克森因欺诈库珀案而单独受审,他将一切归咎于我,且被无罪释放。我不怪他,因为在我认罪后,陪审团一定会相信他,他以自由之身离开了法庭。

* * * * *

定罪后我被带到唐克斯特监狱,并被分配了一个单独的牢房,因此有更多空间可用于存放我的法律文件。我处于情绪激动的状态,因为我承认了我没有做的事情,现在正面临犯罪所得没收程序,这将没收我所有的财产,和我目前为止努力工作所获得的一切。

我手头有全部的辩护材料和起诉证据,我决定根据自己的想法仔细检查每一份文件,因为约克警察局会有一份我按照提交令而提供文件的记录。至少我认为我内心可以有个收尾,并且毋庸置疑地,哈兰德是一个彻头彻尾的混蛋,他摧毁了原本可以为我洗清罪名的证据。在我找到关于考克斯的控方证物之前,我已打开了45个箱子,当我发现每个控方的证物编号与我提供给警方的完全一致时,我感到很震惊,这让我必须深入思考其中的含义。所以哈兰德没有销毁我的证据,也不是一个完全的混蛋,那么这就意味着我的法律团队无能,没有完整阅读针对我的案件文档。

于2008年2月11日,我写信给裘德·兰钦告知她情况。我说我已经告诉了她关于考克斯材料的真相,但因当时相信哈兰德已经毁坏了原件,而且我又感到十分的困惑,我才会相信他们所说的话,以为警察并未拥有原件,毕竟他们都知道所有的内情(应当如此),并且本应清楚地记得证物。**我表达我当时会决定接受出庭律师的建议(与控方进行认罪协商),是根据那次会议的结论。**

围绕考克斯材料的问题直接冲着兰钦、拉瓦特和拉马萨米先生而来。如果这些律师中的任何一个,在会议之前审阅过这些案件文档,那么会议的中心思想就会完全不同,而且如果他们相信我,他们也一定看到了这件事为我带来的痛苦,那么会议就会以适用于考克斯材料的正确相关性进行。很明显的是,我的法律团队根据"虚假事实",向我提供他们的建议,这对我非常不利并造成损害。除了兰钦和劳拉·希格斯之外,我的整个团队不仅没有完整阅读针对我的控方案件,而且还错过了关键文件,尤其是考克斯的收据(证物编号3489),这些文件与我的辩护相关,他们以此为依据提供他们的建议,虽然这只是堆积如山的文件中的一份文件,但在针对我的案件中却具有特别重要的意义。

2008年2月22日我收到了兰钦的回信,这在律师界被称为"卑鄙的掩饰信"。我认为宾曼斯的"卑鄙的掩饰信"是有史以来最"卑鄙的掩饰信"。兰钦说虽然拉马萨米漏掉了考克斯的收据,但还是会建议我与控方做认罪协商(当然他会这么说,他还有什么其他选择)。兰钦没有承认或提及她自己或初级律师拉瓦特小姐的无能,拉瓦特的具体职责是审查整个案件的文件,然后向拉马萨米提供案件方向和案件概要。在我的案件中,初级律师本应熟悉手头案件的文件,因而她犯下了未按照"谨慎责任"行事的疏失。

从那以后与我交谈过的许多律师都说,在他们看来,拉马萨米在开会时"欺负我",威胁我将因伪造考克斯材料而会被以妨碍司法公正的罪名起诉。其他人说我的整个法律团队,对我施加了太多让我认罪的压力。再者警方自2006年9月16日起(在我认罪的大约16个半月前)便拥有考克斯的文件,因此,如果警方有片刻怀疑这些文件中的任何一个是伪造的,尤其是考克斯的收据,那么他们会立即对其进行法医鉴定,通过该分析,会证实奈杰尔·考克斯的文件和签名是真实的。

事实上拉马萨米错误地认为,我在被捕后伪造了考克斯的文件,而且我特意挑出这些材料以支持我的辩护,所以在这种情况下,我是在妨碍司法公正。正是由于这些原因,他得出的结论是,我的案子的胜算几乎等于零。换句话说,他提出与控方做认罪协商的建议,是基于他自己的无能,在这种情况下,他犯下了疏失大意的错误。至于兰钦和拉瓦特,她们俩也都一样无能且疏失大意,从未阅读过我的全部案件文档。

收到兰钦的信函的五天后，兰钦和拉马萨米到唐克斯特监狱来见我。这次探监的真正目的，是让我同意不提出任何正式投诉，因为兰钦最不想要的，就是我向着名的宾曼斯律师事务所提出严重的投诉。拉马萨米一开始就说，我告诉他们考克斯的信包括在控方的证物上，而事实上我是对的（除此之外他还有什么好说的）。

拉马萨米说他关心的不是警方是否收到了那份文件，因为我们的立场仍然维持不变，即考克斯从未见过这封信。

拉马萨米说若是考克斯在法庭上看到这份文件，那么考克斯将不可避免地会说他以前从未见过它，还会说他没有在上面签名（这简直是荒唐至极、胡说八道，因为文件上的签名确实是他的签名，也将（仍然）还留有他的指纹）。拉马萨米强调如果他已经知道我向警方披露该文件，也还是根本不会影响他提供给我的建议。然后我们转而讨论了有关在我被定罪后，犯罪所得没收程序的严重事宜。

我虽然没有对我的任何法律团队提出任何正式投诉，但是这两位律师知道实际情况，并提出了选项让我挑选，并且这些选项均对我不利。拉马萨米对我采取的策略是 — 他说我可以解雇他们，但法官极不可能再次批准更换法律代表，而且很可能会让我代表自己出庭。

他们俩知道我当下的身心状况均无法胜任，他们也不应该与我讨论他们自己无能的问题。他们应该做的是当下辞去他们的工作，或者建议我就他们的疏失事宜咨询其他律师。

当然任何律师都知道你不能"评判你自己的案件"。他们令我感到十分厌恶反感，因为若是他们辞去代表我的工作，将意味着他们必须在劳勒法官面前解释原因。我本应该在当下便解雇他们，但我的精神已经耗尽，并且在任何情况下，都无法挑战如宾曼斯这种资质的公司，也无法代表自己处理英国史上最复杂、最冗长的刑事案件。在我后来签署的一封信中 — 兰钦亲笔写下 — 我声明我根据自己的自由意志，也没有人向我施加任何压力，决定不提出投诉，而事实上他们知道我别无选择。拉马萨米后来在一份笔记中解释道：

> "法院会要求我们解释我们的关系是如何破裂的，如果有你无法控制的情况，但最后是出于任何其他实质性原因。由于已完成的工作量和已花费的公共费用的成本，法院较不愿将此类案件移交给别的法律代表。"

拉马萨米的借口很可悲。他认为我伪造了所有考克斯的文件，尤其是考克斯的收据，经过法医检查后，证明考克斯的文件和签名均是真实的，但他却胁迫我与控方做认罪协商，考克斯在审判中提供的任何证据，均会在法医审查证据下不攻自破。他在逃避真相，并且找一个很好的借口，但时间正一点一滴在流逝，我最终还是会解雇他们，并找到一家以我的最大利益为重的律师事务所。

* * * * *

由于我对朗讯的欺诈案和国民西敏寺银行骗局案均认罪，使得西蒙别无选择，只能认罪并被判处四年监禁的徒刑。艾尔认罪且获得法官批准保释申请，然而，在被判刑之前，他的出庭律师想方设法地告诉法庭，他是一个支离破碎的人，身体和精神上的健康状况都不佳。艾尔的出庭律师告诉法官，他的当事人是塞尔比的前市长，是"社区的支柱"和业余传教士，在他的定罪因上诉成功被撤销前，他在1997年被判入狱八个月且服刑数周。他说艾尔在监狱里属于弱势群体，遭受了监狱里的囚犯可能遭受所有可能的侮辱。最后，劳勒判处他两年有期徒刑。后来，当其他囚犯问艾尔遭受了哪些侮辱时，他毫不犹豫地说，他被一群囚犯按住并被一个黑人鸡奸 — 这是在监狱里的对话。

与此同时，在伍斯特（Worcester）刑事法院，达伦·斯特德曼先前因从特伦斯·康兰爵士那里窃取了近100万英镑，而被判处四年半以上的刑期，他当时已经是服刑一半了，因此他犯下375,000英镑的洗钱罪行被列入判刑考量。约翰·阿林过去

BRITISH JUSTICE EXPOSED

已经获判五年的刑期并且正在服刑中，有鉴于此，他获判 12 个月的有期徒刑。珍妮·阿林 — 据说参与程度很小，因而被判处六个月的缓刑。

*****

当我正在处理自己的问题时，尼克·佩卡姆和汤姆·科普兰正忙着准备他们将于 2008 年 6 月开始的审判，控方正全力以赴欲将他们定罪。由于我为了尽早结束所有与我自己的立场有关的事情，因此我已经承认犯下其他罪行。我通过家人定期获得最新消息，但知道即便是最小的证据，警察和检察官都会想尽办法扭曲以便对你不利，所以我并未对我的两个朋友抱太大希望。这实际上是一个既公开又封闭的案例，因为唯一的议题在于，我们是否有真正的投资者，愿意考虑我们的客户所申请的资金，如果可行，便为他们的项目提供资金。

汤姆在美国有许多资助者，能够确认他们的意愿并愿意出庭作证。我已经告诉兰钦和拉马萨米这件事，但因为我与控方做了一项认罪协商，即承认所有的罪行，因以所有的事情全都放在一起考量来敲定最终的结果。然而，即将在审判中发生的事情，确实显现出许多律师认输的速度快得惊人。

尼克和汤姆都受到严格的保释条件限制，因此汤姆制定了一个精心策划的计划以击败英国当局。在我们的多次谈话中，我已经阐明了从上诉法院到首席大法官和英国大法官的办公室，我们的司法体系是多么腐败。他全部知悉我在曼彻斯特的伪证审判的事宜。我显然已经将我对英国司法的信息传达给他，所以在 2008 年 5 月下旬的一个凌晨时分，一架小型塞斯纳 170 型飞机，在诺福克的一个偏远机场降落并起飞。机上乘坐的是一位身材高大的美国绅士，生于 1954 年 9 月 1 日，护照号码是 134544422。降落在荷兰的一个小机场后，这位绅士乘火车前往美国驻巴黎大使馆，领取一本新护照（说他遗失了护照），然后登上飞往墨西哥的航班，前往他在德克萨斯州的家。那位绅士当然是 — 汤姆·杜威·科普兰。祝汤姆好运。

审判开始时，只有尼克·佩卡姆站在被告席上。他的其中一名同案被告已经认罪，陪审团被告知另一名同案被告已经逃之夭夭。那些开案陈词简直糟糕至极，因为每个人都知道并认为如果有人逃跑，那么他们一定是有罪的，所以从表面上看，可怜的老尼克正在打一场艰苦的战斗，然而，控方没有估算到尼克律师的专业知识，他被无罪释放，更神奇的是，即便汤姆在未出庭情况下也被无罪释放。控方仍在寻求对汤姆发出逮捕令，因为他违反保释条件且未出庭受审。这实际上意味着，汤姆不能在欧洲任何地方旅行，但我知道汤姆根本不将此事放在心上。

*****

当我在获释后遇到尼克时，他告诉我的事情比我想象的更令人不安。尼克解释说，当他第一次被捕时，警察悄悄地和他说了一句话，告诉我们你所知关于布兰查德的一切，因为事实上他们对你并不真正感兴趣。换句话说，他们要求他提供对同案犯不利的证据，要他对保罗·布兰查德的事宜宣誓撒谎，甚至就美国资助者的存在撒谎。令人难以置信的是，这些腐败的警察究竟会做到什么样的程度来"重重地严惩我"。

后来才知道尼克曾前往美国，并在艾瑞克·海斯勒的家中见面讨论资金的事宜，艾瑞克甚至准备在审判中通过视频出庭作证。然而，在审判期间，劳勒法官拒绝批准通过视频出庭作证的申请，剥夺尼克获得这一个"关键"证据的权利，这是很容易使被告被错误定罪。那么这就是国家对待退役军人的方式吗？

尼克是一名前飞机工程师，曾在皇家海军舰队航空兵部队服役，直到他在工作时中了化学物质的剧毒。这一个不幸的事件，导致了不可逆转的、永远改变生活的工伤，尼克至今仍承受着这种伤害造成的影响，这个意外迫使他提前退休。

尼克解释说在整个审判过程中，基本上审判的内容均与在于我，他还觉得整个事情都充满了政治色彩。尽管对尼克造成了严重后果，但该当权机构仍欲监禁"他们自己的人"。然而，陪审团完全正确精准地看穿了这一切，因此尼克被无罪释放。这个结果使整个事件成为笑柄,因为审判是关于"共谋"欺诈。你用常识就能判断,既然尼克和汤姆获得无罪释放,我怎么可能与自己共谋。

不过还有雪上加霜的事情,尼克还告诉我一些非常令人震惊的消息。当他从被告席释放出来,并独自站在他的出庭律师旁边时,他的出庭律师与控方进行了非正式交谈。当审判结束时,这种情况并不少见。他的出庭律师事后告诉他,即使是控方也认为这确实是一场"过分不公的审判"。

*****

第三十五章

犯罪所得收益

2008年6月24日早上，我被叫到监狱接待处，递给我一大盒包含数千份文件的文件夹。案件文档已经送到了 — 根据《2002年犯罪所得法》，皇家检控署对我提起此诉讼程序。案件文档中包含由区域资产追回小组（RART）准备的"第16条的声明"，他们计算出我从犯罪中获得了11,149,587英镑的收益，并要求我支付这笔款项，否则我将面临我目前的刑期再加上10年的监禁刑期。在违反的情况下，将不会扣除任何坐牢的时间，我将必须服满全部的监禁刑期。

于是开始了分析和收集证据的任务，以反驳控方起诉我参与犯罪而获得收益的指控。根据《犯罪所得法》所起诉的案件，第16条的声明中包含三个部分。第一个部份被称为"特定犯罪行为"（认罪），在我的案件中，加起来的总金额为4,843,594英镑，因此在这种情况下，控方表示该金额无可争议。另一部分被称为"一般犯罪行为"，是指某人在被指控犯罪之前六年内，从其一般犯罪行为中获得收益的金额，但是，就我的案件而言，这些指控一直追溯到1972年（36年），辩方要证明这些款项不是犯罪所得，才能推翻控方的假设。第三部分涉及被告的"可变现资产"，即可被控方没收的金额 — 例如财产和金钱。

＊＊＊＊＊

在打开与《犯罪所得法》有关的那个纸箱的六天后，宾曼斯的维姬·布朗前来探监。我不知道她会来，并且在毫无准备也没有没有任何文件的情形下，参与了这次的会议。我告诉她就认罪一事我很难过苦恼，这次的探监真的是浪费时间而已。后来我收到了她于2008年6月30日所写的探监记录（截取相关部分如下）：

"保罗·布兰查德一开始时看起来很难过，我注意到他的脸红了且眼里含着泪水。"

"保罗·布兰查德仍然对考克斯的证物，以及宾曼斯和出庭律师没有在控方证物中发现这份文件，感到非常难过伤心。"

我无法提供她任何指示，所以我只是在整个会议过程中大声咆哮，我一直说她雇主的坏话，对于维姬来说一定很不愉快。她来唐克斯特监狱探监，已经成为了她从伦敦乘火车，然后乘出租车去监狱的日常例行公事。她隔天来探监时，事情并没有太大进展，因为我继续咆哮并发泄我的情绪，维姬对我十分有耐心，她让我把这一切情绪都发泄出来。后来我收到了她于2008年7月1日所写的探监记录（截取相关部分如下）：

"保罗·布兰查德坦诚他相当难过他已认罪，特别是在375个案例中，唯一对他不利的证据，是斯特德曼不可信的证据。"

"保罗·布兰查德说他的事务律师和出庭律师不了解他的案子。保罗·布兰查德说他之前曾与优秀的律师（即吉姆·尼科尔）和出庭律师（即理查德·弗格森）合作过，因此他知道他应该获得的服务标准。（保罗·布兰查德将裴德·兰钦和吉姆·尼科尔做了比较）。"保罗·布兰查德说吉姆·尼科尔曾去过他家并和在他家住了几天，了解他和他的家人并花时间相处，他永远不认为裴德·兰钦会做那样的事情。"

"保罗·布兰查德表示，由于他们不了解他的案子，导致疏失而给出了错误的认罪建议。"

"选择宾曼斯律师事务所是他做过最糟糕的决定之一。"

"保罗·布兰查德多次提出，他的律师错过了重要的辩方证据（考克斯的信函 — 包含在辩方文件和控方证物中）。他解释说，裘德·兰钦在审判日期前去贝尔马什监狱探监时，他曾试图向她提出这件事。保罗·布兰查德表示，他告诉裘德·兰钦，控方的证物中有考克斯的一封信函，他向她展示了包含在辩方文件中，他自己保留的这份文件的副本 — 但是她却不明白他想表达什么。保罗·布兰查德试图说，他已经将他的文件副本交给了警方，他们后来将这些文件当作证物，包含在他们自己的控方案件中 — 所以有两份 — 一份用于控方案件，一份作为他自己的辩护之用。保罗·布兰查德说裘德·兰钦对保罗·布兰查德大声喊叫，指责他浪费了她35分钟的探监时间，而且她还愈来愈过分。保罗·布兰查德说现在对他而言是一个非常艰难的时期，他处于人生的最低谷，他认为裘德·兰钦没有人性。"

"保罗·布兰查德说，在与他的事务律师和出庭律师开会时，这两位律师指控他伪造辩护文件（即上述文件），因此可能被以妨碍司法公正罪名起诉。保罗·布兰查德说裘德·兰钦在这方面相当地过分。保罗·布兰查德再次表示，这表明他们不熟悉他的案件文档，因此不了解他的案子，而理查德·弗格森熟悉他之前案件文档的每一个细节。保罗·布兰查德举了有关曼彻斯特案件的更多例子。"

"保罗·布兰查德显然对裘德·兰钦持有特殊意见。在我探监的过程中，他说她没有人性 — 当他情绪低落时，她完全没有同情心。他说裘德·兰钦很过分、很恶毒、很无能。"

"保罗·布兰查德对他在会议上，被裘德·兰钦和出庭律师指控伪造辩护文件一事，感到痛苦不堪，他说如果他的团队了解他的案子，他们就会知道他在2006年本案一开始时，便向控方披露了这些相同的文件，因此他并未伪造文件。"

在经过维姬多次探监之后，我停止对她咆哮，并试图集中精力推翻控方案件针对我的指控的假设。维姬来唐克斯特监狱的日常工作，一直持续到2008年9月4日，当时我从乙类囚犯重新归类为丁类囚犯，并被转移到穆尔兰（Moorland）皇家开放式监狱，那里的囚犯有资格获得市中心外出许可和探监假。安顿下来后，我的健康状况有所改善，主要是因为我可以在新鲜空气中漫步在开阔的空地上，还能定期锻炼身体而且食物还算可以忍受的程度。

法律探视仍持续进行，尽管我仍然偶尔对维姬咆哮，抱怨倒霉认识裘德·兰钦。2008年圣诞节和新年似乎很快就过去了，因为在2009年1月的第一周，我将迎来三天的第一次探亲假。在第一次探亲假时，除了享受吉尔的烹饪并在舒适的家中放松之外，我没有做太多其他事情。我期待的一件事是，隔了将近两年的时间才再次读了妈妈的信，和往常一样，这封信振奋了我的精神。

我的下一次探亲假是为期五天的假期，日期是从2009年2月16日星期一到2009年2月20日星期五。在这五天的时间里，我和吉尔拜访了我们的家人和朋友，前往我最喜欢的东海岸度假村法利，并在晚上举办了愉快的派对。小保罗已搬到伦敦，期望在那里成为公关大师，只有在特别场合才会专门前往约克。我的刑期还剩18个月多一点，但由于我能获得市中心外出许可和每月的探亲假，我可以忍受关在穆尔兰开放式监狱里。

在周五下午与吉尔道别，已经变得没有那么糟糕，因为一周之内我将获得市中心外出许可，便会再次见到她。然而，警察尚有另一个计划，并且他们已经准备蓄势待发。

从探亲假结束回到监狱后，你必须前往接待处与其他囚犯一起排队，等待检查和登记到系统上。这包括搜查并检查你的个人所有物，是否舊带任何非法物品，例如毒品、手机或危险武器。当我走过去与其他囚犯一起排队时,一位高级官员喊道:"布兰查德,到办公桌前。"当我走近他的办公桌时,我被另外五名警员包围,并被带到接待处后面的一间牢房,然后听到门在我身后砰地关上。我感到诧异我到底做了什么,在准时返回监狱并在休假期间严格遵守每条规则后,再次被关起来,但很快一切答案都会浮出台面。

这位高级官员说:"布兰查德,根据监狱长的命令,你将被送回封闭式监狱去。"

"我做了什么?"

"警方担心你会潜逃,"他说,递给我一份官方文件,上面写明监狱长的理由:

"警方已经收到消息,由于悬而未决的没收令一事,布兰查德先生潜逃的风险很高。因此,在该议题得到解决之前,将必须把他送回封闭式监狱去。"

"我说你在开什么玩笑,我刚休完假回来,全都是胡说八道,我这辈子从来没有逃避过任何事情。"

我又被关了两个小时,然后牢房门打开,外面站着一群警员,他们聚集在一起要把我带到两英里外,另一间穆尔兰封闭式监狱(译者注:穆尔兰有两间监狱,一间是开放式而另一间是封闭式的)。我被戴上手铐并被带到一辆监狱巴士上,并注意到几个大袋子里,塞满了我所有的个人物品和法律文件。办完手续后,他们分配了一个单人牢房给我,很快地我又再度回到了封闭的环境中,这肯定是英国最肮脏的监狱。

再度每天进行法律探监的会议,以了解我在八年内代表客户处理的大量金融交易。控方指控我创建的100多家公司 — 包括72家离岸公司 — 都是"另一个我",即我个人拥有每家公司。"Alterego"在拉丁语中的意思是"另一个我" — 第二个自我,被认为与一个人的正常或原始人格不同。据说拥有另一个自我的人,过着双面人的生活。

控方为了支持他们的案件,他们指控这些公司不是涉及欺诈和洗钱罪,就是它们只是一个"台面上"的公司,将资产保持在一定距离以外"隔离"起来(将资产妥善保管),免受任何刑事定罪或民事诉讼的后果。他们声称我是一名职业罪犯,可以真正将我描述为具有"犯罪的生活方式",专门从事欺诈、洗钱活动,并且完全熟悉国际银行业务以及离岸公司的创建和管理,在设计和管理转移及掩饰犯罪财产的高度复杂计划方面,表现出高水平的能力。他们还声称我有"隐藏资产",并详载我多次前往德国的旅行。按照犯罪所得没收程序的规定,辩方有义务证明所有金融交易都是合法的,而非来自犯罪行为。换句话说,你必须反驳这些指控,这在某些情况下,是一项非常困难或不可能的任务。但是,我的女儿莎拉精心保管了我的账目,所以我知道我们不仅可以计算每一英镑,还可以计算每一个便士或欧元。

* * * * *

我从丁类囚犯重新归类为乙类囚犯,是按照北约克郡警察局侦缉警司亚当·哈兰德的命令执行的。实际上,一定有人在我的探亲假期间,看到我在约克四处走动并联系了警察。因此,在没有任何正当理由下,哈兰德联系了穆尔兰监狱的监狱长,并编造了我有逃跑风险的借口。我决定联系宾曼斯的公法团队,为我提供初步建议,就穆尔兰监狱长对我所做的决定,来评估司法审查(上法庭)是否可行。

在向监狱长和北约克郡警方多次致信,寻求他们澄清将我转移监狱的原因后,他们无法提供任何我有高度潜逃风险的正当理由或证据。问题在于警方向监狱长提供了哪些证据来合理化他的决定,如果真有这样的证据,那么他就没有合法的理由不向法庭披露这些证据。

监狱长或哈兰德都无法为他们的行为提供任何合法理由,因此在2009年11月19日,我被重新归类为丁类囚犯,并被重新转移到穆尔兰开放式监狱。这个例子恰恰证明,当警察说他们不是刻意针对某个人的时候,你不能相信他们所说的每一句话。宾曼斯争取将我的囚犯身份重新分类的法律费用,共花费了穆尔兰监狱42,246.90英镑,这笔费用间接由公费支付。宾德曼的民事部门似乎比他们的刑事部门,要出类拔萃高明得多。

*****

我在穆尔兰封闭式监狱里蹲了九个月的苦牢,再次严重地影响了我的健康,以至于我对宾曼斯失去了最后一丝信心,并决定为了自己的心智健康着想,无论如何我必须远离那些人。我向裘德·兰钦驳斥我从 375,000 英镑的骗局中受益的指控,并说有压倒性的证据证实我是西班牙当局的卧底,我是无辜的,但事实上,当然,这对她(宾曼斯)来说是一个严重的问题,因为她建议我认罪。兰钦在 2009 年 12 月 9 日写的一封信中阐述(截取相关部分如下):

> "我再次向你解释(我上次去监狱看你,你提出这个问题时,我对此的回应),这不能作为在没收程序中为自己辩护的理由,而且你已就该罪行认罪,已经无法再进一步斟酌此议题。你在答辩时已经承认参与了该项罪行,我再次明确表示我们无法重启这个案件。我还明确表示,如果你的部份辩护理由是重新审理这个案件,提出模棱两可的答辩等等,在法官面前,这对你而言根本不会有任何'好处'。"

当然,兰钦真正担心的是,这会为她和宾曼斯带来十分难堪的窘境,因为我提出的辩护理由,将毋庸置疑地证明我是无辜的,并显现出她和我的法律团队是多么的无能。

我的没收程序审判日期安排在 2010 年 8 月 16 日,由于时间紧迫,因此在 2010 年 1 月的第一周,我联系了位于西约克郡哈利法克斯市 (Halifax),一家拉赫曼·拉维利 (Rahman Ravelli) 律师事务所的律师阿齐兹·拉赫曼 (Aziz Rahman),他来到穆尔兰监狱见我并同意接手我的案件,但条件是劳勒法官同意我更换法律代表。我在 2010 年 1 月 26 日这天,维姬·布朗来监狱进行法律访问时,告知她我打算更换律师,并且我完全理解造成的所有影响。此外,我指示她取消兰钦原定三天后于 1 月 29 日星期五来探监的计划,并说在任何情况下,我都不愿意在没有"独立律师"在场的情况下与她见面。

我的决定导致兰钦和我之间不停来回回的互相通信,于是我在 2010 年 2 月 25 日探亲假期间,前往他们在伦敦的办公室。整个团队包括拉马萨米和胡兹拉·拉瓦特都在场,但我已经下定决心,无论他们说什么都无法改变,我决意聘用阿齐兹·拉赫曼的心意。在会议期间,我们讨论了我案件的许多议题,在会议上我说"律师应该完整阅读委托人的案件,然后接受委托人的指示。"我最后一次见到这些人是在那次会议上。2010 年 3 月,劳勒法官同意我更换律师的请求。

*****

宾曼斯于 2010 年 4 月,将我的案件文档转发给了拉赫曼·拉维利,很快地便接近 2010 年 8 月 13 日我的释放日期(服满刑期一半即可假释出狱)。由于我聘用了一个新的法律团队,原定的审判日期便推迟了。7 月下旬,来自拉赫曼·拉维利的高级律师助理海伦·林奇,到穆尔兰监狱探访我。从第一次见面开始,我的整个案子就朝着不同的方向发展,因为海伦会不遗余力地,把我案子的各个方面都拼凑起来。

就在我获释前几天海伦第二次来访,恰逢西约克郡警察局的两名警探也来访,他们想等我获释后,安排我在 8 月底,与一名来自严重及有组织犯罪调查局的高级官员会面,所以我给了他们一部手机电话号码好让他们联系我。当他们离开时,海伦刚好到了,所以我告诉她,他们来访是为了"刑期规划"(我的假释),这种情况有时会发生,但她猜他们的来访是出于另一个原因,但没有多说什么。我们就我的案件进行了详细的讨论,当然我与西班牙当局的往来是这次讨论的主题。我咆哮着说我是他们的特工,很久以后海伦承认她当时认为我患有精神疾病,那些穿白袍子的人应该把我带到精神病院。我不怪她。然而,随着时间的推移,海伦完全改变了她的观点。在为《犯罪所得法》提起的诉讼程序(奠定我与那些西班牙败类关系的基础),做好辩护的准备之后，使得劳勒法官日后为此发表评论，他说如果案件进入审判阶段，***"会有更多信息浮出台面"***。遇见海伦将彻底改变事态的发展。

＊＊＊＊＊

第三十六章

遇上海伦·林奇

2010年8月13日上午9点左右，我从穆尔兰监狱释放出来，我最后一次走向该监狱的门楼。我需要时间适应外面的世界并忘记监狱的日常生活，适应后生活会慢慢恢复正常的轨道上。海伦·林奇完全投入在我的案子中，我们逐渐开始按时间顺序拼凑我与西班牙当局的关系。

为了建立起国民西敏寺银行欺诈案的事发经过，增加其他涉及我与穆尼奥斯和埃斯特班两人往来的证据，是相当重要的，这点也可证明我没有参与该欺诈案。阿齐兹·拉赫曼推荐了两名出庭律师加入我的新法律团队：高级律师马修·劳森 (Matthew Lawson) 和初级律师阿伦·罗林 (Aron Rollin)，他们俩都来自加尔默罗律师事务所（与胡兹拉·拉瓦特来自相同的律师事务所）。

截至目前为止，海伦已经收集了堆积如山的证据，她想加强辩方的案件，于是建议我问莎拉·希尔，她是否愿意提供一份证词，概述她自己亲身参与的经历，以及她所知我与穆尼奥斯、埃斯特班和其他人打交道的详情，以证实我提供的证据，并同时证实她为了记录这些事件，而保存的许多文件。实际上，这是一个非常非常大的任务，因为莎拉住在特内里费岛，是属于西班牙的领土，而我要求她确认许多方面的事项，可能会导致她与自己所居住的国家当局产生一些麻烦。

幸好我可以不必担心，因为莎拉同意提供帮助，并且像我们当中的许多人一样不喜欢当权者，并渴望竭尽所能提供任何帮助，来揭露马德里的那些腐败官员。她与吉尔和我的女儿莎拉已经成为朋友将近10年之久，加上她认为对前雇主有道德责任，因而她对可能产生的任何问题置之不理。

2010年11月25日，莎拉·希尔来到约克并留宿在吉尔和我的家，每当她来这座城市时，都会留宿在我们的家里。我们有很多事情要讨论，她告诉我特内里费岛的最新时事，以及关于穆罕默德和他的帮派的八卦。当晚我们在我们最喜欢的意大利餐厅Silvano享用晚餐，然后到我女儿莎拉的家去打声招呼，这样莎拉就可以再次见到她的女兒伊莎贝拉 (Isabella) 和娜塔莉亚 (Natalia)。

第二天，我们与海伦·林奇见面，莎拉·希尔提供了一份22页的证词，并宣誓了一份宣誓书，其中包含我写的不计其数的副本文件、备忘录和电子邮件，这些附件是由她翻译，再发送给在西班牙情报总部任职的穆尼奥斯。在她的证词中，她描述了我与穆罕默德·德巴和蒂埃里·博伊纳尔的往来，直到我们闹翻的经过，以及美洲海滩警察局的局长威胁我，如果我不离开该岛，他要将我关进牢里。

其中一段详细描述了她在2003年3月3日，打电话给穆尼奥斯的通话内容：

"我用特内里费岛办公室的座机，播打警局的电话致电穆尼奥斯督察员，电话号码是：9115822042，通话持续了4分钟47秒（此信息来自我最初草拟证词时，所准备的通话记录）。在这次谈话中，穆尼奥斯督察员确认收到了传真，并说他已经与美洲海滩的新国家警察局局长，谈过保护布兰查德先生的问题，他建议我亲自拜访警察局局长，就布兰查德先生即将来访期间的保护事宜与他敲定细节。我记得亲自去了警察局并与警察局局长交谈，

> 他非常乐于助人，并向我保证布兰查德先生来访的停留期间，将受到武装警察的 24 小时保护。"

莎拉·希尔回忆说，在我与德巴闹翻后，我曾与西班牙情报部门的官员合作，并且我向他们提供了我与德巴和他的帮派成员来往的详尽档案。其他方面包括马拉加事件，当时约翰·阿林和尼古拉斯·利奇骗取了汤姆和拉里·克里克 10 万欧元，由于此事阿林被捕和随后警方问讯的经过。她回忆起她翻译我在 2004 年 5 月 3 日，向穆尼奥斯所写的备忘录，以及我要求马拉加警方保留阿林的电话和文件一事。她的证词中最重要的细节是，她对 2004 年 7 月 1 日在马德里，我与国家警察局副局长多恩·杰西·涅托·罗德纳斯开会的回忆。

在那次会议上当然还有维达尔和一名口译员参加，所以莎拉的回忆确切地证实了，我在伦敦七七爆炸案发生大约 12 个月前，已向西班牙当局提供情报（维达尔的证词也同样证实了此事）。莎拉证实我交给罗德纳斯先生，我已提供给穆尼奥斯的所有档案的副本，其中详细说明了穆罕默德·汗、萨拉赫丁·阿明之间的关系，以及他们与其他应对马德里爆炸案负责的恐怖分子之间的关联。莎拉描述汗是基地组织筹款人的角色时，她详细描述了诈骗国民西敏寺银行 375,000 英镑的资金，转移到西班牙的资金流向，及在马拉加警察局发生的事件，以及我担忧警方不会妥善保留阿林的电话和文件一事。然后，她确认她将我于 2004 年 5 月 3 日所写的备忘录，翻译成西班牙语后传真给穆尼奥斯，此时罗德纳斯先生插话并要求查看传真：

> "起初布兰查德先生找不到该份传真，后来他终于找到了，并把它交给了多恩·杰西。看完传真后，多恩·杰西问布兰查德先生"他感觉如何？"我认为布兰奇德先生认为此时问这个问题很奇怪，但回答说他感到非常失望。"

> "在整个会议期间，布兰查德先生交给多恩·杰西·涅托，与他所说的内容有关的档案供多恩阅读。当布兰查德先生解释他与西班牙情报部门的关系时，他还提到了他与穆尼奥斯督察员和埃斯特班督察员之间的电话录音，特别是其中一段录音的誊本，穆尼奥斯督察员向布兰查德先生要求，发送更多文件给马拉加的警方，他当时对布兰查德先生说'**我只想问你一些事情，呃，不要呃，和其他人谈论呃，关于我们的议程**' 以及 '**呃，关于'穆罕默德或恐怖主义的议题**'。布兰查德先生说，这是他作为西班牙情报部门特工的角色，和为他们办事的确凿证据，而该副局长同意他的说法。"

> "这些录音带将使穆尼奥斯督察员和埃斯特班督察员，无法否认布兰查德先生声称发生过的事情。多恩·杰西拿走了这些录音带，并保留了交给他的这些档案副本。"

海伦的下一个目标，是询问维达尔是否愿意提供一份证词，这意味着他必须来到英国。于是莎拉·希尔打电话问他的意愿，他的回答是"愿意"，他愿意尽力提供他所能提供的任何帮助，于是安排他在 2011 年 2 月前来约克。我的辩护理由一天比一天强大，因为海伦不遗余力地证明，我曾是西班牙情报部门的特工。与维达尔的会议，在我位于约克市皮尔路上的办公室里举行，为期三天的会议于 2011 年 2 月 4 日开始。海伦准备了一份清单，列出了我们需要澄清的所有要点，由于维达尔根本不会说英语，因此莎拉在会议上提供口译服务。在开始的几分钟内，我就得知妈妈所谓的"意外发生的事情"，已于 2009 年 12 月 22 日发生，维达尔对加尔松将我纳入德巴得起诉书中的决定，向马德里的高等法院提出上诉，他的上诉成功了，高等法院撤销了该起诉书。

然后，他解释了他提出的上诉理由为何，这些理由令人震惊。后来发现，原来我于 2001 年 7 月 18 日，在加尔松法官面前签署的承诺书，是由他、穆尼奥斯和埃斯特班三人伪造的，在西班牙法律中只不过是一份"无效"的文件而已。

我在加尔松的办公里签署了该份承诺书，在我是受保护的证人条件下，作证针对德巴和他的同伙。穆尼奥斯在加尔松面前告诉我，我不被视为被告，他还用西班牙语向法官重复了这一点，而法官点头表示同意。此外，当我签署承诺书时，上面的两页都没有其他签名。上面的一个段落确认我提供了德巴犯罪活动的文件，并阐述"布兰查德先生自己复印了他交给警方的一些文件。"这些后面的评论很重要，因为是我在2007年审判所需的所有其他文件的副本，这些文件与劳勒法官处理的援助申请所要求的文件相同，而这些文件至今仍未得到解决。

维达尔解释了为什么这份"控方证人的确认书"实际上是伪造的。根据西班牙法律，第一个正确的程序是让一名经宣誓的口译员在场，并向我解释我出庭的原因以及对我的要求。下一个程序是经宣誓的口译员将我介绍给在场的所有其他人，其中包括地方检察官和司法秘书。

维达尔出庭辩称我的承诺书无效，并且在我与穆尼奥斯和埃斯特班打交道的过程中，他们承诺要保护我，并且从未将我视为嫌疑人，并承诺我的身份是受保护证人。法院裁定：

> "加尔松法官在他能够合法地进行'拟出人意料地改变'......将诉讼程序中担任证人者转为被告之前"，他有义务将我对事件的描述考量在内。"

以及：

> "这个人的整体而言，也是如她的证词中描述的一样，多次进出警察局，向公务员通报了一连串的事实，同时提供了他决定根据法院命令下的相关文件，以及他以证人身份撰写的证词，在此前提下，他应被授予**受保护证人**的身份。"

加尔松从未将我对事件的描述考量在内，直到今日起诉书仍然维持撤销的状态。

西班牙法院的判决，改变了我的整个辩护方向，当加尔松将我纳入起诉书使我成为被告时，此判决整个推翻了兰钦和他的公司，对此所形成的负面观点。我告诉兰钦，他们是一群腐败的混球，但她对我的指控置之不理，认为这是对我不利的琐事。后来她在信中写道：

> "塞尔瓦和我已向你解释过，我们都认为目前西班牙的诉讼程序已起诉这些警官（同一个起诉书 — 即那本将我列为德巴的共同被告的起诉书）。你说情况并非如此，双方同意我将检查并阅读我们从西班牙收到的材料，以百分之一百确定立场。""

兰钦的这些评论显现出，我的整个法律团队对我的案件了解多少。随着我的辩护势头不断增强，海伦相信，如果我们能够展示达伦·斯特德曼的行为模式，并展现出他对朗讯欺诈案的了解，将有利于加强我的案件。他最初的说法是我曾试图让他参与，但他拒绝了也不想参与其中，不过，我们现在必须交出所有未使用的起诉材料，当将所有的信息拼凑在一起时 — 按时间顺序排列 — 所拼凑出来的画面将是完全不同的，加上指出幕后人员以及揭发斯特德曼自己参与这些欺诈性汇款的行为。

早在2003年6月时，约翰·阿林就斩钉截铁地告诉我，爱尔兰共和军是朗讯欺诈案的幕后黑手，其头目托马斯·坎宁做了所有的安排，让他们在德意志银行的内线，按下按钮将钱汇到西蒙的银行帐户。由于整个欺诈案中，到处都有爱尔兰共和军的踪迹，我们不知道斯特德曼是如何参与其中，直到我们阅读一份日期为2005年4月1日，由约克刑事侦缉处的警察梅兰妮·斯潘顿，写给特别部门的安德鲁·布雷的备忘录，才明白其中缘由。

因为斯特德曼愿意以正式官方的方式提供信息，所以斯潘顿和另一名约克警探威尔曼于2005年3月30日，去布莱克赫斯特皇家监狱探访了斯特德曼，但他要求前提是，对他目前的情况有一些潜在的好处。在备忘录中，斯潘顿将斯特德曼描述为聪明且口齿伶俐的人，对他们调查的许多方面都有极其详细的了解。备忘录还指出，据信两名来自西穆尔西亚警方处理此案件的人员（他的主管，这意味着斯特德曼也是警方的线人），对斯特德曼进行了详细的讯问。

备忘录的大部分内容都是一派胡言，因为斯特德曼将责任归咎他人，并牵连所有的人和其他任何一个人。然而，有一部分故事情节具有真实性，所以他无法编造，因为这个部分完全符合约翰·阿林在 2003 年 6 月告诉我的内容（斯特德曼说）：

"整个工作都是由爱尔兰共和军设立的，他们在朗讯内部有一名男性工作人员，他提供了所有必要的信息。"

"有两名爱尔兰男子参与其中 — 其中一名身材矮小，使用了'约翰'这个名字。"

"当他们无法获得这笔钱时，情况变得急转直下，两名爱尔兰男子将阿林关在酒店房间里一整晚，然后将阿林非法监禁在他自己的住家共四天之久 — 全程均用枪指着他。"

"在此期间，我必须前往西班牙，向爱尔兰共和军核实该笔款项已遭拦截。"

这一个证据将斯特德曼摆在阴谋的中心位置，因为他清楚知道谁是真正的欺诈幕后黑手。"其中一个很矮，用的是'约翰'这个名字。"（约翰·坎宁是托马斯·坎宁的别名，他的名字和别名详载在我交给西班牙情报部门的报告中，还有巴里·希思在证词中阐述，接到带有爱尔兰口音的人打来一通神秘电话，他提到了一个教名）。

斯特德曼抓住一切机会，对他的前犯罪伙伴约翰·阿林大肆抨击，甚至揭发他第二本护照的名字为约翰·唐纳利，然后在同一份备忘录中，又抛出了一个重磅炸弹，透露是约翰·阿林以埃琳娜·唐图的名义获取伪造的护照。

显而易见的是，在 2007 年 5 月的伪造护照审判之前，警方、皇家检控署、特别部门和军情五处扣留了这些证据，直到 2007 年 10 月 19 日，也就是我遭定罪大约五个月后，才向辩方披露这个内幕。

梅兰妮·斯潘顿的备忘录，也使军情五处编号 9460 官员的证词漏洞百出，因为当将该名编号 9460 官员的证词，与特别部门的安德鲁·布雷的证词交叉引用时，便可看出真伪，在此仅截取我提供的爱尔兰恐怖主义的信息：

"我通知了我的安全部门我与布兰查德先生会面的事宜，根据他提供的名字，他们要求我再次与布兰查德先生交谈。"

然而，军情五处编号 9460 官员的证词与布雷的版本截然不同：

"安全部门被告知，布兰查德因涉嫌金融诈骗被捕，但他声称一直在为西班牙当局工作，打击**爱尔兰和伊斯兰恐怖分子**。"

军情五处官员于 2007 年 11 月 4 日（这是我们于 2004 年 7 月 16 日星期五，在约克希尔顿酒店会面的三年半后）提供的证词，在该会议期间，我向他们提供了我作为西班牙情报部门特工的确切证据，并提供了某些文件的副本。该证词没有包括任何实质性内容，即使该机构有足够的时间来全面调查，我向西班牙当局和军情五处，提供关于朗讯欺诈案和国民西敏寺银行骗局的情报。除此之外，还必须记住的是，军情五处已经有斯潘顿的备忘录，内容载明敌对者 — 达伦·斯特德曼提供的信息，即可证实我的情报的真伪。鉴于情报的严重性，任何称职的警察或军情五处特工，肯定都会联系西班牙当局以核实我的故事。

编号 9040 的官员阐述：

"安全部门之前没有与布兰查德先生打过交道，之前也完全不知情，布兰查德先生声称一直在为西班牙当局工作的说法。"

换言之，在马德里爆炸案发生前约 4 个月和伦敦七七爆炸案前 18 个月，西班牙情报部门并未向军情五处告知，一名疑似基地组织的恐怖分子，将资金从英国汇到西班牙的信息。令人难以置信的是，军情五处没有与西班牙当局核实情报，在他们提供的证词中也没有提到这一点，更没有提到我的说法是否得到证实或否认。

在撰写这篇证词的当天（即 2007 年 11 月 4 日），军情五处已经获得了达伦·斯特德曼提供的信息（2005 年 3 月 30 日） — 该信息与我的情报是分开独立的。还必须记住的是，托马斯·坎宁这个名字是一个"活生生的问题"，也是安德鲁·布雷寻求对我进行第二次讯问，以获取更多细节的唯一原因，当时他说：

"我通知了我的安全部门我与布兰查德先生会面的事宜,根据他提供的名字,他们要求我**再次与布兰查德先生交谈**。"

军情五处官员并未提及我于 2004 年 7 月 21 日再次联系布雷的事宜,并将一份备忘录传真给他,其中包含托马斯·坎宁的全部详细信息,以及他与阿林和斯特德曼的关联,也没有提及我于隔天再度传真更多材料的事宜,其中包含汗与其他位于布拉德福德、利兹和杜斯伯里的可疑恐怖分子相关的详细信息,杜斯伯里即是伦敦七七爆炸案的恐怖分子的家园*(涉案的人名有穆罕默德·西迪克·汗和沙扎德·坦维尔)*。更有趣的是,布雷在我与他进行的两次讯问中所写的笔记(很巧合地)遗失了,**还有他确认已转发给军情五处的特工报告传真也同样遗失了**。

在英国,警察会在他们的证词上做出微小的差异,以显示这些证词是真实的,这是正常的做法。但是,在涉及国家安全的情况下,在涉及无辜受害者生命的情况下,不能或不该容忍任何错误。我们的安全部门精心策划了这些所谓的错误,以防止公众知晓真相,并借鉴西班牙前首相何塞·玛丽亚·阿斯纳尔在任八年的情况,他忠诚的政府官员团队,销毁并删除了所有可能暴露他自己和西班牙安全部门无能的电脑记录。

西班牙和英国之间缺乏情报共享,也体现在另一项事件上,即我在 2004 年 7 月 1 日,在马德里与多恩·杰西·涅托·罗德纳斯会面时,向他提供的信息。因此,西班牙情报部门早在马德里和伦敦恐怖袭击案发生前,已经获得汗与这些需为恐怖攻击负责的恐怖分子的情报,并且军情五处早在伦敦七七爆炸案大约 12 个月前,在这些恐怖分子摧毁我们的首都伤害无辜受害者时,便已获得汗与这些相关人士的情报。此外,为了确保我的报告永远不见天日,两个情报机构都将它们深深埋葬,让他们自己能免于尴尬窘境。

* * * * *

于 2011 年 1 月,维达尔发现西班牙当局已于 2010 年 12 月 21 日发出传票,要求我于 2011 年 2 月 15 日上午 10 点 30 分到马德里的法院出庭,以便为针对穆罕默德·德巴的案件提供证词。然而处理此事宜的英国内政部却拒绝允许我出庭,理由是我仍然受假释条件的约束。维达尔代表我出庭,他被告知由于我缺席,因此诉讼程序已暂停。

法庭上还有穆罕默德·德巴和他的 17 名同伙以及他们的律师,因此法庭挤满了人。穆罕默德向维达尔打招呼,并说他很高兴我没有出庭。也没有对我怀有恶意并祝我好运(我根本不相信他说的话)。

维达尔坚持向西班牙法院询问此事,并于 2011 年 5 月 9 日去到法院,并与他认识的一名法院的工作人员交谈。该名工作人员告诉他,法院确实于 2008 年 9 月 11 日对援助申请做出了答复,并且该回函已发送至"谢菲尔德法院"。这位工作人员让维达尔查看了长达十页被标记为"**高度机密**"并贴上"机密"字样的回函。然而,就在他开始阅读文件时,一名警察拦截了该份文件并将他驱离法院。

这是一个重大的发展,也引发了不胜枚举的问题。内政部是否隐瞒了西班牙的回应,毕竟劳勒法官代表我处理我的申请,这也是我对面临的指控所提出的辩护,虽然回函是在我认罪之后才送到的,但该援助申请可用来作为对我的定罪提出上诉的依据,并且与我的没收程序的事项有关。究竟该回函是有利于我的还是不利于我的回复?

在任何一种情况下,我都有合法权利被告知,并有机会对我同意或不同意的任何事项做出回应,换句话说,如果西班牙的回应是否定的,并且情报官员否认我担任他们的特工,他们会在 2004 年 5 月做出否认的答复,那么我可以重新提交一份修改后的申请,我提供的证据将可使他们难以在法庭上反驳。维达尔还建议我也可以提出一份正式投诉,指控西班牙情报部门的两名督察员妨碍司法公正。

维达尔向西班牙法院提出了五十多份申请，请求他们提供一份副本。但每次都被驳回。向劳勒法官询问此事，但他否认他曾经收到或看到过该回函。整个2011年，依据《犯罪所得法》对我提起的诉讼程序，进行了无数次的指示庭审，在每次庭审结束时，我的新出庭律师马修·劳森，都会询问法官是否有任何更新的消息，并敦促他继续向内政部寻求回应。

* * * * *

当海伦·林奇继续准备因《犯罪所得法》而对我提起诉讼程序的案子时，我要求查看宾曼斯律师事务所，转发给拉赫曼·拉维利的所有原始录音带和档案，结果却发现他们竟是如此的无能，材料中竟然遗失了大量录音带和无数的档案。起初宾曼斯坚称所有材料都已于2010年4月寄给拉赫曼·拉维利，但在查看了海伦的办公室签收档案的清单时，发现根本就没寄过来，我当下便知道他们遗失了我交给他们的许多档案。

宾曼斯坚持自己的立场，坚称他们已经转发了每一件物品。然而，在海伦于2011年10月20日造访位于伦敦的加尔默罗律师事务所（我现在的出庭律师和我的前初级律师胡兹拉·拉瓦特的办公室）的期间，她在拉瓦特的办公室里，发现了大部分遗失的录音带。当她于2011年10月31日再次造访该办公室时，她还在拉瓦特女士的办公室里发现了20多个档案，其中包括我之前的法律团队宾曼斯，阅读过标有"西班牙情报"的特殊文件，这些文件本是可以摧毁整个控方指控我的案件，因为那是我在2004年5月17日（我与他们的最后一次会议），向西班牙情报部门提供的最新特工报告，**报告中提到未来伦敦七七爆炸案其中的两名自杀炸弹客：穆罕默德·西迪克·汗和沙扎德·坦维尔。**当我的辩护理由可以毋庸置疑地证明，我在伦敦七七爆炸案发生的前一年，便提供了这些情报时，控方却还是对我提起诉讼程序进行审判，本是不可思议的举动。除此之外，军情五处无法否认收到了我的报告，因为安德鲁·布雷在他自己于2007年5月10日撰写的证词中证实，他确实将我的报告交给了安全部门。

布雷在他的证词中说道"布兰查德将一些详细资料传真给我，要求我转交给安全部门。*他有传真过来，我把这些详细资料转交了出去。*"日后海伦于2012年3月14日发给裘德·兰钦的电子邮件中，海伦总结了相关问题：

> *"我必须说考虑到这些材料对布兰查德先生案件的重要性，我发现胡兹拉在这件事上有点疏失（疏失 — 缺乏谨慎小心和对其职责的用心关注），我已直接向高级文书处理员提出了这一点。"*

以及：

> *"其中有一些是原始文件，如果我没去办公室，这些文件可能还留在那里没被发现。"*

他们竟然完全不知道这些重要的材料被存放在拉瓦特女士的办公室里。后来我为此向宾曼斯提出投诉，他们对不知情他们拥有如此大量材料的解释是，我最初的初级律师吉莉安·巴茨，将录音带直接寄给拉瓦特女士，所以才会留在她的办公室里 — 但他们也未去检查，直到2011年10月31日才被海伦·林奇发现。然而，事实上拉瓦特从未告诉宾曼斯，她收到了那些证明她如此无能的母带和档案。宾曼斯处理我的投诉的一位高级律师约翰·哈尔福德 (John Halford) 先生，在2011年11月16日的一封信中写道（截取相关部分如下）：

> *"如你所知，当拉赫曼·拉维利在2010年4月，从我们手中接手此案时，他们指派了一位也在加尔默罗律师事务所工作的新初级出庭律师阿伦·罗林。胡兹拉·拉瓦特要求她的文书处理员将案件的文件搬到到罗林先生的办公室，他们也确实这么做了。"*
>
> *"然而，就在这次搬运的过程中，文书处理员们不知何故忽略了那个袋子和装满录音带的箱子，才会因此留在了拉瓦特女士的办公室里。罗林先生没*

有向她索取任何录音带，也不知道并未提供给罗林先生所有与您案件有关的材料。当我们向她进一步询问这件事时，录音带还在在她的办公室里，因此我们立即交给了罗林先生。"

"拉瓦特女士已经确认，在我们接手此案后，当她接受我们的指示时，她办公室里的录音带是直接从吉尔·巴茨（吉莉安·巴茨的昵称）那里收到的。我们从未向她提供过任何录音带。"

对他们自己一连串错误的解释，是多么乱无章法且可悲至极。所以按照他们的说法，问题出在于文书处理员没有把文件搬到罗林先生的办公室，若真是如此，如果拉瓦特女士不知道这些材料还存放在她的办公室里，那么罗林先生又怎么会要求文书处理员去搬那些材料（海伦·林奇在大约 18 个月后才发现这些材料，而不是宾曼斯进一步询问过后发现的）。如果罗林先生真不知道，拉瓦特女士将录音带和材料存放在她的办公室里，他怎么可能向拉瓦特女士索取这些录音带和材料。如果拉瓦特女士要求她的文书处理员搬走这些材料，那么这意味着她知道这些材料的存在，但却从未向裘德·兰钦或宾曼斯的任何其他人提及这一点，也从未检查过这些材料与我所面临指控的相关性。海伦·林奇说她在拉瓦特女士的办公室里找到了 20 多个遗失的文件，因此，拉瓦特女士根本就不可能曾要求过她的文书处理员，将案件的文件搬到罗林先生的办公室。

这意味着从 2007 年 11 月（宾德曼斯接手我的案子起）到 2011 年 10 月 31 日（4 年的期间），他们从未将这些大量的证据考虑进我的辩护理由内。真真切切有不计其数的个人涉及我的案件，我与他们之间共有数百小时的电话录音对话，但我的任何法律代表，却从未将这些对话抄写下来或听取过这些对话。

在我检查了失而复得的材料和录音带之后，仍然遗失了不计其数的录音带和文件。在海伦于 2012 年 3 月 14 日寄给裘德·兰钦的电子邮件中，她列出了其他仍然遗失的档案，包括另一个西班牙情报档案，其中包含我在与穆尼奥斯和埃斯特班开会后，所做的所有"潦草"和手写笔记，以及我记录在马拉加警察局亲身经历的原始笔记。

从这件事衍生出的问题是我需要这些证物，因为我要求在我的没收程序庭审上，呈上这些档案（包含过去六年内）作为我的辩方证物。2003 年我在曼彻斯特刑事法庭的伪证审判上，法官道格拉斯·布朗先生注意到了我一丝不苟地保存文件的仔细程度，他还特别提到了我做潦草笔记的习惯，这些潦草笔记当时有作为证物使用。

宾德曼的解释是：

> "最有可能的解释是，当时巴茨女士不慎未将穆罕默德·德巴的剩余录音带交给拉瓦特女士，而这些录音带仍然在巴茨女士的办公室或家中。"

这些遗失的档案和录音带直到今天依旧没找到。正确的程序应该是哈里森·邦迪公司将所有案件文档直接转发给宾德曼斯，这样就可以将它们转交给负责案件的出庭律师，并以作为证据为由记录下来。发现材料丢失这件事令人难过的部分在于，在我认罪之前，宾德曼斯已经掌握了这些材料。这点让我相当恼怒，但我必须专注在我目前因《犯罪所得法》对我提起的诉讼程序，我才能击败控方。

* * * * *

2012 年 2 月有消息证实了我对巴尔塔萨·加尔松法官腐败的指控，即他因下令非法窃听该国执政党 — 人民党 — 的腐败审判案而被定罪，并且在西班牙最高法院由七名法官组成的小组，宣布禁止他不得担任法官长达 11 年之久，扎扎实实地结束了他的职业生涯。

当 1998 年加尔松下令，逮捕人在伦敦的前智利独裁者奥古斯托·皮诺切特 (Augusto Pinochet) 时声名鹊起，此后一直寻求公众的助益，以提升他作为世界上最令人畏惧的法官声誉。他推翻了政府、关闭了报社并逮捕了知名罪犯，所有这些都是为了引起公众的注意，以助长他过过自大狂的瘾。

对我来说这是个好消息，因为这表明他会为了符合他自己的计划，而竭尽全力将其他人冠上莫须有的罪名，比如他在 2001 年伪造我的承诺书，并在 2007 年把我列为德巴的共同被告。我很高兴他的职业生涯最终以身败名裂收场，整个名誉扫地。我妈妈相信因果报应，也许她是对的，善有善报、恶有恶报，不是不报，时候未到。

由于我为没收程序而提出的辩护理由，控方提出应在对可用金额（我的可变现资产），进行任何评估之前，先确定犯罪所得收益的金额，但劳勒法官不同意这么做，并指示应采取适当的措施，来确定我的可变现资产。他的决定是基于我的业务量如此庞大，将导致先确定所得金额会过于复杂、耗时且可能毫无意义，不仅如此，他称皇家检控署所提出的建议是错误的、没有必要的，而且对公费和法庭时间造成重大的负担。

控方声称我是所有由我注册成立的离岸公司的最终受益所有人，这将使我的犯罪所得收益审判，成为英国法院有史以来最复杂的案件。因此，法官将我的审判日安排在 2012 年 8 月 14 日并由他审理，并将其审判称为"财产审判"。但是，在该审判的庭审进行之前，他指示先进行一次试验性审判，只包含一家英格努克投资有限公司 (Inglenook Investments Limited)，并在谢菲尔德刑事法院由贝伦斯 (Behrens) 法官审理。这种"试验性审判"最终将会引导诉讼程序的方向，并为辩方带来有利的结果。

英格努克投资有限公司的所有者叫做安德鲁·莫尔登 (Andrew Moulden)，他是一名吉普赛人，住在布拉德福德市，离桑尼·弗莱彻的居住地不远。我在伯利兹创建了他的公司以避免遗产税，安德鲁用该公司以 25 万英镑的价格购买了他的房产 — 惠尼·希尔农场 (Whinney Hill Croft)。资产追回小组的财务部门绘制了一张图表，显示了资金从我的多个银行账户，汇到用于购买该房产的律师的客户账户，因此在此基础上，他们得出的结论是我拥有该房产，因此依据《犯罪所得法》，该房产属于我的可变现资产。

辩方的案件简单明了，因为莫尔登公司的档案隐藏在我的秘密资料库中，该档案将驳斥控方的每一项指控。安德鲁来自一个典型的吉普赛家庭，他们大多都是以现金的方式进行金钱交易，并将现金存放在床底下。当他的父亲出售他拥有的房产，并将获得的现金交给安德鲁时，便开始了资金的转移，他提着装满 25 万英镑现金的一个旧购物袋，来到我位于约克的办公室，然后我将现金存入戴菊莺的客户，位于马恩岛的汇丰银行的账户。

控方的案件取决于约翰·科克拉姆 (John Cockeram) 刑事侦缉警长的证据，虽然他展示了他精美的流程图，但被我保存在戴菊莺公司档案的秘密会计记录，反驳得溃不成军。当然，科克拉姆并不知道这些秘密文件的存在，最终脸上一阵尴尬丢尽颜面，因为该会计记录与购买房产的银行现金条目相匹配。安德鲁提供的证据证实了我的证据，我展示了一份信托声明，证实英格努克投资有限公司拥有该房产，并且安德鲁才是最终受益所有人。2012 年 7 月 20 日，贝伦斯法官做出有利于辩方的判决。

"保罗·布兰查德保存的英格努克公司的账本，确实为 25 万英镑的支付提供了重要佐证。"

"安德鲁·莫尔登被视为一个品格良好的人。在这笔交易之前，保罗·布兰查德并不认识他，没有证据表明他们之间有任何后续交易。如果这笔交易是保罗·布兰查德的洗钱活动，安德鲁·莫尔登不是此类活动最有可能的合作伙伴。"

莫尔登案的判决对控方来说是个坏消息，因为劳勒或任何其他法官，在评估控方指控我拥有其他财产的证据时，很可能会采用相同的原则，因为信托声明包含在那些秘密公司档案里，详细说明了每家公司的真正最终受益所有人是谁。

莫尔登案的审判于 2012 年 7 月中旬结束，有人建议在开始进行代价高昂的审判之前，尝试与控方谈判达成协议，但伦敦那些负责给于指示却不露面的检察官们有其他想法，并敦促在该实验性审判之后，进行下一次的财产审判。一方面我对这两项审判表示欢迎，因为皇家检控署将必须传唤西班牙的那些叛徒，出庭作证对我的证据提出异议，而且我想可以从审判结果中，得到很多帮助我上诉的优势。另一方面，我可以与控方达成协议，放下依据《犯罪所得法》对我提起诉讼的案子，继续我的生活并重新赚钱。

与此同时，海伦准备了一份强有力的辩护，她和她的团队将胡兹拉·拉瓦特办公室里发现的录音带做成了誊本，以及准备了无数可摧毁控方案件的证物。原则上已达成协议，审判将于 8 月 14 日开始，劳勒法官在前一天召开了庭审，因为他有话想告诉案件的各方。

> "正如各方所知，我很失望地得知梅恩斯先生已收到进行全面庭审的指示，我收到该信息后，便立即通知各方并表达该观点。我看了梅恩斯先生于 8 月 1 日所做的笔记，没有提到做出该决定的理由。如果有需要，但我希望不会如此，我会请负责人在这里协助我做决定和推理论证。"

> "我想明确表示，我在这件事上尚未得出明确的结论，如果被迫进行庭审，并将根据证据判决 — 我必须说的是虽然我可能是错的，在审判过程中有可能会出现更多有利辩方的证据。然而，我必须说据我目前所读的，皇家检控署最好重新考虑他们的立场。"

> "先生们，这就是我召开这次庭审的原因，我希望会有明智的做法出现。"

用普通白话的语言来说，法官说他已经阅读了辩方的陈述，他将根据证据来对此案件做出判决。此外，他惊讶地得知梅恩斯先生已收到进行全面庭审的指示，因为在他看来，控方的案件理由薄弱（他们会输），以至于他会邀请伦敦的这些检察官们到他的法庭，来听取他们的决定和推理论证。但是，法官清楚地认为，如果案件进入审判，那么可能会出现**更多有利于辩方的证据**。

正是这些最后的评论触及了案件的核心，并让辩方有机会将我与西班牙情报部门关系的各方各面，都包括在我的辩护理由内，因为法官认为伦敦这些检察官们没有阅读过这些文件，如果他们有 — 他们很可能会得出不同的结论。

很明显劳勒法官决心我双方能够达成协议，因为他知道进行审判会使我们的安全部门成为笑柄，而且如果军情五处根据我提供的情报采取行动，伦敦七七爆炸案可能可以避免。

在接下来的几天里，皇家检控署的出庭律师和资产追回小组的成员，以及我由马修·劳森和海伦领导的法律团队，达成了一项适合各方的协议。皇家律师起草了协议之后，我脸上挂着微笑在虚线上签名，并且相信已经完成该协议，但几个月后问题却一个接着一个不断涌现出来，然后 2014 年 8 月 — 两年后 — 海伦离开了拉赫曼·拉维利律师事务所，就在她离开后的几周之内，这笔协议就陷入了一场混战，协议遭废弃，我们又回到了原点。

2014 年 10 月 28 日，在谢菲尔德皇家法院举行的指示庭审上，劳勒法官大发雷霆，并让在场人员知道他的意愿。他要求所有各方在 2015 年 1 月 31 日之前解决问题，但在尝试达成新协议的过程中，便因遇到第一个障碍而未能于期限内解决问题。劳勒随后安排于 2015 年 3 月 9 日举行另一次指示庭审，因此他将新的审判日期定为 2015 年 10 月 26 日。然而，在夏天过了约一半时 (2015 年 6 月 26 日)，他向各方发送了一封电子邮件，内容如下：

> "我一直在思考刑事法院是否为财产没收审判的合适地点，我认为该法院是合适的地点，并希望和期待控方和辩方能达成协议并且维持该协议。然

而，众所周知，这些议题非常的复杂，而且就像我认为如莫尔登案的议题一样，超出了我的专业能力范围。因此，我正在认真考虑将此事移交给利兹高等法院裁决，而所得收益审判依旧由我来审理。"

劳勒法官将案件移交利兹的决定，遭到了控方的反对，控方希望由他审理，因此将这件事拖到了2015年12月21日举行另一场庭审，但是，法官已经下定决心，将案件移交给也在谢菲尔德刑事法院任职的加根 (Gargan) 法官他在处理复杂的财产和民事事务方面，具有相当专业的知识。

随着双方协议的失败加上审判的日期已经预定，向西班牙请求援助的申请，重新回到了诉讼程序的议程上。海伦离开拉赫曼·拉维利律师事务所后，我的案子由迈克尔·基奇 (Michael Keech) 事务律师接手，然后当他离开时，我的案件便由斯科特·特纳－珀西 (Scott Turner-Percy) 接手。

与此同时，我的高级出庭律师马修·劳森因个人原因辞职，而我的初级出庭律师由同样来自加尔默罗律师事务所的乔·辛斯顿 (Joe Hingston) 接替，结果证明他的加入对团队来说是一笔巨大的财富。

斯科特不停对内政部和劳勒法官进行疲劳轰炸，一再要求对最初向西班牙请求援助的申请做出回应。然而，却在2016年1月20日，辩方不知道发生了另一件，妈妈常说的意料之外发生的事情，西班牙法院的回应已直接发送给谢菲尔德刑事法院的劳勒法官，但劳勒法官没有向辩方提供副本，而是将其发送给伦敦警方，他表明他期望他们就是否可以向辩方披露全部或部分内容一事征求意见。该诉讼理由揭示劳勒无视他自己的法庭裁决（为了展现他对国家的忠诚），该申请其中的内容写道：

"这项请求是代表被告就他即将进行的审判提出的，*所寻求的材料对他的辩护具有重大的意义。在被告为当事方的情形下，此诉讼程序的任何其他方（包括国家或任何机构、当局、军方和警力或与国家相关的个人）均不得因该请求而获得任何信息、材料或披露（也不能得知提出此请求一事）。*"

皇家检控署将西班牙的回应一事保密，任何有助于辩方的信息，便在那个时候被完美妥善并彻彻底底地掩埋了。

*****

第三十七章

遇上基思·伍德、山姆·斯坦御用大律师及伊米·杨野

2016年2月4日，乔·辛斯顿根据法官裁定符合"例外条件"的西班牙情报和军情五处议题，向加根法官申请御用大律师代表我出庭辩护。

与此同时，我努力寻找一位事务律师和出庭律师来处理我的上诉案件，我最终找到了来自伦敦的一间名为刘易斯·内达斯律师事务所（Lewis Nedas Law）的基思·伍德，和与基思合作处理许多案件的山姆·斯坦御用大律师。山姆说我们需要的是我与西班牙当局关系的证据，这些证据可能会在我的犯罪所得审判期间浮现出来，因为控方会传唤警员们对我的证据提出异议。

在法庭上，他们会从各个角度全面否决我提出的辩护理由，甚至包括我拨打和接听的电话。然而，就像我的伪证审判一样，我们所拥有的录音带，会使得整个审判呈现全然不同的结果，所以我们决定等着看事情如何发展，在采取进一步行动提出任何上诉之前，先为我的犯罪所得没收案件做准备。有了国家资助御用大律师的经费，我立即任命山姆·斯坦御用大律师为我的犯罪所得没收程序的法律团队的负责人。

后来皇家检控署提交了一份修订后的"犯罪所得没收详情"，详细说明我从犯罪中所获得的受益为6,413,972,73英镑，并想要用这笔款项满足他们欲索取的金额。在进一步的指示庭审结束以及我与法律团队开过会议之后，我于2016年5月22日就控方对我的指控提出辩护，其中包括我否认我从375,000英镑的骗局中受益：

> "被告为西班牙情报部门工作，尽管他先前认罪，但被告否认他曾从这些犯罪交易中受益。被告声称曾为西班牙情报部门工作，并且有相当大量的材料支持他的说法，其中包括与相关西班牙官员的对话录音。"

依据《犯罪所得法》，你不会因为你承认有罪包括犯罪所得收益在内（裘德·兰钦的想法是错误的，她只是自私地想保护她自己而已），而遭禁止对任何皇家检控署的指控提出异议。在2009年7月上诉法院审理的一起毒品案件 — 女皇 — 诉 — 纳格斯（Knaggs）的案例，三位法官裁定：

> *"依据法律，即便被告已经针对该项指控认罪，但仍不被禁止在财产没收庭审上质疑控方的证据。"*

整个2016年的夏天，举行了更多的会议和庭审，导致审判日期延后改为2016年12月5日，预计该审判将持续三周，并在12月23日正好赶上在圣诞节前结束。在我的辩护全面准备就绪后，妈妈口中说的意料之外发生的事情在2016年11月2日发生了，因此这件事改变了案件的发展方向，在提出请求西班牙当局援助申请的大约八年后，皇家检控署终于向辩方递交他们从西班牙当局收到的回函副本。

该回函的日期为2008年6月20日（皇家检控署于2015年8月3日递交给辩方），该回函列出了一些议题，但这些议题在经过分析后是毫无道理的。继续否认我曾是他们的特工，说我试图通过声称我与他们合作来减轻我的刑事责任。然后该回函还阐述了不计其数的错误事实，包括：

第(3)段：

"关于（布兰查德）声称打电话给西班牙情报当局一事，我们在此确认本警察总部情报单位 (Information General Police Headquarters) 查无这些记录。"
　第 (4) 段：
　　　"没有记录显示本警察总部情报单位，曾打过任何电话给布兰查德先生。"
　　（他们的那些否认，尽管我的通话记录详细说明了，我曾打过 72 通电话给西班牙情报单位的电话号码，其中 32 通电话是为了自我保护而录音下来的。此外，电话交谈的录音誊本，详载穆尼奥斯和埃斯特班打来的电话内容。）
　　该回函还提到我提供约翰·阿林，与北爱尔兰恐怖分子有关联的情报，以及被称为"伯明翰帮派 (Birmingham Group)"的伊斯兰恐怖分子，及其与基地组织有关联的情报。
　　补充道：
　　　"他（布兰查德）试图利用我们的关系向他提供保护。"
　　"他们指的关系是什么关系？"考虑到他们的特工否认曾经接听或打电话给我，或否认曾与我开会交换有价值的情报，提出这个问题会是一个合理的做法。该回函对辩方而言无疑是一剂炸药，不过起码这些问题，可以包括在对我目前的定罪提出上诉的理由中。
　　这是可以预见的，他们当然会否认我曾经是他们的特工或与他们合作过，然而，一位新的西班牙检察官佩德罗·马丁内斯·托里霍斯 (Pedro Martinez Torrijos) 别有心机，要求我再次作为德巴案的嫌疑人接受讯问，并回答一长串这些不仅会使德巴和他的团伙，连带我也一起遭定罪的问题。他的请求是经由西班牙国家法院检察官办公室经手 — 日期为 2013 年 4 月 2 日。
　　第一个映入我脑海的想法是，那些西班牙混蛋是一群该死的白痴。光想到要求我为他们做事情来促进他们的意图，更不用说为他们出庭作证来证明穆罕默德·德巴有罪。整整有十年的时间我的资产遭冻结，在监狱里度过了三年多的时间，承受着难以言喻的压力，并且由于他们的腐败而导致我在监狱中心脏病发作。我损失了数百万英镑，失去了生活、财产和事业，而我所需要的，只是他们的一通电话确认或承认我曾是他们的特工。
　　当我冷静下来后，我明白向西班牙当局提出的这个请求，对我的案件产生了非常严重的影响。这意味着即便十五年后，他们仍然想要监禁穆罕默德和他的团伙，但这也包括我在内，所以即使我被认为我是受保护的控方证人亦是如此，所以我绝对不会乖乖与他们合作。该回函还充斥着不实和虚假的事实，旨在为拥有无能的情报人员为自己的立场找藉口开脱。这就是所谓情报机构做的事情 — 发布错误信息以分散对真相的注意力。
　　拉赫曼·拉维利律师事务所的斯科特律师继续疲劳轰炸内政部，并收到日期为 2015 年 8 月 3 日，西班牙当局所撰写的第二次回复（辩方于 2016 年 11 月 2 日收到此回复），这次的回复与第一次的相似，但内容在提及通电话的主题时有重新措辞。该回复在第二页说道：
　　　(3)"关于声称打给西班牙情报当局的电话，我们可以在此郑重确认，这个情报总局没有这些事件的正式记录。"
　　　(4)"本情报总局没有官方记录显示，本单位的人员曾打电话给布兰查德先生。"
　　那些西班牙人渣又再一次妨碍司法公正，导致事情继续拖延下去。后来发现原定在 2016 年 12 月 5 日的犯罪所得审判是一场误会，尽管所有相关人士都预计在提赛德 (Teesside) 刑事法院进行三周的审判，但却发现那天只是列为指示庭审而已，所以我们都离开了法庭，必须等到法官做出下一个决定。
　　2016 年圣诞节和新年霎来即去，当我们在等待法院的下一个庭审的日期时，西班牙却有进一步的发展。于 2017 年 4 月 13 日，北约克郡警方的两名警员来找我，要求我（作为被告）正式回答一长串佩德罗·马丁内斯·托里霍斯，于 2013 年 4 月 2 日提出的问题。我告知官员我无意回答任何问题，他们可以转告西班牙当局，我永远不会与他们合作指控穆罕默德·德巴。

2017 年 4 月 27 日，当我收到斯科特的如下电子邮件时，我便再次更换负责我案件的律师：

敬爱的保罗

如您所知，我将离开拉赫曼·拉维利律师事务所。

考虑到您案件的过往历史背景和自我接任以来取得的进展，我原是希望在我离开之前结束您的案子，但很遗憾而今我未能如愿。我相信您不会因此而埋怨我，并且截至目前为止，您对我处理您的案件感到满意。据我所知，保拉·贝瑞（Paula Berry）将接手负责处理您的案件。与此同时，我们想在我离开前的最后一天与您安排一次会议，由于未能在原定的 2017 年 6 月 19 日举行会议，因此将会议改为 2017 年 5 月 12 日。

我诚挚的祝福您。

* * * * *

随着我的犯罪所得收益案件的拖延，费尔南多和他的腐败西班牙官员团队，致力于要我出庭作证针对德巴和他的团伙 — 如此一来我将"自证其罪"。在山姆·斯坦御用大律师申请将国家的经费资助令成功转到他名下后，我再次将财产没收案件的律师从拉赫曼·拉维利律师事务所，更换为基思·伍德任职的刘易斯·内达斯律师事务所。乔·辛斯顿原本对我的团队来说是一笔巨大的资产，但他离开了并由伊米·杨野（与山姆·斯坦御用大律师来自同一间律事务所）接手。

2017 年 12 月双方商定了一项新的犯罪所得协议，控方、法院和辩方均接受，因此任何新的审判均被取消。控方同意放弃所有针对我拥有任何"隐藏资产"的指控，这意味着我将必须出售足够的资产以便支付 1,026,887.45 英镑作为和解金，以解决控方原本要求的 6,413,972.73 英镑，审理日期定为 2018 年 9 月 17 日，仅在以下条件符合的情况下我才会同意这笔交易：

"在听取控方律师和被告律师陈述的情况下。"
"并且当各方要求法院将本案的文件依据《2002 年犯罪所得法》处理所提出的申请时，**必须不损害被告就相关定罪提出任何上诉的理由。**"

换句话说，我与控方达成协议，不会阻挠我对最近的所有定罪提出上诉，我对达到成功的结果充满信心。然而，我新生出的信心很快就会烟消云散，我将面临我一生中最大的"意料之外发生的事情" — 西班牙当局要求将我引渡到西班牙，成为穆罕默德·德巴及其同伙的共同被告，并与他们一同出庭受审。

这将是我有史以来最大的一场战斗，因为这意味着我同时对抗英国和西班牙权威机构。每个人都会保护自己的利益为自己开脱，以避免因没有根据我的情报采取行动而被追究责任，原本可以避免马德里爆炸案和伦敦七七爆炸案的暴行。这些可怕的卑鄙家伙们腐败得令人难以想象，不过，最终西班牙提出引渡我的请求将会"适得其反"，并为我与英国权威机构的五十年抗争画下了最终的句点。

* * * * *

2018 年 2 月穆罕默德·德巴终于实现了他的计划，出版了他的生平故事以及他与约翰·帕尔默的关系内情。这本书包括与他被捕有关的事件，和于 2001 年 11 月突然地位跌落谷底的始末。穆罕默德一如既往地将责任推卸给所有其他的人，不对他的行为承担任何责任，并否认与西班牙当局指控的无数罪名有任何关系。

他声称加尔松法官是根据可疑信息采取行动的，特别是关于他与恐怖组织真主党和阿迈勒有往来的指控。他的生平自传根本就是一派胡言，这本书旨在抹去他以前真实角色的污名 —— 曾是黎巴嫩黑手党的头目和彻头彻尾不实商人的真面目。

他的说法包括指控军情五处为西班牙当局准备了一份关于他与约翰·帕尔默往来的档案，而且令人难以置信的是，摩洛哥情报局的官员，会向他通风报信最新消息并随时为他提供保护。他继续玩弄他的"假"共济会会员资格，声称他与来自中东的政治人物是同一个共济会分会的会员，并且他在那个分会被授予共济会大师的身份。他确实承认与俄罗斯商人有往来，并且之前与一位俄罗斯裔公民共同拥有一架客机。他将自己比喻成好撒玛利亚人，他说他现在是几位非洲总统的顾问，好比是没有大使馆的大使一样。这本书真的是一份"向西班牙司法系统竖起中指"的文件，好似这本书在说："如果你胆敢，就起诉我啊"。

* * * * *

第三十八章

欧洲逮捕令

2018 年 5 月 2 日下午 12 点 47 分

我正在家里吃午饭，等着下午 1 点钟的新闻开始播放，但却没机会观看。此时公寓对讲机响起，我去接听后一名警察用"布兰查德先生"向我打招呼，他说他有逮捕我的令状。我打开门，发现英国广播公司摄影组跟在这些警察后面并拍摄画面。负责人解释说，他们是根据西班牙当局签发的欧洲逮捕令逮捕我的，然后告知我，他们欲将我拘留在约克警察局一晚，第二天将被带到伦敦威斯敏斯特地方法院出庭。

抵达约克警察局后，他们允许我打电话给基思·伍德，他说他会到场并指示一名出庭律师代表我出庭申请保释。他们也允许我打电话给吉尔和我的女儿莎拉，他们第二天早上都会前往法庭参加引渡庭审。

在法庭上能读懂一些西班牙语的法官说，引渡令似乎是依据一堆杂乱无章的指控，似乎没有任何道理。当被问及我是否同意被引渡时，我回答不同意。法官获准我的保释申请，但附加条件非常严格，我的女儿莎拉必须向法院缴交 5 万英镑的保释金，但起码法官获准了我的保释申请。然而，当莎拉汇这笔保释金时，法庭办公室已经下班，我必须在旺兹沃思 (Wandsworth) 监狱度过一个晚上直到第二天晚上 8 点，等到监狱终于得到法院已收到 5 万英镑保释金的确认为止。

在我获释几天后，基思·伍德拿到了欧洲逮捕令的英文译本，这个令状将针对我的指控说得极尽冠冕堂皇。

该令状说我是组织的一员并善用"典型黑手党技巧"，威胁和胁迫由黑手党头目穆罕默德·德巴操作的金融欺诈的受害者。我还被任命为财务顾问和洗钱计划的操作者，以及担任将德巴的钱汇到避税天堂的财务专家。该令状称该组织的发展始于约翰·帕尔默，据称他是 1983 年盗窃价值 2,200 万英镑的布林克斯－马特 3,500 公斤金条的策划者，随后穆罕默德·德巴成为他的二把手和执行者。

西班牙想引渡我是一件非常严肃的事情，比我生命中的任何其他事件都严重。逮捕令称西班牙法院寻求将我监禁 15 年，因为他们将我列为德巴及其同伙的共同被告且一并遭起诉。我虽然有一个铁证如山的辩护理由，但根据我过去的刑事诉讼经验，我知道警察和法院是如何运用肮脏卑鄙的手段，尤其是西班牙警察，他们的意图在此次引渡请求的指控中一目了然。

起初我由本·库珀 (Ben Cooper) 出庭律师代表，除了缴纳 5 万保释金之外，他同意让我戴上电子追踪器，宵禁时间为每天早上 7 点 30 分到 9 点 30 分之间，并在每周一和周五晚上 6 点到 8 点之间到约克警察局签到。那些保释条件是我遇到过最严厉的条件。在进一步的保释庭审上，库珀同意将宵禁时间更改为凌晨 1 点到凌晨 3 点，这意味着尽管我服用了药物帮助我入睡，警察会在这段时间叫醒我。导致我跟他关系破裂的最后一根稻草是我与他的第一次会议。我已向基思·伍德提供了一份长达 151 页"确凿证据"的证词，库珀在与我开会之前甚至都没有阅读过。当他在位于道蒂街 (Doughty Street) 的办公室接待处见我们时，他要求事先与基思私下交谈，仅这一行为就意味着他将被我从我的法律团队中开除。

* * * * *

第三十九章

遇上乔治·赫本－斯科特和马克·萨默斯御用大法律师

我着手寻找一位出庭律师来代表我，并最终于 2018 年 7 月 27 日在伦敦与乔治·赫本－斯科特见面。在见面之前我已通过电子邮件向他发送了我的案件大纲，仅在我们开会的几分钟内，我就知道他是代表我的合适辩护人选。我将他的联系方式以电子邮件的方式发给了基思·伍德，在基思与乔治交谈后，他们均同意他是这份工作的最佳人选。

接下来，基思和我着手撰写我的证词，共长达 55 页并含有 2,000 个附录。辩方的卷宗包括我与穆尼奥斯和埃斯特班打交道的方方面面，包括来自莎拉·希尔和维达尔的证词，及用于证实我的证据的传真和电子邮件副本，以及数千份文件和会计记录及财产没收程序的辩护副本，在劳勒法官看来 — 这些证据摧毁了西班牙法院提出的指控。

最有说服力的证据当然是穆尼奥斯、埃斯特班和我之间的录音誊本。证词详细说明了穆尼奥斯和埃斯特班如何要求我"监视"伊斯兰恐怖分子、爱尔兰共和军、俄罗斯黑手党和其他来自欧洲各地的黑帮分子，并丝毫不在乎我的安全。我不得不以一种有悖常理的方式承认，我期待着与这两个腐败至极的西班牙特工一起上法庭，如此一来，才能有助于将来对我的定罪提出上诉。随着案件的进展，他们的回函只不过是挖一个洞让自己跳而已，因为他们根本没有将维达尔在马德里高等法院提出的陈述考虑在内，由于他提出的这些陈述，使得高等法院于 2009 年 12 月 22 日撤销对我的起诉。后来他们声称他们已经没有我与加尔松法官联系的记录，并重申我从未打电话给他们，他们也从未打电话给我。

* * * * *

在马德里一定有人一直在监视我的案件发展，并向英国报社周日人物报 (The Sunday People)，通报西班牙提出的引渡请求，导致一名记者于 2019 年 8 月 30 日找上家门口，对吉尔说想要采访我。这显然已是公开的消息，所以我同意接受采访，因此该报社于 2019 年 9 月 16 日刊登了一篇新闻报道，标题为：

通缉令
西班牙警察追捕涉嫌参与"由金手指的前手下"，经营超过 6 千万英镑之分时度假骗局的英国祖父

该报道对我而言是有利的，报道指出我声称秘密为西班牙情报部门打击恐怖活动。报道还刊登了德巴、约翰·帕尔默、肯尼·诺伊和我的照片，并引用别处的言论如下：

"西班牙当局声称他们从未打电话给我，我也从未打电话给他们。"
"我保存了 30 多个与他们通电话的电话录音。"

"布兰查德甚至说，在基地组织于 2004 年在马德里轰炸火车造成 191 人死亡的数个月之前，他曾向他们透露了一个由英国资助的恐怖网络。"

"如果西班牙根据这些情报采取行动，那些暴行可能永远不会发生。"

乔治·赫本－斯科特向报社提供了一份新闻稿，不过报社并未全文引用。对我来说，他的表现十分出色，也证明了他对我的案子充满信心。在我与出庭律师打交道的这些年里，在事情于公开法庭审理之前，从来没有人愿意如此公开地支持我的案子。他提供给报社的新闻稿阐明如下：

"布兰查德先生已被西班牙当局出卖了。他冒着相当大的个人风险提供了大量丰富的信息，一位名誉扫地的西班牙高级法官现已被除名，他操纵司法体系并诱骗布兰查德先生作为控方证人，使其真心诚意向他们提供证据，但后来却起诉他，这无疑是一个迫使他出庭提供进一步证据的手段。"

"正是出于这个原因，该起诉书随后被西班牙高等法院驳回，但西班牙当局似乎再次试图使用此相同的证据，来支持这个非比寻常的引渡申请。根据来自多个可靠来源的证据显示，布兰查德先生确实是一名秘密卧底的情报人员，他不仅向西班牙情报部门，也向军情五处提供了有价值的信息，其中包含与国家安全有关的情报。坦率地说，令人惊讶的是，英国和西班牙当局似乎很乐意让所有这一切，在这个国家的公开法庭上演，即便有可能会造成他们的尴尬和窘境。我们将会竭尽全力地强烈抗辩，这个引渡要求是对法院程序的公然滥用。"

隔天即 2018 年 9 月 17 日星期一，在提赛德刑事法庭举行了财产没收庭审，由加根巡回法官审理，他对我下达了 1,026,887.45 英镑的没收令，作为控方针对我的案件最终达成协议的金额。控方由山姆·梅因思和他的下属亚当·皮尔森 (Adam Pearson) 代表，而我的辩护团队是由基思·伍德和我的初级出庭律师伊米·杨野组成，我必须说基思和伊米，在完成我的财产没收案的过程中，均表现得均相当出色。

那次庭审便画下了财产没收程序的句点，但只有在我出售资产以支付法官命令的金额时，才能确切完成，而这需要六个月的时间。在庭审上法官评论说，我的犯罪所得收益案件，是英国法律史上最长的案件，并且基于其复杂性，需要花上 10 多年的时间才能解决此案。

2018 年 9 月 19 日星期三，《约克邮报 (York Press)》在头版发表了一篇新闻报道，详细说明了财产没收令的详情，其标题为：

法官下令骗子支付一百多万英镑的金额

两天后即 2018 年 9 月 21 日星期五，《约克邮报》在头版发表了另一篇新闻报道，详细说明了西班牙提出引渡我的请求，其标题为：

骗子决心要对抗西班牙的逮捕令

＊＊＊＊＊＊

随着我的引渡诉讼程序的进行，双方开始交换材料以支持他们的案件。西班牙提交的一份文件提到了马德里高等法院的判决，该判决对我有利，并将我从德巴的起诉书中删除，内容如下：

"根据 2009 年 12 月 22 日的命令，高等法院刑事庭维持上诉并撤销起诉书，他的法律代表和律师告知他此事。"

(意思是法院将我从控告德巴的案件中删除)

他们欲引渡我的企图真是可悲，无视上诉理由和法院详尽判决的相关问题，这些当然有损引渡请求的基础。简单来说，我已经不被列为被告，因此应该获得受保护证人的身份。

他们不将上诉理由和法院判决考虑在内，显现出这些西班牙人耍卑鄙无耻的手段。他们真的认为我们会接受他们的陈述，而不会要求法院依据证据判决证明我的清白吗？他们简直是在侮辱我和我的法律团队的情报。为了获得这份材料，我研究并找到了一位名叫杰米·坎帕纳（Jaime Campaner）的西班牙律师，他是一位备受尊敬的律师，以专家证人的身份加入我的团队。

由于涉及英国和西班牙安全服务的案件性质严重，乔治·赫本－斯科特认为该案件需要聘用御用大律师，因此提出聘用御用大律师的申请并获得了批准，由我的国家资助令支付御用大律师以及杰米·坎帕纳的服务。乔治推荐了马克·萨默斯御用大律师，他是法律界有名的"引渡案先生"，我在2018年11月23日与他见面的第一次会议上便很欣赏他。

在这次会议上，萨默斯先生解释了他对我最近（先前）定罪的认罪问题，并要求我解释为什么我认罪。他说我们可利用"滥用诉讼程序"的论点为辩方案件的核心，以便将我的全部证词和证物呈上法庭。

我向他解释了一连串的经过，告诉他不仅是裘德·兰钦，而是我的整个法律团队都错失相关文件。我解释说我已经向警方提供了这些文件，但我的出庭律师塞尔瓦·拉马萨米说不可能如我所言，否则警方会将它们列为证物，但他们没有这样做，因此我当时相信警察已经销毁了这些文件，我以为自己当时必须与控方认罪协商，而且是我整个法律团队给我的建议。然后我告诉他，在我认罪后我才发现了这些文件，拉马萨米也承认他"遗漏了"这些文件。我向萨默斯先生解释道，另一个决定性因素是加尔松法官，起诉我并将我列为西班牙德巴案的共同被告。

我甚至说我能理解那是什么情况，但宾曼斯从未考虑过支持我辩护理由的堆积如山的证据，尽管我以前的律师已将证据转交给他们。我可以看出萨默斯先生脸上的反应（好像在说真是令人难以置信），所以我提供了海伦·林奇的电子邮件，其中详细说明了于2011年10月，她是如何发现数百个电话录音的录音带，和存放在加尔默罗律师事务所内，胡兹拉·拉瓦特办公室的20多个文件 — 这是在我认罪的三年后才发现的。

我告诉萨默斯先生，处理遗失的录音带和文件问题的宾曼斯律师约翰·哈尔福德先生坚称，在我更换法律代表时，所有材料都已转发给拉赫曼·拉维利。我说这点证实了两件事：(1) 他们犯下疏失的过错，未能记下我所有案例文件存放在那里的记录，所以他们不知道确实有这份材料的存在；(2) 毋庸置疑的是，他们从未阅读或考量过那些辩护文件，或者去听我的任何录音带，所以他们在不知道我的辩护理由具有真正优势的情况下建议我认罪。"在我对整个认罪的经过了解后，"萨默先生说，"我有信心我们可以使用'滥用诉讼程序'作为我们辩护的论点。"

＊＊＊＊＊

为了确定审判日期，于是安排下一次案件管理庭审在2019年6月3日举行，因此在我的辩护团队给西班牙法院的巨大压力下，他们终于披露了数千份文件，以支持他们的引渡案件。当我分析这些文件时，我才明白我们自己的情报部门为了符合他们自己的规划安排，在保护和协助其他外国机构时是多么险恶。

在数千份文件中，有一份"布洛菲尔德强奸传单"，这张传单衍生出了两个问题：第一点：西班牙当局是如何获得传单的副本（需要向法院申请公共利益豁免 — 不得在任何法律程序中披露）。第二点：该传单与西班牙的引渡请求有什么关系？

2011年6月7日我向拉赫曼·拉维利，提供了我的第一份"西班牙证据"和附录的副本，这些是我为我的财产没收程序准备的，其中包括之前的特工报告、传真和备忘录。然而，西班牙当局故意披露我之前的特工报告以误导法院，但殊不知海伦·林奇在**2011年10月31日**，已经找到我的20多个文件，其中包括我于**2004年5月17日**交给穆尼奥斯关于穆罕默德·汗的最新报告，其中提到伦敦七七爆炸案的两名自杀炸弹客：

（保罗）："我把所有与（马拉加）事件有关的东西都带过来了。"

以基本常识便可得知，我在 **2004 年 5 月 17 日**提供的报告，是关于马拉加事件的更新报告，因为在我于 **2004 年 4 月 30 日**检查了约翰·阿林的文件和手机数据后，才发现这些议题的。

也有证据显示军情五处和警察在玩卑鄙肮脏的手段，不公开我提供的任何情报，并将我的报告与劳勒法官自动批准的公共利益豁免申请，一起永远掩埋起来。

杰米·坎帕纳提供了一份专家证人报告，这无疑是一个重磅炸弹，揭露了一位曾经被认为是地球上最令人生畏和维护人权的法官的腐败 — 这个人即是巴尔塔萨·加尔松法官。虽然该报告没有提到穆尼奥斯和埃斯特班，但他们在整个非法过程中都在场，并且与加尔松一样犯有妨碍司法公正的罪行（截取相关部分如下）。

加尔松的非法行为：

> "布兰查德先生在国家高等法院第五号调查法官面前提供的证据，是法官在不正当的情况下获得的。法官没有扮演保障基本自由的角色，而是像个调查法官。在我看来，正如我如下的解释，表现出滥用诉讼程序的行为。根据西班牙法律，使用在法官非法行为下不当提供的证据，来合理化对布兰查德先生的指控，是不为法律接受的。"

该份报告阐述我的权利受到了侵犯，加尔松视为我为证人，这意味着不得公开我的任何证词，也不得要求我公然出庭出示文件。该报告接着阐述，大部分的诉讼程序都是在我不知情的情形下进行的，而且证据是非法获得的。该报告中的其他部分一针见血：

> "像调查法官那样行事的法律后果在《司法组织法 (Organic Judiciary Law)》第 11 条第 1 节中有所规定，其中规定通过直接或间接侵犯基本权利获得的证据，是不为法律接受的。因此在布兰查德先生的案件中，他以证人的身份所提供的每一份证词，以及他在调查过程中提供的所有证据，都是不为法律接受的（所谓的直接非法证据），因此这些证据不得被考虑在内。此外，不仅他的证词和提交的文件是非法的，且不得在诉讼程序中使用；由这些非法证据引起的所有调查和行动，都具有因果关系和法律关系，因此也必须一同视为非法（所谓的间接非法证据）。即使这些调查或行动看似合法，但由于其是通过侵犯基本权利而获得的证据，而两者之间存在上述之因果关系，因此必须予以驳回。"

> "总而言之，在一个尊重基本权利和合法性的民主国家，调查法官加尔松先生的行为，是不为法律接受的。辩护权受西班牙宪法保障，不得因法官或刑事调查的利益而受到限制。这种手法是中世纪西班牙执行调查的典型做法，过去嫌疑人不被告知任何有关指控的信息，并被要求说出真相以使他自证其罪。"

> "此外，我方要求附上西班牙高等国家法院，于 2009 年 12 月 22 日撤销起诉布兰查德先生的裁决副本，以及西班牙最高法院裁决加尔松法官行为不当，并取消其 11 年法官的出庭审理资格。"

专家证人报告显示，加尔松法官、穆尼奥斯和埃斯特班，在我与他们打交道的过程中利用及滥用我。早在 2008 年，裘德·兰钦曾说过我接下来会指控西班牙当局腐败，是的，没错，正是如此。当他们在 2004 年拒绝确认我的身份时，我就已经知道他们有多腐败。

当我作口供时穆尼奥斯和埃斯特班在场，并将我带到加尔松的办公室，并且当我在没有律师和口译员陪同的情况下签署承诺书时，穆尼奥斯和埃斯特班也在场。他们俩身为高级警察 / 情报人员，理应对法律程序相当了解，但他们反而一抓到机会就违反规则，因此这三个人都会在他们自己的地盘上，在众目睽睽下承受其后果。在为我的审判腾出数日后，最终，我的案件有了一个确定的日期，将于2019年12月3日、4日和5日，在威斯敏斯特地方法院由谭·伊克拉姆 (Tan Ikram) 法官审理。

我的法律团队开始完成最后的工作，其中包括传唤莎拉·希尔和维达尔出庭作证，然而后来发现，将不会传唤穆尼奥斯和埃斯特班支持西班牙对我的引渡请求 — 我在想究竟是什么原因？

* * * * *

在审判之前，马克·萨默斯御用大律师向法院提交了一份"争议陈述 (Statement of Issues)"，我对此进行了部分总结，以表明我的辩护理由和西班牙在诉讼程序上的腐败行为：

* * * * *

布兰查德先生是一位专业会计师，正是他曝光他客户犯下的 (现在臭名昭著的) 欺诈行为。是他通知了西班牙警方；是他提供了证明德巴及其同伙罪行的文件材料；他是当时针对德巴案件的主要控方证人。

2001年7月布兰查德先生以控方证人的身份就此事提供了证词。在接下来的两年里，尽管对自己有风险，他仍积极与西班牙调查人员合作，包括协助西班牙建立针对德巴及其同伙的案件。警察为他提供保护。

事实上，布兰查德先生与他们的合关系作扩大了范围。他与德巴合作的性质、程度和价值，使得他在2003年被要求协助西班牙警方和调查法官，渗透其他犯罪活动和其他在西班牙活动的英国犯罪集团，而他也同意接受这项要求。他成为参与调查行动的国家卧底特工。他的代号是"*伊莎贝拉*"。

2004年3月布兰查德先生卧底的身份遭揭穿，西班牙当局将此归咎于他。因而关系恶化，布兰查德先生惨遭他们遗弃。

布兰查德先生随后因参与其他事务而在英国被捕。尽管特别部门和军情五处已向西班牙当局汇报，但西班牙当局还是不诚实以对，坚决否认了他的特工身份。

由于西班牙人抛弃了他，布兰查德先生在2006年和2007年期间，就他遭受的待遇直接向西班牙法官 (巴尔塔萨·加尔松) 提出投诉。布兰查德先生还在英国法院追究了这个问题，因此英国法院还通过司法互助，要求加尔松法官就此问题做出答复。英国法院发出的司法互助请求 (荣誉法官劳勒对西班牙申请"司法互助")，该请求已于2007年11月5日由加尔松法官亲自接收。

然而加尔松法官的反应是全然不诚实的。为了维持西班牙的 (虚假) 否认，加尔松法官立即将布兰查德先生的身份从控方证人改为被告，并于2007年12月29日 (公然非法) 将他列为德巴起诉书的共同被告。

2009年12月西班牙上诉法院迅速撤销了该起诉书。西班牙法院裁定，加尔松法官有义务在对布兰查德先生合法地进行"拟出人意料地改变 ...... 将诉讼程序中担任证人者 ...... 转为被告"前，将布兰查德先生的陈述列入考量。然而他从来没有这么做，该起诉书仍维持撤销的状态。

起诉书遭撤销后，加尔松法官本人因与此事无关的"*司法推诿 (judicial prevarication)*"指控而被停职 — 利用法官职权蓄意颠覆司法程序（2012 年遭定罪并被吊销法官资格长达 11 年之久）。

回到英国后，布兰查德先生希望在英国法庭上证明他与西班牙当局的合作身份/清白，然而加尔松法官的不诚实否认阻碍了这一点。吊诡的是，布兰查德先生提供给他的律师可证明真相的材料（包括电话录音）遭错放 — 被当时代表他的律师放错地方。他手无寸铁毫无反击能力，不被相信，结果在英国遭判刑入狱。

自 2010 年他获释以来，这些文件已被发现（在律师的办公室里），这些文件证实了布兰查德先生所说的，关于他为西班牙政府和代表西班牙政府，从事卧底工作的所有内容。

然而，在 2018 年 2 月情况发生了变化。自 2009 年以来一直处于停滞状态和遭遗忘的德巴案，在德巴出版了一本关于这些事务的书时被重新点燃。这显然引起了西班牙司法体系的轩然大波，因而在几天后发布此欧洲逮捕令，然后布兰查德先生于 2018 年 5 月，因此逮捕令而立即被捕（警方邀请英国广播公司摄影组拍摄他的逮捕行动）。

布兰查德先生被迫再次为自己辩护，那些原本遗失的文件（包括秘密录下的对话），现在全上交给本法庭。

* * * * *

在阅读这些问题时，谭法官应该能无可质疑地看出西班牙的请求是恶意的申请，应该在审判的第一天就将申请拒之门外。呈上法庭的这些录音带巩固了我的说法，我是西班牙打击恐怖主义的秘密特工。萨默斯先生表示，在不损害任何进一步议题的情况下，他将邀请法院根据以下情况下令释放我：

- **滥用诉讼程序**：辩方最重要的理由是，由于上述概述的事项，这属于恶意起诉和引渡。它旨在不诚实地惩罚（*并促进隐瞒*）身为国家卧底特工的控方证人。策划此事的法官本人因不诚实作为而被取消法官资格。

尚有其他几个"滥用诉讼程序"的论点，但仅这一点就概括了我的整个辩护理由。这件事是非黑白分明。当然，任何重视此事的法官都会明白其中的重要含义。逮捕我纯粹是为了*隐瞒我身为国家卧底特工的身份*。

任何一年级的法学院学生都会懂得立即驳回西班牙的要求。此案件是否在法官损害我的辩护之前已变得清晰明了？

我们已经安排莎拉·希尔和维达尔，在周二晚上晚些时候抵达盖特威克机场，维达尔会在周三早上出庭作证，然后在当天晚些时候返回马德里。计划让莎拉在周三下午出庭作证，并安排在周四上午做结案陈词。我已经要求吉尔和我的女儿莎拉不要出席，所以只有小保罗坐在法庭的后面，有许多记者在做笔记，准备报道当天的诉讼程序。

* * * * *

第四十章

由荣誉法官伊克拉姆审理我的引渡案

2019 年 12 月 3 日 4 日 5 日

审判已定为于 2019 年 12 月 3 日星期二开始为期三天,但是在听取任何证据或陈述之前,伊克拉姆法官通知在场的所有人,他星期四下午不会出庭,因此将审判缩短到两天半。鉴于我们要求他考虑大量证据以拒绝西班牙引渡我的请求,我当时就知道他的立场是不利于辩方的。实际上,在地方法院任职的法官几乎总是做出有利于控方的裁决。随着审判的进行,他的指导对辩方的论点不利,并且完全忽略了西班牙的引渡请求,是基于官员腐败而提出的恶意申请,还有他们告诉劳勒法官的谎言,旨在掩盖他们自己的无能以及我是他们安全部门的秘密特工的事实。

2019 年 12 月 3 日星期二,第一天:

在第一天早上律师做完陈述后,轮到我出庭作证了。萨默斯先生引领我讲述我的证词内容,在此期间我详细说明了我是如何与德巴建立关系的,以及我与加尔松法官、穆尼奥斯和埃斯特班打交道的过往。所有以录音带录下的相关对话,都复制到光盘上并呈上法庭作为证物,所以每次我提到一段特定的对话时,都可以在法庭上播放录音带以证实我提供的证词。

庭上一遍又一遍地播放录音,以显现出西班牙对我安全的关注。埃斯特班说:*"为了保护你","你必须和另一个同事待在一起,(并且)为了能够一直保障你的安全。"* 穆尼奥斯说:*"我想和你秘密商谈这一切……如果你需要什么……你打电话给我……你的安全对我们来说非常重要。"* 穆尼奥斯表示,他将与特内里费岛的警察局长,讨论为我提供 *"特殊保护"*。穆尼奥斯说他想和我谈谈,*"因为我们还有其他关于穆罕默德(德巴)的信息,并且我想确定你的安全。"*

在庭上强调了我渗入"朗讯盗窃团伙"的事件,于是播放了相关录音,埃斯特班说:*"也许我们必须设置另一种更安全、更有保障的通信方式,我们会处理好……我们现在必须格外谨慎小心。"* 我能感觉到法官对我的证据不感兴趣,即使在庭审后,我依旧因为身为西班牙安全部门的秘密特工,而将自己置于风险之中。

接下来讲述马拉加警察局的事情,我如何检查了阿林的文件和手机,这些文件和手机显示了穆罕默德·汗与穆罕默德·西迪克·汗和沙扎德·坦维尔的关联,他们后来是犯下于 2005 年 7 月 7 日发生的伦敦七七地铁爆炸案的凶手。接着讲述当我从马拉加回到家后,我与穆尼奥斯的那段谈话,我们播放了那段录音内容,他指示我*"不要与其他人谈论我们的事情……关于穆罕默德或恐怖主义,"* 我向法庭解释说,这是*"一个不要与任何人包括马拉加的警察,谈论恐怖主义的指示。"*

接下来是我于 2004 年 5 月 17 日,在马德里与穆尼奥斯和埃斯特班的最后一次会面的细节,由于我不再相信他们会告知军情五处我的卧底特工身份,所以我录下了对话内容。穆尼奥斯说:*"不,不,不,'不可能'……最后,我们会……不……,'但不会尽快发生'……'我们与你合作,但他们(军情五处)什么都不知道'……"我们*

可以让他们知道你是控方针对穆罕默德（德巴）的证人'……如果［英国］警察怀疑我们的关系……那么我们会暂时不再联络。"我告诉法庭，在马德里爆炸案发生前几个月，我已经提供了资金被汇到马德里资助恐怖主义的情报，在播放录音带时，你可以听到我说"*只有我们三个人知道这一点*"，埃斯特班回答说"*我知道*"。

中午休庭后，我继续阐述我的证据，说明为什么我对朗讯欺诈案和国民西敏寺银行诈骗案认罪，那是由于我以前的律师（宾曼斯律师事务所）和出庭律师的疏失所造成的。我解释我当时别无选择：*"其实律师们有我的录音带，但他们不知道他们有这些录音带。当我更换律师时，初级出庭律师（吉尔·巴茨）将他们交给了新的初级律师（胡兹拉·拉瓦特）。新的初级律师没有告诉我的律师（宾曼斯律师事务所），录音带在他们那里，我的律师团队认为，我没有录音带来证明我所说的一切。我在2008年收到的建议是 — 我别无选择，只能认罪。我一直跟他们说我是西班牙特工的事情，但他们一定认为我是精神病，所以他们建议我认罪。"*

在对我进行交叉诘问时，来自西班牙的斯腾伯格（Sternberg）先生，似乎对我以前的事务律师和出庭律师犯下的疏失表示同情，并问如果事情真是如此，为何我不寻求对我的定罪提出上诉。很明显的是他说我以前的初级律师（胡兹拉·拉瓦特）疏失大意，并问我为什么没有向出庭律师委员会举报她。我回答说我会在适当的时候，对她和我以前的律师们提出投诉，并对我的所有定罪提出上诉。我说我还没有这样做的原因，是因为自2006年被捕以来，我的所有资产都被冻结了，直到2019年10月4日（仅8周前）才解冻。除了询问我是否明白，就指控我的罪行，是由西班牙法院来裁定有罪或无罪之外，他并没有质疑我任何一个证词或证据。为了巩固我并未提早上诉的理由，基思·伍德在第二天早上出庭作证。

2019年12月4日星期三，第二天：

那天早上 —《报社 (The Press)》— 我居住地的一家报社 — 发表了一篇头条新闻：
欺诈犯在法庭上对抗引渡申请
欺诈犯为西班牙情报部门工作

在出庭律师完成对我的盘问后，基思被叫到证人席。他解释在我改为聘用他的事务所后，他是如何在财产没收程序中代表我的。他说该诉讼程序持续了13年，并于2018年12月19日，在利兹刑事法庭达成和解。他解释我的资产直到2019年10月4日才被解冻，基思说他将来会与我讨论上诉的事宜。之前不上诉的决定，纯粹是财务的因素。

在他出庭之前我没有和维达尔谈过话，因为他那天早上，很早就到达了盖特威克机场，并且他到达法庭时，刚好我正在证人席上作证。他到证人席上作证时，由于他不会说英语，因此在法庭指定的口译员协助下作证。当我们的目光相遇时，他给了我一个微笑，点点头，好像在说"我在这里支持你，别担心"。宣誓后，萨默斯先生开始询问，他是如何成为我的西班牙律师，然后带他按照时间先后顺序，叙述我与加尔松、穆尼奥斯和埃斯特班打交道的经过。

他解释道西班牙警方通过西班牙法律协会，请他来协助我制作证词，*"布兰查德先生是'作为证人'而不是'作为被告'提供证词，对警方而言，布兰查德先生是一位证人而不是被告，也是他们告知我的说法，他从来没有被认为是被告。"如果他是的话，他当下就会在那里遭到警方的逮捕。"*

维达尔回忆说当穆尼奥斯在2001年7月17日，将我介绍给胡安·科蒂诺先生（当时的西班牙警察总局局长）时，*"科蒂诺先生（与布兰查德先生）握手，并说他的安全对西班牙当局来说是最重要的，"*维达尔当时也在场。穆尼奥斯督察员说*"向布兰查德先生保证，他将被归类为"受保护的证人"。*维达尔还证实，我在没有他的情况下，出庭确认我的证词，并以书面形式承诺出庭，以控方证人身份出庭作证针对德巴*"这是对布兰查德先生证词的确认，这表明他以证人身份将文件交给警方。""当时我没有陪同他在场。如果他遭警方指控，那么我会到场，我会被要求出席。事实上，没有要求我到场，这就说明布兰查德先生是（证人）。这就足以表明他是本案的证人，而不是被告。"

维达尔利用一切机会攻击西班牙司法系统的信誉，由于他用西班牙语作证，因此口译员在开始翻译他所说的内容之前会有些延误。你可以感觉到这让法官感到些许不耐，他多次打断维达尔，并说法庭是否需要了解所有关于事件的细节。

维达尔说西班牙利用和滥用我的方式令人发指，并违反西班牙法律，他的说法进一步激怒了原本就对维达尔有些不耐的法官，并对他说"只要回答问题，是或否。"显而易见的是，他已经驳回了此法律议题 — 一群腐败的西班牙官员提出恶意的引渡请求，他们一心想妨碍司法公正以符合自己的利益。

维达尔完成证词后离开证人席，向我伸出手，脸上挂着微笑，我们握手时他对我说：
"保罗，你会没事的，他们处处违法。"
"我知道，他们确实处处违法，维达尔，非常感谢你能来，我真的很感激。"
"不会的，别这么说，这是我的职责。如果你需要我，我会再来的。"
"再次感谢你，维达尔，我对你的家人献上最诚挚的祝福。"

我当时完全不知道，那将是我们最后一次交谈或见面，因为隔年新冠肺炎肆虐马德里，我相识20年的老朋友也是我的律师，于2020年4月离世。维达尔毫不迟疑地出庭谴责西班牙的司法体系，他不仅是一位卓越杰出的律师，而且还是一位温暖而诚实的人，能够认识他是我的荣幸。

莎拉在证人席上讲述，她从八岁起就住在特内里费岛，能说一口流利的西班牙语。她确认她从2000年到2006年这段期间，一直是我的私人助理，并负责我在特内里费岛和马贝拉的两间西班牙办公室。她对德巴的可疑活动均知情，因为她翻译了我提交给马德里警方和法院的所有文件。她告诉法庭，德巴**"不是一个好人，我会把他描述为黑手党的一份子。他在特内里费岛腐败贪污警察的协助下，从事洗钱和欺诈的活动。"** 莎拉随后描述，当特内里费岛的警察局长告诉我：**"如果我是你，我现在就离开这个岛，"** 她也在场。

莎拉能够确认我与穆尼奥斯和埃斯特班之间所有来往的经历，以及维达尔与加尔松法官和马德里法院其他官员会面的事宜，包括我与国家警察局副局长杰西·涅托的会面，他表面上似乎支持我案件的，但从未回应维达尔的书面请求。

我呈上不胜其数的备忘录作为证据使用，莎拉将这些备忘录翻译成西班牙语，她从中念出检察官告知维达尔的那部份对话，(a) 布兰查德先生应该**"保持低调"**，直到他到西班牙法庭作证为止，否则**"他的下场将可能是自掘坟墓"** (b) **"他在西班牙是受到'保护'的"**，(c) **"已经通知英国警方他的身份"**，(d) **"西班牙检察官认为，布兰查德先生就其提供的服务已获得应得的报酬，"** 并且，(e) **"他为西班牙国家所做的工作并未结束，只是'冷却暂缓'。"**

莎拉在法庭上说，她曾见过穆尼奥斯和埃斯特班，**"我多次在不同时候，均和他们通过电话。我已将文件发送给他们，并也将文件传真给他们。我也已经与穆尼奥斯先生，确认过文件上的电话号码（西班牙电话号码 — 在我的联系人名单上），我传给穆尼奥斯的文件是以西班牙文所写。我在布兰查德先生的帮助下用英语写下来，接下来将其翻译成西班牙文再传真出去，然后打电话跟进。我和穆尼奥斯的交流比较多⋯⋯ 我与穆尼奥斯和埃斯特班两人交流。"**

莎拉多次重申，在传真给穆尼奥斯文件后，她都会跟进此事，打电话给他确认他已收到传真。然后萨默斯先生询问她，我在特内里费岛得到警察保护的事宜，这是莎拉与穆尼奥斯共同安排的。**"我和穆尼奥斯谈过这次特内里费岛之行。穆尼奥斯先生表示同意保护他的安危，并要我联系特内里费岛的国家警察局局长特里尼帝(Trinityio) 先生。我联系了他并安排见面，我与他见面时，向他详细说明布兰查德先生计划什么时候会过来这里。当布兰查德先生来的时候，两个警察和我们在一起，**

他们是便衣武装的国家警察。布兰查德先生必须在那里处理他的年终账目,他在女儿的陪伴下,我们一起前往目的地,我们有两名警察随侍在侧(保护我们)。"

当莎拉结束她的证词时,我已经对谭法官失去了所有的信心,他似乎很激动,因为我的辩护理由是西班牙当局已经如此腐败不堪。如果谭法官在那个阶段对我的辩护感到不快,那么当轮到坎帕纳博士出庭作证时,他阐述他于 2019 年 5 月提交给我律师的报告,谭法官的意见应该会改变。

他对西班牙的情况再清楚不过了。在他报告的第二段中,坎帕纳博士说道:"布兰查德先生在国家高等法院第五号调查法官〔加尔松法官〕面前提供的证据,*是他们以不正当的手段获得的。*

"加尔松法官不是扮演基本自由保障者的角色,而是表现得像个调查官一样。在我看来......存在滥用诉讼程序的现象,根据西班牙法律,**使用在法官非法行动过程中不当获得的证据,来作为正当理由对布兰查德先生提出指控**,是不可被法院接受的。"

哇!简直是一杆进洞,精彩绝伦!

坎帕纳博士仅用一段足以构成伤害的段落,像是驾驶一辆大货车横扫西班牙的法律论点,和加尔松法官的"非法"行为。更重要的是,坎帕纳的评论证实了,我之前被告知但从未公开披露过的一些事情。在我联系西班牙情报部门的特工之前,他们的特工已经窃听穆罕默德·德巴的电话长达几个月之久。因此,他们无意中听到了德巴的随行人员之间,在电话中交谈时提到了我的名字。

我从坎帕纳的报告中发现的重要一点是,在我与西班牙特工会面之前,他们就已经秘密地获取了我的财务记录 — 一份警方报告纯粹基于我与德巴的关系,甚至将我描述为"嫌疑人"。因此,在坎帕纳看来,在我走进他们的总部之前,我就已经正式被他们当作是嫌疑人,即使他们的特工无意将我当成嫌疑人对待。坎帕纳说,根据西班牙法律,应该从第一天起就告知我,他们把我当成"嫌疑人",但我不是。

自 2007 年加尔松法官背叛我以来,西班牙政府的论点是,当我在 2001 年首次提供我的证词时,我已经自证其罪,并且自我提供那些证词以来,我一直被怀疑是特内里费岛的黑手党成员。当然,我知道这不是真相。坎帕纳博士的报告表明,在我遇到任何情报人员之前,我就已经被列为嫌疑人 — 在这种情况下,加尔松法官在获取我的证据时所采取的行为,即构成非法行为。

根据坎帕纳教授的证据,如果我从 2001 年开始就被列为嫌疑人,应该立即告知我此事并告知我有权保持沉默,相反地,我等了 17 年才发现西班牙往前追溯,声称我一直是嫌疑人的身份。在那段时间里,我向他们的特工和加尔松,递交了数千份文件作为情报资产,并且他们告诉我,我是受保护的证人。

在坎帕纳看来,西班牙的案件受到**加尔松法官非法收集证据**的损害,西班牙的警察和司法机构,陷入了他们自己的谎言之网内。坎帕纳教授说道,即使英国将我引渡到马德里,我在德巴案中提供的证词,依法是不被任何西班牙法院接受的,因为它们是通过非法手段获得的。坎帕纳博士与马克·萨默斯御用大律师和伊克拉姆法官谈论他的法律意见。"证据已遭到污染,并且没有办法让时光倒流,"他总结道。这些证词不会是编出的,但我知道他的证词被置若罔闻。

2019 年 12 月 5 日,第三天:

总结:结案陈词

在斯腾伯格先生完成最后的结案陈词之后,轮到马克·萨默斯做辩方的结案陈词。他告诉法庭,按照西班牙法律,加尔松法官与我的所有往来过程,均属于非法行为,他说梅尔坎先生和坎帕纳先生证实了这一个事实,并解释说加尔松已于 2012 年 2 月 9 日被暂停司法活动,并遭取消法官资格长达 11 年之久。在考虑了布兰查德先生提出他是西班牙当局线人的辩方陈述后，劳勒法官建议警方"**重新考虑**"其在财产没收程序的立场。劳勒法官明确表示"**可能会出现更多对辩方有利的证据**"。

马克接着在庭上阐述西班牙向法院提交的事实，现已**证明是错误的**，他们以此作为引渡我的依据。排在首位的证据当然是"录音带"，它完全摧毁了西班牙人对劳勒法官的陈述 —— 即穆尼奥斯和埃斯特班从未与我通电话。仅此一项就应该说服谭法官，这是一个恶意的引渡要求，马克萨默斯告诉法官，如果他批准西班牙的引渡要求，我们将向上诉法院申请撤销他的判决。

由于双方提供了所有证据，法官决定择日再审以便考虑此案并做出判决，但在 2019 年 12 月时，适逢新冠肺炎大流行刚刚开始在全球蔓延，该病毒对我们所有人的生活带来毁灭性后果，我的引渡审判便结束了。莎拉·希尔回到特内里费岛，我们所能做的就是等待法官的判决。

2019 年 12 月 29 日，《星期日快报 (The Sunday Express)》刊登一篇新闻报道：
退休会计师的秘密过往，曾是臭名昭著黑帮的"财务专家"

在接下来的几个月里，我们在等待判决的同时，刊登了无数的新闻报道，包括：
《伯明翰邮报 (Birmingham Mail)》于 2020 年 2 月 5 日刊登：
遭定罪的欺诈者因声称他是警方的线人，而面临遭引渡到西班牙的命运
（西班牙）《橄榄报 (Olivepress)》于 2020 年 2 月 7 日刊登：
西班牙警方警告年老的英国外籍欺诈者："在被分时度假商人杀害之前，离开西班牙"
《法庭新闻 (Court News)》于 2020 年 4 月 3 日刊登：
黑帮会计对抗西班牙的引渡要求
《邮报 (Mail)》于 2020 年 4 月 3 日刊登：
73 岁的退休会计师，被指控参与由遭杀害的匪徒"金手指"约翰·帕尔默，经营的大规模分时度假骗局，对抗西班牙的引渡要求

英国受到新冠肺炎大流行的全面影响，始于 2020 年 3 月 23 日的全面封国令，不到一个月的时间，我最好的朋友亚历克斯于 4 月 12 日遭该病毒夺去生命。虽然他多年来一直患有潜在的健康问题，但这个消息仍然令人震惊，因为我们在 4 月 8 日下旬，还一直互发短信给彼此。当时我们正在计划录制一些歌曲，而他在四天前还是他平时快乐的样子，所以当我的电话在复活节的那个星期日响起时，来电者是西安·布拉登 – 希尔 (Sian Bladen-Hill：亚历克斯的妻子)，我当时以为他可能心脏病又发作了，但当我一听到她的声音时，我立马知道会是坏消息。

因为新冠肺炎的缘故，只有六个人可以参加他的葬礼，所以我无法向我一辈子的朋友做最后的告别，在我人生每次遇到困难时，他均自始至终支持我，为洗清我的罪名而奋斗。我现在是 The Cheavours 乐队的最后一位幸存的成员，但我相信当我们再次见面时，我们会再次重组我们的乐队。

一个接着一个的休庭，让人感觉像是永无止尽一样，最终伊克拉姆法官的决定，由迈克尔·斯诺 (Michael Snow) 法官于 2020 年 6 月 29 日在庭上宣判。由于新冠肺炎疫情的影响，所有各方都通过视频链接出席，法官似乎很高兴地告诉我，他的朋友伊克拉姆法官已下令批准西班牙的引渡要求，我有十天的时间提出上诉，否则我必须到约克警察局自首，以便让他们将我引渡到西班牙。马克·萨默斯向高等法院提出上诉，所以我们又回到了漫长的等待中，但这并没有阻止媒体对我案件的报道。

<u>2020 年 6 月 29 日，一系列已刊登的新闻报道：</u>

《英国广播公司新闻》：
保罗·布兰查德因欺诈案遭西班牙提出引渡要求，并输掉了此引渡战
《英国广播公司新闻》：
遭定罪的欺诈者保罗·布兰查德将被引渡到西班牙

《约克邮报》：
遭定罪的欺诈者保罗·布兰查德将被引渡到西班牙
《约克综合报 (Yorkmix)》：
遭定罪的约克欺诈者可能面临 15 年的西班牙监禁刑期
《约克郡邮报》：
来自约克 74 岁的年长男子，因涉嫌担任犯罪团伙顾问而在引渡战中获败
《艾塞克斯新闻调查 (Essexnewsandinvestigations)》：
特工代号伊莎贝拉 — 特殊案件的判决
2020 年 6 月 30 日
《艾塞克斯新闻调查》：
应引渡警察的线人 — 即提供约翰·帕尔默的前手下情报给警察的会计师

* * * * *

第四十一章

对引渡要求提出上诉

在高等法院
2021 年 5 月 20 日由辛吉大法官 (Sing) 和女法官斯坦因 (Steyn) 审理

  有不少于九个上诉的理由，最重要的理由是滥用诉讼程序论点。如果那个理由成功，那么其他理由自然会被淘汰。马克·萨默斯御用大律师是一位在法庭上能说善道的律师，他能将所有论点的陈述表达得淋漓尽致。然而，法官似乎更感兴趣的是颁发欧洲逮捕令的理由，而不是所有详细的证据，这些证据毋庸置疑地证实了辩方的论点 — 西班牙是恶意提起诉讼和引渡要求。

  这些书面理由阐明了西班牙的逮捕令，是建立在一系列谎言上的。证据是压倒性的，但我可以看出法官们对逮捕令内容的措辞更感兴趣，当你交叉比对我为每项涉嫌的罪行所需服的监狱刑期时，这是没有意义的。一方面，该逮捕令阐述"该逮捕令总共涉及一项罪行"，然后逐项列出了指控我的其他罪行。另一方面，逮捕令指出将判处我共 15 年的监禁刑期。然而，当计算每项罪行的总刑期时，总共有 23 年的监禁刑期。斯腾伯格先生尽最大努力解释这个异常差异，但辛吉大法官让他束手无策，以至于到最后他对逮捕令中详述的差异，提不出任何合理的解释。

  马克·萨默斯御用大律师和丹尼尔·斯腾伯格，各自对大量证据阐述了自己的看法，这导致法官在考虑呈上法庭的所有证据后，决定先休庭以便考量判决。

  当法庭决定休庭择日再审时，马克·萨默斯和乔治·赫本·斯科特，都认为逮捕令会因为存在根本缺陷而被撤销，我们将拭目以待。

  庭审结束后，在返回约克的火车上，我在谷歌上偶然看到了金融欺诈新闻的一篇新闻报道，上面写着"宾曼斯律师事务所的律师裘德·兰钦遭指控妨碍司法公正"。

  该篇新闻报道指出她为了帮前客户建立民事诉讼的官司，涉嫌通过呈上虚假证词和违反诉讼特权，以误导布里斯托尔郡法院，因而妨碍司法公正。哇，我想因果报应确实会干预现实情况，"善有善报，恶有恶报。"

  我必须承认我看到这篇报道时内心相当喜悦，脸上挂着灿烂的笑容。我虽然不知道指控的准确性与否，但注意到这篇新闻报导于 2021 年 1 月 30 日首次出现在谷歌上，这意味着宾曼斯或兰钦有几个月的时间来质疑准确性，并将该篇新闻报道撤掉。当然，光凭该报道本身并不意味着她有罪，但这对兰钦和宾德曼斯来说，是具有相当大的杀伤力，若是他们考虑到公司的声誉危在旦夕，他们为什么还不采取行动，我将饶有兴趣地观察进展。

*****

第四十二章

上诉法院的判决

赢得反对引渡要求的上诉官司
在高等法院
2021年由辛吉大法官和女法官斯坦因审理

  法官于2021年6月30日下达批准上诉的判决。根据第4点、第5点和第6点准许上诉，并允许根据这些点阐述的理由提出上诉。第4点、第5点、第6点的理由，阐述了欧洲逮捕令内容中的差异性。我虽然避免了引渡，但这只是一场空洞的胜利，我所希望的是法官会同意该逮捕令存在滥用诉讼程序的因素。

  辛吉大法官说道：《欧洲逮捕令》毫无条理并且其基于的理由存在缺陷。逮捕令声称只依据一项罪行，但实际上列出了五种甚至可能六种个别不同的罪行，即欺诈、洗钱、伪造和以欺诈手段使用信用卡、威胁和胁迫、妨碍司法公正和参与犯罪组织。他说理性的读者不可能知道引渡申请人所依据的罪行是什么，或是追究一项或多项罪行。

  他继续说道由于无法计算出欧洲逮捕令中，列出的最长15年刑期是如何计算出来的，使得这件事情更加复杂且令人困惑。欺诈罪的最高刑期为12年，但参与犯罪组织的最高刑期为五年。．

  他说道有证据表明布兰查德在接下来的三年里，与西班牙调查人员积极合作，布兰查德曾表示，他在2003年成为西班牙警方的国家卧底特工，向他们提供与其他案件有关的信息，但他表示他的卧底身份在2004年意外曝光。

  上诉申请人随后因其他刑事案件在英国被捕。此时他说他与特别部门和军情五处进行了交谈，但西班牙警方拒绝确认他的线人身份。此后，申请人称他不再配合西班牙的调查。

  当分析判决时，我很惊讶这两位高级法官竟然拒绝马克·萨默斯的意见，即根据第6条，西班牙的引渡要求不侵犯我获得公平审判的权利。为什么我不会在西班牙得到公平审判的重点，已在我上诉申请的第一个理由中明确列出，即滥用诉讼程序的论点。

  辛吉大法官说道，第一个理由——滥用诉讼程序的论点，已呈上大量材料给伊克拉姆法官（在威斯敏斯特地方法院），也再次呈上本法院。

  那么辛吉大法官有什么不明白的呢？任何普通人都会明白，我在西班牙不会得到公平的审判，这让我怀疑他是否阅读了所有文件，并听取了所有录音带中的对话。当然，我永远不会知道答案，但假设他有这么做了，关于西班牙从一开始在此诉讼程序中采取行动的方式，伊克拉姆法官究竟是对哪个方面不了解。

  杰米·坎帕纳的专家证人报告清楚地表明，西班牙仰赖我的证词为依据，是一个非常严重（和蓄意）的实质性和程序上的违规行为，并且对我造成的偏见是无法弥补的。加尔松法官自始至终的行为，遭谴责是不诚实作为，如果辛吉大法官听了录音带，他就知道穆尼奥斯和埃斯特塔不停地在撒谎，一个接着一个的谎言。伊克拉姆法官也知道西班牙法院的恶意表现，从未回答劳勒法官向西班牙申请援助时提出的任何问题。辛吉大法官表示，西班牙当局没有为我制造虚假的安全感。辛吉大法官所不明白的是，他们一次又一次地向我保证，我的安全对他们来说至关重要，因此他们多次向我提供武装保护。

辛吉大法官提到我在 2008 年对四项不诚实罪名认罪，并要求法庭将另外两项罪名考虑在内。再一次，他似乎没有阅读我呈上的共 55 页的证词，以及参考可证明我是在西班牙警方的要求下行事的证物，我对这些罪行认罪的唯一原因，纯粹是因为他们拒绝确认我身为国家卧底特工的角色。

我提出的证据完全是压倒性毋庸置疑的。辛吉大法官难道不明白，正是这两名会在西班牙法院的审判上出庭作证的警察，在回应劳勒法官的援助申请时，已经遭揭露为行事彻底腐败和不诚实。在我看来，批准的判决并没有合理处理任何"合理的读者"，都会立马掌握的滥用诉讼程序论点。我只能假设而这只是我的观点，"政治"干预了这种有悖常理的判决，因为我们的法院希望西班牙在引渡要求遭拒时做出回应。

以及辛吉大法官在分析西班牙证物时，对"布洛菲尔德强奸传单"的看法是什么？我敢打赌，他肯定是目瞪口呆。难道他不想知道为什么要将那个证物包括在内（是否有人走后门通电话呢？）。

我要求英国法院指控西班牙当局，从底层到上层均腐败不堪，或者我应该说，从执法机构成员到司法机构成员至前西班牙国王都同样腐败至极。至少辛吉大法官和女法官斯坦因废除了欧洲逮捕令，所以我起码为此感谢他们。

*****

在过去的三年里，我承受了一些非常糟糕负面的新闻报道，所以当《约克邮报》刊登了一些新闻报道时，帮助我在朋友和支持者中恢复了一些信誉。

"线人"避免遭引渡到西班牙的命运，布兰查德在西班牙引渡案中获胜

《约克邮报》
迈克·莱考克 (Mike Laycock)
2021 年 7 月 2 日

我将对英国的定罪提出上诉

保罗·布兰查德说，他现在计划对 2008 年因欺诈而在英国遭定罪的判决提出上诉，并将寻求追回法院根据《犯罪所得法》被迫支付的 100 万英镑。

他昨天表示，他因两项共价值 470 万英镑的欺诈罪行在英国获判入狱，他表明其实一直在为西班牙警方情报部门监视情报，他声称他别无选择，只能在英国认罪，因为西班牙当局拒绝确认他是他们情报资产的身份。

他说他的辩护材料包括他与西班牙特工开会的秘密录音。布兰查德声称在 2005 年伦敦毁灭性恐怖袭击的前一年，他已向军情五处发送了一份长长的名单，其中包括自杀式炸弹客穆罕默德·西迪克·汗和沙扎德·坦维尔，这两名正是参与恐怖袭击者。他说在之前提交给英国法庭的证词中，一名约克特别部门的男性官员已确认，他已于 2004 年 7 月将布兰查德的信息传递给军情五处，但英国皇家检控署后来表示，军情五处无法证实那位官员的报告内容。

*****

第四十三章

回顾过往

当我在 2004 年 7 月遭约克警察逮捕时，我告诉他们我一直在为西班牙情报局工作，而且公平地说，他们希望在一周内得到西班牙当局的确认。我知道得到他们确认的机会十分渺茫，因为穆尼奥斯和埃斯特班已经告诉我，他们会否认我的存在，但是，警察还是必须提出此要求，才能排除我的嫌疑人身份。

于是我开始了为期 16 年的战斗，揭露那些腐败不堪的西班牙情报人员和一名腐败至极的法官，他们牺牲了我，以掩盖他们自己的罪行，以确保将穆罕默德·德巴和他的团伙定罪。从在马德里的第一次会面开始，他们采取的每一步都将受到西班牙法律的谴责，尽管如此，谭·伊克拉姆法官仍然做出有利于西班牙的裁决，并下令将我引渡至西班牙。

谭·伊克拉姆法官的决定并不令人意外，因为每次马克·萨默斯御用大律师在为我的辩护提出意见时，我观察他对这些意见的反应便可知晓。在我看来，他已经下定决心，对我作为西班牙国家卧底特工的角色完全不感兴趣。他也完全忽略了维达尔和莎拉·希尔的证据，并且有几次当维达尔批评我多年来受到西班牙不当的待遇时，他对于维达尔的评论不屑一顾。

在我提出的辩护理由中，我向法庭提供了一份 55 页的证词和数千份支持文件，包括我与西班牙反情报部门的那些腐败卑鄙的人对话的秘密录音带。令人惊讶的是，西班牙从未对辩护材料的任何方面提出异议，其中包括马克·萨默斯御用大律师描述特工是骗子 — 可以用这种说法来描述他们。

那么，我究竟为穆罕默德·德巴提供了哪些服务因而遭到指控，并被贴上身为建筑师的我是国际洗钱者的标签？

嗯，首先，在第一次见面之前我从未见过他，他也从未说过他创建离岸公司的目的是为了欺骗他的客户。我们并没有一起密谋并设计了一个金融系统，来骗取度假者或其他任何人，我做了如下三件事。

1) 是的，我为合法避税目的创建了许多离岸公司，并与他的许多同伙就其离岸实体之间做转让定价安排的创建。确实有成千上万的公司服务提供商，分散在全球各地销售离岸公司，是的，这是一项有争议的业务，遭到大多数纳税的民众所反对，但这不是刑事犯罪。我记得从一开始穆尼奥斯和埃斯特班就觉得这个业务十分错综复杂：

    穆尼奥斯："我想和你谈谈这件事，所有的情况，财务情况，因为我无法理解，*因为财务对我们来说是一件很艰深难懂的事务*。"

2) 是的，我经手将他的现金回馈公司 — 贝尔马投资有限公司（以统治者黄金信托的公司名义进行交易）出售给另一个骗子蒂埃里·博伊纳尔。

3) 是的，德巴要求我在特内里费岛的办公室处理他客户的投诉，以便可以独立处理客户的投诉，经我们处理的许多客户，很高兴我们解决了他们的投诉。

上述任何一项业务都不违法。当然是上述最后一项他对我的要求，暴露了他的整个业务操作是欺诈行为。一旦发现之后，我就履行了我的法定义务，将他和蒂埃里·博伊纳尔的欺诈行为报告给适当的机构。我的目的是让西班牙当局冻结他们的银行账户并没收他们的资产，以将金钱偿还给他们从欧洲各地欺诈的数千名度假者。遗憾的是，本来可以这么做而且也应该会成功，但西班牙当局与他们的主要控方证人 — 真的是被害人的证人 — 翻脸不认账，然后他们开始执行一项任务，破坏整个司法程序，编织着一个又一个谎言。

由于穆尼奥斯和埃斯特班已无退路，因而他们决定让博伊纳尔作为受保护的证人来对付德巴和我（并让他带着数百万他窃取的欧元远走高飞），这就是为什么他们别无选择，只能寻求将我引渡至西班牙，希望他们在因自己的过失延误 20 年后仍能将德巴定罪。

那些厚脸皮、贪污腐败的西班牙官员并没有把法律因素看在眼里。我向德巴出售了许多公司，他承诺不将它们用于任何犯罪活动，此后他所做的一切都取决于他自己的管理，并且他毫不掩饰自己拥有 100% 的所有权。因此，他至始至终均处于主导地位，并且在他所控制的公司的银行授权书上的授权签名也是他的。

虽然我的许多客户使用提名董事和股东来掩饰他们的所有权，但这是完全合法的。另一方面，穆罕默德无意躲在幕后，他将护照交由警方认证，这就是为什么我没有理由怀疑他诚信的原因，并且这也是汇丰银行毫不犹豫地为他开设银行账户的原因。我将我向穆罕默德销售离岸公司的业务和向客户出售汽车的车厂相比，如果那个买车的客户事后用买来的车来运输毒品，怎么能追究车厂老板的责任呢？

加尔松完全错误地解读围绕洗钱定义的法律议题，指责我是德巴洗钱活动背后的主脑，但法律对此的定义如下：

"隐瞒非法所得的资金来源"

（通常通过涉及外国银行或合法企业的方式转账）

离岸银行账户的使用与任何其他详细记录借方和贷方的银行账户一样，穆罕默德并未试图向当局隐瞒他的金融交易。他没有隐瞒从客户那里收到的钱，所以他收到的金钱来源是*干净的、清楚的，而不是犯罪来源。*

穆罕默德的罪行属于公然"*盗窃*"行为，因为他无意提供其产品说明中描述的服务，所以，是的，他以非法的方式取得钱财，但他没有试图隐瞒金钱的来源。如果他采取下一步行动，以假冒合法为由将这些资金转移到另一个司法管辖区的银行，那么他则犯有"盗窃"和洗钱罪。

在法律上，将离岸公司用于避税目的是截然不同的情况。如果银行劫匪将他偷来的钱存入银行账户 — 无论是在岸还是离岸的银行，他所犯下的罪行都属于盗窃行为 — 而不是洗钱。银行只是替他保管钱，就像把钱放在纸箱里的道理一样。

当伪装存放在银行系统中偷来的钱是*来自合法来源*时，就构成洗钱的犯罪行为（穆罕默德没有这样做，他只是公然将客户的钱存入银行，所有人都看得到这些钱）。当欺诈者隐瞒来源时，即犯下洗钱活动的罪行并且构成犯罪所得收益，然后在离岸公司之间或通过涉及外国银行的个人账户进行多次转账，直到资金（据称）洗白后存到他们所控制的账户里。然而，全球的当局对洗钱机制都掌握的一清二楚。

在英国，《2017 年刑事金融法》或"不明来源财富令 (Unexplained Wealth Orders)"于 2018 年 1 月 31 日成为立法，其内容切中要害。该法律可以迫使公司或个人追溯资金足迹至源头，来解释是如何获得资产的。

那么，在反恐战争中，希望度假者得到补偿而为他们做正确的事情，将自己置于遭受严重或致命攻击的危险中，我究竟最后得到了什么？

我失去了所有的商业利益，损失了数百万英镑，被迫认罪，并获判入狱六年半的刑期。并且由于我的法律团队不相信我说的话，导致我被关在英国最戒备森严的监狱 — 贝尔马什。在监狱里心脏病发作，承受极大的压力。

我的案件是英国历史上依据《犯罪所得法》进行最长的诉讼程序，整整跨越 13 个年头，因为经济犯罪部门审查我的财务状况，他们往前追溯 46 年从 1972 年起算。我的案子相当错综复杂，以至于原本审理我案件的法官放弃审理，并将案件移交给同一个法庭的另一个法官。我只愿意以 100 万英镑以上的价格，解决我的财产没收程序，先决条件是我可以对我的定罪提出上诉。

按照刻板印象，这样的一本书，阐述评估一个人生活中的重大事件，往往作者会以更聪明、更年长的姿态反思自己做为书的结尾，作者会暗示生活是一个"旅程"，在此期间他们学到了很多。最初，我想避免这种沉重的陈词滥调。但是，当我坐下来反思自己的经历时 — 我所犯下的毋庸置疑的错误、那些错误地指责我的人、那些我接触过并最后让我失望的人，以及那些背叛我的人 — 我觉得必须将这些我观察到的写下来。

我不是骑着白马的骑士，我也不会假装自己是。我是保罗·布兰查德，曾三度被定罪的前家具业的巨头，而后转为离岸公司的顾问。我希望推翻我所有的定罪 — 但我过着命途多舛的生活，充满着许多的起起落落。虽然我做了一些愚蠢的决定，但我永远不会道歉的一件事，是为那些相信自己在特内里费岛被欺诈的弱势、通常是老年人的顾客挺身而出。

我是一名独立的企业顾问。我提供给德巴的服务均有开具发票，总额仅为 6 万英镑，我申报了这笔款项的纳税金额。在我的法庭审理期间和依据《犯罪所得法》进行的诉讼期间，英国警察和经济犯罪部门的法务会计师，仔细审查了我的财务状况，并接受了德巴只付给我 6 万英镑的事实。

警方也承认我没有其他隐藏资产。西班牙官员迫不及待地欲起诉德巴，他们从未停下脚步考虑过这一点。大多数理性的人会说 6 万英镑，对于一个遭指控是黑手党的会计师来说是微不足道的收入 — 这些想法是对的。我可以想出更容易、更合法的方法来赚这 6 万英镑。

但我因西班牙当局欺骗而付出的真正代价是巨大的。

由于做了这些事，我失去了本可以是我生命中最美好的岁月。作者喜欢写关于正义或救赎的"人生旅程"。虽然我的人生旅程已经使我疲惫不堪，但与我努力揭露的欺诈和恐怖主义而受害的被害人不同，我活得够长，可以最终让正义居于上风。

我坚信每个人都应该为自己的行为负责。由于海伦·林奇找到遗失的录音带和材料，我现在计划追究那些使我承受不必要的牢狱之灾的人，包括西班牙的那些人渣和我以前的法律团队，我的前法律团队犯下的疏失简直令人难以置信。在计划上诉时，我将与英国当权机构的力量对抗，虽然他们有自己的打算，但我会全力以赴。

每个人都有权获得公正的审判。然而，警察、律师、出庭律师和法官，却经常以自己扭曲和不正当的理由越界，妨碍司法公正。在这本书中，我揭露了他们所有的一切不法作为，揭发了一竿子的人，但在我的抗争活动尘埃落定很久之后，那些不露面的政府官员，仍然会在幕后掌控我们的生活。这个现象一直以来都是如此，他们居然厚颜无耻地胆敢批评其他国家的人权记录。

正如我在书中所写，现在是 2022 年，我将竭尽全力对我的刑事定罪提出上诉，但如果我失败了，至少世界上其他地方的人们会知道，英国是一个向其他国家宣导的国家，但英国却先否认自己的人民拥有公民的基本人权 — 获得公平审判的权利。

* * * * *

后记

我母亲常说"我们都有一扇隐私的门",一扇隐藏着你内心秘密的门。在我的门后,是堆积如山的家庭秘密、商业秘密和其他我在生活中经历过但不能 — 也不会 — 与任何人分享的事件。多年来我积累了很多秘密,当我离开这个世界时,会随着我离开人世。我会兑现我对有钱有势的人做出的承诺 — 不是因为害怕报复,而是因为我信守承诺。

妈妈会说要成功,你所需要的只是一个相信你的人。我知道妈妈相信我,这就是我这些年来一直保持决心,与伦敦那些腐败的司法人员和那些不露面的政府官员抗争的原因,无论他们对我下什么战帖。

那么,这些专家现在在哪里?那些在日常生活中传授建议和下达判决的专业律师、出庭律师和法官,让他们的客户承受他们的建议和所谓的专业知识带来的后果,而不需对他们的行为负责吗?

妈妈会说"善有善报,恶有恶报",以及"如果不在这一世,那么会在下一世"。我虽然持怀疑的态度,但事后证明妈妈总是对的,而且总是她最后说的话算数。我会拭目以待。

* * * * *

我现在与你分享我母亲的信,这些年来仍然能振奋我的精神,我会永远珍惜她的智慧之言,这是在小保罗四岁的生日那天年所写的信。

1979 年 5 月 6 日星期日下午 5 点
我亲爱的三个孩子
玛丽、保罗和贝琳达
当你们都读到这封信时,我希望与上帝和已在祂身边的我所爱的人在一起,我希望我会能从天上看着你们,继续爱着你们三个,就像我一直以来爱着你们一样,我一直都知道你们也爱我。
我对你们三人的最后一个要求是,不要因为在我们生命中发生的任何事情而责备自己或彼此,当我们失去我们所爱的人时,这件事最终都会发生在我们所有人身上,虽然是"如果"和"如果只是"。
你们对我一直都很好,你们都爱我,这就是我想要的,亲爱的,所以请不要难过,虽然这听起来有些愚蠢,但我将待在比你们更好的地方。
我永远不会远离你们,我很享受成为你们的母亲和贝琳达的外婆。
我的第二个要求是你们为了我而彼此相爱,善待彼此,永远互相安慰彼此。
我的第三个要求是,像我一直努力尝试的那样相信上帝,即便祂让我经历许多次,祂认为适合考验我的试验,我知道如果你们这样做,我们有一天会再次在一起,所以擦干你们的眼泪,勇敢离开并继续你们自己的生活,因为我们不会在地球上逗留很长时间,如果你们不享受并充分利用你们的生活,我将不会感到欣慰。
我和你们一起度过了一些非常快乐的时光,你们都给了我光辉荣耀的时刻,所以在我们再次见面之前,上帝保佑你们,我的宝贝们,和往常一样,最后以我说的话为主。
永远爱你们的母亲和外婆。

英国政府侵犯人权的案例研究

基尔福四人案

盖瑞·康隆 (Gerry Conlon) 于 1954 年 3 月 1 日出生于北爱尔兰,在贝尔法斯地区特下瀑布路 (Lower Falls Road) 人口密集的贫困社区长大。

1974 年 11 月 30 日星期六,20 岁的盖瑞在家中熟睡时,一大群蒙面的士兵踢开他卧室的房门,把他从床上拖下来。接着他被带到附近的警察局,被扔进了一个寒冷潮湿的牢房。大约 40 分钟后,两名来自特别部门的警察进入牢房,将他戴上手铐,然后把他扔进汽车后座。当汽车停在红绿灯处时,其中一名警察拉开他的外套,给盖瑞看里面的一把枪,并告诉他如果他试图逃跑,他们会朝他开枪。

盖瑞无法弄清楚发生了什么,就被带到另一个警察局。在那里他说出了自己的姓名和出生日期,他再次被拖到一间牢房,并无意中听到特别部门警员下达指示,在任何情况下都不得允许其他任何人见他或与他交谈。

周日早上 12 点 10 分左右,他的牢房门打开了,外面站着两名警察。他们问盖瑞他叫什么名字,当他告诉他们时,其中一人用拳头打了他的脸一拳,因而打断了他的鼻子,使他穿的衣服沾满了鲜血。他们笑着说你知道我们为什么这样对你 — 想想看,我们会在 10 分钟内回来。"当他们回来时,一名警官抓住了盖瑞的耳朵,用力拧了一下,然后把他带到了楼上的拷问室。当他被带到楼上时,一群巡逻的警察正走下楼,所以压着他的警察扭着他的耳朵告诉其他警察:"这是炸毁基尔福,谋杀人们的爱尔兰混蛋。"那是盖瑞第一次听到基尔福这个名称。

一旦进入拷问室,盖瑞就会遭受折磨。在一张大桌子的后面两旁坐着两名身材魁梧的警察,负责的警察是卡林厄姆 (Cullingham) 侦缉警司。他首先向盖瑞询问他与爱尔兰共和军的关系以及制造炸弹的情况,当盖瑞告诉卡林厄姆,他不是爱尔兰共和军的一员,也从未加入过爱尔兰共和军时,他身后的两名警察开始对他拳打脚踢,然后抓住他的头发把他从椅子上提起来。

卡林厄姆向盖瑞传递了一份由他的朋友保罗·希尔签署的证词,该证词指出于 1974 年 10 月 5 日星期六,他和保罗两人在基尔福 — 当晚两枚炸弹在马匹和新郎酒吧 (The Horse and Groom Pub) 爆炸,造成四名士兵和一名平民死亡。盖瑞告诉他,他和姑姑及叔叔一起去一个或多个俱乐部,那天晚上不可能和保罗·希尔在一起。警察随后走访了这些俱乐部,并偷走详细记录了每晚来过哪些人的登记簿。

由于盖瑞抗议他是清白的,于是两名警察抓住盖瑞的头发将他从椅子上提起来,并剥光了他的衣服。然后他们把他放在搜身位置,并开始问他问题。当他没有回答时,他们会踢他的脚,使他快速倒下,直到他的下巴砸在水泥地上。在接下来的四个小时里,盖瑞遭到反复殴打,在拷问室里警察拖着他躺在地上的赤裸身体,对他拳打脚踢,最后回到冰冷的牢房里过夜,没有任何保暖的衣物。

第二天早上,两名警察进入盖瑞的牢房,向他泼了一桶冷水。他被戴上手铐,头上罩着一顶兜帽,用皮带绑得很紧,他几乎快要窒息晕厥过去。几分钟后,他被押送到一个机场,搭机飞往国外 — 英国。今天我们称之为将犯人引渡。我们与这件事有关是因为关塔那摩湾,当时的犯人引渡等于遭到国家绑架。1974 年 12 月 1 日星期六,他们押送盖瑞飞往伦敦。他仍然戴着头罩、戴着手铐,头上系着皮带,坐上汽车被押送到另一个警察局,在那里他将再次遭受反复折磨。

抵达后他被带下车，20 名警察对他说他的母亲是妓女。当他走路时，他们开始朝他吐口水，称他的姐妹是妓女，这让他感到害怕，因为他知道自己没有任何法律代表。

回到冰冷的牢房里，盖瑞再次被剥光衣服、殴打、扇耳光、被用脚踢和吐口水。然后他被带到另一个牢房，那里的窗户已经被拆除，好让冰雪和冷空气进入牢房内，完全衣不蔽体，只有一张用混凝土做的床，冰冷得令人难以忍受。

盖瑞站在牢房里，寒冷且冰冻，牢房门上的闩锁被打开了，一把霰弹枪对准了他。警察进入牢房并要他站起来，所以他用手捂住私处。然后警察对他扇耳光和拳打脚踢，并要求他将双手放在他的身体两旁。之后更多的警察进入牢房并开始说着羞辱的贬义言论，然后要求他做俯卧撑、仰卧起坐和深蹲，再将一桶桶冷水倒在他身上。接下来，警察们会暂停休息一下，但每 20 分钟返回一次，整个晚上重复上述的残酷折磨。

隔天早上 — 盖瑞一夜未眠，就被拖到另一个拷问室，再次遭受严刑拷打。已超过 24 小时不吃不喝，他要了一杯水，却被告知要从马桶里拿水喝。由于他没有回答警察提出的问题，因此警察增加了施加酷刑的手段。

首先是一些女警察抓住他的睾丸并用力扭动它们，力道强劲以至于他疼痛难忍。两名男警随后强行扒开他的嘴，让女警吐口水到他的喉咙里，同时用警棍殴打他，直到他再也站不起来并摔倒在地。当他设法站起来时，警察便抓住他的头发拖着他在拷问室里走着，接着继续踢他并打他，他们还说要杀了他。再次将他戴上手铐和头罩，他被带到偏远的乡间小路上，警察将他从车上拖下来，迫使他跪在地上。他们掀开引擎盖，把枪放进他的嘴里，告诉他要与上帝和平共处，然后上紧手抢并扣扳机，使得盖瑞吓得尿湿了自己。然后，警察用手枪打他，打碎了他原本已经骨折的鼻子。

1974 年 12 月 5 日星期四，盖瑞与爱尔兰同胞保罗·希尔、帕迪·阿姆斯壮 (Paddy Armstrong) 和一名英国女性卡罗尔·理查森 (Carole Richardson)，一起被指控在基尔福的马匹和新郎酒吧放置两枚炸弹，炸死四名士兵和一名平民。所有人都受到了残酷的折磨，并被迫签署了捏造的口供。他们的案件被称为"基尔福四人案"。

他们的审判持续了六周，在此期间陪审团审议了他们捏造的口供，腐败的警察拒绝提供可以证明他们无罪的证据。这些文件被标记为："不向辩方披露"。这四人于 1975 年 10 月 22 日被定罪。审理案件的法官唐纳森 (Donaldson) 先生告诉他们："如果仍然可以选择绞刑，我就会处决你们绞刑，"法官还对四人没有遭指控犯有叛国罪表示遗憾。他们的案件直到 1988 年仍然强制判处死刑，他们全都被判处无期徒刑。

盖瑞在下午 4 点左右被带到旺兹沃思监狱，并且在绝对沉默下走向监狱的前台。在那里他被狱警剥光衣服，尖叫着辱骂他并向他吐口水。然后他被迫进入装满冷水和冰块的浴缸中。两名狱警抓住他的头发将他举起，然后将他淹没在浴缸里，并将他压倒在浴缸底部，直到他奋力以双腿乱踢显得喘不过气来为止。当盖瑞稍微恢复过来时，他们一遍又一遍地把他淹没在浴缸里。今日，我们将此酷刑称之为水囚刑，有人将其称之为 — 谋杀未遂。

通常当爱尔兰共和军囚犯被转移到监狱翼楼时，会将其他囚犯关起来，但盖瑞的情况却不是如此。当他走向分配给他的牢房时，监狱工作人员允许其他囚犯出去他们的牢房，这样他们就可以大声辱骂他并将他们的尿壶往他身上倒 — 有些尿罐里还甚至装满了粪便。然后将他关在一个没有窗户、没有电灯的牢房里长达三个月的时间，整天牢房里都是一片漆黑，所以狱警可以每周好好踢他一顿。

后来发现，当时的内政大臣罗伊·詹金斯 (Roy Jenkins) 代表英国权威机构签署了一项授权，赋予警察豁免权得以对被指控为爱尔兰共和军成员的基尔福四人案的嫌疑犯，和其他爱尔兰恐怖分子施以酷刑和虐待。从来没有一名警察因对这些无辜平民犯下的罪行而被定罪。

1977 年 9 月这些无辜的平民第一次对定罪提出上诉。在法官劳顿 (Lawton) 先生 (弗雷德里克·霍勒斯·劳顿爵士:Sir Frederick Horace Lawton) 面前进行了六周的庭审后，法官当天并未给出判决。三周后，当法官再次出庭时，他说："我们接受被告席上，被称为基尔福四人案的被告没有轰炸基尔福。"尽管如此，法官还是将这四人送回监狱再坐 12 年的牢。

迈克尔·哈弗斯 (Michael Havers) 御用大律师在基尔福四人案的审判中代表控方。他忠于英国权威机构，他虽然知道这些无辜的平民受到了酷刑，他们的供词是捏造的，但由于他对权威机构的忠诚，他被任命为高等法院法官，并于 1987 年 6 月被任命为大法官，并被授予终身爵位成为萨福克郡圣埃德蒙兹伯里 (St Edmundsbury) 的哈弗斯 (Havers) 男爵。

1989 年 10 月 19 日，上诉法院裁定警方伪造手写讯问记录以将被告定罪的目的后，基尔福四人终于获释。十五年来，盖瑞一直受到监狱官员和其他囚犯的折磨。多年来他提出了数千次投诉，称他的食物中含有粪便、尿液、痰、血液和老鼠粪便，但监狱当局拒绝了他的所有投诉。

1994 年芭芭拉·米尔斯 (Barbara Mills) 检察官下令政府 — 根据《官方保密法》— 对基尔福四人案的档案下达 75 年的公共利益豁免令。盖瑞·康隆一直坚称，米尔斯这样做是为了保护，那些使他和与他一起被起诉的被告承受不公正待遇的人们。

2005 年 2 月 9 日星期三，当时的英国首相托尼·布莱尔在议会向基尔福四人案的无辜平民道歉："我很抱歉他们遭受了这样严酷的折磨和不公正的待遇。"

以无辜者的身份入狱 15 年的盖瑞·康隆说了最后一句话："托尼·布莱尔并不是真心的道歉，因为正逢选举年，他这么做是为了在英格兰获得爱尔兰人的选票。"

盖瑞出狱后，他在适应平民生活方面遇到了障碍，经历了两次神经衰弱并企图自杀，并沉迷于酒精和毒品。他最终康复并成为反对英国和世界各地各种误判的倡导者。盖瑞于 2014 年 6 月 21 日去世。

伯明翰六人案

伯明翰六人案有六名爱尔兰人，他们在 1975 年 8 月 15 日，因 1974 年伯明翰酒吧爆炸案被判处 21 次无期徒刑。这六人分别是休·卡拉汉 (Hugh Callaghan)、帕特里克·约瑟夫·希尔 (Patrick Joseph Hill)、格里·亨特 (Gerard Hunter)、理查德·麦克尔肯尼 (Richard McIlkenny)、威廉·鲍尔 (William Power) 和约翰·沃克 (John Walker) 全都抗议他们是清白的。当他们第二次被还押出庭时，所有人的身上均有瘀青和其他遭受过虐待的迹象，所有人都声称他们曾遭受酷刑和殴打，被逼签署捏造的供词。

在六人经历多次上诉后，这些人于 1991 年 3 月 14 日获释。新证据显示警方捏造证据、压制证据和法医证据有缺陷，这些新证据均支持六人的辩护理由，他们是因警察腐败而被定罪。他们以无辜者的身份在监狱里度过了 16 个年头。虽然乔治·里德 (George Reade) 警司和另外两名警察，遭指控做伪证和共谋因而妨碍司法公正，但从未被起诉 — 为什么呢？因为他们受到英国权威机构的保护。

玛丽·威尔克斯 (MARIE WILKS) 谋杀案

玛丽·威尔克斯事发当时正怀有七个月的身孕，正准备回到位于伍斯特市的家中，与丈夫共度一个下午，但她却不知道要永远再也无法回到家中。在旅途中她的车抛锚了，她停在路边时被绑架，被歹徒载到三英里外的地方，然后被残忍地杀害。1988 年 6 月 28 日埃迪·布朗宁 (Eddie Browning) 被捕，并根据警方捏造的证据遭指控谋杀玛丽。他于 1989 年 11 月 10 日遭判处至少 25 年的监禁刑期。布朗宁是一名 32 岁的前威尔士卫兵，当时婚姻幸福美满并与怀有身孕的妻子朱莉 (Julie) 期待孩子的出世。

1994 年他的御用大律师迈克尔·曼斯菲尔德 (Michael Mansfield) 在上诉法院提出了新的证据，显示警方隐瞒了可以证明他无罪的证据和证词，他在戒备森严的监狱服六年后终于获释。

布里奇沃特四世案

布里奇沃特四世案的涉案人是四名男子，他们因杀害 13 岁报童卡尔·布里奇沃特而获判有罪，卡尔于 1978 年在英格兰斯陶尔布里奇 (Stourbridge) 镇附近被枪支近距离射中头部。他们四人均被判处无期徒刑。于 1997 年 2 月他们的定罪被推翻，三名幸存的被告终于获释。第四名被告在服刑两年后死于狱中。

上诉法院被告知，他们的定罪是不公正的，因为警方捏造了证据来使这些人被以谋杀罪名定罪。他们于 1979 年 11 月 9 日被定罪，他们以无辜男子的身份在牢里服刑超过 18 年后，终于在 1997 年 2 月 21 日获释。

巴里·乔治 (BARRY GEORGE)

巴里·乔治是一名英国人，他于 2001 年 7 月 2 日，因谋杀英国电视节目主持人吉尔·丹多 (Jill Dando) 而获判有罪，并被判处无期徒刑。警方之所以将乔治列为目标，是因为他的智商只有 75。他还患有阿斯伯格综合症和多重人格障碍，包括反社会行为、装腔作势、自恋，及躯体症状障碍和做作性障碍以及注意力缺陷多动障碍，他还患有癫痫症。由于他的精神残疾，他是警方锁定和捏造对他不利法医证据的理想人选。

乔治对他的定罪提出上诉，并于 2007 年 11 月 15 日推翻了他的定罪。然而，警方却认为重审是合理的，于是乔治在 2007 年 12 月 14 日于老贝利法院出庭接受审判，并再次对谋杀罪表示不认罪。他的重审于 2008 年 6 月 9 日开始，并于 2008 年 8 月 1 日获得无罪释放。乔治以无辜清白的身份在监狱中度过了 7 年以上的光阴。从来没有其他人因谋杀吉尔·丹多而遭起诉。

62 号高速公路客车爆炸案

1974 年 2 月 4 日在英格兰北部的 62 号高速公路上，发生了一起名为 62 号高速公路客车爆炸案，有时亦被称为 62 号高速公路大屠杀。当时临时爱尔兰共和军将一枚 25 磅 (11 公斤) 的炸弹，藏在一辆客车的行李柜内，那辆客车载有非执勤的英国武装部队人员及其家属，炸弹在那辆客车上爆炸，车上 12 人（九名士兵和三名平民）死亡，另有 38 人受伤。

爆炸案发生的十天后，25 岁的朱迪思·沃德，在等待登上前往爱尔兰的渡轮时在利物浦被捕。她后来被判犯有 62 号客车爆炸案和另外两起单独的非致命袭击罪，之后便一直被监禁，直到 1992 年上诉法院撤销对她的定罪为止。法院被告知，政府的法医科学家在 1974 年 10 月的审判上，故意向她的辩护律师隐瞒信息，该审判原本有强而有力的证据可以表明她的清白。因此，宣布她的定罪为不公正的。

沃德于 1992 年 5 月从监狱获释，当时她获叛无期徒刑并已服刑超过 17 年。她的错误定罪被视为英国法律史上最严重的误判之一。62 号高速公路客车爆炸案，被描述为"爱尔兰共和军最严重的内陆恐怖袭击之一"，并且仍然是北爱尔兰纠纷中最致命的恐怖行为之一。

血腥星期日

1972 年 1 月 30 日，英国士兵在北爱尔兰的德里，向 26 名手无寸铁的抗议者开枪。13 人当场死亡，而另一名男子四个月后因受伤不治死亡。2022 年 1 月 30 日，是这起大屠杀 50 周年的纪念日。五十年后，没有人被追究责任或因犯下这些罪行而被定罪。多亏了英国权威机构，那些原本该为此大屠杀负责任的人，将永远无须为他们的行为负责。

英国权威机构

英国政府 ——"权威机构"隐藏在"好人先生"的面具下，那是一件体面的外衣，然而在现实中，却严重与事实相违。在英国设立了许多政府机构作为政府的预防措施，以掩饰当权威机构成员遭指控后，他们做出的不正当决定。

刑事案件审查委员会 (Criminal Cases Review Commission：一个国家资助的机构) —— 有权决定是否应将所谓的误判提交上诉法院，律师们指责这种操作手法是体制上的失败。刑事案件审查委员会成立于 1997 年，律师认为结果显示了一种常见的失败模式，例如不面谈证人、不了解不可揭露的重要性、不去查看犯罪现场以及对法律要点的误解。刑事案件审查委员会从成立至 2022 年 2 月，共有 28,474 起案件交由审查，由此可证明有多少囚犯，因有缺失的失败司法体系而被定罪。该委员会平均每年拒绝 600 多个案件。由于那是一个政府部门，因此该委员会"不符合目的"。

另一个由国家赞助的机构是"警察行为独立办事处 (The Independent office for Police Conduct)"，负责处理所有针对警察的投诉。每年大约有 25,000 起投诉，几乎所有投诉都被驳回。更令人担忧的是嫌疑人在"拘留期间死亡"的指控，警察被指控过度使用武力来钳制囚犯致死，但这些指控均遭到该机构在毫无合理的理由下驳回。任何寻求真相或想查出离世亲人死因的家属，均是以卵击石。实际上，他们遇上的对手是倾尽全力，决心保护自己的权威机构人员。

西米德兰兹重案组是英国西米德兰兹郡的一个警察单位，从 1974 年运作到 1989 年止，由于大规模的腐败情形而遭解散。由于被指控不胜任职责和滥用权力，包括警察伪造证据和做伪证，便对该重案组进行调查，之后便遭到解散的命运。他们的不当行为导致了许多错误的定罪，包括备受瞩目的伯明翰六人案。

警察和检察官的腐败一直持续到今日。一项研究发现，每年有超过 300 起案件受到蓄意操纵，使得无辜的男子和女子被定罪。2017 年当利亚姆·艾伦 (Liam Allan) 的强奸案审判瓦解时，警方蓄意不披露证据的问题就凸显出来了。因为后来浮现出的证据显示，申诉人曾发送短信明确表示她同意发生性关系。警方和检察官已经读过了这些短信，但没有向辩方批露。据报道警方和检察官在 12 个月内，扣留了超过 47 起强奸和性侵犯案件的证据，但这不包括警方胁迫女性受害者销毁重要辩方证据，以对无辜男子定罪的不当行为。

2006 年的工党内政大臣查尔斯·克拉克 (Charles Clark)，取消了一项补偿遭受误判的受害者的特惠金计划 (这是一种恩惠 —— 不受法律权利的强制)。对每一届政府来说，赔偿误判受害者的现实成本十分昂贵，这表明法院因警察的腐败而误判了多少定罪。

到 2022 年的这年，支付给误判受害者的金额超过 400 万英镑。为了减少"国家"对其自身错误负责，一项通过的新法律使得现今几乎无法索赔，即使被定罪的人随后在上诉法院获判无罪释放亦是如此。法院仅受理在 2014 年 3 月 13 日之后，因误判而提出的索赔申请：

"当且仅当新的或新发现的事实证明并按照排除合理怀疑原则，该位人士没有犯罪"。

在大多数情况下，这意味着对负面的结果再一次的否定。再一次，权威机构赢了。另一个例子是"国家"如何滥用其道德责任并隐藏在其"好人先生"的面具下，以进一步惩罚受害者并侵犯他们的人权。

英国监狱人口每年在 75,000 至 85,000 人之间波动。最近的一项研究估计，这些囚犯中约有 12,500 人是无辜的，他们均是因警察渎职而被定罪。然而当将案件提交上诉法院或刑事案件审查委员会时，大多数都被驳回以维护英国司法机构的声誉。

相关网站

www.britishjusticeexposed.com
www.secretsofamafiawhistle-blower.com

★ ★ ★ ★ ★

保罗·布兰查德联营公司 (Paul Blanchard Associates)
国际企业顾问
www.paulblanchard.com

★ ★ ★ ★ ★

The Cheavours
www.thecheavours.com